BETTINA RÖHL

»Die RAF hat Euch lieb«

DIE BUNDESREPUBLIK IM RAUSCH VON 68

Eine Familie im Zentrum der Bewegung

HEYNE

Sollte diese Publikation Links auf Webseiten Dritter enthalten, so übernehmen wir für deren Inhalte keine Haftung, da wir uns diese nicht zu eigen machen, sondern lediglich auf deren Stand zum Zeitpunkt der Erstveröffentlichung verweisen.

Um die Lesbarkeit dieses Buches zu erleichtern, wurden alle Zitate in die neue Rechtschreibung umgewandelt.

Zum Schutz einiger genannter Personen wurden ihre Namen anonymisiert.

MIX
Papier aus verantwortungsvollen Quellen
FSC® C014496
FSC
www.fsc.org

Verlagsgruppe Random House FSC® N001967

2. Auflage
Originalausgabe 2018

Beratung: Stefan Linde
Redaktion: Heide Sommer
Bildredaktion: Tanja Zielezniak
Umschlaggestaltung: Hauptmann & Kompanie Werbeagentur, Zürich
unter Verwendung eines Fotos von: Foto oben: Ruth Walz
Foto unten © ullstein bild – Wolfgang Kunz
Satz: Satzwerk Huber, Germering
Druck und Bindung: GGP Media GmbH, Pößneck
Printed in Germany
ISBN: 978-3-453-20150-7

www.heyne.de

INHALT

TEIL I
Auf dem Höhepunkt von 68

TEIL II
Die Entstehung der RAF

TEIL III
Mythos Meinhof

VORWORT: ZUR ENTSTEHUNGS-GESCHICHTE DIESES BUCHES

Als ich 1996 anfing, für dieses Buch zu recherchieren, war ich 34 Jahre alt und hatte nichts anderes in den Händen als vier Briefe meiner Mutter Ulrike Meinhof aus ihrer Haftzeit in Köln-Ossendorf aus den Jahren 1972 und 1973. Unter anderem den Brief, in dem sie mir und meiner Zwillingsschwester aus dem Gefängnis schrieb: »Die RAF hat Euch lieb.« Ich besaß keine Akten, ich hatte die meisten Protagonisten des Terrors, die RAF-Leute und die Anwälte – außer als Kind – nie getroffen. Es gab schon 1996 Hunderte von Artikeln und Büchern über 68, die RAF und Ulrike Meinhof. Es gab Biografien, Bände mit ihren Kolumnen und massenhaft Broschüren, Raubdrucke, Flugblätter und Dissertationen. Und es gab schon eine ganze Reihe von Dokumentar- und Spielfilmen, Theaterstücken, Opern und Tanztheater, die das Leben von Ulrike Meinhof und ihrer Familie, und nebenbei immer auch von meiner Schwester und mir als süße blonde Statisten des gruselig-schönen Dramas, verarbeitet hatten.

Es gab und gibt unendlich viele Experten zum Thema Ulrike Meinhof, 68 und RAF, jede Sekretärin des NDR schien damals besser über meine Mutter Bescheid zu wissen als ich. Bilder mit dem RAF-Emblem, Babybilder von meiner Schwester und mir mit schwarzen Balken über den Augen, Jugendbilder meiner Mutter aus den Vierziger- und Fünfzigerjahren, zusammengeschnitten mit Bildern von Attentaten und Toten. Klaus Rainer Röhl als der sexy *konkret*-Verleger und Bösewicht, der Meinhof mit seinen Seitensprüngen in den Terror getrieben hätte, und die beiden RAF-Kumpanen Baader und Ensslin, die sie in Stammheim in den Tod gemobbt hätten. Immer mit dabei: Sex and Crime, Baader-Meinhof sells.

Selbst Kinderbilder von meiner Schwester und mir lagen nicht bei uns zu Hause, sondern in den Bildredaktionen von *Spiegel*, *stern* und *ZEIT*. Es war also nicht so, wie die Medien gern über mich schrieben, dass ich nur gemütlich in mein Familienalbum greifen musste, und schon stand das Buch, sondern es war umgekehrt: Die Öffentlichkeit, die Meinhof- und RAF-Experten in allen Medien wussten mehr von meiner Mutter als ich. Sie hatten die Unterlagen, die Materialien, das Wissen, und ich hatte nichts. Ich war eine Nachgeborene, die 68 als Kind erlebt hatte.

Auch mein Vater war nicht hilfreich. Das, was er in den Siebzigerjahren an Unterlagen und an Fotomaterial besaß, hatte er längst in Dutzenden von journalistischen Storys an die Medien veräußert und in vielen seiner Bücher, die oft um das Thema 68 kreisten, selber verwurstet. Akten besaß er keine, jedenfalls habe ich nie eine bei ihm gesehen. Er hatte auch seine Privatfilme mit Ulrike Meinhof und uns als Kleinkindern, die eigentlich auch meiner Schwester und mir als Erben von Ulrike Meinhof gehörten, 1994 einem Filmemacher gegeben, sodass auch das Privateste schon breitgetreten war, bevor ich überhaupt anfing zu recherchieren.

Das Einzige, was Klaus Röhl mir 2006 noch übergab, war eine schmale Filmrolle von einer *konkret*-Konferenz mit ihm und meiner Mutter und vielen jungen Redakteuren, Ende der Fünfzigerjahre, die ich in meinem Film »So macht Kommunismus Spaß!«, der 2007 bei SPIEGEL TV auf SAT1 lief, dann auch exklusiv verwendet habe. Diese kleine Sequenz, nicht einmal 30 Sekunden lang, ist sehr schön, aber das war auch alles.

Von meiner Mutter hatte ich gar keine Unterlagen. Nachdem sie im Mai 1970 in den Untergrund gegangen war, hatte sich ihre Schwester Wienke um die Haushaltsauflösung gekümmert. Akten, Bilder, Bücher und auch Fotos von unserer Mutter und von uns landeten also bei meiner Tante, und meine Tante verweigerte bis zu ihrem Tod 2017 Einsicht in die Unterlagen und die Herausgabe persönlicher Gegenstände. Nur einmal schickte sie mir 2004 ein altes, etwas vergilbtes Buch der palästinensischen Terroristin Leila Khalid, das sei ein Abschiedsgeschenk meiner Mutter an mich, welches diese ihr schon 1974 gegeben hätte, es sei jetzt meins.

Ich begann mit der Recherche: In Hamburg nahm ich mit den Scheidungsanwälten meiner Mutter, Kurt Groenewold und Heinrich Senfft, Kontakt auf, in Berlin traf ich mich mit Hans-Christian Ströbele, und schließlich besuchte ich in Bremen Heinrich Hannover, der meine Mutter, seitdem sie 1970 in den Untergrund gegangen war, als Anwalt begleitet hatte. Die bis heute unveröffentlichte Korrespondenz in den Akten, die ich von den Anwälten bekam, ermöglichte mir einen ganz neuen Blick auf meine Mutter. Hier sprachen plötzlich nicht mehr Journalisten mit irgendeinem Halbwissen über Ulrike Meinhof, sondern hier sprach zumeist sie selbst. Auf Hunderten von Seiten lernte ich meine Mutter, wie sie 1968/69 bis 1974 gedacht, gefühlt und geschrieben hatte, erst richtig kennen und verstehen.

Ich besorgte mir das gesamte Baader-Meinhof-Material in Form von vielen Hundert Kilo Akten bei der Bundesanwaltschaft in Karlsruhe. Ich musste einen Transporter mieten, um die Akten über die Taten der ersten Generation der RAF nach Hamburg zu bringen. Dann die Frage: Wo sollte man die überhaupt lagern? Irgendwann Ende der Neunzigerjahre ließ ich sie also digitalisieren, denn so lesen sie sich viel besser. Und dann begann ich, die Protagonisten zu treffen und zu interviewen. Obwohl ich die meisten als Kind gesehen oder gekannt hatte, hörte ich nun zum ersten Mal, was sie damals gemacht und wie sie die APO-Bewegung und die RAF erlebt hatten, und schon während der Recherche dachte ich, die Öffentlichkeit muss das alles genauso hören und erfahren, wie ich es jetzt höre.

Und dann begann ich, in die Historie einzusteigen, und staunte nicht schlecht. Hunderte von Büchern über den Vietnamkrieg, die Frankfurter Schule, die Bundesrepublik in den Sechzigerjahren und vor allem über Mao Zedong und die Kulturrevolution in China brachten mich zum Nachdenken und zu der Erkenntnis, dass sehr vieles zu recherchieren blieb und neu erzählt und neu interpretiert werden müsste. Irgendwann dachte ich, jetzt könnte ich mal losschreiben. Aber da tobte ein Sturm über mich hinweg, als ich 2001 ein paar Details aus der Gewaltvergangenheit von Joschka Fischer (damals ein Säulenheiliger bei den Grünen und Bundesaußenminister) in *stern* und *Bild* veröffentlichte. Mein Buchvertrag wurde gekündigt, und das gesamte Projekt blieb erst mal liegen.

2006 veröffentlichte ich den ersten Band meines historisch-biografischen Werkes mit dem Titel »So macht Kommunismus Spaß!«, in dem ich meine Familiengeschichte und die Geschichte der Linken in der jungen Bundesrepublik von 1949 bis Februar 1968 erzähle. Ein großer Teil des Materials, das sich mit 1968 und der Gründung der RAF befasste, blieb weiterhin liegen. Ich habe mich von 2006 bis 2016 in Hunderten von Artikeln mit ganz anderen Themen befasst, mit Wirtschaft, Gesellschaft und Politik, und fast hatte ich das Thema 68 schon vergessen, als im Herbst 2015 ein sehr netter Literaturagent, Stefan Linde, mit viel Nachdruck auf mich zukam und mich drängte, ein Buch zu schreiben, zum Beispiel über die Einwanderungspolitik von Angela Merkel. Ich sagte Nein, definitiv Nein. Ein halbes Jahr später rief er nochmals an, und da sagte ich okay, dann schreibe ich jetzt mein Buch über 68, das ich einst so begeistert recherchiert hatte.

Ich fuhr also in mein Archiv und holte die Bücher und Akten und die alten Dateien wieder hervor und fühlte mich wie das Fräulein aus dem Märchen, das in eine große einsame Kammer gesperrt wird und aus fünfzig Jahre alten Tonnen von Stroh Gold spinnen soll. Fünfzig Jahre alte Literatur in Massen lag um mich herum, Interpretationen, Zeitzeugenberichte, Autobiografien, Filmmaterial, Tonbandaufnahmen. Und natürlich meine eigenen Recherchen, Akteninhalte und Interviews, die ich nie veröffentlicht hatte, viele noch auf Kassette. Und es gab natürlich inzwischen auch einige historisch gut recherchierte Bücher über diese Zeit, vor allem aus den 2000er-Jahren. So gesehen, hat es sich vielleicht gelohnt zu warten.

Ich habe im Laufe der Jahre vielfach geschrieben und gesagt, dass die 68er-Bewegung zu einem großen Teil ein Missverständnis, eine Fehlverarbeitung der damals neuen Realitäten, der neuen Möglichkeiten gewesen ist, und auf die lange, allgemein verkannte Tatsache hingewiesen, dass die 68er-Generationen die Nutznießer und nicht die Erfinder der vielen neuen Freiheiten waren. Völlig überfordert und in einer Art »massenhafter Erleuchtung« füllten diese Generationen die neuen Freiheiten mit vielen Ideologien, und sie hoben ab. Sie steigerten sich in Extremismen hinein. Alles, was immer besser wurde, die neue Leichtigkeit des Lebens, »kulturrevolutionierten« sie nach fremden Vorbildern. Seit eh und je weise ich darauf hin, dass die 68er nicht die Erfinder der Aufarbeitung der Nazizeit sind, dass diese Aufarbeitung in Westdeutschland vorher begann und bei den 68ern lange Zeit nicht im Fokus stand. Dieses Thema entdeckten sie erst viel später und behandelten es oft allzu taktisch. Auch hierauf weisen immer mehr Alt-68er heute selbstkritisch hin, wie sie auch seit Längerem mühsam eingestehen, dass sie in Mao Zedong einem Rattenfänger und Despoten gigantischen Ausmaßes hinterhergelaufen sind.

Der Mao-Anhänger Rudi Dutschke war nicht nur ein Charismatiker, er war auch ein ausgesprochen sympathischer Mensch im persönlichen Umgang. Für die Revolution, die er wollte, war er womöglich zu weich. Dennoch gilt: Wer heute eine der noch besten Reden Rudi Dutschkes anschaut, kann angesichts des ideologischen Unsinns, in den er sich hineingesteigert hatte, fast schon Mitleid mit Dutschke und seinen Anhängern empfinden. Gleichwohl haben sich die damals entzündeten Ideologien der Westlinken in den letzten fünfzig Jahren zum gesellschaftlichen Leitbild entwickelt. 68 ist zur »Leitkultur« des Westens geworden. 68 ist also tatsächlich immer noch ein brennendes Thema. Dieses Buch handelt von den pop-kommunistischen Blessuren der Bundesrepublik, die sich von den Nachwirkungen der adaptierten »Kulturrevolution« selber nicht mehr befreien kann. Deswegen betrachte ich hier noch einmal die Zeit des ideologischen Urknalls, der die Gesellschaft seither antreibt, und erzähle am Beispiel meiner Familie die Geschichte von 68 neu. Wer die Politik heute verstehen will, findet einen guten Einstieg, wenn er sich den Anfang der Geschichte noch einmal genau ansieht.

Sehr oft werde ich nach meiner Zwillingsschwester gefragt, danach, wie sie alles erlebt und erfahren hat. Immerhin, es geht auch um ihren Vater, ihre Mutter, ihre Schwester, nämlich mich, und sie selbst. Dazu möchte ich sagen: Sie war zwar in fast allen Situationen, die ich beschreibe, dabei, aber natürlich hat sie ihre eigene Sicht auf die vielen Themen, Menschen und Ereignisse, die in diesem Buch vorkommen. Bei meiner Schwester möchte ich mich dafür bedanken, dass sie zustimmte, die vielen bisher unveröffentlichten Dokumente über und von Meinhof, die auch ihr als Miterbin gehören, zu verwenden und hier erstmalig zu veröffentlichen.

17.2.2018
Bettina Röhl

ESSAY I

Die beste Bundesrepublik aller Zeiten

Die Bundesrepublik der Sechziger- und Siebzigerjahre war ein Glücksfall in der deutschen Geschichte. Die junge Bundesrepublik hatte Glück. Vielleicht in dem Ausmaß, in welchem sie es hatte, nicht verdient, aber doch selbst erarbeitet. Nach den Schrecken der Nazizeit hatte sie, anders als die DDR, das Glück, im Westen Deutschlands zu liegen und Teil der westlichen Allianz zu werden. Vom Start an hatte sie Glück mit der Einführung der D-Mark am 20. Juni 1948 und einem gelungenen Grundgesetz, mit dessen Inkrafttreten im Mai 1949 die eigentliche Existenz der Bundesrepublik ihren Anfang nahm.

Auch mit ihrem ersten Kanzler, Konrad Adenauer, der am 15. September 1949 mit einer Stimme Mehrheit vom Bundestag gewählt wurde, hatte die Bundesrepublik Glück. Glück hatte sie auch mit dem ersten Bundespräsidenten Theodor Heuss, mit dem die Bundesrepublik zugleich einen starken Gegenpart zum machtbewussten Adenauer besaß.

Die wirtschaftliche Entwicklung aus den Trümmern des Krieges in den Fünfzigerjahren war atemberaubend. Bereits 1960 war die Bundesrepublik die zweitgrößte Industrienation hinter den USA, Vollbeschäftigung war erreicht.

Um die Qualität dieses wirtschaftlichen Aufschwungs aus zerstörten Industrieanlagen, den zerstörten Häfen Hamburg und Bremen, zerstörten Innenstädten und dem zerstörten Wohnraum – circa 25 % aller Wohnungen in Westdeutschland lagen nach dem Krieg in Schutt und Asche – zu verstehen, ist eine demografische Ergänzung zur bloßen Feststellung dieses Aufschwungs hilfreich; man muss sich vorstellen, wie viele Millionen Menschen in diesen Jahren zusätzlich auf den Arbeitsmarkt strömten und Arbeit fanden, um die Dimension der geschaffenen Arbeitsplätze zu begreifen:

Die Bundesrepublik erlebte bis 1961 einen Zuzug von 3,1 Millionen Menschen aus der DDR und insgesamt 8 Millionen Menschen seit 1945 aus den früheren deutschen Ostgebieten und etlichen osteuropäischen Ländern. Diese Menschen, die durch Flucht, Vertreibung und schließlich die unerträglichen Lebensbedingungen in den Nachkriegsjahren im Bereich dessen, was später der Ostblock genannt wurde, in die Bundesrepublik strömten, mussten in Wirtschaft und Gesellschaft integriert werden, und das in einer Zeit, in der durch neue Techniken zum ersten Mal Arbeitsplätze in größerem Stil wegrationalisiert wurden. In der Landwirtschaft war der Verlust an Arbeitsplätzen aufgrund neuer Maschinen besonders krass, aber auch die dadurch betroffenen Menschen wurden sofort mit Arbeit versorgt.

Dazu kam: Bereits 1955 wurde das erste Anwerbeabkommen zwischen Deutschland und Italien, auch und besonders auf Wunsch Italiens, von Bundeskanzler Adenauer in Rom unterzeichnet, die erste Anwerbung von sogenannten Gastarbeitern aus Italien begann. Es folgten entsprechende Abkommen mit Spanien (1960), Griechenland (1960), der Türkei (1961), Marokko (1963), Südkorea (1963), Portugal (1964), Tunesien (1965) und Jugoslawien (1968). Erst 1973 gab es unter der sozialliberalen Koalition einen Anwerbestopp. Danach begann bei den »Gastarbeitern«, die blieben, also nicht mehr Gast sein wollten, die große Welle des Familiennachzugs.

Bereits 1964 wurde der einmillionste Gastarbeiter, ein Portugiese, in der Bundesrepublik gezählt. 1973 lebten per Saldo knapp 4 Millionen ausländische Arbeitssuchende in der Bundesrepublik, eine teils größere Fluktuation eingerechnet.

Trotz all dieser Manpower überstieg die Zahl der offenen Stellen in der Bundesrepublik einige Jahre lang die Zahl der Arbeitslosen im Land. Es gab in der Spitze über weite Strecken bis zu einer Million offene Stellen, was die Arbeitslosenzahlen im Zeitraum zwischen 1960 und 1973 von circa 155 000 bis 250 000 (von der leichten wirtschaftlichen Delle von 1967 und 1968, wo es bis zu 460 000 Arbeitslose gab, abgesehen) in einem anderen Licht erscheinen lässt. Unter dem ersten sozialdemokratischen Bundeskanzler Willy Brandt stieg die Arbeitslosigkeit ab 1973 dann erstmalig wieder an, doch der Wirtschaftsboom lief unverwüstlich weiter.

Der berühmte Antagonismus zwischen Kapital und Arbeit war in diesen Jahren regelrecht aufgelöst, die Waage zwischen Arbeitgebern und Arbeitnehmern war sehr sozial ausgeglichen. Das Bruttosozialprodukt stieg in rasantem Tempo. Die Investitionssteuer – ja, es gab eine Investitionssteuer – wurde von Mai 73 bis November 73 als kurzzeitiges Wirtschaftssteuerungsinstrument eingeführt, um das überschäumende Wirtschaftswachstum herunterzumoderieren. Der weltweite Ölschock von 1972, als die Ölförderländer den Westen seine Abhängigkeit vom schwarzen Gold spüren ließen und eine massive Verknappung des Rohstoffes drohte, hatte die Volkswirtschaften des Westens schwer getroffen. Nichtsdestotrotz lief die Wirtschaft nach kurzer Zeit wieder auf Hochtouren, um nicht zu sagen übertourig. Deswegen sollte mit der Investitionssteuer von 1973 die Investitionstätigkeit der Wirtschaft auf ein niedrigeres Niveau heruntergefahren werden.

Inflation, heutzutage zu einem Synonym für öffentliche Schuldentilgung geworden, galt damals als Feind wirtschaftlicher Stabilität. Nach kapitalistischen Marktgesetzen war es unvermeidlich, dass es den Arbeitnehmern in der Bundesrepublik prächtig ging. Und noch mal: Über viele Jahre hinweg gab es in der Bundesrepublik Vollbeschäftigung und einen teils millionenschweren Überhang an offenen Stellen. Und was Vollbeschäftigung nach Marktgesetzen zwangsläufig wirklich bedeutete, kann man sich heute gar nicht mehr vorstellen:

Nicht erst heute sucht die Wirtschaft angeblich oder tatsächlich dringend Arbeits- und Fachkräfte. Nein, damals gab es einen ausgesprochenen Arbeitnehmermarkt, der jenseits aller Gesetzeslagen die Machtverhältnisse Richtung Arbeitnehmerseite austarierte, und dies trotz der massenhaften Anwerbung sogenannter Gastarbeiter. Die Gewerkschaften, denen die Arbeitnehmer damals noch vielfach die Treue hielten, waren mächtig wie nie.

Die Lohnzuwächse waren erheblich, und auch derjenige, der am Fließband malochte, gönnte sich nach Kühlschrank, Waschmaschine und dem ersten Farbfernseher die regelmäßigen Flug- oder Autoreisen in den sonnigen Süden. Mallorca war schon Mitte der Sechzigerjahre zur »Hausfrauen- und Sekretärinnen-Insel«, zum Urlaubsparadies für jedermann geworden. So sehr, dass es fast ausgeschlossen schien, dass es auf der Baleareninsel noch einmal einen Luxusboom obendrauf geben könnte, wie er seit den Neunzigerjahren zu beobachten ist.

Das Arbeitsrecht entfaltete auch dank einer sich plötzlich besonders arbeitnehmerfreundlich gerierenden Richterschaft eine enorme Wirkung, und zwar zugunsten der Arbeit und zulasten des Kapitals. Das große Thema der Mitbestimmung entwickelte sich, die Betriebsräte wurden immer mächtiger. »Chef, gib mir meine Papiere, ich hab was Besseres!« oder »Das oder du passt mir nicht mehr!« – das war Standard. Die ersten Taschengeld-verwöhnten Generationen von Schülern und Studenten konnten, wenn ihnen danach war, Geld generieren, wann und wo immer sie wollten. Die Jobs für sie lagen im wahrsten Sinne des Wortes auf der Straße und wurden gut bezahlt.

Rasantes Wirtschaftswachstum, Vollbeschäftigung und die damit einhergehende Euphorie, die Veränderung des Lebensstandards und Lebensstils beherrschten das wirtschaftliche und gesellschaftliche Geschehen im Land über Jahrzehnte. Auch wenn der Blick auf die Arbeitslosenquote, also auf die Prozentzahl allein, problematisch ist, weil man unvergleichbare Verhältnisse leicht gleichsetzen könnte, lässt sich per Saldo doch das Bild eines historischen Glückszustandes namens Bundesrepublik Deutschland zeichnen, und entsprechend war die Stimmung: ausgelassene Sorglosigkeit mit der Aussicht »für immer«.

Es war die Blütezeit der besten Republik, die es auf deutschem Boden je gab. Das Hauptproblem der Zeit war, dass es kein Problem gab. Natürlich ist nichts so gut, als dass es nicht noch verbessert werden könnte. Auch in dieser herrlichen Bundesrepublik gab es Menschen, die auf der Schattenseite lebten. Die Zahl der abgehängten Menschen war allerdings kleiner als zuvor und sehr viel kleiner als heutzutage.

Die Menschen hatten ihre persönlichen Träume von noch mehr Wohlstand, noch mehr Freizeit, aber auch von Bildung für jedermann: Die Abiturientenzahlen stiegen Jahr für Jahr.

Aufstieg, Karriere und die touristische Eroberung der Welt beschäftigten die Menschen. BIP und Wachstum stimmten und dito die

Demografie. Eine ausgelassene Sorglosigkeit mit der Aussicht, dass dies jetzt für immer so bleiben und sogar noch besser werden würde, war das Grundgefühl der Zeit, und diese positive Aufstiegsstimmung half auch denjenigen Menschen, wieder Tritt zu fassen, die persönliche Probleme oder Schicksalsschläge erlitten hatten.

Man ging ins Kino, die Theater waren voll, das Sportangebot stieg, diversifizierte sich und wurde immer luxuriöser. Die Mode wurde internationaler, bunter, Musik spielte eine immer wichtigere Rolle.

Mit den ersten italienischen Gastarbeitern kamen Ende der Fünfzigerjahre die ersten kleinen Pizzerien auf. Man ging plötzlich zum »Italiener«, damals noch nicht »Edelitaliener«, aber wahnsinnig nett, persönlich und zuvorkommend. Pizza, Spaghetti und Chianti für wenig Geld schmeckten den Deutschen irrsinnig gut. Hier bahnte sich eine kleine Revolution der Esskultur an. Dann schossen auch griechische und chinesische Restaurants aus dem Boden. Neu, erschwinglich und enthusiasmierend waren die ersten Besuche in diesen kleinen Familienbetrieben, die bald in jeder Kleinstadt zu finden waren.

Waren die Flugreisen in die gelobten, gehassten USA zu Beginn der Sechzigerjahre noch horrend teuer – sie kosteten nicht sehr viel weniger als ein VW-Käfer –, konnten sich Ende der Sechziger, Anfang der Siebziger plötzlich Schüler und Studenten einen Urlaubsflug in die Staaten leisten. Stichwort ABC-Flüge, Advanced Booking Charter.

Das Studium, meist das Wunschstudium, dauerte so lange, wie die Studierenden Lust hatten. Ein Autoleben war dagegen relativ kurz, mit der fantastischen Folge, dass die Autos, die auf schnellen Konsum hin gebaut wurden, dank eines schnellen Wertverfalls zu einem Gegenstand wurden, den sich Studenten problemlos selber erarbeiten konnten, manchmal sogar ältere Schüler.

Und die Studentenbude war angesichts der explodierenden Studentenzahlen zwar nichts mehr, was einem hinterhergetragen wurde, aber Wohnraum für Studenten war im Vergleich mit heute deutlich bezahlbarer, und wer zum Studieren oder zur Wehrdienstvermeidung nach Westberlin ging, fand immer ein Zimmer, meist in den großen Wohnungen und später auch in Wohngemeinschaften, die den schönen Berliner Altbaubestand, der den Krieg überlebt hatte, herunterwirtschafteten.

Die jungen Leute, vor allem die akademische Jugend, fanden damals paradiesische Verhältnisse vor, inklusive bester Aussichten auf einen gelungenen Einstieg in das Berufsleben, und sei es in Gestalt eines langen Marsches durch die Institutionen. Damals war Partytime. Man war privater als heute, und Party hieß Freundeskreis, hieß Einladung, hieß Privatfeiern. Die heutige Eventkultur braucht Tausende von Hilfsmitteln, um die Menschen zusammenzubringen, die 68er feierten individueller, aber umso mehr.

Und: Es gab keine No-go-Areas. Allerdings gibt es die, wie man hört, ja heute auch nicht.

So ist das eben, wenn Vollbeschäftigung herrscht und Arbeitskräfte Mangelware sind, wenn die Arbeit also mehr wert ist als das Kapital. Also, Vollbeschäftigung, Vollbeschäftigung, Vollbeschäftigung – das war das entscheidende Momentum dafür, wie Wohlstand und Wohlstandsverteilung eine Gesellschaft, die diesen Zustand für selbstverständlich hält, in einen euphorischen und allemal wünschenswerten Zustand versetzt.

Dem bundesrepublikanischen 68er (die in den Sechzigerjahren Jugendliche oder junge Erwachsene waren) ging es fantastisch. Die gleichaltrigen Brüder und Schwestern auf der anderen Seite des Eisernen Vorhangs, der, mit selbstschießenden Mordwaffen und schießenden Grenzern bewacht, im Kalten Krieg die östliche und die westliche Hemisphäre voneinander trennte, waren dagegen die großen Verlierer der Zeit und dieses Teils der Weltgeschichte. Sie waren die großen Verlierer des Zweiten Weltkriegs und des ideologischen Experiments des real existierenden Sozialismus/Kommunismus.

Die sogenannte 68er-Generation hatte in der Bundesrepublik die absolute Glückskarte gezogen. Selber zum großen Teil Babyboomer, erlebten sie den Rausch des wirtschaftlichen Booms der Fünfziger-, Sechziger- und Siebzigerjahre. Die ersten Weltreisen führten die damaligen Jugendlichen und jungen Erwachsenen zu spannenden Abenteuern in noch nicht massentouristisch durchgestylte Länder, Gesellschaften und Strukturen. Und zu dem breit sozialisierten Glück trugen auch die kulturellen Impulse der Amerikaner und ihrer Westalliierten bei. Sie waren nicht nur der Garant für die demokratisch-rechtsstaatliche und sozialstaatliche Initialzündung (Grundgesetz) in der Bundesrepublik. Sie brachten den Swing, den Jazz, die Rock- und die Popmusik. Auch die Bewegungen der Avantgarden wie der Blumenkinder, Summerhill, der Hippies, der Beatniks, der Existenzialisten kamen aus Kalifornien, aus New York, London und Paris nach Deutschland. Die Symbolhose namens Jeans feierte ihren Durchbruch.

US-Präsident John F. Kennedy, ein kapitalistischer Großerbe eines mit zweifelhaften Methoden erworbenen Vermögens von Papa Joseph, hatte die Deutschen 1963 mit seinen beiden kleinen Sätzen »Kölle alaaf« und »Ich bin ein Berliner« in Verzücken versetzt und gleichsam ein bisschen Hollywood in den Kalten Krieg gebracht und einen neuen Politikertypus etabliert. Mit seinem Ausspruch »Frag nicht, was dein Land für dich tun kann, sondern frag, was du für dein Land tun kannst« hatte Kennedy die Jugend nicht nur in den USA, sondern auch in Westeuropa begeistert. Kennedy hat den Vietnamkrieg Anfang der Sechzigerjahre forciert und die USA tiefer in den ursprünglich französisch-vietnamesischen Konflikt hineinverstrickt. Auch in der Rassenfrage, dem Konflikt zwischen den weißen und den schwarzen US-Amerikanern, hatte Kennedy keine glückliche Hand. Gleichwohl wurde Kennedy, der das bürgerliche Deutschland mitgerissen hatte, schnell zu einem Idol der jungen Generation in der Bundesrepublik und weltweit. Das junge und glamouröse Präsidentenpaar verkörperte einen Aufbruch, wohin auch immer.

Der Westen und die Avantgarde

Klassisch erhebt das, was man das linke Lager nennen könnte, einen Monopolanspruch auf den Avantgardismus. Tatsächlich aber war mit der Russischen Revolution, später mit dem Stalinismus und ganz besonders auch mit dem Maoismus der Avantgardismus im Osten tot. Seit dem Zweiten Weltkrieg nichts Neues im Osten. Im Westen dagegen explodierten die Kultur und die Subkultur in ekstatischer Weise. Dank der rasend schnellen Entwicklung der Technik verfügte bald jeder Jugendliche über einen eigenen Plattenspieler, ein eigenes Radio und hatte Zugriff auf einen Fernseher und ein Telefon (damals noch mit Wählscheibe). Die allgemeine Mobilität stieg rasant, und so konnten die Menschen mit ihrer neu gewonnenen Freizeit (40-Stunden-Woche, der freie Samstag, bald auch in der Schule, sechs Wochen Urlaub usw.) auch gleich etwas anfangen. Weihnachtsgeld, Urlaubsgeld und gute Löhne ermöglichten Reisen, Klamotten, Konsum und auch den Konsum der neuen kulturellen Angebote: Pop-Art, Nouvelle Vague, Bildungsreisen, Comics, Zeitschriften, Fernsehserien, Fernsehshows. Neue Genres wie der Western oder die vielen Fernsehserien für Kinder und Erwachsene kamen nach Deutschland und wurden über Nacht selbstverständlich.

Und das Schönste waren die ungeheure Liberalität und Großzügigkeit, die sich seit den Fünfzigerjahren in Deutschland entwickelten; sie waren auch der angelsächsischen Lässigkeit, dem französischen Charme und den vielen anderen Einflüssen aus Skandinavien und Italien geschuldet, aber eben auch der hier immer wieder hervorzuhebenden wirtschaftlichen Prosperität und ganz besonders der Vollbeschäftigung. Die Lohnzuwächse, also der wirtschaftliche Aufstieg und damit die Euphorie waren ganz essenziell für die damalige Zeit. Und ein besonderer i-Punkt obendrauf waren die bis dahin von noch keiner Jugend derartig frei ausgelebten eigenen Moden, Attitüden, Ansichten, Verhaltensweisen usw. in antagonistischer Abgrenzung gegenüber den Altvorderen.

Und es gab eine faktische Freiheit, die inzwischen von der Durchcomputerisierung der Gesellschaft und auch von der Computerisierung in den Köpfen erwürgt wird. Will sagen: Der heutige Mensch ist ein »gläserner Mensch«. Dein Finanzamt weiß alles über dich, deine Bank, dein Einwohnermeldeamt weiß alles über dich. Die Auskunfteien, Schufa, Kreditreform etc. wissen alles. Deine Universität, deine Schule, dein Arbeitgeber, deine Polizei, sie alle kennen dich durch und durch. Deine örtlich zuständige Behörde weiß alles, und damit weiß auch jede andere Behörde alles, und das große Computersystem wird immer europäischer und immer globaler. Das Netz wird enger und mit der Abschaffung des Bargeldes wird die faktische Freiheit gänzlich beseitigt. Die 68er hätten ihren Lebensstil, mal irgendwo wohnen, mal irgendwo arbeiten, mal sich irgendwo zum Schein anmelden, mal irgendwo ein paar Monate aussteigen, mal irgendwo studieren, mal ein bisschen Sprengstoff hin und her transportieren, mal irgendwo ein bisschen Terror machen, heutzutage nicht so stressfrei und entspannt auskosten können, wie sie es damals konnten.

Rasen betreten verboten

Die Kriegsgenerationen, geprägt durch Naziterror, Entbehrungen, Kriegserfahrungen und ungeheure wirtschaftliche Depressionen und jetzt hineingeworfen in einen ebenso ungeheuren Wirtschaftsaufschwung und Wohlstand, empfanden naturgemäß Dinge, die sie in ihrer eigenen Jugend vielleicht selber getan hatten oder gern getan hätten, als ungehörig, wenn sie nun von den jungen Leuten kamen. Lange Haare, laute, ihnen fremde Musik, »Herumgammeln« in der Freizeit, Miniröcke, Jeans, Coca-Cola, all das war suspekt und empörend. Das allerdings war nicht mehr als die typische Reaktion jeder älteren Generation, die ja auch immer ein bisschen neidisch auf die jüngere Generation ist und auch nicht gern zuschaut, wie ihre eigene Macht an die nachfolgende Generation übergeht. Auch der neue Luxus, in dem die jüngere Generation spätestens seit Beginn der Sechzigerjahre aufwuchs, ohne naturgemäß einen Handschlag dafür getan zu haben, mag manchen Neid der Älteren erzeugt haben.

Beispiel: Der Hamburger Stadtpark. Schon seit Kaisers Tagen war der Stadtpark ein echter Volkspark. Wald und Wiesen, Blumen, Büsche und viele Flächen zum Bespielen oder zum Ansehen. Flächen für Ruhe und Flächen für das laute Sport- oder Familienvergnügen. Da gab es den französischen Garten, die englische Landschaft, Wasserspiele, einen Schwimmbereich. Es gab Rasenflächen zum Angucken und Rasenflächen, um darauf herumzurasen, Fußball zu spielen oder sich dort mit der damals üblichen Picknickdecke ein paar Stunden aufzuhalten.

Klar, auch wenn es nirgends dranstand, niemand durfte die Bäume eigenmächtig fällen oder in Brand setzen, niemand durfte die Büsche oder die Blumen klauen oder vergiften, niemand die Goldfische grillen. Das stand nicht überall dran, das war Konsens. Die Rasenflächen, die zur Landschaftsgestaltung gehörten und deswegen als Rasenflächen nicht zertrampelt werden sollten, wurden bald durch die berühmt-berüchtigten kleinen Schildchen »Rasen betreten verboten« gesichert.

Das Kultur- bzw. Un-Kulturproblem, der Rocker, war auf Tabubruch gebürstet, war unpolitisch. Da musste schon manch eine Rasenfläche der Kategorie »Bitte nicht betreten« gelegentlich dran glauben. Das führte bei vernünftiger Betrachtung und durchaus zu Recht zu Ärger. Das »Rasen-nicht-betreten«-Schild[1] allen Ernstes als das Symbol eines »bösartigen Hoheitsaktes« und einer »repressiven« und »gleichgültigen« Gesellschaft auszumachen, wie es die späteren sogenannten 68er taten, wollen wir großzügig als den Infantilismus verbuchen, der auch zu den Privilegien einer jungen Generation gehört. Man will halt als junger Erwachsener gelegentlich am liebsten genau das tun, was »verboten« ist.

Drogen

Ohne Zweifel, die real existierende und wachsende Liberalität in den Sechzigerjahren produzierte schnell die bis heute immer noch verharmloste Schattenseite eines ungesunden Verhältnisses zu Drogen und zu einem ungesunden Ausmaß an Drogenkonsum, der Ende der Sechziger hoch in Mode kam und dann überschäumte. Der geradezu politisierte Überbau, der damals sogar in den öffentlich-rechtlichen Medien, die noch eine Monopolstellung hatten, in einschlägigen Sendungen verbreitet wurde, gipfelte trotz aller Skepsis, aller Warnungen und aller Kritik unter anderem in der Formel, dass Drogen eine geradezu fantastische Bewusstseinserweiterung politisch, persönlich und natürlich sexuell bewirkten.

Gesellschaft und Staat waren damals de facto so liberal, dass nicht einmal kriminelle Verstöße gegen das Betäubungsmittelgesetz adäquat geahndet wurden. Wie sonst ist es zu erklären, dass der Drogenkonsum in den späten Sechzigern und in den Siebzigern ein derartiges Ausmaß annehmen konnte? Wie sonst sollte damals in der angeblich so »repressiven«, »polizeistaatähnlichen« Situation eine derartige Verbreitung des Drogenkonsums überhaupt möglich gewesen sein, wenn nicht ein großes Laissez-faire des Staates an den Tag gelegt worden wäre? In den gelobten Ländern der menschenverachtenden, unrechtsstaatlichen Ostblocksysteme hatte kein Drogendealer den Hauch einer Chance. Nur in der Bundesrepublik, und vergleichbar in anderen westlichen Ländern, gab es diese Form des Drogenproblems, und zwar aus falsch verstandener Liberalität.

Sexuelle Revolution

Seit Mitte der Sechzigerjahre revolutionierte die für jedermann erhältliche Antibabypille zunehmend das Sexualleben der Gesellschaft. Erste Sexwellen schwappten in den Sechzigerjahren über das Land, der Minirock wurde immer kürzer. In Kampen auf Sylt, Timmendorfer Strand, Saint-Tropez und sonst wo sonnte sich die Damenwelt ganz selbstverständlich (an den Textilstränden) oben ohne. Popkultur, Pop-Art, Hippies (Flower-Power) und die sogenannte sexuelle Revolution bewegten die Gesellschaft durch alle Schichten hindurch. Über Pornografie oder die Sexläden von Beate Uhse regte sich bald niemand mehr auf. Und nicht etwa nur Zeitschriften wie *Playboy* und *Penthouse* warben mit nacktem Busen auf den Titelseiten. Verdammt viel Nacktheit gab es spätestens ab den Siebzigern in den Hochglanzmassenmedien wie *stern*, *Spiegel* usw. Und natürlich auch in der Studentenzeitschrift *konkret*.

Dank des medizinischen Fortschritts schien es eine Weile so, als ob infektiöse Begleiterscheinungen der freien Liebe mit wechselnden Partnern ihren früheren Schrecken verloren hätten. Das machte die Liebe für eine ganze Zeit noch ein Stück unbeschwerter als zuvor und auch als heutzutage.

Der heilige deutsche »Tatort«, der allsonntäglich auch damals schon im Monopolprogramm des Ersten Deutschen Fernsehens über die zunehmend bunt werdende Mattscheibe flimmerte, kam über einige Jahre nicht ohne die wohlgeformten Brüste einer hübschen Frau aus.

Nicht überall war die Liberalität schon angekommen

Der erste Kanzler der Bundesrepublik, Konrad Adenauer, war bei den Westalliierten, die unter eigenen erheblichen Opfern die Menschheit und Deutschland von der Naziherrschaft befreit hatten, und auch vom Staat Israel als Demokrat westlichen Zuschnitts respektiert. Er schwor, gegen den Widerstand großer Teile des linken Lagers, die Bundesrepublik auf den Kurs einer Westbindung ein. Etwas Besseres hätte der Bundesrepublik zu dieser Zeit nicht passieren können. Letzten Endes der besonderen Situation des Kalten Krieges geschuldet, hatte die BRD in dieser Zeit das Glück, ihr berühmtes »Wirtschaftswunder« zu entwickeln.

Nicht nur, aber doch ganz wesentlich wegen der Geldmittel, die aus dem berühmten Marshallplan nach Deutschland geflossen waren, so die gängige Geschichtsschreibung, sei die Bundesrepublik wirtschaftlich so schnell wieder auf die Beine gekommen. Tatsächlich zündete die Marshallhilfe in Deutschland ganz anders als in den meisten anderen europäischen Ländern. Die Griechen bekamen zum Beispiel pro Kopf eine etwas höhere Marshallstarthilfe als die Deutschen, die aber in Griechenland vollkommen versickert ist. Der Wille der Bundesbürger, wirtschaftlich, aber eben auch nicht nur wirtschaftlich neu zu starten, war groß, und das machte die ungeheure Stabilität der jungen Bundesrepublik aus, was einen politischen Wert an sich darstellt.

Die viel beschworene Arbeiterklasse war hochzufrieden und hatte sich bereits in den Fünfziger- und Sechzigerjahren von so manch kommunistischer Einwirkung[2] nicht beirren lassen und bot keinerlei revolutionäres Potenzial für den Protest der Neuen Linken, die sich Anfang der Sechzigerjahre in den USA und auch in Westeuropa zu entwickeln begann. Auch die bürgerliche Gesellschaft war, von avantgardistischen Ausnahmen abgesehen, nicht revolutionsbereit. Das »System« stand für den Umsturz leider nicht zur Verfügung. Das Grundgesetz mit seinen rechts- und sozialstaatlichen Errungenschaften musste seit 1949 zwar noch mit Leben erfüllt werden, aber es trug. Und das Leben in der Bundesrepublik war für die meisten Menschen, die damals noch sehr bescheiden waren, sehr lebenswert. Auch der zweite Kanzler, Ludwig

Erhard, war ein wirtschaftsliberaler weltoffener Politiker, dem die Sozialisierung des Wohlstands, also Verteilungsgerechtigkeit, so wichtig war wie das Leistungsprinzip.

Ohne Frage war die Liberalität der Bundesrepublik nicht überall angekommen. Die katholische Kirche, die sich etwas resistenter gegen die Naziherrschaft erwiesen hatte als die evangelische, die sich später schnell links anbiederte, war nicht gerade die modernste und liberalste Organisation. Recht und Ordnung in einem tradierten patriarchalen Sinn erwiesen sich als durchaus resistent. Es gab in Deutschland, wie in allen westlichen Ländern, in den Institutionen und auch in vielen Familien tradierte autoritäre Strukturen, deren Zeit allerdings abgelaufen war. Eine allgemeine Anpassung an die überkommene Ordnung war Konsens. Darin unterschied sich die Bundesrepublik nicht von den anderen Ländern des Westens.

Das Heimwesen, in denen Waisenkinder, schwer erziehbare Kinder oder sonst aus dem Raster gefallene junge Menschen lebten, war punktuell wenig menschenfreundlich. Und dies war nicht nur der zwölf Jahre währenden Naziherrschaft geschuldet, sondern Ausdruck einer noch viel älteren, obrigkeitsstaatlichen Grundhaltung vieler Menschen, mit der sie schon in die Nazizeit hineingegangen waren. Diese Angepasstheit an die Obrigkeit war keine deutsche Besonderheit. Auch in Frankreich, Italien, Österreich, England und überall sonst herrschten tradierte gesellschaftliche Hierarchien. Auch dort gab es in den Heimen, aber auch in den Schulen, in Internaten und in vielen Familien teilweise sehr rückständige Strukturen. Die körperliche Züchtigung von Schülern währte in England und Frankreich alles in allem länger als in Deutschland. Und nirgends in der Ersten Welt gab es so viel Leid an den Unterbringungsorten oder Verweilorten von aus der Gesellschaft herausgefallenen jungen Menschen wie in der DDR und den anderen Ländern der Comecon-Staaten. Ganz zu schweigen von den Heimsituationen in Nordvietnam, China, Nordkorea und sonstigen kommunistischen Horrordiktaturen, die damals von der APO als die gelobten Länder gepriesen wurden. Das alles ist keine Freizeichnung für Missstände in der Bundesrepublik. Nur im Namen von Mao Zedong, Ho Chi Minh, Che Guevara, Lenin die Bundesrepublik zerstören zu wollen, um eine menschlichere Gesellschaft zu formen, das liegt sowohl intellektuell als auch emotional jenseits der Grenze des Komplettirrsinns.

Die Nazis waren, möchte ich einmal in Anlehnung an Hannah Arendt sagen, viel zu banal, als dass sie in zwölf Jahren einen neuen Nazimenschen geschaffen haben können. Es ist also zu billig, die Elterngeneration als Immer-schon-Nazi und Für-immer-Nazi bleibend zu verbösern und dann Jahrzehnte nach Hitler den heldenhaften Widerstandskampf zu zelebrieren. Das war auch nicht sonderlich mutig. Und die Nazi-Karte haben die 68er, historisch gesehen, auch erst zweitrangig gespielt. Ihr erster Ansatz waren Marx und Co., war die kommunistische und sozialistische Revolution. Die Protestkultur oder Unkultur mit einem sehr ähnlichen Ansatz wie in Deutschland gab es auch andernorts im Westen, sogar in Japan, das ich auch einmal in diesem Zusammenhang zum westlichen Kulturkreis rechnen möchte. Die Nazis waren mitnichten der Protestauslöser, aber ein probater Protestverstärker. Die Verfolgung schuldig gewordener Nazis durch den Rechtsstaat Bundesrepublik war eine Mammutaufgabe, die gar nicht so perfekt gelöst werden konnte, wie es moralisch geboten war. Auch im öffentlich-rechtlichen Bereich dachten viele Staatsdiener unmodern. Und natürlich gab es auch noch Schuldige in den Ämtern.

Es war im goldenen Zeitalter der Bundesrepublik der Sechzigerjahre nicht alles Gold, und auch nicht alles, was glänzte, war Gold. Im Vergleich zu anderen westlichen Demokratien stand die Bundesrepublik jedoch nicht nur in Sachen Bildung und Produktivität und Exportleistung, sondern auch was ihre Verfassungsstabilität anbelangt, gut da.

Auch der Rechtsstaat, und der hieß Bundesrepublik Deutschland, funktionierte gut, auch wenn dies für viele Ohren heute ungewöhnlich klingt, da in den letzten 50 Jahren tonnenweise Literatur veröffentlicht wurde, die den Rechtsstaat Bundesrepublik – in den Fünfzigerjahren wegen des KPD-Verbots und der entsprechenden Verfahren gegen Kommunisten, dann wegen der zahlreichen Verfahren gegen die 68er und schließlich gegen die RAF (»Stammheim-Prozess« o. Ä.) – in maßloser Weise zu einem regelrecht faschistischen Unrechtsstaat runtermacht.

Unrechtsurteile gibt es. So war zum Beispiel der Freispruch für den Polizisten Karl-Heinz Kurras, der den Studenten Benno Ohnesorg 1967 nach einer Demonstration gegen den Schahbesuch erschoss und Jahrzehnte später als Stasi-Mann entlarvt wurde, sicher mehr als zweifelhaft, aber die Bundesrepublik war deshalb kein Unrechtsstaat. Wenn es eine Zeit gab, in der die Justiz funktionierte, dann waren es die Sechziger- und Siebzigerjahre. Selbst einzelne Richter mit oft unerkannter Nazivergangenheit machten aus der Bundesrepublik keinen Unrechtsstaat. Man schaue sich zum Beispiel die sehr liberale Rechtsprechung des Bundesverfassungsgerichtes von damals an. Die muss sich in keiner Weise verstecken. Es gab keine Orientierung an der heute allgegenwärtigen politischen Korrektheit, deren Existenz von den Korrekten natürlich geleugnet wird.

Was die Urteile und Verfahren gegen die teils sehr gewalttätigen und terroristischen Spitzenleute der APO und später der RAF und anderer Terrorgruppierungen aus den Siebzigerjahren angeht, weiß man längst, dass die Bundesrepublik bis heute eher moderat agierte und agiert. Tausende von straffällig gewordenen 68ern kamen bereits 1970 in den Genuss einer eigens für sie geschaffenen Amnestie[3] ihrer zahlreichen Straftaten, die sie bei den teils massiven Protesten 1967/68 und 69 verübt hatten. Eine Modernisierung des Demonstrationsstrafrechts wurde in die Wege geleitet. Alle Strafen, die unter acht Monaten Haft lagen, wurden amnestiert und damit circa 5000 junge Menschen, die ihre Chance auf den erwünschten Eintritt in den öffentlichen Dienst bereits verspielt hatten, wieder zurück in die Gesellschaft (und eben auch in den Staatsdienst) geholt, was zeigt, wie liberal der Rechtsstaat mit der Protestgeneration schon vor 50 Jahren umging. Auch die Linksterroristen aller Couleur wurden, wie man heute weiß, eher privilegiert behandelt. Es gab sogar die Zusammenlegung von Männern und Frauen, wovon Gefangene weltweit bis heute nur träumen können. Viele RAF-Gefangene wurden trotz schwerer Haftstrafen frühzeitig (privilegiert) begnadigt.

Brauchte die Bundesrepublik also eine »Revolution«? Ich behaupte nein. Ein Systemumsturz war in den westlichen Demokratien gerade nicht angesagt. Er war fehl am Platz, kontraproduktiv. Diese These habe ich am 8. 9. 2007 in einem Artikel für die *Welt am Sonntag* vertreten, wo ich die Frage stellte, die ich auch hier stellen möchte:

»Wo stünde die Bundesrepublik heute, wenn es die Destruktionswut der APO und der 68er, die zwischenzeitlich sogar einmal Bundesregierung waren, nicht gegeben hätte? Die Bundesrepublik in den Endsechziger- und Siebzigerjahren unter den Kanzlern Willy Brandt und Helmut Schmidt stand im Weltranking nicht nur ökonomisch ganz weit oben, sondern auch ideell-politisch in der Spitzengruppe. Die Bundesrepublik hatte im Vergleich zu anderen Staaten ein hohes Niveau, was Bildung und wirtschaftliche Teilhabe aller Bürger anbelangt. Sie war ein stabiler Rechtsstaat, eine stabile Demokratie und ein überbordender Sozial-, Kranken- und Rentnerversorgungsstaat. Vollbeschäftigung war gewährleistet. Die Bundesrepublik musste sich im Kalten Krieg behaupten und stellte sich dem Versuch der Bewältigung der Nazivergangenheit. Die Geschichte muss wieder auf die Füße gestellt werden.«[4]

Diese Frage hat auch Bundestagspräsident Norbert Lammert kurz danach, im Oktober 2007, in seiner Rede[5] bei der Gedenkfeier für die Opfer der RAF mit Hinweis auf meinen Artikel aufgegriffen.

Das Jahr 68 und die Geschichtsschreibung

Die 68er selber sehen ihr Land, die Bundesrepublik Deutschland, jedoch ganz anders. Sie sehen nicht das von allen Historikern erkannte goldene Zeitalter von 1950 bis 1973 inklusive des kleinen wirtschaftlichen Knicks 1966, sie sehen nicht die Liberalisierung, den Beginn der Reformen in Bildung, Kindererziehung, Frauenemanzipation, die alle schon vor der großen Revolte von 68 in Gang gekommen waren – sie, die noch aktiven oder ehemaligen Lehrer, Politiker, Pastoren, Juristen, Journalisten, Professoren, Kulturbeflissenen und Schriftsteller, sehen und lehren es als eine ganz und gar furchtbare Zeit.

Der Grundtenor aller 50 Jahre alten, in Echtzeit historisierenden 68er-Beschreibungen und -Bewertungen, wie auch ganz aktueller Einordnungen, lautet fast zwanghaft stereotyp, dass die Bundesrepublik in den Fünfziger- und Sechzigerjahren dumpf, schwarz, braun, restaurativ, post- und neofaschistisch, verstaubt, verklemmt, schrecklich, unmenschlich, autoritär, obrigkeitsstaatlich, pseudoidyllisch und für junge Menschen lebenszerstörend gewesen sei, also fast ein Gulag, in dem die Sonne kaum durch die noch braunen Wolken hindurchscheinen konnte.

Diese historische Bewertung ist stets der Auftakt zu den Konglomeraten aus Berichten und Analysen, die dann folgen: Die 68er-Bewegung war notwendig, sie war der große Befreiungsschlag, sie war die Neugeburt der Bundesrepublik, die eigentliche Staatsgründung, die 1949 nur abstrakt im Gesetz gestanden hätte. Die Bücher, Filme, Artikel, Broschüren, Abhandlungen, Dokumentationen, Seminararbeiten, Zusammenstellungen, Kampagnen, die sich mit dem Thema 68, RAF und Co. befassen, füllen das Volumen ganzer Abraumhalden, die in den Bergbaugebieten dazu beitragen, dass sich die Erde senkt.

Darunter gibt es auch viel Kritik an 68, die allerdings letztlich stets der Glorifizierung oder Rettung der ideologischen Irrungen und Wirrungen und Aktionen dient. Der Grund dafür ist simpel: Mit selektiver, freiwilliger Selbstkritik von 68ern an »68« wird sich auseinandergesetzt, darüber wird diskutiert. Kritik von früheren oder späteren Gegnern von 68 wird als 68er-Bashing diskreditiert, ignoriert oder mit Hass verfolgt. Unabhängig davon, ob die 68er selber zugeben, wie es Thomas Schmid, früherer Frankfurter Sponti mit Sympathie für die RAF und später Chefredakteur und Herausgeber der WELT, getan hat, dass die früheren Gegner, konkret Axel Springer, sogar am Ende der Geschichte recht gehabt hätten, während man selber als 68er, der Springer bekämpft hatte, damals falschgelegen habe. Oder ein Peter Schneider, der konzedierte, dass man mit der Glorifizierung der Kulturrevolution in China verdammt falschgelegen habe: Kritik von außen wird als geradezu persönlich und unerträglich empfunden. Oft wird auch versucht, der Kritik den Wind aus den Segeln zu nehmen: Ja, das wissen wir schon lange, dass wir auch Fehler gemacht haben, das ist nichts Neues.

Die Geschichtsschreibung zum Thema der 68er-Bewegung liegt seit 50 Jahren fest in der Hand der inzwischen ebenfalls 50 Jahre älter gewordenen 68er aller Couleur. Auch alle Filme, Theaterstücke, Artikel, Romane, Bilder über das Thema 68, RAF, Alternative Kultur werden von früheren 68ern gemacht. Und diese Geschichtsschreibung beginnt stets mit demselben Märchen:

Es war einmal ein schrecklich' Land namens Bundesrepublik Deutschland. Es herrschte zwar Vollbeschäftigung, und den Menschen ging es so gut wie nie zuvor, aber das war nebensächlich, es brachte niemandem Glück. Die Menschen lebten trotzdem wie aufgezogen, wie »gleichgeschaltet« (Marcuse) in einer kalten furchtbaren Konsumwelt (»Konsumterror«), die sie vollkommen von sich selbst und allem entfremdete, und die Idee, jeden Tag arbeiten gehen zu müssen, war für sie wie Folter. Ein ganzes Leben lang nur arbeiten, womöglich eine Familie haben, kleine Kinder, dieses schreckliche spießige falsche Familienglück, das empfanden sie alles nur als verlogene Enge, als den Horror, dem sie zu entfliehen suchten. Nie wieder wollten sie in einer solchen falschen bösen Idylle leben. Stattdessen wollten sie frei sein und high sein, forever young.

Trotz der anhaltenden wirtschaftlichen Hochkonjunktur, die mit der Währungsreform begann und erst 1973 endete und die natürlich auch danach noch weiterging, gab es noch Lehrer, die ihre Schüler anbrüllten, und noch Eltern, die sich über lange Haare, Beatmusik und Miniröcke aufregten. Und es gab auch noch Nazigrößen. Allerdings verfügten die über keinerlei gesellschaftliche Relevanz. Auch nicht während der kurzen und regionalen Blüte der NPD im Jahr 1967/68. Und immer wieder muss man betonen, dass die Protestler sich damals für die Nazivergangenheit der Elterngenerationen viel weniger interessiert haben, als sie es im Nachhinein behaupten.

Letztlich, so die 68er-Geschichtsschreibung, ging es allen Menschen in der Bundesrepublik schlecht. Die meisten wüssten es nur nicht, und die 68er sahen es als ihre Aufgabe an, es allen »bewusst zu machen«. Die jungen Leute, die dieses Bewusstsein erlangten, merkten plötzlich, sie haben »einen Hass«, ein Wort, das damals Mode wurde: »Ich hab'n Hass.« Einfach so gegen alles und nichts.

Und dann kamen die Erlöser aus dem Studentenmilieu, die sagten, dass alles ganz anders werden müsse, dass alles besser, freier, heller werden müsse, dass man sich von der Familie, den Eltern, den Autoritäten, dem Chef, der Regierung, von dem Zwang zu arbeiten, von dem Zwang, kleine Kinder zu haben, und von dem Zwang der Ehe, der Zweierbeziehung, befreien müsse und dass man das ab jetzt in die Welt hinausschreien und Aktionen machen müsse, um alle Alten und Jungen und die Regierenden darauf aufmerksam zu machen, dass ab sofort ein neuer Typus Mensch komme, dass die jüngere Generation alles besser und freier und schöner machen wolle und könne, und natürlich wolle man den Rasen mit dem Betreten-verboten-Schild endlich genüsslich zertrampeln, das sei jetzt politisch. Und dann kam Licht über uns, und das Licht hieß 68.

Die Entstehung der popkulturellen Luxus-Revolution

Wann beginnt »68«? Und was war los in dieser Zeit, als sich ganze Generationen so sehr ihrer Provokationswut, ihrem Hass auf alles widmeten? Als die 68er ihre Utopie eines neuen Menschen, der sie selbst sein wollten und zu dem sie den Rest der Gesellschaft umerziehen wollten, so wichtig nahmen, dass sie dafür die Zerstörung aller Traditionen, der Kultur, der Familie, des Systems und ihrer Gesellschaften nicht nur in Kauf nahmen, sondern großartig fanden und versuchten, diese Zerstörungen durchzusetzen?

Die sogenannte 68er-Bewegung begann Anfang der Sechzigerjahre mit der Entstehung der Neuen Linken, also mit einer neuen kommunistischen Utopie, die sich an China (und Kuba) und nicht mehr an der stalinistischen Sowjetunion (alte Linke) ausrichtete und die sich im Westen mit einer Art popkulturellen Luxus-Revolution vermischte. Eine neue Pop- und Rockmusik und die Erfindung der Antibabypille trafen in der Bundesrepublik auf die erste Nachkriegsjugend, die sich in dem wachsenden Wohlstand und den damit verbundenen individuellen Freiheiten vergleichsweise autonom bewegen konnte. Diese aus dem frühen Wirtschaftswunder stammende »Taschengeld«-Generation profitierte als erste von der Liberalisierungswelle, die der wachsende Wohlstand in die westlichen Demokratien brachte. Fast alle 68er-Köpfe erzählen in ihren zahlreichen Autobiografien schwärmerisch von ihren unbeschwerten und behüteten, meist vollkommen unpolitischen Jugendjahren in den Fünfzigern und Sechzigern zwischen Schule, Kinobesuchen, Tischtennis, Skiurlauben und ersten Auslandsreisen und unendlich vielen Privilegien und Freiheiten, die sie dann plötzlich die eigenen Elternhäuser als eng und unverständlich empfinden ließen.

Während die junge Generation in einen Rausch der Möglichkeiten fiel, geprägt von Mobilität, Geld, Reisen, Stipendien und sagenhaften Karriereaussichten, aber auch von ausgeflipptem Lebensstil und einer völlig neuen Unterhaltungsindustrie, Fernsehern, Plattenspielern, Tonbandgeräten usw., fühlten sich die Eltern womöglich etwas abgehängt und waren vielleicht auch ein wenig neidisch angesichts einer Jugend, die aus ihrer Sicht selber noch gar nichts geleistet hatte. Und die Eltern, die oft Krieg, Vertreibung, Täterschaft und Opfertum erlebt und den Wiederaufbau aktiv betrieben hatten, verstanden das Lebensgefühl ihrer eigenen Kinder plötzlich nicht mehr.

Ein Song wie »House of the Rising Sun« von einer Band, die sich die »Animals« nannte und 1964 auf Platz 1 der internationalen Hitparaden stürmte, sprengte das Vorstellungsvermögen und regelrecht das Wertesystem der Eltern, und zwar aller Eltern, ob kapitalistisch, kommunistisch, evangelisch, katholisch oder einfach nur bürgerlich, ob arm oder reich. Eben hatte die ältere Generation noch Elvis Presley und Chuck Berry »überlebt«, die die Welt gerockt und die Subkultur amerikanisiert hatten, da fegte in den Sechzigerjahren ein Musik-Tsunami über das Land: die Rolling Stones, die Beatles, die Protestsongs von Bob Dylan bis Joan Baez, The Doors, Genesis, Jimi Hendrix, Pink Floyd usw. Die Namen der unzähligen Superstars und legendären Superbands, die in jener Zeit Weltruhm erlangten, sind bekannt.

Wie vermutlich immer in der Menschheitsgeschichte werden in den Subkulturen und in den Subavantgarden von den Künstlern, denen das einfache Lied nicht mehr reicht, gern auch Oppositionsgedanken oder -attitüden, auch Revolutionsgedanken und überhaupt der Aufbruch zu unbekannten Ufern in die Texte eingewoben – da ist dann auch viel politische Anmaßung und Großtuerei in diesen Songs, die man nicht mit politischer oder moralischer Substanz verwechseln darf. »Revolution«, »Legalize It«, »Lucy in the Sky With Diamonds«, »I Shot a Man in Reno Just to Watch him Die«, oder später: »We don't Need no Education«: Weltrettungslieder, Revolutionslieder, Liebes- und Sexlieder, Rachelieder gibt es tonnenweise, man darf sie allerdings nicht allzu naiv für bare Münze nehmen.

Die Musik machte nicht nur Höllenspaß und schuf bei vielen jungen Erwachsenen eine Art spätpubertäres, sehr luxuriöses Verbundenheitsgefühl gegenüber der ältere Generation, und zwar ganz unabhängig davon, ob die eigenen Eltern verständnisvoll oder verständnislos waren. Diese neue Musik und ihre allgemeine Zugänglichkeit über eigene Schallplatten und Plattenspieler, die ansonsten aber auch in jeder Kneipe zu hören war, schufen nicht nur globalisierte Gemeinsamkeiten, sie erzeugte auch ein kollektives Lebensgefühl von recht haben, einer wilden ursprünglichen Unschuld und einer höheren Weisheit, wie das Leben funktioniert oder wie es zu funktionieren hätte. Die Musik erzeugte Euphorie, Erleuchtungsmomente, Aufbruchsenergien, Allmachtsfantasien, ein über sich Hinauswachsen, Glück, Liebesgefühle, Freude, aber auch Depression, Wut und Hass, eben alles, was Musik mit solchen gewaltigen Effekten, die mit einem Mal möglich waren, bewegen kann. Und sie erzeugte eben auch schon sehr früh überbordende Protestfantasien.

Die Musik, die wir alle lieben und die unser aller Lebensgefühl heute beeinflusst und die das Leben verstärkt, verschönert, bereichert und lebenswerter macht, war eben noch nie zuvor in einem so allgemein zugänglichen Maße in jedem Jugendzimmer, in jeder Boutique und in jeder Diskothek vorhanden gewesen, und damals war die enorme Wirkung der Musik, mit der heute alle lässiger umgehen, noch vollkommen unbekannt. Damals trafen die plötzlich überall zugängliche Musik und dann auch die Drogen unmittelbar, ungefiltert und ohne jede Erfahrung der Menschheit bis dahin auf die Sinne der Jugend. Allerdings hatte die Jugend der Sechzigerjahre in Deutschland die neue Musik nicht in England und Amerika »bestellt«, um gegen die Eltern zu protestieren, sie hatte den Sound der E-Gitarre, der die Hörgewohnheiten der älteren Generationen quälte, nicht erfunden: Der musikalische Zug der Zeit riss die Jugend mit, die sich in eine Protesthaltung hineinsingen ließ und hineinsang.

Die Jugend war vor allem Konsument und Profiteur technischer Revolutionen mit Massenverbreitungsfaktor, die die Voraussetzung für eine harmlose, aus Überschwang geborene westliche Kulturexplosion war, an der viele dann kreativ teilnahmen. Diese hatte allerdings nichts, aber auch gar nichts mit der mörderischen »Kulturrevolution« zu tun, die sich seit 1966 zeitgleich in China abspielte und die nichts anderes war als die nächste Säuberungswelle des großen Vorsitzenden Mao Zedong.[6]

Auch die späteren Generationen in Deutschland lebten in ihren musikalischen, filmischen und modischen Welten und bald globalen Reisen ohne Grenzen – alles wunderbar, wenn es nicht zu jener realitätsfernen politischen Selbsterhöhung gekommen wäre, wie es den 68ern, die diesen Rausch als erste Generation erlebten, passiert ist. Die 68er-Ideologie, die viele Menschen in den Jahrgängen von 1928/29 (zum Beispiel Hans Magnus Enzensberger) bis 1958, die letzten Jahrgänge hatten den 68er-Code bereits als 10-Jährige als ihr Lebensgefühl adaptiert, mitriss, hat die Selbstüberhöhung dieser Generationen, die erste und letzte wahre Jugend mit Durchblick gewesen zu sein, lebenslänglich perpetuiert, und das hängt gewiss auch damit zusammen, dass sie die ersten Generationen waren, die auf eine sehr autonome Weise ihre wirtschaftliche Unabhängigkeit von den Eltern ausleben konnten.

Das politische Schwarz-Weiß-Denken in seiner primitivsten Ausprägung wurde durch dieses bunte und geile Musik-Film-Mode-Wohlstandslebensgefühl vervielfältigt, und es entstanden politische Gewissheiten weitab von jedem Wissen, das auch gar nicht mehr gefragt war.[7]

Nichts, aber auch gar nichts, was das Paradies, in dem sie lebten, ausmachte, hatten diejenigen, die in den Sechzigerjahren Jugendliche oder Studenten waren, selbst erschaffen. Aber sie waren die Nutznießer. Die meisten mussten die Musik nur noch hören, die Italo-Western nur noch sehen, die Mode nur noch kaufen, die einige wenige Stars machten. Sie mussten nur noch ein bisschen Geld von den Eltern kassieren oder ziemlich leicht verdienen, um in alle Welt reisen zu können oder sich viele Leben hintereinander, eins in Indien, eins im Drogenrausch, eins an irgendeiner Uni oder später in irgendeiner politischen Szene leisten zu können.

Warum wollte diese im Wohlstand aufgewachsene Generation das System, den Kapitalismus, die Bundesrepublik zerstören und den Menschen, die ihr Glück in dieser Bundesrepublik machen wollten, das Paradies rauben und einen nebulösen »Neuen Menschen« kreieren, der sie selber in keiner Weise waren?

In diese tanzende, sich popkulturell aufladende Welt der Sechzigerjahre, in der die Menschen einen außerordentlich gemütlichen und kulanten Umgang auch im Geschäftsleben miteinander pflegten, in eine

Welt, die schier ausflippte vor Aufstiegschancen und Geld, platzten unter dem Schutzschild des atomaren Gleichgewichts des Schreckens im Kalten Krieg die ersten Livebilder von (damals noch als exotisch empfundenen) Revolutionsführern wie Fidel Castro und Che Guevara (beide Kuba), Lumumba (Kongo) bis hin zu Mao Zedong (China) und Ho Chi Minh (Vietnam) oder auch Nasser (Ägypten) sowie dem Schah von Persien als Gegenpol.

Die afrikanische Entkolonialisierung, die Bewegungen in Lateinamerika und eben auch der zunächst französisch-vietnamesische Krieg in Indochina, wie Vietnam damals noch hieß, oder der Nahostkonflikt, die Entwicklung in Persien (Iran), um nur einige Beispiele zu nennen, bewegten die frühen 68er, die damals noch gar nicht so hießen.

Während die Bundesrepublik ihren Weg zur Demokratie auf gesichertem wirtschaftlichem Boden beschritt, tobte nicht nur der Kalte Krieg unter dem Dach des beiderseitigen Schreckens der Atomwaffen der Sowjetunion und Amerikas, sondern die globale politische Lage änderte sich dramatisch. Die Sowjetunion, besser die Menschen, die in der Sowjetunion lebten, mussten mit dem unmenschlichen Erbe eines gewissen Josef Stalin, 1953 gestorben, fertigwerden. Das Sowjetsystem, das 1989 zusammenbrach, war ein unrechtsstaatliches, menschenverachtendes Konglomerat, ein Vielvölkerstaat mit einer kolonialen Unterdrückungspolitik aus Moskau, eben eine waschechte, menschenfeindliche Diktatur.

Im Riesenreich China hatte der große Führer Mao Zedong seine Macht mit mörderischen Methoden ausgebaut. In seinem Großen Sprung nach vorn von 1958 bis 1961 schickte er innerhalb kürzester Zeit an die 30 Millionen Menschen in den sicheren Hungertod. Und er baute mithilfe sowjetischer Experten ein eigenes Gulagsystem, die sogenannten Laogai-Lager, ein gigantisches Umerziehungs-Zwangsarbeitslager-System, in dem, über ganz China verteilt, Millionen und Abermillionen von Chinesen verschwanden, gequält und ermordet wurden und in dem seit nunmehr 60 Jahren immer noch Massen von Menschen verschwinden, wobei die Zahlen der dort Umgekommenen bis heute von der KPCh geheim gehalten werden. Haben Sie von diesen chinesischen Gulags, die alle Gulags übertreffen, schon einmal etwas gehört? Oder wirkt die 50-jährige Omertà[8] der Protestbewegungen im Westen so perfekt, dass niemand das

Wort »Laogai« (Reform durch Arbeit) oder auch »Laojiao« (Umerziehung durch Arbeit)[9] – 2013 wurde dieser Ausdruck übrigens in China formell abgeschafft – diese Worte überhaupt kennt?

Mit Maos Kulturrevolution (1966–1976), die zu einem wesentlichen ideologischen Treibsatz für die Protestbewegungen im Westen und in der Dritten Welt wurde, kamen weitere Millionen Opfer, auf grausame Art ermordet, hinzu. Die Crux: Die mörderische chinesische Kulturrevolution wurde im Westen in einer furchtbaren Weise mit der eigenen popkulturellen Luxusrevolution gefühlsmäßig und kopfmäßig verwoben, und dies auf eine grausam artifizielle Weise. Es ist ja nicht so, dass man über China nichts wusste.[10] Und seit sich der große Mordrausch des Irren Mao Zedong nicht mehr leugnen lässt, schleichen sich Maos Westjünger feige aus ihrer Verantwortung.

Und immer war sie dabei, die klare, ganz einfache Schwarz-Weiß-Sicht auf die Welt. Auch die kommunistische Unterwanderung Westdeutschlands durch die DDR[11] half, den Boden für eine öffentliche Darstellung der politischen Verhältnisse in Deutschland und auf dem Globus und überhaupt zu bereiten. Die Leichtigkeit des süßen Lebens ließ bei vielen den Gedanken sprießen, warum nicht auch mal Revolution machen, um dem eigenen Leben einen Sinn einzuhauchen.

Das westliche Leben, der in den Fünfzigerjahren noch so bewunderte »American Way of Life« avancierte, mit Rockmusik untermalt, genüsslich zum Feindbild. Anti-Kapitalismus, Anti-Imperialismus, Anti-Kolonialismus, der neue linke Anti-Amerikanismus, der aus den USA selbst importiert wurde, und der Anti-Rassismus – all diese Worthülsen, die Mao Zedong jahrzehntelang im Munde führte – wurden gleichgesetzt. Die Dritte Welt wurde zum Fetisch und Mao zum Führergott der Neuen Linken.

TEIL I

Auf dem Höhepunkt von 68

März 1968: Umzug nach Berlin

Der Ausflug zu unseren Tanten Holde und Renate, die wir schon so oft in Freiburg und jetzt das erste Mal in Eppenhain im Taunus besucht hatten, ging zu Ende. Es war Mitte März 1968. Unsere Mutter stand mit ihrem neuen blauen R4 vor der Tür, um uns abzuholen. »Wir fahren jetzt nach Berlin, da wird es euch gefallen«, sagte sie zu meiner Schwester Regine und mir, während wir ins Auto stiegen. »Ab jetzt wohnen wir nicht mehr in Hamburg.« Auf der Fahrt erfuhren wir, dass sie sich von unserem Vater Klaus Rainer Röhl getrennt hatte und sich nun scheiden lassen wollte. Papi wohnte weiter in unserem Haus in Hamburg-Blankenese, und wir würden ihn erst mal nicht sehen.

Irgendwie hatten wir uns ja so was schon gedacht. Denn unsere Abreise aus Hamburg drei Wochen zuvor war ja schon einigermaßen beeindruckend gewesen: Unser Vater war morgens noch im Bademantel hinter Mamis Auto hergelaufen und hatte geschimpft, dass wir in Hamburg bleiben sollten. Ulrike Meinhof hatte uns nach Hannover gebracht, wo wir von Tante Holde in Empfang genommen wurden. Unsere Mutter war direkt nach Berlin weitergereist.

»Das Beste«, sagte sie, »ihr kriegt jetzt jede ein eigenes Zimmer.« »Und«, so erzählte sie weiter, es gebe in Berlin ganz viele »Genossen«, die sich auf uns freuten. Das Wort »Genosse«, das wir von unserer Mutter zukünftig noch sehr häufig hören sollten, war mir nicht geläufig. Ich habe aber meine Mutter erst viel später gefragt, was denn ein Genosse ist.

Das alles hörte sich neu und aufregend an. Aus meiner Sicht hatten sich meine Eltern bis zu unserer Abfahrt am 20. Februar noch nahezu perfekt verstanden, von ein paar Streitigkeiten abgesehen. Unser Vater und eigentlich auch unsere Mutter – die allerdings seit Anfang Januar in Berlin und kaum noch zu Hause gewesen war – waren ganz im Gegenteil in den letzten Monaten und Jahren besonders guter Laune gewesen. Auch gemeinsam.

Die Auflage der linken Zeitschrift *konkret*, dessen Eigentümer, Verleger und Chefredakteur mein Vater war, war in den letzten Monaten und Jahren rasant gestiegen. Er hatte neue Mitarbeiter gefunden, die Studentenunruhen in Berlin, die in *konkret* seit 1966 dokumentiert und beschrieben wurden, puschten die frühere Studentenzeitung in immer neue Auflagenhöhen hoch. Angesichts des großen Erfolges dachte er seit Anfang des Jahres darüber nach, das Monatsblatt bald 14-tägig erscheinen zu lassen.

Konkret war im Laufe des Jahres 1967 zu *dem* Blatt der außerparlamentarischen Opposition (APO) geworden, und er, Klaus Röhl, war der Chefredakteur des Ganzen und zusammen mit seiner Ehefrau, unserer Mutter, der Chefkolumnistin der Zeitung, nicht nur in APO-Kreisen in Berlin ein Faktor, sondern eben auch in den Medienkreisen in Hamburg, in denen *konkret* als kleiner avantgardistischer Mitspieler neben den großen Medien wie *Spiegel*, *stern* und *ZEIT* doch schon irgendwie bestehen konnte. Jedenfalls sah es damals so aus.

Dazu kamen das neue Haus, eine Villa in Blankenese, die sich meine Eltern als »außerparlamentarische Linke« mit kommunistischem Einschlag jetzt plötzlich leisten konnten, sowie der Stolz und der Spaß, Teil eines sehr illustren Partykreises mit einer Menge bekannter Gesichter zu sein. Fast zwei Jahre lang hatten meine Eltern sich auf Partys in Blankenese und in Kampen auf Sylt getummelt, bei denen alle Mediengewaltigen zugegen waren, die damals in linksliberalen Kreisen Rang und Namen hatten, und sie hatten viele Freunde gefunden, berufliche und private Kontakte geknüpft und sich, so sah es aus meiner Sicht aus, mächtig wohlgefühlt. Sie hatten uns Kinder auf die meisten Partys mitgenommen, wo wir mit vielen anderen Kindern anderer Partygäste spielten.

Der spätere SPD-Politiker Freimut Duve und seine damalige Frau Gulna Duve gehörten ebenso dazu wie Joachim Fest, damals Chefredakteur des Fernsehmagazins »Panorama«, der sich in seinen späteren Memoiren an seine zahlreichen Begegnungen mit Ulrike Meinhof erinnerte. Der Enkel des Verlegers Ernst Ledig Rowohlt, Harry Rowohlt, war genauso dabei wie *FAZ*-Literaturchef Karl Heinz Bohrer, der Literaturkritiker der Süddeutschen Zeitung Reinhard Baumgart, Schwager der Salonlöwin und Reederstochter Hexi Hegewisch, die ihrerseits einen eigenen Partykreis unterhielt.

Da waren der damals noch sehr junge Manfred Bissinger mit Frau und Kindern, der es bald zum zweiten Mann im *stern* brachte, und der Lektor und spätere *ZEIT*-Feuilletonchef Fritz J. Raddatz. Marcel Reich-Ranicki, damals noch Mitarbeiter bei der *ZEIT*, der Sex-Aufklärungsguru Oswald Kolle, der seine Partys gerne in seinem Haus in Kampen gab, und viele, viele mehr. Im weiteren Umfeld dieser Partykreise tauchten auch Rudolf Augstein, Günter Grass und Martin Walser auf. Alles Leute, die sich später wohlwollend an meine Mutter erinnerten (und meistens weniger wohlwollend an meinen Vater), wie sie im schönen Sommer 1967, noch als *konkret*-Kolumnistin, mit ihnen auf Partys getanzt hatte.

Doch das alles war nun erst einmal vorbei. Das war der Sinn dessen, was meine Mutter uns auf dem Weg nach Berlin erklärte. Mitten auf dem Höhepunkt des Erfolges hatte sich mein Vater, so deutete es meine Mutter jetzt an, in eine andere Frau verliebt, und zwar in Danae Coulmas, wissenschaftliche Assistentin im Romanistik-Seminar an der Uni Hamburg und Ehefrau des NDR- und späteren WDR-Rundfunkredakteurs Peter Coulmas. Es waren Freunde aus den Partykreisen, und mit ihren Kindern Timon und Diana hatten wir Zwillinge uns angefreundet. Unser Vater hatte diese Affäre wohl relativ rücksichtslos gegenüber unserer Mutter zelebriert und ausgelebt.

Auf das Ultimatum meiner Mutter Anfang Januar (»Danae oder ich, du musst dich entscheiden«) nach einer missglückten Silvesterfeier, auf der er mit Danae vor aller Augen »durchgebrannt« war, wie viele der Anwesenden später zu berichten wussten, hatte er nicht reagiert. Als ich meinen Vater 1996 nach diesem Ultimatum fragte, antwortete er erwartungsgemäß: »Ich dachte damals gar nicht daran, meine Beziehung zu Danae aufzugeben, ich war ja gerade mitten in der allerschönsten Verliebtheit. Ich wollte mit Ulrike als Ehefrau, als Kollegin bei *konkret* und als Mutter von euch Kindern zusammenbleiben, aber das mit Danae akzeptierte sie nicht.«[12]

Danae kannten wir, aber von dieser Affäre wussten wir Kinder nichts, obwohl wir gesehen hatten, dass sich die beiden Ehepaare immer nähergekommen waren.

Und nun hatten sich meine Eltern also getrennt. Vielleicht kam mein Vater ja später nach, dachte ich noch, oder auch: Wer weiß, vielleicht kehren wir ja auch bald mit unserer Mutter nach Hamburg zurück. Familie Coulmas, so hörten wir, war in diesen Wochen ebenfalls aus Hamburg weggezogen, sie lebten jetzt in Köln, da Peter Coulmas ein Angebot des WDR angenommen hatte. Danae war dann womöglich gar nicht mehr länger die Freundin unseres Vaters? Wir wussten es nicht.

Meine Mutter hatte kurz nach ihrer Ankunft in Berlin an Peter Coulmas geschrieben:

Lieber Peter, […] ich will nur sagen, dass ich tatsächlich ausgewandert bin. Der Entschluss, es wirklich zu tun, war ganz befreiend. […] Ich weiß nicht, wie ich anders als abrupt hätte weggehen sollen. Aber abrupt ist ja nicht gleich aus heiterem Himmel. Der war schon längst nicht mehr heiter. Ich fühlte mich längst ganz schön nass und durchgefroren. […] Aber ich habe auch schon eine neue Wohnung in Berlin mit etwas Garten. Ganz prima für unsere Bedürfnisse. Müssen nur noch ein paar Handwerker rein. Damit kenne ich mich ja aus. […][13]

Peter Coulmas und seine Frau Danae hatten das Agreement, dass sie beide andere Partner haben durften, aber weiter unter einem Dach mit ihren Kindern zusammenleben wollten. Deshalb war Peter Coulmas von der Liaison Danae/Klaus nicht in gleichem Maße erschüttert wie Ulrike Meinhof.

Goßlerstraße 3

Inzwischen war ich gespannt, wie die Wohnung wohl aussieht, und dann standen wir in der Eingangstür im ersten oder zweiten Stock eines großen Berliner Mietshauses in der Goßlerstraße 3. Alles war hell, und ich sah sofort einige Möbel und Lampen und auch Bilder aus Hamburg, die unsere Mutter offenbar geholt hatte. Es war eine schöne Wohnung mit vier Zimmern, die mir sehr gut gefiel, doch gleichzeitig hatte ich das erste Mal Heimweh nach unserem Haus in Blankenese, in das wir ja auch vor Kurzem erst eingezogen waren. Hier stand noch nicht alles an seinem Platz, und es gab auch noch viele Umzugskisten, die Bilder lehnten an den Wänden. Aber die Schreibmaschine unserer Mutter, die immer ein wichtiger Gegenstand in unserem Leben war, befand sich an ihrem Platz auf ihrem Schreibtisch.

Und dann stand ich in »meinem« Zimmer und meine Schwester in »ihrem« Zimmer, aber Regine und ich waren uns sofort einig, dass wir in *einem* Zimmer gemeinsam schlafen wollten. Es kostete uns einige Kraft, unsere Mutter zu überreden. Und dann fanden wir es ganz toll, dass wir neben einem Schlafzimmer auch noch ein Spielzimmer hatten.

Am nächsten Morgen stellte unsere Mutter uns die neue Haushälterin vor, eine ältere Dame mit einer großen Schürze. Sie stand in der Küche und begrüßte uns ganz herzlich. Sie kam dann ziemlich regelmäßig fast täglich ein paar Stunden, machte sauber, kaufte ein und kochte oft das Mittagessen. Ich habe später viel Zeit mit ihr in der Küche verbracht und mich mit ihr unterhalten und bei der Küchenarbeit zugeschaut. Ein Kindermädchen wie in Hamburg, sagte meine Mutter, habe sie noch nicht gefunden, aber sie engagiere schon bald eins.

An unserem ersten Tag in Berlin hatte sie sich aber extra Zeit genommen, um uns alles zu zeigen und ein bisschen von Berlin zu erzählen. Erst mal bekamen wir etwas Geld und sollten uns in dem kleinen Lädchen auf der anderen Seite der großen Schnellstraße etwas kaufen, das war wohl auch eine kleine »Beschäftigungstherapie«. Es gab eine große Belehrung über die Gefahren der Straße, die wir überqueren mussten, und über die Baustelle, die da war. Diese Baustelle hatten wir noch nicht gesehen, aber die Dampframmen konnte man von unserem Wohnzimmerfenster aus schon besichtigen und hören. Mich störten diese Höllenmaschinen gar nicht mal so doll, aber ich merkte, dass unsere Mutter nur begrenzt amüsiert war. Sie nahm uns das heilige Versprechen ab, nur bei Grün über die Straße zu gehen. Und dann marschierten wir los. Unser erster selbstständiger Ausflug in einer großen Stadt! Ein paar Schritte, und ich kam aus dem Staunen nicht mehr heraus. Die größte Baustelle der Welt, so hat sich das Bild bei mir, der Fünfjährigen, bis heute eingeprägt. Die Eichenallee – von Eichen keine Spur mehr, heute die Bundesstraße 1, Berlin–Potsdam – war schon vor dem Krieg vierspurig ausgebaut worden, und jetzt sollte sie in das System der Berliner Stadtautobahnen integriert werden. Ein riesiger Sand-und Geröllhaufen und viele große Maschinen brachten die Straße und die Gegend in ihre heutige Form, und mittendrin schlängelten sich ein paar Fahrspuren für die Autos, und da war irgendwo auch eine Ampel, an der wir uns festhielten. Und irgendwann konnte man auch das Lädchen sehen, und wir steckten unser Geld in einen Kaugummi-Automaten.

Direkt neben dem Laden befand sich eine Esso-Tankstelle, so lang und so breit, wie ich noch nie eine gesehen hatte, und oben auf dem Dach konnten wir nun von ganz nah das Tigermotiv sehen, das uns noch größer vorkam als die Tankstelle: »Pack den Tiger in den Tank!« Mit dem Spruch hat der Ölkonzern damals geworben.

Der Rückweg gestaltete sich etwas schwieriger, denn wir konnten unser Haus hinter den Sandbergen nicht sehen, und die Ampelanlage stand etwas ungünstig, aber wir waren ja zu zweit, und mit Zwillingsmut haben wir es dann geschafft.

Was ich in all der Aufregung übersehen hatte: Neben dem Gartenweg zur Hauseingangstür stand eine Hundehütte, in der auch tatsächlich ein Hund angekettet war, und dieser Hund machte einen Höllenlärm, als wir jetzt wieder zurückkamen. Und das blieb so, bis wir ein Jahr später wieder auszogen. Mir wurde gesagt, dass Hunde aufhören würden zu bellen, wenn man keine Angst vor ihnen hat. Entweder der Hund hat nie gemerkt, dass ich fortan keine Angst mehr hatte, oder ich habe nicht gewusst, wie man es einem Hund begreiflich macht, dass man keine Angst mehr hat. Sein Herrchen, das wir erst ein paar Tage später zu Gesicht bekamen, war unser Vermieter, der den Vierbeiner gerade Richtung Wachhund ausbilden wollte. Er erfüllte alle horrormäßigen Klischees von Hausmeistern und Meckertanten aus dem Gripstheater. Er kämmte jeden Grashalm, lief, obschon der Eigentümer des Hauses, in einem grauen Kittel herum und moderierte jeden menschlichen Laut auf piano herunter. In meine Erinnerung hat sich vor allem eingeprägt, was unsere Mutter über ihn sagte. Ein paar Monate später schrieb sie launig an Familie Gelbhaar, alte Bekannte aus Weilburg:

[...] Und weil ich pünktlich meine hohe Miete zahle, wird auch mein Hauswirt sich hüten, zu begreifen, wes Geistes Kind da in seiner Wohnung sitzt, wo er doch überall erzählt, er würde es nie dulden, daß ein Linker bei ihm wohnt. Aber er würde sowieso am liebsten alle rausschmeißen. Er haßt Mieter – sie wollen nur alles kaputt machen. Das Sein bestimmt außer im Vulgärmarxismus auch noch bei Hausbesitzern das Bewußtsein.«[14]

Über Berlin schrieb sie:

In Berlin lebt es sich leichter als in Hamburg. Die netten Leute zeigen hier leichter, daß sie nett sind. Man trifft sie nicht nur auf Parties. Sie verstecken ihr Privatleben nicht so und mimen nicht so glatte Oberflächen. Das finde ich schön.

Bald fuhren wir zu dritt zur Berliner Mauer und erhielten einen Vortrag darüber, dass man da nicht rüberkann und dass die Schuld eigentlich nicht die hätten, die die Mauer gebaut haben, und dass die Stadt Berlin geteilt sei. So kompliziert wie die Erklärung sah diese Steinwand eigentlich gar nicht aus, aber ich fand sie beeindruckend. Gewiss fielen die Worte DDR und Kommunismus, wenn ich meine Mutter richtig einschätze, aber in meiner Vorstellung endete Berlin an dieser langen Mauer, die ich gerade gesehen hatte. Berlin sei die größte Stadt Deutschlands, hörte ich, und weiter ging die Fahrt zum Ku'damm und zur Gedächtniskirche. Nun hörten wir etwas vom »Zweiten Weltkrieg« und von Bomben, die gefallen seien. Ich versuchte, besonders intensiv zuzuhören, aber irgendwann habe ich abgeschaltet und erinnere nichts mehr.

Und dann kam unser erstes Berliner Kindermädchen, die 21-jährige Germanistikstudentin Sabine Zurmühl, später Mitbegründerin der ersten Frauenzeitschrift Deutschlands, *Courage* (erschien vor Alice Schwarzers *Emma*), später Filmemacherin und heute »freie Mediatorin«.[15]

Anders als unsere Kindermädchen in Hamburg kam Sabine nur nach Verabredung ein paar Stunden, und in diesen Stunden haben wir Ausflüge gemacht, gespielt und auch Lehrreiches absolviert und viel Spaß gehabt. Gelegentlich wurde Sabine auch von unserer Mutter mit Beschlag belegt und nach den Verhältnissen an der Uni, nach dem Studentenleben, nach den Einkaufsmöglichkeiten für Klamotten befragt, wie mir Sabine später erzählte.

Ulrike Meinhof auf der Suche nach einem neuen Mann

Zu jener Zeit, als Ulrike Meinhof meine Schwester und mich in ihre neu angemietete Wohnung holte, befand sich die noch vom SDS geführte APO auf ihrem Zenit. Seit Anfang Januar 1968 war unsere Mutter wegen eines Filmauftrages des Senders Freies Berlin (SFB) über den Tod von Benno Ohnesorg ununterbrochen auf Achse gewesen. Dann schienen ihr die Ereignisse um die APO offenbar so dicht und einzigartig, dass sie allenfalls nur noch für Stippvisiten in Hamburg vorbeigeschaut hat. Sie besuchte die drei Anti-Springer-Veranstaltungen, die in die 68er-Historie eingegangen sind, die Vorbereitung des Springer-Hearings am 1.Februar 1968, das Springer-Hearing am 9. Februar 1968 und den Internationalen Vietnamkongress am 17. und 18. Februar 1968 im Audimax der TU Berlin, und nebenbei absolvierte sie noch ein wahnsinniges Pensum, indem sie fast schon aktionistisch zahlreiche Genossen besuchte.

Ulrike Meinhof machte sozusagen ihre Hausbesuche bei den Genossen und nahm uns wie selbstverständlich dabei mit. Wir waren ständig unterwegs, und das Hauptwort, das ich aus jener Zeit erinnere, war »Stadtautobahn«. Die war irgendwie immer verstopft, Baustelle, oder es gab Umleitungen. Berlin schien mir nie wieder so groß wie in jener Zeit. Die Genossen und APO-Größen wohnten offenbar weit verstreut in dieser riesigen Stadt. Meine Schwester und ich saßen ewig im R4 und hingen dann abends bei den Genossen herum. Und unsere Mutter diskutierte. Meistens spielten wir in irgendeinem Nebenzimmer oder schliefen auf irgendwelchen Sofas ein.

Wenn wir in Hamburg mit unseren Eltern Freunde besuchten oder auf Partys waren, war das alles viel eleganter, societymäßiger und cooler gewesen, und die Leute hatten viel beständiger etwas miteinander zu tun. Jetzt in Berlin gab es eine ganz andere Stimmung. Man war sofort per Du, auch wenn man sich nicht kannte, die Leute benahmen sich ein bisschen aufgekratzt und auch so, als seien sie schon Freunde seit Jahrzehnten, und alle gaben sich apo-mäßig bewegt und furchtbar offen.

Hinter der gespielten Lässigkeit dieser Linksintellektuellen steckte auch eine Menge Anstrengung, nicht den Zug der Zeit zu verpassen. Für uns als Kinder war das damals nur ein vages Gefühl. Aber ich weiß noch, dass für mich an diesen Diskutierbesuchen irgendetwas nicht stimmte. Weder waren sie so privat, dass man sich bei Freunden einen schönen Abend machte oder auf eine Party ging, noch waren es rein berufliche Kontakte, indem es etwa um ein Interview, ein Hintergrundgespräch für die journalistische Arbeit ging. Es ging eher um irgendetwas, das meine Mutter politisch erzwingen wollte, darum, wie es weitergehen sollte, letzten Endes um die Revolution. Einzig mit dem Germanisten, Schriftsteller und Agitator Bahman Nirumand gab es eine gewisse persönliche Freundschaft und deswegen auch eine gewisse Gelassenheit meiner Mutter. Bahman Nirumand hatte mit seinem Buch »Persien, Modell eines Entwicklungslandes oder Die Diktatur der Freien Welt«, mit einem Vorwort von Hans Magnus Enzensberger, im Juni 1967 das große Interesse der Studenten für die Angelegenheiten des Schahs und für Persien überhaupt erst geweckt. Seine Rede einen Tag vor dem Schahbesuch in Berlin hat die Studenten ganz sicher mit dazu angeheizt, gegen den Schah von Persien zu demonstrieren. Es war jene Demonstration, auf der Benno Ohnesorg vom heimlichen Stasi-Mann und West-Polizisten Kurras erschossen wurde. Dieser Bahman Nirumand war also einer der APO-Freunde meiner Mutter, den sie bewunderte und, wie manche sagten, verehrte. Sie glaubte, dass dieser junge Mann – er war damals 32 Jahre alt – nach dem Sturz des Schahs neuer Chef eines befreiten Persien werden würde. Sie sah in ihm den Schah-Nachfolger, demokratisch-sozialistisch, versteht sich. Für uns Kinder nicht ganz leicht: Unsere Mutter war damals eine irgendwie einsame 33-jährige Frau, die sich in den schon bestehenden Berliner Kreis der APO-bewegten etablierten Intellektuellen ein bisschen hineindrängte, die Freunde suchte und natürlich latent, wenn auch nicht offen zugegeben, auch einen neuen Mann.

Mitten in der Vorbereitungsphase des legendären Internationalen Vietnamkongresses in Berlin, eines studentisch organisierten Events gegen den Vietnamkrieg, der zu diesem Zeitpunkt das wichtigste Thema der rebellierenden Studenten war, war Ulrike Meinhof in der SDS-Zentrale am Kurfürstendamm aufgetaucht und hatte mit der Chefclique der sogenannten Antiautoritären gesprochen, mit Bernd Rabehl, Christian Semler, Rudi Dutschke und einigen anderen.

Die Berliner SDS-Zentrale war zu diesem Zeitpunkt die wichtigste Schaltstelle der APO, die allerdings nie eine Organisation im klassischen Sinn war. Die APO formierte sich aus der allen gemeinsamen Revolutionslust. Und seit dem Herbst 1967 hatte die Dutschke-Fraktion im SDS, nicht gewählt und nicht ernannt, die Führung der APO übernommen. Hier wurde die Musik gemacht. Und es gab zwei beherrschende Themen: Vietnam und die Kampagnen gegen den Springer-Verlag, die in dieser Zeit intensiv und teils tatkräftig vorbereitet wurden.

Dutschke und meine Mutter kannten sich schon, da er seit einiger Zeit für *konkret* schrieb und häufiger bei uns zu Besuch gewesen war, erst in Lurup und dann in Blankenese. Meine Eltern waren beide mit ihm befreundet, und ich war auch ein großer Fan von ihm, weil er mich gern auf seine Schultern hob und mit mir durch den Garten trabte und mir dabei etwas Wichtiges »beibrachte«: Natürlich die Revolution. Und obwohl ich nichts verstand, Dutschke mochte ich, und das sollte bis zu seinem Tod so bleiben.

Die anderen SDSler kannte Ulrike Meinhof bis dahin nur flüchtig oder gar nicht. Sie hatte seit 1967 die Entwicklungen in Berlin – und dazu gehörten auch die Entwicklungen im SDS – journalistisch begleitet, war aber nicht vor Ort integriert. Bernd Rabehl erzählte mir 1998 in einem Interview, dass Ulrike Meinhof den Studentenvertretern persönlich etwas fremd war. Sie war älter, etablierter, und sie kam von außen. Man respektierte sie als Journalistin, aber man sah sie – anders als Rudi Dutschke – nicht als »Kader« oder Führungsfigur, sondern als bloßen Gast. Meinhof suchte ihre Rolle in Berlin erst noch, so Rabehl. Und dann machte sie einen seltsamen Vorstoß in Richtung Rudi Dutschke.

Bernd Rabehl: Bei einem unserer Treffen wollte sie deutlich machen, dass also sie als die Journalistin, Agitatorin, die in der Lage ist, das Wort zu beherrschen, und Rudi, der begnadete Redner, der aber nicht schreiben konnte, sich zusammentun müssten. Sie sagte so ziemlich direkt zu Rudi: »wenn wir beide uns zusammentun....«, dann wäre das das ideale Paar für die Revolution. Es war spaßig vorgetragen, aber wir hatten alle das Empfinden, da steckt viel Ernst dahinter. Und ich hab das auch später mit Christian Semler dann noch mal rekapituliert, ja, dass das natürlich ein echter Heiratsantrag war. Und der Dutschke war so ganz befangen und wusste gar nicht so richtig darauf zu reagieren. Nun war er sowieso Frauen gegenüber befangen, die so offensiv auf ihn zutraten, denn er war ja Protestant, war verheiratet und dachte wahrscheinlich zu diesem Zeitpunkt gar nicht daran, sein Gretchen zu verlassen.[16]

Oft fuhr meine Mutter auch zu Genossen rüber nach Ostberlin, dann brachte sie uns regelmäßig mal ein Buch oder eine Platte mit, denn da drüben gebe es viel bessere und vor allem billigere Bücher, sagte sie. Und manchmal kamen die Genossen von drüben auch zu uns. Sie waren daran zu erkennen, dass sie im Gegensatz zu den West-Genossen immer in Schlips und Kragen erschienen und einen ganz kurzen Haarschnitt hatten. Einer von diesen Kontakten war ein alter Bekannter von Ulrike Meinhof, der in dieser Zeit versuchte, sie noch einmal für die KPD zu begeistern. Manfred Kapluck, der in den Fünfziger- und Sechzigerjahren *konkret* und damit auch Röhl und Meinhof aus Ostberlin im Auftrag der DDR »geführt« hatte, wusste als einer der Designer der Umwandlung, dass die KPD, die seit 1956 verboten war, unter ihrem neuen Namen DKP in Westdeutschland unmittelbar vor der Legalisierung stand.

Kapluck mag gehofft haben, dass Ulrike Meinhof, mit der er früher schon gern ein Verhältnis gehabt hätte, jetzt, wo sie ohne Mann allein in Berlin lebte, für ihn zu haben wäre. Kapluck, der als illegaler Kommunist knapp 20 Jahre in der DDR oder sonst wo gelebt hatte, wohnte mit seiner Familie wieder in seiner Heimatstadt Essen und stand mit der Gründung der DKP, die dann am 24. September 1968 erfolgen sollte, auch vor seiner persönlichen »Legalisierung«.

Manfred Kapluck: Als Ulrike wieder in Berlin wohnte, sind wir oft zusammen italienisch essen gegangen, das gab es ja im Osten nicht, das war noch neu für mich. Ich habe dann in eurem Kinderzimmer gesessen, euch etwas vorgelesen, bis die ›Leute vom Campus‹ gingen. Erst wenn die langhaarigen Studenten weg waren, hatten wir Zeit für uns. Ich war natürlich froh, dass sie endlich von dem Röhl weg war.[17]

Kapluck hat wohl, wie er es mir geschildert hat, tatsächlich während unserer ersten Monate in Berlin eine kurze Affäre mit Ulrike gehabt. Er hat davon später auch anderen erzählt. Er versuchte, »seine Ulrike« aus alten *konkret*-Zeiten beharrlich zur DKP zu holen und mit ihr und der neuen KP den legalen Weg zum Sozialismus zu gehen. Aber sie war auf einem neuen Trip: »Sie wollte eben jetzt die Revolution, ich wollte sie dazu überreden, doch wieder für die Partei zu arbeiten und offiziell in die DKP einzutreten, doch das hat sie abgelehnt.«

Und noch ein weiterer Kopf der APO-Bewegung, der Schriftsteller Peter Schneider, war, so glaube ich, ein Mann, den meine Mutter nicht nur politisch mochte. Schneider erinnert sich in seinem Buch »Rebellion und Wahn«, 2008, an seine eigene, offenbar etwas schwach ausgefallene Eröffnungsrede auf der ersten Anti-Springer-Veranstaltung am 1. Februar 1968 und an seine Begegnung nach dieser Rede mit meiner Mutter: »Ulrike Meinhof spürte wohl meine Unruhe, als sie sich nach meiner Rede im hinteren Teil des Saals zu mir stellte. Sie lobte mich tapfer, nahm meine Hand und ließ sie lange Zeit nicht los.«[18]

2017 sagte mir Peter Schneider bei einem längeren Gespräch etwas schüchtern, dass man ihm damals kolportiert habe, Meinhof habe ein wenig für ihn geschwärmt.

Als Schlusspunkt der von Peter Schneider und meiner Mutter besuchten Vorbereitungsveranstaltung zu dem geplanten Springer-Tribunal bzw. Springer-Hearing wurde ein Film vom späteren Terroristen und damaligen Filmstudenten Holger Meins gezeigt: Wie baut man einen Molotowcocktail und wohin wirft man ihn? Auf das Springerhaus. In dieser Nacht werden dann erst einmal Steine auf Springerfilialen fliegen, und zwar unter anderem geworfen von Dutschke persönlich, gemeinsam mit dem Komponisten Hans Werner Henze und dem später langjährigen SPD-Funktionär Tilman Fichter, im Parteivorstand zuständig für Schulung und Bildung.

Peter Schneider und meine Mutter waren bei dieser ersten physischen Aktion gegen Springer nicht dabei. Die Aktion faszinierte Ulrike Meinhof, nicht jedoch Peter Schneider, der die Aktion intern kritisierte, weil sie die Chance auf ein gewichtiges Springer-Hearing, das kurze Zeit später stattfinden sollte, zunichtemachte – fast alle geladenen Redner zogen aufgrund der gewalttätigen Aktion ihre Teilnahme am Hearing wieder zurück, weshalb es später nur noch zu einer sehr gerupften kleinen Veranstaltung kam. Ulrike Meinhof hingegen begrüßte den Gewaltausbruch ausdrücklich, verteidigte ihn in ihrer nächsten Kolumne gegen die Springerpresse, die das gewaltsame Vorgehen der anonymen Täter mit der »Reichskristallnacht« verglichen hatte.

Immerhin: Henze und Dutschke wussten sich voll »gedeckt« durch die Intellektuellen Heinrich Böll, Max Frisch, Günter Grass, Martin Walser, Walter Jens, Hellmuth Karasek, Fritz J. Raddatz, Marcel Reich-Ranicki und Alexander Mitscherlich, schließlich hatten diese im Herbst 1967 gemeinsam mit Henze und anderen Prominenten einen öffentlichen Aufruf zu einem Springer-Boykott unterschrieben. Die Wackersteine, die jetzt in die Fensterscheiben von Springerniederlassungen flogen, lagen also schon in der Luft: eine Promi-APO von ganz oben.

Mao Zedong und die APO

Seit Mitte 1967 hatte die fixe Idee der APO, eine eigene Kulturrevolution machen zu wollen oder zu sein, Formen angenommen, die einem aus heutiger Sicht ziemlich surreal erscheinen. Es zeigte sich schnell, dass die APO-Bewegten vor allem mehr und mehr chinesische Vorbilder adaptierten.[19]

Man könnte auch sagen: Die deutsche APO hatte in der Person Rudi Dutschkes einen kongenialen Stellvertreter des Gottes Mao in ihren Reihen. Dutschke konsumierte die ins Deutsche übersetzte chinesische Propagandaliteratur. Dutschke und die APO-Leute holten sich die Schriften Maos und seines »Propagandaministers« Lin Biao direkt aus der chinesischen Botschaft in Ostberlin oder ließen sich Massen der kleinen Bücher und Hefte als Paket ins Haus schicken.[20] Dutschke hörte den deutschsprachigen Propagandasender Chinas, Radio Peking, und übernahm in seinen suggestiven und die Massen begeisternden Reden die Lehrformeln Maos. Dieser verstand es zweifellos, Menschen revolutionär »anzuschalten«.

Die Bedeutung der Kulturrevolution in China und der Einfluss des großen chinesischen Führers Mao Zedong werden bis heute in der

68er-Geschichtsschreibung immer noch hoffnungslos unterschätzt und von den Protagonisten heruntergefahren. Indes ist die 68er-Bewegung in ihren kulturrevolutionären Ausprägungen ohne die chinesische Kulturrevolution, die als leuchtendes Vorbild diente, nicht zu verstehen.

1966 war in China die sogenannte Große Proletarische Kulturrevolution ausgebrochen. Schüler und Studenten, Lehrer und Intellektuelle stürmten, von Mao Zedong befeuert, zur selben Zeit, als sich die APO in der Bundesrepublik auszutoben begann, Universitäten, Schulen, Theater und alle Bereiche der Kultur und schließlich Verwaltungsorgane, Industrie und Wirtschaft und sogar Krankenhäuser. Die »Rotgardisten« – schon Ende 1966 sind es zehn Millionen junge Menschen, die außer Rand und Band das Land China unsicher machen und ins Chaos stürzen – machten sich über die sogenannten marxistisch-leninistischen Wandzeitungen bekannt, handgeschriebene Zettel, die überall aufgehängt oder angeklebt wurden, und verlangten von den terrorisierten Bürgern, dass sie ebenfalls Wandzeitungen anfertigten, um ihre korrekte Gesinnung zu dokumentieren. Die Kulturrevolution in China war der reinste Meinungsterror, jeder hatte gegenüber jedem in einem öffentlichen Kotau seine rechte linke Gesinnung abzuliefern. In ihren Texten kritisierten die Roten Garden das »kapitalistische Bildungssystem« und die »reaktionären, akademischen Autoritäten«. Sie kritisierten aber auch den »Revisionismus« der Sowjetunion und natürlich den »Imperialismus« der USA.

Die Peinlichkeit, mit der die deutsche APO die Ziele der Kulturrevolution in China nahezu eins zu eins übernahm, zieht sich durch die gesamte Geschichte der Bewegung. Auch die Machart, das Stürmen der Universitäten, Schulen und anderen Einrichtungen, das Anprangern der Autoritäten und der universitären Traditionen (»Unter den Talaren Muff von 1000 Jahren«) mittels einer Flugblattschwemme (Wandzeitungen) und der Besetzung all dieser Institutionen, war eine regelrechte Kopie des chinesischen Vorbildes, inklusive der Mao-Parolen vom »Palaststürmen« und der Schmähung der Imperialisten als »Papiertiger«. Und wer erinnert sich in den Siebzigerjahren nicht an diese »Gebote« der linken Szene, die die Roten Garden 1966 in China forderten und mit Mord verfolgten: »Ächtung von Schmuck, Parfüm und nicht proletarischen

Kleidungsstücken – Verbot der ersten Klasse in der Eisenbahn, luxuriöser Autos und Taxis.«[21]

Auch individuelle Liebesbeziehungen galten in China als konterrevolutionär, und auch das sahen die »Revolutionäre« im Westen alsbald genauso.[22]

Die jungen Rotgardisten in China, die chinesischen »68er«, die meisten zwischen 12 und 25 Jahre alt, gerierten sich in der Zeit der Kulturrevolution, die von 1966 bis zu Maos Tod 1976 anhielt und zeitgleich zur Rebellion der deutschen Luxus-»Kulturrevolution« stattfand, als Richter und Scharfrichter. Sie waren außer Rand und Band. Sie stürmten die Häuser ihrer selbst ernannten Feinde. Sie verschleppten, folterten, mordeten und zwangen die Gejagten zu grausamen Selbstanklagen, zum Kotau. Betagte und bis dahin hoch angesehene Gelehrte und Professoren mussten öffentlich ihre eigenen Werke verbrennen und sich selbst überzeugend und detailliert anklagen, ihr Leben lang nur Schlechtes und Konterrevolutionäres geschrieben und verbreitet zu haben. Sie wurden in Arbeitslager gesteckt, mit Teer übergossen oder mussten mit Gewichten um den Hals auf allen vieren bellen wie ein Hund.

Aus Angst vor den die Häuser stürmenden Roten Garden versteckten die Bürger in China alles, was jetzt verpönt war – Bilder, Bücher, Kunst, Spiegel, aber auch Kosmetikgegenstände, Gold und Geld. Wurde es jedoch bei den Hausdurchsuchungen gefunden, wurden die Besitzer gefoltert, maßlos gedemütigt und später in die unwirtlichen Gebiete Chinas zum Arbeitsdienst oder direkt in die Laogai verschleppt – oder sofort umgebracht.

Die Roten Garden hatten Freifahrtscheine für die öffentlichen Verkehrsmittel, und sie besaßen die Lizenz zum Töten. Es waren entfesselte Menschenquäler. Bis zu zehn Millionen Rotgardisten waren zeitweilig in ganz China unterwegs, eine große Zahl, aber bezogen auf die chinesische Gesamtbevölkerung von damals 800 Millionen Menschen war es eine Krümelminorität ohne jede Legitimation. Sie waren im Rausch, und deswegen waren sie effektiv. Sie handelten nicht in einer straffen Organisation, sondern vergleichsweise autonom in kleinen Trupps. Aber sie fühlten sich mit einer grenzenlosen Gewissheit durch Mao legitimiert.

Nur drei Jahre später, 1970, sah der große Führer Mao Zedong keine andere Möglichkeit mehr, als die Nationale Volksarmee zu Hilfe zu holen, um die blutrünstigen Rotgardisten wieder in den Griff zu bekommen. Nun wurden viele von ihnen in einsame ländliche Regionen[23] oder in die chinesischen Gulags geschickt. Millionen von Rotgardisten wurden auf diese Art selber zu Opfern ihrer eigenen »Kulturrevolution«, der sie so inbrünstig gedient hatten. Mao, den ich hier als den ideologischen Übervater der 68er-Revolution bezeichnen möchte, hatte den kulturrevolutionären Geist, den er aus der Flasche gelassen hatte, gewaltsam wieder hineingepresst und die Flasche verschlossen, allerdings gelang ihm dies nur in China.[24]

Der Rotgardisten-Geist im Westen dagegen, wo alles etwas zivilisierter ablief, ist bis heute nicht wieder eingefangen worden. Siehe zum Beispiel den G20-Gipfel in Hamburg 2017, um mal einen großen Bogen in die Gegenwart zu schlagen.

Die Ironie der Geschichte: Mao, der ungebildete Bauernsohn, hatte sich seinen Kommunismus in Europa abgeholt, bei Marx, bei der Pariser Kommune von 1871, bei Lenin, Trotzki und zunächst auch bei Stalin. Und die Neue Linke erkor nun Mao, der alles noch einmal archaisierte, zu ihrem neuen Führer. Maos Ansehen und Popularität im Westen stiegen in den Sechzigerjahren von Jahr zu Jahr. Man sah gar nicht so genau hin, er war eben der große, gütige, mächtige kommunistische Führer im fernen China.

Dutschke, den ich 1967 als Fünfjährige kennengelernt und später häufiger gesehen habe, zuletzt einen Tag vor seinem Tod Weihnachten 1979, fand ich immer sympathisch, begeisternd und auf eine tiefe Art ehrlich. Aber an dieser Stelle, als er Mao in die deutschen APO-Köpfe presste, tat er ein bisschen so, als ob er die Gedanken aus sich selbst herausgeschöpft hätte und natürlich aus den Werken von Marx und Lenin, Georg Lukács und des mittuenden kritischen Theoretikers der Frankfurter Schule, Herbert Marcuse (»Der eindimensionale Mensch«), der allerdings bereits Ende der Sechzigerjahre seinen Einfluss auf die Studentenbewegung wieder verlor. Dutschke verschwieg die Kulturrevolution als sein Vorbild, wenn er von Regelverletzungen und »Aktionen« sprach. Er redete zwar offen vom »Langen Marsch« durch die Institutionen und spielte damit auf den berühmten grausamen »Langen Marsch« von Maos KP-Kadern aus dem Jahr 1934/35 an, als 90 000 Mao-Anhänger auf der

Flucht vor dem Kuomintang-Führer Chiang Kai-shek rund 12 000 Kilometer über das Jinggang-Gebirge marschierten und dadurch Maos Position als alleinigem Herrscher der KP Chinas stärkten – ein legendärer Einsatz, bei dem 83 000 der Teilnehmer starben und der bis heute ein Mythos ist. Aber Dutschke verschwieg die Essenz, nämlich dass Maos Lehren von Kampf, Revolution und Krieg zu seiner Blaupause geworden waren.

Jedenfalls ähnelte die Kampfkultur Dutschkes und der APO, vermischt mit Popmusik, Drogen und auf hohem Luxusniveau, immer mehr ihrem Vorbild, der großen Kulturrevolution in China. Der Hauptunterschied: Die Roten Garden waren bitterarm, no sex, no drugs, no Rock 'n' Roll.

Wie zutreffend diese These ist, erschließt sich auch bei einem Vergleich der Neuen Linken und deren Ideen mit jenen der Altkommunisten. Die Altkommunisten kämpften noch, wenn auch taktisch und im Wege der politischen Instrumentalisierung, heldenhaft, um es ironisch auszudrücken, 20 Jahre nach Hitlers Tod gegen die Nazis. Die Neue Linke, die Mao-Linke, interessierte sich für die Naziverbrechen nicht. Wie auch? Mao Zedong waren die Nazis völlig egal. Deshalb ist bei Mao und dann auch bei den APO-Sprechern immer von einem Kampf gegen die »Autoritäten« die Rede, gegen den »Imperialismus«, gegen alles Bürgerliche (Bourgeoise), gegen den »Kapitalismus«, es geht immer gegen die USA, aber auch gegen den Revisionismus der Altkommunisten in der Sowjetunion. Der Fetisch der Neuen Linken war die Dritte Welt, die revolutioniert werden müsste. Hitler oder die Nazizeit waren nicht in ihrem Fokus.

Ende der Sechzigerjahre wurde die APO-Bewegung regelrecht zu einem deutschen Arm der chinesischen Kulturrevolution, wenn auch weitgehend unreflektiert, und sie ging, wie in China, gegen jede Autorität vor: mit Sinn oder total sinnlos. »Das rote Jahrzehnt: unsere kleine deutsche Kulturrevolution«, so heißt dann auch das Buch von Gerd Koenen, der über sein Jahrzehnt als strammer Maoist in Deutschland berichtet.[25] Kulturell revolutioniert wurde in China alles und jeder. Schließlich ging es dem großen Mao um die forcierte Schaffung des Neuen Menschen, vor allem durch »Umerziehung«: Die entmachteten Universitätsprofessoren und Direktoren in China sollten als Putzmänner den Campus säubern, der Kaiser von China wurde als Gärtner in seinem ehemaligen Schloss beschäftigt, und die Akademiker, Ärzte, Wissenschaftler sollten bei den Bauern durch das Training an der Mistforke zum Neuen Menschen mutieren. Die wenigen Fachkräfte des Landes sollten für jedermann sichtbar gedemütigt und gebrochen werden. Kulturgüter, Klöster, Kirchen, Denkmäler wurden vernichtet, allein in Tibet wurden 3300 Klöster zerstört, und auch Bücher wurden massenhaft verbrannt.

Umerziehung und noch mal Umerziehung, das hatten auch die APO-Führer verinnerlicht, die sich zum Teil schon als Menschen mit einem neuen Bewusstsein fühlten, das sie den anderen erst anerziehen mussten. Wie in China ging es den Umerziehern auch in Deutschland um die Bekämpfung des Feindes oder der »Feinde des Volkes«, und wer ein Volksfeind in der Dritten Welt oder in Deutschland war, das zu bestimmen gehörte zu den angemaßten Privilegien der APO. In einem Interview, das Rudi Dutschke kurz vor seinem Tod der Journalistin Nadine Lange für *konkret* gab, erklärte er die chinesische Kulturrevolution zu einem Vorbild, von dem er lernen wolle:

Die chinesische und die kubanische Revolution unterscheiden sich von allen anderen Revolutionen, einschließlich der sowjetischen von 1917, dadurch, dass sie sowohl in der Theorie als auch in der Praxis als permanente Revolutionen begriffen wurden, als ununterbrochener Lernprozess der Massen und der Partei, mit dem Ziel der Schaffung eines neuen Menschen für eine neue menschlichere Gesellschaft. [...] Wir in den spätkapitalistischen Ländern und auch in den autoritär sozialistischen Ländern haben von diesen schöpferischen Versuchen zu lernen, können aber keine Modelle unkritisch übernehmen, weil wir viel bessere sozialökonomische Möglichkeiten in unseren Gesellschaften haben.[26]

Wie gesagt, im Musterländle Mao Zedongs wurden in dieser Zeit Zeitungen enteignet, gleichgeschaltet, aber im Wesentlichen zerstört. Das Entwicklungsland China erlebte aufgrund der wütenden Kulturrevolution einen wirtschaftlichen Niedergang der Extraklasse, die Universitäten blieben fast ein Jahrzehnt nach diesen massenhaften Enteignungs- und Zerstörungsaktionen mangels geeigneten Personals und mangels geeigneter Strukturen geschlossen. China war auf dem Weg zurück in die Steinzeit und in die menschliche Verrohung.

Zwar grölten protestierende Studenten damals in der Bundesrepublik nicht nur »Ho Chi Minh«, sondern gelegentlich auch »Mao« und trugen den Mao-Sticker am Revers. Zwar verkauften sich die rote Mao-Bibel[27] und andere Bücher mit Maos Gedanken zum Guerillakrieg, zum Marxismus und zur Sowjetunion in Deutschland massenhaft, aber heute will niemand mehr etwas davon wissen. Mao ist aus dem bundesdeutschen Gedächtnis getilgt, und die Mao-Nachläufer von damals, die sich auch in den späteren maoistischen, fanatischen, hochideologisierten Kommunistischen Gruppen, K-Gruppen genannt, wiederfanden – immerhin bis zu 100 000 deutsche Bundesbürger waren in den Siebzigerjahren in solchen K-Gruppen organisiert –, machen bis heute einen auf jung und naiv: Ja, schrecklich, was man heute über Mao weiß, aber das haben wir damals so nicht gewusst. Wir haben das mit Mao nicht ernst gemeint. Der hat uns gar nicht beeinflusst. Und übrigens hat er auch sehr schöne Blumengedichte geschrieben.

Götz Aly schrieb zu der Mao-Bewunderung seiner Zeit in seinem Buch »Unser Kampf 1968«:

Die mörderische Seite der chinesischen Kulturrevolution muss hier benannt werden, weil die westdeutschen Fans des ›großen Revolutionsführers‹ die Schreie überhörten, die aus dem Schlachthaus drangen. Heute schweigen viele der Ex-Freunde Maos betreten. Sie erwecken den Eindruck, als ließe sich die allgemeine Mao-Begeisterung auf die seit 1970 entstandenen ultradoktrinären kommunistischen Kadergruppen reduzieren, als dürfe nur der als Ex-Maoist bezeichnet werden, der nachweislich einer solchen sogenannten K-Gruppe angehört habe. Davon kann keine Rede sein. Schließlich hing das Porträt Mao Tse-tungs 1968/69 in vielen Studentenbuden und Schülerzimmern der westdeutschen Neuen Linken. Tausende – auch ich – trugen zeitweilig einen kleinen rot unterlegten oder rein goldfarbenen Mao-Kopf am Revers.[28]

Ein Massenmörder Mao nur so als Geschmacksverstärker, als Jugendsünde? Kulturrevolutionäre Hetze als Kavaliersdelikt? Und Völkermord plötzlich nur noch ein Scherz?

Solche irren Verwerfungen wiegen schwerer als manch Stasi-Vergangenheit, wegen der etliche Mitbürger der Bundesrepublik ihren Job verloren haben.

Maos geistige Waffen waren verdammt scharf, und viele APO-Leute lasen ja auch sein rotes Büchlein, die sogenannte Mao-Bibel, und manche sonstige Schrift von Lin Biao, einem von Maos engsten Vertrauten. Von der Realität in China, auf deren Unkenntnis die damaligen APO-Führer sich nicht berufen können, hatten sie wahrscheinlich wenig verstanden.

Enteignet Springer!

Insofern muss auch die damalige Enteignungskampagne der APO, die seit Mitte 1967 gegen Axel Springer lief und die im Frühjahr 1968 ihren Höhepunkt erreichte und damals einen Teil des öffentlichen Diskurses beherrschte, als kulturrevolutionäres Unterfangen gesehen werden. Der Rufmord gegen Springer, der schon zuvor von der DDR systematisch betrieben worden war, ist – das muss man konstatieren – erfolgreich durchgezogen worden. Es ist Teil der bundesdeutschen Geschichte geworden, dass der Axel-Springer-Verlag ein böser, die öffentliche Meinung der Bundesrepublik beherrschender, meinungsmanipulativer Monopolkonzern war, dem das Handwerk zu legen sei.

Bis heute geistern, bezogen auf Springer, die abenteuerlichsten Empfindungen und Gefühle umher. Konkret wurde es weder damals noch später. Alle Konkretisierungsbemühungen waren – in Ruhe betrachtet – peinlich. Aber Springer war der große Hetzer, und dieses Bild ist ja auch heute noch in großen Teilen der Bevölkerung verankert und wird bei den Konkurrenzmedien gern gepflegt. Tatsächlich sind die öffentlich-rechtlichen Medien, aber auch die damaligen Giganten wie *Spiegel*, *stern*, *ZEIT*, die *Süddeutsche*, damals noch *konkret* usw., die sich in großen Teilen schon damals auf die Seite der APO gestellt hatten, zusammengenommen eine Medienmacht gewesen, die jene des Springer-Konzerns um ein Vielfaches überstieg.

Natürlich hat die *BILD*-Zeitung, wie alle großen Boulevardzeitungen auf dieser Welt, überspitzt, vereinfacht, Persönlichkeitsrechte gebrochen und gehetzt. Alle Boulevardzeitungen tun dies bis heute immer wieder. Aber auch die APO-Studenten hatten ihre Feindbilder. Auch sie hetzten und gingen sogar noch weiter, indem sie auch physische Gewalt und schließlich Brandstiftung und Terror gegen Axel Springer, die Polizei und viele andere ihrer selbst ernannten Feinde ausübten.[29] Und auch die sogenannten seriösen Medien, die damals zu einem großen Teil auf der Seite der APO standen, waren keine Lämmerschwänze im Hetzen, Überspitzen, Polarisieren.

Die Studentenbewegung wollte also Axel Springer enteignen. Springer sollte öffentlich von der privaten APO-Gerichtsbarkeit, gern »Volksgerichtshof« genannt, verurteilt werden. Es gab Studenten, die wollten ihn nach chinesischem Vorbild als Klofrau im eigenen Haus wiedersehen. Peter Schneider schlug in seiner Rede vom 1. Februar 1968 einen anderen produktiven Beruf vor: »Reden wir heute davon, welche Verbrechen an der Gesellschaft die Springerpresse begeht und warum Springer, den wir ja nicht aufhängen, noch nicht einmal ins Gefängnis stecken, den wir ja nur in irgendeinem produktiven Beruf, beispielsweise als Herrenschneider, beschäftigt sehen möchten, warum Springer enteignet werden muss.«[30]

Wussten Dutschke und Co. überhaupt, was eine »Enteignung« ist und wie sie vonstattengehen könnte? Und »konnten« Marx und Mao eigentlich Enteignung, gemeint ist eine Enteignung ohne Konkurs, ohne Hungersnot, Bürgerkrieg, Diktatur, Gulag, Massenmord?

Jedenfalls, die Führung eines Unternehmens kann man Marx und Mao ganz offenkundig nicht übergeben. Mao machte sein eigenes Land, die uralte Kulturnation China, mit seinen Heilslehren kaputt, er schoss es in archaische Vorzeiten zurück. Und Marx, auf den Mao sich berief, ist vielleicht ein bedeutender Philosoph, aber er hat nichts praktisch Verwertbares für die Führung eines Unternehmens oder einer Volkswirtschaft gesagt und geschrieben, und auch das Kapital vermochte er nicht realistisch abzuschaffen. Diese Feststellung ist so wichtig, weil der Marxismus im Prinzip eine Wirtschaftsideologie ist, die die Menschen und deren Neid-Gen so fasziniert hat. Es ging schließlich immer um die Wirtschaft und immer darum, dass die Kapitalisten, die Bösen, enteignet und abgeschafft gehörten und dass eine wie auch immer geartete, nie zu Ende gedachte und von den Dutschkes und den Meinhofs nie hinterfragte neue Qualität von Güter- und Dienstleistungserzeugung herbeiimaginiert werden sollte.

Der Haken ist, dass all die netten Revolutionsfantasien, die durch die Bundesrepublik und den Westen geisterten und geistern, zwar lauthals sagen, was in der Wirtschaft zerstört gehört, aber nicht sagen, wie die Wirtschaft produktiv laufen soll. Die gängigen Aussagen wie »genossenschaftliches Arbeiten« oder »in Volkseigentum überführte Betriebe«, in denen sich die Fantasien erschöpfen, haben keinen Mehrwert für irgendeine Volkswirtschaft.

Wenn Springer persönlich aus dem Verkehr gezogen worden wäre, wären die Rechtsnachfolger und das Kapital immer noch da gewesen, das wäre noch keine Enteignung. Der Gedanke, Springer zu enteignen, ihm den Konzern praktisch wegzunehmen und in die Hände der APO zu legen, der sehr real in den Köpfen des Führungspersonals der Bewegung herumspukte, zeigt deren erschütternden Geisteszustand. Hätte man auch die Rechtsnachfolger verjagt, nach dem Motto, die sind genauso schlimm, die müssen gleich mit enteignet werden, wären die Banken und Gläubiger des Konzerns Sturm gelaufen. Und: Die Mitarbeiter und Journalisten, die den Quatsch nicht hätten mittragen wollen, hätten das Haus verlassen, und die Leser hätten sich von Springer abgewendet. Übrig geblieben wären ein paar Druckmaschinen, ein paar Büroräume, ein paar Wendehälse und ein gestorbener Wirtschaftsbetrieb. Der Springer-Konzern wäre innerhalb von 24 Stunden im Chaos versunken.

Wäre also eine Enteignung überhaupt durchführbar gewesen? Nein, eine solche Enteignung wäre nicht möglich gewesen. Eine Zerstörung des Ladens hätten die APO-Bewegten schon hingekriegt, aber einen Zeitungskonzern, der auf seine fortfließenden täglichen Einnahmen angewiesen ist, am Laufen zu halten, nicht. Diese Tatsache, die kein vernünftiger Mensch bezweifeln wird, kommt in der Geschichtsschreibung zur 68er-Bewegung allerdings nie vor.

Und es herrschte die pure Paranoia, weil das Maß an Hetze aus den Springerblättern – heute werden immer zwei oder drei mickrige Zitate hochgehalten – geradezu lächerlich war. »Stoppt die Jung-Roten jetzt« oder die Bezeichnung der APO-Führer als »Rotgardisten« sind angesichts des Sturms und der Gewalt der APO-Bewegung, die Gegenstimmen auf ihren Veranstaltungen nicht zuließ und Veranstaltungen mit einer anderen Ausrichtung sprengte, nur ein paar Wörter aus Millionen von Wörtern, die gar nichts an Hetze hergeben und die im Gegenteil eine gewisse Vernunft transportieren: Immerhin stimmte die Parallele zu den Rotgardisten. Umgekehrt hat die APO selber auf Tausenden von Flugblättern, in Artikeln, auf Podien, in Interviews gehetzt: gegen die real bestehenden Verhältnisse, gegen die Repräsentanten der Verhältnisse, gegen die Professoren an den Universitäten, gegen den normalen Berliner »Spießer«, der keinen Bock auf Revolution hatte, und natürlich gegen Axel Springer.

Ein besonderer Gag der Geschichte, der seit eh und je bekannt ist, aber ebenfalls ohne jede intellektuelle Konsequenz bleibt: Nicht nur der italienische schwerreiche Verlagserbe Giangiacomo Feltrinelli finanzierte diese APO-Aktivitäten und brachte gelegentlich auch noch Sprengstoff mit, um den APO-Argumenten ein bisschen Nachdruck zu verleihen, sondern auch die verlegerischen Konzernherren Rudolf Augstein (*Der Spiegel*) und Gerd Bucerius (*ZEIT*) griffen teilweise ganz schön tief in die eigene Tasche, um die APO-Aktivitäten gegen den Konkurrenten Springer und auch um Dutschke persönlich zu unterstützen.[31] Es war also auch noch unlauterer Wettbewerb der speziellen Art im Spiel. Und die DDR hat auch noch mitgemischt. Wo übrigens das Geld der freigiebigen Spender in den APO-Apparaten versickert ist, ist eine nur zum Teil geklärte Frage. Auf dem Höhepunkt dieser APO-Zeit hatte nun auch Ulrike Meinhof von der Journalistin auf die Aktivistin umgeschaltet und sich in die Anti-Springer-Kampagne eingeklinkt.

Von dem großen »Springer-Tribunal« in Berlin blieb am 9. Februar 1968 nur noch ein klägliches »Springer-Hearing« übrig. Meinhof gehörte auch hier nicht zu den Rednern – so integriert war sie zu diesem Zeitpunkt noch nicht –, aber sie ergriff am Ende der Veranstaltung das Wort und wollte die versammelten Kämpen motivieren, gleich noch einmal zum Springerhaus zu ziehen, um dort Randale zu machen, was wohl insbesondere bei Christian Semler, einem SDS-Granden und späteren langjährigen Kopf der maoistischen KPD/AO nicht auf Gegenliebe stieß. Er sprach sich dagegen aus.

Meinhof war offenbar so aufgeregt und gleichzeitig auf Stress gebürstet, dass sie noch am Abend ein alarmistisches Telegramm an den *Spiegel* in Hamburg schickte. Und offenbar keine Antwort bekam.

9. Februar 1968, um 21.44 Uhr:

Chefredaktion Spiegel
Pressehaus Hamburg

In Berlin herrscht gegenwärtig ein absoluter und kaum schlimmer vorstellbarer Terror gegenüber den Studenten. Das Springer-Hearing kann bereits nicht mehr in der vorgesehenen Form stattfinden. Die Raumvergabe für die Vietnamkonferenz am 17. und 18.2. steht in Frage. Im Zusammenspiel von Senat, Polizei, Springerpresse und bedingt auch Universität-Administration werden und sollen den Studenten noch alle Veranstaltungen und Demonstrationen verboten werden. Es gab in dieser Woche keine Studentenveranstaltung, vor der nicht Wasserwerfer und Polizei-Hundertschaften postiert worden wären. Es herrscht dringend, um nicht zu sagen, verzweifelt der Wunsch, dass an den Regierenden Bürgermeister Schütz Protesttelegramme geschickt werden, und zwar per Adresse Republikanischer Club 1/Berlin/15/ Wielandstr 27. Es besteht der dringende Wunsch, dass diese Bitte an andere im In-und Ausland weitergegeben wird. Gruß Ulrike Meinhof zurzeit in Berlin.[32]

Der Internationale Vietnamkongress

Schließlich tagte der große, lang geplante Vietnamkongress am 17. und 18. Februar 1968 im Audimax der Technischen Universität in Berlin und stellte erst einmal alle anderen Aktivitäten der APO in den Schatten.

Der Kongress fiel ausgerechnet in jene Zeitspanne, die auch im Vietnamkrieg die entscheidende Wende brachte. Die nordvietnamesische

Befreiungsarmee begann in diesem Monat mit der sogenannten Tet-Offensive, der Überführung des Dschungel- und Guerillakrieges in einen Bewegungskrieg, und bewies damit ihre Schlagkraft und Beweglichkeit. Militärisch erlitten die Nordvietnamesen zwar eine Niederlage, aber ihre Offensive brachte einen totalen Stimmungsumschwung in den USA. Der Protest gegen den Vietnamkrieg, der sich schnell im gesamten Westen aufgebaut hatte, war schwerpunktmäßig in den USA entstanden, sodass viele Amerikaner heute sagen, der Vietnamkrieg wurde vor allem in den USA selber verloren.

Mao Zedong, der Einheizer des Vietnamkrieges auf der Seite des Vietcong, gewann in diesem Jahr 1968 an mehreren Fronten gleichzeitig. In China hatten die Rotgardisten ihn wieder zum Alleinherrscher des Reiches gemacht, und er wurde sonnengottähnlich gefeiert. In Vietnam wie auch in der westlichen Welt, wo in allen Ländern Menschen in seinem Namen gegen die bürgerlichen Regierungen und gegen den Krieg in Vietnam protestierten und sogar mit kleinen »Kulturrevolutionen«, wie Rudi Dutschke sie nannte, begonnen wurde, gewann er an Einfluss. Er triumphierte aber auch über die Sowjetunion, deren Ansehen in der Dritten und in der westlichen Welt sank, indem er jetzt die geistige Führungsrolle in der kommunistischen Welt übernahm, zumindest was die Außenwirkung anbelangt.

Auch in Berlin wurden Mao Zedong, Ho Chi Minh und Che Guevara jetzt gefeiert. 5000 Studenten aus vielen Ländern und ein Haufen bekannter Intellektueller, die alle im Vietnamfieber mitschwammen, hatten sich in der Technischen Universität zum Internationalen Vietnamkongress versammelt oder ließen Grußworte ausrichten. Schauspieler, Journalisten und Prominente aus aller Welt – unter ihnen Günther Anders, Michelangelo Antonioni, Ernst Bloch, Hans Magnus Enzensberger, André Gorz, Herbert Marcuse, Luigi Nono, Pier Paolo Pasolini, Bertrand Russell, Jean-Paul Sartre und Luchino Visconti – schickten Solidaritätsadressen.

Die Versammlung fand vor einer überdimensionalen Fahne der Guerillaorganisation Front National de Libération (FNL) statt, bekannter als »Vietcong«, darauf abgebildet der gelbe Stern als Symbol sowie die Worte des kurz zuvor in Bolivien exekutierten Revolutionärs Che Guevara, die zugleich die Worte Maos waren: »Für den Sieg der vietnamesischen Revolution – Die Pflicht jedes Revolutionärs ist es, die Revolution zu machen.«

Rudi Dutschke hielt mit großer Begeisterung das »Hauptreferat«, das die Zuschauer ebenso begeistert aufnahmen. Von Phrasen und nebensächlicher Erwähnung abgesehen, ging es Dutschke in seiner Ansprache nicht um Vietnam und auch nicht um die Vietnamesen. Das Leid und der Tod der Menschen im Vietnamkrieg waren nur der Aufhänger für altbekannte, aber jetzt noch einmal zugespitzte und massierte Revolutionstiraden: »Ich würde sagen, daß das, was ich als kulturrevolutionäre Übergangsperiode, die spätestens seit dem 2. Juni '67 bestimmte Schichten innerhalb und außerhalb der Universität mobilisierte, daß diese kulturrevolutionäre Übergangsperiode heute nicht mehr beendet werden kann durch die Herrschenden, es sei denn, sie vernichten uns alle. [...] Der heutige Faschismus ist nicht mehr manifestiert in einer Partei oder in einer Person, er liegt in der tagtäglichen Ausbildung des Menschen zu autoritären Persönlichkeiten, er liegt in der Erziehung, kurz in der entstehenden Totalität der Institutionen und des Staatsapparats. Den letzteren zu sprengen ist unsere Aufgabe, daran arbeiten wir. [...] Es lebe die Weltrevolution und die daraus entstehende freie Gesellschaft freier Individuen!«, schmetterte Dutschke von der Bühne.[33]

Der Hauptfeind Dutschkes und der APO-Bewegung waren die USA, die kapitalistische Führungsmacht des Westens. Man wollte amerikanische Schiffe, die von Bremerhaven nach Vietnam ausliefen, in die Luft sprengen, man wollte GIs in den Berliner Kasernen zur Desertion animieren. Zielrichtung war die Schwächung der USA, in voller Solidarität mit dem vietnamesischen Volk, versteht sich.

Vietnamesisches Volk? Dutschke und die oberschlauen und moralisch ignoranten Protestbewegten solidarisierten sich gerade nicht mit dem vietnamesischen Volk, sondern sie solidarisierten sich de facto mit der nordvietnamesischen kommunistischen Diktatur und dem Vietcong, den außerordentlich grausamen kommunistischen Guerillakriegern.

Den Vietcong könnte man als eine besonders brutale »Fremdenlegion« der nordvietnamesischen Regierung bezeichnen, die auf südvietnamesischem Territorium Terror und Mord verbreitete. Im Vietcong dienten nordvietnamesische Okkupationssöldner, assistiert von südvietnamesischen Guerillakriegern. Es gab eine Doppelstrategie der Kommunisten. Erst Nordvietnam kommunistisch machen, das war 1945 abgeschlossen, und dann wollte Ho Chi Minh Südvietnam erobern und kommunistisch unterjochen. Das südvietnamesische Volk spielte bei all dem überhaupt keine Rolle, schon gar keine demokratisch legitimierende Rolle.

Die Intervention der USA war mit hoher Wahrscheinlichkeit zunächst von einer Mehrheit von Südvietnamesen gewollt. Fest steht jedenfalls: Die Mehrheit der Menschen im Süden wollte keine Unterjochung aus dem kommunistischen Norden. Eine aufgepeitschte Weltöffentlichkeit, eine nordvietnamesische Phalanx und subversive Kräfte in Südvietnam hatten im Süden Vietnams die Mehrheit, die zunächst gewiss keinen Anschluss an Nordvietnam wollte, schwinden lassen.

Südvietnamesische Dörfer, die sich dem Vietcong nicht sofort unterordneten, wurden grausam zerstört, was andere Dörfer gefügig machte. Und die Bevölkerung in den südvietnamesischen Dörfern wurde vom Vietcong als Schutzschild missbraucht. Die Fernsehbilder von zerstörten vietnamesischen Dörfern, begleitet von der kommunistischen Propaganda, erzeugten ein ganz und gar einseitiges Bild von den unschuldigen Kommunisten und den bösen »imperialistischen« Amerikanern, die nur vorgeben würden, die Freiheit der Südvietnamesen vor Eroberung und kommunistischer Unterwerfung verteidigen zu wollen, während sie in Wahrheit Vietnam imperialistisch besetzen wollten.

Das irre Weltbild, dass die Amerikaner quasi einen Lustmordkrieg in Vietnam geführt hätten, einen Genozid mit Spaß an Napalm und Agent Orange, denn so wird dieser Krieg teilweise bis heute kommuniziert, verfälscht die Realität. Die Bilder der westlichen Fernsehanstalten aus Vietnam erzählten sehr oft nicht die Geschichte hinter den Bildern, aber die Filme und Fotos wurden so präsentiert, dass jeder Zuschauer ganz sicher war, dass die USA ganz einseitig einfach nur Killer seien und die kommunistischen Guerillas die Befreiungshelden.

Dieses Bild vom bösen Ami und vom guten Vietcong war ein moralistischer Urknall der 68er-Bewegung. Die APO übernahm blindwütig die Partei des Vietcong, ohne irgendeine Ahnung von der Grausamkeit dieser Armee und von der Komplexität der Situation in Vietnam zu haben. Die Westlinke war so im Mao-Rausch, dass sie die Propagandaliteratur von Mao Zedong über den Vietnamkrieg für bare Münze nahm. Das Buch der APO-Aktivisten Peter Gäng und Jürgen Horlemann: *Vietnam. Genesis eines Konflikts*[34] fasst die Propaganda zum Vietnamkrieg exemplarisch zusammen. Hunderte von Büchern und Vietnamfilmen schwingen in diesem Takt. Die Brutalität der kommunistischen Seite und die Tatsache, dass Ho Chi Minh einen imperialistischen Eroberungskrieg gegen Südvietnam führte, findet in nahezu allen Veröffentlichungen nicht statt.

Kommunistische Regierungen, einmal blutig an die Macht gekommen, sind weder in China noch in Nordvietnam demokratisch legitimiert gewesen. Genauso wurden sie aber von den Protestbewegungen im Westen gesehen. Die in die Enge getriebene südvietnamesische Regierung, die auf verlorenem Posten stand, griff ihrerseits zu immer unrechtsstaatlicheren Mitteln in ihrem zum Scheitern verurteilten Überlebenskampf.

Und die Amerikaner haben in Vietnam wahrscheinlich keinen Fehler ausgelassen und waren überrascht und überrumpelt von der kommunistischen Siegerenergie.

Das erlaubt es aber nicht, die durchgängig bis heute wie nicht existent behandelten moralischen Verfehlungen der Kommunisten immer wieder beiseitezuschieben und den guten Onkel Ho und Gott Mao als die Volksbefreier des vietnamesischen Volkes zu feiern.

Doch Nordvietnam führte keine Demokratie ein, sondern unterjochte den Süden und führte die für Kommunisten typischen Säuberungswellen durch: Entrechtung, Vertreibung, Enteignung, Verschleppung in die Arbeitslager, in unwirtliche Zonen des Landes, Internierung und Massenmord. Nordvietnam und der pro forma aufgelöste Vietcong brachten nach dem berühmten Friedensschluss zwischen Amerika und Nordvietnam 1975 mehr Menschen um, als im Krieg gestorben waren. Fast zwei Millionen Südvietnamesen flüchteten unter Lebensgefahr auf das Meer, um dem Terror des von der APO so gelobten Nordvietnam zu entgehen. Der Flüchtlingsstrom der sogenannten Boatpeople aus Südvietnam ebbte erst Ende der Achtzigerjahre ab.

Der APO-bewegte Westen, wo sich alles, was in den Medien und in der Kultur Deutungshoheit hatte, jahrelang vehement auf die Seite des Vietcong gestellt hatte, wollte von den vietnamesischen Flüchtlingen lange nichts wissen: Zu sehr dokumentierten diese Menschen den grauenvollen, großen Vietnamirrtum der APO. Sehr viele APO-Anhänger glaubten jahrzehntelang allzu leicht an das Märchen, dass die Millionen Flüchtlinge, darunter sehr viele Kinder, selber Schuld hätten, weil sie früher Ausbeuter und Kapitalisten gewesen seien, die man allerdings auch nicht auf dem Wasser oder sonst wo verrecken lässt. Auch die Ignoranz gegenüber dem Leid der vietnamesischen Flüchtlinge ist ein dunkles Kapitel der APO-Geschichte, einer APO, die angeblich wegen des Leids der vietnamesischen Bevölkerung auf die Straße gegangen war.

Der Vietnamkrieg war eine klare Identifikationsgröße, und die Dinge schienen ganz einfach und klar zu sein: Mao und Ho Chi Minh und deren kommunistische Diktaturen waren leuchtende Vorbilder der Revolution und der Menschlichkeit. Die Amerikaner waren die Völkermörder, waren die Imperialisten, waren die Kapitalisten und waren diejenigen, die Kinder, Frauen und Greise töteten. Die Kommunisten stellten die Befreiungsbewegungen, auch wenn diese den Krieg in die Dörfer, zu den Kindern, Frauen und Greisen brachten und die Städte unterwanderten. Doch so schwarz-weiß und so einfach, wie die APO die Dinge im Jahr 1968 sah, lagen sie in Vietnam nicht. Kolonialistische Kriege wie der imperialistische Krieg Chinas gegen Tibet, zeitgleich mit dem Vietnamkrieg, existierten im Weltbild der APO genauso wenig wie der Völkermord Mao Zedongs gegen sein eigenes Volk.

Und: Am Beispiel Vietnams wird ein ideologischer Systemfehler im Denken der APO deutlich: Kommunistische oder linke Gruppierungen, die Revolution machen, sind immer für das ganze Volk, auch wenn es sich um noch so kleine Gruppen handelt. Weil sie für das Volk sind, sind sie automatisch demokratisch, und wenn das Volk, wie in Südvietnam und zuvor auch in Nordvietnam, die gelobte Diktatur des Proletariats nicht will, ist das ohne Bedeutung, dann muss das Volk eben erst noch zum wahren, einzig guten Volkswillen erzogen werden.

Vietnam – das sind eigentlich zwei Länder, das reiche Südvietnam und der ärmere Norden, das entsprach auch der Rechtslage nach der französischen Niederlage im sogenannten Indochinakrieg. Nun hätten die Amerikaner die sehr unperfekte und mit Korruption belastete südvietnamesische Demokratie, als die sich Südvietnam präsentierte, auch schlicht und ergreifend dem Schicksal überlassen können, von Nordvietnam vereinnahmt zu werden. Grundsätzlich ist der Gedanke der Amerikaner, den raumgreifenden kommunistischen Missionaren Einhalt zu gebieten, nicht ganz falsch gewesen. Dass den Amerikanern das entglitten ist, wie Steven Spielberg es in seinem neuen Film »Die Verlegerin« jetzt wieder aufgreift, das ist Fakt, und ist sehr bedauerlich.

Das Thema Vietnam ist zu groß, um es hier ausführlich und historisch gerecht zu behandeln. Es würde mehrere eigene Bücher füllen. Hier soll nur vorsichtig eine Diskussion und ein Nachdenken angeregt werden. Es reicht nicht mehr, einfach zu sagen, wir gingen damals auf die Straße, wegen Vietnam. Der Vietcong und Ho Chi Minh waren nicht die Guten, und China, das zur selben Zeit imperialistisch in Tibet einfiel und dort einen grausamen Völkermord an den Tibetern begann, und die Sowjetunion, die den Vietcong mit Waffen und Logistik unterstützte, waren nicht die Guten in diesem Krieg. Um dem Vietnamkonflikt historisch gerecht zu werden, müssen Historiker in Zukunft die Verbrechen sowohl der Amerikaner als auch des Vietcong ohne jede Ideologie und ohne jedes Aufrechnen untersuchen und das Schwarz-Weiß-Denken und die Gewissheiten unterlassen.

Die genehmigte Demonstration auf dem Ku'damm

Ulrike Meinhof, die immer noch neu in Berlin war, gehörte auch auf dem Vietnamkongress nicht zu den Rednern auf dem Podium. Sie saß in der ersten Reihe, zeitweilig neben Feltrinelli, aber sie durfte den Rednern nur lauschen: dem SDS-Bundesvorsitzenden KD Wolff, dem SDS-Star Hans-Jürgen Krahl, dem Iraner Bahman Nirumand, dem Schriftsteller Erich Fried, dem chilenischen Studenten und Alter Ego Dutschkes, Gaston Salvatore, dem Schriftsteller und Theaterautor Peter Weiss, dem marxistischen Wirtschaftswissenschaftler Ernest Mandel, dem Verleger Giangiacomo Feltrinelli und dem pakistanischen Studenten Tariq Ali. Auch wenn sie keine geborene Volkstribunin war, dürfte ihr die Rolle der reinen Zuhörerin gegen den Strich gegangen sein.

Auch Klaus Rainer Röhl war auf dem Vietnamkongress in Berlin, wo er seine Frau natürlich traf, die, was er nicht wusste, bereits den Scheidungsanwalt aufgesucht hatte. Auch er nahm nur als Gast teil, auch er war nur am Rande beteiligt, obwohl er der Herausgeber der Zeitschrift war, für die fast alle APO-Köpfe, die jetzt auf dem Podium saßen, damals gerne schrieben. Auch Röhl würdigt das Ereignis, das heute als Höhepunkt der 68er-Bewegung gehandelt wird, nicht mit einer Zeile, sondern erwähnt den Kongress erst Jahre später in seinem Buch »Fünf Finger sind keine Faust«[35], dann schon mit ein paar Erinnerungsunschärfen.

Die Hauptveranstalter des Kongresses, die SDS-Führung, hatten für den zweiten Tag, Sonntag, den 18. Februar 1968, eine Demonstration zu den amerikanischen Kasernen in Dahlem angemeldet, aber sich dann doch ein Demonstrationsverbot eingefangen. Also musste der bekannte APO-Anwalt Horst Mahler ran, um mittels eines Widerspruchs das Demonstrationsverbot schnellstmöglich wieder aufzuheben. Schon Tage vor dem Prozess hatten sich zahlreiche hochrangige Köpfe aus der Berliner Politik und Kulturszene bemüht, Dutschke und Rabehl von dem gefährlich erscheinenden Plan abzubringen. Der Stadt Westberlin war das Ganze zu heiß: Die amerikanische Militärpolizei hatte bereits erfahren, dass Rudi Dutschke die in den Kasernen stationierten afroamerikanischen Soldaten, und unter diesen vor allem die Mitglieder und Anhänger der Black-Panther-Bewegung, mittels über den Zaun zu werfender Flugblätter zur Desertion und zu einer Meuterei gegen den Vietnamkrieg auffordern wollte. Und hatte angekündigt zu schießen, wenn dies geschähe.

Zu diesem Zeitpunkt hatten sich einige gute Geister, Vermittler und Beschwichtiger um den evangelischen Berliner Bischof Kurt Scharf versammelt, der während des Streits um die Genehmigung der Demo zwischen SDS und dem Berliner Regierenden Bürgermeister Klaus Schütz und dessen Innensenator Neubauer emsig vermittelte. Dutschke sollte unbedingt davon abgehalten werden, zu den Kasernen zu marschieren. Rudi Dutschke wollte offenbar trotz des amerikanischen »Schießbefehls« genau dies tun. Er hatte auch schon geprobt, wie man Desertionsaufrufe über den Kasernenzaun schaffen könnte. Jetzt sollte Dutschke mit allen

Mitteln davon abgehalten werden die Teilnehmer des Vietnamkongresses zu den Kasernen zu führen. Das Team um Bischof Scharf war hochkarätig besetzt: Günter Grass, der Theologieprofessor Martin Fischer und der vormalige Regierende Bürgermeister von Berlin, Heinrich Albertz, selber Pastor und nach dem Tod von Benno Ohnesorg am 2. Juni 1967 zurückgetreten, hatten sich in letzter Minute persönlich bemüht, die Situation zu entschärfen und zwischen den Parteien zu vermitteln. Schließlich waren Dutschke und sein studentischer Counterpart Bernd Rabehl bereit, einem Kompromiss zuzustimmen. Abends um 19.40 Uhr, während der Rede von Erich Fried auf dem Kongress, wurde der gerichtliche Teilsieg in dem einstweiligen Verfügungsverfahren verkündet: Eine Demonstration wurde nun doch erlaubt, aber nicht vor den Kasernen, sondern auf dem damaligen Dreh- und Angelpunkt Westberlins, dem Ku'damm.

Was genau war passiert?

Rudi Dutschke, ein Student, der keine Zeit zum Studieren hatte, von der Weltrevolution träumte und in einem aufgedrehten Zeitgeist dabei war, eine kleine APO-Bewegung aus dem Boden zu stampfen, dieser »Student« verhandelte wegen einer Demonstration mit dem Regierenden Bürgermeister Westberlins Klaus Schütz – einem weltpolitisch sensiblen Gebilde unter dem damaligen Vier-Mächte-Status – auf Augenhöhe und erklärt sich schließlich mühsam bereit, sich an die einstweilige Verfügung zu halten und seine Demonstranten nicht zu den US-Kasernen zu führen. Das Groteske an dieser Situation wird in der Geschichtsschreibung, die, wie gesagt, hauptsächlich von betroffenen APO-68ern betrieben wird, überhaupt nicht mehr erkannt, so selbstverständlich ist ihnen die geradezu etatistische und weltpolitische Bedeutung der Bewegung, deren Teil sie waren. Daran, dass sich der Berliner Senat in dieser Form mit ein paar Studenten auseinandersetzen musste, zeigt sich jedoch das Ausmaß der revolutionären Erschütterung des von der APO bekämpften Staates. Und es wird eine Überschätzung der APO durch die etablierte Politik erkennbar. Man hätte erkennen müssen, dass außer einem lautstarken Protest, ein bisschen Gewalt und einem gierigen Medientross, der auf den Zug aufsprang, nicht viel dahintersteckte. Aber die Stimmung damals war eben so, dass Revolution irgendwie in der Luft lag, und das hatte auch jene erfasst, die gegen die Revolution waren, und das war die übergroße Mehrheit der Bundesbürger, wenn sich auch in Umfragen viele gern mit ihrer eigenen Aufgeklärtheit schmückten und Verständnis für die »Studenten«, wie es damals hieß, äußerten.

Dieter Kunzelmann, Frontmann der Kommune 1 und mit Dutschke immer in einem speziellen Verhältnis gegenseitiger Hochachtung verbunden, kritisierte in seinem 1998 erschienenen Buch »Leisten Sie keinen Widerstand! Bilder aus meinem Leben« den staatstragenden Verzicht von Dutschke und Rabehl auf die Konfrontation mit der Stadt und den Amerikanern:

> Skandalös waren die Geheimverhandlungen der Veranstalter des Vietnamkongresses, vermittelt durch die evangelische Kirche, mit der Spitze des Westberliner Senats und mit der im Hintergrund bestimmenden US-Besatzungsmacht über Genehmigung oder Verbot der Demonstration. Mit dem faulen Kompromiss – die Demonstration gegen den Krieg in Vietnam in der Westberliner City wird erlaubt; der SDS gewährleistet, dass keine US-Kaserne attackiert wird – wurde nicht nur die auf dem Kongress bis zum Überdruss skandierte Parole »Schafft eins, zwei [Vietnams]« zur hohlen Phrase, es wurden auch erstmals Gespräche auf höchster Ebene nicht öffentlich gemacht, geschweige denn, dass ihre fragwürdigen Ergebnisse einem Plenum zur Abstimmung vorgelegt worden wären [...][36]

Möglich ist, dass diese Bewertung aus der Revolutionärssicht von Kunzelmann zutreffend sein könnte.

Erhofft hatten Dutschke und Rabehl nach dem fulminanten Kongress gewiss 40 000 Demonstranten und noch ein bisschen mehr. Es kamen dann aber nur 12 000, die allerdings euphorisch gestimmt waren, als sie über den für sie frei geräumten Ku'damm marschierten. Durch ausländische Teilnehmer angeregt, hakten sich die Demonstranten unter und rannten ein paar Hundert Meter, um dann zu warten, bis die

Nachfolgereihen entsprechend aufschlossen. Bei dem Spektakel wurde gebrüllt: »Ho, Ho, Ho Chi Minh!« – »Ho, Ho, Ho Chi-Minh!« Eindruck schinden und sich selber ein bisschen Mut machen und natürlich eine Menge Gaudi, das war das besondere Kennzeichen dieser Demonstration, die Vorbild wurde für unzählige weitere dieser Art. Mitgeführt wurden Fahnen, Plakate, Transparente mit den Porträts von Ho Chi Minh, Che Guevara, Mao Zedong, aber auch von Rosa Luxemburg, Karl Liebknecht und Lenin, die zum Teil von der DDR kostenlos zur Verfügung gestellt worden waren.

Klaus Röhl schaute sich die Demo an und beschreibt sie in seinem Buch »Fünf Finger sind keine Faust«:

Es war ein Rausch, ein schöner und reiner Rausch, und keiner schelte mir den Mann, der daran teilnahm und nicht teilnahmslos blieb: der im Nonkonformismus alt gewordene Kuby, der schon etwas verwitterte Neuss und der kurzatmige Fried, der nach kurzer Zeit aus dem Springlauf ausscheiden mußte und sich verpustete [...], und die abgebrühten Stern- und Panorama-Leute, die am Rand standen und filmten und Aufnahmen schossen – alle schrien wie die Wilden Ho-Ho-Ho Chi Minh [...]

Und Klaus Röhl hatte an diesem Abend nach der Demonstration noch ein Erlebnis:

Ich fuhr an diesem Abend rüber nach Ostberlin, ging zu Biermann, der ganz allein in seiner Wohnung in der Chaussee-Straße saß und Radio hörte, Emmi *[Biermann, Mutter von Wolf Biermann, die im Westen in Hamburg lebte, Anm. der Autorin]* und Helga *[eine frühere Flamme von Klaus Röhl]* saßen noch im Republikanischen Club und diskutierten.
Die Friedrichstraße bot ein unglaublich menschenleeres und verödetes Bild, der äußerste Kontrast zu diesem von Demonstranten brodelnden Ku'damm, einige verblassende Häuserreklamen warben für irgendeinen bevorstehenden Parteitag, für irgendeine Übersollerfüllung, die Menschen gingen mit gleichgültigen Blicken in ihre Häuser, nichts ahnend, nichts miterlebend. Es war, als hätte ich eine Zeitreise in ein früheres Jahrzehnt gemacht. Ich sagte zu Biermann: jetzt musst du rüberkommen,

du gehörst zu uns, die haben kein einziges Lied gehabt, du musst es schreiben. Komm rüber. Du wirst im Westen gebraucht. Hier nicht.[37]

Drei Tage später fand eine Gegendemonstration statt, zu der Berliner Senat, Bürgerschaft, Gewerkschaften und Springermedien aufgerufen hatten. Es kamen schätzungsweise 80 000 Berliner zusammen, einige Medien sprachen damals sogar von 150 000, die für Berlin, für die USA und gegen die APO demonstrierten. Die Geschichtsschreibung der APO-Historiker hat diese Demonstration im Laufe der Zeit immer kleiner und hässlicher gemacht. Das ganze Ereignis hat überhaupt nur als historische Unwichtigkeit überlebt, weil es zur Verfolgung eines jungen Mannes gekommen sein soll, der Dutschke ähnlich sah, was wiederum zeigen soll, wie uneinsichtig die Bevölkerung auf die Lichtgestalt der Protestbewegung, Rudi Dutschke, reagierte. Tatsache bleibt, dass die Protestbewegung, die sich selber damals »eine radikale kleine Minderheit« nannte, tatsächlich eine solche war. In der veröffentlichten Meinung spielte sie eine mächtige Rolle, obwohl sie für ihre große Vietnamdemonstration wenige Tage zuvor nur 12 000 Leute auf die Straße gebracht hatte. Es waren immer dieselben 12- oder 20- oder 30 000 Leute oder selten auch ein paar mehr, die in der gesamten Bundesrepublik fortan allwöchentlich gegen den Vietnamkrieg demonstrierten. Die aber hatten eine Medienpräsenz, die den Normalbürger glauben machte, es handele sich um eine gigantische Volksbewegung. Und dadurch, dass, wie in Berlin zu besichtigen, die Spitzen aus Politik und Gesellschaft die APO-Leute so wichtig nahmen, erhielten diese überhaupt erst die Bedeutung, die den Protest bis heute so wirkmächtig macht. Unterhalb oder neben der SDS-geführten Studentenbewegung im engeren Sinne gab es plötzlich in der gesamten Bundesrepublik Proteste von Studenten, Schülern, der Gewerkschaftsjugend, aus Kirchenkreisen. Es waren plötzlich einige 100 000 Menschen in Sachen Protest unterwegs, aber es blieb immer eine Minderheit, die jedoch den Kulturbetrieb und die Subkulturen fortan beherrschte. Die Generationen von Protestlern kamen und gingen, der Protest verselbstständigte sich und blieb – bis heute.

Das APO-Movement und seine verschiedenen Protagonisten

Wer waren denn nun die Führer der APO-Bewegung? Diejenigen, die auf dem Vietnamkongress gesprochen hatten? Der SDS als Zentralorgan der APO? Die Kommune 1, die vor allem im ersten Halbjahr 1967 eine bedeutende Rolle in der APO-Bewegung gespielt hatte, ehe sie im Herbst 1967 die Führungsrolle in der APO an die Dutschke-Fraktion im SDS abgab. Oder war der Republikanische Club mit DDR-Mief die eigentliche Schaltstelle? Waren die Intellektuellen, die kapriziös um die Studenten herumtänzelten, wie Hans Magnus Enzensberger, Wolfgang Neuss, Bahman Nirumand, Ernst Bloch, Herbert Marcuse, die Professoren der Frankfurter Schule, Helmut Gollwitzer, Heinrich Albertz, Horst Mahler, Ulrike Meinhof usw. die eigentlichen Tonangeber? Oder waren es die Medienfürsten wie Rudolf Augstein, Gerd Bucerius, Henri Nannen, Klaus Rainer Röhl oder der Verleger Fritz J. Raddatz, der als Herausgeber der Taschenbuchreihe rororo-aktuell die zahlreichen Bücher der APO in den Buchhandel presste? Oder war der damals einflussreiche Panorama-Chef Peter Merseburger das Alphatier? Also mit anderen Worten die Medien wie die öffentlich-rechtlichen Anstalten, der *Spiegel*, die *ZEIT*, der *stern*, die *Frankfurter Rundschau*, *konkret* oder die APO-DDR-Postille *Extrablatt*?

Die 68er haben seit 50 Jahren das eifersüchtig verteidigte Privileg, ihre eigene Geschichte und die ihrer Helden höchstselbst in die Geschichtsbücher und die Medien zu bringen, immer ein bisschen modifiziert durch Anpassungen an den Zeitgeist. Und ein jeder erzählt natürlich besonders gern von seinem eigenen Frontabschnitt, ganz frühe 68er von der Ostermarschbewegung, spätere von den Unruhen nach dem Mord an Benno Ohnesorg, andere von ihrem Kampf gegen die Notstandsgesetze oder von ihrer »Happening-, Sex- und Psychozeit« in der Kommune 1. Sie erzählen vom SDS oder von der oder jener K-Gruppe und später von diesem oder jenem alternativen Projekt, vom Kampf gegen die Frankfurter Startbahn West, von der Friedensbewegung oder der Atomkraft-Nein-Danke-Protestzeit usw., von der Hafenstraße, den zahlreichen Hausbesetzungen, den 1. Mai-Demonstrationen, von der Gründungsphase der Grünen, der Occupy-Bewegung, den EZB-Protesten, der

Anti-Globalisierungs-Bewegung, der Antifa, dem Kampf um die Rote Flora oder auch von der Piratenpartei. Und die schmale Streitschrift »Empört Euch!« des ehemaligen französischen Widerstandskämpfers Stéphane Hessel löste noch 2010/11 ein Strohfeuer von euphorischen Protestfantasien aus.

Man könnte es auch so sehen: Protest um jeden Preis kam irgendwann in den Sechzigerjahren in Mode und ist bis heute in Mode geblieben, ein Ende ist nicht in Sicht. Und jedes Jahr wird eine andere Protest-Sau von einer anderen Gruppierung, die gerade oben schwimmt, durchs Dorf getrieben. Das Wesen von Moden ist, dass sie nach einiger Zeit zu Ende gehen, die Halbwertszeit von Moden ist unterschiedlich, aber eben begrenzt.

Die Protestmode ist gleichsam die Trägerfrequenz, auf der die unterschiedlichen Protagonisten und Gruppierungen ihre speziellen Lieder modellieren. Diese Trägerfrequenz war und ist bis heute im ganzen Westen flächendeckend zu empfangen, und sie ist bis heute die Lieblingsfrequenz der aufgeweckten, mobilen, intelligenten und gebildeten Jungen und Alten geblieben. Seit 50 Jahren gibt es im Westen eine Art permanentes Protestmovement, das mal mehr, mal weniger mitregiert hat. Seit 50 Jahren muss man sich nur eine neue Protestvariante oder ein neues Protestfeld aussuchen und versuchen, damit in die »Protest-Charts« zu gelangen. Wer das Protestgefühl am kreativsten, brutalsten, geschicktesten oder prominentesten anzusprechen weiß, wer den richtigen Riecher hat, was wieder zieht, hat die größten Chancen, mit seiner Protestidee Furore zu machen, die Medien zu gewinnen und moralisch, sozial, finanziell bis hin zur Würdigung von Bürgermeistern, Regierungschefs, Chefredakteuren, Gewerkschaften, bekannten Schauspielern und anderen öffentlichen Persönlichkeiten den neuen Protesthit zu landen.

Die außerparlamentarischen Bewegungen der letzten 50 Jahre kreierten ihre eigenen Stars, und sie verlangen nach immer neuen Protagonisten. Alle surfen auf der Protestwelle. Und umgekehrt beeinflussen immer neue Protagonisten, die auch untereinander um Aufmerksamkeit und Deutungshoheit buhlen, die Bewegung. Und auf dieser Trägerfrequenz spielten auch die Rock-und Protestmusiker ihre Lieder. Ganz konkret: Seit 50 Jahren begleiten unterstützende und nutznießende Künstler,

Schriftsteller, Rock- und Popgruppen, Theaterleute die Protestkultur, angefangen von »Macht kaputt, was euch kaputt macht« der Politrockband »Ton Steine Scherben« über Campino von den »Toten Hosen«, Schorsch Kamerun von den »Goldenen Zitronen« bis hin zu den großen Protestprofiteuren wie der Nobelpreisträgerin Elfriede Jelinek, dem Theatergranden Claus Peymann und vielen anderen.

Protest, in Mode wie gesagt seit den Sechzigerjahren, musste links drehen, denn nur das war »schick«. Und genau diese Protestmode mit dieser Drehrichtung, das ist die Trägerfrequenz. Nur so wird nämlich verständlich, wieso das Phänomen APO/68 immer neue Gruppierungen, Personen und von Beginn an so viele verschiedene Themen erzeugte, die nur durch den Gedanken des Protestes verbunden werden können. Nur so wird verständlich, weshalb das große Protest-Movement bei all den Streitigkeiten, die teils bis zum Äußersten gingen, dennoch immer nur in eine Richtung rollte.

Bei der enormen Findigkeit, immer neue Protestthemen zu setzen, vom Waldsterben über Abtreibung bis zum Klimaschutz, war es fast unvermeidlich, dass auch immer wieder einzelne Aspekte der Protestmode sinnvoll und weiterführend waren. Beispiel: So heikel der »Ismus« namens Feminismus war, so sinnvoll sind einzelne Topics, die der Verbesserung der Stellung der Frau dienlich waren. 1968 war es schon genauso wie heute: An die Spitze der Bewegung setzten sich immer wieder andere Köpfe und rangen darum, ganz vorne mitzuschwimmen: So spielte die Kommune 1, wie schon erwähnt, vor allem in der ersten Hälfte des Jahres 1967 eine Weile die schrillste Geige auf der Protestfrequenz. Die Wundertüte *stern*, damals in einer Auflage von knapp zwei Millionen, goss ihr Füllhorn über der K1 in Strömen aus und machte aus den Kommunarden Dieter Kunzelmann, Rainer Langhans, Fritz Teufel und dann auch aus dem APO-Model Uschi Obermaier im deutschsprachigen Raum Popstars, die bis in die letzte Dorfkneipe bekannt wurden und die der *stern* und andere Medien mit üppigsten Honoraren eine Weile im Geld schwimmen ließen.

Auf derselben Frequenz wurde kurze Zeit später Rudi Dutschke zu einer Art Star der Revolution, hofiert von *Spiegel*, *stern*, *ZEIT*, *konkret* und vielen anderen Medien. Geadelt wurde er durch das legendäre

Fernsehinterview im Dezember 1967 mit dem Fernsehjournalisten und späteren *Spiegel*-Chefredakteur Günter Gaus, das heute bei YouTube abrufbar ist.

Nachdem Dutschke auf dem Vietnamkongress im Februar 1968 seinen Erfolgszenit erreicht hatte, stürzten sich die Medien auf die nächsten Figuren, die auf der Protestfrequenz den lautesten Lärm machten und die Protestcharts stürmten, und das waren ab März/April 1968 diejenigen, welche die Gewalt, die auf dem Vietnamkongress gefordert worden war, nun auch lieferten: Und das waren Andreas Baader und Gudrun Ensslin, die am 2. April 1968 drei Brände in zwei Frankfurter Kaufhäusern legten, eigentlich der erste Terrorakt der APO. Und liefern taten auch der Reifenstecher und Bombenleger »Bommi« Michael Baumann und einige Gruppen um ihn herum, die sich mit Bomben, Gewaltaktionen und Terrorismus einen Namen in der Szene und in den Medien machten. Die neuen tätlichen Protestler um Baumann und Baader stammten beide aus dem Dunstkreis der Kommune 1, die sich ab jetzt von einer Sex- und Psycho-Sekte zu einer Terroristenschmiede wandelte.

Cohn-Bendit: »Sie gehören zu uns«

Am 2. April 1968 war es den beiden Kaufhausbrandstiftern Andreas Baader und Gudrun Ensslin und mit ihnen Thorwald Proll und Horst Söhnlein gelungen, den Vogel am APO-Himmel abzuschießen: Ein Kaufhaus anzuzünden und dann zu sagen, es war eine politische Aktion, wir taten es, um auf den Vietnamkrieg aufmerksam zu machen (Gudrun Ensslin), das war ein Orbit weiter als der SDS oder selbst die Kommune 1, die auch schon an Sprengstoff gedacht, aber noch nichts wirklich Durchschlagendes in dieser Richtung unternommen hatten.

Ein Jahr zuvor hatte allerdings die Kommune 1 mittels eines Flugblattes die Vorlage zu dem Frankfurter Kaufhausbrand von Baader und Ensslin geliefert und kann insoweit ein wenig die Urheberschaft der Kaufhausbrände für sich reklamieren. Das Flugblatt »Burn, ware-house burn!« war die Reaktion auf einen im Mai 1967 ausgebrochenen Brand in einem Brüsseler Kaufhaus, bei dem 323 Menschen ums Leben kamen.

Die Ursache für diesen Brand ist bis heute nicht geklärt. In dem Flugblatt heißt es:

Wann brennen die Berliner Kaufhäuser?

[...] Unsere belgischen Freunde haben endlich den Dreh heraus, die Bevölkerung am lustigen Treiben in Vietnam wirklich zu beteiligen: Sie zünden ein Kaufhaus an, dreihundert saturierte Bürger beenden ihr aufregendes Leben, und Brüssel wird Hanoi. Keiner von uns braucht mehr Tränen über das vietnamesische Volk bei der Frühstückszeitung zu vergießen. Ab heute geht er in die Konfektionsabteilung vom KaDeWe, Hertie, Woolworth, Bilka oder Neckermann und zündet sich diskret eine Zigarette in der Ankleidekabine an. Dabei ist nicht unbedingt erforderlich, daß das betreffende Kaufhaus eine Werbekampagne für amerikanische Produkte gestartet hat, denn wer glaubt noch an das ›made in Germany‹? Wenn es irgendwo brennt in der nächsten Zeit, wenn irgendwo eine Kaserne in die Luft geht, wenn irgendwo in einem Stadion die Tribüne einstürzt, seid bitte nicht überrascht. Genausowenig wie beim Überschreiten der Demarkationslinie durch die Amis, der Bombardierung des Stadtzentrums von Hanoi, dem Einmarsch der Marines nach China. [...] Brüssel hat uns die einzige Antwort darauf gegeben:
Burn, ware-house, burn![38]

Einige Kommunarden waren wegen der Aufforderung zur Brandstiftung in diesem Flugblatt angeklagt und im März 1968 gerade freigesprochen worden. Alles nur »Satire«, alles nur »Ionesco«, alles nur »Pop-Literatur«, alles nur »schwärmerischer Anarchismus«, wie die prominenten »Gutachter« des Verfahrens, der Filmemacher Alexander Kluge, der Professor Walter Jens und Günter Grass, willig erklärt hatten.[39]

Der SDS hatte sich noch erschrocken in einer Pressemeldung von dem Frankfurter Kaufhausbrand distanziert.

Fritz Teufel von der Kommune 1 drückte es so aus: »Es ist immer noch besser, ein Kaufhaus anzuzünden, als ein Kaufhaus zu besitzen!«, so jedenfalls zitierte ihn Ulrike Meinhof in ihrer späteren Kolumne über die »Warenhausbrandstiftung« in *konkret*.[40]

Der Vorsitzende Richter, der das Urteil (jeweils drei Jahre »Zuchthaus«) gegen Baader, Ensslin und die anderen im November 68 in Frankfurt verkündete, tönte damals, dass die frischgebackenen Terroristen Baader und Ensslin gerade nicht zur APO gehörten und somit der Prozess nicht zu den »Studentenprozessen« gezählt werden könne. Doch das trug ihm eine lautstarke Rüge des Protestlords Daniel Cohn-Bendit ein, der zu Recht darauf hinwies, dass Baader und Ensslin integraler Bestandteil der APO-Bewegung waren. »Das, was Sie gesagt haben, das können nur wir sagen«, maßregelte Studententribun Cohn-Bendit aus dem Publikum den Richter. Und zu den Angeklagten gewandt: »Sie gehören zu uns.«

Und weiter der *Spiegel*: »Wenig später musste ein Polizeikommando auf Anordnung des Vorsitzenden den Saal räumen. Mit Reden und Rauchbombe taten die Zuschauer ihren Willen kund, mit den Angeklagten in einen Topf geworfen zu werden.«[41]

Dies ist ein frühes Beispiel dafür, wie sich die APO-Führer immer nur halb von Gewalt und Terror distanzierten. Nie ganz und fast immer mit klammheimlicher Zustimmung. Der »Reifenstecher« und spätere Mitbegründer der »Terrorgruppe 2. Juni«, Bommi Baumann, brachte auf den Punkt, wie damals viele tickten: »Ob die da nun ein Kaufhaus angesteckt haben oder nicht, war mir im Augenblick scheißegal, einfach dass da mal Leute aus dem Rahmen ausgebrochen sind und so eine Sache gemacht haben [...] Die Brandstiftung ist natürlich auch eine Konkurrenzgeschichte [...] Wer die knallhärtesten Taten bringt, der gibt die Richtung an.«[42]

Warum wurde gerade ein Kaufhaus angezündet? Weil es die kommunistische Doktrin vom »Konsumterror« im Westen gab. Konsum in der goldenen Zeit der Vollbeschäftigung bedeutete satte, zufriedene Bürger, die mit einer zusammengesponnenen Revolution nichts zu tun haben wollten, und das, wie ich meine, vollkommen zu Recht.

Man könnte es auch so sehen: Es ist besser, Warenhäuser zu bauen und zu betreiben, als gar keins zu haben oder nur ein leeres wie das berühmte Moskauer Edelkaufhaus Gum, in dem es bis 1989 so gut wie gar nichts zu kaufen gab, ebenso wenig wie in den Warenhäusern und den Konsum-Handelsketten der gelobten kommunistischen Welt. Das war in der Tat »Konsumterror«.

Da Baader, Ensslin und ihre Mittäter natürlich für den Schaden von 2,2 Millionen DM nicht aufkommen konnten, zahlten die Versicherungen.

Astrid Proll, die kleine Schwester des Brandstifters Thorwald Proll, die später mit Baader und Ensslin die RAF mitgründete, hat Andreas Baader als einen irgendwie imponierenden Typen in Erinnerung. 1991, als ich mit ihr – sie war inzwischen nach Untergrund und Gefängnis wieder auf freiem Fuß – ein langes Interview führte, erzählte sie mir über die Zeit 1967/68 vor der Kaufhausbrandstiftung:

Wenn ich damals, ich war erst 19, nach Berlin kam und meinen Bruder Thorwald besuchte, dann traf sich da immer eine ganze Clique mit Andreas Baader als dem maßgebenden Typen, der die Truppe anführte. Ich erinnere die Clique als ungeheuer aktionistisch. Sie fuhren nachts ohne Führerschein durch Berlin, kurbelten die Autofenster runter und schrien: »Wir machen euch alles kaputt.« Auf offiziellen Presseveranstaltungen, wo Leute mit Schlips und Kragen standen und Sekt tranken, platzten diese Lederjackentypen dann einfach so rein und machten die Leute an, so nach dem Motto: »Na, du kapitalistisches Arschloch.« Damals machten die mir noch Angst. Ich dachte, was ist denn mit denen los? Aber ich bin als kleine Schwester immer so mitgelaufen.[43]

Die Berliner Clique, unter ihnen auch Astrid Proll, organisierte jetzt Besuchstrips nach Frankfurt ins Gefängnis. »Baader wollte immer Haschisch mitgebracht bekommen. Der wollte immer verwöhnt werden«, erinnerte sich Astrid. Aus Solidarität besuchte sie damals auch Gudrun Ensslin, die sie bis dahin nicht gekannt hatte. »Die hat mir ungeheuer imponiert. Sie war ja damals eine Studentin, eine Intellektuelle, und hatte ein Stipendium von der Studienstiftung des deutschen Volkes, das gab's nicht so oft. Sie war ungeheuer präsent und selbstbewusst. Trotz der schrecklichen Umstände im Gefängnis lachte sie. Sie integrierte sich auch im Gefängnis gut und besuchte einen Literaturkreis. Im Gegensatz zu ihr litt mein Bruder im Gefängnis sehr. Und auch Baader rettete sich da nur durch seine Unverschämtheit.«[44]

Schüsse auf Rudi Dutschke

Wenige Wochen nach unserem Umzug nach Berlin, am Gründonnerstag, dem 11. April 1968, saß ich, wie öfter, wenn mir langweilig war, in der Küche. Da gab es ein Kofferradio, an dem ich in solchen Momenten herumdrehte und auf Sendersuche ging. Aus dem rauschenden Radio hörte ich plötzlich eine Stimme, die sagte, dass auf Rudi Dutschke geschossen worden sei. Ich war vollkommen außer mir, den Namen Rudi Dutschke hatte ich von meinen Eltern in Hamburg und von unserer Mutter jetzt in Berlin ununterbrochen gehört. Ich rannte sofort zu meiner Mutter, die in ihrem Arbeitszimmer saß. Ob ich genau wusste, was Schüsse sind, weiß ich nicht, aber ich hatte irgendwie die Hoffnung, dass sich alles aufklärt.

»Mami, jemand hat Rudi Dutschke dreimal in den Kopf geschossen.« Und dann war ich erschüttert über die Wirkung meiner Worte. Meine Mutter war entsetzt, aufgeregt, hektisch. Sie rannte ebenso schnell, wie ich gekommen war, zum Telefon, zum Radio, sie organisierte auf die Schnelle jemanden, der auf meine Schwester und mich aufpassen sollte. Es gab noch eine kurze, kindgerechte menschliche und politische Erklärung: das sei ein Mordversuch, Springer habe Schuld, ich bräuchte mir keine Sorgen zu machen. Rudi sei der wichtigste Genosse für uns und sie müsse jetzt weg. Es gab noch ein Lob, dass ich sie so schnell informiert hätte, und dann fuhr sie los.

Ich war traurig, ich war stolz, ich hatte Angst. Ulrike Meinhof hatte schon vorher davon gesprochen, dass wir jetzt alle vom Staat und von Springer angegriffen würden, und jetzt war ich nicht ganz sicher, ob sie nun auch dorthin ging, wo geschossen wurde.

Auch meinen Vater hatte die Nachricht erreicht. Zusammen mit Familie Coulmas war er auf Gran Canaria, um Urlaub zu machen. Beim gemeinsamen Abendessen erreichte ihn das Telegramm. »Drei Schüsse auf Rudi Dutschke.« Auch er hängte sich sofort ans Telefon. Das aktuelle *konkret*-Heft musste geändert werden, jemand musste einen Leitartikel über Dutschke und die zu vermutenden Protestreaktionen in Berlin schreiben. Klaus Röhl telefonierte mit meiner Mutter, die kurz nach dem Attentat zum Büro des SDS gefahren war. *konkret*-Redakteur Stefan Aust war ohnehin noch in der Stadt, der sollte sofort zum Ort des Geschehens eilen.

Der damals 21-jährige Stefan Aust war mit Rudi Dutschke und dem SDS-Mitglied Clemens Kuby, dem Sohn von Erich Kuby, erst kurz zuvor von einer Reise nach Prag zurückgekehrt. Mitten im Prager Frühling war Dutschke von einer christlichen Friedenskonferenz in die tschechoslowakische Hauptstadt eingeladen worden. Und er wollte seine Eindrücke vom Prager Frühling in einem Beitrag für *konkret* beschreiben. Statt seines Textes erschien nun das letzte, hier schon erwähnte Interview, das Dutschke vor diesem Attentat auf ihn in Prag gegeben hatte.[45]

Stefan Aust, der noch in Berlin war, fuhr sofort zum SDS-Zentrum am Kurfürstendamm und besichtigte den Tatort.

Er schrieb dann das »Protokoll eines Attentats« für die nächste Ausgabe von *konkret*:

Am Kurfürstendamm eine Menschenmenge, die aufgeregt diskutiert. Fernsehkameras laufen... Auf dem Asphaltpflaster nahe am Bordstein zwei weiße Kreidekreise, in denen zwei Wildlederschuhe liegen. Dutschkes Schuhe. Ein paar Meter weiter: ein rostrotes Fahrrad und eine Aktentasche. Daneben: große dunkelrote Blutflecke.[46]

Der Attentäter war ein 23-jähriger Hilfsarbeiter, wie man damals noch sagte. Dieser trug in seiner Aktentasche ein Exemplar der *Deutschen Nationalzeitung* bei sich. Unter dem Datum des 22. März 1968 hatte diese Zeitung, die nicht zum Springerkonzern gehörte, geschrieben: »Stoppt Dutschke jetzt! Sonst gibt es Bürgerkrieg. Die Forderung des Tages heißt: Stoppt die linksradikale Revolution jetzt…«[47]

Josef Bachmann hatte auf Rudi Dutschke vor dem SDS-Zentrum gewartet und dann auf den überraschten Studentenführer geschossen. Kurze Zeit später war er festgenommen worden. Dutschke überlebte die Schüsse nach einer schweren Operation.

Reflexartig reagierte die gesamte Protestbewegung. Sie brauchte für die Gewissheit, dass die Schüsse von Springer persönlich zu vertreten waren, keinen SDS und keinen APO-Führer. Die SDS-Größe Christian Semler gab am Nachmittag eine Presseerklärung heraus: »Man kann jetzt schon sagen, dass dieses Verbrechen nur die Konsequenz der systematischen Hetze ist, welche Springer-Konzern und Senat in zunehmendem Maße gegen die demokratischen Kräfte in dieser Stadt betrieben haben…«[48]

Ein anderes Mitglied des SDS-Bundesvorstandes, dessen Namen Tilman Fichter in seinem Buch nicht nennt, fügt hinzu:

Ich erinnere daran, dass auch Neubauer und Schütz zusammen mit der Springer-Presse die Verantwortung für einen Mörder tragen, der sich an Dutschke herangemacht hat, um ihn niederzuschießen. Und ich spreche ganz deutlich aus, die wirklichen Schuldigen heißen Springer, und die Mörder heißen Neubauer und Schütz.[49]

An diesem Zitat zeigt sich sehr schön die Paranoia, die sich in der Protestbewegung breitgemacht hatte, eine Paranoia, die es allerdings in die deutsche Geschichtsschreibung geschafft hat. Mit einer Ausnahme: Die Inkriminierung Springers blieb, die Inkriminierung der SPD (Neubauer, Schütz, Abgeordnetenhaus) ließ die APO dann schnell ganz unauffällig fallen. Weder die SPD-Regierung von Klaus Schütz noch die Springer-Presse hatten in den zwei vorangegangenen Jahren irgendetwas veröffentlicht, das irgendeinen auch nur halbwegs vernunftbegabten Menschen hätte dazu veranlasst haben können, ein Attentat auf Rudi Dutschke zu verüben.

Allerdings gehört es zur Paranoia der Protestbewegung gerade in dieser Zeit, sich in ungeahnte Höhen und eben auch in ungeahnte Höhen der Aggression hinaufzusteigern: Sie wollten die Welt revolutionieren, den Staat Bundesrepublik Deutschland von den Füßen auf den Kopf stellen, sprich das System stürzen. Sie wollten zu diesem Zweck militärische Sabotageakte durchführen, eine Stadtguerilla gründen, das öffentliche Leben lahmlegen. Zwei Kaufhäuser, angezündet von integralen Mitgliedern dieser APO, hatten schon gebrannt. Man solidarisierte sich mit einer blutigen und brutalen Guerillabewegung, dem Vietcong, gegen den die verhasste südvietnamesische Regierung geradezu ein zivilisatorischer Glücksfall war, bei aller Unrechtsstaatlichkeit. Und man solidarisierte sich mit den ausgerasteten Klassenmördern der Roten Garden in China. Wo lag das historisch entscheidende Moment der Hetze? Wer hetzte?

Der Dutschke-Attentäter war nach allem, was man weiß, ein sehr schlichtes Gemüt, der vom öffentlichen Diskurs ziemlich unbeeinflusst in seiner eigenen Welt gelebt hatte. Solche Attentäter, die nicht wirklich erreichbar sind – siehe etwa den Lennon-Attentäter oder den Attentäter, der wegen Jodie Foster auf Präsident Reagan schoss –, sind ein Phänomen ohne jede politische Relevanz.

Noch am Abend gibt es erste gewaltsame Demonstrationen vor dem Springer-Hochhaus. Gegen Mitternacht brennt ein Dutzend von Springers Kleintransportern, die Zeitungen ausliefern sollten. Nur Dieter Kunzelmann, dem Kommune-Mitglied Karl-Heinz Pawla und dem APO-Anwalt Horst Mahler gelingt es, in das Springer-Hochhaus einzudringen, während draußen vor der Tür die Schlacht zwischen Polizei und Demonstranten weiterläuft. Die Masse schafft es nicht ins Springerhaus. Mahler und Kunzelmann werden von der Polizei nicht etwa festgenommen, sondern durch den Hinterausgang (direkt an der Mauer, dem »antifaschistischen Schutzwall«) rausgelassen und der Menge zurückgegeben. Zu groß war offenbar die Angst, die Demonstranten könnten bei der Festnahme der APO-Köpfe noch weiter aufdrehen. Horst Mahler bekommt danach allerdings von der Justiz eine Quittung präsentiert. Er soll als Rädelsführer der Demonstration den Millionensachschaden aus eigener Tasche bezahlen. Ein Strafverfahren gibt es obendrauf.

Die Osterunruhen

Die sogenannten Osterunruhen, die nichts mit Ostern, aber alles mit der Reaktion der APO auf das Dutschke-Attentat zu tun haben, beginnen. Von Karfreitag bis Ostermontag jagt eine Protestaktion – vornehmlich gegen Springer – die andere, inzwischen nicht mehr auf Berlin beschränkt. In vielen Städten Deutschlands wird versucht, die Auslieferung von Springerzeitungen zu verhindern. Es entstehen erhebliche Sachschäden, und eine ganze Reihe von Polizisten und Demonstranten wird verletzt. Und auch im Ausland, wo man Springer kaum kennt, wird gegen Springer demonstriert: in Wien, Amsterdam, London, Paris, Oslo, Kopenhagen, überall »weiß« man, dass Springer der Mörder ist.

In Berlin treffen sich die Studenten so gut wie jeden Tag im Audimax der Technischen Universität, um ihr Vorgehen gegen Springer abzusprechen. Ein Augenzeuge berichtet über das Treffen vom 12. 04. 1968, dem Karfreitag:

Je näher der Auslieferungszeitpunkt der Springer-Presse heranrückte, desto stärker wurde der Druck aus dem Auditorium, Aktionen gegen Springer durchzuführen. [...] Kurz vor 22 Uhr kam eine Gruppe von Leuten neu auf die Bühne und legte in wenigen kurzen Ausführungen den Schlachtplan für den Abend dar. Es wurde vorgeschlagen, mit Kfz in die Nähe des Springergebäudes zu fahren und dort die Straßen zu blockieren. Es wurde genau erklärt, wie im Einzelnen verfahren werden sollte, es lag also ein Plan vor. Innerhalb kürzester Zeit verließen die Diskussionsteilnehmer das Audimax und setzten diesen Plan um.[50]

Meine Mutter ist mit Stefan Aust vor Ort und greift jetzt selbst in das Geschehen ein. Nach der Versammlung im Audimax der TU, wo beschlossen wurde, die Auslieferung der Springerzeitungen zu verhindern, beteiligt sie sich mit ihrem Auto listenreich an einer Blockade der Auslieferungsfahrzeuge des Springerverlages. Mehrere Demonstranten haben mit ihren Fahrzeugen die Fahrbahn blockiert, und meine Mutter stellt ihr Fahrzeug auch in diese Reihe, allerdings am Straßenrand. So erweckte sie gegenüber den Demonstranten den Eindruck vollständiger Solidarität.

Meinhof und Aust gehörten zu den etwa 1000 aufgebrachten Protestlern und beteiligten sich daran, die Steine »durchzureichen«, die dann von den vorderen Aktivisten auf Polizei und Springerfahrzeuge sowie auf das Verlagsgebäude geworfen wurden. Ihr Auto innerhalb der Blockade wird indes aufgeschrieben, es kommt zu einer Strafanzeige wegen Nötigung. In der Akte heißt es später:

Nötigung – Am 12.4.68 hat sich der Fahrer des Pkw Renault, pol. Kennzeichen HH-YV 337, Halter Ulrike Röhl, geb. Meinhof, Journalistin, 7.10.34 Oldenburg/O. geboren, Hamburg 55 Ferdinands Höh 10 mit diesem Fahrzeug gemeinsam mit anderen motorisierten Verkehrsteilnehmern an einer Straßenblockade beteiligt, durch die die Auslieferung der Zeitungen des Springer-Verlages verhindert werden sollte. Das Tatverhalten dürfte auf eine in der TU unmittelbar zuvor gehaltene Absprache zurückzuführen sein. Durch die Blockade wurde eine Einsatzfahrt der Feuerwehr verhindert. Die Vertriebsleitung des Verlagshauses Axel Springer musste das Auslieferungsverfahren am Tattage ändern, 9. Mai 1968.[51]

Später argumentiert Meinhof gegenüber der Staatsanwaltschaft, dass sie nur als recherchierende Journalistin unterwegs gewesen sei: »Ich erkläre ausdrücklich, dass ich im Rahmen meiner journalistischen Tätigkeit dorthin gefahren bin und keine andere Möglichkeit sah, als mein Fahrzeug auf dem Gehweg abzustellen, um direkt dabei sein zu können.«[52]

Der damalige *konkret*-Redakteur Stefan Aust wird wegen der Blockade ein Jahr später als Zeuge vernommen und gibt sein Bestes, die Exfrau seines Chefredakteurs zu entlasten, ohne sich selbst zu belasten:

25. Oktober 1968
Ich bin an dem fraglichen Tag zusammen mit Frau Röhl zunächst im Audimax der TU gewesen. Dort wurde uns bekannt, dass ein großer Teil der Demonstranten beabsichtige, die Ausfahrten des Springerhauses in der Kochstraße zu blockieren. Wir beabsichtigten, über diese Aktion in unserer Zeitschrift zu berichten, und begaben uns daher zusammen im Fahrzeug der Frau Röhl an die verschiedenen Brennpunkte des Geschehens. Auf diese Weise gelangten wir auch an die Kreuzung Oranienburgerstraße/Alte Jakobstraße. Dort befand sich bereits eine Ansammlung von Fahrzeugen auf der Fahrbahn, die zumindest den Beginn einer Straßensperre darstellten. Frau Röhl stellte ihr Fahrzeug hinter dieser Ansammlung der anderen Fahrzeuge ab. Zwischen ihrem Fahrzeug und der Ansammlung der anderen Fahrzeuge bestand ein gewisser Abstand. Ein unbefangener Zuschauer musste annehmen, dass das Fahrzeug nicht zu der Ansammlung gehörte. Dort, wo das Fahrzeug der Frau Röhl stand, wäre ohnehin ein Durchkommen für die Fahrzeuge des Springer-Verlages kaum möglich gewesen, da sich dort nach meiner Erinnerung Straßenlampen oder dergleichen befanden und natürlich Hindernisse bildeten. [...]

Später schuf die Feuerwehr zunächst eine Lücke in der Straßensperre, indem sie einige Fahrzeuge durch Wippen beiseiteschob, sodass die Auslieferung aus dem Springerhaus ohne Weiteres hätte vonstattengehen können. Danach hat die Polizei – wie ich meine vollkommen grundlos – die an der Straßensperre beteiligten PKWs umgeworfen. [...]
Wir haben später über die Osterereignisse in Berlin in der Zeitschrift »konkret« berichtet. [...]

Vorgelesen, genehmigt und unterschrieben
Stefan Aust, Der Zeuge leistete den Zeugeneid[53]

Die Staatsanwaltschaft sah das anders, vor allem im Hinblick darauf, dass meine Mutter einen Tag später, am Ostersamstag, laut Aussage anderer Teilnehmer gegenüber der Staatsanwaltschaft, an einem Strategie-Konvent im Audimax der TU teilgenommen und zu einer Eskalation der Gewalt aufgerufen hatte, was ihr zusätzlich zu dem Nötigungsverfahren noch ein Verfahren wegen des Verdachts der Aufforderung zu strafbaren Handlungen einbrachte.

An diesem Ostersamstag, dem 13. 04. 1968, saß Ulrike Meinhof in der Tat zum ersten Mal, gemeinsam mit anderen APO-Köpfen, vor einer Proteststudentenschaft auf einem Podium, und sie gab Gas. Mehrere Verfahrenszeugen bestätigten später, dass Meinhof eine wichtige Rolle beim Aufheizen der Stimmung spielte. Ein Zeuge, ein inkognito vor Ort gewesener Polizist, berichtete:

Ich kann mich genau erinnern [...], dass von der Rednerin Ulrike Meinhof, die mir schon vorher persönlich bekannt war, folgende Ausführungen gemacht wurden:
»Wenn man einen Stein wirft, ist das eine strafbare Aktion. Wirft man Tausende von Steinen, ist es eine politische Aktion. Zündet man ein Auto an, dann ist das eine strafbare Handlung, zündet man Hunderte von Autos an, dann ist das eine politische Aktion. Die Verletzung eines Polizisten ist eine Körperverletzung, und die Verletzung von Hunderten Polizisten ist eine politische Aktion.« [...] Diese Äußerungen machte sie, um die Geschehnisse vom Abend vorher gegen den Springer-Verlag zu rechtfertigen. Diese

Reden wurden mit großem Beifall bedacht. [...] Außer der genannten Ulrike Meinhof habe ich noch Wolfgang Neuss, RA Mahler, Mitglieder der Kommune 1 (Langhans, Teufel, Kunzelmann) gesehen, die teilweise auf dem Präsidiumstisch standen und von dort Reden hielten. Außerdem ist mir ein Teil von Teilnehmern aufgefallen, die schon im Rahmen von Kontrollen im Bereich des Bahnhofs Zoo als Kriminelle in Erscheinung getreten sind.[54]

Ein weiterer Zeuge, ein Journalist, sagte:

Am 13.4.1968 wurde ich zur TU entsandt, wo eine Diskussion der Studenten stattfinden sollte. [...] Bis gegen 13 Uhr hatten sich circa 1000 Personen versammelt. Aus der Rede des RA Mahler ist mir erinnerlich und besonders aufgefallen, dass er sich gegen Gewalt aussprach. Andererseits sollte jedoch die Bevölkerung Berlins bis zum 1. Mai nicht mehr zur Ruhe kommen. Das wollte man durch Diskutieren und Demonstrieren erreichen. [...] Ulrike Meinhof von der Zeitschrift *konkret* erklärte mit gellender Stimme: »Wenn ein Auto von Springer brennt, ist das Brandstiftung, wenn alle Springer-Autos brennen, dann ist das eine politische Aktion.« Sinngemäß äußerte sie sich in gleicher Form über die Steinwürfe, nämlich: »Wenn ein Stein fliegt, ist es Sachbeschädigung, und wenn viele Steine fliegen, ist es eine politische Aktion.«[55]

Und ein Student gab zu Protokoll:

Eine Sprecherin Ulrike Meinhof von der Zeitschrift *konkret* ging auf die Aktionen in der Nacht zum Sonnabend ein und forderte mehr Gewalt. Sie sagte: »Wenn Autos mit Springer-Zeitungen brennen, so ist das eine politische Aktion«, die Bevölkerung honoriere »nicht unsere Zurückhaltung«, sondern sie werde durch eine Demonstration der Stärke überzeugt, meinte die Rednerin. Gegen solche Auffassungen wandte sich der frühere Vorsitzende des Verbandes deutsche Studentenschaften in Berlin, Rolf Vieten. Er wurde jedoch mit Pfiffen fast zum Schweigen gebracht. Vieten sagte: »Was in den letzten Tagen geschehen ist, hat uns keinen Schritt weitergebracht.«[56]

Ein Jahr später erinnerte sich meine Mutter nur äußerst ungern an ihren Aufruf, »mehr Polizisten zu verletzen«. Sie schrieb ihrem Rechtsanwalt Kurt Groenewold, der sie um Stellungnahme bat:

Die Sache in der TU am nächsten Tag muss ich noch mal rekonstruieren. Ich habe da nämlich auf gar keinen Fall dazu aufgefordert, irgendetwas Schlimmes zu tun – ich wollte nur auf die normsetzende Kraft von Taten heraus, wenn sie massenhaft geschehen. Es war eine rein theoretische Reflexion – allerdings lebhaft vorgetragen, von Beifall und Buh begleitet.[57]

Am Ende reicht es dem Gericht nicht zu einer Verurteilung. Meinhof wird freigesprochen.

Das Schweigen der APO

»Der Tod ist jedem beschieden, aber nicht jeder Tod hat die gleiche Bedeutung. Der altchinesische Schriftsteller Sima Tjian sagte einmal: ›Es stirbt ein jeder, aber der Tod des einen ist gewichtiger als der Tai-Berg, der Tod des anderen hat weniger Gewicht als Schwanenflaum.‹«[58]

So zitiert Mao Zedong, der geistige Übervater der westlichen Protestbewegungen, den alten chinesischen Schriftsteller. Mao, das ist der, der für die absolute Gleichheit aller Menschen so viele Menschen vom Leben zum Tode befördert hat. Die eiskalte Routine, mit der die historisierenden Selbstdarsteller der 68er-Protestbewegung seit 50 Jahren die Toten in Tai-Berge und in Schwanenfedern selektieren, erschüttert.

Der Student Benno Ohnesorg, Mordopfer des Westberliner Polizisten und DDR-Schergen Karl-Heinz Kurras, füllt alle Publikationen zum Thema, obwohl es nicht der individuelle Mensch Ohnesorg war, den Kurras erschießen wollte, sondern einer, der zufällig zu der Zeit an dem Ort stand, als bei Kurras der Mordimpuls ausgelöst wurde. Das Mordopfer Ohnesorg wurde in vielfacher Hinsicht von der Protestbewegung instrumentalisiert und zu diesem Zwecke eben auch personalisiert. Das verkauft sich dann besser, um es so schändlich zu sagen, wie es ist.

Am Ostermontag, nachdem die großen Schlachten geschlagen waren, kamen zwei Menschen in München ums Leben, deren Tode allerdings wie zwei nebensächliche hässliche Federn wirken: der Student Rüdiger Schreck und der Fotoreporter von Associated Press, Klaus Frings. Sie kamen durch »friendly fire« aus dem Lager der gewalttätig protestierenden Anti-Springer-Aktivisten in München ums Leben. Daran kann es keinen vernünftigen Zweifel geben. Und genau deshalb ist es besonders verwerflich, wie der Tod dieser beiden Menschen seit 50 Jahren heruntermoderiert wird.

Was heißt hier »friendly fire«? Das hört sich nach Verkettung sehr unglücklicher, fast unwahrscheinlicher Zufälle an. Tatsächlich ist der Fotograf Klaus Frings aus nächster Nähe von einem Stein mit einer Seitenlänge von 9 cm (1,6 kg) am Kopf getroffen worden, er ist erschlagen worden. Die Protestler warfen die Steine, die Polizei warf keine Steine. Und Rüdiger Schreck ist ein paar Hundert Meter entfernt vor dem Lokal »Weinschatulle« ebenfalls aus nächster Nähe von einem Bauholz am Kopf getroffen/erschlagen worden. Beide sind an Gehirnblutungen, Folgen von Schädelbrüchen, gestorben.

Nach einem »1,80 Meter großen dunkelhaarigen jungen Mann mit Bart, der laut Augenzeugen den Stein auf Frings geworfen haben soll, fahndete die Polizei vergebens. [...] Auch einen 23 bis 25 Jahre alten Dunkelhaarigen in ›brauner Windjacke und brauner Hose‹, der nach Zeugenaussagen am Tod des Studenten Schreck schuld sein soll, konnte sie bislang nicht finden.«[59]

Die »Demonstration«, die der SDS in München veranstaltet hatte, wurde vonseiten der Protestler mit Steinen, Holzlatten, Eisenstangen und Bierflaschen geführt und war so gewalttätig, dass außer den beiden getöteten Menschen noch weitere Menschen zu Boden gingen. Klar, im gesamten Viertel gab es damals hinreichend viele Baustellen, ein wahres Dorado für Waffensammler. Wer weiß, ob das sogenannte Rote Jahrzehnt von 67 bis 77, von Berlin bis zur Frankfurter Gewaltszene um Joschka Fischer und Cohn-Bendit, überhaupt hätte entstehen können, wenn nicht die Bundesrepublik in jener Zeit eine einzige Straßenbaustelle, U-Bahn-Baustelle oder sonstige Baustelle gewesen wäre und die Aktivisten sich großzügig und immer ganz spontan hätten munitionieren können.

Der Schlachtruf hieß »Springer Mörder, Springer Mörder«. Mord lag in der Luft. Und danach? Das große Schweigen. Seit 50 Jahren. Die 68er-Historiker und -Verwerter widmen den beiden Toten regelmäßig zwei Sätze, um ihrer Erwähnungspflicht Genüge getan zu haben. Kein Interesse, keine Recherche, obwohl es einiges zu recherchieren gäbe. Die beiden Toten sind eine Fußnote geblieben.[60] Fakt ist jedoch:

Gäbe es den leisesten Verdacht, dass die Polizei, die Bullen, die Mörder gewesen sein könnten, wären auch nach diesen beiden Toten Straßen benannt worden, wären auch sie posthum zu Helden der Bewegung geworden, gerade so wie es für Benno Ohnesorg zutrifft. Die Bewegung weiß also, die Münchner Aktivisten wissen, dass sie die Täter waren. Benno Ohnesorg hat keinen Beitrag dazu geleistet, als »Berg« gestorben zu sein, und der damals 27-jährige Student Rüdiger Schreck und der 32-jährige Fotoreporter Klaus Frings haben keinen Beitrag dazu geleistet, als »Feder« gestorben zu sein.

Nach den beiden Todesfällen gingen die Ermittlungen gegen die führenden SDS-Mitglieder in München los. Große Teile des SDS München, der die Demonstration organisiert hatte, tauchten für Wochen ab. Unter den Geflüchteten war auch eine Münchner Studentin, die mir in mehreren langen Interviewgesprächen von den Anti- Springer-Demonstrationen in München erzählte.[61] Die Münchner Protestler waren in der Tat die einzigen in ganz Deutschland, die es geschafft hatten, in eine Springerfiliale und dort sogar in die Redaktion vorzudringen. Doch dann gab es plötzlich diese beiden Toten. Die Militanz habe sich über die Ostertage immer weiter gesteigert, und es habe einige Gruppen gegeben, die zu Aktionen aufgefordert hätten. In einem Amischlitten seien einige Leute vom SDS herumgefahren und hätten abwechselnd das Megafon in die Hand genommen und solche Sachen gebrüllt wie: Baut Barrikaden, oder: Verhindert die Auslieferung der Springer-Zeitungen! Dutschke sei für sie alle eine Symbolfigur gewesen, und sie seien aufgebracht gewesen, weil sie zunächst gedacht hätten, Dutschke wäre tot. München sei bis dahin immer mehr die Happening-Ebene gewesen, und deshalb sei es so besonders schockierend gewesen, als es plötzlich zwei Tote gegeben habe!

Der Münchner SDS habe sich damals häufiger in einer Kneipe getroffen, direkt beim Springerhaus. Der Wirt habe die Demonstranten tatkräftig mit Getränken versorgt, und da hätten sie plötzlich über den Polizeifunk gehört, dass die ersten Leute, der Kopf des SDS, bereits verhaftet worden seien. Der Tatverdacht sei, wie sich auch der damaligen Presse entnehmen lässt, auf die Münchner Aktivisten gefallen. Alle seien daraufhin in Panik abgetaucht. Ein prominenter Genosse habe ihnen sein Sommerhaus zur Verfügung gestellt, damit sie für eine Weile aus München verschwinden könnten. Und in diesem Sommerhaus habe es unter den versammelten SDSlern ernsthafte Diskussionen gegeben, was man tun müsste. Alle seien sich einig gewesen, dass man an die studentische Öffentlichkeit gehen und sich zu den beiden Toten äußern müsse, und dann habe einer die Idee gehabt, Ulrike Meinhof nach München einzuladen. Und die sei dann tatsächlich gekommen. Ulrike Meinhof habe auf einer Veranstaltung des SDS in München eine Rede gehalten. Sie habe noch einmal alle Zusammenhänge angesprochen, von der Aggressivität der Springerzeitungen, die den Mann dazu gebracht habe, auf Rudi Dutschke zu schießen, und wie wichtig die Münchner Proteste seien. Nein, meine Mutter habe nicht direkt gesagt, es sei o. k., dass es zwei Tote gegeben habe, sie habe einfach nur gesagt, dass es richtig gewesen sei, etwas zu tun. Ihre Rede habe allerdings eine »völlige Schubumkehr« bewirkt und ihnen allen mit einem Schlag das Gefühl gegeben, doch nicht mitschuldig geworden zu sein. Der Veranstaltungraum sei proppevoll gewesen, die Rede von Ulrike Meinhof habe den totalen Stimmungsumschwung gebracht. Ulrike Meinhof habe den SDS ermutigt, in seinem Protest nicht nachzulassen. Zwei Tote, bei denen der SDS angenommen hatte, dass sich die Täter unter den Demonstranten befunden hätten, waren vom Tisch und wurden nie wieder ernsthaft thematisiert. Zwei Tote, so what!

Meinhof, die Bischöfin der Gewaltszene? Auch Horst Mahler fand es ganz okay, dass, wo gehobelt wird, auch Späne fallen. Auf einer Pressekonferenz in Berlin sagte er über die beiden Toten von München: »Wenn ich mich an das Steuer meines Wagens setze, muss ich damit rechnen, dass der Reifen mir platzen kann.«[62]

Wie schon bei den Altkommunisten Usus, war es auch in der Protestbewegung der letzten 50 Jahre ganz klar: Man sagt nach außen nichts, was der Bewegung schadet. Das regeln wir unter uns, also gar nicht.

Alles, was negativ ist, wird in seiner Existenz bestritten, zumindest ignoriert. Der Berliner Polizist Kurras, der Benno Ohnesorg im Juni 1967 erschossen hatte und 2009 als Stasi-Mann enttarnt wurde, war damals freigesprochen worden, und zwar wegen des klar erweislichen, auch systemischen Korpsgeistes innerhalb der Polizei, der Justiz und der Politik. Klare Sache, ein solcher Staat, der Mörder deckt, muss abgeschafft werden. Aber da haben wir nun genau diesen Korpsgeist im Fall der beiden totgeschlagenen Menschen in München mitten in der Protestbewegung selbst. Korpsgeist, Schweigen, Zweifel säen und Verwirrung stiften, der Korpsgeist der APO, in den Meinhof und Mahler mit einstimmen.

Wenn man über den Fall Kurras/Benno Ohnesorg redet, redet man zugleich über einen der wichtigsten Gründungsakte der Protestbewegung von 68 überhaupt. Selbst wenn der Polizist Kurras kein Stasi-Mann gewesen wäre, sondern ein hundsordinärer Krimineller in Polizeiuniform, ist die Frage zu stellen, wie es möglich war, dass die bundesrepublikanische Geschichtsschreibung so schlank und so einfach davon ausgegangen ist, dass die Taten eines Herrn Kurras mir nichts, dir nichts dem Staat, der Bundesrepublik, zugerechnet werden können, die mit dieser Zurechnung zugleich auch zum »Polizeistaat« erklärt wurde, der auf seine Bürger schießt. Hieße es dann auch: Zwei Totschläger aus den Reihen der APO machten aus der APO-Bewegung, die sich ja selbst expressis verbis ihrer Gewalttaten rühmte, eine Totschläger-APO?

Aktuell lernen wir, dass ein religiös motivierter Anschlag nicht der Religion anzulasten ist.

Die inbrünstige Aufrechterhaltung aller gedanklichen Fehler und Fehlschlüsse, die den Gründungsmythos von 68 »Schüsse auf Ohnesorg« umranken, sind so evident und so vielfältig und gleichwohl in Granit gemeißelt. Das Jubiläum »50 Jahre 2. Juni 1967« wurde im Jahr 2017 genauso begangen, als hätte es die neuen Erkenntnisse über Kurras im Jahr 2009 nie gegeben. Der Mythos Benno Ohnesorg ist bis heute weder der Logik noch sachlichen Argumenten zugänglich. Fest steht: Mit den Toten von München hat die äußerst gewaltbereite Protestbewegung sehr früh ihre Unschuld verloren.

Die Demonstrationen

In diesen turbulenten Wochen, in denen dauernd demonstriert wurde, wurden auch wir Kinder mehrmals von meiner Mutter mit zu den großen Demonstrationen genommen. Bevor es losging, trafen sich alle auf irgendeinem Platz. Meine Mutter stand dann da mit ihrem grauen Dufflecoat und den langen offenen Haaren mit Brille und diskutierte auf der Straße, während sie uns Kinder irgendwelchen jüngeren Genossen, meist jüngere Männer mit langen Haaren, anempfahl.

Überall wurden Mao- und Lenin-Sticker verkauft, vielleicht gab es auch Ho-Chi-Minh-Sticker, und es wurde zum festen Ritual, dass wir jedes Mal vor der Demonstration einen neuen Sticker bekamen. Manchmal gab es vor der Demo noch Straßentheater oder ein anderes Happening, in dem es nach chinesischem Vorbild um die Enteignung eines Großbauern oder eines Fabrikbesitzers ging oder darum, dass ein Arbeiter zu Hause seine Frau schlug, was wiederum daran lag, dass er in der Fabrik von seinem Vorgesetzten unterdrückt wurde. Meine Mutter machte uns immer auf den tieferen Sinn dieser Stücke aufmerksam und erklärte begeistert, wie toll solche Straßentheater seien. Dann ging es auch schon los.

Ich erinnere mich vor allem an wilde und begeisterte Typen, die uns Kinder auf ihre Schultern nahmen und durch die Straßen trugen. Von da oben sah ich einige andere Kinder, die ebenfalls auf Schultern saßen. Viele dieser Studenten waren sehr lieb und freundlich zu uns. Eine Hochstimmung war zu spüren. Ich bewunderte diese jungen »Großen«, die sich wirklich sehr von meinen bürgerlichen Verwandten unterschieden. Diese neue Freude floss damals natürlich mit in die Demonstrationen ein und machte sie trotz der spürbaren Aggression und der Revolutionsbegeisterung immer auch zu einem Spaß, zumindest zu einem spannenden Erlebnis. Meine Mutter lebte bei Demonstrationen auf. Ihr gefiel das Unterhaken mit den vielen neuen Freunden und Kampfgenossen, das gemeinsame Gehen und Zusammen-Herumjohlen, aber auch die Angst und die Konfrontation mit der Polizei.

Manchmal wurde mir ganz schön mulmig, wenn wir der Polizei sehr nahe kamen. Von der Seite kamen Polizisten auf Pferden im Schritttempo auf uns zu und blockierten die Seitenstraße. Vor uns stand eine Formation von behelmten Polizisten mit Schilden. Eine atemlose Stille trat in der ersten Reihe ein. Man konnte die Angst der Erwachsenen spüren. Der ganze Demonstrationszug kam zum Stehen. Wir Kinder wurden mit angehaltenem Atem von den Schultern der Langhaarigen auf die Straße heruntergelassen und neben die Erwachsenen eingereiht. Wir Kinder waren plötzlich wieder ganz klein. Die Demonstranten riefen sich gegenseitig Mut zu. »Los jetzt!«, »Einhaken!«, »Ho Chi Minh!«, »Nicht stehen bleiben!«, »Scheißbullen!«. Spannung lag in der Luft. Dann hakten sich alle unter, und wir begannen im Dauerlauf, unter Brüllen und Schreien, auf die Polizisten zuzurennen, die ihrerseits nur dastanden und sich nicht bewegten. Was würde passieren? Gleich hatten wir sie erreicht!

Freude und Aggression lief in Wellen durch die Reihen. Der ganze Demonstrationszug hinter uns skandierte jetzt laut im Rhythmus: »Ho, Ho, Ho Chi Minh! Ho, Ho, Ho Chi Minh!« Auch ich schrie mit: »Ho, Ho, Ho Chi Minh!« Eine ungeheure Macht war in dieser einheitlichen Masse der Demonstranten zu spüren. Und dann öffneten die Polizisten ihre Reihen und ließen uns durch. Ich hatte Angst gehabt. Jetzt fiel mir ein Stein vom Herzen. Und irgendwie waren wir Kinder wohl auch ein Grund dafür, dass die Polizei uns durchgelassen hat.

Demonstrationen besuchten wir in Berlin eine Zeit lang fast jede Woche. Der Ausruf »Ho, Ho, Ho Chi Minh!« und die Mao-Sticker haben sich bei mir fest ins Gedächtnis eingegraben. Früher fuhren wir mit Oma und Opa zum Waldspaziergang, jetzt gingen wir eben auf Demos. Bald waren sie für mich die normalste Sache der Welt.

Die Scheidung meiner Eltern

Während wir uns in Berlin einlebten, lief die Scheidung weiter. Zunächst einmal schien alles seinen geordneten Gang zu gehen.

Meine Mutter hatte das Haus mit eingerichtet, zu einem Drittel mit abgezahlt, Geld und Zeit investiert und pochte nun zu Recht auf ihren Anteil. Mein Vater stimmte all ihren Forderungen zu. Sie wollte *konkret*, den Verlag, nicht in finanzielle Schwierigkeiten bringen, er wollte sich devot und schuldig geben und so viel wie möglich wiedergutmachen, auch finanziell. Man einigte sich schnell. Die Ehe wurde auf Wunsch meiner Mutter am 18. April 1968 geschieden, das Scheidungsurteil am 25. April rechtskräftig.

Es kam zu einer Einigung, die Meinhofs Rechtsanwalt Kurt Groenewold, ein Immobilienmogul und späterer RAF-Anwalt, mit Klaus Röhls Anwalt Damassiotis im März 68 ausgehandelt hatte, demnach erhielt Ulrike Meinhof

1. Die elterliche Gewalt über die gemeinsamen Kinder. »Das Recht des Beklagten, mit seinen Kindern zu verkehren, soll großzügig gehandhabt werden.«
2. Beide Parteien verzichten auf Unterhalt, auch für den Fall des Notbedarfs, und nehmen wechselseitig Verzicht an.

Ansonsten strebten meine Eltern einen Vergleich an. Dafür, dass sie auf Forderungen bezüglich des *konkret*-Verlages verzichtete, den sie zehn Jahre lang mit aufgebaut hatte, verlangte Ulrike Meinhof einen Zugewinnausgleich in Form von verschiedenen regelmäßigen Zahlungen.

Am 28. Mai 1968 schreibt Groenewold an Röhl:

Ich nehme Bezug auf unser kurzes Gespräch im Republikanischen Club in Hamburg und Ihre Gespräche mit meiner Mandantin. Monatlich sind nach dem Vergleich folgende Beträge zu zahlen: DM 600,- für die Kinder, DM 200,- für Krankenversicherung, DM 262,50 Monatszinsen für die Hypothek, zusammen DM 1.062,50. [...] Der Einzug soll freundschaftlicherweise, wie besprochen, über mich erfolgen. [...] Am günstigsten wäre es, wenn Sie einen Dauerauftrag einrichten. [...][63]

Zusätzlich verpflichtet sich Klaus Röhl, ebenfalls als »Ausgleich des Zugewinns«, 10 000 D-Mark an meine Mutter zu zahlen. Die Teilung des Hausrats war bereits vollzogen, jede Partei blieb Eigentümer ihres Kraftfahrzeugs. Zur Abgeltung des »Zugewinnausgleichs« soll Klaus Röhl außerdem mindestens zehn Jahre lang monatlich 200 DM an Meinhof zahlen, die sie als »Prämie« für eine Krankenversicherung verwenden soll.

Mein Vater verpflichtet sich, eine Lebensversicherung, für die rund 200 Euro im Monat fällig werden, mit einer Laufzeit von 15 Jahren abzuschließen, aus der er im Fall seines Todes Ulrike Meinhof begünstigen wird.

Da meine Mutter zu einem Drittel Eigentümerin des Hauses in Blankenese ist, verpflichtet sie sich, dieses Drittel meinem Vater zu übertragen. Für diese Übertragung erhält sie 45 000 DM, die er aber nicht sofort zahlen oder abstottern, sondern durch eine »Hypothek« absichern soll. Meine Mutter kann ihr Kündigungsrecht jedoch zum 31.12.70 ausüben. Dann muss mein Vater innerhalb von drei Monaten 10 000 DM zahlen und den Rest in Raten von 10 000 DM jeweils nach Ablauf eines Jahres. Meine Mutter erhält also ihren Anteil an dem erst wenige Monate zuvor gekauften Haus in Blankenese von 45 000 DM in Form eines Hypothekenbriefes, den ebenfalls Groenewold verwahrt:

15. November 1968
Betr. Hypothek von DM 45.000 auf dem Grundstück Ferdinands Höh 10

Liebe Ulrike Meinhof,

das Grundbuchamt hat mir den Deutschen Hypothekenbrief Nr. 047082 zugesandt. Ich werde den Brief vereinbarungsgemäß verwahren. Er kann jederzeit abgefordert werden. Er steht also auch für einen evtl. Kredit zur Verfügung.[64]

Klaus Röhl übernimmt nach damaligem Recht die Schuld an der Scheidung und trägt die Verfahrenskosten von 3995,50 DM.

Meine Mutter nahm ihren Namen Meinhof wieder an. Ihre Kolumne für *konkret*, die ihr monatlich 1250,- DM einbrachte, sollte und wollte sie weiterschreiben, sodass sie alles in allem bestens versorgt war, zumal sie ihre journalistische Tätigkeit für den Funk bei den öffentlich-rechtlichen Anstalten fortsetzte.

Mein Vater hatte Danae Coulmas erfolgreich erobert, sie waren ein »Liebespaar«, wie er sich ausdrückte. Die Familie Coulmas war zwar im März 68 endgültig nach Köln in ein schönes großes Haus in Marienburg gezogen, das unserem Haus in Blankenese sehr ähnlich war. Kein Wunder, denn Klaus Röhl und Danae hatten es gemeinsam ausgeguckt. Klaus Röhl und Danae blieben mit dem Einverständnis von Peter Coulmas zusammen. Einzige Bedingung Peters war: Keine Scheidung, was bedeutete, dass das Liebespaar nur eine Fernbeziehung, eine Wochenendbeziehung führen konnte.

Klaus Röhl fand seine neue Lage gewiss inspirierend. Einerseits. Die andere Seite war, dass es ihn schockte, dass seine Frau tatsächlich die Scheidung durchzog. Damit, dass sie konsequent bleiben würde, hatte er nicht gerechnet. Für ihn sah es unter der Woche so aus, dass er allein in Blankenese lebte, ohne Frau und Kinder. Er hatte seine wichtigste Stütze für den Verlag, Ulrike Meinhof, verloren, musste *konkret* also alleine schmeißen, und am Wochenende raste er nach Köln zu Danae.

Er hatte sich wohl vorgestellt, er könnte Ulrike dazu überreden, es ähnlich wie Familie Coulmas zu machen. Jedenfalls schickte mein Vater ihr noch vor Rechtskraft der Scheidung diesen Brief per Eilboten, geschrieben in Sütterlin, an manchen Stellen nicht mehr zweifelsfrei zu entziffern.

22. April 1968
Liebe Ulrike,

es ist Sonntagvormittag, und ich sitze hier in dem strahlenden Frühling und nun warte ich auf Dich, auf Euch. Ich weiß [...], daß es noch ein langes Warten sein wird, aber ebenso weiß ich, dass ich auf Dich warten und um Dich werben werde. Du hast ein Jahr lang um mich geworben und auf mich gewartet, da wird es wohl nicht zu viel sein, wenn ich ein ¾ Jahr auf Dich warte.
Ich habe mir das sehr genau überlegt und kann Dir heute sagen, ja, ich liebe Dich sehr. Und ich habe immer nur Dich gemeint. Andere Frauen außer Dir haben für mich überhaupt nur am Rand eine Rolle gespielt. Bis auf D. [Danae]. Sie war in ihrer Sinnlichkeit [...] und ihrem romantischen Gespür die Verkörperung aller meiner Kinder-, Jünglings- und Jungmännerträume, die alle unerfüllt geblieben waren.

Dazu will ich mich auch gerne bekennen, daß ich für dieses kleine bisschen Zärtlichkeit und Jungmädchengetue mein bisheriges Leben in die Pfanne gehauen habe. Jedenfalls den wesentlichsten Teil: das Leben mit Dir. Und noch eins: Ich bereue es nicht. So viel Auswahl hat man im Leben nicht, daß man ganz auf Erfüllung von Träumen verzichten kann.

Aber nun – sieh doch mal: das war doch auch das Leben, unser gefährdetes, ungesichertes, politisches und persönliches Leben, mit unseren Kindern und unserer Zeitung. [...] Das hat auch mit der Schwärmerei zu D. so wenig zu tun wie eben Deine Liebe zu [...] C.
Liebe Ulrike, vielleicht hast Du immer darauf gewartet, daß ich mal ein Wort darüber sage, daß ich Dir sehr, sehr wehgetan habe. Ja, ich weiß, das habe ich getan, und es tut mir sehr, sehr leid, und ich hoffe, daß ich das in meinem ganzen Leben voller Freundschaft und Zusammenleben wiedergutmachen kann.
Meine liebe süße junge schöne Frau!
Ich weiß, du liebst mich – nicht »noch«, sondern weil Du niemand anderen gefunden hast, der Dir Deine [...] große Liebe ist [...] – sondern du liebst mich wie immer – ja. Nur trauriger, weil Du glaubst, daß Deine Liebe nicht erwidert wird.

Liebe [...] Ulrike. Deine Liebe ist mir noch nie so wichtig gewesen wie gerade jetzt. Die Zeit in Hamburg und Italien, wo Du ganz Dich mir hingabst, aber auch die romantische [...]...... Nacht war die größte Blüte unserer Liebe. [...]

Ich liebe Dich – Du liebst mich [...] Bleib, solange Du willst, oder tu, was Du nicht lassen kannst, aber für immer dessen gewiß, hier ist Dein Haus und Dein Zuhause, wo auf Dich gewartet wird. Gib den Kindern ein Küsschen von mir Dein Klaus[65]

Ein Röhl'scher Klassiker. Seine Lebensweisheit, die er mir viele Male auf den Weg zu geben versuchte, lautete, pass auf, dass du immer zuerst Schluss machst. Wer Schluss macht, ist der Sieger. Das hatte er jetzt versäumt. Sie hatte die Trennung und die Scheidung durchgezogen. Und nun versuchte er mit diesem Brief, seine Niederlage umzudrehen. Nach seinen Taschenspielertricks, mit denen er viele Menschen begeistert und fasziniert hat und auch viele Frauen, versuchte er jetzt, mit Liebesschwüren und einer gewissen Brutalität »Ich bereue es nicht« und der wiederholten Erinnerung daran, dass vor allem sie ihn liebte, seine Niederlage in einen nachträglichen Sieg zu verwandeln.

Die Scheidung ist durch, aber jetzt geht der Streit erst richtig los.

Notstandsgesetze, *le mai* in Frankreich, 68 in der ČSSR

Im Mai 1968 kam es – der Anlass waren die Notstandsgesetze, die in der Bundesrepublik Deutschland von der ersten Großen Koalition unter Kurt Kiesinger Ende Mai endgültig verabschiedet werden sollten – noch einmal zu einer Massenveranstaltung, dem sogenannten Sternmarsch auf Bonn. Doch danach waren die Notstandsgesetze gegessen, wurden nie wieder Thema, und es zeigte sich, dass der Sternmarsch gar nicht so sehr den Notstandsgesetzen gegolten hatte, diese waren eher ein willkommener Anlass gewesen für eine erneute Großdemonstration nach den Ostereignissen. Meine Mutter war enttäuscht. In ihrer nächsten Kolumne »Notstand – Klassenkampf« meckerte sie:

Was ist hier eigentlich los? Bonn erlebt seine größte Demonstration und die Notstandsopposition auch, aber die *Frankfurter Allgemeine* kann über den Sternmarsch auf Bonn triumphierend schreiben: »Bonn ist über den Ausgang des Sternmarsches erleichtert. [...] Bonn ist nicht gelüftet worden, Bonn ist nicht in die Knie gegangen. [...]«

Und sie endet mit den wieder militarisierenden Worten:

Wenn wir so weitermachen, ist es leeres Geschwätz gewesen, dass auch nach der Verabschiedung der Gesetze der Kampf weiterginge. [...] Bonn hat ganz schön vor dem Sternmarsch gezittert. Das heißt, zahlenmäßig sind wir schon stark genug, um schon etwas auszurichten. Nun müssen wir es aber auch tun. Die Demokratisierung von Staat und Gesellschaft ist das Ziel. Der Kampf gegen die Notstandsgesetze ist ein Mittel unter anderen, dieses Ziel zu erreichen, d.h. die Diktatoren in Staat und Gesellschaft zu entmachten. Das schafft man aber nicht, wenn man sich nur gegen den Wechsel von der großen in die kleine Gefängniszelle wehrt und darüber vergisst, den Ausbruch vorzubereiten.[66]

Sie empfindet es immer wieder als unverschämt, dass die demokratische Mehrheit der Bundesbürger die Erleuchtung ihrer Minderheit nicht teilen will. 60 000 Demonstranten sind nicht 60 Millionen Bundesbürger. Sie spricht von »Demokratisierung von Staat und Gesellschaft« und von »Diktatoren in Staat und Gesellschaft«. Und in einem Fernsehbeitrag zu Ohnesorg im Januar hatte sie sogar vom »Polizeistaat« Bundesrepublik gesprochen. Es war nicht nur sie, die so dachte. Im Gegenteil. Die gesamte Protestbewegung dachte so und erkannte Meinhofs Abdriften nicht.

In Frankreich war man von den Ereignissen in Berlin und in der Bundesrepublik fasziniert und holte jetzt eine eigene Protestrevolte nach. Erst gingen die Studenten in Paris auf die Barrikaden, und das war der Katalysator, auf den die kommunistischen Gewerkschaften offenbar gewartet hatten. Der Heldenmythos der Studentenbewegung im Pariser Mai 68, der in Frankreich einfach *le mai* heißt, trifft die Sache nicht ganz. Ohne die Gewerkschaften, die mobilisierten, was sie mobilisieren konnten und später nie wieder zu mobilisieren vermochten, wäre der Mai nie *le mai* geworden. Und der Studienabbrecher Cohn-Bendit wäre nie der französische Studentenheld geworden, als der er dann später nach Deutschland kam, um in Frankfurt seine Rolle zu spielen.

Zudem gab es in Frankreich eine völlig andere Revolutionstradition. Am 10. Mai kam es nachts um zwei Uhr zu einer Straßenschlacht im Pariser Quartier Latin. Die Polizei kesselte etwa 5000 Studenten ein und beschoss sie mit Tränengas. Spontan solidarisierte sich die Bevölkerung mit den Demonstranten, ließ die in Panik geratenen Studenten in ihre Häuser und versuchte, ihnen zu helfen.

Frankreich erlebte eine Art Generalstreik, und de Gaulle, der Großes für Frankreich geleistet hatte und Großes auch für Deutschland, war ein alter Mann geworden, der die Sache nicht mehr im Griff hatte. Hastig reagierten er, die französische Regierung und das französische Parlament mit allerlei Zugeständnissen. Der Protest, der zwischenzeitlich sechs Millionen Menschen quasi aus dem Stand erfasst hatte, implodierte. Im Juni war alles vorbei, aber auch in Frankreich gab es die berühmten Künstler und Intellektuellen und Filmschaffenden, die sofort auf den Protestzug aufsprangen, und wer weiß, wie viele von ihnen die Nachhaltigkeit ihrer Karriere diesem frühen Aufspringen verdanken. Sogar die Filmfestspiele von Cannes wurden, von François Truffaut und Jean-Luc Godard angeführt, gesprengt und schließlich abgebrochen.

Der französische Mai mitten im Kalten Krieg, als kommunistische Parteien im Westen eine völlig andere Bedeutung hatten als heutzutage, war ein Donnergetöse ohne klare Ziele. Worum ging es? Um mehr Demokratie, um Hochschulreformen, um Vietnam? Das war alles so wenig, dass es nicht wundert, wenn es einen schalen Nachgeschmack gab, unbeschadet der anhaltenden Glorifizierung des Mai 68 in Frankreich. Auch in Frankreich dieselbe Inspiration durch die Kulturrevolution des großen chinesischen Führers. Auch hier eine schweigende Mehrheit, die sich in Frankreich durch eilig anberaumte Neuwahlen artikuliert: Im Juni 1968 votiert die absolute Mehrheit erneut für Charles de Gaulle. Auch in Frankreich ist der Mai 68 in die Subkulturen eingeflossen und nahm auf diese Weise einen erheblichen Einfluss auf die französische Politik. In Deutschland betrachtete man die Entwicklung in Frankreich in den Protestkreisen natürlich mit großer Euphorie.

Daniel Cohn-Bendit, damals 23 Jahre alt, war einer der führenden Rebellen der Universität in Nanterre. In Deutschland stieg er jetzt, spätestens nach einem Fernsehinterview in »Report«, in den linken Kreisen zu Berühmtheit auf. Auch in *konkret* wird der französisch-deutsche Revolutionär bald schreiben. Neben Rudi Dutschke hatte Cohn-Bendit keine Chance, aber in dem Maße, in dem Dutschkes Einfluss nach dem Attentat zurückging, wurde Cohn-Bendit zu einer Ersatzfigur für den großen Revolutionsführer.

Der Prager Frühling und viele Frühlinge in anderen Ländern waren Medienereignisse, aber die deutsche Protestwalze drehte sich von alleine weiter. An der Universität in Prag forderten jetzt sogar die Studenten eines Ostblockstaates unter der Führung von Alexander Dubček mehr

Freiheit und Demokratie. Dort gab es, im Gegensatz zu Frankreich und der Bundesrepublik, einen wirklichen Grund, auf die Straße zu gehen, denn dort herrschte eine kommunistische Diktatur. Am 20. August 1968 begann die Invasion sowjetischer Panzer und Soldaten sowie Militäreinheiten anderer Ostblockstaaten in die Tschechoslowakei und beendete die Liberalisierungsbestrebungen im Lande. Ein folgenreicher Einmarsch, der die Kommunisten der Ostblockländer endgültig ihren guten Ruf bei den Neuen Linken der westlichen Welt kostete.

Die Altkommunistin Ulrike Meinhof brauchte etwas länger, um sich von ihren eigenen Traditionen zu lösen und ganz und gar eine Neulinke zu werden. In ihrer September-Kolumne mit dem Titel »ČSSR-Folgeerscheinungen« über diesen Einmarsch in Prag distanzierte sie sich von der Sowjetunion: »[…] Bei der Herstellung eines internationalen Zusammenhanges der antiautoritären Bewegungen wird die Rolle der Sowjetunion neu zu bestimmen sein. Das Tabu, das ihre Politik für die europäische Linke bisher darstellte, hat sie selbst gebrochen.«[67]

Ohne Dutschke implodiert der SDS

Ende Juni 1968 widmete der *Spiegel* der Studentenrevolte und speziell dem Zentralorgan der Rebellion, dem SDS, eine Titelgeschichte. Nach den Schüssen auf Dutschke, dem Sternmarsch auf Bonn, dem Aufkochen und Implodieren der Revolution in Frankreich, sieht man den Stern des SDS sinken.

Der *Spiegel* resümiert:

Zur Sonne

Die revolutionäre Situation fehlt: Kein elendes Proletariat stöhnt unter Ausbeutung, kein gegängeltes Bürgertum ächzt unter feudalistischer Herrschaft, kein drangsaliertes Volk zittert unter dem Tyrannen. Doch die Revolutionäre sind da. […] Sie rufen »Ho-Ho-Ho-Chi-Minh« und fordern: »Alle Macht den Räten.« Sie schauen auf zu Rosa Luxemburg und Lenin und pfeifen auf Kurt Georg Kiesinger samt Helmut Schmidt. Sie gehen

auf die Barrikaden und singen unter flatternden Fahnen Protest. Für sie zumindest ist die Revolution wieder wer.
Die Umwälzung kommt bärtig daher. Sie trägt Sandalen und hat Initialen: SDS. Binnen eines Jahres haben die 2400 Mitglieder des »Sozialistischen Deutschen Studentenbundes« die formierte Gesellschaft durcheinandergewirbelt. [...] Der lange Marsch, zu dem sie angetreten ist, hat gerade erst begonnen; doch schon ist der Wegesrand gesäumt von demolierten Autos und ramponierten Autoritäten. [...] Wo immer Protest aufbrach, standen die Kommilitonen-Kader des SDS an der Front oder im Hintergrund. SDS-Mitglieder riefen »Schafft zwei, drei, schafft viele Vietnams«, stürmten deutsche Theaterbühnen und besetzten Hochschulinstitute. [...] SDS-Delegierte sitzen in allen Gremien, die der etablierten Herrschaft übelwollen – in »Kritischen Universitäten« oder »Republikanischen Klubs«, im Kuratorium »Notstand der Demokratie« wie in der »Kampagne für Demokratie und Abrüstung«. [...] Diesem SDS, dem die Wochenzeitung »Christ und Welt« einst »Verkümmerung zu einer introvertierten Sekte« prophezeit hatte, flogen Hirne und Herzen von Studentinnen und Linksveteranen, von Pennälern und Theologen zu. Er wurde zum Kerntrupp der Außerparlamentarischen Opposition (APO). [...]
Und doch offenbarte gerade diese Woche der außerparlamentarischen Stärke die innere Schwäche der roten Bewegung. [...][68]

Der *Spiegel* sieht es als Erster: Ohne Dutschke kommt der SDS ins Straucheln, weiß niemand mehr, wie es weitergehen soll. Rudi Dutschke war die Galionsfigur des SDS und der APO-Bewegung, und das wurmte einige Konkurrenten, die ihn sogar kurz vor den Schüssen, während er in Prag war, »entmachten« und gar aus dem SDS ausschließen wollten. Dutschke selber kokettierte nicht ungern mit dem Kult um seine Person, den er selbstredend ablehnte. Doch erst, als Dutschke durch den Anschlag plötzlich nicht mehr da war, merkten die SDS-Größen, dass ihr Haufen ohne Rudi Dutschke nicht viel wert war. Dutschke war nicht nur der Präsident, der Kanzler, der Außenminister und der Propagandaminister des SDS, er war auch der Innenminister gewesen, der durch sein Charisma, seine rhetorischen Fähigkeiten und seine Art, den wahren Kommunismus, den wahren Anti-Kapitalismus und die wahre

Revolution darzustellen, die Medien und die Massen angezogen hatte wie das Licht die Motten. Mit dieser Außenwirkung hatte er den SDS auch in seinem Inneren zusammengehalten. Der SDS war auf Dutschke angewiesen, auch wenn es keiner so sah oder so sehen wollte. Neben ihm waren sie alle blass, inklusive Krahl, Levèfre, Semler und Rabehl. Nicht durch das, was Dutschke sagte, sondern dadurch, wie Dutschke etwas sagte – und er sagte viel und konnte auf Knopfdruck aus dem Stegreif heraus Tausende von Zuhörern faszinieren –, war er der Leader der Bewegung gewesen, und deswegen liefen ihm auch so mächtige Oligarchen wie Augstein, Bloch, Marcuse oder auch ein Bundespräsident Gustav Heinemann hinterher.

Rudi Dutschke war sympathisch und strahlte eine Wärme aus, mit der er andere Menschen schnell für sich einnahm. Und sein Anti-Stalinismus, der bei vielen Weggefährten zunächst noch geheuchelt war, war bei ihm echt. Rudi Dutschke fand den Kontakt nicht nur zu den Menschen, sondern immer auch zu dem Einzelnen, mit dem er sprach. Rudi Dutschke, der viel später, 1977, als ich, inzwischen 14 Jahre alt, längst wieder in Hamburg lebte, mein sozialistischer Patenonkel wurde, war jedes Mal, wenn ich ihn traf, offen und begeisternd, er war ein Akquisitionstalent, wie es die Protestbewegung kein zweites Mal besaß.

Die bunten Eimer waren leer

Alle APO-Forscher, -Kenner, -Mitmacher und -Beurteiler sind sich einig, dass die SDS-basierte Protestbewegung ab Mai 68 vorbei war, und das hatte zwei Gründe. Der eine Grund ist, dass der Verlust von Rudi Dutschke nach dem Attentat durch nichts und niemanden ausgeglichen werden konnte, und der zweite Grund – der auch Dutschke, wenn es das Attentat nicht gegeben hätte, mit in das ideologische Nirwana, in das der SDS fiel, gerissen hätte – war in der Tatsache begründet, dass der Protest sich plötzlich in jeder Dorfschule, jeder Konfirmandengruppe, jeder Jugendfreizeit, an jeder Universität sowieso, aber auch im Kulturbetrieb, in den Subkulturen bis in die Mitte der Gesellschaft und die »bessere« Gesellschaft hinein manifestiert hatte.

Plötzlich mussten die Anti-Kapitalisten, die wahren Kommunisten, die Verfechter des Sozialismus mit menschlichem Antlitz, die Verfechter des dritten Weges und der Neuen Linken, Farbe bekennen. Aber sie hatten keine Farbe. Alle bunten Eimer waren leer.

Niemand im SDS wusste, wie die Machtfrage, die man sogar stellte, in Westberlin oder auch darüber hinaus konkret hätte beantwortet werden können. Und man hatte nicht einmal eine Idee, was auch nur in der Theorie zu tun gewesen wäre, um die Volkswirtschaft und die Betriebe, über die man so großkotzig sprach, auf eine kommunistische Linie umzufunktionieren, zu »transformieren«, wie man so schön sagte. Niemand wusste, wie der Neue Mensch, den alle ständig im Munde führten, aussehen sollte, wo er herkommen sollte und was er bewirken könnte: Revolution und Enteignung kann man nicht essen.

Es entstand also, ob empfunden oder nicht, auf dem Höhepunkt von 68 das geistige Vakuum, in das alle kommunistischen Revolutionen der letzten 150 Jahre gefallen sind. Marx kritisiert den Kapitalismus so umfangreich, dass niemand den Überblick behält, aber er liefert keine brauchbare Anweisung, wie der Glasermeister seinen Betrieb über die Runden bringen kann, unter Produktion eines Mehrwerts, der für die Fortexistenz des Betriebes wichtig ist. Marx liefert keine Anweisung, wie ein Staatskonzern seine Eisenbahn profitabel macht, er liefert keine Anweisung, wie eine Bank ersetzt werden kann, durch was auch immer. Er liefert keine Anweisung, wie eine Volkswirtschaft auf die Produktion eines BIP hin ganz konkret zu organisieren sei, von dem die Menschen leben können und imstande sind, die Wirtschaft aufrechtzuerhalten. Er liefert überhaupt keine konkreten Handlungsanweisungen, wie die Wirtschaft die Infrastruktur eines Landes bezahlt und nutzt, aufbaut, hegt und pflegt. Wer den kommunistischen Urvater Marx studiert, stellt fest, dass dieser im GEGEN verhaftet bleibt und, wenn es konkret werden müsste, in die Utopie flüchtet.

Alle Wirtschaftstheorien des SDS, wenn man das theoretische Gerede einmal so nennen möchte, und man muss es so nennen, weil das Hauptthema der Protestbewegung 1968 Antikapitalismus, Enteignung von Grund und Boden, Enteignung der Produktionsmittel und Kollektivierung der Produktionsprozesse usw. war, zeigen vor allem eines: 68 war eine Wirtschaftsideologie ohne jeden Sachverstand, ohne einen blassen Schimmer.

Niemand der bekannten Köpfe des SDS, Rudi Dutschke eingeschlossen, steuerte wissenschafts- oder erfahrungsbasiert irgendetwas bei, um zu erklären, zu was die Revolution nutze sein sollte. Ja! Die Menschen sollten nicht mehr vom Chef abhängig sein, sie sollten frei entscheiden, ob und wann sie arbeiten, sie sollten nicht als »eindimensionale« Menschen im Betrieb malochen, und sie sollten nicht konsumieren, was nur ihre eigene Gier anregte und letzten Endes nur den Kapitalisten nützte, die sich an der Warenproduktion goldene Nasen verdienten.

Dass moderne Gesellschaften zunehmend Dienstleistungsgesellschaften sind, war den SDS-Ideologen nicht klar. Der SDS implodierte letzten Endes als wirtschaftspolitischer Scharlatan. Das, was Deutschlands führende APO-Intellektuelle zu bieten hatten, offenbarten die Helden in einem Gespräch, das sie im Oktober 1967, auf dem Höhepunkt der SDS-Bewegung, miteinander führten und das im August 1968 via Enzensbergers Kursbuch und via Suhrkamp-Verlag veröffentlicht wurde. Darin gaben Enzensberger, Dutschke, Rabehl und Semler ihr Bestes: Peinlich!

Gespreizt bis zum Anschlag wird herumfabuliert über eine selbstständige politische Einheit Westberlin, die nach dem Räteprinzip, was immer das genau sein sollte, organisiert würde und die keinen Pfennig, weder vom Weltmarkt noch von der Bundesrepublik, noch von der DDR, zur Finanzierung der zerstörten Wirtschaft kreditiert bekommen hätte; über die Hungersnot, die mit den Hamsterkäufen am ersten Tag der Horrorvision begonnen hätte, darüber, wie sie Waren aus Berlin ex- und importieren wollten, um irgendeinen Gewinn zu produzieren, von dem ein klägliches Leben hätte aufrechterhalten werden können. Über derlei Nebensächlichkeiten machten sich die vier »Führungsfiguren« nicht den Ansatz eines Gedankens. Warum auch? Während der Diskussion kam ja der Strom weiterhin aus der Steckdose, das Bier und die Milch standen weiterhin im Supermarkt. Die Wohnungen wurden weiter geheizt, die Lebensmittel weiter gekühlt. Und der Luxus blieb verfügbar.

Antikapitalismus, antikapitalistische Revolution und dergleichen, das klingt irgendwie intelligent, das klingt nach höheren Sphären, aber es bleibt in dem Gespräch komplett inhaltsleer. Ein kurzer Ausschnitt des Gesprächs zwischen Rabehl und Dutschke wirft ein Schlaglicht darauf, wie man sich die revolutionäre Gesellschaft vorstellte:

Rabehl: Wie kann eine neue Struktur der Stadt aussehen? Sie könnte sich in viele einzelne Kollektive von jeweils drei-, vier-, fünftausend Menschen aufgliedern, die sich um eine Fabrik zentrieren. Die Fabrik ist also nicht nur Arbeitszentrum, sondern muss alle Möglichkeiten zur Entfaltung des Lebens bieten, sie muss gleichzeitig auch Schule, gleichzeitig auch Universität sein. In dieses Kollektiv kann man die Bürokraten als Einzelne aufnehmen, sie müssen in diesen Lernprozess eintreten und ein neues Bewusstsein entwickeln, sie müssen vor allen Dingen auch herausfinden aus ihrer stickigen Familiensphäre. Ich glaube, dass in der Sphäre der Bürokratie die meisten zerstörten Familien vorkommen, dass die Zahl der Scheidungen dort am größten ist, auch die Frustration der Frauen. Wie können diese Frauen sich emanzipieren? [...] In den Kollektiven, an die ich denke, ist schon ein Ansatz zur Aufhebung der Familie gegeben.
Dutschke: In der Idee solcher Kollektive sehe ich einen Rückgriff auf die Pariser Kommune. Diese Assoziationsform bedeutet: Herrschaft der Produzenten über ihre Produktionsbedingungen, ihre Produkte und ihre ganzen Lebensbedingungen. Die ganze Stadt wäre in solche dezentralisierten Kommunen aufzugliedern. Wie soll die Zusammenarbeit zwischen den verschiedenen Kommunen-Kollektiven in dieser Stadt aussehen? Wie verläuft der politische Lernprozess? Wie soll die notwendige Verwaltung von Sachen über einzelne Kommune-Projekte organisiert werden?
Rabehl: Es wird einen obersten Städterat geben, in den die Vertreter der einzelnen Kommunen, die einzelnen Räte, jederzeit wählbar und abwählbar, ihre Vertreter hineinschicken. Sie werden den Wirtschaftsablauf kontrollieren, und zwar ohne disziplinierende Anweisungen zu geben. Sie werden dafür sorgen, dass Wirtschaftspläne und städtebauliche Projekte ausgearbeitet werden. Dabei wird die neue Technologie ihre positive Seite zeigen. Man nimmt Computer zu Hilfe, um zu berechnen, was gebaut werden muss, wie die Pläne aussehen müssen, welche Gefahren auftauchen.[69]

Rudi Dutschke quält der alte Gedanke, dass die »Produzenten« selber in den Genuss der Früchte ihrer Arbeit kommen sollten. Das kennen wir aus der alten Weltgeschichte des Kommunismus, die nach jeder Revolution den wirtschaftlichen Absturz folgen ließ, der dann mit menschenverachtender Diktatur verwaltet wurde und regelmäßig zu Hungersnöten führte.

Dutschke weiß nicht einmal, wer denn überhaupt »Produzent« ist. Für ihn baut der Arbeiter, wie man diese Werktätigen damals nannte, am Fließband den VW-Käfer, und deswegen soll der Käfer auch dem Arbeiter gehören, er soll ihn verkaufen und davon sein Leben bestreiten. Das sagt er nicht in dem Interview, aber das ist die sattsam bekannte Geschäftsgrundlage seiner Ausführungen. Das kennt man schon von Marx. Derjenige, der das Reiskorn in die Erde steckt, der soll auch den Reis ernten und, wie man bei Kommunistens sagte, auch selber »fressen« können. Schon mal was von Arbeitsteilung gehört? Ja, klar, so einfache Worthülsen bauen auch Ideologen gern in ihre Konstrukte ein, ohne sie verstanden zu haben.

Wer baut noch mal den VW-Käfer, wer ist der »Produzent«, der Schweißer am Fließband? Der Mensch, der das Fließband ersonnen hat? Derjenige, der es baut und der es wartet? Der Mensch, der das Geld besorgt, um das Fließband aufzubauen und die Menschen zu bezahlen, die das Fließband warten? Derjenige, der das Geld besorgt, um die Materialien, die für die Fertigung des Autos notwendig sind, zu kaufen? Der Steuerbeamte, der das Geld einsammelt, das ein Autobauer braucht, um die Straßen für seine Produkte oder die Infrastruktur für seine Fertigungsanlagen nutzen zu können? Der Erfinder einer technischen Neuheit? Der Verkäufer des Autos? Derjenige, der die Briefmarken druckt, die der Autobauer für den Versand seiner Rechnungen braucht? Der Koch in der Werkskantine? Wer finanziert auf wessen Risiko vor, was erst zum Verkaufsdatum des Autos wieder realisiert werden kann?

Muss es überhaupt ein Management geben? Wenn ja, sind das auch »Produzenten«? Ist der Buchhalter ein »Produzent«?

Aufhören! Das ist ja alles Quatsch. Der Produzent, der möglichst Genosse und möglichst ein Neuer Mensch zu sein hat, der soll die Früchte seiner Arbeit ernten und basta! Das ist Revolution. Auf diesem Niveau in gestochenem Revolutionskauderwelsch apportieren die Gesprächspartner ihr dürftiges Marxwissen, klopfen sich gegenseitig ab und versuchen, sich zu übertrumpfen.

Die Primitivität der Vorstellungen von der ökonomischen Realität in den ewig zitierten Betrieben, in der Volkswirtschaft und bei den dauernd beschworenen »Produktivkräften« ist derart ins Auge stechend, dass es erschüttert, wie ganze Protestgenerationen sich immer wieder einer solchen APO-Bewegung anschließen konnten. Entscheidend dafür scheint ein großes »Void« zu sein, welches die unendliche Sinnsuche, oder besser die Unendlichkeit der Suche nach des Pudels wirtschaftlichem Kern, ermöglicht. Ärgerlich ist, dass weder die konservativen Parteien noch konservative Medien noch qualifizierte Führungskräfte der Wirtschaft dem ideologischen Spuk mit Argumenten und auf intellektuellem Niveau ein Ende bereitet haben. Stattdessen hat die Wirtschaft, die lange gegen 68 und die APO-Bewegung resistent war, im Laufe der Zeit immer mehr an den APO-Geist angepasste Topmanager produziert.

In einem Land, in dem die bösen Kapitalisten seit 1949 allgemeinen Wohlstand schaffen, müsste wohl auch dargelegt worden sein, warum überhaupt eine Revolution notwendig war? Warum nicht die Evolution, die ohnehin jeden Tag stattfindet?

Ja, in der Wirtschaft muss gearbeitet werden, müssen Interessenkonflikte gelöst werden, muss Gerechtigkeit hergestellt werden, muss Familientauglichkeit, muss Kindertauglichkeit, muss Männer- und Frauentauglichkeit und sonst was hergestellt werden. Es muss Rentengerechtigkeit geben, Krankengerechtigkeit, Bildungsgerechtigkeit, und es muss überhaupt jeden Tag alles zum Guten gewendet werden. Aber gerade dafür taugt eine Revolution nicht, die den geliebten Euro vernichtet, die die Banken und die Versicherungen und die Betriebe zerstört. Dafür braucht man keinen DDR-Kommunismus/Kapitalismus und keinen turbokapitalistischen China-Kommunismus. Doch die großen Geister des SDS schwebten locker über den Niederungen der Realität.

Enzensberger, der bei solchen Gelegenheiten gern den vernünftigen Scharfmacher gab und der ja auch schon ein bisschen älter war und sehr viel mehr Geld verdiente als seine drei Gesprächspartner, war der unsympathischste Teilnehmer der Runde. Den drei Studiosi muss man zugutehalten, dass sie mit ihrer Revolutionsphraseologie eine derartig große mediale Unterstützung in Gang gesetzt hatten, dass sie zu wichtigen Figuren der Zeitgeschichte wurden. Wie soll man durch einen derartigen Erfolg nicht selber ganz kirre werden. Und jeder hat schließlich mal so Ideen, wie die Welt im Allgemeinen oder Besonderen oder gerade in diesem Moment oder für einen selbst viel besser sein könnte.

Vernichtende Kritik ist die einzig mögliche Reaktion auf Umsturzideologien, die mit dem Feuer spielen, aber keinen Mehrwert anbieten. Und dabei war doch die Jugendrevolte, wie sie genannt wird, so sympathisch, oder? Und das Beiwerk, das sich bald zu den Revolutionsfantasien gesellte, war ja auch so schön: Sex, Solidarität, wohin man blickt, man duzt alle, hat 1000 Freunde, Frauen und Männer sind gleicher als gleich, die Kinder werden von allen Zwängen und allen Frustrationen befreit. They don't need no education und lernen deswegen doppelt, auch wenn es darauf angeblich nicht ankommt. Und alles wird gut. Ja, es ist das Tolle, dass die Kapitalisten im Westen auch noch die immensesten Kosten jeder ideologischen Verirrung mit wirtschaftlichem Erfolg zugedeckt haben. Dutschke lebt, die Revolution geht weiter, der Protest sowieso. Und der fast neue Mensch schlägt mal die Scheiben der europäischen Zentralbank ein und mal Scheiben auf dem G20-Gipfel in Hamburg, und alle finden Nachsicht, und irgendwie haben sie auch alle recht.

Nach dem Attentat versucht Dutschke, erst im Krankenhaus, dann in einem Sanatorium und schließlich bei dem Komponisten Hans Werner Henze zu genesen. Die Familie – Gretchen, Rudi und der kleine Sohn Hosea-Che – lebt von Spenden[70], auch Rudolf Augstein schickt eine Weile ein Salär von 1000 DM im Monat. Dort unten in Italien, wo er das Sprechen, Lesen, Schreiben, Denken quasi wieder neu erlernen muss, empfängt Dutschke die ersten APO-Freunde aus Deutschland. Er empfängt Peter Schneider, und dann kommen auch Ulrike Meinhof und Bernward Vesper, der frühere Freund von Gudrun Ensslin, die zu diesem Zeitpunkt wegen der Kaufhausbrandstiftung im Gefängnis sitzt. Vesper wollte in seiner »Voltaire Edition« einen Band mit Briefen an Rudi Dutschke herausbringen. Ulrike Meinhof wollte offenbar ein Interview mit Dutschke für *konkret*.

Dutschke notiert am 18. August 1968 in seinem Tagebuch: »Ulrike wollte schon Interview, war mit Vesper gekommen. Wie schwer war mir schon die Einleitung zu den Briefen gefallen.«

Der einsame und von Baader gehörnte Vesper versuchte, im September in Rom offenbar mit der ebenfalls einsamen Meinhof anzubandeln. Unbeschwert ist der Annäherungsversuch aber nicht. Vesper später in seinen schriftlichen Notizen:

»›Ich will nicht, dass du mich ins Bett quatschen musst‹, sagte Ulrike. Das Zimmer war blau. Beim ersten Zug war sie high. Später weinte sie. Über dem Loch in ihrem Schädel spannt sich nur eine ganz dünne Haut, sagte Klaus Rainer Röhl. [...] In Rom, an der Fontana di Trevi, blieben die beiden stehen. ›Jetzt wirfst du mir vor, dass wir für *konkret* Geld aus der DDR angenommen haben?‹ ›Nein‹, sagte ich.«[71]

Den ersten kurzen Artikel, den Dutschke nach dem Attentat verfasst, schreibt er zwar für *konkret*, aber es ist klar, dass er nicht mehr als der Rudi Dutschke, der er vor den Schüssen war, nach Berlin zurückkehren und die Revolution wieder aufnehmen kann und will. Die Protestbewegung fand nie wieder einen ähnlich strahlenden Führer wie Rudi Dutschke. Der mächtige SDS, der sich die 68er-Bewegung auf seine Fahnen schrieb, zerbröselte irgendwann im Jahr 1969 und löste sich Anfang 1970 auf. Das allerdings als Ende der Protestbewegung 68 zu begreifen ist albern. Jetzt ging die Protestbewegung in die Breite, in die Masse, jetzt ging 68 erst richtig los, der SDS war überflüssig geworden.

Ulrike Meinhof und ich

Es war an einem dieser ewig langen Abende, an denen wir bei den Nirumands waren. Unsere Mutter war im Nachbarzimmer, oder wo auch immer, und diskutierte und diskutierte und diskutierte. Wir hatten mit Bahmans uns gleichaltriger Tochter Mariam und irgendeinem Kindermädchen Halma und Mühle gespielt. Mariam kannten wir inzwischen schon ganz gut, sie hatte schon ein paarmal, auch mit Sabine Zurmühl gemeinsam, etwas mit uns unternommen, zum Beispiel eine Fahrt auf einem Spreedampfer, und einmal waren wir auch zu ihrem Geburtstag eingeladen gewesen. Da war ein Zauberer engagiert, und eine gewisse Großbürgerlichkeit hatte sich uns dabei förmlich aufgedrängt. Es war ein regelrechtes Kontrastprogramm zur Revolution, um die es dauernd ging. Mariam war an ihrem Geburtstag ausstaffiert wie eine Prinzessin. Jetzt war sie schon vor langer Zeit ins Bett gebracht worden, während wir Zwillinge, noch fünf Jahre alt, immer noch auf dem Sofa im Wohnzimmer herumhingen und auf unsere Mutter warteten.

Ein paarmal hatten wir schon nach ihr gefragt, aber immer hieß es, sie komme gleich, wir müssten uns nur noch ein bisschen gedulden. Und dann war es nach Mitternacht, als sie endlich kam, um mit uns nach Hause zu fahren, und da gerieten meine Mutter und ich in einen schrecklichen Streit, weil mir das Unpersönliche an ihr plötzlich sauer aufstieß. Wir waren müde und hungrig, aber sie hatte mir, bevor wir mittags aufbrachen, versprochen, mir noch an diesem Tage mein kleines Heftchen mit schwarzem Rand und weißen Linien, das sie verloren hatte, zu ersetzen, und dieses Versprechen sollte sie nun mitten in der Nacht einlösen, forderte ich, völlig in den Seilen hängend, aber hartnäckig.

Wahrscheinlich wollte ich, dass sie mich endlich wahrnimmt, dass sie auf mich eingeht, dass sie endlich mit uns nach Hause geht oder mich in den Arm nimmt, keine Ahnung, aber ganz sicher wollte ich nicht, was dann passierte. Ich wollte nicht, dass eine erwachsene Frau mit zwei quengelnden kleinen Kindern durch das nächtliche Berlin rast, um noch irgendeinen geöffneten Kiosk zu finden, was selbst meinem kindlichen Hirn ein aussichtsloses Unterfangen schien. Obwohl selber genervt und müde, versuchte sie nun mitten in der Nacht, ihr Versprechen einzulösen und dieses Heftchen aufzutreiben. Sicher, ich hatte sie angebrüllt und geheult, aber jetzt heulte ich noch mehr. Es war noch später, und es gab nur noch Frust.

Ulrike Meinhof war nie eine einfache Mutter oder nie einfach Mutter gewesen. Dennoch hatte sich mein Leben bis Ende 1967, so wie es war, in der Waage befunden. Klaus Röhl hatte mich von Ulrike Meinhof entlastet, und meine Mutter hatte mich von unserem Vater entlastet. Und der Tag war mit Kindermädchen und helfenden Nachbarn durchorganisiert, mit Besuchen von und bei Verwandten. Und das Wichtigste waren unsere häufigen und langen Aufenthalte bei unseren »Tanten« Holde und

Renate, die mir schon immer Einordung und Halt in meinem Leben gegeben hatten.

Anders als unsere Mutter es in die Öffentlichkeit getragen hat, war ich viel weniger auf Klaus Röhl bezogen als auf meine Tante Holde, die für mich immer schon eine Werte setzende Rolle innehatte, fast die einer zweiten Mutter. Bei ihr waren die Dinge geordnet, alles funktionierte, an alles war gedacht, sie kümmerte sich darum, dass wir Kontakte zu Gleichaltrigen hatten, dass wir unserem Alter gemäß spielten und lernten. Sie war streng und antiautoritär bis ins kleinste Detail, auch beeinflusst natürlich von der anthroposophischen Kommunistin, ja, so was gibt's, Renate Riemeck, ihrer Lebensgefährtin, der Ziehmutter Ulrike Meinhofs.

Für mich war Tante Holde immer schon das Paradies auf Erden, im Gegensatz zu den beiden Chaoten, den Avantgardisten Röhl und Meinhof. Und sie war auch ganz persönlich der Mensch, der sich immer individuell mit mir unterhalten und beschäftigt hat, sei es beim Malen, beim Mittagessen oder beim Zubettgehen. Sie sah mich an, sie ging auf mich ein, sie kurierte mich aus, sie belehrte mich, sie unterhielt sich mit mir, sie hörte zu, sie sah, wenn es ein leichtes Fieber gab oder eine kleine Übelkeit, sie kannte mich. Sie war in der Zeit der einzige Mensch, der mich wirklich kannte.

Diese Gefühle beruhten auf absoluter Gegenseitigkeit. Meine Schwester und ich waren uns immer einig, dass wir in unserer Kindheit überglücklich bei ihr waren, Holde ihrerseits, sie verstarb im Jahr 2012, bezeichnete ihre Zeit mit uns Kindern als die »schönste Zeit« in ihrem Leben.

Holde Bischoff war eine kritische gläubige Christin. Sie war ohne einen Mann durch ihr Leben gegangen und vertrat genauso wie Renate Riemeck ihre Auffassung, dass ein Mann eine Frau am Glück störte und behinderte, ganz frei und offensiv. Was sie allerdings nicht daran hinderte, sich später mit mir über meine ersten Freunde zu freuen. Holde, eine Fränkin durch und durch, war eine Mischung aus konservativ und linksgrün. Sie fuhr immer eine orangefarbene Ente, später mit Atomkraft-Nein-Danke-Aufkleber. Französisch musste das Auto sein. Und sie war gesellig, die halbe Nachbarschaft rannte ihr bis zu ihrem Tod die

Bude ein, jeden Tag. Sie war also ein Glücksfall des Lebens für mich. Und dabei blieb sie doch stets die Tante. Weder gab sie sich als die bessere Mutter, noch habe ich sie je so gesehen. Wir fuhren gerne zu ihr und hatten bei der Heimfahrt nie den geringsten Abschiedsschmerz.

Erst jetzt in Berlin kam etwas heraus, womit meine Mutter nicht gerechnet hatte. Sie hatte uns in den ersten fünf Jahren so häufig weggegeben oder war selber so häufig abwesend oder beschäftigt gewesen und hatte uns, selbst wenn sie da war, Klaus Röhl, den Großeltern oder den Kindermädchen überlassen, dass sie überhaupt erst in Berlin realisierte, was es hieß, zwei Kinder zu versorgen, und zwar allein und den ganzen Tag. Sie hatte plötzlich ein »Mutterproblem«, das sie allerdings »Kinderproblem« nannte.

Das Umerziehungsprogramm

Und dazu kamen jetzt ihre neuen, bei der Neuen Linken adaptierten Umerziehungsideen. Kindererziehung wurde jetzt Beruf und Programm. Sie hatte keine Ahnung, dass zwei fünfeinhalbjährige Menschlein bereits eigene Erfahrungen und auch schon eigene Prägungen und Vorstellungen entwickelt hatten und kein weißes Blatt Papier waren, auf das man draufschreiben konnte, was man wollte.

Es ging jetzt in Berlin etwas los, das so etwas wie die Umkrempelung unseres ganzen bisherigen Lebens war. Meine Mutter war auf einem neuen Trip, und ihr Programm war knallhart. Es sollte nicht nur die politische Revolution gemacht werden, sondern auch die Revolutionierung des eigenen Lebens sollte vollzogen werden. Ihr Leben, unser Leben. Und das war plötzlich eine 24-Stunden-Angelegenheit und hörte nicht mehr auf.

Alles, was ich bis dahin kennengelernt hatte, bei ihr, bei meinen Tanten in Eppenhain und auch bei meinen Großeltern und im Party-Freundeskreis meiner Eltern, zählte nicht mehr, sollte anders werden, radikal anders.

Ich erinnere die Partygarderobe unserer Mutter, die sie aus Hamburg mitgebracht hatte und die in der Berliner Goßlerstraße teils noch im

Schrank hing, aber nicht mehr angezogen wurde. Diese Kleider und Kostüme waren für mich immer außerordentlich spannend gewesen, ich habe sie mir manchmal auch heimlich angeschaut. Und noch spannender waren die Stöckelschuhe, die in Berlin allerdings auch nicht mehr zum Einsatz kamen.

Die Art, wie meine Mutter sich jetzt anzog und sich gab, ihr gesamtes Aussehen und Auftreten, änderte sich innerhalb von wenigen Wochen rapide. Kultivierte Unsorgfalt war angesagt, sie beugte sich einem gewissen versifften Modediktat der APO, sie ließ sich gezielt gehen, vermied Kosmetik und frisierte sich nur noch, wenn sie mal einen Fernsehauftritt hatte. Sie trank mehr, rauchte mehr und demonstrierte, dass es aufs Aussehen nicht ankäme.

Auch das Leben von meiner Schwester und mir wurde jetzt revolutioniert. Wir hatten in den Sechzigerjahren sehr viele Kleider, Latzhosen, Ringel-T-Shirts, Strickjacken und sogar Schürzen getragen, gar im Zwillingslook, was sie plötzlich vehement ablehnte. Sie ließ diese Sachen jetzt einfach liegen, wusch sie nicht mehr und nähte keinen Knopf mehr an. Wir wuchsen, die Klamotten nicht, was bedeutete, dass wir in kurzer Zeit nur noch ganz wenige Sachen zum Anziehen hatten. Ich erinnere mich im Wesentlichen an Strumpfhosen mit Löchern und einen ramponierten Nicki-Pullover. Meine Haare wurden nicht mehr gekämmt. Wir wurden nicht mehr richtig gepflegt, schon gar nicht als Mädchen zurechtgemacht, das alles sei reaktionär und verkrüppele Mädchen gewissermaßen seelisch. Das sei die alte Erziehung, mit der Kinder zu autoritätshörigen Mitgliedern der Gesellschaft abgerichtet werden würden.

Es begann eine Art Abrichtung auf »Neuer Mensch«, sie wollte uns unsere bürgerliche Seite austreiben. Und es begann auch der Streit zwischen meiner Mutter und mir um meine langen Haare. Sie wollte mir eine Kurzhaarfrisur schneiden, aber das wollte ich nicht. Ich wehrte mich mit Händen und Füßen, zunächst erfolgreich, aber ihre Forderung ging jeden Tag von Neuem los. Ihre Erklärungen nahmen kein Ende, ihre psychowissenschaftlichen Ausführungen habe ich außer von der Zielrichtung her weder verstanden, noch konnten sie mich berühren: Lange Haare seien nur dazu da, dass wir uns als Mädchen fühlen und uns hübsch machen wollten, Kleider hätten wir nur getragen, um unserem

Vater zu gefallen, die vielen Kleider, die wir gehabt hätten von Oma und Opa und Tante Holde und auch teils von ihr selbst, hätten uns in eine Rolle gedrängt, hätten uns eingeengt, hätten in uns falsche Werte genährt, wir sollten jetzt wild sein, selbstbewusst und frei von allen Zwängen, was wir alles waren, nur nicht in ihrem neuen Sinn.

Wir sollten jetzt abends so lange aufbleiben, bis wir von alleine umfielen. Niemand sollte uns mehr zwingen, ins Bett zu gehen. Eine gewisse Verdrecktheit war angesagt. Wir sollten laut, rücksichtslos, aggressiv auftreten, Nachbarn stören und auf keinen Fall »Bitte« oder »Danke« sagen.

Ich sollte nicht mehr mit Puppen spielen, was mir ganz und gar missfiel. Sie schenkte uns Polizei- und Feuerwehrautos, wir sollten Polizei und APO spielen und uns nicht in eine Mädchenrolle drängen lassen. Mädchen würden genauso gern mit Autos spielen wie Jungs, das wüssten wir nur noch nicht.

Das war jetzt das Diktat der Mutter im Befreiungskampf. Ich war, obschon noch keine sechs Jahre alt, auch wenn ich nicht alles verstand oder, besser gesagt, gar nichts verstand, fassungslos. Ich kämpfte plötzlich um meine Kleider, ich kämpfte um meine Haare, ich kämpfte um mein früheres kleines Leben, das mir sehr gut gefallen hatte. Und ich bekam einen Wutanfall nach dem anderen, die einen irrsinnig heftigen Widerstand bei ihr erzeugten und ein endloses, erschöpfendes und ziemlich autoritäres Diskutieren und Erklären, bis ich vor Erschöpfung umfiel. Ob ich es nun wohl endlich verstanden hätte, dass Kleider und Schmuck repressiv seien und Mädchen zu Puppen machten!

Ulrike Meinhof erzählte jedem, dass Bettina in einer schrecklichen Trotzphase sei und die Scheidung nicht verkraftet habe. Ich war empört, das immer wieder mit anhören zu müssen. Sie war es doch, die sich von Klaus Röhl getrennt hatte. Ich hatte mich nicht getrennt und musste mich auch nicht trennen. Heute denke ich, da gab es schwere Fehlschaltungen in ihrem Kopf.

Meine Mutter stieß bei mir auf eine »in Granit gemeißelte Bürgerlichkeit«, die ich immer konsequenter vertrat, je aggressiver sie wurde. Ich wusste nicht, was »bürgerlich« überhaupt bedeutete, aber es stellte sich heraus, dass ich ein Fan von all dem war, was sie jetzt bekämpfte, und dass ich alles, was sie durchsetzen wollte, als absurd und störend empfand. Sie stieß auf meine Prägung durch Tante Holde, von der sie gar nichts gewusst hatte, da sie Holde neben der großen intellektuellen Renate Riemeck, mit der sie immer sofort diskutierte, wenn wir zu den Tanten kam, nie ernst genommen hatte. Holde war für sie nur irgendeine Art dienstbarer Geist gewesen, eine Art »Ehefrau« von Renate, die den Tee und den Obstsaft servierte. Aber natürlich hatten mich auch unsere Hamburger Jahre geprägt.

Dass Holde schon seit fünf Jahren alle Meinhof'schen Erziehungsfehler immer wieder ausbügelte, hatte meine Mutter gar nicht realisiert. Sie war allerdings immer begeistert gewesen, dass sie so aufgeräumte, gesunde und fröhliche Kinder zurückerhalten hatte, wenn wir nach langen Aufenthalten nach Hamburg zurückkehrten.

Zu meiner größten Verwunderung kam meine Mutter plötzlich mit der Weisheit heraus, dass ich auf eine schlimme Art von Klaus Röhl geprägt worden sei. Dass er mich stark beeinflusst habe und dass mein Widerstand gegen ihre neuen Erziehungsmethoden von da herrührte. Sie vertrat plötzlich die These, dass ich bei Klaus Röhl bürgerlichen Schaden genommen hätte und dass sie mir vor allem Klaus Röhl austreiben müsse. So wichtig hatte ich meinen Vater gar nicht auf der Rolle, und so bürgerlich ist er objektiv auch nie gewesen. Und er hatte ja auch nie alleine Einfluss auf mich ausgeübt, sie war immer dabei gewesen. Was sollte das jetzt heißen?

Es war kein Wunder, dass unser Streit mitten in der Nacht auf dem Rückweg von irgendeinem Besuch von irgendwoher begonnen hatte: Unregelmäßiges Essen, totale Übermüdung, ständige Rotznase, immer ungemütlich und kalt, und meine Mutter war zu einer wahren Diskutiermaschine geworden, ohne die realen Bedürfnisse der Menschen um sie herum auch nur wahrzunehmen.

Ulrike Meinhof war auf dem Revolutionstrip, und dazu gehörte, ganz offen ausgesprochen und täglich mehr diskutiert, die damals in den APO-Kreisen thematisierte Kinderproblematik. Je länger wir mit ihr in Berlin zusammenwohnten, umso mehr wurde dieses Umerziehungsprogramm ihre Form, sich mit ihren Kindern auseinanderzusetzen. Es ging nicht mehr darum, sich mit uns als Mutter zu beschäftigen oder mit uns zu spielen, es ging um die Erziehung zu einem neuen, revolutionären Menschen.

Dabei wurde das ganze Programm abgespult: Die Kinder in Vietnam hätten es viel schlechter als wir, an die sollten wir endlich mal denken. Und der Kapitalismus, von dem Meinhof, wie ich es heute sehe, nicht die geringste Ahnung hatte, von diffusem Hass abgesehen, kam auch noch in diesen Tiraden vor. Sie und Rudi Dutschke und all die anderen Genossen würden für eine bessere Welt kämpfen, für den Weltkommunismus, und dann sei da auch noch der ganz große und gütige Revolutionär im fernen China, der habe in einem ganz langen, friedlichen Spaziergang alle Dörfer seines Landes befreit.

Ich bekam eine Kinderfibel über den großen chinesischen Führer Mao Zedong, aber das änderte nichts an meiner Situation. Ich wollte meine Beziehung zu meiner Mutter wiederhaben, ich wollte, dass es wieder um unsere Familie ging, dass wir uns lieb hatten und dass wir uns auf schöne Dinge und Familienfeste freuten, aber ich verlor den Kontakt zu ihr, wenn ich ihn überhaupt je wirklich gehabt hatte.

Wir sollten stark sein, rebellisch, selbstbestimmt. Meine echte Rebellion gegen sie, gegen die Art, wie sie sich jetzt veränderte, die wollte sie allerdings nicht. Sie wollte ein wildes Revolutionskind, und ja, ich versuchte es. Ja, trotz meines Widerstands gegen die neue Erziehung bemühte ich mich bald, das beste und wildeste Revolutionskind aller Zeiten zu werden.

Meine Zwillingsschwester hatte keinen vergleichbaren Stress mit unserer Mutter. 1972, als Ulrike Meinhof schon im Gefängnis saß, schrieb sie meiner Halbschwester Anja über ihre beiden Kinder: »Tina hat einen Teil ihres Gehirns im Bauch. Das ist natürlich sehr gut. das handelt einfach von sich aus richtig. Aus eigener Kraft. Gine hat alles im Kopp und ist auf'm Bauch schwach. Also eben innerlich, anlehnungsbedürftig, Sehnsucht nach Harmonie und Übereinstimmung, also: Anpassung. Sie war ja auch bei mir, an mich angepasst.«

Neben Maofibel, Vietnamgedichten, Brechtgeschichten und so weiter bekamen wir in Berlin auch »normale« Kinderbücher, die jedoch einer strengen »Zensur« unterworfen wurden. Pippi Langstrumpf fand meine Mutter fabelhaft. Pippi Langstrumpf las sie uns Kindern mit Begeisterung vor und erklärte uns, dass wir natürlich frei und ausgeflippt wie Pippi sein sollten, während Tommy und Annika doch ganz doofe bürgerliche und viel zu artige Kinder seien.

Und es gab Lichtblicke. »Pu der Bär« fand sie gut, und dieses Kinderbuch liebte ich auch. Ebenso das Bilderbuch mit der Maus Fridolin, die nur in der Sonne herumlag, statt wie alle anderen Mäuse zu arbeiten, und dabei Farben, Geschichten und Träume für den Winter sammelte, mit denen sie die anderen Mäuse dann unterhielt. Oder die Geschichte von dem großen bösen Fisch, der die kleinen Fische fraß, bis sich die vielen kleinen Fische eines Tages zu einem einzigen großen Fisch vereinigten und den bösen großen Fisch verjagten. So sollte es sein, so macht man das, und das leuchtete mir ein.

Max und Moritz oder die Häschenschule – Kinderbücher, die wir noch aus Hamburg mitgebracht hatten – oder gar Blumen- und Tierbücher von Tante Holde erklärte meine Mutter endgültig zu reaktionärem Mist, mit dem die Gesellschaft Kinder absichtlich verblöde, um später angepasste Untertanen zu haben.

Fernsehen war für uns Kinder natürlich nicht angesagt, außer allabendlich – soweit wir zu Hause waren – das DDR-Sandmännchen, weil das eben viel besser sei als das westdeutsche. Ich habe gar keinen Unterschied empfunden, aber das DDR-Sandmännchen gefiel mir tatsächlich sehr gut, und ich war überzeugt davon, dass es das bessere sei. Und sie liebte die Verfilmungen der Bücher von Erich Kästner. »Emil und die Detektive« stellte das Leben dar, wie meine Mutter sich auch unser Leben vorstellte, tolle Kinderbanden bilden, die den Bösewicht mit Geschicklichkeit und Schläue schließlich zu Fall bringen. Und das doppelte Lottchen. Den Film aus den Fünfzigerjahren fanden wir Zwillinge natürlich auch ganz toll.

Kindergarten und erste Kinderladen-Experimente

Zu der Versorgung in den eigenen vier Wänden kam jetzt der erste Kindergarten, in den meine Schwester und ich wenige Wochen nach unserer Ankunft in Berlin gesteckt wurden. Es war ein öffentlicher Kindergarten in einer bürgerlichen Gegend ganz in der Nähe. Der Kindergarten gefiel meiner Schwester und mir nach einer kurzen Eingewöhnungsphase recht gut. Besonders gut war der Vorschulunterricht, geradezu modern.

Mit unseren fünfeinhalb Jahren war es für uns sehr schön, dass wir kurz vor der Einschulung endlich einmal in so einer Kinder-Community sein konnten. Ich mochte die Ausflüge in die Umgebung, wir Kinder in Zweierreihen im schönen Mai und Juni in Dahlem. So konnten wir Berlin auch ein bisschen kennenlernen. Ohne Auto und ohne Mutter. Die APO war in diesem Kindergarten, der groß und hervorragend ausgestattet war, weit weg.

Die Sache hatte für mich nur einen Haken: das Mittagessen. Ich weiß gar nicht mehr, was ich im Allgemeinen oder im Speziellen mochte oder nicht, jedenfalls war ich mit den Erzieherinnen aneinandergeraten, weil ich irgendein Gemüse auf Biegen und Brechen aufessen sollte. Noch nie hatte ich so etwas erlebt, weder zu Hause noch bei Holde oder bei meiner Oma. Allen Kindern, denen es so ging wie mir, wurde gedroht, an den Tisch der Dreijährigen gesetzt zu werden, was mich total empörte. Wir wären gern auch weiterhin in diesen Kindergarten gegangen, wenn unsere Mutter doch nur ein klärendes Gespräch über diese Essenssache geführt hätte. Stattdessen nahm sie den Streit zum Anlass, meine Schwester und mich ganz aus dem Kindergarten herauszunehmen.

Meine Mutter rief wegen dieses Vorfalls sämtliche neuen APO-Freunde an und trommelte eine große Diskussionsrunde zusammen, in der sie sich und allen anderen »bewusst« zu machen versuchte, wie »repressiv« die Verhältnisse in dieser Gesellschaft seien und dass ihre Kinder, obwohl sie dies – bis jetzt – nicht habe glauben wollen, in diesen Anstalten »seelisch verkrüppelt« würden (genauso wie bei Marcuse und anderen beschrieben) und dass es also keine andere Möglichkeit gebe, als meine Schwester und mich sofort herauszunehmen.

Wir saßen also wieder zu Hause und waren für eine Mutter, die uns ständig loswerden wollte, ein ungelöstes Problem. Aber unsere Mutter war, zumindest für mich, auch ein ständiges Problem. Jetzt setzte sie sich ans Telefon und versuchte, andere Frauen zu finden, die sich in einer ähnlichen Situation befanden. Es wurde also über das »Kinderproblem« diskutiert, und zwar so lange, dass ich irgendwann zu dem Schluss kam, Kinder seien generell ein unlösbares Problem. Das Thema »Kinderproblem« war indes nicht nur Ulrike Meinhofs Thema, es wurde zunehmend von der ganzen APO diskutiert.

Im Januar 1968 war innerhalb des SDS, unter der Führung der Feministin Helke Sander, der »Aktionsrat zur Befreiung der Frau« gegründet worden, der unter anderem versuchte, auch die »Kinderfrage« in den Griff zu kriegen, nämlich wie Kinder von politisch arbeitenden Frauen – eine völlig neue Kategorie von Kindern! – versorgt werden könnten, während die Frauen für die Revolution arbeiteten. Schon während des Vietnamkongresses hatte es im Getöse der Veranstaltung die spontane Bildung einer Kinderbetreuungsgruppe gegeben. Die Idee lag in der Luft, und sogenannte Kinderläden schossen im Jahr 68 in vielen Großstädten wie Pilze aus dem Boden.

Helke Sander nahm mit Ulrike Meinhof Kontakt auf, nachdem der Aktionsrat zur Befreiung der Frauen bei der SDS-Delegiertenkonferenz in Frankfurt im September 68 das erste Mal Tomaten auf einen Genossen – es war Hans-Jürgen Krahl, der APO-Führer aus Frankfurt – geworfen hatte und Ulrike Meinhof diesem ersten feministischen Akt der APO-Frauen eine Kolumne gewidmet hatte.[72]

Doch wie Helke Sander mir in einem persönlichen Gespräch vor gut zehn Jahren in Lübeck erzählte, stand Ulrike den Frauenfragen dann doch nicht so offen gegenüber, wie man vielleicht gedacht hätte. Sie sei schon zu bekannt gewesen, zu erfolgreich in ihrem Beruf als Journalistin, sie habe sich mehr für die Revolution als für die Frauenfrage interessiert, die sie natürlich trotzdem mit Interesse begleitet habe.

Der erste alternative Kinderladen Deutschlands war indes schon im Herbst 1967 in Frankfurt von Monika Seifert gegründet worden, einer früheren Freundin meiner Mutter aus Münster, der Frau von Jürgen Seifert, der ebenfalls ein Studienkollege von Ulrike Meinhof gewesen war. Beide waren mit ihr zusammen in der Anti-Atom-Bewegung von 1958 engagiert gewesen. Monika Seifert war eine Tochter von Alexander Mitscherlich, der 1968 sein berühmtes Buch »Die Unfähigkeit zu trauern« herausbrachte, das die APO-Bewegten damals berührte. In Frankfurt hatte sie Seminare von Adorno und Horkheimer besucht und war von deren Idee, einen neuen, freieren Menschen zu erziehen, fasziniert.

Monika Seifert ließ sich auch von Erich Fromm, Wilhelm Reich und dem Gründer der Schule Summerhill, A. S. Neill (der das berühmte Szenekinderbuch »Die grüne Wolke« geschrieben hatte), inspirieren. Ihr

Ziel war es, Kinder freier, weniger »repressiv« zu erziehen, als dies ihrer Ansicht nach in den konventionellen Kindergärten geschah, die sie als Zwangsanstalten für Kinder empfand. Auch die Gründung der ersten Kinderläden in Berlin verfolgte die Kinderladen-Urmutter Seifert von Frankfurt aus mit großem Interesse. Als ich sie 1997 in Frankfurt in ihrer Wohnung besuchte, erzählte sie mir:

Monika Seifert: Die Idee, einen Kinderladen zu machen, entstand unabhängig von mir und quasi zeitgleich, nur um wenige Monate verschoben, auch in Berlin. Dort kam die Idee mit den Kinderläden auf dem Vietnamkongress im Februar 68 auf. Kurz danach schossen diese Einrichtungen in Berlin wie Pilze aus dem Boden. Es war eine Idee der Frauen aus dem SDS. Die hatten ihre Kinder mit zu dem Kongress gebracht und organisierten im Vorraum der Kongresshalle eine Art Sammelstelle für die Kinder, damit sie auch selbst abwechselnd an den Veranstaltungen teilnehmen konnten. Der Ansatz war, dass die Frauen mehr Zeit haben sollten, sich zu politisieren. Und dass die Kinder wegsollten. Der Vietnamkongress war der Anlass. Da gibt es keinen Zweifel. Der Bezug war eindeutig. Die Kinder sollten auch qualitativ in die »richtige Richtung« erzogen werden. Die Kinderläden waren als eine Art revolutionäre Zellen gedacht. Die Kinder sollten antiautoritär erzogen werden, gegen diesen (autoritären) Staat.[73]

Auch meine Mutter organisierte jetzt mit anderen APO-Leuten ein paar Kinderladenexperimente, die, so glaube ich, für alle sehr anstrengend waren. Alle berufstätigen, emanzipierten, apobewegten Frauen erklärten sich bereit, die Kinder aller beteiligten Mütter abwechselnd zu sich zu nehmen. Das bedeutete, dass wir ab jetzt täglich durch ganz Berlin zu irgendeiner Wohnung in irgendeinem Stockwerk zu irgendeiner Frau gefahren wurden, wo ungefähr 3 bis 6 weitere Kinder zusammenkamen und spielen sollten, bis wir wieder abgeholt wurden, um am nächsten Tag wieder quer durch Berlin zu einer anderen Frau gefahren zu werden, wo dieselben oder andere Kinder wiederum unter Aufsicht zusammen spielten.

Schöner war es, wenn sich alle Eltern und Kinder gemeinsam am Wannsee verabredeten, was im Sommer häufiger geschah. Dann war zwar die Kinderfrage nicht gelöst, aber wir spielten fröhlich zusammen im Wasser, und die Eltern unterhielten sich oder badeten auch. Das war doch schon viel besser!

Zunehmend hetzte Ulrike Meinhof gegen unseren Vater. Befand sie ihn im Frühjahr, zum Zeitpunkt der Scheidung, politisch noch irgendwie okay, wurde er bald zum »Salonsozialisten« – ein neues Wort, das jetzt dauernd fiel – und dann sehr schnell zu Röhl das Schwein, und das war für mich wirklich nicht schön. Was ist ein Salonsozialist?, fragte ich. Einer, der nur so tut, als sei er ein Sozialist, aber in Wahrheit doch ein böser Kapitalist ist.

Monika Seifert erzählte mir später:

Einmal war ich bei euch zu Besuch, als ein Paket ankam, das euer Vater euch Kindern nach Berlin geschickt hatte. Es waren zwei wirklich wunderschöne Kleider. Aber da hat Ulrike dann losgelegt. Also dass schöne Kleider scheiße sind und dass die Kinder so was nicht tragen sollen und dass der Röhl ein Schwein ist, der so was absichtlich macht, um sie zu ärgern. Aber die Hauptkritik ging dahin, dass es schöne, vielleicht auch modische, teure Kleider waren. Ihr Kinder wart ziemlich verwirrt. Ehe ihr euch freuen konntet, war alles schlecht gemacht. Ich wagte nichts zu sagen, ich traute mich damals nicht einzugreifen. Wenn man Ulrike kritisierte, dann verschloss sie sich sofort. Dabei habe ich mich noch gewundert. Denn in ihrer Hamburger Zeit hatte sie nur schöne, modische und teure Kleider angehabt und hatte auf Jürgen Seifert und mich herabgesehen, weil das damals eben nicht unser Stil war, weil wir das Establishment eben abgelehnt hatten. Und Ulrike hatte uns übrigens in Hamburg auch nie eingeladen, weil wir ihr wohl nicht fein genug gewesen waren. Erst in Berlin hatte sie wieder Kontakt mit mir aufgenommen. Wegen der Kinderladengeschichte.[74]

»Ich bin am Ende«

Auch meinem Vater in Hamburg fiel die Trennung, obwohl er sie selber verursacht hatte, offenbar immer noch schwer. Im August 68 schrieb Klaus Röhl an seine Ex:

Mein Liebling, Meine liebe Ulrike,
zunächst zu dem Thema, was Du in den letzten Wochen in den Vordergrund unserer Gespräche gestellt hast, ich habe die soziale Treue mit einem Übersoll von 7000,00 DM insgesamt auf Dein Konto gebracht, desgleichen das Kindergeld. Ich hoffe, dass Du außer dem Auto (4000,- DM) inzwischen in den physischen Besitz der Teppiche (rund 2000,- DM wie ich höre) gekommen bist – Kleinigkeiten! Über die Du selbstverständlich, da positiv, kein Wort verlieren musst. Du solltest Dich nur hier, wie bei fast allen Dingen, die mich betreffen, fragen, ob das in Dein Bild vom Geizhals, der seine Kinder beknapst und die Geliebte verwöhnt, passt: diese 6000,- DM waren eine völlig zusätzliche freiwillige Leistung nach Abschluss des Scheidungsvergleichs. Es passt wenig in Deinem Bild zusammen. Du bist subjektiv. Du bist ungerecht, Du bist parteiisch. Du bist gekränkt. Und nun will ich zu Deinem Brief kommen, in dem Du mir die Scheidung erklären willst, und Dir auch etwas erklären.

Du brauchtest mir nicht die Scheidung zu erklären, mir keine Versäumnisse aufzählen. Ich kenne die Versäumnisse und daher die Gründe für die Scheidung. Ich weiß heute, leider heute erst, wie selbst unter den Bedingungen einer nicht monogamen Ehe das soziale und humane Verhalten aussehen müsste. Ich sehe es jeden Tag vorbildlich, jede einzige Deiner Forderungen erfüllend, bei der Familie Coulmas praktiziert. Vielleicht sollte uns das zu denken geben, aber so geht es besser: immer kommt zuerst die Anwesenheit, das Vorhandensein in der Familie, das Schonen des anderen bei gleichzeitigem Ehrlichsein zu dem anderen, immer werden Partys gemeinsam begonnen und auch gemeinsam beendet, jederzeit ist Danae für Peter erreichbar, jeden Tag, jede Stunde, es kann mit den Kindern ja etwas passieren, der andere kann einen brauchen, man muss zur Verfügung sein. Das ist nicht nur Heuchelei, sondern der feste Wille, ein Leben lang zusammenzuleben, den anderen mitleben zu lassen, ihn nicht zu entwürdigen, das ist schon imponierend. [...] Meine Briefe, Anrufe, gingen nicht nur darauf hinaus, hilflos und mit zerschlagener Identität einen Vorgang zu verarbeiten, den ich nicht verdauen konnte: die Trennung; sondern sie waren der Versuch, die Bedingungen zu einer Wiedervereinigung unter veränderten Umständen auszuhandeln. Eine Rückkehr, die ich nicht hilflos erflehe, sondern die ich Dir auch in aller Souveränität anbiete. Du bist gebeten zu kommen, aber ich wollte Dir auch sagen, Du darfst kommen, es wird hier mit Gelassenheit und Geduld auf Dich gewartet, längere Zeit. Es ist ein Platz, der frei bleibt, ein leer gelassener Stuhl für den Heimkehrer. Ich glaube nicht, dass Du jetzt kommen sollst. Ich glaube aber auch nicht, dass die Heimkehr eine Blamage, eine Kapitulation, eine Niederlage ist. Sie wäre, da bist Du ehrlich genug, nicht konventionell: keine Schwäche, sondern eine Stärke.

Ich gehe dabei von der Tatsache aus, dass Du mich liebst – nicht immer noch, sondern wie immer, dass Deine Liebe sehr groß war und ist, und zwar auf einen und auf Dauer angelegt. Dazu erkläre ich Dir, ich liebe Dich auch und bin bereit, mit Dir zu leben. Ich habe lange gebraucht, Dich lieben zu lernen, aber jetzt erwidere ich Deine Liebe. Ganz.

Die Kinder wollen natürlich nach Hause, in den geborgenen Wir-Vier-Bereich. Verachte das nicht so sehr, in wenigen Jahren schon könntest Du Dich danach sehnen. Der Mensch ist des Menschen Freund und einziger Trost, und es gibt eine sehr große Nähe, die wir haben und die man nicht auswechseln kann gegen »Freunde«.

Ich habe Deine Freunde in letzter Zeit mehr aus der Nähe sehen können, und ich glaube, Du wirst heute auch nüchterner über sie denken. Oder bald. Unsere gemeinsamen Freunde hier in Hamburg jedenfalls sind mir lieber. Wienke und Renate mag ich gern, sie sind lieb und gut.

Ja, verachte das nicht zu schnell, nicht zu eilfertig, dass hier jemand, mit dem Du Dich von allen Menschen am besten verstehst, auf Dich wartet. Und komm, komm bald, denn Du bist auch einsam, an den Abenden, wenn mal kein Auflauf und keine nächtelang-verräucherte Diskussion ist und in den Nächten. Und ich nehme Dich in die Arme. Über die Kindererziehung sind wir uns doch so einig, ich muss es nur noch konsequenter realisieren, aber ich ärgere mich doch auch, nicht nur Du. Und auch Du wirst mir ein bisschen Zugeständnisse machen, wenn wir uns einig sind, dass wir miteinander leben wollen z. B. in Bezug auf Schlunz und Selbsterhaltungstrieb: wenn schon selbst nicht ordentlich, dann wenigstens ein ordentliches Dienstmädchen (= Hausgehilfin, Hausangestellte, ändert nichts an ihrer abhängigen Stellung, Arbeitszeit und Bezahlung). Und

wenn Nächte durcharbeiten, dann wenigstens am nächsten Tag spazieren gehen, mehr Urlaub machen, daran denken, dass man nicht ewig aus dem Vollen leben kann. Das sind so meine kleinen Forderungen. [...]
Folgendes über mich: Natürlich bin ich einsam, angeschlagen, und wenn ich diesen bewusst von niemand erklärten Begriff (das gehört zu der Arroganz der Schriftgelehrten) Identität richtig sehe, ist meine Identität flöten gegangen. Meine Mutter würde sagen, Jungchen, Du weißt ja gar nicht, wo Du hingehörst: wie ein Cineramafilm ziehen Bilder, durchweg geborgten Lebens, ausgeliehene Kontaktpersonen an mir vorüber: Anja, Helga, Danae, Mutti – Ahrensburg, Kellerwohnung, Bruni. Wäre nicht dieses wunderbare Haus mit der Katze (die Junge hat, ein Kater ist geblieben, wollt ihr den? Dann bring ich ihn mit?), wäre nicht der Garten und Frau Tempel, ich wüsste noch weniger, wer ich bin, karre manchmal nachts, wenn alle weg sind, über. Aber sei getrost, ich gebe mich nicht auf, keine Verzweiflung, Angst ja, aber nicht Verzweiflung. Wohl Traurigkeit.

Wenige Wochen später schreibt er erneut:

Liebe Ulrike, ich bin am Ende. Ich bin bereit, alle möglichen Bedingungen zu erfüllen, um eine Wiederannäherung zu ermöglichen. Zunächst bitte ich Dich, den Weg dahin wenigstens nicht zu verbauen. Ich glaube inzwischen zu wissen, wie furchtbar Du es gehabt haben musst, ich weiß es. Vielleicht ist Deine Liebesfähigkeit (zu mir) auf immer zerstört, vielleicht aber auch nur verschüttet, und Du musst wissen, Du musst erst genau wissen, dass ich es ernst meine.
Selbst, wenn das nicht so ist, halte ich im Interesse der Kinder und des gemeinsamen sozialen Lebensraums eine Koexistenz-Ehe für besser als alle anderen Möglichkeiten. Und wenn es nur eine Wohn- und Essgemeinschaft ist – wir sind doch keine Untiere zueinander. Vielleicht bist Du auch so einsam und betroffen wie ich, dann lass uns zusammentun und uns gegenseitig trösten. Die Wunden von einem Jahr ausheilen, dazu muss ein gelassenes, einander zugewandtes Leben ausreichen.
Ich glaube nicht, dass eine Analyse die Lösung ist, denn Schmerz, Trauer, Liebeskummer und Einsamkeit können doch nicht wie in »Schöne neue

Welt« durch Behandlung aus der Welt verbannt werden, aber wenn Du davon eine Wiedervereinigung abhängig machst, dann meinetwegen Analyse, aber nur IN der Lebensgemeinschaft mit Dir, sonst ist eine Analyse ein zu großes Risiko, man braucht den festen Mutterboden einer Identität. Denk an die Kinder. Nicht, dass sie nicht auch so gedeihen würden. Aber Glück, strahlendes, jubelndes Glück würde da sein, wenn sie ihren sehnlichsten Wunsch erfüllt sehen: Pappi und Mammi.
Dass Du politisch auch in Bezug auf die Intrigen zu mir hältst, ist sehr schön. Ich brauche außer Steffens noch einen Menschen, der nicht schmierig, argwöhnisch, hässlich, missgünstig, neidisch, gehässig oder überheblich zu mir ist. Steffens gewiss – auch die schmalsten Stirnen, hinter denen die Freundschaft wohnt… aber der ersetzt keine Partnerin oder Genossin. In den anderen steckt eine große Kälte. Dutschke als Einziger hatte diese Kälte nicht.
Ich würde bei einer Rückkehr Prestigegesichtspunkte, wie sie in Begriffen wie »zu Kreuze kriechen«, »kapitulieren«, »resignieren«, »wo ich vor allen gedemütigt worden bin« usw. nicht als das Wichtigste ansehen. Nichts ist schöner als Verzeihen und ein Paar, das aus freier Entscheidung, ohne wirtschaftliche oder sonstige Zwänge, wieder zusammenzieht: eine große Verbundenheit.
Viele liebe Grüße
Dein Klaus[75]

Die Briefe meines Vaters klingen schwülstig. Allerdings hat sich wahrscheinlich jeder schon mal in seinem Leben in einer Situation befunden, in der er Liebesschwüre oder sonstige Weltschmerzgedanken mit sich herumgetragen, aufgeschrieben und gar abgeschickt hat. Wahrscheinlich wird nirgendwo so viel gelogen und ins Blaue hinein philosophiert wie in nachts geschriebenen Liebesbriefen.

Das Berliner Modell

Nachdem unser Vater mit seinem Angebot, dass ein »Stuhl«, aber gerade kein »Bett« für unsere Mutter in seinem Haus auf sie warte, bei seiner Ex nicht gelandet war – sie wollte eben neben Danae keine Zweitfrau-Kameradin sein –, bot er ihr an, noch einmal Chefredakteurin von *konkret* zu werden.

Ab 1. September 1968 sollte das Heft von monatlich auf zweiwöchentliches Erscheinen umgestellt werden. Das war schon seit Januar geplant, aber nun wurde es ernst, und *konkret* fehlte es an Manpower. Die Redaktion war von der Kaiser-Wilhelm-Straße an den Gänsemarkt in die Gerhofstraße umgezogen, in der drei große Etagen angemietet wurden, neue Mitarbeiter wurden dringend gesucht, mein Vater wünschte sich die starke Hand meiner Mutter zurück. Die Alternative, die er sich vorstellte, falls Ulrike Meinhof ablehnen würde, war der damals hoch gehandelte Endzwanziger Manfred Bissinger.

Meine Mutter schrieb meinem Vater noch recht versöhnlich:

Ich muss mich jetzt ernsthaft und intensiv auf mein Fernsehspiel (»Bambule«) konzentrieren und kann nicht rumflitzen und mich ablenken lassen, aber ich bin natürlich grundsätzlich bereit, Dir in puncto *konkret* beizustehen. Wenn man mit Dir bloß reden könnte! Ich finde, man müsste wirklich noch mal grundsätzlich über die Zeitung diskutieren, bevor Du so einen großen Schritt machst, Bissinger alles anzuvertrauen. Ich bin für Bissinger, aber nicht diskussionslos. Ich stehe nicht im Schmollwinkel. Ich bin jetzt erholt und kann auch wieder was leisten. Aber ich kann mich nicht von Dir vereinnahmen lassen. Ich möchte nicht zwanghaft mit Dir zusammenarbeiten. Aber natürlich bin ich willig, mitzudenken und zu planen [...].[76]

Sie fühlt sich geschmeichelt, lehnt die Chefredaktion jedoch ab, weil meinem Vater noch die »menschlichen Voraussetzungen« fehlen würden.

Mein Vater geriet im Jahr 1968 zunehmend in die Bredouille. Ausgerechnet in der Zeit, in der sich *konkret*, das immer noch als die Zeitschrift der APO galt, rasant vergrößerte, begannen sich die APO-Leute auf

Klaus Röhl einzuschießen. Der Spruch »Enteignet Röhl« war schon zu hören, und der ist entsetzt:

Klaus Rainer Röhl: [...] In jenen Zeiten kam viel Besuch in die Redaktion. Aus Berlin, München, Frankfurt und anderen Zentren der Bewegung, es kamen SDSler, Studentenführer, Basisgruppen und Einzelkämpfer, junge Schriftsteller, Fotografen und Grafiker, Journalisten und solche, die sich dafür hielten. [...] Selten hatten sie einen brauchbaren Artikel dabei oder auch nur gutes Material zu einem Artikel. Wenn es einmal eine wirklich exklusive Story gab, boten sie die dem stern oder dem Spiegel an, weil »es politisch wichtig ist, wegen der größeren Verbreitung«. Mit uns wollten sie lieber diskutieren.

[...] Wir diskutierten. Wir diskutierten unaufhörlich. Die Hälfte der Zeit, die wir eigentlich für die Herstellung und Verbesserung der Zeitschrift benötigt hätten, verplauderten wir mit unseren neuen antiautoritären Freunden. Es war die Fortsetzung der »Partei« mit anderen Mitteln. Diese Genossen waren aber hartnäckiger.[77]

Klaus Röhl, der natürlich die prominenten APO-Namen im Heft haben wollte, hatte schon seit Ende 1967 mit den APO-Führern über deren regelmäßige Mitarbeit verhandelt. Schon kurz vor dem Attentat auf Dutschke war er nach Berlin gefahren, um mit dem Berliner Kollektiv über eine Zusammenarbeit, das sogenannte Berliner Modell, zu verhandeln. Aber schon damals zeigte sich, wie weit Röhl und die APO-Führer menschlich und politisch auseinanderlagen:

Klaus Rainer Röhl: Ich flog in diesen Wochen und Monaten, wie in früheren Zeiten, oft nach Berlin, um die APO-Prominenz endgültig für meine Zeitung zu gewinnen. Dutschkes ernsthaftes Wesen hinderte mich, die Verlogenheit und unverbindliche Theatralik der anderen wahrzunehmen. Man scheute sich damals, in der Gegenwart des gut verdienenden Enzensberger oder des der obersten chilenischen Gesellschaftsschicht entstammenden Salvatore überhaupt noch eine Krawatte zu tragen, geschweige denn eine zu besitzen. [...] So saßen wir denn in Dutschkes

Wohnung – er wohnte mit Gretchen in einem Keller beim Theologieprofessor Gollwitzer –, saßen auf Kisten und unbequemen Stühlen, und ich war beschämt und verwirrt. Die Großbürgersöhne Semler, Nirumand und Salvatore saßen da wie ein Schwurgericht um mich herum, der ich ihnen schließlich Platz in meiner Zeitung anbot. [...] Die Verhandlungen über das Berliner Modell zogen sich hin. Es ging immer um Geld. Die Interessen waren verschieden. Wir wollten prominente APO-Führer zu Wort kommen lassen – sie wollten ein Kollektiv verkaufen: gute und weniger gute Texte in einem Paket. Schließlich waren wir uns fast einig.[78]

Nach den Schüssen auf Dutschke war jedoch alles wieder infrage gestellt. Jetzt hatte sich auch Ulrike Meinhof dem sogenannten APO-Kollektiv, bestehend aus Rudi Dutschke, Bahman Nirumand, Peter Schneider, Christian Semler, Peter Gäng, Gaston Salvatore, Eckhard Siepmann und Hans Magnus Enzensberger, angeschlossen, und so versuchte Klaus Röhl erneut, mit dem APO-Kollektiv, nun unter der Führung meiner Mutter, zu einer Einigung zu kommen. Die Idee war, dass die APO-Köpfe unter der Regie von Meinhof einen knapp 20-seitigen Block in *konkret* für ihre Texte bekamen und dafür pro Ausgabe ein Fixum von 7000 DM einstreichen sollten. So konnten die APO-Vertreter wirklich schreiben, was sie wollten.

In einem persönlichen Brief an Ulrike Meinhof beschrieb Röhl seine Situation:

Schlimmer ist es um die Identität der Zeitung oder, besser, meiner Identität als Herausgeber dieses Blattes bestellt.
Zum Establishment zählt man mich nicht, will ich auch trotz aller Schmeichelung nicht gezählt werden: das sind nicht meine Leute. Du wirst nun sagen Coulmas usw. liebe Ulrike, diese Leute hast Du ins Haus gebracht mit ihrem verdammten CIA-Kongress und Hegewisch-Schwimmbad und Maria Goldschüsselchen – meine Freunde waren ja wohl Dick Busse, Otto Meierdirks, Lyngy, und Ebs und was dann dazu kam. Auch ich finde die besser – Luckows! – die hatte ich doch schon vor Dir! Mit Danae kann ich leben, weil sie auf meine Seite geht und zu meiner politischen Gesinnung neigt. Also kein Establishment.

Zur DDR, zum K-Flügel in Bundesdeutschland: keine Verbindung, keine Neigung, nach »Genossen, wir haben Fehler gemacht« nix mehr. Bleibt die neue Linke, die Antiautoritären, die bewussten Marxisten-Freudisten, Maoisten-Marcusisten.
Aber wo stehe ich? Näher zu Bloch oder zu Abendroth? Sind nicht beide antistalinistisch-antiautoritär? Und wie ist es mit Prag oder China? Sind doch beide nicht stalinistisch, bürokratisch. Semmler oder Lefèvre? Oder Wolff? Die Jungens auf der Straße wissen schon, warum sie nur einen, unumstrittenen, ununterbrochen skandieren: Ho-Chi-Minh.
Aber damit allein kann man keine Zeitung machen.

Die Zusammenarbeit mit den Berlinern scheitert, fürchte ich. Jedenfalls in dieser Form. Die abgelieferte erste Probe (die angekündigte, verabredete Sex-und Politikstory, nämlich das Mädchenheim) zeigte genau die Schwächen, die von vornherein zu befürchten waren: Keine Redaktion. Keine Kürzung. Keine Auswahl. Stattdessen gute und schlechte Beiträge im Paket. Und das für 7000 DM! Nee. Diese Zeitung wollte ich der Außerparlamentarischen Opp., zu der ich selbst mitgehöre, mehr zur Verfügung stellen. Ergebnis dieses meines freiwilligen Angebotes: Alle werden mich jetzt beschimpfen. Aber ich kann die Zeitung nicht einfach hopsgehen lassen. [...] Morgen kommen die Berliner Unterhändler. Ich fürchte sie werden auf ihrer Paketidee und auf den abschlossenen Sonderseiten bestehen. Dann kann ich auch nichts machen. [...]
So stehe ich, nachdem Du Deinen Rachedurst, Deine Gekränktheit, Deine gekränkte Liebe – und wie sagt man bei Euch – verinnerlicht? Veräußerlicht? Jedenfalls auf die redaktionelle Zusammenarbeit übertragen hast, allein da. Chefredakteur ein 27-jähriger Bissinger, mein zurzeit bester und engster Berater Aust (21) und mein treuester Partner Steffens! Politik?
Du, die Einzige, die helfen, die vermitteln könnte, stehst im Schmollwinkel. Denn Du bist politisch klug UND kennst als Einzige die Grenzen und die Möglichkeiten solch einer Zeitung.
200 000 Auflage hat sie jetzt, schwach steigend. Verkauf bei 170 000. Leser geschätzte 500–600 000. Das antiautoritäre Lager, die außerparlamentarische Opposition hat keine, auch nur andeutungsweise, andere.

Diese Zeitung will jetzt 14-tägig erscheinen, also ihre Wirkung mehr als verdoppeln.
Objektiv ist das ein sträflicher, verbrecherischer Wahnsinn. Ich bin doch so für die Leute, für ihre Politik, ich stehe ganz auf ihrer Seite. Aber wieder, wie früher, sollen aus politischen Gründen objektive journalistische und Marktgesetze einfach außer Kraft gesetzt werden. [...] Siehst Du, so würde ich auch aus diesen Gründen jemand brauchen, der mit mir zusammenhält und kämpft und arbeitet. Das habe ich verspielt, und deshalb geschieht es mir jetzt recht, dass ich einsam bin. Aber das darf doch nicht immer so sein. Deshalb komm. Komm zurück. Bald. Dein Dich liebender Klaus[79]

Im August 1968, nur Monate nach den ersten Verhandlungen, lagen aber schon Welten zwischen Klaus Röhl und den APO-Führern, die er dennoch unter der Führung von Ulrike für sich und *konkret* gewinnen wollte. Er selber hatte sich von den APO-Ideen und den APO-Köpfen entfernt, was auch an der Abwesenheit von Dutschke lag, der für ihn der sympathischste und glaubwürdigste der APO-Führer war. Es kam aber noch etwas anderes hinzu: Röhl hatte in den letzten Monaten in der Person des Peter Coulmas in gewisser Weise seinen Meister gefunden. Peter Coulmas, ein bekennender Konservativer, seines Zeichens leitender Rundfunkredakteur beim WDR in Köln, führte in seinem Privathaus in Köln-Marienburg einen der vielleicht bedeutendsten Salons seiner Zeit. Jedenfalls versammelten sich an seinem schwarzen Holztisch, an dem wir später alle so gerne saßen, aßen und mitschwadronierten, herausragende Köpfe aus Politik, Wirtschaft, Gesellschaft und Theater, darunter zwei spätere Bundespräsidenten, Walter Scheel und Johannes Rau.

Coulmas war ein sehr unaufgeregter Mann, der morgens früh wie ein Uhrwerk aufstand und abends früh ins Bett ging, aber er war ein gesellschaftlicher Katalysator. Er pflegte guten Kontakt zu seinen Exfrauen und hielt sich etwas darauf zugute, dass in seinem Haus alles etwas anders war als anderswo. Er gehörte zu den wenigen Konservativen, der vor den Linken nicht einknickte, sondern mit ihnen diskutierte und freundlich über sie lachte. So lachte er auch über Klaus Röhl und Ulrike Meinhof, und über Letztere machte er sich wohl zusätzlich auch Sorgen.

Klaus Röhl bewunderte Peter Coulmas und wurde irgendwie zu einem Anhänger seines liberalen Konservatismus. Hinzu kam natürlich, dass mein Vater durch das Zusammensein mit Danae quasi mit im Hause Coulmas lebte, zumindest an den Wochenenden und im Urlaub und viel später ganz. Peter Coulmas wurde also ein Fixstern für Klaus Röhl.

Für meinen Vater waren die APO und der Sozialismus immer auch eine Herzensangelegenheit, die aber durch den Einfluss von Coulmas immer kleiner wurde. Deswegen ging er wesentliche Schritte auf dem Weg zur Revolutionierung der anderen und seiner selbst nicht mit, und das in einer Zeit, in der Ulrike Meinhof und die APO-Prominenz die Revolutionsspirale gar nicht schnell genug drehen konnten. Klaus Röhl entfernte sich in Lichtgeschwindigkeit von der APO, die der Hauptverkaufsschlager seiner Zeitung war. Keine einfache Situation.

Nach mehrmonatigen Verhandlungen über die Einführung des »Berliner Modells« kam es zu einem Vertrag auf Probe mit den namhaften APO-Führern. Er trat am 1. September 1968 mit der Umstellung auf das 14-tägige Erscheinen des Heftes in Kraft. Die Berliner waren für 19 Seiten in *konkret* zuständig. Aber damit begann bereits das Problem. Klaus Röhl wollte, dass die APO-Führer ihre Artikel unter ihren Namen veröffentlichten. Das APO-Kollektiv wollte die Artikel nun aber namenlos bringen und auch ganz unbekannte Leute für die Berliner Seiten schreiben lassen, alles anonym: das genaue Gegenteil von dem, was Klaus Röhl im Sinn gehabt hatte. Es waren ja gerade die berühmten Namen, die als Zugpferd den Verkauf des Heftes ankurbeln sollten, und das selbstredend mit entsprechend guten Artikeln.

Klaus Röhl wütend:

»Abkassiert wurde in harter D-Mark, geliefert wurden Luftblasen.«[80]

Auch Rudi Dutschke meldet sich bei meinem Vater:

Für Dich Klaus R. R. – Rot Front!
Du bist nicht *konkret*, du bist mit Sicherheit kein Verteidiger des Systems ... Wenn ich auch *konkret* als »Verteidiger des Systems« benenne, so steckt dahinter nur die Einschätzung der verschiedenen Institutionen

innerhalb des Systems. Die Massenmedien (Medien gegen die Massen), unter welcher Leitung auch immer, müssen sich »verkaufen« ... Darum, gerade weil unsere objektive Basis der antiautoritären Sozialisten »fest« geworden ist, müssen wir unseren langen Marsch durch die Institutionen klarer als bisher begreifen. Wir können und müssen – now and then in *konkret*, *Spiegel* usw. schreiben. Zur richtigen Zeit eingreifen und wieder verschwinden. Die Institution der Massenmedien ist erst in der letzten Phase des langen Marsches übernehmbar.... die Institutionen Universität, Schule sind bzw. werden immer klarer aufgebrochen; Fabriken und Büros, ganz zu schweigen von Armee, Polizei, Krankenhäuser, Gefängnis u. a. m. sind noch unterentwickelt gehalten, werden aber auch schon in »Unruhe« versetzt ...
... du warst mir gegenüber immer fair, auf der anderen Seite hast Du oft Deine Finanzbasis uns gegenüber nie freigemacht.... du wirst sicherlich Rechtfertigungsgründe finden... Hier habe ich erst von einem ČSSR-Buch mit dem Text von mir, der von mir aus nur für Prag gedacht war, gehört. Lothar M[enne]. sprach von 4000 DM für mich... Wir müssen unheimlich für neue Sozialisten ausgeben, kannst verstehen, dass ich wenigstens von Kapital *konkret*, nicht von der Person R., mein Geld erwarte.
Rot Front-Rudi[81]

Auch Manfred Bissinger kam nicht zu *konkret*. Er verzichtete auf die Chefredaktion, da er offenbar ein besser bezahltes Angebot vom *stern* erhielt und dort bald der zweite Mann hinter Henri Nannen wurde. Ebenfalls im Gespräch war Neuhauser vom *stern*, den mein Vater aber in letzter Minute ablehnte. Beide, Bissinger und Neuhauser, waren viel später, jeweils für ein paar Jahre, in der Nach-Röhl-Ära Chefredakteure von *konkret*.

Vor dem Sommerurlaub 1968 schreibt Klaus Röhl an uns Kinder:

Liebe Bettina, liebe Regine,
nun will ich Euch aber wenigstens noch ein Briefchen schreiben, weil ich nicht mehr nach Berlin kommen konnte. Wisst ihr auch, warum nicht? Weil man im Flugzeug einen Ausweis haben muss (Mutti kann Euch

sagen, was ein Ausweis ist), und den habe ich verloren. Meine ganze schwarze Aktentasche ist aus dem Auto geklaut worden mit meinen ganzen Sachen drin, Bildern, einem Pullover und eben auch dem Führerschein und dem Ausweis. Und nun muss ich mir erst einen neuen besorgen und konnte nicht mehr zu Euch kommen, aber wenn ihr aus dem Urlaub, aus den Ferien kommt, dann komme ich sofort zu Euch, weil ich ja auch sehen möchte, wie ihr als Schulkinder ausseht, mit dem Schulranzen, und sicher kriegt ihr auch eine Schultüte, oder?
Ja, und später dann, wenn ihr wieder Herbstferien habt, dann kommt ihr beide eine ganze Woche zu Pappi, und Oma und Opa sind dann auch hier. Dann gehen wir den ganzen Tag spazieren und spielen auf dem großen Spielplatz mit dem Pferd, und wenn es regnet, spielen wir Mensch ärgere Dich nicht. Den ganzen Tag. [...] Vergesst bitte nicht, mir ein Kärtchen aus dem Urlaub zu schreiben. Mutti gibt Euch vielleicht eins mit meiner Adresse. Opa und Oma wohnen jetzt gerade hier und lassen Euch schön grüßen und geben jedem ein schönes Küsschen. Viele viele Küsse von Eurem Vati

Die Königin-Luise-Stiftung

Im August 1968 wurden wir in die Grundschule der Königin-Luise-Stiftung, eine Privatschule, eingeschult. Eine Hochburg der Bürgerlichkeit. Jetzt endlich kamen die Kleider, die mein Vater uns geschickt hatte, zum Einsatz. Warum auch immer, meine Mutter hatte eine besonders bürgerliche Schule für uns gewählt. Der Kontrast zwischen den etwas rotgardistischen Umerziehungsaktivitäten, der zunehmenden Verwahrlosung zu Hause und der stolzen Privatschule war jedoch von Anfang an groß.

Schon viele Wochen vor der Einschulung hatte meine Mutter uns erklärt, die Schule sei der schreckliche Anfang, um ein Kind in das System der Gesellschaft einzugliedern, sie sei der Beginn einer jahrzehntelangen Knechtschaft, die erst im Rentenalter wieder aufhöre. Nie mehr, betonte sie, könne ich einfach zu Hause bleiben, und sie könne mich auch nicht mehr, wie im Kindergarten, wieder aus der Schule herausnehmen.

13 lange Jahre Schule kämen jetzt auf mich zu, und es sei nicht leicht, dem grausamen System der Anpassung zu entrinnen. Glücklicherweise habe ich nicht alles verstanden, und ich wollte es auch nicht verstehen. Ich habe mich gefreut, und dies noch besonders, weil ich endlich das tolle Kleid mit dem weißen Kragen anziehen konnte.

Als wir in der Schule ankamen, standen schon viele andere Kinder mit ihren Schultüten vor dem großen Eingangsportal, und alles wäre wunderschön gewesen, wenn meine Mutter mir den ersten Schultag nicht fast verdorben hätte. Sie hatte nämlich erst in letzter Sekunde an die Schultüten gedacht und nur noch eine große, schöne, bunte, glitzernde und eine andere, wesentlich unattraktivere Schultüte aus blauer Pappe bekommen, wobei sie sich dachte, dass Regine die schöne und ich die hässliche kriegen sollte, was mich in dem Moment der Aufregung, Vorfreude und Spannung völlig aus der Fassung brachte. Auf dem Parkplatz der Schule, wo sie uns die Tüten überreichte, begann eine kleine Katastrophe. Ich heulte und schrie, dass ich die schöne, glitzernde Schultüte haben wollte, und war schlicht außer mir, aber natürlich sah ich ein, dass es auch Regine gegenüber ungerecht wäre, ihr die schönere Schultüte wieder wegzunehmen. So viele Gedanken hatte ich mir über meinen ersten Schultag gemacht, so wichtig war es mir, den Start ins Leben mit einer schicken Schultüte zu beginnen. Ich war völlig verzweifelt. Meine Mutter redete auf mich ein, ich solle nicht so egoistisch sein, am nächsten Tag bekäme ich eine neue Schultüte und so weiter, was mich alles nur noch wütender machte, weil ich fand, dass ich die schöne Schultüte verdient hätte, weil sie mir so wichtig war, und ich wollte sie jetzt haben.

In diesem Fall hat schließlich meine stumm danebenstehende Schwester die Situation gerettet, indem sie ganz plötzlich sagte, dass ihr die Schultüte nicht so wichtig sei, und mir die glitzernde Schultüte, die sie schon im Arm gehalten hatte, hinhielt und sagte, sie nehme die andere. Meine Mutter wollte das noch verhindern, aber Regine betonte noch einmal, dass es ihr gar nicht so wichtig sei, und wurde dafür von meiner Mutter, die froh war, dass der Streit damit ein Ende hatte, natürlich gelobt. Unglaublich glücklich nahm ich die schicke Schultüte in den Arm. Ich hatte zwar ein schlechtes Gewissen, aber ich hoffte, dass es meiner Schwester wirklich leichter fiel, diesmal zu verzichten.

Wir bekamen orangefarbene Schulmützen und wurden, als erste Amtshandlung meiner Integrierung ins »System«, ins Klassenzimmer und dort zu unseren Sitzplätzen geführt. Meine Schwester und ich waren die Einzigen, die weder Hefte noch Stifte hervorholen konnten, weil unsere neuen Ranzen leer waren. Knapp eine Stunde später verließen wir die Schule wieder – wobei alle Kinder beim Hinausgehen dem Direktor die Hand gaben und die Mädchen einen Knicks und die Jungs einen Diener machen sollten. Meine Mutter war empört, das sei eben die Macht des Systems. Es war noch August, und so verbrachten wir die ersten Schultage in der Sonne im großen Schulgarten bei kleinen Spielen. Eines der Spiele war, dass wir erzählen sollten, was wir einmal werden wollten. Ein Junge neben mir sagte ziemlich keck: Bankräuber. Darüber war ich empört, wie konnte man nur so was Blödes sagen!

Als ich meiner Mutter die Bankräubergeschichte erzählte, nach dem Motto »Weißt du, wer der doofste Junge in unserer Klasse ist?«, begann eine große Diskussion. Der Junge käme vielleicht aus armen Verhältnissen, ich müsse ihm helfen, in gewissem Sinne habe er vielleicht recht, er müsse natürlich das erbeutete Geld mit anderen teilen usw. Statt dass sie die Sache als Gag von einem kleinen Steppke nahm, kam wieder die Belehrung, die ich schon zur Genüge kannte. Ich dachte: Hätte ich die Geschichte bloß nicht erzählt.

Die Einschulung und die Schule waren schön, die Lehrerin sehr nett, und wir haben uns auch mit den Kindern gut verstanden, aber ich fühlte mich in unseren armseligen Klamotten anfangs ziemlich deplatziert, bis dann die Gewöhnung einsetzte. Ein Problem war der lange Schulweg, der für uns am Anfang nicht leicht zu bewältigen war. Um zur Schule zu kommen, brauchten wir über eine Stunde und mussten mit drei verschiedenen Bussen fahren, also dreimal umsteigen, und dies alles mitten in der Stadt im Hauptberufsverkehr, wo wir beim Buswechseln mehrere große Kreuzungen überqueren mussten. Das alles hatte ich mir beim ersten Mal, als sie uns den Weg zeigte, nicht recht merken können, wobei ich heilfroh war, eine Zwillingsschwester zu haben, mit der ich mich beraten konnte. Jeden Tag brauchten wir passendes Kleingeld, weil meine Mutter versäumte, uns Monatskarten zu kaufen. Das Schlimmste aber war, dass wir fast jeden Morgen zu spät kamen, weil wir morgens nicht geweckt wurden. Wir hatten schnell den Ruf als ewig verspätete und außerdem auch sonst leicht verwahrloste Zwillinge weg. Abgesehen davon, dass wir natürlich sehr oft kein Schulbrot dabeihatten und auch anderweitig nicht schulgerecht ausgestattet waren.

Meine Schwester und ich haben mit unserer Mutter hart um unser Recht auf Versorgung gekämpft und mit Brüllen und Toben gemeinsam so manches errungen, was ich alleine nicht geschafft hätte. Was die Schule anging, hatte ich meine Schwester hundertprozentig auf meiner Seite. Wir haben unsere irrsinnig beschäftigte Mutter nachmittags »gezwungen«, uns Geld für die notwendigen Diktathefte zu geben, Turnzeug zu kaufen, das Busgeld möglichst schon am Abend zurechtzulegen. Den Wecker holten wir vorsichtshalber in unser Kinderzimmer, da wir nicht ewig unter dem Verschlafen der Mutter leiden wollten. Doch sie morgens zu wecken, damit sie uns Frühstück machte, das schafften wir dann meistens doch nicht und kamen wieder zu spät. Viel Zeit ging auch mit der Frage drauf, was wir denn anziehen sollten, wenn bei der Unordnung nicht genügend Klamotten da waren oder ein Strumpf oder ein Schuh in dem Chaos unserer Kinderschränke verschwunden war. Ulrike Meinhof war gnadenlos. Und mit dieser Gnadenlosigkeit und zwei frisch eingeschulten Rotznasen setzte sie gleich durch, dass sie Elternsprecherin wurde und so die staunenden Bürgersleute und vielleicht auch das staunende Lehrpersonal belehren konnte, wie Erziehung geht.

Schnell fühlte ich mich in der Schule wohl, spürte jeden Tag, dass ich mich dort von zu Hause erholen konnte. Die Atmosphäre war angenehm frei, freundlich und unaufgeregt. In den Pausen waren die Kinder wie alle Kinder: Die Jungs sperrten die Mädchen im Klo ein, wir spielten auf dem großzügigen Schulgelände Fangen und tobten uns aus. Wir schlossen Freundschaften, gingen auf Kindergeburtstage, zu denen unsere Mutter uns sogar hinfuhr. Kindergeburtstage seien wichtig. Andere Nachmittagsverabredungen gab es erst mal nicht. Dazu hatte meine Mutter keine Zeit.

Die Rettung

Plötzlich gab es Hilfe. Ein neuer Mann kam in unser Leben und das unserer Mutter, Peter Homann.

Peter Homann: Ulrike und ich haben uns 68 in Hamburg bei einer *konkret*-Sitzung getroffen. [...] Wir stellten fest, dass wir beide in Berlin wohnten und für *konkret* schrieben und beide aus Hamburg stammten, das verband uns irgendwie.[82]

Ich lernte Peter Homann im Spätsommer 68 kennen, als meine Mutter uns zu ihm mitnahm. Wir überquerten mehrere Hinterhöfe, bis wir vor einer Tür standen, klopften und »Peter, Peter, Peter« riefen, bis ein verschlafener, blonder, fröhlicher Mann um die 30 die Tür öffnete und uns drei unter vielen Entschuldigungen in seine Einzimmerwohnung bat. In der Miniwohnküche stapelte sich alles übereinander, Aschenbecher, alte Zeitungen, Wäsche, es war ein wirklich chaotisches Stillleben. Aber der Mann war herzlich, fröhlich und gefiel mir auf Anhieb. Es dauerte nur wenige Wochen, bis Peter fast täglich zu uns kam.

Peter Homann: Das erste Mal, dass ich Euch richtig wahrnahm, war, als ich die erste Nacht bei Deiner Mutter übernachtet habe, ihr tauchtet morgens vor dem Bett auf, in dem ich lag, und habt gebrüllt: »Wir müssen zur Schule, wir müssen zur Schule!!« Ihr habt wirklich geschrien, ich sehe noch den Zornesblick von Regine vor mir. Und ihr hattet total schmuddelige Klamotten an, und ich dachte noch, so kann Ulrike doch ihre Kinder nicht rumlaufen lassen, das geht doch nicht, es war zum Erbarmen, ihr saht total verlottert aus, und ihr wart total in Not, dass keiner Euch in die Schule brachte. Frühstück machen, Euch anziehen und all das machte Eure Mutter sowieso nicht. Ihr wart wie ein Horrorzwillingspaar in diesen dreckigen Klamotten, also so was von verwahrlost... aber so sollten die Kinder der APO ja damals sein. Ich hatte Mitleid mit Euch, ihr habt geschrien, dass ihr es alleine nicht schafft. Ich konnte gar nicht anders als aufstehen und Euch helfen, Euch zur Schule zu fahren. Ihr habt entsetzlich darunter gelitten, zu spät in die Schule zu kommen, und dann mit fünf Jahren quer durch Berlin mit drei Bussen, das war Wahnsinn. Ihr wart doch noch so klein. Aber es hieß ja immer, die Kinder sollten viel selbstständiger sein. Das war eben das Erziehungsprogramm. So habe ich angefangen, das zu übernehmen, Frühstück zu machen, einzukaufen, Euch morgens zur Schule zu fahren oder fertig zu machen.[83]

Nicht nur ein Mal hat Peter uns in einer morgendlichen Blitzaktion mit der Ente durch ganz Berlin zur Schule gefahren und uns davor bewahrt, allzu sehr zu spät zu kommen. Er hatte selber 13 Geschwister. Er konnte mit Kindern umgehen, hatte ein natürliches Verhältnis zu ihnen. Er war nicht so ein Kommunetyp, sondern ein Familienmensch. Mit Peter verbesserte sich die ganze Situation zu Hause erheblich. Er war nicht nur nett und fröhlich mit uns Kindern, spielte mit uns, kaufte ein, kochte, sondern heiterte auch meine Mutter auf.

Peter Homann: Ulrike war damals in einer schwer depressiven Verfassung. Sie versuchte jede Frau, die noch verheiratet war, zu überzeugen, dass sie sich scheiden lassen muss. Ich würde mich heute als Ablösungsfigur aus ihrer Ehe sehen. Von Anfang an haben wir nächtelang geredet. Sie war noch mit ihrer alten Geschichte beschäftigt. Ständig erzählte sie mir, wie grauenerregend der Röhl war. [...] Eines Tages bekam sie raus, dass er in Hamburg eine Wohnung gehabt hatte, für seine Geliebte, das hatte sie nicht gewusst. Da brach sie innerlich zusammen, das Schlimmste war für sie, dass sie es nicht gemerkt hatte. Sie konnte das nicht verkraften. Sie und ich haben dann auch wahnsinnig viel gesoffen in dieser Zeit. Billigen Wein aus 2-Liter-Flaschen jeden Tag. Sie konnte morgens schlicht nicht aufstehen, um Euch zur Schule zu bringen. [...] Im Grunde war sie zu mir gekommen mit der Bitte: hilf mir! Hilf mir mit den Kindern! Ich schaffe es nicht alleine. Das war einer der Hauptgründe, weshalb ich, glaube ich, zu Euch gezogen bin. Ich übernahm zu einem großen Teil die Kinder. Mir machte das auch Spaß.[84]

Peter Homann war, was ich damals nicht wusste, geschieden. Er hatte selber zwei Kinder, die er jedoch nicht sehen konnte. So waren wir für ihn auch Ersatzkinder, und das traf sich wirklich gut, denn wir konnten ihn sehr gut gebrauchen. Letztlich stellte sich ein echtes Glück zwischen Ulrike und Peter nicht ein.

Peter Homann: Ein Liebespaar hat ja auch immer eine freie und schöne Zeit, so ein freies und glückliches Verhältnis hatten Ulrike und ich nie, zu keiner Zeit, so eine Zeit hat es zwischen uns nie gegeben. Leider. Sie war melancholisch, depressiv klingt so klinisch, ich hatte das Gefühl, sie war ein tief unglücklicher Mensch, so tief unglücklich, es war, als wenn sie mit dem Unglück geboren worden war. Ich hatte dazu eine tiefe Zuneigung, ich dachte, ich könnte ihr helfen. Dann hatte sie manchmal so einen aufglucksenden Humor, der selten aus ihr herausbrach, also das war toll, um auch mal etwas Positives zu erzählen, dann kam eine unglaubliche Lebensfreude zum Vorschein, es war dann, als wäre sie verwandelt, so ist auch ihre Wirkung in der Hamburger Society zu erklären. Sie konnte unglaublich charmant und überzeugend sein, also das war toll. Es war sehr selten, aber sie konnte tatsächlich richtig kokett werden, dann war sie umwerfend, also süß. Dazu kam ihre unglaublich einnehmende Stimme, eine tiefe rauchige Stimme, die man bei so einer Analytikerin nicht erwartete, damit kam sie an, man mochte sie einfach.
Sie hatte auch Ängste, dass sie nicht hübsch genug sei, dass sie keine schöne Frau sei. Da war zum Beispiel dieses Apo-Traumpaar, Peter Schneider und Marianne Herzog, die waren unglaublich schön. Obwohl Ulrike gegen alle Normen rebellierte, war sie unglaublich normativ. Sie sagte dann, ich bin hässlich, ich habe nur die Chance, intelligent zu sein. Sie gestand mir, dass sie davon träumte, lange blonde Haare zu haben wie Marianne Herzog oder wie Hildegrad Knef, und erzählte mir, wie sehr sie darunter gelitten hatte, dass Klaus Röhl ihr immer gesagt hatte, sie sei hässlich. Ich fand sie nicht hässlich. Äußerlich hatte sie sich der Apo-Zeit, diesem Apo-Stil angepasst, aber so sahen alle Frauen aus. Es war »in«, arm auszusehen, man durfte nicht mehr elegant sein. Aber ich glaube, dieses Unglück, das sie beherrschte, hatte sie nicht erst seit der Scheidung. [...][85]

Peter Homann brachte einen Stil in unser Leben, der mir meine Mutter etwas erträglicher machte. Vieles, was Ulrike Meinhof und viele andere Köpfe der APO verbissen diskutieren, nahm Peter mit Humor.

Peter Homann: Ich war das siebte von 14 Kindern, mein Vater war Arzt in Finkenwerder. Ich war es also gewöhnt, in einer ganzen Gruppe zu leben, mit Frauen und Männern aufzuwachsen, älteren und jüngeren. Damals machte es sehr viel aus, in welchem Jahrgang man war. Leute, die nur wenige Jahre älter waren als man selbst, hatten durch die Hitlerjugend noch eine ganz andere Sozialisation erfahren. Ich habe auch noch Bombenangriffe erlebt, aber ich war kein Hitlerjunge mehr gewesen, das war ein Riesenunterschied zu meinen älteren Brüdern. Ich gehöre zum sogenannten weißen Jahrgang, die Generation, die nicht zur Bundeswehr musste, wir hatten nach dem Krieg andere Bücher gelesen und wohl auch ein anderes Frauenbild.
Im Haus wohnte eine Tante, die war in den Dreißigerjahren mit einem Juden durchgebrannt, die war Schauspielerin gewesen. Die hat mich mit ihrer Ausdruckskraft sehr beeinflusst, denn sonst lebten wir ja ein eher beschauliches, bürgerliches Leben in Finkenwerder. Ich war natürlich behütet und nicht arm aufgewachsen. Mein Großvater war auch schon Arzt in Finkenwerder gewesen. Trotzdem bin ich mit 16 Jahren das erste Mal abgehauen und habe dann gegen den Willen meines Vaters Kunst studiert, fast alle meine Geschwister haben studiert, aber er konnte uns nicht unterstützen, das wäre bei 14 Kindern echt nicht drin gewesen.
Ich war also ganz geborgen aufgewachsen, wie viele andere auch, die nachher Terroristen wurden, wie zum Beispiel auch Jan-Carl Raspe, der ja ein ganz lieber Sozialer war, wie auch Holger Meins, der auch ein ganz Lieber war, den habe ich auch schon vorher in ganz anderen Zusammenhängen, nämlich an der Filmhochschule in Berlin, kennengelernt und mit ihm mal einen Film zusammen gedreht über Antonio Gramsci, der hatte also mit Politik noch 1968 fast gar nichts am Hut, der war ganz anders drauf.

Ich verkehrte in den späteren Fünfzigerjahren in der »Palette« am Gänsemarkt. Da waren viele französische Deserteure, die hatten einen Horror vor dem Krieg in Algerien. Es war eine tolle wilde Stimmung. Lange vor der Hippiezeit tauchten da die ersten Leute mit langen Haaren auf, die kamen aus Amsterdam. Die waren alle Pazifisten. In der Palette verkehrten damals viele Ausländer, man redete über Sartre und

Philosophie. Ich studierte damals Kunst am Lerchenfeld, es war eine individuell anarchistische Stimmung, die eigentlich ganz unpolitisch war. Hamburg war damals der Schnittpunkt, zwischen Stockholm, Amsterdam, Paris. Tomi van Dam und Janou, ein Zigeuner, waren die ersten Langhaarigen, die ich jemals gesehen habe, die wurden auf der Straße fast gelyncht, so ungeheuerlich war das, wie die aussahen. Es waren keine Kommunisten.[86]

Peter Homann war Anfang der Sechzigerjahre, lange bevor er nach Berlin ging, der erste Straßenmaler Deutschlands gewesen.

Peter Homann: Es war 1963 noch nicht so eine politische Zeit, ich habe gelebt von Jobs und ab und zu auch schon für Zeitungen geschrieben, mein Studium am Lerchenfeld in Hamburg habe ich nicht beendet. Ursprünglich hatte ich ja Maler werden wollen, ich bewunderte die großen Maler, erkannte aber, dass ich nicht ganz so talentiert war. Im Übrigen war ich in Deutschland wirklich der erste Straßenmaler. In Paris und London gab es die schon, nur in Deutschland nicht, so habe ich mir mein Geld verdient, man nannte mich den Meister des Faltenwurfs, ich malte so spätgotische Bilder und habe damals, es war nur einen oder zwei Sommer lang, ein irrsinniges Geld verdient, 300–500 DM am Tag, das war ungeheuer viel, um mich herum stand eine Traube von Menschen, weil die das noch nicht kannten, und ich malte große Bilder auf die Straße. Es sah gut aus, also ich konnte schon ganz gut malen. Stundenlang saß ich da und malte mit Inbrunst, und ab und zu strich ich mir mit meiner Hand voller Kreide und Farbe über die schweissnasse Stirn, sodass ich ganz bunt aussah, so wie es die großen Maler gemacht hatten. Also das war so eine Geste, und ich bekam haufenweise Liebesbriefe, und das Geld klingelte nur so, bis ich mir einen Deux Chevaux kaufen konnte.[87]

Und Peter hatte noch eine tolle Überraschung für uns. Den ersten echten Kinderladen!

Kinderladen – Fantastisch!

Zufällig war es Peters Schwester, eine seiner vielen Schwestern, die Psychotherapeutin Jutta Lack, die gerade dabei war, mit ein paar befreundeten Eltern einen Kinderladen aufzuziehen. Ihr Sohn Sylvius war vier Jahre alt und einer unser besten etwas jüngeren Freunde. Eines Nachmittags fuhr meine Mutter direkt nach der Schule mit uns nach Wilmersdorf in die Babelsberger Straße. Das war ein spannender Tag. Nach der Schule sollten wir künftig in einen Kinderladen gehen, sagte sie, damit wir auch am Nachmittag versorgt wären.

Der Kinderladen befand sich in einer verlassenen alten Bäckerei mit Verkaufsraum, Backstube, Vorratsraum, Keller usw., »Kinderladen« deshalb, weil diese Kindereinrichtungen in Eigeninitiative regelmäßig in aufgegebenen Ladengeschäften, ebenerdig mit Straßenzugang eingerichtet wurden. So auch unserer. In dem großen, dunklen hinteren Raum, wo der riesige Backofen stand, der eine ganze Wand einnahm und vom Boden bis zur Decke ging, hingen drei große Autoreifen an dicken Seilen, auf denen mindestens sechs oder sieben Kinder gleichzeitig schaukelten und wild herumturnten. In einem anderen Zimmer gab es ein Matratzenlager. Wenn man über mehrere übereinandergebaute Tische und Stühle auf den Ofen, der in der Ecke stand, kletterte, konnte man von oben auf die Matratzen hinunterspringen, das machte einen Riesenspaß. Und dann war da noch ein großer Malraum mit vielen Tischen in der Mitte und einer Unmenge von Papier und Wachskreiden und vielen malenden Kindern.

In den Keller kam man über eine selbst gemachte Holzrutsche. Überall tobten Kinder herum, und während meine Mutter noch in der Küche über unseren Eintritt in den Kinderladen verhandelte, hatten Regine und ich alles schon »klargemacht«. Mit größter Freude erfuhren wir dann, dass wir ab jetzt jeden Tag herkommen durften. Etwas anderes wäre auch gar nicht mehr möglich gewesen.

Auch dieser Kinderladen, den am Anfang vielleicht 15 bis 20 Kinder zwischen eins und sieben besuchten, war so organisiert, dass sich die Eltern bei der Aufsicht abwechselten. Neben einer Fachkraft sollten mindestens zwei Eltern zugegen sein. Meine Mutter bekam 2 bis 4 Tage im

Monat zugeteilt, doch sie wollte lieber ein bezahltes Kindermädchen oder Peter schicken, womit sie gegen das großgeschriebene Solidaritätsprinzip verstieß. Das war nicht im Sinne der anderen Eltern.

Dieser Kinderladen, den wir von September 1968 bis Mai 1970 besuchten, wurde für uns zur zweiten Heimat. Ganz besonders freundeten wir uns mit den Amme-Brüdern Jan und Martin an, sie waren 6 und 8 Jahre alt. Wir vier waren die ältesten Kinder in dem Laden und wurden schon deshalb schnell beste Freunde. Süß waren auch die beiden kleinen Amme-Kinder, die rothaarige Julia, die sich sehr selbstbewusst gegen drei Brüder durchsetzte, damals 4 Jahre alt, und der dreijährige Michael, der immer besonders wild von dem Ofen auf das Matratzenlager sprang. Das Engagement der Eltern, die ihre Kinder in diesem Kinderladen begleiteten, war unglaublich.

Anders als es in den berühmt-berüchtigten Kinderladenreportagen (zum Beispiel von Gerhard Bott für den NDR) gezeigt wurde, spielte der neue Trend, die Kinder sexuell zu revolutionieren, bei uns keine Rolle.[88] Insofern war unser Kinderladen fast schon bürgerlich zu nennen.

Angenehm im Kinderladen war die große Freiheit, die man als Kind hatte, denn schon nach kurzer Zeit fühlte man sich wie in einer großen Familie. Dazu kam, dass der Kinderladen finanziell recht gut ausgestattet war, Bastelmaterial, Stifte, Papier gab es in Hülle und Fülle. Wände, hieß es, dürften wir anmalen, was wir mit großer Begeisterung taten. Doch eines Tages wurden die Räume von den Genossen wieder weiß gestrichen. Wir bemalten sie erneut, doch nach ein paar Wochen wurden sie von denselben unermüdlichen Eltern wiederum geweißelt. Was wollten die Erwachsenen denn nun eigentlich? Ich hatte dann gar nicht mehr so große Lust, die Wände anzumalen. Ich fand es viel schöner, Bilder zu machen, die ich zum Beispiel mit nach Hause nehmen konnte. Allerdings traute ich mich nicht, meine Unlust, die Wände anzumalen, auch kundzutun. Ich wollte ja kein »Spießerkind« sein.

Auch kommunistische Praxis wurde in dem Kinderladen geübt. Um uns von unserem Eigentum zu lösen, sollten alle Kinder ihr Fahrrad dem Kinderladen als Kollektivgut zur Verfügung stellen. Ich erinnere mich an die fünfjährige Tanja, die eines Tages heulend mit ihrem nagelneuen ersten Fahrrad, das sie einen Tag zuvor zum Geburtstag bekommen hatte, vor dem Kinderladen stand und es der Allgemeinheit opfern sollte. Ich stand voll auf ihrer Seite und verstand, dass sie das nicht wollte, aber alle Erwachsenen, besonders ihre eigene Mutter, redeten auf das weinende Kind ein. Auch mein blaues Fahrrad war »vergesellschaftet« worden, aber das war ja schon älter, das fand ich nicht so schlimm. Ich achtete darauf, dass ich immer mit »meinem« Fahrrad fahren konnte. Nur wenn es kaputt war, nahm ich gern auch mal ein anderes. Die Fahrräder gingen relativ oft kaputt, was dazu führte, dass einige Papas ständig abends den Fahrradmechaniker gaben.

Ab und zu verirrten sich mal Nachbarskinder zu uns, von uns »Straßenkinder« genannt, weil sie von der Straße in den Laden kamen. Die bestaunten dann unsere großen gewaltigen Autoreifen-Schaukeln. Ein »Straßenjunge« gab damit an, dass er das Lied »Maaa-ma« von Heintje hörte. Das kannten wir zwar nicht, aber wir wussten, dass »Heintje« fast noch schlimmer war als die *Bild*-Zeitung, und überlegten, was wir dazu sagen sollten. Uns wurde, ein bisschen heikel, ganz antiautoritär eingetrichtert, dass wir etwas Besseres wären, weil wir schon ein bisschen auf der Revolutionsleiter nach oben erzogen worden wären. Und deswegen haben wir am Laden vorbeigehende Normalbürger, also die »Spießer«, die sich über den Kinderladen aufregten, ein bisschen angemacht. Im Sommer saßen wir zu sechst oder siebt auf der Fensterbank und sangen den Omis, die wieder mal den Kopf über die »armen Kinder« schüttelten, unser Liedchen hinterher *Meckertante ging spazieren, Meckertante ging spazieren, ging spazieren, kam sie an 'nen Kinderladen* usw. nach der Melodie von »Schornsteinfeger ging spazieren«. Den Rest des Textes dachten wir uns aus. Wir lernten, dass wir keine Rücksicht nehmen sollten.

Für uns gab es nachmittags gelegentlich Visiten auf den allwöchentlichen Großdemonstrationen. Oft samstags. Egal, ob es um Vietnam oder um Fahrpreiserhöhungen ging, Eltern und Kinder marschierten fröhlich-chaotisch mit und trafen sich dort wiederum mit anderen roten Kinderläden, und die Eltern klärten uns stundenlang über Ziel und Zweck der Demo auf. Im Keller baute der Vater der vier Amme-Kinder eine Holzwerkstatt mit allen möglichen Gerätschaften und einer richtigen kleinen Werkbank auf, für die Jungs, wie er sagte. Als die Damen des Elternkollektivs von dieser wunderschönen Werkstatt »für die Jungs«

erfuhren, zeterten sie, natürlich hochpolitisch, hochpädagogisch und immer den Neuen Menschen im Blick, was ihm einfalle, Jungs und Mädchen unterschiedlich zu sehen. Also, die Werkstatt durfte nicht mehr als Jungsraum verkauft werden, was die Jungs nicht dran hinderte, begeistert in die Werkstatt zu gehen, und die Mädchen nicht daran, dem Raum fernzubleiben.

Die Idee kam auf, im Keller auch noch einen Mädchenraum zu gestalten, aber das scheiterte natürlich aus dem nämlichen Grund. Was hätte in dem Mädchenraum gemacht werden sollen? Genäht, gehäkelt, mit Kinderküchen gekocht, mit Puppen gespielt? All das stand ja auf dem Index der APO-bewegten Frauen und Kinderladenideologen. Also wurde der Mädchenraum fallen gelassen.

Kindererziehung wurde eines der beherrschenden Themen dieser Zeit, entsprechend bekamen wir auch noch ein bisschen Politiknachhilfe. Die Menschen, vor denen in den Spießbürgerkindergärten gewarnt wurde, »Mitschnacker«, Kriminelle, Betrunkene usw., seien in Wahrheit arme Teufel und nur Opfer der bösen Gesellschaft, mit denen wir Nachsicht üben sollten. Unsere Feinde seien die Polizei (Bullen), die Spießer, also die normalen Nachbarn und Passanten, Meckertanten, Hausmeister, die Kapitalistenschweine und Bonzen, die lautmalerisch verballhornt »Merde-cedesse« fuhren, und modisch gekleidete Fatzkes. Der Kinderladen wurde mit allen Stärken und Schwächen zu einer sehr schönen Zeit für mich, mit einer kleinen Einschränkung, die mir erst sehr viel später bewusst wurde: Auch hier ließ der Hygienestandard zu wünschen übrig.

In unseren Kinderladen ist Peter Homann bald voll integriert. Nicht nur, dass seine Schwester Jutta eine der Mitbegründerinnen ist, er fühlt sich offenbar auch wohl dort.

Peter Homann: Der Kinderladen, in dem du warst, Bettina, der war eher ein bürgerlicher Kinderladen. Alle, die den machten, waren so na ja linksliberal. Keiner war wirklich revolutionär. [...] Meine Schwester Jutta war ganz bürgerlich, die suchte nur eine andere Art von Erziehung, da gab es viel Schlimmere. Ich war mal bei der Kommune 2 bei solchen Diskussionen dabei, die davon redeten, dass Kinder auch auf dem Esstisch pinkeln sollten, dass sie alle ihre Aggressionen austoben sollten, das war mir damals schon suspekt, ich habe ja 13 Geschwister, ich wusste ja, dass Kinder anders sozialisiert werden müssen. […] Diese Pisspottdiskussionen, die da abstrakt geführt wurden von Erziehern, die auch selbst erzogen werden wollten, machte ich nicht mit, trotzdem war ich bei solchen Sitzungen dabei, da ging es auch darum, dass die Kinder nackt rumlaufen sollten und ihre Sexualität frei ausleben sollten. Aber ich dachte mir, die Kinder leben nicht nur in dem jeweiligen Kinderladen oder in der Kommune, sondern auch in der Gesellschaft, in der Schule, sie sehen, überall sonst ist es anders, wie sollen die denn draußen zurechtkommen? Also ich hatte einen leichten Horror vor diesen Leuten und vor deren Einfluss auf Ulrike. Ulrike war für diese Leute jemand. Sie war ja eine bekannte Journalistin, eine Person des Zeitgeschehens, mit der redeten sie immer ganz anders als mit mir. Also sie sagten immer, auf so was wie Ansehen und gesellschaftliche Stellung komme es nicht an, aber das sah in der Praxis ganz anders aus, da hängten sie sich an Ulrike dran, und Ulrike war fasziniert von den neuen Ideen und saugte das alles in sich auf.

Das Schrecklichste war, dass sie alle Handlungen von Euch vor Euch kommentierte, und das ist doch für Kinder das Schlimmste und Verunsicherndste. Eure Mutter wollte aus Euch gute Revolutionäre machen. Sie sah das alles, die Kinderladenszene und so weiter, als das Experimentierfeld für den neuen Menschen. Von dem neuen Menschen, da redete damals jeder, einem neuen Glück für die Welt. Ihr solltet völlig neu erzogen werden. Wenn ich zum Beispiel vorschlug, doch Weihnachten zu feiern, das fand sie reaktionär.[89]

Die APO-Kneipe

Schon lange vor der APO-Zeit hatte es Homann nach Berlin verschlagen. Als meine Mutter ihn kennenlernte, war er in Hamburg vor allem mit den jüngeren *konkret*-Leuten Stefan Aust und Rolv Heuer befreundet. Durch seine lange Zeit als Teil der APO kannte er sich überall sehr gut aus. Durch ihn bekam Ulrike einen direkteren Anschluss an die Szene in Berlin.

Peter Homann: Ich bin 1962 nach Berlin gekommen, nach dem Mauerbau. Der Grund war eigentlich, dass man in Hamburg keine Wohnung finden konnte, es war unmöglich. In Berlin dagegen standen viele Wohnungen leer, und zwar weil nach dem Bau der Mauer unheimlich viele Familien aus Berlin wegzogen und dadurch in den Bürgervierteln in Dahlem, Wilmersdorf und Charlottenburg richtig große 6-, 7- und 8-Zimmerwohnungen frei wurden, die billig zu kriegen waren. Sogar die Wohnung der Hohenzollernfamilie, eine 16-Zimmerwohnung, war frei geworden. Stattdessen kamen arme Schlucker und Studenten wie ich nach Berlin, wir waren auch angezogen durch die Zitterprämien, Geld für Heirat, Geld dafür, dass man nach Berlin zog. [...]
Es ergab sich ganz von selbst, dass nun viele Menschen in Wohngemeinschaften wohnten, es lag daran, dass die Wohnungen so viele Zimmer hatten. Es gab mit einem Mal Hunderte von Wohngemeinschaften. Dazu kam, dass die Antikmärkte voll waren mit alten Möbeln, die tollsten Stücke, die heute 3000 Mark kosten, bekam man damals wirklich unübertrieben für 10 oder 15 DM, weil so viele Leute ihre Möbel in Berlin gelassen hatten. So hatten wir die Möglichkeit, sehr billig die Wohnungen auch noch einzurichten. Auch die Küchen waren riesig. [...] Wir haben wirklich in Palästen gewohnt und um uns herum die Bäume, Alleen. Im Grunde sind so die ersten Wohngemeinschaften in Berlin entstanden. Die Ideologien kamen erst hinterher. [...] Das Klima in Berlin war, anders als in Westdeutschland, damals noch extrem aggressiv antikommunistisch. Es gab viele dieser alten Leute mit einem faschistischen Geist, alte Frauen mit Regenschirmen, die nach jungen Männern mit langen Haaren schlugen und meckerten. Der Busfahrer ließ einen extra nicht in den Bus einsteigen, der Taxifahrer hatte die Nationalzeitung neben sich liegen. In ganz Berlin war ein Spionagenetz, es war schon eine besondere Stimmung in Berlin. Ich dachte, so kann die Welt nicht aussehen. Drüben in Ostberlin schien mir damals alles besser.

In dieser antikommunistischen Stimmung hat Peter Homann aus Opposition angefangen, sich mit Marxismus zu beschäftigen. In dem Verein unabhängiger Sozialisten, VUS, der Marxismusschulungen durchführte, wurde er zweiter Vorsitzender. Erster Vorsitzender war damals der Rechtsanwalt und spätere Terrorist Horst Mahler.

Peter Homann: Ich traf mich mit einer Gruppe von anderen Interessierten, wir gründeten einen Verein, VUS, Verein unabhängiger Sozialisten, der natürlich kommunistisch unterwandert wurde, sozusagen von achtern geleitet wurde, während an der Spitze möglichst Leute saßen, die offiziell keine Kommunisten waren. Man muss sich das so vorstellen, dass die SPD auf dem Godesberger Programm sich vom Marxismus verabschiedet hat. Viele Linke wollten diesen Kurs nicht mitmachen und wollten Linke bleiben, fühlten sich nicht mehr von der SPD vertreten, weil sie sich noch als Marxisten fühlten. [...] Später haben die Terroristen versucht, auch den Terror vom Marxismus abzuleiten, aber das geht nicht.[90]

Peter Homann fand den schon etwas gesetzteren Horst Mahler spießig:

Mahler war damals so ein linker Sozialdemokratentyp, überhaupt noch nicht terroristisch. Er war gerade Rechtsanwalt geworden und hatte eine Familie mit zwei Kindern. Ich und meine Kumpels, wir waren mehr so das, was man »Bürgerschreck« nannte, wir waren die Verrückten. Wir haben damals schon vom Ficken geredet. Wir waren sehr elitär, das kam noch aus den Künstlerkreisen, wir fühlten uns als Bohemiens. Es war eine Protesthaltung gegen die spießige bürgerliche Moral.[91]

Viele APO-Leute, die Meinhof jetzt erst kennenlernte, waren alte Bekannte von Peter Homann.

Peter Homann: Um es ehrlich zu sagen, ich war das, was man einen Kneipengänger nennt. Ich traf alle meine Freunde in der Kneipe. Also Berlin war damals eine riesige Kneipe, mich kannte jeder, damals war die Kreuzberger Szene noch eine extra Szene, wir waren alle um den Savignyplatz in den Kneipen »dicke Witwe« oder »S-Bahn Quelle«, die war so ähnlich wie die »Palette« in Hamburg, oder das »Cafe am Steinplatz«. Oder dem »Republikanischen Club«, der hieß so, weil man damals eine neue Republik aufbauen wollte, den gab es auch in Hamburg und anderen Städten. Da trafen sich alle.
In Berlin war man unheimlich offen in dieser Zeit. In Hamburg spielte sich das Leben dagegen unheimlich privat ab, in bestimmten Cliquen und

Gesellschaften, in Berlin dagegen war alles öffentlich. Die politischen Leute, die Filmszene, wo ich auch war, man traf alle Kumpels in der Kneipe, wenn man kein Geld hatte, luden einen die anderen ein und umgekehrt, Geld spielte keine Rolle.

»Ja, Bettina«, sagt Homann mit einem stolzen, etwas selbstironischen und dann sehr ernsten Lächeln: »Es war meine ›heroische Epoche‹, die dann gar nicht so heroisch endete.«

In den Kneipen Berlins lernt Homann auch Andreas Baader kennen:

Es gab die ersten Diskotheken. Rockmusik hatte ja noch etwas Widerständisches, kleine dunkle Clubs, mit Blitzlichtern, Musik so laut, wie man es noch nie gekannt hatte, das war völlig neu, dann ging es auch ganz flott mit den Drogen los, Haschisch, LSD, Mescalin, Preludin. Andreas Baader suchte meine Nähe, weil der ja auch aus der Künstlerszene kam. In der Berliner Kneipenszene war er inzwischen allseits bekannt. »Schwule ticken« nannte Baader seine Überfälle auf Homosexuelle und brüstete sich damit in der Berliner Kneipenszene. Mit einer unangenehmen Lache rühmte er sich auch mir gegenüber, dass er zwar schon einige Schwule gefickt habe, sich aber noch nie selber hatte ficken lassen, so was würde er auch nie tun.[92]

Peter Homann ist überzeugt, dass Andreas Baader eine sadistisch-perverse Ader hatte:

Der gab schaurig damit an, dass seine Lieblingszeitung die »Gerichtszeitung« sei, eine Sadomaso-Zeitschrift, in der, unter Vorspiegelung, dass es sich um Geschichten aus dem Gericht handeln würde, die schlimmsten Gräueltaten gezeigt und beschrieben wurden. Baader, der sich als künstlerischer Bohemien sah, war eitel. Er trug gerne gute Jacketts und Seidenhemden. Seine Samthosen nähte er sich selbst und trug sie seiner eigenen Aussage nach ohne Unterhose, damit man seinen Arsch richtig gut darin sehen konnte.

Baader hat da auch mal einen getickt, einen kleinen blutjungen Drogendealer. Heroin gab es am Anfang noch nicht, kam aber ziemlich bald, der hatte so einen Bauchladen und war damit in die Kneipe gekommen. Baader hat den zusammengehauen und ihm den Bauchladen abgenommen. Und dann hat er auch noch einen zweiten dieser Drogendealer zusammengeschlagen. Der hatte Preludin geklaut und sie an Nutten verditscht. Preludin galt als Nuttendroge zum Wachwerden, das waren so die Vorläufer des Drogenhandels. Also mit Baader legte man sich besser nicht an.

Und Peter Homann betont: »Aber, Bettina, ich kannte damals nicht nur Andreas Baader. Ich kannte Hunderte von Menschen. Baader war einer von vielen, die im ›Republikanischen Club‹ saßen.«

Auch Rudi Dutschke lernt Homann in den Kneipen von Berlin kennen:

Rudi Dutschke habe ich früh 1962 kennengelernt, im »Café am Steinplatz«. Er las alles über indianische Kultur und war völlig unpolitisch. Wir trafen uns oft zufällig in diesem Café. Er war gerade aus der DDR abgehauen und interessierte sich wahnsinnig für Indianer. Er holte sich die Bücher aus dem Amerikahaus, wusste dann gut damit Bescheid. Er konnte einen Sioux von einem Apachen unterscheiden. Diejenigen Studenten, die aus der DDR geflüchtet waren, auch Bernd Rabehl gehörte dazu, bildeten einen eigenen Klüngel. Es war die erste Generation, die ausschließlich in der DDR in die Schule gegangen war, die waren schon anders sozialisiert, hatten andere Erfahrungen gemacht.[93]

Peter Homann war einer von denen, die »Aktionen« machten. Als Straßenmaler und Künstler waren diese Aktionen für ihn ein besonderer Spaß, und er dachte sich stets etwas aus. Als Bürgermeister Albertz ein Demonstrationsverbot verhängte, rannte Homann durch alle Kneipen und suchte Leute für seine Aktion. Alle sollten sich ein T-Shirt anziehen mit jeweils einem Buchstaben auf dem Bauch und einem Buchstaben auf dem Rücken. Wenn sie alle nebeneinanderstanden, ergab das auf der Brust das Wort »Albertz«. Und wenn sie sich umdrehten, prangte auf den Rücken das Wort »Abtreten«. Eine, die bei dieser Aktion auf dem Ku'damm Ende 1967 mitmachte, war Gudrun Ensslin.

Bettina Röhl: Was war los, wie kam plötzlich die Revolution in die Köpfe? Wie »politisierten« sich die 68er?
Peter Homann: Warum damals alle Revolutionäre waren, lange Geschichte, können andre besser erklären, wegen den Nazivätern, in der Politik und so weiter, aber hauptsächlich lag etwas in der Luft. Es war eben so eine Mode, überall war man plötzlich revolutionär, vielleicht kam es auch von der anarchistischen Künstlerszene oder auch von der KP – wir machten damals solche Aktionen in bürgerlichen Kneipen, wir rannten da rein und schrien »Es lebe Walter Ulbricht«. Wir machten das, um den Bürger zu erschrecken, wie es die Surrealisten früher gemacht hatten, die hatten im Krieg gegen Deutschland in den Kneipen geschrien »Hoch lebe Deutschland«. Damals war auch die DDR modern. Auch in Italien war eine breite linke Stimmung, da war ich das erste Mal bei Kommunisten, da war das ganz selbstverständlich.

Homann nahm Gudrun Ensslin als eine Art »literarisches Groupie« wahr:

Sie liebte Schriftsteller und zeigte keinerlei Anzeichen einer späteren terroristischen Entwicklung, obwohl sie nicht sanft war. Sie hatte so eine Art, die ich nicht ausstehen konnte, sie machte so christliche Spiele. Zum Beispiel ein Wort aus einem Buch raussuchen und dann den Charakter bestimmen. Später hatte sie dann nur noch die Mao-Bibel in der Hand und gab Mao-Bibelstunden.

Die Brandstifter

Peter Homann: »Die Kaufhausbrandstiftung war auch so ein Streitpunkt zwischen Deiner Mutter und mir. Sie fand es gut, ich war dagegen.«

Ende Oktober besucht Ulrike Meinhof Gudrun Ensslin im Gefängnis in Frankfurt, wo gerade der Prozess gegen die vier Kaufhausbrandstifter läuft. Aber warum möchte Meinhof diese unbedeutende überspannte Person Ensslin interviewen?

Bedeutungslos und überspannt? Gewiss. Bis zum 2. April 1968 war Ensslin eine gemeinhin unbekannte kleine Mitschwimmerin in den Zirkeln der APO-Bewegung, die herumrevolutionierten. Mit einem Streichholz, genauer, mit einer kleinen Brandmaschine hatte sich Ensslin im Feuerschein der von der »Viererbande« Ensslin, Baader, Proll und Söhnlein angezündeten Kaufhäuser in Frankfurt an die Spitze der Studentenbewegung gesetzt. Sie hatte mit ihren drei Kumpanen das bis dahin dickste revolutionäre Ei der APO gelegt und sich im revolutionären Ranking mit nichts als einer Brandstiftung nach oben gezündelt. Die Kommune 1, der SDS und die vielen Köpfe der APO-Bewegung waren inzwischen leicht verblasst.

In den damaligen aufgeladenen Zeiten, in denen die APO-Bewegung jetzt in die Breite und in die Masse ging und die Themen der APO – Kindererziehung, Feminismus, sexuelle Befreiung, Drogen, Proteste an Universitäten, Schulen – alle Schlagzeilen beherrschten, konnte jeder, der ein bisschen auf Protest machte, irgendeine kriminelle Handlung vornehmen und sicher sein, dass sich eine APO-trunkene Gesellschaft darüber hermachte und sofort diesen oder jenen Sinn in die Tat hineininterpretierte. Gewalt war jetzt irgendwie politisch, und »politisch« zu sein war »in«. Und so hatte die APO-Gesellschaft plötzlich zwei neue Stars, die Kaufhausbrandstifter Ensslin und Baader.

Und Ensslin setzte im Prozess noch einen drauf, indem sie nach einigem Zögern die Brandstiftung zugab und als politische Tat verkaufte, mittels derer sie ihrem Protest gegen den Vietnamkrieg und die »Gleichgültigkeit [der Menschen] über den Völkermord in Vietnam« Nachdruck verleihen wollte. Damit war Ensslin plötzlich der Superstar. Und das Ganze wurde auch noch mit den roten Rosen ihres Ex Bernward Vesper, den das Gericht als Persönlichkeitszeugen für Ensslin eine Rede halten ließ, garniert. So tief war die Justiz in Sachen APO-Kriminalität schon gesunken.

Und deshalb besuchte Ulrike Meinhof die Kaufhausbrandstifterin? Man könnte es auch so sehen: Meinhofs Alleinstellungsmerkmal als Frau in der Männerdomäne APO und ihr Alleinstellungsmerkmal in Sachen

Radikalität und brutaler Konsequenz waren durch das Auftauchen der sechs Jahre jüngeren Kaufhausbrandstifterin Ensslin gefährdet. Meinhof, die bereits seit Ende der Fünfzigerjahre von ihren Genossen in Ostberlin als »neue Rosa Luxemburg« und großes kommunistisches Talent gefeiert wurde, hatte sich über zehn Jahre mit kommunistischer Agitation, mit der Chefredaktion von *konkret* Anfang der Sechzigerjahre und einer inzwischen fünfjährigen Kolumnenschreiberei sowie vielen anderen Projekten für Funk und Fernsehen mühsam einen Namen gemacht. Und nun zog auf der APO-Bestenliste plötzlich, wenigstens temporär, eine Gudrun Ensslin mit einem Streichholz und einem kleinen Satz über Vietnam an ihr vorbei. Und Ensslins Anwälte, neun Stück an der Zahl, darunter Horst Mahler und Otto Schily, veranstalteten eine APO-Verteidigung mit Modellcharakter für die politisch motivierte Gewalt in den Jahren danach. Die Kaufhausbrandstiftung sollte als Protest gegen die Nazi-Vergangenheit Deutschlands gelten, sollte gegen die Gleichgültigkeit der autoritären und sexuell verklemmten Eltern aufrütteln und sei gegen den Konsumterror, gegen den Kapitalismus gerichtet gewesen. Gegen alles auf einmal. Und so wurde die Kaufhausbrandlegung von Baader und Ensslin schon damals und erst recht später zu einem Fetisch der APO-Bewegung, was auch die intellektuelle Leere zeigt, die sich seit den Schüssen auf Rudi Dutschke in der Bewegung breitgemacht hatte.

Die Journalistin Meinhof hat das Interview, das sie mit Ensslin dann führte, nicht veröffentlicht, was zu einigen Spekulationen Anlass gab. Der erste Terrorakt von Baader-Ensslin hatte die Schraube der Gewalteskalation ein gutes Stück weitergedreht. Meinhof schrieb ganz auf der APO-Linie, dass die kriminelle Tat per se der eigentliche Gag der Brandstiftung gewesen sei: »Das progressive Moment einer Warenhausbrandstiftung liegt nicht in der Vernichtung der Waren, es liegt in der Kriminalität der Tat, im Gesetzesbruch.«[94]

Und Meinhof singt, ganz auf APO-Linie, das alte Lied vom Kapitalismus, unter dem Schulen, Krankenhäuser, Kindergärten usw. nur in schlechter Form vorhanden seien. Im gelobten China, in der inzwischen nicht mehr so gelobten Sowjetunion oder der kommoden DDR war zu besichtigen, wohin der Sozialismus diesbezüglich führen konnte; die dortigen Mängel negierte sie und schönte die sozialistische Wirklichkeit in krasser

Form, wie es mehr oder weniger die gesamte Protestbewegung tat: »Was es im Kapitalismus gibt, gibt es im Warenhaus. Was es im Warenhaus nicht gibt, gibt es im Kapitalismus nur schlecht, nur unzulänglich, unzureichend; Krankenhäuser, Schulen, Kindergärten, Gesundheitswesen, etc. pp. Immerhin die Vernichtung gesellschaftlich produzierten Reichtums durch Warenhausbrand unterscheidet sich qualitativ nicht von der systematischen Vernichtung gesellschaftlichen Reichtums durch Mode, Verpackung, Werbung, eingebautem Verschleiß. So gesehen, ist Warenhausbrandstiftung keine antikapitalistische Aktion, eher systemerhaltend, konterrevolutionär.«[95] Meinhofs Kolumne ist etwas süß-säuerlich. Sie tadelt die Brandstiftung als »konterrevolutionär«.

Die Kaufhausbrandstifter wurden zu drei Jahren »Zuchthaus« verurteilt.

Kapitalistische Ferien

Ende Oktober 1968 fliegen meine Schwester und ich in unseren ersten Schulferien für eine Woche von Berlin nach Hamburg zu unserem Vater. Über diese Reise – das erste Mal allein im Flugzeug, betreut von einer Stewardess – hatten unsere Eltern in langen Telefonaten miteinander verhandelt, wovon wir nichts wussten. Ich wusste nur, es geht zu »Röhl, dem Schwein«, der jetzt ein »Kapitalist« ist. Und dann empfing uns dieser Kapitalist am Flughafen, schick angezogen, laut und animierend, so kannten wir ihn, entwaffnend und begeisternd.

Er verfrachtete uns in seinen neuen roten Porsche und sagte: »Rot muss ein Porsche sein. Dann macht er Spaß.« Noch vor Kurzem habe er einen blauen Porsche gehabt, aber blau sei nichts, und deswegen habe er den seinem Bruder, Onkel Wolfgang, geschenkt, der ihn dann allerdings schnell in ein Motorrad umgemünzt habe.

Und wenn ihr jetzt die Hände raushaltet, dann heben wir ab. Wrumm!!! So fuhren wir durch die Straßen nach Blankenese, direkt zum Wochenmarkt mit all den Delikatessenständen, wo sich der Kapitalist Röhl schon mit den Marktleuten angefreundet hatte. Er kaufte mit viel Charme und großem Auftritt ordentlich für uns ein. Einen Hasenbraten wollte er für uns machen, frische Schollen und Hammel mit Knoblauch. Der Röhl'sche Standard.

Und dann brausten wir noch in einen benachbarten Feinkostladen, den unser Vater im letzten halben Jahr entdeckt hatte. Da gingen nur ganz reiche Blankeneser hin und kauften Lebensmittel, die man gar nicht braucht! »Was wollt ihr? Vielleicht Marmelade?« Ja, wir wollen Marmelade. »Ja«, sagte er, »aber ihr wollt nicht irgendeine Marmelade, ihr wollt englische Marmelade, aber die kostet nicht eine oder zwei Mark, die kostet das Doppelte!«

Am Ende fuhren wir mit acht oder zehn Sorten Marmelade nach Hause. Die Stimmung, die unser Vater mit seinen zwei Töchtern in dem Laden gemacht hatte, war einfach toll. Die Kunden waren begeistert, die Händler waren begeistert, und meine Schwester und ich waren auch begeistert. War das Kapitalismus? Ich wusste es nicht. Und ich hatte auch »Röhl, das Schwein« vergessen.

Frau Tempel, die wir nun kennenlernten, öffnete uns zu Hause die Tür, eine ältere Dame mit Schürze, die gleich sagte, das sei ihre erste Zigarette heute. Jede der 40 Zigaretten, die sie täglich rauchte, sei ihre erste, sagte Klaus Röhl. Sie besorgte für unseren Vater den Haushalt.

Wir stürmten, als wären wir nicht ein halbes Jahr weg gewesen, sofort in den Garten, trafen wieder die Nachbarskinder Jakob und Peter, mit denen wir so oft gespielt hatten, und fühlten uns wohl.

Unser Vater nahm sich vormittags und abends viel Zeit für uns, am Tag fuhr er in die »Firma«, den *konkret*-Verlag. Wir lernten seinen neuen Tagesablauf kennen. Morgens um elf Uhr servierte ihm Frau Tempel als Erstes eine Schildkrötensuppe im Esszimmer, wo er in einem seidenen Bademantel erschien. Danach gab es Tatar, angemacht mit rohem Eigelb, ein wenig Olivenöl, allerlei Gewürzen, Kapern und mehr. Diesen Vater hatten wir noch nie gesehen.

Wir erhielten, wie wir es schon kannten, Aufklärungsunterricht, wie immer gewürzt mit ein wenig Kapitalismuskritik: Reiche Leute äßen alle morgens so etwas wie Schildkrötensuppe oder Tatar oder Hummer oder Kaviar. Und jeden Tag ein Filetsteak. Mehr als ein Filetsteak könne auch ein Kapitalist wie Klaus Hegewisch, ein Freund meiner Eltern aus Blankenese, gar nicht essen. Das müssten wir unbedingt verstehen. Klaus Hegewisch sammelte Bilder und Kunstwerke im Werte von luxuriösen

Einzelhäusern, teils in der Hamburger Kunsthalle zu besichtigen, und er sammelte entsprechende Ferienhäuser auf der Welt. Das war, wie man sieht, dem Sozialisten/Kapitalisten Klaus Röhl eine verschlossene Dimension.

Dann setzte er sich vor seine obligatorische Höhensonne, die ihn ein Leben lang begleitete. Und dann zeigte Klaus Röhl uns mit seiner Ironie dritten Grades, wie er sich selbst beschrieb, seinen neuen Kleiderschrank, einen Biberpelz und einen Wolfspelz für den Winter, die feinen Lederstiefel von Prange am Jungfernstieg, damals eines der führenden Schuhgeschäfte Deutschlands, und viele schicke Sachen mehr. Er posierte vor dem Spiegel und fragte uns, ob er nicht toll aussehe. Ja, wir fanden ihn toll. Und wir fuhren in seinem weißen Mercedes zum Neuen Wall, genauer gesagt, zu der uralten Institution Ladage & Oelke, wo meine Schwester und ich Dufflecoats, nein, *den* Dufflecoat bekamen, meine Schwester in Hellbraun und ich in Dunkelblau, genauso einen, wie meine Mutter ihn immer in Hellgrau trug.

Ganz leicht, ganz warm, sehr strapazierfähig und very british. »Kleider kaufen wir besser nicht«, sagte unser Vater, »das kommt in Berlin nicht so gut an.«

Es war bewundernswert, mit welcher Nonchalance Klaus Röhl mit seinen ziemlich abgerotzt und erbarmungswürdig angereisten Töchtern durch die Stadt lief. Oma und Opa Röhl, die inzwischen nach Wedel an der westlichen Hamburger Stadtgrenze gezogen waren, die einen Tag zu Besuch kamen, um ihre Enkel wiederzusehen, waren etwas entsetzt über unseren Auftritt. Begeistert waren sie darüber, dass meine Schwester und ich nach sechs Monaten ganz nett und ganz selbstverständlich berlinerten: Det kam juut an!

Ob es nun am Kapitalismus lag oder an der Ironie unseres Vaters, mit der er sich über den Kapitalismus, den er genoss, lustig machte, oder an dem schönen, angenehm verwilderten Garten, in dem wir jeden Tag stundenlang spielten, oder dem schönen Haus, das unser ziemlich unordentlicher Vater im Vergleich zu unserer Berliner Bleibe in einen Top-Zustand versetzt und mit modernen Möbeln ausgestattet hatte, oder ob es einfach an Klaus Röhl lag, was ich vermute: Der kapitalistische Traum verging wie im Fluge.

Als unser Vater uns mit seinem »Firmenwagen«, wie er den Mercedes nannte, zum Flughafen fuhr, fiel mir der Stern auf der Kühlerhaube auf. Und ich dachte, eigentlich sollten wir den von dem »Merde-cedes« ja abbrechen, hatte Mami gesagt.

Und nun fuhren wir, was diesen Stern anbelangte, mit leeren Händen nach Berlin.

Erholt und hoch motiviert kamen wir zurück nach Berlin, doch erst einmal gab es heftige Manöverkritik von unserer Mutter.

Auf unsere Erzählungen reagierte sie aggressiv. In Vietnam sei Krieg, viele Kinder auf der Welt hätten gar nichts zu essen, zehn Sorten Marmelade, das sei Snobismus, Röhl sei ein Kapitalist, ein Angeber. Sie war entsetzt zu hören, dass er jetzt einen roten Porsche fuhr. Ein zweites Auto, das sei überflüssiger Luxus. Ich versuchte, ihr zu erklären, dass das mit den Marmeladen doch nur ein großer Scherz gewesen war. Aber sie blieb verbissen. Sie brachte mich zum Schreien. Ich brüllte sie an, dass ich sie doof fände. Meinen Gefühlsausbruch schob die Psychologin Meinhof unserem Vater in die Schuhe. Das sollte nun endgültig Konsequenzen haben.

Ich staunte nicht schlecht, als ich Ende der Neunzigerjahre in den Besitz der Scheidungsakten meiner Eltern gelangte. Meinhof hatte doch tatsächlich ihre berühmten Anwälte angewiesen durchzusetzen, dass die Besuchsregelung aufgehoben respektive so minimiert wurde, dass meine Schwester und ich unseren Vater de facto nicht mehr sehen sollten/durften. Mit direktem Bezug auf die »kapitalistischen« Ferien schrieb sie ein Jahr später an ihre Anwälte:

Sie waren außerdem in ihren Herbstferien zehn Tage in Hamburg. Ich hatte für diesen Ferienbesuch zur Bedingung gemacht, dass die Großmutter – seine Mutter – da sein würde [...] das war auch mit seiner Mutter so besprochen und vereinbart. Tatsächlich ist sie dann aber nur wenige Tage da gewesen, sie kam später als besprochen und fuhr auch eher wieder weg. Es wurde ihr wohl zu viel, auch meine Schwiegereltern waren mit meinen Erziehungsmethoden nicht einverstanden, verlangten mehr wohlerzogene als lebhafte, mehr gehorsame als fantasievolle, mehr artige als selbstständige Kinder. In ihrer Abwesenheit war eine Aufwartefrau für die Kinder da. Klaus Röhl selbst sagte mir, er sei doch kein Kindermädchen, dazu sei er nicht da, mit den Kindern zu spielen.

Nach all diesen Besuchen waren die Kinder immer sehr verwirrt, heulten viel, zankten sich mehr als sonst, Bettinas Schulschwierigkeiten, die sie anfangs hatte – die Kinder wurden im Herbst 68 im Luisenstift (Grundschule) eingeschult –, die ich schon für gelöst gehalten hatte, brachen wieder auf. [...][96]

Auch ihren Schwiegereltern gegenüber wird Meinhofs Verhalten problematisch. Wer war sie denn, dass sie eine Besuchsbedingung bezüglich der Anwesenheit meiner Oma gestellt haben könnte? Meine Großeltern waren sicher Kinder ihrer Zeit, aber sie waren in keiner Weise so spießbürgerlich verstockt, wie Meinhof sie ihrem Anwalt gegenüber darstellt. Auch die drei Söhne und die Tochter meiner Großeltern, vorneweg mein Vater, aber auch mein Onkel Wolfgang, sind nicht das Produkt einer rein spießbürgerlichen Erziehung. Auch der Königin-Luise-Stiftung tut Meinhof hemmungslos unrecht. In den Wochen zwischen der Einschulung am 23. August und dem 27. Oktober 1968 hat die Schule einen motivierenden und sehr spielerischen Schuleinstieg zelebriert, mit kleinen Wissensinseln und viel Spaß und viel Sich-Kennenlernen. Dass Meinhof in diesen zwei Monaten bei ihrer Tochter Bettina »Schulschwierigkeiten« behauptet, hat keinen realistischen Bezug zu dem tatsächlichen Geschehen, und es hat auch keinen Bezug zu den Zeugnissen. Die »Schulschwierigkeiten« waren Meinhofs eigene extreme Schwierigkeiten, uns pünktlich und gut ausgestattet zur Schule zu bringen. Und genau das Problem, ihr Mutterproblem, das »Kinderproblem«, ging nach den Herbstferien trotz Homann, trotz Kinderladen, trotz Kindermädchen sofort weiter.

Resümee des Jahres 1968

Zwischen den Jahren schreibt Meinhof an ihre alten Freunde, die Gelbhaars aus Weilburg, über ihr Jahr 1968:

Mein Jahr 68 war ganz schön schwer. Jetzt finden wir langsam unsern Tritt, die Wohnung stimmt, jedes Kind hat ein eigenes Zimmer für sich, was ihnen sehr wohl tut. Sie neigen dazu, alles gleich haben zu wollen, alles gleich machen zu wollen, sich zu vergleichen. Jetzt habe ich ihnen gesagt, wir sind weder die Polizei noch Soldaten, wir machen jeder verschiedene Sachen, jeder muss tun, was er selbst will, selbst wissen, was geht und was nicht, oder das lernen. Wer Wind sät – wenn ich Pech habe, beschimpfen sie mich in Kürze, sie dürften nie, was sie wollten, nur ich täte, was ich will. Und dann sage ich ihnen, alles Scheiße, aber wir leben nicht im Sozialismus.
Dann malen sie Demonstrationen, die am Kapitalismus vorbeikommen. Dann kommt die Polizei, viele werden eingesperrt. Und wer soll die aus dem Gefängnis befreien? »Na du – wer denn sonst!«
In den Herbstferien waren sie bei ihrem Pappi in Hamburg und haben Terror gemacht. Da standen 6 Marmeladen auf dem Tisch, »alle zu 6 Mark« – und dann ist meine Schwiegermutter fast in Ohnmacht gefallen, weil sie erklärten, sechs genügten nicht, unter acht fingen sie nicht an zu essen. Ich habe denen gesagt, wenn ihr nichts anderes anzubieten habt als Marmeladen, dürft ihr euch nicht wundern – wenn ihr Konsumterror macht, dürft ihr euch nicht wundern, wenn die Kinder auch Konsumterror machen.[97]

Alles, was Meinhof hier über unsere Ferien in Hamburg schreibt, ist ihre Fantasie, die auf der Grundlage meiner Erzählungen ins Kraut schoss. Wir haben unsere Ferien in Hamburg genossen und keinen »Terror gemacht«, wir haben unseren Genuss nicht durch »Terror« erzwungen. Aber von den englischen Marmeladen war sie offenbar beeindruckt.

Aus dem Überschwang des Wiedersehens mit unserem Vater nach so langer Zeit war ganz zufällig eine kleine ganz nette Marmeladengeschichte geworden. Die Stimmung auftauen und Spaß zu dritt haben – darum ging es. Aus dieser Geschichte eine Kapitalismusnummer, eine Konsumterror-Nummer zu machen und überhaupt das Wort »Terror« in den Mund zu nehmen, das war schon ziemlich aberwitzig.

Weiter schrieb sie an die Gelbhaars über ihr Filmprojekt »Bambule«, zu dem sie im Sommer 1968 das Drehbuch geschrieben hatte:

Ich habe ein Fernsehspiel geschrieben, das wird im Mai gedreht und im Herbst gesendet. Aber die Prostituierten und Fürsorgezöglinge, die darin vorkommen und denen ich es vorlas, waren sehr glücklich darüber, fühlten sich verstanden und geliebt. Tom Toelle macht die Regie. Hofft mal mit, dass es nicht durch die Produktion versaut wird. Die Mädchen sagen mit Recht, kein Schauspieler weiß, wie es wirklich ist, sie müssten es selbst spielen. Aber wahrscheinlich können sie sich nicht selbst spielen, dann muss man schon Dokumentarfilm machen, und der Dokumentarfilm wiederum kann nur zeigen, wie es wirklich ist, nicht aber, wie man das ändern kann. Probleme ...[98]

Meinhof hat den Auftrag zu diesem Drehbuch schon im Sommer beim SWR in Baden-Baden akquiriert und ist in Dieter Waldmann, dem Leiter für Fernsehspiel und Film des SWR, auf einen besonders entgegenkommenden Auftraggeber gestoßen. Es ist für Meinhof ein lukrativer Auftrag, und es wird ihr erstes und einziges Filmprojekt. Sie hat in einem Berliner Heim, im Eichenhof, einige Jugendliche kennengelernt und möchte, dass dort auch gedreht wird. Man merkt, dass sie über das Drehbuch hinaus sich auch in die Realisierung des Films einmischen will.

An Waldmann schrieb sie am 20. 12. 1968:

Lieber Herr Waldmann, hier endlich das MS. Zu treuen Händen. [...] Bei Irene ist noch wichtig, dass sie mit einem ungeheuren Wuschelkopf – verkorkste Dauerwelle – anfängt [...] die Ortsbeschreibungen sind spärlich. Wozu soll ich sie beschreiben, wenn sie ja zu besichtigen sind. Wenn wir im Eichenhof am Ende doch nicht drehen dürfen, kann alles ziemlich mühelos auf die Ollenhauerstraße verlegt werden. [...] Laien denke ich mir als Statisten. Im Übrigen bin ich für Schauspieler. Dies ist einfach kein Dokumentarfilmdrehbuch. Wenn Sie einen besseren Titel als »Bambule« wissen, interessiert mich das. Ich hatte auch an »Bambule« gedacht [...] Wenn Geld – dann bitte erst im nächsten Jahr, wegen der Steuer [...] Fröhliche Weihnachten [...]
Ihre Ulrike Marie Meinhof

Kurz vor Weihnachten will Klaus Röhl in seiner gern gepflegten Nostalgie, dass wir mit unserer Mutter nach Hamburg kommen und als »Familie« feiern. Klaus Röhl ist immer ein Weihnachtsmensch gewesen, mit Tannenbaum, Weihnachtsschmuck, Kerzen und Wunderkerzen, Singen, Essen und seinen Eltern. Unsere Mutter hatte zum Weihnachtsfest nicht die gleiche Beziehung. Und mit uns nach Hamburg zu fahren kam für sie nicht in Betracht. Weil wir nicht kamen, feierte Klaus Röhl Weihnachten in der Kölner Coulmas-Familie.

Bei uns war der 24. Dezember ein Tag wie jeder andere, es gab ohne weihnachtliches Brimborium ein paar Geschenke, und als Höhepunkt machte unsere Mutter mit uns gemeinsam eine Pizza, was damals noch relativ exotisch war. Wir bekamen ganz viel Legosteine und eine orangefarbene Carrerabahn. Ich bekam eine schwarzhäutige Puppe, die damals eine Bezeichnung hatte, die heute nicht mehr korrekt ist.

Kurz vor Silvester 68 besuchte uns unser Vater in Berlin. Als Überraschungsgeschenk brachte er uns einen kleinen Kater mit, den er in einem Wäschekorb im Flugzeug transportiert hatte und der fortan als Mitbewohner bei uns blieb. Unsere Mutter war *not amused.*

Neuer Vertrag für die Starkolumnistin

Nachdem Klaus Röhl mit dem Angebot an seine Ex, wieder Chefredakteurin zu werden, im September 68 gescheitert war, versucht er es Ende des Jahres auf eine modifizierte Art noch einmal. Er will etwas mehr Honorar zahlen und Ulrike Meinhof intensiver in die Redaktion einbinden, sie also auch gelegentlich nach Hamburg holen. Meinhof schlägt ein: Sie soll ab Januar 69 für die Dauer von zwei Jahren bei größtmöglicher Freiheit mindestens 15 Kolumnen oder nach eigenem Gusto so viele Artikel, wie sie will, schreiben und erhält dafür 1000 DM pro Text und ein zusätzliches Fixum von ebenfalls 1000 DM monatlich für Redaktionsarbeit. Viel Geld, fast keine Verpflichtung. Inhalt und Gestaltung der Kolumne sind ihr völlig freigestellt. Aber auch dieser einfache Vertrag kam nicht zustande, ohne dass Meinhof ihren Anwalt bemühte.

18. 12. 1968
Lieber Klaus,
für das Sonderhonorar bedanke ich mich. Es ist erfreulicherweise auf meinem Konto schon eingegangen. Dagegen sind die Reisekosten für Frankfurt (Ensslin/Baader) noch nicht eingegangen.
Den Vertragsentwurf habe ich bekommen. Ich habe Kurt Groenewold gebeten, die Verhandlungen darüber mit Euch zu führen. Da Du gestern Abend aus allen Wolken fielst, als ich sagte, dass ich damit nicht einverstanden bin, und Aust kurzerhand fand, ich spinne, möchte ich die Verhandlungen durch die Vermittlungen von Groenewold versachlichen. Durch gegenseitige Diffamierung kommen wir kaum zu einem Kompromiss. Ich bin in Eile.
Schöne Grüße
Ulrike[99]

Ihrem Anwalt Groenewold schreibt Ulrike Meinhof, dass sie es geradezu »kriminell« fände, wenn sie Veröffentlichungen in Konkurrenzblättern mit dem *konkret*-Verlag abstimmen müsste. Rechtsanwalt Groenewold soll durchsetzen, dass sie sich unter jeder Kolumne, die sie bei *konkret* veröffentlicht, ausdrücklich von dem sonstigen Inhalt der Zeitschrift distanzieren darf. Unter jedem ihrer Artikel sollte zum Beispiel stehen: »Die Autorin legt Wert darauf festzustellen, dass sie mit dem redaktionellen Teil der Zeitung weitgehend nicht übereinstimmt.«

An Groenewold schreibt sie:

Der Antagonismus zwischen deren und meinen Vorstellungen ist der, dass der Verlag mich mit Haut und Haaren kaufen will und wenn er in Schwierigkeiten ist, mich wie eine heiße Kartoffel fallen lassen will. [...] Da es insgesamt um eine Honorarerhöhung geht (ich bekomme zurzeit 1250,- pro Artikel), bin ich an einer raschen Regelung interessiert. Unverzichtbar ist für mich: Keine Option auf Bücher, ungehinderte Mitarbeit bei anderen Zeitungen und Zeitschriften, der Distanzierungspassus. [...] Zu seiner Durchsetzung bin ich bereit zu streiken.[100]

Tatsächlich spielt Meinhof ein doppeltes Spiel. Nachdem ihr Versuch, *konkret* gemeinsam mit Dutschke, Semler, Nirumand, Enzensberger, Gäng, Siepmann usw. teilweise zu einem APO-Blatt in eigener Regie zu machen, nach einer katastrophalen Probenummer kläglich gescheitert war, will sie *konkret* jetzt mit einer Geheimaktion unterwandern, Klaus Röhl entmachten und die Zeitschrift übernehmen. Das klingt für heutige Ohren lachhaft, fast unglaubwürdig. Deswegen muss hier die Zeit, in der wir uns befinden, auferstehen, der historische Kontext dargestellt werden. 1969 führten subversive und offene Protestaktionen innerhalb der Redaktionen vieler Zeitschriften und Zeitungen zu teils erheblichen Zugeständnissen der Kapitalseite an die Mitarbeiterseite und speziell an die Redakteure.[101]

Am 1. April 1969 gab sich die *Koblenzer Rheinzeitung* als erste deutsche Zeitung ein Redaktionsstatut, das einer gewählten Redakteursvertretung Mitspracherechte einräumte. Am 19. Mai 1969 erzwang eine Gruppe von Redakteuren im *Stern* ähnliche Konzessionen. Henri Nannen hielt dem Druck der Redaktion nicht stand und knickte ein. Es ging sogar so weit, dass ein gewählter Redaktionsbeirat ein Vetorecht bei der Besetzung der Chefposten bekam. Und im *Spiegel*, damals das deutsche Leitmedium schlechthin, begann im April 1969 die Teilenteignung Augsteins, die 1972 zur Gründung der Mitarbeiter-KG führte, die heute 51 % der Geschäftsanteile hält. In einer Redaktionskonferenz lagen plötzlich Flugblätter auf dem Tisch, von 6 anonym bleibenden *Spiegel*-Redakteuren, die sich »Aktionsgruppe kritischer Redakteure« nannte. Dort stand:

> Der *Spiegel* schreibt über Mitbestimmung, aber er verhindert, dass Mitbestimmung im ›Spiegel‹ praktiziert wird. Eine bürokratische Hierarchie macht jeden selbstständigen Impuls und jede Diskussion unmöglich. Der Zynismus kapitalistischer Produktionsweisen entmündigt den Redakteur in diesem System widerstandslos zum Automaten […] Das System Spiegel ist ein System der Gewalt. […][102]

Noch im April schreiben die anonymen *Spiegel*-Rebellen in *konkret* einen Artikel über das »System Spiegel«, mit dem sie Augstein weiter einheizen. Sie schreiben über das gerade neu bezogene Spiegelhochhaus an der Brandstwiete:

Die delikaten Farbarrangements, die das Haus nach dem letzten (und doch nur vorletzten) Schrei garnieren, umhüllen dieses Gewaltsystem wie Zuckerguss einen Granitkuchen. Psychodelisches Kunstgewerbe bewirkt gerade nicht Emanzipation, sondern Aktivierung der Arbeitskraft, Gehorsam gegenüber dem unablässigen Produktionsappell und freudige Übereinstimmung mit den Befehlsinstanzen.[103]

Augstein war geschockt. Kurze Zeit später das zweite Flugblatt, und ein drittes folgt wenig später. Trotz seiner Bemühungen findet Augstein nicht heraus, welche Redakteure aus dem eigenen Haus die Verfasser sind. Diesmal bügelt er das Aufbegehren noch ab: Mit Leuten, die sich nicht offen bekennen, spreche er nicht. Die Kämpfe im *Spiegel* eskalieren weiter. Auch in vielen anderen Zeitungen und Verlagen findet die sogenannte innere Demokratisierung, der Aufbau der inneren Pressefreiheit in diesen Tagen und Jahren statt. Der *Spiegel*, dieses »Sturmgeschütz der Demokratie«[104], war im Inneren tatsächlich eine Schreckensherrschaft von oben. Jahrelang forderte der *Spiegel* Mitbestimmung in der Wirtschaft, die es im eigenen Haus nicht gab, und Augstein unterstützte die »Enteignet-Springer-Kampagnen« finanziell, was auch eine Methode ist, einem Konkurrenten zu schaden: Da mag im Hause Springer Schadenfreude aufgekommen sein, jetzt zu sehen, wie der aus der Flasche gelassene Zeitgeist über die Medienbranche kam. In dieser Zeit herrschte in Deutschland eben die am Anfang beschriebene Vollbeschäftigung. Die Werbeeinnahmen explodierten, der Markt drängte nach Expansion, und es fehlten Schreiber und Journalisten an allen Ecken und Enden. Heute gibt es ein journalistisches Prekariat, was damals undenkbar war. Die Schreiber hatten eine Marktmacht, die ihnen bis dato gar nicht bewusst gewesen war, und ein entsprechend großes Selbstbewusstsein. Und die Chefredakteure, so auch Klaus Röhl, suchten händeringend die guten Leute an sich zu binden und neue zu finden.

Die Kulturrevolution in China, ob es den Protestierern bewusst war oder nicht, tobte sich jetzt, nachdem die Anti-Springer-Kampagnen durch waren, auch in vielen anderen Zeitungen und Verlagen in Deutschland aus. Die Protestbewegungen im Westen kopierten auf erschütternde Weise ihr chinesisches Vorbild, wenn auch die Revolte hier im

Wohlstand und in der Demokratie ein völlig anderes Erscheinungsbild hatte. Überall ging es um die Entmachtung der Autoritäten, um die Enteignung der Inhaber und um die Übernahme der Medien durch APO-Kollektive, APO-nahe Journalisten. Auch wenn das Maximalziel nicht so einfach zu erreichen war, in den Zeitungshäusern und -verlagen war es eine Zeit des Zitterns vor teils auch gewalttätigen oder bedrohlichen Protestaktionen, auch wenn es zu solchen »freiwilligen« Entäußerungen von Geschäftsanteilen wie beim *Spiegel* nicht so häufig kam.

Auch das weltberühmte Institut für Sozialforschung in Frankfurt, in dem die einstigen Koryphäen, die Götter der APO, Theodor Adorno, Max Horkheimer und auch Ludwig Marcuse wirkten, wurde im April 1969 gestürmt und kulturrevolutionär vorgeführt. Linke holen bei derlei Streitigkeiten nie die Polizei, das ist verpönt, ein regelrechtes Sakrileg. Aber als »seine« Studenten das Frankfurter Institut, seine »heilige Bude«, stürmten, ließ Adorno es doch mithilfe der Polizei räumen. Das wurde sein »Todesurteil«. Adorno starb 1971 vergrämt und verbittert, so wie es die Kulturrevolution verlangte.

In der Geschichtsschreibung ist hängen geblieben, dass der Springer-Verlag der Bösewicht war. Dass die APO-Protestler plötzlich fast alle Medien und auch zunehmend die linken Medien wie zum Beispiel *konkret* oder den in Berlin erscheinenden, von der Stasi subventionierten *Extradienst* unterminieren wollten, weil sie diese für »reaktionär«, »konterrevolutionär« oder »kapitalistisch« erachteten, ist in Vergessenheit geraten.

Gemäß diesem Zeitgeist wollte Meinhof mit ihrer Truppe von ausgewählten »Linken«, gemeint waren APO-nahe Leute, *konkret* subversiv von innen heraus übernehmen. Ihr erster Coup bestand Anfang 1969 darin, ihrem Exmann seinen wichtigsten Mitarbeiter Stefan Aust, der nicht der wichtigste Schreiber, aber der wichtigste Organisator und Macher war, zu vergraulen. Klaus Röhl dazu später in seiner Biografie:

Kaum war der Artikel erschienen, teilte mir Aust, unser Chef vom Dienst, unser Geschäftsführender Redakteur, Hansdampf in allen Gassen, [...] unentbehrlicher Vertreter eines nur auf Lesbarkeit bedachten Illustriertenkurses, mit, er wolle nicht mehr. [...] Ulrike hatte mit ihm diskutiert, vier Tage lang. Am Ende war er überzeugt: Er hätte, für fast 3500 DM, nur das Interesse seines Unternehmers »verinnerlicht«, er hätte nur »Scheiße gebaut« und sei nun »kaputt«.[105]

Aust und ich saßen 2005 zum Interview im 11. Stock des *Spiegel*-Gebäudes in seinem Chefredakteursbüro. Auf meine Frage, wie das damals war, warum er aufgehört habe, bekam ich keine eindeutige Antwort: Ja, er habe tatsächlich aufgehört, er wollte damals vielleicht mal nach Amerika gehen, er habe damals schon seit drei Jahren für *konkret* gearbeitet. Aber er sagte auch: »Bettina, wenn dein Vater mir damals eine Beteiligung am Verlag angeboten hätte, wärest du heute eine reiche Erbin. Klaus Rainer Röhl hat einen Fehler gemacht, mich gehen zu lassen.«

Meinhof brachte, so war der gemeinsame Plan, mehrere neue Mitarbeiter zu *konkret*, die sich ganz offiziell und unauffällig bewarben, unter ihnen Peter Homann und der Schülervertreter der APO, Reinhard Kahl, die der ahnungslose Röhl beide als Volontäre (»Volontärskollektiv«) einstellte, zunächst auf Probe. Mein Vater wusste zu diesem Zeitpunkt nicht, dass Homann unser neuer »Stiefvater« war. Die neuen Mitarbeiter und meine Mutter hatten vor, die bereits etablierten Redakteure Peter Rühmkorf und Röhls Bruder Wolfgang sowie Röhls Geschäftsführer Klaus Steffens zu verdrängen und die Zeitung irgendwie an sich zu reißen. Es war eine Art Verschwörung.

Klaus Rainer Röhl: Am Wannsee in Berlin wurde dieser Plan geschmiedet in einem wegen des Winters leeren Strandcafé. Teilnehmer an dieser »Wannseekonferenz« waren außer Ulrike Gaston Salvatore und vermutlich auch Uwe Nettelbeck. Was auf dieser Konferenz beschlossen wurde, sollte mir für immer verborgen bleiben, und nach menschlicher Voraussicht hätte ich es nie erfahren können. [...] Leider waren auf jener Wannseesitzung noch zwei Beobachter anwesend, mit denen niemand gerechnet hatte [...], meine Zwillingstöchter Regine und Bettina. Sie konnten nicht jedes Wort verstehen, wohl aber den Sinn des Besprochenen erfassen. Sie brachten das Ergebnis der Konferenz beim nächsten Telefonanruf unaufgefordert auf die Kurzformel: Mutti will machen, dass Uwe Nettelbeck und die anderen dir nicht mehr gehorchen.[106]

Die Verträge waren allerdings schon unterschrieben. Ulrike Meinhof schreibt kurze Zeit später über ihre Übernahmepläne von *konkret* zusammen mit ihren Mitstreitern einen Text in der APO-Zeitschrift *Rote Pressekorrespondenz* mit dem Titel »Zur Situation von *konkret*«:

Die Zeitschrift *konkret* befindet sich seit Jahren in dem objektiven Widerspruch zwischen ihrer Geschichte und ihrer in den letzten fünf Jahren gewonnenen Marktstellung. [...] Durch das 14-tägige Erscheinen war notwendigerweise die Zahl der Mitarbeiter größer, die Redaktion vergrößert worden. Die Redakteure Jürgen Beier und Wolfgang Röhl wurden eingestellt, beide sind aus dem sogenannten Volontärs-Kollektiv hervorgegangen. Ihre von Röhl anerkannte Schreibbegabung, ihr Schreib-Ideal zielt auf *Spiegel*-Stil, sie liefern verkäufliche Schreibe, mit der außerparlamentarischen Opposition haben sie nichts zu tun.
Im Dezember 1968 und Januar 1969 wurden dann als Redakteure auf Probezeit die Genossen Reinhard Kahl, der in der Schülerbewegung gearbeitet hatte, und Peter Homann aus Berlin eingestellt. Mit Reinhard Kahl und Peter Homann konnte man erstmals seit 1964 wieder Genossen in der Redaktion *konkret* antreffen, die nicht an der Verkäuflichkeit, sondern auch an der Instrumentalisierung der Zeitung als Forum für linke Agitation interessiert waren. Seitdem erschienen, erstmalig seit Jahren, wieder redaktionelle linke Beiträge in der Zeitung, stützte sich das Links-Image der Zeitung nicht mehr nur auf linke Prominenz. [...]
In dieser Zeit hat eine Gruppe von linken Mitarbeitern der Zeitung im Januar 69 angefangen, sich zu organisieren. Zu ihr gehörten Lothar Menne, Karl Heinz Roth, Jürgen Holtkamp, Peter Homann, Reinhard Kahl, Ulrike Meinhof. [...] Der Plan war, durch Koordination der Linken untereinander die Zeitung zu verbessern. Unsere redaktionelle Arbeit, die erst in einem längeren Prozess der Zusammenarbeit sich zur Gegenredaktion hätte entwickeln können, sollte junge Genossen einschließen, denen dadurch die Möglichkeit zur Selbstausbildung geschaffen werden sollte, um sie dem autoritären Lehrer-Schüler-Verhältnis, das Röhl erfahrungsgemäß nicht nur mit jungen Schreibern praktiziert, zu entziehen. [...] Unsere Aktivität, die sofort in den nächsten Heften der Zeitung in Erscheinung trat, die dazu geführt hat, dass es sich schon jetzt weithin herumgesprochen

hat, dass *konkret* wesentlich verbessert wurde, wurde von Röhl verbal begrüßt, praktisch stieß sie auf seinen und mit ihm seines Bruders Wolfgang Röhl erbitterten Widerstand. Sie fanden sich bereit, gute Beiträge abzudrucken, nicht aber ohne ihre Letzt-Entscheidungsrechte aufgeben zu wollen, auch weiterhin jeden Beitrag rauszuwerfen, anzufordern, umzuschreiben. [...] Wir machten Konferenzen, die Sekretärinnen, Redaktionsassistentinnen, Layouterinnen einschlossen. Es war klar, dass diese lieber mit uns als mit den Autoritäten in der Redaktion zusammenarbeiten würden, dass eine Fülle von Produktivität und Aktivität bei ihnen freigemacht werden könnte, wenn es gelänge, sie von dem autoritären Druck, der in der Redaktion herrschte, zu befreien.[107]

Der Filmkritiker Uwe Nettelbeck, der gerade bei der *ZEIT* rausgeflogen war, wo er sich mit Theo Sommer angelegt hatte, stellte sich – mit Ulrike Meinhof abgesprochen – bei Röhl vor, erwähnte aber mit keinem Wort, dass er Ulrike Meinhof kannte. Er wurde ebenfalls fest angestellt. APO- und Medien-Urgestein Lothar Menne, der sich jetzt bei *konkret* bewarb und vom arglosen Röhl als Auslandsreporter eingestellt wurde, gehörte ebenfalls zur Truppe. Der frühere *konkret*-Mitarbeiter Jürgen Holtkamp, 1961 gemeinsam mit seiner Frau Lilli Holtkamp Trauzeuge der Eheleute Röhl/Meinhof und wie diese früher KPD-Mitglied, kam für Meinhof erneut als Schreiber zu *konkret*, blieb aber in Bremen. Auch der damalige SDS-Mann, spätere Arzt, Historiker und gelegentlich im Untergrund tätige Karl Heinz Roth zählte zu Meinhofs Leuten.

Klaus Röhl hatte kurz zuvor seinen besten Freund, den Lyriker Peter Rühmkorf, der schon früher für ihn gearbeitet hatte, zurückgeholt und ahnte nicht, dass außer diesem alle neuen Mitarbeiter nach seinem Sturz trachteten.

Meinhof versus Röhl: der »Kolumnismus«-Streit

Noch in Berlin, während seines Besuches bei uns, gibt Ulrike Meinhof meinem damals noch ahnungslosen Vater ihre Kolumne für das erste Januarheft 1969 unter der Überschrift »Kolumnismus«. Diese soll mit einem neuen Autorenfoto mit offenen langen Haaren in einem neuen Layout erscheinen: Neuer Vertrag, neuer Auftritt. Der Text selbst ist allerdings eine vertragsverletzende Zumutung. Er beschäftigt sich ausschließlich mit der Wichtigkeit ihrer Kolumne und mit der Wichtigkeit der Kolumnisten, alles in eigener Sache, ohne Mehrwert für eine politische Zeitung. Klaus Röhl druckt den Text trotzdem:

Kolumnisten haben Entlastungsfunktionen: Sie dürfen schreiben, wie und was sie wollen. So wird der Eindruck erweckt, in dieser Zeitung dürfe geschrieben werden, wie und was die Schreiber wollen. [...] Sie werden relativ gut bezahlt, ihre Namen werden fett gedruckt. Kolumnen sind Luxusartikel, Kolumnisten sind Stars, in ihrer Badewanne sind sie Kapitän. [...]
Die Kehrseite der Kolumnistenfreiheit ist die Unfreiheit der Redaktion. Da müssen Artikel »durchgeschrieben« sein, müssen verkäuflich sein, müssen Leserbedürfnisse platt befriedigt werden. [...] Da wird auf Termin gearbeitet: in einer Woche ein Kommuneartikel, von heute auf morgen über die Gerichtsverfahren, die in Teheran anstehen, [...] Mao-Zitate für Sexfotos montiert, ein paar Worte mit Biermann gewechselt. [...]
Davon kein Wort, dass der Kolumnist der beste Untertan des Verlegers ist, der Geld bringt, Prestige und regelmäßig so tut, als könnte man alle Themen der Welt auf immer der gleichen Länge abhandeln und pünktlich und überhaupt. Kolumnisten sind die Neger im State Department, die Frauen in der Bundesregierung, Feigenblatt, Alibi, Ausrede. [...] Wie, wenn diese Zeitung sich tatsächlich einmal zur Diskussion stellte, der landauf, landab grassierenden Kritik ihre Spalten öffnete, unredigiert und unängstlich. Opportunismus ist, wenn man die Verhältnisse, die man theoretisch zu bekämpfen vorgibt, praktisch nur reproduziert; wenn man gegen Redaktionsdemokratie und APO-Kontrolle die Gesetze des Marktes d.h. des Profits ausspielt; wenn man die antiautoritäre Position in die autoritäre Form der Kolumne verdrängt. Konkret ist weniger eine linke Zeitung als eine opportunistische Zeitung.[108]

Klaus Röhl antwortet mit einer eigenen Kolumne in derselben Ausgabe:

Liebe *konkret*-Leser! Ulrike Marie Meinhof ist die ständige Kolumnistin von *konkret*. [...] Oft distanzieren sich Zeitschriften von ihren Kolumnisten mit kleinen Vorspännen, wie Herr X. sagt hier seine unabhängige Meinung. [...] Wir distanzieren uns von Ulrike Meinhof nicht. Kolumnisten sind, wie Ulrike fast widerwillig bemerkt, unabhängig. Ihre Artikel werden nicht redigiert. Darum haben sie auch ein Recht, unredigiert zu irren [...]. Ich finde das Beispiel »von heute auf morgen einen Artikel über die Gerichtsverfahren, die in Teheran anstehen« schlecht gewählt. Als die drei persischen Studenten von heute auf morgen in die Reaktion kamen, um in letzter Minute etwas für ihre Landsleute zu tun (bei *Spiegel* und *stern* waren sie schon vergeblich gewesen), war es Sonntagabend. Montag sollte gedruckt werden. [...] Da haben wir schnell mal eben den Artikel aus der schon fertigen Form genommen, haben, verdammt, es musste alles so schnell gehen, einen Artikel über die Todesurteile in Teheran geschrieben. [...] Wir bekennen freimütig: Das Heft muss pünktlich erscheinen, es muss gut umbrochen sein, verständlich und interessant geschrieben sein. [...] Denn wo soll sonst das Geld herkommen für die Verbreiterung der Redaktion, den Aufbau eines Archivs, die Fotokopiergeräte und Tonbänder, die Flugreisen und Lizenzen für Cohn-Bendit-Abdrucke. [...] Konkrete Utopie ist eines, und Realitätstüchtigkeit ein anderes. Wir leben sicher nicht in der besten aller denkbaren Welten, und *konkret* ist nicht die beste denkbare Zeitschrift der APO. *konkret* ist nur die einzige Zeitschrift der APO. [...] Wir müssen unsere Anstrengungen verdoppeln. Ulrikes Kritik wird uns dabei helfen. Und ihre Kolumnen, die weiter in *konkret* erscheinen. Wo auch sonst?[109]

Die Gegenredaktion

Meinhofs »Gegenredaktion«, andernorts auch »Kontrastredaktion« genannt, werkelt nächtelang und ist erst mal im Rausch. Ihr Ziel ist es, Röhl zu entmachten, das Blatt zu übernehmen. Übrigens ist die Praxis der »Gegenredaktion« ein typisches kulturrevolutionäres Element der chinesischen Ur-Variante. Dort gab es zu jener Zeit in allen Redaktionen, Theatern, Institutionen, Vereinen immer Gegen-Veranstaltungen der Roten Garden zu den herrschenden Autoritäten. Die sogenannten Rotgardisten übernahmen dann die Führung und vertrieben die bisherigen Autoritäten, bis sie bald flächendeckend in China die Macht an sich brachten.

Klaus Röhl schreibt dazu:

Seltsame Dinge geschahen in diesen Tagen. Artikel, die ich angenommen hatte, waren plötzlich aus irgendwelchen Gründen nicht gesetzt worden oder gar verloren gegangen. Andere Artikel waren über Nacht oder Wochenende auf rätselhafte Weise ins Heft genommen worden. [...] Es herrschte die totale Anarchie, oder besser gesagt, ein Partisanenkampf mit den Redaktionsräumen als revolutionäres Objekt: Tags amtierten die Redakteure und ich, nachts herrschte eine ominöse »Gegenredaktion« unter Führung von Ulrike, die plötzlich häufiger nach Hamburg kam, um die ›emanzipatorischen‹ Bestrebungen persönlich zu leiten. Langsam begannen sich die Redaktionsräume mit völlig wildfremden Menschen zu füllen. Kahl erklärte mir, das seien Schüler aus seinem Verband, die hier wichtige (unheimlich wichtige) Arbeit machen müssten. [...] Nach kurzer Zeit erklärten die neuen, meist blutjungen Leute, sie seien Mitarbeiter von *konkret*, traten auch nach außen hin als solche auf, empfingen ihrerseits neue Besucher und verlangten Sitz und Stimme in der Redaktionsversammlung. Ich traf z. B. eines Tages in meinen Räumen einen jungen Mann, der behauptete, *konkret*-Redakteur zu sein. Meinen Einwand, dass ich ihn gar nicht eingestellt habe, fand er »bürgerlich«.[110]

Ulrike Meinhof schreibt in diesen Wochen ihrem Rechtsanwalt Groenewold über den Versuch, *konkret* zu übernehmen:

5. Februar 1969
Zu *konkret*: Ich werde dort intensiv weiterarbeiten. Wir haben angefangen, die linken Autoren zu organisieren, wir wollen die Zeitung gewissermaßen im Sturm nehmen, einfach, indem die Linken kooperieren, arbeiten, die besseren Artikel schreiben, besser diskutieren, mehr Ideen

haben. Ein dolles Projekt – ich gebe es zu, aber es ist auch schon angelaufen, und ich denke, es gelingt. Röhl lassen wir aus dem Spiel, er soll erst kapieren, was los ist, wenn er es nicht mehr verhindern kann, wenn er gleichzeitig begreifen kann, dass das, was wir machen, auch einfach besser ist, als was er macht. Wir wollen weder die Zeitung noch die Auflage gefährden, wir wollen nur eine gute Zeitung für uns draus machen. [...] Sieh mal zu, ob und wie Du verhandelst. Bürgerlich gesehen ist das Ziel unserer Arbeit, dass Röhl mir die schon x-mal angetragene Chefredaktion übergibt. Die will ich aber auf keinen Fall haben – wir wollen keine bürgerliche Hierarchie reproduzieren. Ich bin auch dagegen, es auch nur rein formal zu tun – immerhin aber sollte Steffens bei den Vertragsverhandlungen begreifen, dass bei mir wie bei den anderen ein chefredaktioneller Fleiß eingesetzt hat und dass er mir das nicht erschweren soll durch Knauserigkeit. Ich habe nicht nur einen Haushalt zu ernähren, sondern möchte auch irgendwann mal Urlaub machen.[111]

Die Medien beginnen über Meinhofs Gegenredaktion zu berichten, sowohl *Capital* als auch der *Spiegel* greifen den Fall auf: Otto Köhler, der früher selber für *konkret* geschrieben hatte und später noch einmal zu *konkret* gehen wird, nachdem er zu den Redakteuren gehörte, die gegen Rudolf Augstein mobilmachten, ist recht früh informiert:

Er schreibt im *Spiegel* am 17. Februar 1969 unter der Überschrift »ENTEIGNET EXTRA-DIENST – ENTMACHTET RÖHL!«

[...] Nicht enteignet, aber immerhin entmachtet werden soll auch der Eigentümer einer anderen linken Zeitschrift: Klaus Rainer Röhl, Herausgeber des Polit-Sex-Magazins »konkret«. Ulrike Marie Meinhof, seit langen Jahren politische Kolumnistin, die dem Blatt das linke Publikum sichert, hat Röhl den Kampf angesagt. [...] Erster Erfolg: Stefan Aust, der als geschäftsführender Redakteur mit straffer Hand die Redaktion des antiautoritären Blattes regierte, ist »in aller Freundschaft« gegangen. Und Herausgeber Röhl, der einsame Entschlüsse liebt, sieht sich immer stärker mit dem Widerstand der von Ulrike Meinhof aufgemunterten Redakteure konfrontiert. [...][112]

Obwohl es inzwischen die Spatzen von den Dächern pfeifen und die Situation für Röhl immer brenzliger wird – immerhin geht es um seine Enteignung –, fährt unser Vater im Februar seelenruhig mit Danae in den Urlaub. Als er nach Hamburg zurückkehrt, ist die Kriminalpolizei in seinem Haus in Blankenese. Jugendliche aus dem Märkischen Viertel in Berlin, über die *konkret* vor einiger Zeit berichtet hatte, waren in die Redaktion nach Hamburg gefahren, um noch ein zweites Honorar zu kassieren. Die Gegenredaktion hatte die Jugendlichen, wohl wissend, dass Klaus Röhl im Urlaub war, nach Blankenese geschickt, wo sie sich ihren Honorarnachschlag beim Verleger selber holen sollten. Und das taten die dann auf ihre Weise: Sie brachen in das Haus ein und machten es sich auf ihre Art für ein paar Tage gemütlich. Eingetretene Türen und Fenster, leere Flaschen und Aschenbecher auf den Teppichen, Schallplatten in der ganzen Wohnung und eine in ihre Einzelteile zerlegte Geige, ganz Kulturrevolution auch hier. Es war die Geige unserer Mutter, die sie in Hamburg zurückgelassen hatte. Nachbarn hatten irgendwann die Polizei geholt wegen des auffälligen Treibens im Hause Röhl. Der auch an der Gegenredaktion beteiligte Karl Heinz Roth erzählte mir in einem Interview im Jahr 2000, dass es bei der Gegenredaktion nie um Gewalt, sondern nur um die heimliche Übernahme der Zeitschrift gegangen sei, die von irgendeinem Zeitpunkt an nicht mehr rückgängig zu machen sein sollte.

Im zweiten Februarheft 1969, der ersten Ausgabe unter Meinhofs gegenredaktioneller Verantwortung, brachte *konkret* ein farbiges Mao-Klappbild mit der großen Überschrift KULTURREVOLUTION und dem Mao-Spruch: »Die bürgerlich-akademischen Autoritäten muss man kritisieren. Im himmlischen Palast muss Unordnung gemacht werden. Mao Tse-tung.« Dazu ein euphorischer Leitartikel über die Roten Garden in China.[113] Die Gegenredaktion nimmt das kulturrevolutionäre China als leuchtendes Beispiel dafür, was eine Revolution zu leisten vermöge: Völkermord in China ist besser als westliche Demokratie in der Bundesrepublik? Das ist die Konsequenz dessen, was die Meinhof'sche Gegenredaktion in *konkret* veröffentlicht. Solcherlei Verdrehungen von Realität und Moral gibt es aus dem Protestlager oder den Nachfolgelagern bis heute. Da reicht es nicht, dass Einzelne vierzig oder fünfzig Jahre später leise vor sich hinmurmeln, wir haben uns damals ein bisschen geirrt, da muss schon das ganze Protestlager den Kotau abliefern, um der Realität die ihr gebührende Ehre zu erweisen und natürlich auch den unzähligen ermordeten Chinesen in den Laogai-Lagern der Volksrepublik China.

Nun versuchte Klaus Röhl, seine Redaktion mittels einer Hauskonferenz in den Griff zu bekommen:

Ende März versuche ich den Stier bei den Hörnern zu packen. Ich berufe eine Redaktionskonferenz ein. [...] Ich möchte dem unhaltbaren Zustand der Gegenredaktion ein Ende machen. Auch Ulrike ist geladen, um sie zu einer offenen Aussprache zu zwingen. Doch die Redaktionskonferenz wird, wie viele Versammlungen in jener Zeit, ›umfunktioniert‹ zu einem Sit-in außerredaktioneller Kräfte. [...] Zum ersten Mal erlebe ich, was dieses Wort, das ich so oft habe drucken lassen, in der Praxis bedeutet: Ersetzen der konventionellen Regeln durch Willkür. Ich sah, dass zwei Drittel der Anwesenden, die plötzlich in die Redaktionsräume strömten, wildfremde Leute waren. Ich sagte, hier hätten nur Redakteure Stimmrecht. Da schrien einige: Wieso? Wer sagt das? Das kannst du doch nicht einfach anordnen! Darüber wollen wir erst mal diskutieren. Darüber stimmen wir ab! [...] Es gab hitzige Debatten, die fast ausschließlich zwischen Ulrike und mir geführt wurden. [...] Auf dem Höhepunkt des Abends erschienen mehrere schon sichtlich von Pot und Alkohol beschickerte »linke« Frauen (darunter Astrid Proll), die sich auf die Rednertische setzten, »Scheiße« schrien oder »Raus kleiner Röhl« oder einfach nur johlten oder gnickerten. [...][114]

Unter diesem Druck ließ sich mein Vater auf einen Kompromiss ein und stimmte einem Dreierdirektorium als Chefredaktion, bestehend aus Uwe Nettelbeck, ihm selbst und Peter Rühmkorf, zu. Ulrike Meinhof und ihr APO-Kollektiv hatten damit einen vorübergehenden Teilsieg errungen. Doch das reichte Meinhof nicht. Sie provozierte weiter. Meinhofs Egomanie, gepaart mit ihrer ideologischen Konsequenz bis zum bitteren Ende, machte sie eben auch sehr stark und verlieh ihrem Tun enorme Wirkung. Diese Stärke hat sie auf der Basis falscher Prämissen für Ziele wie eine mörderische Kulturrevolution auch hierzulande eingesetzt, immer auf der Seite des absolut Guten, mit einer bornierten, erschütternden Gewissheit, was richtig und falsch ist.

Als meine Mutter Ende März 69 statt ihrer Kolumne ein Kraut-und Rüben-Papier anonymer Berliner SDS-Genossen abliefert, das sie anstelle eines eigenen Textes auf ihrem Kolumnenplatz veröffentlichen will, ist das Ende der vertraglichen Vereinbarung vom Jahresbeginn besiegelt.[115]

Jetzt wird es Klaus Röhl zu bunt. Er will, wie er es gern ausdrückt, ein verkäufliches Heft, und das bedeutet eine durchgeschriebene Kolumne von Ulrike und kein anonymes SDS-Papier. Er empfindet ihr Handeln als Vertragsbruch und lehnt den Text ab. Uwe Nettelbeck, die Meinhof-Personalie, jetzt stellvertretender Chefredakteur, verspricht meiner Mutter, den Text doch noch ins Heft zu heben, und gibt das Stück dem letzten Kurier zur Druckerei mit. Als Klaus Röhl das erfährt, schreibt er nächtens einen eigenen Text als Ersatz, mit dem er, noch bevor die Rotationsmaschinen anlaufen, bei der Druckerei erscheint. Das SDS-Papier von Meinhof nimmt er raus. Weiterer Streit ist auf die lange Bank geschoben, da Ulrike Meinhof Ende März im festen Glauben, dass der Text so, wie er war, erscheint, in den Urlaub fährt und auch die nächsten drei Wochen nicht mitbekommt, dass Röhl »sie reingelegt hat«, wie sie es später propagiert.

Ein Urlaubsversuch

Wir hatten uns schon lange auf unseren Osterurlaub gefreut. Drei Wochen Osterferien in Italien mit Mami und Peter Homann. Während der letzten drei Monate war unsere Mutter wegen der geplanten Redaktionsübernahme oft in Hamburg gewesen, Peter Homann dito, wir hatten diese Zeit also mit den von ihr organisierten wechselnden Bezugspersonen verbracht, überwiegend mit Sabine Zurmühl und einer neuen Freundin, der Schauspielerin Barbara Morawiecz, die jetzt häufiger auf uns aufpasste.

Jetzt sollte es richtig schön werden. Erst fuhren wir nach Baden-Baden, wo unsere Mutter gern mit ihrem Kontaktmann Waldmann über den Film »Bambule« plauderte, für den sie das Drehbuch geschrieben hatte. Von Baden-Baden nach Italien, das war mit vier Leuten in unserem blauen R4 und viel Gepäck lustig. Am Steuer blühte unsere Mutter ohnehin immer auf. Beschwerlich wurde es dennoch, denn von Baden-Baden an die Riviera, irgendwo zwischen Ronchi und Carrara, das war damals noch ein weiter Weg.

Peter und wir spielten zu dritt viel am Strand, und in dem kleinen Küstenörtchen waren wir häufig unterwegs. Da Peter recht gut Gebrauchsitalienisch konnte, hatten wir auch Kontakte zu anderen Touristen oder Einheimischen. Spaghetti, Pizza, Eis am Strand, eine typische Familienidylle, bestehend aus drei blonden fröhlichen Menschen und einer düsteren und düster angezogenen Mutter, die auffiel und uns, wenn sie auftauchte, die Laune verdarb. Sie rauchte Kette, einziger Gesprächsstoff waren Belehrungen aus der APO-Kiste, oder sie beredete mit Peter, was sie gemeinsam in der *konkret*-Redaktion erlebt hatten. Und oft schwieg sie, geistig abwesend. Die Starjournalistin Ulrike Meinhof, die mit ihren arbeitsmarktuntypischen Aktivitäten immer noch sehr viel Geld verdiente, fand keinen Zugang zum Urlaub. Peter schlug, wahrscheinlich um die Stimmung aufzuheitern, ununterbrochen irgendetwas Schönes vor, was sie meist mit Gereiztheit quittierte. Gelegentlich mündete ihre Unzufriedenheit in regelrechten Zornesausbrüchen.

Peter Homann: Einmal hattet ihr Kinder am Strand einen kleinen Sheriffstern gefunden, der von so einer Kinderausrüstung für kleine Jungs stammte, den habt ihr mir zum Scherz ans T-Shirt geheftet, und dann haben wir ein bisschen Wilder Westen gespielt. Ich der Sheriff und ihr beide die Banditen, und ich habe euch gejagt, um euch festzunehmen. Das hatte uns viel Spaß gemacht, das war mal eine Abwechslung, nicht immer nur Sandburgen und irgendwelche Formen, sondern ein wildes Spiel. Eure Mutter hatte sich für eine Weile hingelegt. Doch dann kam sie aus ihrem Schlafzimmer heraus und sah, was wir da machten. Sie beschimpfte mich, ich wolle den Sheriffstern in der Familie tragen, ich wolle die Macht über sie. Sie schrie, ich solle sofort den Stern wegwerfen und nicht solche faschistischen Spiele mit den Kindern spielen. Sie heulte und weinte und beschuldigte mich, dass ich auch ein Faschist und ein Macho sei. Dies war einer der Momente, wo ich Ulrike nicht mehr verstanden habe. Es war irrational. Ich war unschuldig, es war ein harmloses Spiel mit euch Kindern, das uns dreien Spaß gemacht hatte. Das war eigentlich schon der Beginn des Bruches zwischen Ulrike und mir.[116]

Wer im Dauer-Revolutionsmodus ist, der empfindet Tourismus und Touristen offenbar als reine Provokation. Ein Sommerkleid kaufen, sich mit Sonnencreme beschäftigen, mit den Kellnern lachen, andere Touristen kennenlernen, als Berufsrevolutionär geht das eben alles nicht. Die Fröhlichkeit der Menschen um uns herum, die alle wie ferngesteuert, eindimensional, konterrevolutionär und wer weiß was waren, die nur glücklich sein konnten, weil sie nicht wussten, dass sie in Wahrheit mit ihrer Arbeit, mit ihrer Beziehung, mit ihrem Leben unglücklich waren, so stelle ich mir die damaligen düsteren Gedanken meiner Mutter heute vor. Und natürlich mag es auch einen gewissen Neid auf die Leichtigkeit des Urlaubslebens der anderen gegeben haben. Und die Trauer um das verlorene Glück mit meinem Vater. Peter und meine Mutter stritten sich ab und zu aufs hässlichste.

Auf der Rückfahrt passierten wir einen der vielen Steinbrüche in der Gegend. Peter schlug spontan vor, da kraxeln wir rauf und gucken uns das an. Unsere Mutter willigte schließlich ein. Oben hatten wir eine tolle Aussicht auf lauter interessante Dinge, die uns erklärt wurden. Marmorbrocken, so weit das Auge reichte. Das war das erste Mal, dass unsere Mutter in diesem Urlaub lächelte und lachte, und sie suchte sich einen schönen Stein.

Schon Renate Riemeck hatte immer gerne Steine gesammelt. Ulrike nahm sich einen dicken Marmorbrocken und sagte fröhlich, dass sie den jetzt mit nach Hause nehmen würde, als Briefbeschwerer oder so oder um ihn dem blöden Röhl an den Kopf zu werfen. Das war aber nicht ernst gemeint, und so hatte sie sich wohl doch etwas erholt.

Peter Homann: Trotzdem gab es auch Zeiten, wo wir viel Spaß hatten mit euch Kindern jenseits von aller Ideologie, dann konnte auch Ulrike mal fröhlich sein, aber es stellte sich heraus, im Grunde war ich der falsche Mann. Aber da war bereits etwas mit euch Kindern entstanden, aus diesem Grund haben wir uns nicht getrennt, es ging gar nicht mehr, ich konnte da gar nicht mehr weg, ihr brauchtet mich, ich war fest in den Tagesablauf eingefügt.[117]

Der Eklat

Kaum aus dem Urlaub zurück, kommt es zum Eklat zwischen Ulrike Meinhof und *konkret*, dessen Inhaber Klaus Rainer Röhl rein rechtlich immer noch ist. Meinhof realisiert, dass das SDS-Papier nicht auf ihrem Kolumnenplatz abgedruckt wurde, dass es gar nicht erschienen ist. Wütend versucht sie, einen anderen, ebenfalls vor dem Urlaub abgegebenen Artikel des SDS, »Revolutionäre Disziplin«, für die folgende Nummer zurückzuziehen. Als ihr dies nicht gelingt, da der Text schon gesetzt ist, kündigt sie fristlos, ob juristisch wirksam, darum kümmert sie sich nicht. In geschriebener Form brüllt sie in der *Frankfurter Rundschau*, die ihr das Forum gibt, ihren Stress mit Klaus Röhl heraus:

Ich will durch meine Mitarbeit nichts verschleiern. Ich habe meine Mitarbeit an der Zeitung *konkret* eingestellt. Ich war in zehnjähriger Mitarbeit in dieser Zeitung Redakteurin, Chefredakteurin, Kolumnistin. Ich ging 1959 zu *konkret*, weil ich die Mitarbeit an dieser Zeitung für eine Möglichkeit von politischer Arbeit hielt. Ich habe von 1964 bis 1969 dort regelmäßig politische Kommentare geschrieben, weil ich dort schreiben konnte, was ich für richtig hielt, als einer Möglichkeit von politischer Agitation. Ich stelle meine Mitarbeit jetzt ein, weil das Blatt im Begriff ist, ein Instrument der Konterrevolution zu werden, was ich durch meine Mitarbeit nicht verschleiern will, was zu verhindern im Augenblick nicht möglich ist. [...] Ich gebe den Kampf um die Zeitung auf, um folgender Gefahr vorzubeugen, dass wir durch unsere Arbeit das Linksimage der Zeitung aufpolieren. [...] Was Röhl schon jetzt in seinen Artikeln, was Röhl und Nettelbeck in der Redaktion gegen die Genossen betreiben, werden sie in Kürze offen und öffentlich tun. Mit einer Auflage, der wir dann nichts entgegenzusetzen haben werden als unsere Verzweiflung und unser Entsetzen über den Gebrauch des Instrumentes, das wir aufgebaut haben.[118]

Immer wieder offenbart Meinhof, was sie vom Journalismus hält. Sie sieht ihn als Agitationsplattform. Guter Journalismus ist für sie und auch für die APO, wie sie sich öfter einlässt, kommunistische, maoistische oder revolutionäre Agitation, und damit drückt sie frank und frei aus, was 50 Jahre lang für viele journalistische Beiträge aus dem APO-Lager und dem seiner Nachfolger gilt. Linker Journalismus darf ganz selbstverständlich, weil er schließlich der guten Sache dient, Agitation sein. Meinhof geht noch einen Schritt weiter, er *muss* Agitation sein, sonst ist er überflüssiger konterrevolutionärer Konsum-Journalismus, *Spiegel*-Schreibe, also Mist.

Natürlich sorgt ihr Austritt aus der Zeitung in Journalistenkreisen für Aufsehen. *Spiegel* und *ZEIT* kommentieren ihren Abgang. Die sich mit Röhl solidarisierende *konkret*-Redaktion und der mit Meinhof verbündete SDS in Berlin, dessen Papier nicht abgedruckt wurde, bilden den bunten Hintergrund des kleinen Dramas.

Der Vertrag, den mein Vater erst vier Monate zuvor mit seiner Exfrau ausgehandelt hatte, war geplatzt. Meinhof hatte eine sichere Einnahmequelle verloren und einen sicheren Veröffentlichungsort mit großen Privilegien mit Füßen getreten. Zum Vergleich: *Spiegel*-Redakteure mussten noch Jahre darum kämpfen, ihre Artikel unter ihrem eigenen Namen veröffentlichen zu dürfen. Meinhof schmeißt den Job, mit dem sie sich ihren Namen erschrieben hat, hin.

Die Nachlese beschreiben Meinhof und ihre Gegenredaktionskollegen in einem der unzähligen maoistischen Sektiererblättchen, hier in der »Rote Presse Korrespondenz«. Vor allem werfen sie Nettelbeck vor, der Gegenredaktion, der er selber angehörte, in den Rücken gefallen zu sein, seitdem er zum Stellvertretenden Chefredakteur ernannt worden war:

Mit seinem Eintritt in die Redaktion wurden alle von uns in den redaktionellen Entscheidungsprozess einbezogenen Genossen – Mitarbeiter und Angestellte von *konkret* – von diesen Entscheidungsprozessen wieder ausgeschlossen. [...]
Durch den Eintritt von Uwe Nettelbeck in die Redaktion sind die organisatorischen Voraussetzungen für eine langfristige Benutzung dieser

Zeitung gegen Röhl zerschlagen worden. Nachdem der Versuch der Genossen Nirumand, Enzensberger, Semler, Salvatore, Dutschke im Frühjahr 1968, Röhl mit den prominentesten Namen der Bewegung zur Zusammenarbeit zu zwingen, gescheitert ist, ist nun auch der zweite Versuch, diesmal der linken Redakteure und Autoren der Zeitung, die Zusammenarbeit zu erzwingen, gescheitert.

Und sie drohen:

Ein dritter Versuch, wenn er nicht nur die schon gemachten Erfahrungen bestätigen und Misserfolge wiederholen soll, müsste auf einer anderen Ebene, mit anderen Mitteln unternommen werden.

Unterschrieben ist der Text mit den Namen der gescheiterten Gegenredaktion:

Ulrike Marie Meinhof, Peter Homann, Reinhard Kahl, Jürgen Holtkamp, Karl Heinz Roth.

Um *konkret* für den dritten Übernahmeversuch mit »anderen Mitteln« sturmreif zu schießen, organisiert Meinhof jetzt einen öffentlichen Aufruf an alle *konkret*-Schreiber, die Arbeit für die Zeitung sofort einzustellen. Sie organisiert einen Boykott der Autoren. Jetzt will sie die Zeitung, die sie eben noch übernehmen wollte, plattmachen.

Es gelingt ihr, für ihren Boykottaufruf die Unterschriften von Hans Magnus Enzensberger, Peter Schneider, dessen Bruder Michael Schneider, Reinhard Lettau, Marianne Herzog, Monika Mitscherlich-Seifert und Professor Brückner zu bekommen.

Das sind nicht gerade viele, die meisten wie zum Beispiel Günter Wallraff, Rolf Hochhuth, Sebastian Haffner, Martin Walser, Peter Weiss und viele andere unterschreiben nicht.

Meinhof und der SDS: ein revolutionärer Tiefpunkt

Der SDS war zum Ritter von der traurigen Gestalt geworden. Zwischen der letzten SDS-Delegiertenkonferenz Mitte September 1968 und der Selbstauflösung im März 1970 gab es vonseiten des SDS, außer einer Reise nach Jordanien, über die noch zu sprechen sein wird, nichts Bemerkenswertes, sondern nur Streit, Dezentralisierung und Versektifizierung in K-Gruppen – und einen Überfall auf das Wohnhaus von Klaus Rainer Röhl.

Ulrike Meinhof ist die Haupttäterin dieser Aktion, die gegen die Redaktion gerichtet war. Eine ganze Reihe von SDS-Kadern sind willige Gehilfen, dolose Werkzeuge. Die grundsätzliche Kampagnenfähigkeit des Protestlagers, von der die meisten Bundesbürger nicht mal erahnen, wie sie funktioniert, ist bei allen Protestlern wie in einem genetischen Code verankert. Kampagnen aus dem Stand heraus flutschen wie geschmiert. Und Meinhof trommelt.

Anfang Mai 1969 versammeln sich im Republikanischen Club zu Berlin rund 70 Leute – SDSler, Protestler, assoziierte Studiosi, Kommunisten – und werden von Meinhof agitiert. Sie will eine Aktion gegen *konkret* und dessen Herausgeber Röhl ins Werk setzen, und zwar sofort, am 7. Mai. Ziel: die Störung der Schlussredaktion für das kommende Heft, dessen Erscheinen verhindert werden soll. Meinhof kennt sich mit der Logistik der Schlussredaktion und den Daten perfekt aus und plant minutiös.

Niels Beckenbach, emeritierter Soziologieprofessor in Kassel, war bei diesem Treffen im Republikanischen Club dabei. Im Jahr 2005 erzählt er mir davon und berichtet, dass von Anfang an ein Überfall auf das Privathaus von Röhl geplant war.

Niels Beckenbach: Es ging um eine Aktion gegen das gemeinsame Haus Ihrer Eltern in Hamburg, das sie einst mit ihm ausgesucht hatte. Sie suchte damals Sympathisanten.
Bettina Röhl: Und da hat sie auch Sie angesprochen?
NB: Sie hat uns alle angesprochen. Es war eine Sitzung im RC. Es war da eine sehr gespannte Stimmung. Die Sympathien waren total auf ihrer

Seite, als sie erst mal erzählte, was los ist und was sie für einen Ekel empfand gegenüber dem Milieu in Hamburg-Blankenese und allem, was sie nun jahrelang mitgemacht hatte.

BR: Das hat sie erzählt?

NB: Ja, das hat sie erzählt. Sie konnte gut reden. Sie brachte einen Teil der Leute schnell auf ihre Seite durch die Art, wie sie redete. Sie hatte eine unheimliche Glaubwürdigkeit. [...] Und dann haben einige gefragt, was es denn werden sollte und wie das dann begründet ist, und dann hat sie gesagt, nein, diskutieren wolle sie hier nicht. Wer da mitkommen will, soll mitkommen. [...] Es lag in der Luft, dass da Rabatz abgeht.[119]

Etwa zur gleichen Zeit drang erste Kunde in die Hamburger *konkret*-Redaktion und zu Klaus Röhl, Meinhof wolle die Redaktion lahmlegen, das Erscheinen des Heftes verhindern und womöglich ein vorbereitetes eigenes alternatives *konkret*-Heft, das sie mit APO-Genossen gemacht hätte, die Manuskripte lägen bereits vor, zum Druck und an den Kiosk bringen. In der *konkret*-Redaktion wurde sofort überlegt, was zu tun sei, um das Heft zu retten. Man beschloss, die Schlussredaktion dezentral auszulagern und in verschiedenen Privatwohnungen weiterzuarbeiten. Klaus Röhl ging noch einen Schritt weiter, er zog vorsorglich zu Peter Rühmkorf nach Övelgönne, er hatte Sorge, dass seine Exfrau es auf sein Privathaus in Blankenese abgesehen haben könnte.

konkret-Redakteur Wolfgang Röhl notierte später den Tatverlauf:

Am Mittwoch den 7. Mai 69 1 Uhr morgens: eine Kolonne von Kleinbussen und Privatwagen verlässt Berlin in Richtung Hamburg. Mit von der Partie: zwei Mitglieder der Berliner Spiegelredaktion.[120]

Die alte beschwerliche Transitstrecke über Lauenburg schaffte bekanntlich fast jeden. Die Recken kamen morgens in Hamburg müde und gerädert an. Zu ihnen gesellten sich noch Protestdelegationen aus Frankfurt, Bremen und Münster, sodass sich ein Sturmtrupp von ungefähr 60 Aktivisten zum Revolutionsantritt vor der Redaktion am Gänsemarkt zusammenfand. Erstes Ziel war das Café in der Stadtbäckerei, um die richtige Revolutionslaune zu tanken. Und dann marschierten sie rüber

Richtung Gerhofstraße und mussten feststellen, dass sie auf dem Gänsemarkt und vor dem Haus, in dem *konkret* auf drei Etagen gemacht wurde, bereits von Presseleuten und Polizisten erwartet wurden. Die *konkret*-Stürmer hatten es nicht vermocht, ihre Aktion geheim zu halten.

Der Genosse Bernward Vesper, der dabei ist, später in seinen Tagebuchnotizen:

Wir fuhren in der Nacht los. Die Rocker mit ihren Helmen, Lederjacken, das eiserne Kreuz um den Hals. Ein paar Autos, ein VW-Bus. Morgens, auf dem Gänsemarkt. [...] Röhl zitterte in Rühmkorfs Wohnung rum, mit einem Tränengasrevolver bewaffnet. Ja, er ging uns durch die Lappen, der »Chef«. [...][121]

Meinhofs Revolutionären, unter ihnen die Baader-Ensslin-Freundin Astrid Proll sowie Peter Homann, wurde klar, dass dieser Teil der Aktion nicht zum Erfolg führen würde, weil die *konkret*-Mannschaft nicht da war. Sie verteilten ein aus Berlin mitgebrachtes Flugblatt an die Presseleute und Passanten:

An alle Angestellten aus Redaktion und Verlag von *konkret*! Wir haben heute Redaktion und den Verlag besetzt. [...] Diese Zeitung ist genauso mies und autoritär wie das Verhalten der miesen Autoritäten Röhl und Steffens Euch und uns gegenüber in der Redaktion und im Verlag. Wenn Ihr morgens pünktlich an Eure Arbeit, das heißt an Röhls Profite, müsst, dann liegt Röhl noch im Bett, aber sein Wachhund Steffens ist schon scharf und sieht Euch auf die Finger. [...] Überm Schreibtisch Che Guevara, unterm Schreibtisch McNamara. Ihr fahrt mit der Straßenbahn. Der Chef reist mit dem Porsche an. [...] Schluss mit dem konkreten Mief, und schafft ein APO-Kollektiv!!![122]

Man könnte in Analogie zu den *konkret*-Stürmern, die Röhl vorwarfen, mit dem Porsche in die Redaktion zu fahren, während seine Redakteure mit der Straßenbahn führen, auch über Meinhof sagen, ich dichte mal:

Sieben Stunden mit Auto und Bus
Fast ohne Schlaf und mit viel Verdruss
so fährt das Fußvolk nach Hamburg rein
Meinhof schwebt per Flugzeug ein.

Wolfgang Röhl in seinem Bericht über die Besetzung:

11 Uhr Ulrike Meinhof erscheint. Sie ist ausgeschlafen, da sie mit dem Flugzeug nach Hamburg kam. Ihre Genossen dagegen sind übernächtigt und gereizt; man fragt sich, wie es weitergehen soll. Plötzlich kommt die Parole: Auf nach Blankenese! Ziel: das Haus des *konkret*-Herausgebers Klaus Rainer Röhl.
[...]
11.30 Uhr
Vor Röhls Haus in Blankenese hält Bernward Vespers grauer Volvo, gefolgt von Bussen und Privatwagen.[123]

Bernward Vesper in seinem Tagebuch: [...] Dann raus zur Villa. Der Volvo mit festgefahrenen Bremsen... »Französische Stiche« lagen auf dem Boden, und Jugendstil ging zu Bruch. Der Seich aus den Seiten der Zeitschrift verbreitete sich im »Ehe-Bett«, weiß Gott, der flinke Genosse, der gerade pissen musste, verunzierte das hübsche, frisch aufgezogene Leinentuch. Ulrike dabei. [...] Es war ihr Haus, sie hatte es eingerichtet, bewohnt, mit den Kindern verlassen. Sie ging darin herum wie eine Ruine. [...][124]

Der *Spiegel* berichtete:

Nach ihrem Aufmarsch am Gänsemarkt nämlich stürmten Ulrikes Knappen die Ferdinands Höh in Hamburg-Blankenese. Dort hatte Röhl (»mit Bauspar-Geldern«) vor 2½ Jahren zusammen mit Ehefrau Ulrike für 150 000 Mark eine Villa erstanden und bis zur Scheidung vor einem Jahr auch gemeinsam bewohnt. Nun führte Hausherrin Ulrike, der laut Röhl immer noch ein Drittel der Villa gehört, ihre Freunde in das Haus – durch die Hintertür. Mit dem Gleichmut kleinasiatischer Viehhirten rupften die

Gäste Telefonkabel aus der Wand, kippten antikes Mobiliar, hoben Spiegel aus dem Rahmen, prüften Röhls Freizeitlektüre (Ernst Bloch »Das Prinzip Hoffnung«) und zertraten ohne Hast alte französische Stiche. Röhl: »Noch nie ist so intimer, individueller Terror angewendet worden.« [...] Russische Revolutionsplakate, Kleinmöbel und die grün-blau karierten Bettdecken des Hausherrn flogen durchs Fenster in den Garten. Und aufs weiße Linnen urinierte einer der Rebellen sein revolutionäres Signal.[125]

An die Vorderfront des Hauses malten die Randalierer mit blauer Farbe einen überdimensional großen, pinkelnden Penis.

Aus Wolfgangs Röhls »Chronik einer missglückten Eroberung«:

12 Uhr: Telefonisch erhält die Redaktion einen Bericht vom Blankeneser Schlachtfeld. Steffens verlegt seinen Arbeitsplatz in die Wohnung von Meyer-Bruns. Nicht umsonst: Wenig später durchsucht Ulrike Meinhof sein Haus. »Bei mir wird zurückgeschossen!«, verkündet Rühmkorf, der sich am Vortag rasch eine automatische Gaspistole gekauft hat. Auch in Eichhoffs Vetriebsabteilung fürchtet man, die Berliner könnten körperliche Gewalt anwenden.
13 Uhr: Nachdem längere Zeit kein Mitglied des Demonstriertrupps gesichtet wurde, beruhigt sich die Lage. Die Arbeit läuft weiter. Manuskripte werden fertig geschrieben und zur Setzerei gebracht. [...] In der Hamburger Universität verteilt die Vertriebsleitung 2500 Flugblätter, in denen *konkret* die Situation erklärt:
konkret geht in den Untergrund!
Die Verlags-und Redaktionsräume von *konkret* sollen von einer Aktionsgruppe besetzt werden, die mit Bussen aus Berlin heute Vormittag eingetroffen ist. Ziel dieser Besetzung ist, die Herstellung der gerade im Umbruch befindlichen Zeitung zu verhindern, um unter diesem Druck ultimative Forderungen durchzusetzen (Absetzung des Chefredakteurs, Auswechslung der Redaktion, Einsetzung eines von niemandem gewählten Redaktionsrates aus Berlin) oder zu erreichen, dass *konkret* die Polizei ruft, um zu beweisen, dass *konkret* eine »konterrevolutionäre« Zeitung ist. Wir erklären dazu, dass wir uns nicht vor diese Alternative

stellen lassen, sondern weiterhin eine linke Zeitung produzieren werden. [...]
14 Uhr: Im Republikanischen Club Hamburg versammeln sich die verhinderten Besetzer. Die Stimmung ist auf dem Tiefpunkt; alle sind übernächtigt und mutlos. Einige schlafen, andere diskutieren darüber, was *konkret* eigentlich sei und welche Leserschaft es habe. Ulrike Meinhof: »Dreißig Prozent der Leser sind aktive Linke. Auf die anderen siebzig Prozent kann das Blatt verzichten!« Ihre Argumentation überzeugt kaum jemanden, auch nicht den soeben zur Vermittlung aus Frankfurt eingetroffenen SDS-Bundesvorstand. Vespers Erklärung: »Die Villa ist zerkrümelt!«, kann nicht darüber hinwegtäuschen, dass die Aktion ein Schlag ins Wasser war. Am späten Nachmittag fahren die ersten Autos zurück nach Berlin.[126]

Polizei? Nein danke!

Klingt wie ein Märchen aus fernen Zeiten, und doch ist es nicht einmal 50 Jahre her, und viele Protagonisten leben noch. Der Chef überlässt einer Meute von Revolutionären und einer Revolutionärin sein schönes Haus in Hamburg-Blankenese zur Verwüstung. Er verkriecht sich bei einem Freund an der Elbe und schaut zu. Und warum tut er nicht das, was heute jeder an seiner Stelle tun würde, und holt die Polizei? Die Polizei ist bereits der Gegner aller Linken, und ein Linker schlägt vielleicht mal einen anderen Linken tot, oder er wird selber totgeschlagen, aber die Polizei holt man nicht, das ist ein eisernes Gesetz. Die Redaktion beteuerte sehr schnell, dass sie die Polizei nicht an den Hamburger Gänsemarkt geholt hatte, was mit Sicherheit zutrifft. Und Klaus Röhl musste tatsächlich befürchten, dass, wenn er sein Haus durch Polizisten hätte schützen lassen, sich die APO-Meute am nächsten Tag verzehnfacht und *konkret* einen wesentlich größeren Schaden davongetragen hätte.

Der damalige Berliner Polizeipräsident Klaus Hübner, der – seit 1969 im Amt – an den Berliner Hochschulen ständig ähnliche Randale erlebt, versuchte, die defensive Taktik auch an den Universitäten in Berlin zu vermitteln:

Die Hochschulen hielten uns noch lange in Atem. Manche Hochschullehrer bekamen schwache Nerven, andere wollten die Helden spielen. Der Ruf nach der Polizei gehörte zur Tagesordnung. Die Rektorate sahen sich bei ihren mühsamen Versuchen, Dienstaufsicht auszuüben, ständig überraschenden Situationen ausgesetzt. [...] In unfruchtbaren Dauerdiskussionen mit ihren Professoren und Dozenten mussten sie den Furchtsamen Schutz für ihre Lehrveranstaltungen versprechen und den »Schneidigen« in den Arm fallen, die ihre unruhige Hörerschaft durch Polizeieinsätze disziplinieren wollten. [...] Außerhalb des Blickfeldes blieben dabei solche Lehrkräfte, die sich anpassten oder gar mit den Wölfen heulten. [...] Den Anbiederern galt ein gemäßigtes Quantum an Geringschätzung.[127]

Deshalb versuchte Hübner immer wieder, selber mit den Rektoren und den Hochschulprofessoren ins Gespräch zu kommen:

[...] In Zehlendorf, dem Sitz der Freien Universität, war Lothar Schiemann Leiter der Polizeiinspektion. Wenn man ihn suchte, war man des Öfteren besser beraten, zuerst beim Rektorat der Universität nachzufragen. Dort versuchte er, durch »Seelentröstung« und »Handauflegen« polizeiliche Abenteuerspiele zu verhindern. [...] Selten endeten die Gespräche zwischen Senatoren und Hochschulautoritäten in friedlicher Eintracht. Die Standpunkte blieben unverändert. Die Sachzwänge wurden zur Kenntnis genommen. [...] Ich wünschte, die Rebellen, deren Feindbilder wir alle – die Polizei ganz besonders – waren, hätten erleben können, welches Kapital an gutem Willen und seelischer Kraft wir alle in diese friedensstiftenden Veranstaltungen investierten.[128]

Klaus Hübner verfeinert in seinen Jahren als Polizeipräsident seine Technik des Heruntermoderierens. Die Konservativen und die Hardliner warfen ihm vor, dass er in Berlin viel zu wenig durchgriff und oft einiges zu Bruch gehen ließ, bevor die Polizei eingriff. Hübner erklärte mir im Interview, das ich mit ihm im Jahr 2000 in Berlin führte, dass die Übermacht der Revolutionäre von der APO einfach zu groß und zu zerstörerisch gewesen war und in den Medien viel zu beliebt, als dass es Sinn gemacht hätte, dem permanent an allen Ecken und Enden hochkommenden

Aufruhr, dem von der Politik nichts entgegengesetzt wurde, mit Polizeimitteln zu begegnen. Es musste um jeden Preis, auch unter Aufgabe mancher Rechtsgüter, deeskaliert werden. Und Hübner erzählte, dass er seine Polizei auch geschult und angewiesen habe, mit den »Gewaltis« und »Protestis« zu diskutieren, um die Aggressionen zu mildern.

Auch Helmut Schmidt, damals SPD-Bundestagsfraktionschef, kämpfte auf seinem Posten mit der Revolte, die 1969 immer höhere Wellen schlug. Er attackierte im April die bereits von der APO angefixte Justiz: »Demnächst wollen hier aufgeregte Richter aus Hessen per Omnibus anfahren, in Bonn demonstrieren und uns erzählen, sie würden in Zukunft nicht mehr zu Gericht sitzen wollen, wenn wir ihnen nicht mehr Gehalt geben. […] Staatsanwälte, die von sich aus Krawallvergehen einstellen, weil sie meinen, es lohne sich nicht, dass sie sich als Person exponieren, haben ja wohl einen Dienstvorgesetzten.«[129]

Helmut Schmidt, der die damals für den Bundestag kandidierende NPD politisch bekämpfen wollte, stellte sich gegen ein Verbot der rechten Partei, die im Frühjahr 1969 in Baden-Württemberg zweistellig wurde und dann in der Bundestagswahl 1969 an der Fünfprozentklausel scheiterte und in der Bedeutungslosigkeit versank. In seiner Begründung zielte Schmidt auf einen indirekten Vergleich mit der APO: Die NPD habe »weder Molotowcocktails geworfen noch Fensterscheiben eingeworfen noch SPD-Büros belästigt noch Rektoratszimmer verwüstet noch Polizisten mit Pflastersteinen beworfen«.

Schmidt wollte in der politischen Auseinandersetzung keine physische Gewalt akzeptieren, wie sie in jener Zeit, auch wenn es bei *konkret* noch als lustiges Familienstück daherkam, in der Bundesrepublik explodierte. In bewusster Verkennung des Schmidt'schen Ansatzes verglich man den späteren Bundeskanzler in *konkret*, aber nicht nur dort, mit Adolf Hitler. »Heil Helmut!« hieß der Artikel über die Haltung Schmidts, der im April 1969 in *konkret* erschien.[130]

Der Sturm auf *konkret* war eine der sogenannten linken Eskalationen unter Hunderten oder Tausenden, und dass dies gut und richtig und notwendig sei, war 1969 bereits beherrschender Zeitgeist geworden, der längst auch über die öffentlich-rechtlichen Medien und bald über fast alle Medien verbreitet wurde. Wer sich heute Jugendsendungen des damals noch öffentlich-rechtlichen Monopolradios anhört – der NDR wurde »Rotfunk« genannt, Radio Bremen hieß im Volksmund bald »Radio Hanoi« –, dem verschlägt es den Atem.

Die *konkret*-Aktion wird medial ausgeschlachtet

Sowohl Meinhof als auch Röhl werden von der Presse belagert. In einem Interview mit ein paar NDR-Journalisten des Politmagazins »Panorama« fordert Meinhof die Redakteure dazu auf, nicht länger dumme Fragen zu stellen, sondern lieber in ihrer eigenen Redaktion bei ihrem eigenen Chef Rabatz zu machen. Die Fernsehaufnahme zeigt eine ziemlich desolate Frau mit einem glückseligen Revolutionslächeln.

Klaus Röhl wird von *Spiegel*-Redakteuren bei Peter Rühmkorf entdeckt und dort zum Interview gebeten.

Der *Spiegel*:

[…] Klaus Rainer Röhl, der so geschickt, geschäftstüchtig und erfolgreich Sex mit Sozialismus und Pornografie mit Politik vermengt (Titel der jüngsten Nummer: »Die Linken und die Lust«), empfand die Ausuferung des ideologischen Zwists in den Intimbereich seiner Wohnung an diesem Tag als »absurd und pervers«. […] Es ist mehr: Der Konflikt zwischen Klaus und Ulrike trägt unverkennbar die Züge unbewältigter Gegenwart eines Familienkrachs in Permanenz, mindestens aber die Nachwehen einer sehr komplizierten Scheidungsaffäre. […] Ulrike Meinhof, vom Genossen Homann (»Das war ja ziemlich beschissen«) und von eigens angereisten SDS-Ideologen aus Frankfurt kritisiert, zog Mittwochabend im Republikanischen Club zu Hamburg Bilanz: »Da hat man mal was gemacht, und die einen sagen ›prima‹, und die anderen sagen ›Scheiße‹.«[131]

Mehrere Anrufe, eine Nabelkolik und Haare ab

Das Telefon klingelte, und ich ging ran. Unser Vater kam hektisch und aufgeregt gleich zur Sache. Wir Kinder sollten uns bereithalten. Er würde kommen oder jemanden schicken, um uns abzuholen. Mami habe mit üblen Genossen unser schönes Haus in Blankenese verwüstet, ihm gehe es aber gut, ich müsse mir keine Sorgen machen.

Wenig später klingelte das Telefon wieder. Diesmal war meine Mutter dran. Sie sagte mir, Röhl sei ein Schwein, dass er uns angerufen habe, aber ich solle mich nicht aufregen. Die Aktion in Hamburg sei von guten Genossen gemacht worden, Papi habe das verdient und alles, was er erzählt habe, sei sowieso gelogen. Und dann ihre typische Meinhof-Floskel: er solle sich mal nicht so anstellen. Und Anweisungen: Wir sollten auf keinen Fall an die Tür gehen, wenn es klingelt. Falls unser Vater irgendwo mit dem Auto stünde, dürften wir nicht einsteigen. Sie sei morgen Nachmittag wieder da. Ich erinnere mich nicht mehr, was ich dazu gesagt habe, ob ich überhaupt etwas gesagt habe. Aber ich war sehr, sehr aufgeregt. Mein Vater und meine Mutter waren so außer sich am Telefon, dass ich irgendwie dachte, etwas sehr Schlimmes sei passiert.

Am nächsten Tag holte uns Sabine Zurmühl im Büro des Schulleiters ab, der schon wusste, dass Klaus Röhl uns »entführen« wollte. Unser Vater kam aber nicht. Für mich waren ein paar Welten aus dem Lot geraten. Als wir nach Hause kamen, wartete meine Mutter schon mit einem Rechtsanwalt. Ich sollte ihr und dem Genossen Anwalt genau berichten, was unser Vater am Vortag am Telefon gesagt und was ich ihm erzählt hätte. Ich war hoffnungslos verunsichert.

Am Abend bekam ich heftige Bauschmerzen. Meine Mutter rief einen Arzt aus der Nachbarschaft, der gab mir eine Spritze und ein Pflaster auf den Bauch.

Am nächsten Tag rannte meine Mutter mit mir zu verschiedenen Ärzten, sie wollte ein Attest produzieren, demzufolge der »Nabelbruch«, wie meine Bauchschmerzen jetzt hießen, aufgrund des Anrufes unseres Vaters zustande gekommen sei.

Ulrike Meinhof an ihren Anwalt Kurt Groenewold:

Bettina hat im Zusammenhang mit diesem Anruf eine schwere Nabelkolik bekommen. Ich suchte, da sie sehr litt, verschiedene Ärzte auf, die mir einhellig sagten, dergleichen habe nur psychische Ursachen und der Zusammenhang mit dem Anruf sei eindeutig, wenn die Nabelkolik in dem Zusammenhang entstanden sei. Ich war natürlich furchtbar erschrocken über den Vorfall und habe ihn andern erzählt – auch Hamburger Freunden, die ebenfalls in Hamburg von ihm gehört hatten, er werde die Kinder jetzt holen. Klaus Röhl hat dann selber in Hamburg erzählt, ich hätte die Kinder mit einem Rechtsanwalt wegen des Telefonats verhören lassen und daraufhin hätte Bettina einen Nabelbruch bekommen.[132]

Am 12. Mai rief Klaus Röhl ein zweites Mal bei uns an. Diesmal wurden wir von Barbara Morawiecz betreut, die sofort, da sie Ulrike Meinhof nicht erreichen konnte, bei Kurt Groenewold anrief, der eine Aktennotiz macht:

Betr.: Meinhof/Röhl
Barbara Morawiecz rief wegen Ulrikes Kindern an. Sie hat die Nummer 89 95 80. Röhl hatte die Kinder angerufen und gesagt, sie sollten der Mutter von dem Anruf nichts erzählen. Er werde kommen. Barbara Morawiecz hat die Befürchtung, dass er die Kinder abholen will. Sie lässt jetzt einige Freunde in die Wohnung ein und verweigert die Herausgabe. Notfalls muss sie die Polizei anrufen. Wenn etwas geschieht, ruft sie mich erneut an. Ulrikes Aufenthalt ist zurzeit nicht bekannt.
Hamburg den 12. Mai 1969[133]

Klaus Röhl kommt auch diesmal nicht. Was dachte er sich eigentlich? Nur einen Tag später saß ich plötzlich vor einer Kinderpsychologin auf dem Fußboden in einem mit Spielzeug vollgestopften Zimmer, ganz schön bunt. Die Psychologin Margarete Reich saß auf einem Stuhl und beobachtete mich. Ich sollte in diesem kleinen Zimmer nun anfangen zu spielen, während meine Mutter mit meiner Schwester ein Eis essen ging. Ich wollte in diesem Zimmer bei dieser freundlichen, aber wildfremden

Frau nicht abgestellt sein. Ich war empört, dass ich irgendetwas über mich sagen sollte. Es war doch so, dass unsere Eltern sich stritten. Was hatte ich damit zu tun?

Nach dieser Sitzung kam meine Mutter und redete heftig auf die Dame ein, es ging wieder um das Attest. Meine Schwester und ich spielten wieder zusammen an der frischen Luft vor dem Haus – diesmal unbeobachtet und unanalysiert. An meinem Bauchnabel war nichts zu sehen, aber klar, ich hatte einen Nabelbruch. So Meinhof. Bauchschmerzen allerdings hatte ich in der Zeit oft.

Das Verhältnis zwischen meiner Mutter und mir war in der Berliner Zeit kein glückliches. Aber jetzt drehte meine Mutter so richtig auf. Irgendwie hatte ich ihr im Streit mit ihrem Ex nicht zu 100 % recht gegeben. Sie führte ihren erbitterten Kampf gegen ihren geschiedenen Mann, und der ruft in seiner Not hintenrum mich, seine sechsjährige Tochter, an, und das machte Meinhof offenbar rasend. Und jetzt redete und redete sie auf mich ein, dass ich endlich einsehen sollte, dass meine Beziehung zu meinem Vater falsch sei, dass ich immer noch meine langen Haare nur für unseren Vater tragen würde. Sie verlangte eine klare Parteinahme für sich und dass ich mich von ihm distanziere.

Ein Jahr lang hatte ich um meine langen Haare gekämpft, aber jetzt gab ich auf. Ich dachte, vielleicht wird alles wieder gut, wenn ich mir die Haare abschneiden lasse. Vielleicht ist sie dann zufrieden. Meine Mutter drehte ihr Rad immer weiter und weiter und weiter.

Vierter Anschlag auf *konkret*

Im nächsten *konkret* vom 19. Mai 1969 erschien Wolfgang Röhls »Chronik einer missglückten Eroberung« mit der lapidaren Erwähnung, dass der Sturm auf die Redaktion und auch die Zerstörung der Röhl'schen Villa unter der Führung von Ulrike Meinhof stattgefunden habe. »Unter Ulrikes Leitung wird jetzt das Haus gestürmt ...«

Dieser zutreffende Satz, der genauso auch im *Spiegel* stand, den Ulrike dort jedoch durchgehen ließ, nervte meine Mutter. Als sie kurz vor Erscheinen des neuen *konkret* von dem Bericht Wind bekam, erwirkte sie gegen diese Veröffentlichung – zusammen mit der Journalistin Marianne Herzog aus Berlin, die sich gegen den Raubdruck eines Artikels von ihr in *konkret* zur Wehr setzte – eine einstweilige Verfügung, mit der Wolfgang Röhls Schilderung des Sturms auf *konkret* verhindert werden sollte.

Ulrike Meinhof behauptete kess, bei der Verwüstung des Hauses in Blankenese nachweislich nicht dabei gewesen zu sein, und bekam im Kern auch noch recht. Fast wäre mit dieser EV die gesamte *konkret*-Ausgabe vom Markt genommen worden, was einen ganz erheblichen Verlust für den Verlag bedeutet hätte, aber mein Vater hatte Glück. Die Ausgabe war schon ausgeliefert, die EV kam zu spät, weshalb sie später wieder zurückgenommen wurde. Das Gericht huldigte dem revolutionären Zeitgeist, auf dem Meinhof ritt, wie es fortan in der Bundesrepublik vor Gericht Usus wurde. Opportunismus der Justitia.[134]

Meinhofs »bürgerliche Reputation«

Meinhof hatte ihren Kampf um die Zeitschrift *konkret* auf ganzer Linie verloren. Doch ihr hartnäckiger Kampf gegen Klaus Röhl ging weiter. Sie hörte nicht auf. Sie beginnt, Freunden, ihren Anwälten und Klaus Röhl selbst zu schreiben. Sie will, dass ihr gekündigter Kolumnenvertrag bis zum Ende des Jahres 1969 weiterbezahlt wird. Sie will, dass Klaus Röhl wegen des »seelischen Schadens«, den er bei seinen Kindern angerichtet hätte, gewissermaßen Schadenersatz zahlt. Sie will, dass er ab sofort das Schulgeld für die Königin-Luise-Stiftung übernimmt. Sie verlangt, dass *konkret* im nächsten Heft freiwillig, nachdem die einstweilige Verfügung gescheitert war, eine Entschuldigung schreibt und widerruft, dass sie die Anführerin der SDS-Kolonnen war, die Klaus Röhls Haus verwüstet hatten. Und sie versucht in einer ermüdenden Korrespondenz, ihrem Exmann die Schuld an allem, was ihr missfällt – und ihr missfällt alles –, in die Schuhe zu schieben. Es ist eine aberwitzige, unerträgliche Korrespondenz, in der sich Ulrike Meinhof fast ein Jahr lang, von Mai 1969 bis Mai 1970 wie im Kreis zu drehen beginnt. Die Art Ulrike Meinhofs, ihre eigenen gewaltsamen Versuche, Klaus Röhls Existenz zu vernichten, als seine Versuche, ihre Existenz zu vernichten, umzuinterpretieren, war typisch für meine Mutter, die es exzellent verstand, sich selber aggressiv und konsequent durchzusetzen, um dann immer wieder erfolgreich den Opferstatus für sich zu beanspruchen. Ihrem Anwalt Groenewold schrieb sie:

In seiner Zeitung ließ er dann schreiben, unter meiner Führung sei sein Haus zerstört worden. Ich habe dagegen eine einstweilige Verfügung erwirkt; da die EV aber erst erging, als das Heft schon ausgeliefert worden war, wurde sie später aufgehoben. [...] Da er sich einen der teuersten Hamburger Presseanwälte genommen hatte, gelang es diesem schließlich auch, die Kosten für die EV zu zwei Dritteln mir anzulasten, sodass ich jetzt diesen teuren Anwalt, den ich mir selbst nicht hätte leisten können, bezahlen werde. [...] Die Argumentation des Röhl'schen Anwaltes beinhaltete unter anderem, ich als Angehörige der APO hätte durch die Verbreitung dieser Behauptung keinen Schaden erlitten, da in meinen Kreisen solche Handlungen nicht ehrenrührig seien. Dass ich auf meine bürgerliche Reputation bei den Verlagen und Sendern, für die ich arbeite, angewiesen bin, um meine Familie ernähren zu können, fiel aus dieser Argumentation heraus. Das heißt genau: Das, was ich vermied, als ich mich scheiden ließ, ihn nämlich wirtschaftlich zu gefährden, betreibt er jetzt absolut rücksichtslos mit uns.[135]

Meinhof, die sich in ganz besonderer Weise einen geradezu fanatischen Ehrlichkeitsbonus, den allerdings auch ihr Ehemann Klaus Röhl zehn Jahre lang propagierte, zugelegt hatte, ist eine prototypische Revolutionärin. Sie lügt, dass die Schwarte kracht, wenn es in ihr revolutionäres Konzept passt. Jämmerlich wird es jedoch, wenn der Revolutionär nicht für das höhere Ziel der Revolution lügt, sondern aus kleinkarierter Feigheit. Oder lügt, um, wie Meinhof es sagt, ihre eigene »bürgerliche Reputation« zu retten. Jawohl, alles Bürgerliche wird zerstört, außer Meinhofs bürgerlicher Existenz.

Dick Busse und Ulrike Meinhof

Ganz als Opfer fühlte sich meine Mutter schließlich im Juni 1969, nachdem ihr nicht nur klar geworden war, dass sie Röhl und *konkret* nicht hatte entscheidend beschädigen können, sondern vor allem, dass auch ihr Job als Kolumnistin nun für immer weg war. Betrübt und in Wirklichkeit dabei, sich eine neue Teufelei auszudenken, schrieb sie an Dick Busse, einen uralten Kumpel meines Vaters, der schon 1952 in dem Kabarett »Die Pestbeule« mitgespielt hatte – also ein echter Freund und auch Kenner des Ehepaars Röhl –, einen langen Brief und versuchte, ihn auf ihre Seite zu ziehen. Meinhof erläutert Dick Busse noch einmal in allen Details ihre Version. wie es zu dem Nichtabdruck ihrer Kolumne bzw. des SDS-Papiers und zu ihrer Kündigung kam, wie ihre finanzielle Situation aussah und wie schlimm Klaus Röhl sich gegenüber den Kindern benehmen würde, weshalb dieser die Kinder nicht mehr sehen dürfe. Sie bittet Dick Busse, in ihrem Sinne über alles mit Klaus Röhl zu sprechen, und endet mit den Worten:

[...] Gedruckt wird nicht, gezahlt werden soll nicht, gelogen wird und gedroht. [...] Ich frage mich nur, ob ich die Lasten dieses ganzen unerträglichen Verhaltens von denen alleine zu tragen habe. Das heißt den meinerseits vollkommen unvorbereiteten Abbruch des Kolumneschreibens, woraufhin meine gesamte Arbeit schließlich organisiert war, auch meine Lebensführung, mit allem, was an Kosten dazu gehört, eben dazu, rigide und stur Termine einzuhalten, trotz Kindern etc. pp. Worauf ich hinauswill: dass sie mir einen Teil des Vertrages ausbezahlen. Das wären von Mai bis Dezember insgesamt 8000,- DM. Man sollte sie mit dieser Drohung konfrontieren und dann runterhandeln auf einen angemessenen Zeitraum, innerhalb dessen es nicht nur zumutbar, sondern in der Tat ja auch für mich machbar ist, andere Arbeiten zu produzieren, die wiederum meine Kosten decken. [...] Weißt Du, Dir kommen diese Summen ungeheuer hoch vor, aber wenn Du bedenkst, dass ich kein regelmäßiges Einkommen habe, wenn Du das auf die Zeit verteilst und das Risiko dazunimmst, dass ich ja auch vorsorgen muss, nicht von der Hand in den Mund leben kann, eigentlich auf die Dauer eines Jahres im Voraus wissen muss, wovon wir leben, dann ist das nicht so doll, wie es klingt. Abgesehen davon, dass meine Stellung bei *konkret* zuletzt die eines Starjournalisten war – nachdem ich lange umsonst geschrieben hatte und für DM 30,- und solche Beträge – usw. [...][136]

Doch Dick Busse spielt ihr Spiel nicht mit. Er ist seit Langem der Erste, der ihr freundlich, aber bestimmt die Meinung sagt. Dick Busse schreibt am 2. Juli 1969 an Ulrike Meinhof:

1) Wie glaubst Du auf einen Nenner bringen zu können: Dein sehr lautes Ausscheiden aus Verlag und Vertrag, wie Du allen erklärtest aus politischen Gründen – und die Forderung an die früheren Vertragspartner, weiterhin ihren vertraglichen Verpflichtungen nachzukommen?
Der Einwand, die Redaktion habe durch ihr Verhalten die letzte nicht abgedruckte Kolumne betreffend Deine Weiterarbeit unmöglich gemacht, zieht juristisch keinesfalls [...] dass Dein Ausscheiden zu diesem Zeitpunkt und das Lösen des Vertrages unumgänglich waren – dass jede weitere Verbindung mit *konkret* unzumutbar wäre, davon kannst Du aber nicht einmal mich überzeugen, geschweige denn bürgerliche Juristen. Schließlich würdest Du ja, gesetzt, die Möglichkeit bestünde, dennoch weiterhin Deine Mitarbeit an *konkret* verweigern – demnach keine Arbeiten mehr liefern – na also, DU hast den Vertrag einseitig gelöst. [...]

2) Wusstest Du, dass das finanzielle Polster der Zeitung nicht ausreicht, um den beim Ausfall einer Nummer entstehenden Verlust zu überbrücken – dass also möglicherweise durch die Verhinderung der Arbeit infolge einer Besetzung der Redaktion, bestimmt aber bei Durchführung der von Dir erwirkten einstweiligen Verfügung, die Gefahr eines Bankrotts für *konkret* bestand?

3) Du erhebst u. a. die Forderung nach Richtigstellung, was Deine Beteiligung bzw. eben Nichtbeteiligung an den Zerstörungen in Eurer Villa betrifft. Wenn Dir das so wichtig ist, wenn Du mit anderslautenden Berichten Dein Ansehen, Deinen ehrlichen Namen angetastet siehst (und so muss man ja wohl gerichtliche Verfügungen begründen), was hast Du

dann aber bislang getan, um Dich von den Menschen zu distanzieren, die dieses verübt haben? [...]
Du beklagst die Beunruhigung der Kinder durch Besuche, Anrufe etc. Die Forderung nach Ruhe und Harmonisierung im Leben der beiden ist sehr wichtig – ich werde das Klaus gegenüber gern und überzeugt vertreten –, aber Du vergisst sein Besuchsrecht. Vorübergehend lässt sich im Interesse der Kinder so etwas abwenden – auf die Dauer kaum –, und dafür würde ich mich auch nicht verwenden, wenn Klaus bereit ist, die Auflagen zu erfüllen, die seine Besuche eben nicht zu einer dauernden Störung der Kinder machen.
Ich glaube, dass er diese Auflagen erfüllen wird, denn er hängt an den Kindern. Wie stehst Du dazu? Wie denkst Du Dir die Realisierung der Rechte beider Eltern und der Kinder? [...]
Er ist der Vater Deiner Kinder geworden in einer Zeit, als Du bereits manches von den »Eigenheiten« wusstest, die Dir jetzt so unannehmbar erscheinen, aber damals wusstest Du noch, dass Klaus auch sehr großzügig sein kann, dass er geistreich und witzig ist und dass ein gewisses Maß an Rücksichtslosigkeit zu jedem Erfolg, zum politischen wie unternehmerischen, gehört. [...]
Was ich, liebe Ulrike, vom geifernden – verzeih, ich wollte sagen, eifernden Kampf Linker gegen Linke halte und vom Mangel an lebensnotwendiger Solidarität aus sogenannten Gewissensgründen, die einen aber nicht daran hindern, dem eigentlichen Gegner Munition zu liefern – das möchte ich Dir heute nicht schreiben. –

Alles Liebe und Gute, Dein Freund Dick[137]

Ulrikes Enttäuschung über diese Reaktion war groß:

05. 07. 1969
Lieber Dick, ich bin über Deinen Brief deswegen nicht besonders glücklich, weil ich mit der Bitte an Dich, die Sache zu übernehmen, die Hoffnung verband, mich selbst nicht mehr so viel damit beschäftigen zu müssen. Ich verband damit die Hoffnung, dass nicht mehr ich, sondern nun auch ein anderer Fantasie zu meinen Gunsten entwickeln würde, denn

natürlich ist die Sache kompliziert und gerade nicht eindeutig, wäre sie eindeutig, wäre ich auch nicht hilfsbedürftig. Die Fantasie, die Du entwickelt hast, lässt meine Problematik teilweise aus – das stimmt mich traurig. [...] Ich beabsichtige auch in Zukunft nicht, mich von den Personen, die die Hausaktion gemacht haben, zu distanzieren, abgesehen davon, dass es wohl mehrere waren, von denen ich eh nur zwei kenne. [...]

Ich weiß jetzt auch nicht, wie es weitergehen soll. Ich bin einfach müde und traurig. Wenn Du und Klaus und alle der Ansicht sind, dass der *konkret*-Verlag es nötig hat und im Recht ist, mich kaputt zu machen – aber das ist auch schon zu bitter – ich breche ab. Der letzte Satz meiner letzten, nicht mehr gedruckten Kolumne, hieß: Erlernt Euren Beruf im Klassenkampf. Darum geht es wohl. [...]

Erholung bei Tante Holde

Noch vor den Sommerferien waren wir plötzlich mit unserer Mutter in der Kinderabteilung von C&A. Wir sollten uns ab jetzt selber aussuchen, was wir tragen wollten, wir seien alt genug und kein Erwachsener sollte uns länger vorschreiben, was wir anziehen sollten. Hörte sich gut an. Ich war etwas überfordert, aber wir gaben uns Mühe. Und dann hing mein Wunsch direkt vor mir, ein rosafarbenes Rüschenkleid, echter Spitzenkitsch. Das wollte ich haben! Da sagte meine Mutter allerdings, dass das nicht gehe. Sie sagte, das Kleid sei ganz schlimm, das willst du gar nicht wirklich. Da bist du beeinflusst von deinem Vater. Nach langen Diskussionen zwischen den Kleiderstangen kriegten meine Schwester und ich aber doch zwei Kleider aus Nyltest. Mein Kleid war grün-weiß. Es war mordshässlich, aber es wurde mein Lieblingskleid, ganz einfach: Es war mein einziges Kleid.

Ende Juli fuhren wir mit meiner Mutter für vier Wochen zu Tante Holde und Renate Riemeck nach Eppenhain. Mami lud uns wieder in ihren R4, und los gings. Wie immer bei solchen Gelegenheiten gab es in der heiß geliebten Thermoskanne Nudeln mit Schinken und Tomatensoße, die wir auf einem Autobahnrastplatz aßen, und wir sangen viele revolutionsfreie Lieder, besonders gern »Drei Chinesen mit dem Kontrabass«.

Meine Mutter verschwand gleich nach der Ankunft im Arbeitszimmer von Renate, mit der sie zwei Tage lang ununterbrochen diskutierte, bis sie im Streit und missgelaunt abreiste. Renate Riemeck war der Agitation ihrer Ziehtochter Ulrike offenbar mit der ihr eigenen Schärfe unversöhnlich entgegengetreten und hatte Meinhof abblitzen lassen. Sie fand das, was Ulrike und die APO fabrizierten, politisch abwegig. Es muss bei dieser Gelegenheit zwischen Riemeck und Meinhof zum Bruch gekommen sein, der wenig später offenkundig wurde.

Holde war über unseren Zustand empört und entsetzt. Später erzählte sie, dass meine Schwester und ich verzankt, gereizt, kaputt und vollkommen von der Rolle gewesen seien. Die von unserer Mutter mitgelieferten Klamotten hat Holde zur Hälfte entsorgt. Und uns komplett neu eingekleidet. Unterwäsche, Nachthemden, Strümpfe, aber auch ein Paar Wolljacken (ich bekam eine hellblaue, Regine eine rote), Hosen und Röcke. Das Nyltest-Kleid steckte sie in die Waschmaschine und versteckte es dann für die Zeit unseres Aufenthalts. Es dauerte, so Holde später, diesmal sehr lange, bis wir uns erholt hatten. Und meine Bauchschmerzen wurden zum ersten Mal richtig behandelt und auskuriert.

Und dann war es irgendwann wie immer bei den Tanten: Wir bastelten, spielten, gingen an die frische Luft, sollten was vorlesen, gingen mit Holde einkaufen, halfen beim Kochen, alles war so wunderschön, wie es immer gewesen war. Mit Renate machten wir Ausflüge ins Tiergehege. Und Holde regte uns zum Seilspringen, Gummitwist und zum Handarbeiten an.

Kurz bevor unsere Mutter uns abholte, brach sich Regine auf einem Spielplatz den Arm, der wurde eingegipst, und ich bekam plötzlich wieder Bauchschmerzen. Holde war im Dauereinsatz. Als unsere Mutter an der Tür klingelte, waren wir beide etwas krank.

Nun ging es mit Peter Homann auf einen Bauernhof irgendwo in der Nähe von Gießen. Dieser lag unweit von der Wohnung meiner Tante Wienke. Wir spielten intensiv mit den Cousinen, die um die Ecke wohnten, und auf dem Bauernhof, wo viele Tiere waren, gab es sogar eine Backstube, in der auch das Brot für die Feriengäste gebacken wurde. Tante Wienke muss bei dieser Gelegenheit von ihrer Schwester Ulrike mächtig auf APO-Kurs und neue Kindererziehung getrimmt worden sein.

Jedenfalls wurde aus der spießbürgerlichen Wienke, die wir als Kinder von früheren Besuchen gut kannten, bald eine stramme Meinhof-Jüngerin und echte RAF-Sympathisantin.

Zurück in Berlin, wurde es schnell wieder schwierig. Regine behielt den Gips noch ewig und brachte es zu einer wahren Virtuosität, trotz Gips herumzuhantieren und alle Spiele mitzumachen. Meine Mutter versäumte es natürlich, den Gips nach der vorgeschriebenen Zeit wieder abmachen zu lassen. Und dann zogen wir um.

Marianne Herzog und Jan-Carl Raspe

Da die Dampframmen in der Goßlerstraße inzwischen sehr nahe gekommen waren und direkt vor unserer Wohnung ein Höllengetöse machten, entschloss sich unsere Mutter, die Wohnung aufzugeben und mit uns in eine WG, ein Wohn-Modell, das sie ohnehin kennenlernen wollte, in der Halberstädter Straße 7 umzuziehen.

Zu den Mitbewohnern zählte die spätere Terroristin, Selbstsucherin, und frühere DDR-Buchhändlerin Marianne Herzog, eine jüngere Freundin meiner Mutter, deren Reportagen über Frauen im Gefängnis oder Frauen am Fließband gerade erst, wohl durch Meinhofs Vermittlung, in *konkret* erschienen waren. Zuletzt hatte Meinhof gemeinsam mit Marianne Herzog versucht, die EV gegen *konkret* durchzusetzen. Außerdem gehörten zur WG Mariannes Freund, der arbeitslose Soziologiestudent Jan-Carl Raspe, sowie Filmregisseur Thomas Mitscherlich – ein Sohn Alexander Mitscherlichs und Halbbruder von Monika Seifert – und dessen Freundin Karin Dehnborstel. In der WG waren vorübergehend ein paar Zimmer frei geworden. Gelegentlich wohnte auch Peter Homann bei uns. Unsere Mutter hatte die WG früher schon öfter besucht, die Erwachsenen kannten sich also ein bisschen, und es sollte nur vorübergehend sein. Alles in allem blieben wir drei Monate.

Bitte schön, ganz APO sollte es sein, keine Haushälterin mehr, kein bezahltes Kindermädchen, Meinhof wollte jetzt viele Kontakte und natürlich viele »Bezugspersonen« für ihre Kinder. Anfänglich waren wir Kinder für die erwachsenen Mitbewohner noch etwas Neues, aber sowohl Karin Dehnborstel als auch Thomas Mitscherlich fanden es nach einiger Zeit befremdlich, dass Meinhof ganz offen von ihnen verlangte, sich an der Kinderarbeit zu beteiligen, um sie als »Kader« für ihre wichtigen Aufgaben freizustellen. Mitscherlich und Dehnborstel beschrieben in einem Interview mit dem Meinhof-Biografen Mario Krebs, dass Ulrike sehr »fordernd« und »bestimmend« aufgetreten sei. Eine Diskussion darüber sei mit ihr nicht möglich gewesen. »Da ist sie völlig traditionalistisch geblieben, das war für sie überhaupt keine Frage, dass die anderen ihr dementsprechend zu helfen haben.«[138]

Wir gingen in die Schule und in den Kinderladen, und die Erwachsenen kümmerten sich bald nicht mehr um uns. Marianne, die meine Mutter anhimmelte und ihr nacheiferte, war oft nicht da, Jan-Carl Raspe war der Einzige, der immer da war, und an ihn delegierten alle anderen ihre Pflichten als »Bezugsperson« ab. Und das fand ich gut. Jan, der schon in der Kommune 2 Kindererfahrung gesammelt hatte, war ein ganz lieber Betreuer, der sich einfühlsam und auch ganz dynamisch um uns kümmerte. Er war gutmütig und hilfsbereit.

Jan war ein bisschen Meinhofs neues Kindermädchen, allerdings ohne Bezahlung. Er ging mit uns zum Spielplatz, zeigte uns den Weg zum Kinderladen, übernahm auch Meinhofs Elternpflichten im Kinderladen und reparierte immer die Fahrräder von allen. Marianne hatte eigene schreiberische Ambitionen und arbeitete mit Ulrike an verschiedenen Projekten. Natürlich kümmerten sich beide um soziale Themen, Heimkinder und so weiter, das waren ja zugleich auch Stätten, von denen man hoffte, dass man Nachwuchs für die Revolution generieren könnte. Sie war eine Mischung aus kalt und nett. Und als Freundin meiner Mutter bemühte sie sich auch um uns. Die damals 30-jährige Herzog hatte Anfang der Sechzigerjahre ihren zweijährigen Sohn in der DDR gelassen und dort zur Adoption freigegeben. 1988 schrieb sie ein karges Buch, in dem sie sich mit der Suche nach ihrem Sohn beschäftigte.[139]

Um Ordnung in der Wohnung kümmerte sich keiner so recht. Schon seit Tagen hieß es, wir sollten jetzt endlich das Kinderzimmer aufräumen. Jetzt sollte es losgehen, aber ich war so müde, dass ich vorher auf einem Sofa im Wohnzimmer eingeschlafen bin. Als ich aufwachte, war es schon dunkel, und ich sah, dass mir jemand meinen Schlafanzug angezogen und mich ins Bett gebracht hatte und dass das ganze Kinderzimmer blitzblank sauber und aufgeräumt war. Jan hatte alles mit meiner Schwester alleine gemacht und mich nicht einmal geweckt. Ich war unendlich erleichtert, ja regelrecht glücklich. 20 000 Jahre Männerherrschaft sollte Jan an Meinhof und Herzog wiedergutmachen, ganz ernst gemeint und ganz platt. Jan gab wirklich sein Bestes. Er war auf jeden Fall drei Monate lang eine unserer liebsten »Bezugspersonen«. Und Homann blieb sowieso unser Peter und ein bisschen unser Ersatzvater.

Zu ganz großer Form lief Peter an unserem 7. Geburtstag am 21. September 69 auf, den wir in der Halberstädter Straße feierten. Von ihm bekamen wir Drachen geschenkt, die er selber gebaut und gestaltet hatte, kleine Kunstwerke. Am Nachmittag gingen wir mit unserer Mutter und Peter auf eine große Wiese, dort bewiesen die Drachen ihre Flugfähigkeit. Als mein Drachen ganz weit gestiegen war, freute ich mich so, dass ich ihn aus Versehen losließ. Er flog eine kurze Strecke und blieb hoch oben in einem großen Baum hängen. Bevor ich mich in Trauer stürzen konnte, steckte Peter einen noch viel größeren Drachen zusammen, den er für unsere Mutter gebaut hatte, die aber keine Lust auf Drachensteigen hatte. Ich war begeistert.

Und es gab noch ein Highlight: Wir bekamen von unserer Mutter und Peter Ölfarben, eine richtige Staffelei und eine ganz tolle Palette, eine echte Künstlerausstattung, und Peter kannte sich in Sachen Farben hervorragend aus, er hatte ja in Hamburg am Lerchenfeld Kunst studiert.

Der Kinderladen blieb unser Zentrum. Und plötzlich war es dann Mode geworden, jeden Nachmittag zu ringen. Auf den Matratzen, auf denen vormittags die neu eingeführten Babys lagen, veranstalteten wir am Nachmittag Ringkämpfe. Das beschäftigte uns über Wochen. Es galten die Profi-Regeln: Wer mit beiden Schultern auf der Matte lag und sich bis 10 nicht befreien konnte, hatte verloren. Die Stars waren meine Schwester und die beiden Amme-Brüder. Alle Kinder, die stehen und laufen konnten, waren dabei, und auch die Erwachsenen guckten zu und johlten.

Willy Brandt wird Bundeskanzler

Nicht nur bei den Ringkämpfen gab es einen Showdown, sondern auch in der großen Politik. Es war Wahlkampf, und diesen Wahlkampf habe ich genauso intensiv verfolgt wie unsere ganze Wohngemeinschaft, die jeden Tag die Berichte über die Wahl im Fernsehen anschaute. Und ich wusste bald sehr genau, dass Rainer Barzel von der CDU klar der Böse war und Willy Brandt unbedingt gewinnen musste. Alle Erwachsenen im Kinderladen und in der Wohngemeinschaft waren für Brandt und ich natürlich auch. Und dann am Wahlabend und am nächsten Tag gab es überall allerbeste Laune, Euphorie: Willy Brandt konnte mit der FDP, die sich in den Prozentpunkten allerdings fast halbiert hatte, eine Koalition mit knapper Mehrheit bilden. Brandt wurde Bundeskanzler. Der erste sozialdemokratische Bundeskanzler der BRD in der ersten sozialliberalen Koalition. Eine Sensation!

Bei uns zu Hause in der WG hing der Haussegen allerdings schief, und ich war maßlos enttäuscht. Ich hatte meine kleinen Daumen für Willy Brandt gedrückt. Und dann das: Meine Mutter erklärte das Ergebnis als Desaster. Mit Brandt würde sich gar nichts ändern, die Linke würde jetzt aufhören zu protestieren, und das wäre das Ende der APO-Revolte. Insofern würde Willy Brandt die »Faschisierung« des Systems der Bundesrepublik fördern, und das sei noch schlimmer, als wenn Barzel an die Macht gekommen wäre.

Da meine Mutter zuvor permanent und vehement gegen Kiesinger geschossen hatte, der jetzt weg war, hatte ich gedacht, dass sie endlich mal mit irgendwas zufrieden sein würde. Ich war enttäuscht, dass sie sich über die Wahl von Brandt keineswegs freute, sondern weiterhin schimpfte, und dies sogar besonders heftig. Aber ich machte diesen Sinneswandel meiner Mutter nicht mit. Ich war, wie viele andere um uns herum, für Willy Brandt, der musste jetzt einfach der Gute sein. Und ich habe ganz doll gehofft, dass unsere Mutter das auch nach einer Weile so sehen würde.

In ihrer Kolumne »Gustav, Gustav«, die sie im März 1969 in *konkret* anlässlich der Wahl Gustav Heinemanns zum Bundespräsidenten schrieb, hatte sie schon ähnlich argumentiert:

Von einem »Machtwechsel« kann nicht die Rede sein. [...] Obwohl der Faschisierungsprozess in der Bundesrepublik und in Westberlin voranschreitet, wird Heinemanns Wahl im In- und Ausland als Sieg der Demokratie, der Demokraten gefeiert. [...] Obwohl Heinemanns Wähler dieselben sind, die den Polizeiterror gegen die Linken verschärfen, freuen sich die Opfer des Polizeiterrors über seine Wahl und setzen Hoffnungen auf ihn. So dient seine Person der Verschleierung dessen, was sich tatsächlich abspielt, weckt Illusionen, falsche Hoffnungen, lähmt, täuscht. Er verschafft den Faschisierern Vertrauenskredit im Ausland, gräbt den linken Kritikern der Bundesrepublik im In- und Ausland das Wasser ab, isoliert die Linke von ihren Sympathisanten, drängt sie noch mehr in die Defensive, liefert sie aus. [...][140]

Heinemann, der Meinhof 1961 erfolgreich gegen Franz Josef Strauß vor Gericht vertreten hatte und der mit Willy Brandt zusammen Hoffnungsträger der bürgerlich-liberalen Linken war, war für die APO zum konterrevolutionären Feind geworden, was verklausuliert ausgesprochen wurde, so wie Meinhof es in ihrer Kolumne vorführte. Sie war also nicht allein. Hätte sie ihre Kolumne in *konkret* noch gehabt, hätte sie wohl etwas Ähnliches auch zur Wahl von Bundeskanzler Willy Brandt geschrieben.

Baader, Ensslin, Proll und Meinhof

Ein Jahr nach der Verurteilung von Baader und Ensslin wegen der Kaufhausbrandstiftung nahm Ulrike Meinhof im Herbst 1969 wieder Kontakt zu den beiden auf. Die waren seit dem 13. Juni 1969 nach 14 Monaten Haft vorläufig auf freiem Fuß. Über ihnen schwebte allerdings das Damoklesschwert, dass die von ihnen eingereichte Revision des Urteils abgelehnt werden könnte. Im Falle einer Ablehnung sollten sie ihre Reststrafe von gut einem Jahr absitzen. Astrid Proll, Weggefährtin und Schwester des Mitbrandstifters Thorwald Proll, erinnert sich:

Als die rauskamen, da traf sich in Frankfurt eine Riesengruppe im SDS-Keller, es wurde ein großes Fest gefeiert. Gudrun und Andreas waren die Helden. Baader redete immer davon, dass man jetzt alle Gefängnisse in die Luft sprengen müsse.[141]

Am selben Abend setzten sich Proll, Ensslin und Baader den ersten Schuss Heroin. Auch Dieter Kunzelmann und seine Freundin Ina Siepmann, beide schwer auf dem Revolutions-, Terrorismus- und Drogentrip, waren bei dieser »Entlassungsparty« dabei. Als Folge bekamen alle Gelbsucht. Drogen, auch härtere Drogen, begannen jetzt, am Ende der Sechzigerjahre, langsam eine Rolle zu spielen.[142]

In Frankfurt hatten linke Gruppen um den SDS damit begonnen, Heimzöglinge aus ganz Hessen zu agitieren. Etliche von den randständigen Jugendlichen waren nach Frankfurt gekommen und wohnten mehr oder weniger illegal bei irgendwelchen Studenten. Auch Baader und Ensslin wollten jetzt, wie die Frankfurter SDS-Leute und Meinhof, Herzog und Homann es in Berlin bereits taten, mit solchen Jugendlichen »arbeiten«, diese politisieren. Astrid Proll schloss sich den beiden in dieser Zeit immer enger an. Peter Homann nannte sie deswegen die »Kammerzofe« von Baader und Ensslin.

Astrid Proll: Wir fuhren alle zu so einem Heim auf dem Land. Es war das sogenannte Staffelberger Heim. Andreas stellte sich mit einem Megafon davor und brüllte: Wir wollen, dass dieses Heim aufgelöst wird, wir sind gegen kapitalistische Anpassungslager, haut alle ab, kommt zu uns nach Frankfurt.[143]

Als Folge dieser Aktion flüchteten tatsächlich an die 50 Jugendliche aus dem Heim und kamen zu Baader, Ensslin und Proll nach Frankfurt. Der spätere Terrorist und Schleyer-Entführer Peter-Jürgen Boock stieß aus einem anderen Heim auch bald dazu.

Astrid Proll: Die wurden jetzt alle bei bisher bürgerlich lebenden Studenten aufgenommen. Auf alle Wohngemeinschaften, die man kannte, wurden diese Jugendlichen verteilt. Und in allen Wohngemeinschaften gab es Streit mit den zum Teil kriminellen Jugendlichen, die alles klauten, asozial waren und nicht mehr wussten, wo es langging. Eine Diskussion lief an. Die Frage wurde diskutiert, ob man die Jugendlichen zu Revolutionären erziehen oder sie für ein normales Leben fit machen sollte. Baader wollte sie kriminalisieren. Gudrun und Andreas waren die »Stars«, sie fuhren mit einem dicken Mercedes herum, nahmen reichlich Drogen, vor allem Haschisch und LSD. Ich wohnte mit Gudrun und Andreas in einem Haus. Ich war der Kassenwart.[144]

Die Filmemacherin Claudia von Alemann lebte damals in Frankfurt, ihr Freund war der *konkret*-Redakteur Lothar Menne. Als ich sie 1998 interviewte, war sie Professorin für Film an der Fachhochschule Dortmund; sie erzählte mir, dass auch bei ihr einige der Staffelberger gewohnt hätten. An Baader erinnert sie sich mit sehr gemischten Gefühlen:

Baader sagte uns Frauen, dass wir doch ruhig mal mit denen schlafen sollten, um denen Liebe beizubringen, das sei doch ein bisschen so unsere revolutionäre Pflicht, aber ich habe mich geweigert. Viele andere Frauen haben das aber gemacht.[145]

Ulrike Meinhof, die sich in dieser Zeit auch mit dem Thema Jugendheime für zwei Rundfunkbeiträge und für ihr Drehbuch »Bambule« über ein Fürsorgeheim, in dem es Randale geben sollte, beschäftigte, zeigte sich angetan von dem chaotischen Heimkinder-Revolutionsprojekt aus Frankfurt. Den Versuch, Heimkinder direkt und ohne Umwege für die Revolution zu agitieren, fand sie fantastisch. Jetzt war es in den einschlägigen Wohngemeinschaften schick, einen »Staffelberger« oder sonst ein Heimkind vorzuweisen. Peter Homann, der alles mitmachte, erinnert sich an ein fürchterliches Treffen mit Baader und Ensslin 1969 auf der Buchmesse in Frankfurt.

Peter Homann: Ich war mit eurer Mutter 1969 zur Buchmesse nach Frankfurt gefahren, wir hatten aber noch kein Quartier, und da trafen wir Ensslin und Baader, die uns herzlich einluden, bei ihnen zu übernachten. Sie gaben uns den Schlüssel und sagten, sie würden zu Hause ein Bett vorbereiten, wo wir schlafen könnten. Doch es war gruselig. Als wir so gegen drei Uhr nachts dahin kamen, sahen wir einen großen Schlafraum, in dem ungefähr zwanzig Staffelberger oder sonstige Leute schliefen, und in diesem großen Raum hatten Baader und Ensslin uns eine einfache Matratze ohne Laken hingelegt, die so schmal war, dass sie gerade mal für eine Person reichte, mit einer Decke und ohne Kopfkissen. Sie selber schliefen piekfein nur zu zweit in einem gleich großen Zimmer ein Stockwerk höher. So sah ja die große Revolution bei denen aus, sie selber wollten die Privilegien haben. Ulrike und ich stritten eine Weile herum, was wir machten sollten, denn zu zweit konnte man auf dieser Matratze wirklich nicht schlafen. Schließlich beschlossen wir, nach Berlin zurückzufahren, und sind also in aller Frühe aufgebrochen. Irgendwann morgens um 6 oder 7 Uhr sind wir dann völlig erschöpft auf einer Autoraststätte im Auto eingeschlafen. Es war alles schrecklich.[146]

Bei einer Recherche in einem Heim in Guxhagen wird Ulrike Meinhof von Astrid Proll begleitet.

Astrid Proll: Einmal hatte sie mich mitgenommen zu einem Heim, das sie für ihre Recherchen besichtigen wollte, sie hatte da richtig einen Termin gemacht als Journalistin. Während sie mit der Heimleiterin redete, machte ich die ganze Zeit Randale, schrie herum, haute mit dem Fuß an die Wand, rief zur Bambule auf oder machte die Heimleiterin mit frechen Bemerkungen an. Also ich machte damals fürchterlich Andreas Baader nach, ich war selber ein kleiner Andreas Baader, ich benahm mich abscheulich, wie ich mich heute nie wieder benehmen würde. Heute ist mir das selber peinlich. Aber Ulrike fand das toll, ich merkte, dass sie das begeisterte, auch vor der Heimleiterin, die natürlich entsetzt war, und das heizte mich an, es immer noch schlimmer zu treiben.[147]

Interessant: Baader und Ensslin übernahmen in Frankfurt bald auch gegenüber dem Jugendamt die Führung der »Lehrlingskollektive«. Sie verlangten Geld und Wohnungen für ihre »Schützlinge«, und als keine rasche Hilfe vom Jugendamt kam, besetzten Baader und Ensslin kurzerhand mit ihren Staffelbergern das Büro des Jugendamtsleiters. Binnen Kürze lebten daraufhin über 30 Fürsorgezöglinge in extra für sie zur Verfügung gestellten subventionierten Gemeinschaftswohnungen. Die Brandstifter avancierten, wenn auch mit kriminellen Begleiterscheinungen, zu »Sozialarbeitern« mit staatlicher Unterstützung. Nach Feststellung des Amtes schliefen die jungen Leute alsbald tagsüber und machten nachts allerlei Randale; eine Ausbildung oder sonst eine Maßnahme zur Integration in die Gesellschaft fand nicht statt. War die Bundesrepublik, die derart kooperativ agierte, jetzt der »Polizeistaat«, den die APO und die Kaufhausbrandstifter nur mit der Anwendung von Gewalt zu mehr Menschlichkeit erziehen konnten?

Meinhof arbeitete in dieser Zeit an dem Rundfunkbeitrag »Bunker Bunker« für den Sender Freies Berlin, der am 26. Dezember 1969 gesendet wurde. Gleichzeitig war sie von Ensslins und Baaders »Jugendarbeit« so begeistert, dass sie eine Geschichte für den *Stern* über die Frankfurter »Lehrlingskollektive« machen wollte. Baader und Ensslin verschwanden allerdings gemeinsam mit ihren Co-Brandstiftern im November und ließen ihre jugendlichen Freunde kurzerhand im Stich. Die inzwischen mit staatlicher Hilfe angeschobenen »Lehrlingskollektive« zerbröselten, Meinhofs *Stern*-Geschichte war futsch.

Der Grund, weswegen sie verschwanden? Die Revision gegen die Verurteilung aller vier Brandstifter Baader, Ensslin, Thorwald Proll und Horst Söhnlein war im November 1969 abgelehnt worden. Um einer Haftstrafe zu entgehen, flohen alle vier Brandstifter nach Paris in die Wohnung des französischen Schriftstellers Régis Debray, dem Kampfgenossen Che Guevaras. Debray seinerseits saß seit 1967 in Bolivien in Haft, wo er 30 Jahre Knast bekommen hatte, allerdings im Frühjahr 1971 nach Intervention der französischen Regierung freigelassen wurde. Eine Abordnung der Staffelberger Jugendlichen kam nach Paris, um verzweifelt die Gurus aus Frankfurt zur Rückkehr zu bewegen, doch Baader konnte diese Typen nicht mehr ausstehen, wie er sagte, und beschloss, von Paris nach Holland weiterzufahren, schon alleine um die Heimkinder abzuschütteln. Von da aus ging es runter nach Italien. Thorwald Proll und Horst Söhnlein hatten sich inzwischen mit Baader und Ensslin zerstritten, trennten sich von den beiden und stellten sich in Frankfurt der Polizei. Astrid Proll war nach Paris gekommen und reiste mit Andreas und Gudrun weiter nach Italien.

Auf diese Weise lebten Proll, Baader und Ensslin schon im Winter 1969 und Anfang 70 für mehrere Monate im Untergrund. Kriminalität und Illegalität stießen niemanden ab. Im Gegenteil, in Italien wurden sie von Intellektuellen, Schriftstellern und Künstlern herzlich aufgenommen. So wohnten sie in Rom bei dem revolutionsbesoffenen Komponisten Hans Werner Henze, der in diesem Sommer so einiges für Revoluzzer tat, und natürlich auch bei der deutschen, in Rom lebenden Schriftstellerin Luise Rinser, einer Freundin Renate Riemecks, die keinen politischen und moralischen Irrtum in ihrem Leben ausgelassen hat, was ihr 1984 eine Kandidatur zur Bundespräsidentin der Grünen einbrachte.[148]

Bambule

Ganz im Trend der Zeit hatte Meinhof das Thema der in öffentlichen Heimen lebenden, regelmäßig als »randständig« beschriebenen Jugendlichen schon früh in ihrem Drehbuch »Bambule« im Sommer 1968 aufgegriffen. Jugendlich war man damals bis zur Vollendung des 21. Lebensjahres, weshalb diese Jugendlichen von den APO-Revoluzzern auch frühzeitig als revolutionäres Potenzial begriffen wurden.

Das Drehbuch, das Meinhof verfasst hat, war keine Sensation, aber es war und blieb das einzige Drehbuch, das sie je geschrieben hat. Ihr Drehbuch hat sie allerdings gerade so betrachtet, wie sie auch sich selbst als ein kleines Weltwunder ansah. Sie wäre nicht Meinhof, wenn sie nicht ihre Umwelt derart auf diese Fährte gezwungen oder mitgerissen hätte, jedenfalls ist auch der mächtige, öffentlich-rechtliche Auftraggeber in der Person von Dieter Waldmann vollkommen in den Bann Meinhofs geraten. So ist Meinhof mit dem Film »Bambule«, der dann 25 Jahre lang gar nicht ausgestrahlt werden konnte[149], in den Köpfen ihrer Biografen mit einem ganz dicken Kommentarspiel und Revolutionsfilm verbunden. Und selbst die technische Universität zu Berlin war damals von einem Meinhof-Fieber erfasst und erteilte ihr, der absoluten Filmelevin, die nur ein einziges Drehbuch abgeliefert hatte, an dem der Regisseur noch Änderungen vornehmen musste, gleich einen Lehrauftrag über Film für das Sommersemester 1970.

Im Dezember 1969 sollten die Dreharbeiten mit dem Regisseur Eberhard Itzenplitz beginnen. Mehrfach hatte unsere Mutter uns mit in das Berliner Fürsorgeheim genommen. Die Mädchen, die wir dort antrafen, waren zwischen 16 und 20 Jahre alt und hatten fast alle Miniröcke an. Sie waren laut und gleichzeitig schüchtern und freuten sich ganz offensichtlich über den Besuch unserer Mutter. Meistens saßen wir mit ihnen in einem leeren Gemeinschaftsraum mit sparsamer Neonbeleuchtung.

Eine von ihnen war Irene G., eine freche, schwarzhaarige 17-Jährige, die ziemlich cool war und schnell bei Ulrike den richtigen Ton traf. Sie wurde ein bisschen das Lieblingsheimkind meiner Mutter, saugte alles auf, was diese sagte. Eine andere, Yeanette, trug nur Herrenanzüge und hatte ganz kurze Haare, die sie mit Frisiercreme zurückstrich. Ich mochte sie recht gern, weil sie ein bisschen trotzig war, aber ein liebes, weiches Gesicht hatte. Sie erzählte, dass sie sich zum Rauchen immer in einem Schrank verstecken musste. Irene und Yeanette fragten unsere Mutter, ob sie ihnen eine Zange besorgen könne, sie wollten aus dem Heim abhauen. Um den Gebäudekomplex war ein Stacheldrahtzaun, die einzige Pforte war bewacht. Meine Mutter steckte mir also das nächste Mal die gewünschte Zange unter meine Jacke und sagte, Kinder würden nicht kontrolliert. Bald hauten Irene und Yeanette tatsächlich ab, und es dauerte nicht lange, da stand Irene G. vor unserer Wohnungstür.

Meinhof versuchte, Dieter Waldmann zu überreden, Irene und Yeanette in dem Film sich selbst spielen zu lassen.

Lieber Dieter Waldmann,
[...] falls Du Itzenplitz noch sprichst: Ich möchte am Samstag, dem 6.9. mit ihm abends Yeanette und Irene treffen. Am Montag sind wir in der Ollenhauerstraße, am Dienstag im Eichenhof. Das geht klar. Irene macht sich übrigens fabelhaft. Sie wird ihre mittlere Reife nachmachen und will dann auf die Akademie für Sozialarbeit gehen. Man wird wirklich ernsthaft zu prüfen haben, ob sie ihre Rolle nicht selber spielen kann. [...] Ihre eigene Entwicklung in diesem Jahr ist erstaunlich, dabei ist sie ganz und gar das geblieben, was sie ihrer Herkunft nach ist: ein Proletarier-Kind.
Herzliche Grüße und vielen Dank
Ulrike Meinhof[150]

»Leute, die die Polizei sucht«

Nach einer langen Pause – wir hatten unseren Vater inzwischen seit fast einem Jahr nicht gesehen – kündigte Klaus Röhl im September 1969 einen Besuch in der neuen Wohnung in der Halberstädter Straße an. Für eine perfekte Besuchsabwicklung hatte sich unsere Mutter einen Berliner Rechtsanwalt genommen, den APO-Staranwalt Otto Schily, der schon die Brandstifter in Frankfurt zusammen mit Horst Mahler verteidigt hatte. Jetzt war sie es, die darauf drängte, dass Klaus Röhl möglichst bald kam. Otto Schily kümmerte sich:

25. Sept. 69
Sehr geehrter Herr Röhl,
Frau Ulrike Meinhof [...] bat, mich in folgender Angelegenheit an Sie zu wenden: Sie haben sich für den kommenden Mittwoch den 1. Oktober 1969 angesagt. Frau Meinhof hält es im Interesse der Kinder für notwendig, dass sie rechtzeitig benachrichtigt wird, ob und zu welchem Zeitpunkt Sie in Berlin eintreffen werden.
Falls Sie nach Berlin kommen können, erwartet Sie Frau Meinhof mit den Kindern in der Wohnung Berlin Halberstädterstr.7, bei Herzog.
Ich bitte Sie, mir möglichst umgehend telefonisch oder schriftlich mitzuteilen, ob Sie am kommenden Mittwoch nach Berlin kommen können und für welchen Zeitpunkt Frau Meinhof mit Ihrem Erscheinen rechnen kann.[151]

Klaus Röhl ließ die »Chefin vom Dienst«, Gitta Moldehn, antworten:

26. September 1969
Sehr geehrter Herr Schily, vielen Dank für Ihren Brief vom 25. September 69, den ich für Herrn Röhl, der zurzeit nicht in Hamburg ist, beantworte. Herr Röhl wird am Mittwochvormittag in Berlin eintreffen. Er bittet dringend darum, die Begegnung mit den Kindern nicht in einer fremden Wohnung und unter fremden Leuten stattfinden zu lassen.[152]

Mein Vater war von der Aussicht, uns in einer Wohngemeinschaft anzutreffen, angewidert und entsetzt, aber er kam.

Otto Schily war offenbar nur für kurze Zeit als Scheidungsanwalt für Meinhof tätig. Rechtsanwalt Kurt Groenewold zürnte sie, seitdem dieser in einem Fall, der die Zeitschrift *konkret* betraf, ein Mandat von Klaus Rainer Röhl angenommen hatte. Daher wechselte Ulrike Meinhof im Oktober 1969 nun endgültig zu ihrem dritten Scheidungsanwalt Heinrich Senfft, damals ein bekannter Hamburger Medienanwalt, der später Politgrößen wie Markus Wolff und Gregor Gysi vertrat. Ihm schreibt sie einen langen grundsätzlichen Bericht über diesen Besuch. Ein für alle Mal möchte sie, so scheint es, mit dem Problem Klaus Rainer Röhl aufräumen:

4. Oktober 1969
[...] Am 22. September vereinbarten wir, dass er am 1. Oktober kommen könnte. Wir wohnten aber zu der Zeit nicht in der Goßlerstraße, weil dort auf einer riesigen Baustelle direkt vor dem Haus, in dem wir wohnen, eine Dampframme arbeitete, sodass ich unerträgliche Kopfschmerzen bekam und das Angebot von Freunden mit einer großen Wohnung, wo Platz für uns war, annahm, vorübergehend dort zu wohnen. Ich bat also Klaus, dorthin zu kommen. Er lehnte das ab. Er nannte uns Rocker und Kommune, er griff zu heftigen Beschimpfungen. Ich bestand aber darauf, dass er dorthin kommen würde, weil es der augenblickliche Aufenthaltsort der Kinder war, wo sie sich wohlfühlten unter Leuten, die mit ihnen spielen, sie bekochen, sie lieb haben. Das Telefonat kam zu keiner festen Vereinbarung – den Kindern hatte er versprochen zu kommen, mir gegenüber stellte er das Versprechen wieder infrage. So freuten sich die Kinder, dass er kommen würde, ich wusste aber nicht, ob wir uns darauf verlassen könnten. Da ich nicht willens war, mir weitere Beleidigungen meiner Freunde anzuhören, ließ ich ihn durch RA Schily schriftlich auffordern, zu erklären, wann wir ihn am 1. Oktober erwarten könnten. Darauf reagierte er nicht. So rief ich ihn am 30. September selbst noch einmal an und sagte ihm, dass ich jetzt von ihm im Interesse der Kinder verlange, dass er kommt. Die Kinder waren sehr aufgeregt, diesmal bekam Regine eine Nabelkolik – sie wollten, dass er kommt, ich musste es durchsetzen, dass er kommt. Er kam auch. [...] Er fühlte sich im Kreis meiner Freunde äußerst unwohl.

Wir gingen am Nachmittag Steifftiere und etwas Spielzeug kaufen – er hatte den Kindern gesagt, er würde ihnen alles kaufen, was sie wollen, als sie dann Wünsche hatten, schimpfte er, er sei nicht der reiche Vater, den man ausnützen könnte – wir gingen essen und zu einem Spielplatz. Abends um 8 Uhr fuhr er weg. Er sagte mir, dass das, was ich mit den Kindern mache – nämlich vorübergehend bei Freunden mit ihnen wohnen, wo außer mir noch andere, die sie lange kennen, sich um sie kümmern, mit ihnen Schularbeiten machen, mit ihnen zum Rummel gehen etc. – dass das Menschenversuche seien, er stellte klar, dass Männer mit etwas längeren Haaren in seiner Redaktion schon an der Tür abgefangen würden, dass er diese »Transvestiten« nicht ertragen könne, dass ich meine Probleme gefälligst mit Hauspersonal zu lösen hätte, dass meine finanziellen Ansprüche an ihn ihm wurscht seien. Er nannte meine Freunde, die gleichzeitig die Freunde der Kinder sind, Leute, die die Polizei sucht – was er sich selber ausgedacht hat. [...][153]

Mein Vater lag allerdings mit seiner Feststellung, dass wir mit lauter Leuten zusammenlebten, die von der Polizei gesucht würden, goldrichtig. Wenn nicht jetzt, so doch in kürzester Zeit wurden fast alle aktuellen Bekannten meiner Mutter und sie selbst von der Polizei gesucht: ob Marianne Herzog oder Jan-Carl Raspe, ob Astrid Proll, Andreas Baader, Gudrun Ensslin oder Irene G. und selbst Peter Homann – alle gingen nur wenige Monate später, selber drängend oder nur mit hineingeraten, für kürzere Zeit oder bis zu ihrem Tod, mit meiner Mutter gemeinsam in den sogenannten Untergrund, in den Terrorismus.

Und auch ihre Anwälte – sei es Kurt Groenewold, Otto Schily, der vornehme Heinrich Senfft oder Horst Mahler und dessen Sozius Hans-Christian Ströbele – werden bald mehr oder weniger vom linken Terrorismus in den Bann geschlagen, sei es als Mittuende wie Mahler, sei es als legale Anwälte, die jedoch wegen starker Befangenheit später selber Verfahren in Bezug auf Mittäterschaft auf sich ziehen wie Groenewold und Ströbele, oder eben als oft überengagierte Verteidiger wie Otto Schily oder Heinrich Senfft.

Meinhof, ein verlogenes Miststück?

Meine Mutter indes möchte nun endgültig mit allen Mitteln das Besuchsrecht von Klaus Röhl einschränken und verhindern, dass er wiederkommt. Sie greift zu einem weiteren Mittel im Kampf gegen Klaus Röhl, zum Rufmord. Sie schildert ihrem Anwalt Heinrich Senfft fast tagebuchähnlich ihr Privatleben in den Jahren 68 und 69 unter der Überschrift »Aufzeichnungen, das Verhältnis von Klaus Rainer Röhl zu seinen Kindern Regine und Bettina Röhl betreffend«. Darin heißt es unter anderem:

02. 10. 1969
Die Ehe zwischen Klaus Rainer Röhl und mir wurde am 27.12.1961 geschlossen und am 28. April 1968 geschieden. [...]

In dem Scheidungsvergleich, den wir geschlossen haben, ist für das Verkehrsrecht des Vaters mit den Kindern keine besondere Regelung vorgesehen – ich glaubte damals noch, mich mit ihm darüber von Fall zu Fall verständigen zu können. [...] Die Ehe war tatsächlich aufgrund seines Umganges mit anderen Frauen hoffnungslos kaputt. Ich habe allerdings erst später das ganze Ausmaß der Zerrüttung erkannt, als ich z. B. lange nach der Scheidung erst erfuhr, dass er während seiner Ehe mit mir schon eine Stadtwohnung gemietet hatte. [...]

Ich reichte aber die Scheidung auch ein, weil ich die Kinder von ihm zu trennen wünschte, weil ich mir im Laufe der Jahre darüber klar geworden war, dass es für die Kinder besser sein würde, mit mir allein zu leben, als mit einem Vater, dessen Verhalten ihnen gegenüber zunehmend bedrohlich wurde und sie ebenso wie mich ängstigte. So schlug er nicht nur sie, sondern auch mich in ihrer Gegenwart, und wenn er betrunken nach Hause kam, machte er oft großen Lärm und schlug und schimpfte dann die Kinder, wenn sie schlaftrunken und weinend aus ihrem Zimmer kamen. [...] Er sagte dann gerne, er sei die Polizei und die Kinder seien die Studenten. Das sollte dann wohl komisch sein, war es aber nicht, da er sie ja tatsächlich heftig schlug. [...] Auch waren wir bezüglich der Zwillingsproblematik uneins. [...] Was in den Augen vieler Erwachsener gerade das Niedliche und Hübsche an Zwillingen ist, zwei gleichaltrige, ähnliche, gleich gekleidete Kinder – das ist für die Kinder selber eine Belastung, die man ihnen, wenn man das einmal begriffen hat, ersparen sollte. Klaus Röhl war nicht allein darauf angewiesen, diese Einsicht von mir anzunehmen – es gibt gründliche, verständliche und zutiefst glaubwürdige wissenschaftliche Untersuchungen darüber. Er vermochte nicht, sich auf diese Problematik einzustellen.

[...] Ich kannte ja schon seine Bereitschaft, bare, physische Gewalt anzuwenden. [...] Mein Ziel war es, mit den Kindern wegzuziehen, es kam mir nicht darauf an, ihn besonders zu verletzen – ich glaubte, ich könnte mir durch freundliches Verhalten auch von ihm freundliches Verhalten einhandeln. Weil mir dies nicht gelungen ist, erwähne ich diese scheinbar nebensächlichen Zusammenhänge. [...] Von seinem Verkehrsrecht hat Klaus Röhl 1968 wenig Gebrauch gemacht. Er hat uns im Juli, im Oktober und Ende Dezember 68 für jeweils einen Tag besucht. Einen Weihnachtsbesuch lehnte ich ab – ich wollte das Weihnachtsfest mit den Kindern im Kreis derjenigen Menschen feiern, die für uns hier in Berlin wichtig geworden waren. Seine Besuche verliefen unruhig, er kam meist nicht zu den angekündigten Terminen, verschob sie immer wieder, kam, wenn er schließlich kam, mehrere Stunden zu spät und verbrachte auch dann einen Teil der Zeit bei uns mit Telefonaten, die er für beruflich notwendig erklärte. [...]

Ich halte Röhls Umgangsformen mit den Kindern für unerträglich. Ich halte es für unerträglich, dass er sie vier Wochen warten lässt, bis er einen angekündigten Besuch verwirklicht. Ich halte es für unerträglich, dass er sie seinen Hass gegen die Leute, die sie lieb haben, spüren lässt. Dass er sie zwingt, sich als Zwillinge anzuziehen. Dass er sie mit Schimpfe und Schlägen bedroht. Ich weiß nicht, ob er, wenn er jetzt einmal mit ihnen allein wäre, das wiederholen würde, was er früher mal getan hat, nämlich ihnen sein erigiertes Glied zeigen, die Bewegungen der Vorhaut und sie auffordern, es anzufassen und zu bewegen. Ich möchte es nicht darauf ankommen lassen.

Ich halte es für unerträglich, dass er seine Tochter Bettina scheinbar im Scherz klapst und dann so heftig, dass er ihr wehtut und sie weint und schreit, um sie dann zu trösten.

Ich kann sagen, ich habe Angst vor Klaus Röhl und seinen Attacken gegen die Kinder und mich. Ich möchte seine Besuche nicht ertragen und dulden, wenn nicht seinerseits absolutes Wohlverhalten und absoluter Respekt vor den Kindern und ihren Bedürfnissen gesichert ist. Ich sehe nach meinen bisherigen Erfahrungen eigentlich nur eine Möglichkeit, uns vor seinen Attacken zu schützen, nämlich indem er nicht mehr kommt. Ich weiß nicht, ob das durchzusetzen ist.

Handschriftlich ergänzt Meinhof ihr Werk so:

Früher sagte Röhl immer zu Bettina: »Du bist dumm, aber hübsch. Wenn man hübsch ist, kann man ruhig dumm sein.« Zu Regine: »Du bist klug, dafür nicht so hübsch.[154]

Unsere Mutter geht in ihrem Rufmord ganz schön weit. Klaus Röhl war niemand, der Frauen oder Kinder schlug, weder nüchtern noch betrunken. Er hat auch meiner Schwester und mir nie sein erigiertes Glied vorgestellt, geschweige denn uns zu einer Berührung aufgefordert.

Fakt ist: Klaus Röhl hatte viele erfolgreiche attraktive Frauen, von denen einige sogar bei uns zu Hause in Blankenese wohnten. Er hat keine gezwungen, sie sind alle von sich aus gekommen, auch wenn sie zwischenzeitlich einmal abgemeldet waren. Und mit sehr vielen blieb er ein Leben lang befreundet. Er spielte seine Spiele, auch mit Ironie und Sarkasmus.

Ulrike Meinhof wird nach ihrem Auszug aus dem gemeinsamen Haus in Hamburg sehr rasch zu dem, was man ein verlogenes Miststück nennt. Neuer Anwalt, neue Realität. Und Meinhofs Dauerdevise: Immer Angriffsmodus, immer Anklagemodus, immer Rechthabemodus, immer die weiblichen Knöpfe bedienen, immer die Klischees durchkauen. Sie fängt an, Lügengeschichten mit ein paar nebensächlichen Tatsachen zu mischen.

»Mein lieber Schwalli …«

An Klaus Röhl schrieb sie:

04. 10. 1969

Lieber Klaus,

ich habe dich gebeten, mir zu schreiben – da Du es nicht tust, muss ich es wohl tun. Ich möchte wirklich nur schriftlich mit Dir kommunizieren – ich stelle mir vor, dass Du schriftlich auf Verbalinjurien leichter verzichten kannst als am Telefon. […]

Es ist auch ganz töricht von Dir, wenn Du glaubst, ich hetzte die Kinder gegen Dich auf. Regine sagte im Fahrstuhl – ich habe das Gespräch ja mit angehört – auf Deinen Vorschlag, dass die Kinder nach Hamburg kommen sollten, den Satz: »Da hast Du ja keine Zeit für uns.« Da kannst Du ruhig ein bisschen selbstkritisch sein und Dich erinnern, dass Du in Hamburg tatsächlich wenig Zeit für sie hattest. Das ist auch realistisch, denn hier werde ich schon dafür sorgen, dass Du Zeit für sie hast und Deine Zeit nicht mit Telefonaten und Gesprächen mit mir vertüdelst.

Mein lieber Schwalli – ich will Dir mal was sagen: Ich finde Dich unheimlich schlecht, und das meiste, was Du tust, kann ich nicht billigen. Aber genau das werde ich den Kindern nicht sagen. Ich werde Dich den Kindern gegenüber noch lange in Schutz nehmen. Aber ich werde ihnen natürlich sagen, dass Du einen Vogel hast, wenn Du Langhaarer nicht leiden kannst, und einen Ticker, wenn Du gegen Marianne bist, und eine Meise, wenn Du sagst, ich solle lieber das Geld für eine Hausangestellte verdienen, statt selbst mit ihnen zu spielen. Ich werde Dich kritisieren, überall wo Du die Kinder in Konflikte bringen willst, die sie nicht aushalten können, ich werde sie stützen und stark machen. Aber das weiß ich auch, dass viel Gutes an Dir drangelassen werden muss, dass Du keine Enttäuschung für sie sein darfst, dass es ein Glück für sie sein muss, Dich lieb zu haben, nachdem Du nun einmal ihr Vater, d. h. ihr erster Mann in ihrem Leben bist. […]

1. Ich will Dir mal was sagen, so wie Du Dich ihnen gegenüber benimmst, so werden sie vielleicht ihr Leben lang denken, dass Männer sich ihnen gegenüber verhalten werden, und deshalb hast Du die

verdammte Pflicht zu kommen, wenn Du gesagt hast, Du kommst, und an Dein Kommen keine lächerlichen Bedingungen knüpfen, sondern dann einfach zu erscheinen, basta.

2. Du kannst meinetwegen an Deinen Aversionen gegen Langhaarer ersticken – aber davon will ich hier keinen Ton mehr hören. Du kannst den Homann ruhig gefressen haben – verdau ihn, scheiß ihn aus – hier, wo wir wohnen, hast Du ihn vollkommen zu akzeptieren, den Kindern gegenüber hast Du ihn gut zu finden, wenn Du das nicht kannst, halt den Mund.

   Verstehst Du, worum es geht? [...]

3. Da die Kinder bei mir leben, da sie mit mir, nicht mit Dir täglich zusammen sind, hast Du jetzt meine Erziehungskonzeption zu akzeptieren. Also – wenn sie Dir voller Stolz ihr völlig unordentliches Zimmer zeigen, hast Du das auch schön zu finden. Du hast sie zu bejahen. Du hast die Pflicht, sie so lieb zu haben, wie sie sind. Das heißt so, wie ich sie erziehe, mit allen Fehlern und Schwierigkeiten und sonst was. Ich stehe letzten Endes für sie ein, nicht Du.

[...] ich habe das Sorgerecht, davon geh bitte aus, so schwer es Dir fällt, und fackel da nicht mit Drohungen rum – [...] Tu lieber was dafür, dass ich es auch weiterhin gut machen kann, als dass Du es mir schwerer machst, als es schon ist. Du kannst auch ruhig mal ein schlechtes Gewissen haben, dass Du mich und die Kinder rausgeekelt hast – ich bedaure das zwar nicht, aber als Vater kannst Du Dich auch ruhig mal ein bisschen schämen. Da denk mal drüber nach. Wir haben natürlich auch noch mehr Hühnchen miteinander zu rupfen. Die Kinderfotos in Jasmin, Dein Anruf, die Piepenfragen – das sind unmögliche Sachen. Aber die werden wir schon klar kriegen.

[...] und jetzt drück Dich nicht um eine Antwort und bramarbasier nicht rum, was Du doch für ein armer Mann bist, sondern überleg Dir, wie Du mal was richtig machen kannst. – Da wir – wie ich hoffe – in Bälde umziehen, möchte ich keine großen Kinderreisen planen, da der Wohnungswechsel selbst dann schon wieder Wechsel genug sein wird, wir uns wieder einleben müssen und alles einspielen. Beste Grüße.[155]

Klaus Röhl antwortete:

Liebe Ulrike,
ich beeile mich, Deinen netten und freundlichen Brief zu beantworten. Es geht also um die Kinder. Ich liebe sie sehr, das Einzige, was Du mir wohl wirklich glaubst.
Ich habe allerdings Aggressionen gegen »das Auswechseln von Bezugspersonen«. [...] Als ich in die Küche kam, gegen deren wie trojanische Ausgrabungsschichten übereinander lagernde Schmutzschichten höchstens Frau Tempel oder meine Mutter Aggressionen haben, ich selbst bin von Haus aus schlampig, das weißt Du, als ich da reintrat, diskutierte man gerade darüber, wie schwer es sei, individuelle Bindungen zu beseitigen. Dagegen, überhaupt gegen pseudoroten Dilettantismus, habe ich was, ich bin für rote Fachleute (Ho Chi Minh). Soll ich den Kindern das verschweigen? Gut. Wie lange noch? Doch nicht bis sie 21 sind. Ich will gerne auf alles Rücksicht nehmen, alles tun, was für die Kinder gut ist, aber warum lügen, wenn sie mich fragen. Sie müssen gerade den Konflikt offen austragen, innerlich wissen sie doch längst und fragen ganz scheinheilig nur, na, Pappi, wie findste denn das, sie wollen es doch wissen. Du willst ihnen alles sagen, und ich soll lügen, heucheln, nee, denk doch noch mal drüber nach, das glaube ich nicht. [...]

Homann dagegen war mir, das kann er bestätigen, vom ersten Augenblick an spontan sympathisch, ein Zusammenleben mit ihm bei Besuchen ist mir überhaupt nicht unangenehm. Aber wenn Kommunemodelle angewandt werden, möchte ich nicht dabei sein.

Gegen Langhaarer habe ich nichts, nur insofern als die narzisstischen Mätzchen die Zusammenarbeit mit der Arbeiterklasse erheblich behindern – oder wollt ihr Euch immer nur mit randständigen Fürsorgeleuten usw. verbünden? [...] Ich danke für diesen sachlichen und freundlichen Brief

Dein Klaus
Also: festen Tag mindestens einmal im Monat?[156]

Ein fast vermasselter Kindergeburtstag

Am 1. Dezember 1969 zogen wir zusammen mit Peter Homann nach Wilmersdorf in eine sehr geräumige Sechszimmerwohnung mit einer großen Wohnküche in der Kufsteiner Straße um. Meine Schwester und ich bekamen ein Schlafzimmer und ein riesiges Spielzimmer. Dann richtete meine Mutter ihre neue große Wohnung ein. Diesmal dominierte nicht mehr der bürgerliche Stil wie noch in der Goßlerstraße, sondern wir bekamen die klassische APO-Einrichtung. In jedem Zimmer wurden diese runden weißen Papierballons aufgehängt, die ich damals auch lässig und modern fand. Weiße Bücherborde an den Wänden und irgendwo im großen Wohnzimmer Mamis Schreibtisch. Zum Bilderaufhängen hatte sie offenbar keine Zeit, die standen in einem leeren Zimmer und in der Besenkammer herum.

Die Wohnung kostete die Journalistin Meinhof 430 Mark warm und war günstiger als unsere Wohnung in Dahlem. Meine Mutter war stolz auf ihre neue, wirklich große Wohnung, die außerdem noch den Vorteil hatte, so nah zum Kinderladen zu liegen, dass wir nachmittags alleine und zu Fuß hin und her laufen konnten. Jutta Lack, die Schwester von Peter Homann, wohnte mit ihrer Familie direkt nebenan. Von Anfang an waren wir fast täglich bei den Lacks, was meiner Mutter weitere Entlastung brachte.

Eine Einweihungsparty gab es auch. Mitte Dezember wurde unser 7. Geburtstag noch einmal bürgerlich nachgefeiert. Jetzt luden wir unsere Freunde und Schulkameraden aus der Königin-Luise-Stiftung ein. Es wurde ein ziemlich großer Geburtstag mit 15 bis 20 Kindern. Darauf hatten wir uns sehr gefreut. Wir waren ja schon häufiger mal bei anderen Kindern zu Geburtstagen gewesen, hatten aber noch nie selber die anderen Kinder eingeladen.

Tage vorher motivierte meine Mutter Peter Homann, der in der neuen Wohnung jetzt fest mit uns zusammenlebte, die Wohnung auf Vordermann zu bringen. Sie ging aufwendig einkaufen, besorgte Girlanden zum Ausschmücken, Würstchen und Kartoffelsalat, Kakao wurde gekocht, Kuchen gebacken und zum Nachtisch sollte es rote und grüne Götterspeise mit Vanillesoße geben. Die Kinder kamen schließlich wie verabredet, und das alles war sehr aufregend für uns. Unaufhörlich klingelte es an der Tür, und artig, in netten Kleidern und Schleifen geburtstagsmäßig zurechtgemacht, standen unsere Schulfreunde und -freundinnen mit ihren Eltern, die sie gebracht hatten, vor unsere Wohnungstür und überreichten uns die Geschenke, die sie für uns Zwillinge hübsch eingewickelt hatten. Alle in Geburtstagslaune.

Wir spielten die Reise nach Jerusalem, ein Ratespiel und irgendwann Topfschlagen. Als meiner Mutter die kleinen Gewinne ausgegangen waren, nahm sie aus einem Geschenk, das ich gerade bekommen hatte, immer wieder ein paar kleine Perlenketten heraus und legte sie unter den Topf.

Ich war empört, traurig, sauer, wütend. Sie ignorierte das. Dann fing ich an zu schreien. Ihre Begründung, das seien ja rosa Plastikperlen, die seien sowieso ganz schlecht für mich, das sei billiger Plastikscheiß, um Mädchen zu verdummen, machte mich noch wütender.

Der Dauerstreit um Kleider, um Mädchen-Accessoires, Kinderschmuck war wieder voll ausgebrochen, und ausgerechnet auf meiner Geburtstagsfeier. Als meine Mutter begann, vor allen Kindern auf mich einzureden und mir wieder mal die ganze Welt zu erklären, rettete Peter die verkorkste Lage. Er nahm mich an die Hand und sagte, er würde mir eine neue, besonders schöne Perlenkette kaufen, ein kleiner Trost.

Immerhin, zur grünen Götterspeise war ich wieder an Bord und nahm noch an dem aufgeregten und fröhlichen Schlussspiel und an der Verabschiedung der Kinder teil. Meiner Mutter nahm ich es diesmal doch ziemlich übel, dass sie mir meine Geburtstagsfeier mit ihrer Diskutiererei beinahe total vermasselt hätte.

Obwohl die Beurteilung der Lehrer und mein erstes Zeugnis es nicht rechtfertigten, verfiel Meinhof jetzt auf den Gedanken, mich ein Jahr zurücksetzen zu lassen. Und diese Idee diskutierte sie bald mit jedem, der ihr über den Weg lief. Nicht genug damit, sie behauptete auch, dass ich selber das wolle und dass sie mir diesen Wunsch erfüllen müsse. Dass ich das natürlich nicht wollte, liegt auf der Hand, und ich wollte auch ganz klar mit meiner Schwester in einer Klasse sein.

Weihnachten 1969

Am 11. Dezember 1969 fragte Klaus Röhl über Kurt Groenewold bei meiner Mutter an, ob er die Kinder über Weihnachten ein paar Tage in Hamburg haben könne. Ulrike könne auch kommen.

Liebe Ulrike Meinhof,
Klaus Röhl bat mich voriges Wochenende, zwischen Euch ein Gespräch wegen der Kinder zu vermitteln. Ich sollte Dir sagen, dass er sie gern in der Weihnachtszeit 2/3 Tage in Hamburg haben würde. Während dieser Zeit kann er sich ausschließlich um die Kinder kümmern, und eine zuverlässige Hilfe ist im Haus.
Außerdem lädt er Dich ein, dort ebenfalls zu wohnen. [...] Bitte ruf ihn sofort an.[157]

Parallel schreibt Klaus Röhl direkt an uns Kinder:

Liebe Regine und liebe Bettina,
hier ist eine Kleinigkeit zum 2. Advent. Kennt ihr das? Man kann damit etwas kneten wie Kaugummi, und dann muss man es im Ofen 10 Minuten backen, dann ist es ganz hart – und dann muss es noch lackiert werden. Damit könnt ihr etwas für Mutti zu Weihnachten basteln, Ketten, Ohrringe oder einen Aschenbecher oder eine Federschale. Wenn es Euch Spaß macht, schreibt, dann schicke ich Euch mehr.
Euer Pappi, der Euch sehr lieb hat.

Nach Weihnachten, ab 26. Dezember, habe ich eine ganze Woche Zeit, da sollt ihr nach Hamburg kommen. [...] und Frau Tempel kocht.[158]

Meine Mutter antwortet ihrem Ex:

15. 12. 1969
Lieber Klaus,
Deine beiden Päckchen – Äpfel und Fimo – haben die Kinder erhalten. Wenn sie nicht so schreibfaul wären, hätten sie sich wohl auch dafür

bedankt, wenngleich ich sie, wie Du weißt, nicht zu solchen guten Manieren erziehe.
Deine Einladung an sie, Dich in den Weihnachtsferien zu besuchen, möchte ich nicht annehmen. Ich habe sie auch nicht ganz ernst genommen, sonst hättest Du Dich sicher mit mir in Verbindung gesetzt.
mit Grüßen Ulrike

Darauf kommt am 20. 12. 1969 ein Telegramm aus Hamburg-Blankenese:

Angebot war ausdrücklich ernst gemeint. Deshalb Übermittlung durch Anwalt. Bitte plane längeren Besuch der Kinder zwischen 26. und 30. ein, ein Brief folgt. Klaus

Am 23. 12. 1969 kommt der angekündigte Brief:

Liebe Ulrike,
ich bitte Dich nochmals dringend, mir die Kinder zwischen Weihnachten und Neujahr zu schicken. Ich habe die Kinder jetzt in einem Jahr nur zwei Mal kurz gesehen, nachdem ich Deine Bitte beachtet habe, eine Pause einzulegen. In meinem irrsinnig angespannten Terminkalender, der durch meinen Beruf entsteht, ist dies auf lange Zeit der einzige Zeitraum, in dem ich hintereinander Ruhe und Zeit habe, mich ganz mit ihnen zu beschäftigen. Für ihre Versorgung und Betreuung wird auch im Übrigen garantiert.

Im Interesse der Kinder und in meinem Interesse ist ganz dringend geboten, dass wir uns länger und intensiv und ohne eine ganze Reihe fremder Leute sehen dürfen. Ich kann Dir nichts über meine Gefühle und Sehnsüchte sagen, Du weißt aber, wie sehr ich an den Kindern hänge und immer hängen werde, und Du weißt auch, dass sie an mir hängen und diese längere oder intensivere Begegnung wollen und brauchen.

Was soll ich noch sagen, um Dich zu überzeugen? Vielleicht noch dieses: dass diese Kinder Dich einmal danach fragen werden, warum Du einen möglichen und ausreichenden Kontakt mit ihrem Vater verhindert hast, den sie gewollt und gebraucht haben. [...] Ulrike, es sind doch UNSERE Kinder. Wenn dieses besitzanzeigende Pronom nicht falsch verstanden wird, das sind doch Menschen, wir sind Menschen, ich auch.

Dazu stimmt es eben nur halb, dass das Schreiben von Antwortbriefen, etwa an die Großeltern, nur »gute Manieren« bedeutet, das Basteln von Geschenken, das Grüßen zum Geburtstag, das alles sind Kontaktaufnahmen, das ist doch keine Konvention, sondern Freude oder Spaß, was haben denn zum Beispiel die Eltern oder die Zwillinge getan, dass Großeltern und Kinder keinen Kontakt mehr haben, wofür werden denn da alle vier bestraft?

Deine Bemerkung, dass Du mein Angebot nicht ernst genommen hättest, weil ich es durch Deinen und meinen Anwalt mit allen Einzelheiten übermitteln ließ, ist mir völlig unverständlich. Bitte antworte gleich. Klaus

Auf diesem Brief fand ich eine handschriftlich hingekritzelte Notiz meiner Mutter:

23. 12. .... er möchte bitte kommen..... er soll doch nicht... seine Besuche sind immer so bombastisch

Ulrike Meinhof ist von Stunde zu Stunde schlechter gelaunt. Unseren Besuch in Hamburg hat sie endgültig abgelehnt, aber Klaus Röhl soll irgendwann nach Berlin kommen. Sie entscheidet kurzerhand für Peter, Regine und mich gleich mit, Weihnachten wird diesmal gar nicht gefeiert. Peter Homann über den 24. Dezember 1969:

Ich erinnere mich an diesen heftigen Disput über Weihnachten. Ich dachte, wenn es überall gefeiert wird, dass wir es doch auch hätten feiern können. Auch für euch Kinder, denn ihr wusstet doch, dass alle anderen Kinder, die ihr kanntet, Weihnachten feiern. Aber sie sagte, ich sei ein sentimentaler Bourgeois, der bei den Kindern ein falsches Gefühl von Gemeinsamkeit erzeugen will. So wurde es ein sehr trostloser Abend, ohne Baum, ohne Geschenke, ohne ein schönes Essen, man saß nur so herum in der fürchterlichen Unordnung und redete den ganzen Abend darüber, dass man nicht Weihnachten feiern sollte. Ich weiß nicht, wie es für euch Kinder war, ihr hattet vielleicht schon etwas erwartet, aber ich erinnere diesen Abend als ganz furchtbar. Es war wohl die totale Negation von dem, was vorher in Hamburg war.[159]

Ich erinnere mich nicht an diesen dunklen Weihnachtsabend, ich vermute, dass einige Schachteln Roth-Händle (Meinhof) und Reval (Peter) in Rauch aufgegangen sind; Ödness, Tristesse und ein bisschen antibürgerlicher Terror.

Einige Tage später kam unser Vater nach Berlin, um uns zu besuchen. Unsere Mutter holte ihn am Flughafen Tempelhof ab, um ihm noch ein paar Instruktionen zu erteilen. Am Nachmittag stand Klaus Röhl in seinem voluminösen Wolfspelz in unserem großen Spielzimmer.

Papi hatte uns zu Weihnachten Gleitschuhe und Stifte, ein Buch und ein paar Kleinigkeiten mitgebracht, und er fragte uns, was wir denn alles geschenkt bekommen hätten. Das war das Stichwort. Unsere Mutter übernahm die Antwort und hielt lautstark einen Monolog, dass Weihnachten Mist sei. Sie erklärte ihm, dass wir diesmal aus gesellschaftspolitischen Gründen nicht Weihnachten gefeiert hätten, weil mit solchen Festen bürgerlich-reaktionäre Chiffren, mit denen die Herrschaft das kindliche Individuum unterdrücke und zur Anpassung zwinge, bei den Kindern verinnerlicht würden. Sich freuen und sich etwas schenken, das könnte man an jedem Tag im Jahr, eigentlich müsste jeder Tag im Leben Weihnachten oder Geburtstag sein. Ihre Kinder sollten nicht lernen, dass Glück nur einmal im Jahr sei. Weihnachten zu feiern sei schon deswegen zynisch, weil die Kinder in Vietnam auch kein Weihnachtsfest hätten.

Ich war erschrocken über die Aggressivität meiner Mutter. Homann lieferte mir später eine Erklärung, warum meine Mutter an diesem Tag so unangenehm war. Sie hatte am Flughafen gesehen, dass Klaus Röhl nicht aus Hamburg, sondern aus Köln gekommen war. Und das bedeutete, dass er mit Danae Coulmas gefeiert hatte, was sie ja nach allem eigentlich auch nicht überraschen konnte. Später erzählte sie Peter Homann, dass dieser Tag für sie das Ende der Illusion gewesen sei, je zu meinem Vater zurückkehren zu können.

An Klaus Röhl prallen Meinhofs Tiraden, mit denen sie bei anderen Menschen immer so viel erreicht, regelmäßig ab. Er reagiert dann spöttisch, zynisch und mit irgendwelchen Clownerien, was die Stimmung einerseits etwas auflockert und andererseits weiter verhärtet.

Wir gingen mit Papi zum Rodelberg und versuchten, dort unsere Gleitschuhe auszuprobieren. Regine war etwas mutiger als ich. Den Rest des Abends haben wir Spiele gespielt und bekamen von unserem Vater neue Federtaschen. Er hatte doch noch ein bisschen Weihnachten nach Berlin gebracht.

»Identifikationsschwierigkeiten mit ihrer klugen Mutter«

Gleich Anfang Januar schickt Klaus Röhl uns einen Brief aus Hamburg:

Liebe Bettina und liebe Regine! Es war so schön, dass ich endlich etwas länger bei Euch sein konnte, dass ich Euch gleich wieder schreiben will. Schade, dass wir nicht noch die Partie Halma zu Ende spielen konnten, aber das machen wir bald, spätestens am Sonnabend der nächsten Woche, also am 17./18. Januar, wenn Mama das passt. Hoffentlich ist dann noch Schnee, dann bringe ich meine Gleitschuhe mit und versuche, das vorher noch ordentlich zu üben. Übt ihr auch weiter? Ich finde, dass Tina das auch bald so gut kann wie Regine. Es ging schon ganz gut. Und was macht die Schule? [...] Und die neuen Federtaschen? Wenn ich das nächste Mal komme, dann sagt ihr mir schon, was ihr gerne haben wollt, dann kaufe ich Euch gerne eine Kleinigkeit, irgendetwas Schönes, was Ihr gerne haben wollt, und Euch aussucht. [...] Esst ihr auch noch immer so gut? Und bleibt gesund und zieht Euch immer was Warmes über den Kopf, ja? Euer Pappa.[160]

Doch diesen Brief und auch die nächsten, die mein Vater uns schrieb, gab Ulrike Meinhof uns nicht mehr. Sie fing jetzt alle Briefe unseres Vaters ab.

Und unsere Mutter ging noch einen Schritt weiter: Peter Homann erzählt mir bei unserem langen Interview im Januar 1997 etwas, das ich zunächst für mich behalten sollte, da es ihn auch Jahrzehnte später immer noch sehr verstöre und damals tief erschüttert habe.

Peter Homann: In dieser Zeit bat sie mich, während wir am Abend wieder mal viel zu viel Wein getrunken hatten, nach Hamburg zu fahren und heimlich nachts die Schrauben der Autoreifen an Klaus Röhls Auto, ein weißer Mercedes, zu lockern, damit er sich am nächsten Tag totfahren würde. Sie meinte das ganz im Ernst. Sie bat mich, das für sie zu tun. Und ich erschrak unheimlich.
Ich sagte ihr: Also jetzt, Ulrike, bist du verrückt geworden, das mache ich nicht, das geht zu weit. Da sagte sie: Ach so, und ich dachte, das würdest du für mich tun. Ich habe lange überlegt, ob ich das irgendjemandem erzähle, aber es zeigt, wie weit damals ihr Hass ging. Es war unglaublich, wie gut sie alles analysieren konnte, und gleichzeitig erstaunlich, wie wenig sie gefühlsmäßig begriffen hatte.[161]

Mein Vater schrieb an meine Mutter:

07. 01. 1970
Liebe Ulrike,
der Aufenthalt bei den Kindern war für mich sehr, sehr schön, und ich glaube, so muss man es machen, nämlich mehr als einen Tag, damit sie wirklich was davon haben. Ich will sie so schnell wie möglich wiedersehen und habe es ihnen auch versprochen und denke, dass es am 17./18. Januar geht.
Leider war unser Kontakt nicht frei von Aggressionen und (zieht man die Grippe ab) für Dich zu strapaziös. Daher mache ich den Vorschlag, dass ich bei einem anderen Mal die Kinder mit einem Wagen abhole und mit ihnen spazieren gehe, essen gehe und wenn es schlechtes Wetter oder Abend wird, in die Wohnung eines befreundeten Journalisten wie Menzel oder Haffner oder zu Neuss fahre oder in mein sehr geräumiges mit Vorraum und Wintergarten ausgestattetes Zimmer im Radloff-Rumland ziehe und sie abends wieder abliefere.

Wir müssen noch länger mit den Kindern leben und daher ein Minimum diplomatischer Kontakte aufrechterhalten. Die Androhung von Verprügelung durch Dir bekannte Leute, die dazu in der Lage sind, das sind sicher sehr viele Menschen, ist unter Deinem und unter unser aller Niveau.
Natürlich war ich auch aggressiv, besonders wenn ich aufgefordert werde, Geld zu spenden oder zu zahlen, immer in Gegenwart der Kinder. Sollte ich wieder in der Lage sein, mehr Geld auftreiben zu können, werden die Kinder auch wieder größere Sachen kriegen, aber ich glaube nicht, dass sie ihre Liebe von der Menge des ihnen geschenkten Geldes abhängig machen. Über die Experimente, die Du und Deine Freunde mit Euren Kindern macht, musst Du mir meine Ansichten lassen, ich habe ja ohnehin keinen Einfluss, da ich auch das Erziehungsrecht abgetreten habe. Es muss genügen, wenn ich nichts Negatives darüber und über andere Dinge sage, Du kannst nicht verlangen, dass ich die Kinder anlüge.

Vor allem bitte ich Dich aber im Interesse des Kindes, ganz dringend von Deinem Plan Abstand zu nehmen, das Kind in der Schule zurückzuversetzen. Das Kind kann über eine so schwerwiegende Entscheidung, die sein ganzes Leben, all seine Jahre, sagen wir zwischen 12–18 oder 20 entscheidend beeinflusst, unmöglich jetzt entscheiden. Wenn es jetzt so eine Idee hat, kann man sie ihm liebevoll ausreden und nicht einfach sagen, es will das, also muss es das haben. Denn Du kannst ja nicht im nächsten Jahr sagen, wenn sie sagt, ich will wieder in die höhere Klasse, ja. Dann geht es ja nicht.
Bedenk das bitte sehr und berat Dich nicht mit zufälligen Bekannten, sondern mit Fachleuten, zum Beispiel mit Tante Hanni oder der Riemeck und z. B. Prof. Brückner, den Du doch wahrscheinlich auch gut findest. Oder Bacia-Werth.
Glaube mir bitte, dass ich es nur gut meine, auch, wenn ich Dein jetziges Leben bedaure, weil ich fürchte, dass Du die Einzige bist, die das alles ernst nimmt und daran langsam, aber sicher hopsgeht, während die anderen, viel Jüngeren, da einfach nur mal mitmachen und später wieder verschwinden, wie schon so viele. Und das schnürt mir vor Wut das Herz ab, daher kommen meine Aggressionen. Ich wünsche nichts mehr als eine Entspannung der Beziehungen.

Am 07.01.1970 schrieb auch Ulrike Meinhof an Klaus Röhl:

07. 01. 1970
Heute kam Dein Brief. Einem Besuch am 17./18. Januar stimme ich nicht zu. Es entspricht auch nicht unseren Vereinbarungen, dass Du den Kindern einen Besuchstermin mitteilst, der mit mir noch nicht abgesprochen ist. Du solltest es aufgeben, mich reinlegen zu wollen. Das »Minimum an diplomatischen Kontakten« kann nicht darin bestehen, dass ich überfahren werde.

Deine Ansichten über Kinderladen und Schule interessieren mich so lange nicht, als sie von keinerlei Sachkenntnis ausgehen und Du auch nicht das geringste Interesse daran zeigst, über diese Dinge etwas zu erfahren. Ich darf aber daran erinnern, wie oft Du in Hamburg zu Bettina gesagt hast, sie sei hübsch und dumm, wenn man hübsch sei, könne man auch ruhig dumm sein, Regine dagegen sei nicht so hübsch, dafür halt klug. Bevor Du heutzutage zu Problemen der Kinder Stellung nimmst, solltest Du einmal über den verbrecherischen Charakter dieser Redensarten nachdenken. Ich kann Dir versichern, dass Dir die Kinder nicht mehr zu Zerstörungsaktionen dieser Art zur Verfügung stehen. Ich kann Dir weiterhin versichern, dass ich mich bezüglich der Erziehung der Kinder mit Personen berate, die ein Interesse an den Kindern haben und fähig sind, über sie und pädagogische Probleme nachzudenken.

Es ist doch wirklich eine bemerkenswerte Tatsache, dass Du zu Bettinas Schulproblem entschieden Stellung nimmst, ohne Dich im Geringsten nach ihnen oder nach Regines Problemen erkundigt zu haben. Dass Du mir irgendwelche Leute zur Beratung empfiehlst, ohne mit einer Silbe gefragt zu haben, mit wem ich und mit welchem Inhalt ich mich beraten habe.

Ehrlich gesagt, Stellungnahmen, die so von keiner Sachkenntnis getrübt sind, nenne ich dummdreist. Ich werde es nicht dulden, dass mir dieserart dummdreist in meine Kindererziehung reingefunkt wird. Deshalb schlage ich vor, dass Du erst wieder einen Terminvorschlag machst, wenn Bettinas Umschulung vollzogen ist, das wird voraussichtlich erst im Februar sein.

Solltest Du Fragen zu diesen Problemen haben, so bin ich selbstverständlich bereit, sie zu beantworten. Da ich ein solches Interesse, als Du hier warst, nicht feststellen konnte, möchte ich mir aber im Augenblick die Mühe ersparen, mich ausführlich zu äußern.
Offen sind noch folgende Punkte:
Die Verwendung von Kinderfotos gegen meinen Willen in Publikationsmitteln.
Dein Anruf im Mai, die Kinder heimlich zu holen.
Mein letztes Honorar.
Meine Entschädigung für den von Euch gebrochenen Vertrag.
Deine Stellungnahme zu den Ermittlungen wegen der Verleumdungen betreffs des Hauses.
Eine Telex-Kostenabrechnung von mir bei Euch.
Die Reisekosten der Kinder vom Herbst 68.
Ich weiß nicht, ob das alles ist. Immerhin es sind gewichtige Punkte. Ich denke aber auch, dass Du Gelegenheit haben wirst, mit meinem Anwalt darüber zu reden.
Mit Grüßen[162]

Nachdem mein Vater bei mir angerufen hatte, um mir mitzuteilen, dass er nächstes Wochenende komme, schrieb meine Mutter gleich noch einmal an Klaus Röhl:

11. 01. 1970
Wir hatten vereinbart, dass Du Dich über Besuchstermine mit mir verständigst und einigst, bevor sie den Kindern verbindlich mitgeteilt werden. Ich lasse mich weder erpressen noch überfahren. Ich bin mit dem 17./18. Januar nicht einverstanden.

Was hast Du unternommen, dass die Ermittlungen gegen mich wegen Einbruchdiebstahl und Verwüstung des Röhl'schen Hauses eingestellt werden? Du glaubst doch nicht im Ernst, dass ich einen Mann in meiner

Wohnung empfange, der mich hinter Gitter zu bringen beabsichtigt.[163] Dass ich einen Mann, der mich so verleumdet hat und damit polizeiliche Ermittlungen begünstigt, für einen Freund meiner Kinder halte.

Vor allen weiteren Verhandlungen zwischen uns erwarte ich zu dieser Frage eine definitive, für mich befriedigende Antwort.

Mein Vater antwortete:

14. Januar 1970
Liebe Ulrike,
ich stelle fest, dass Du wiederum einen Besuchstermin für die Kinder abgelehnt hast. Die Begründung ist in gar keiner Weise einleuchtend, da die Besuchserlaubnis bei den Kindern nichts mit anderen eventuellen Rechtsstreitigkeiten zu tun hat.

Ich kann nichts dafür, dass bei den Ermittlungen gegen die Leute, die in mein Haus eingebrochen sind und Sachen gestohlen haben, gegen alle ermittelt wird, die dieses Haus betreten haben. Ich selbst war nicht dabei, konnte also nichts über Deine Anwesenheit oder Beteiligung aussagen. Auch mit den übrigen Rechtsstreitigkeiten kann die Frage des Kinderbesuches nicht in Verbindung gebracht werden, wie z. B. mit der Tatsache, dass Du eine einstweilige Verfügung bezahlen musst, die Du selbst erlassen hast, oder Leitartikelhonorare für einen Leitartikel forderst, den Du nicht geschrieben hast.

Ich bitte Dich jetzt nochmals mitzuteilen, ob Du bei unserem Briefwechsel vom Dezember bleibst, in dem wir normale Besuche nach vorheriger Vereinbarung abgemacht haben. Es ist im Interesse der Kinder absolut notwendig und auch im Interesse ihres Vaters, dass sie regelmäßig besucht werden dürfen. Da Du den 17. und 18. als Termin ablehnst, schlage ich als nächsten mir möglichen Termin den 24. und 25. vor.

Mit bestem Gruß
Klaus

Die Antwort meiner Mutter:

19.01.1969
Ich stelle fest, dass davon überhaupt keine Rede sein kann, dass ich »wiederum« einen Besuchstermin abgelehnt habe. [...] Ich bat Dich aus gutem Grund, auf Anrufe bei mir zu verzichten. Ich weiß, dass Du telefonierenderweise auf Bösartigkeiten, Verbalinjurien und sonstige Kränkungen nicht verzichten kannst. Ich möchte mir dergleichen aber nicht mehr anhören müssen. Eben deshalb sind wir schließlich geschiedene Leute. [...] Ich entnahm Deinem Anruf, dass der Termin 24./25.1. deinerseits unsicher ist. Du erwartest ja wohl nicht, dass ich zu solchen Eventual-Terminen Stellung nehme. [...]
Du hast auch nie danach gefragt, was aus Tinas Nabelkolik geworden ist, die sie nach Deinem grauenhaften Anruf im Mai bekam, als Du den Kindern, während ich in Hamburg war, vorlogst, ich hätte das Haus verwüstet, und ihnen sagtest, Du würdest sie heimlich holen. Stattdessen hast Du in Hamburg herumerzählt, ich hätte die Kinder anwaltlich vernehmen lassen, daraufhin hätte Tina einen Nabelbruch bekommen.

Und wer schützt mich davor, dass Du nicht neuerlich die Kinder nach meinem Privatleben ausfragst, um die Ergebnisse zu publizieren? Wann hast Du je über den Zusammenhang zwischen Tinas Schulsituation nachgedacht und Deinen Reden zu ihr: Sie sei dumm, aber hübsch, wer hübsch sei, brauche ja auch nicht klug zu sein. Und das in der ödipalen Phase, als Bettina ohnehin Identifikationsschwierigkeiten mit ihrer klugen Mutter hatte.

Siehst Du, das sind alles Probleme, die mich beschäftigen. Dich interessieren sie inhaltlich nicht, Du gehst über sie hinweg, Du urteilst bar jeder Sachkenntnis über die Schulsituation der Kinder, den Hinweis auf diese Probleme tust Du als »Aggressionen« ab. Mit fürstlich-absolutistischer Geste erklärst Du: Ich brauchte Dir nur allein gegenüberzutreten, dann könnte ich alles haben.
Also warten wir mal die Ergebnisse des Kontaktes mit meinem Anwalt ab.
Mit Grüßen
Ulrike

Am 17. Januar 1970 schrieb unser Vater uns erneut:

Liebe Regine, liebe Bettina,
leider konnte ich auch dieses Wochenende nicht bei Euch sein, und deshalb schicke ich Euch einen Fasan, weil ich gerade auf dem Markt eingekauft habe. Man braucht ihn nur in den heißen Backofen zu stellen und dann mit Preiselbeeren und Kartoffeln oder mit Erbsen und Bohnen zu essen. Hoffentlich mögt ihr das, aber sonst wird die Mama es wohl mögen.

Vielleicht bin ich nächste Woche da – sicher ist dann auch noch Schnee da zum Rodeln und Gleitschuhe fahren. Könnt ihr meine Schrift lesen? Ich habe mir große Mühe gegeben. Euer Pappi

Auch diesen Brief erhalten wir von unserer Mutter nicht. Ihrem Anwalt Senfft schreibt sie unter dem Datum 30. 01. 1970 dazu:

Die Kinder haben zwar das Hickhack der letzten Wochen nicht mehr mitgekriegt – ich habe ihnen seine Briefe nicht mehr gegeben.

Und auch seinen nächsten Brief bekommen meine Schwester und ich nicht:

10. 03.1970
Liebe Regine und liebe Bettina,
hoffentlich könnt ihr diese Schrift lesen? Ja? Hier kommt ein schönes Büchlein zum Lesen. Ich glaube, es wird euch gefallen! Und bald komme ich auch und will mit euch noch Schlitten fahren. Ob dann wohl immer noch Schnee ist? Hier liegt ganz viel Schnee um das Haus herum, und nur ein ganz schmaler Weg ist da geschaufelt, damit man in das Haus hereinkommt. Ich bin krank. Auf Wiedersehen und viele Küsse euer Pappi[164]

Es ist unsere Klassenlehrerin, die Ulrike Meinhof davon abbringt, mich zurückzustufen. Viel heiße Luft hatte die Hobby-Pädagogin Meinhof in die Welt geblasen, am Ende bleibe ich in der 2. Klasse, gemeinsam mit meiner Schwester.

Der letzte Besuch

Nach einigen Geburtswehen wird ein Besuchstermin unseres Vaters in Berlin auf den 15. Februar festgelegt. Als Klaus Röhl am Sonntag um 10.30 Uhr verabredungsgemäß vor der Tür steht, um uns abzuholen, sagt ihm unsere Mutter, dass wir an sehr verschiedenen Orten in Berlin bei Freunden übernachtet hätten, er uns aber einsammeln könne, sie gebe ihm die Adressen. Er müsse uns dann allerdings sehr schnell zu einem Kindergeburtstag fahren. Unsere Mutter schildert den Besuch ihrem Anwalt so:

Röhls Besuch am 15. 02. 1970
Der Tag war unter Senffts Mithilfe vereinbart worden. Röhl sollte am 15. vormittags für einen Tag kommen. Einem Sonntag. Er kam auch vereinbarungsgemäß und ohne Umstände.
Am Freitag hatte aber Christine, Tanjas Mutter, angerufen und die Kinder für Sonntag zum Geburtstag eingeladen. Ich sagte gleich, ich weiß noch nicht, ich muss die Kinder fragen, ihr Pappi kommt am Sonntag. Die Kinder sagten: Na, dann kann der Pappi uns ja hinbringen. Seinetwegen auf den Geburtstag zu verzichten kam ihnen nicht in den Sinn. Sie sahen in seinem Besuch keinen Hinderungsgrund, zu dem Geburtstag zu gehen. Ich gab ihnen den Besuch nur zu bedenken, versuchte aber nicht, sie von dem Geburtstag abzuhalten. Röhl rief Freitag an, da sagte ich ihm, dass sie zu dem Geburtstag gehen würden.

Samstag kam nur Regine mit Anke aus dem Kinderladen. Bettina schliefe bei Tanja, Anke bei uns. Tina würden wir Sonntagvormittag bei Tanja abholen können. Als Gine und Anke gebadet hatten und Abendbrot gegessen, wollte Anke plötzlich doch zu ihrer Mami nach Hause, Ankes Mutter, die Kinder telefonierten mit ihr, dabei kam heraus: Regine würde mit zu Anke gehen. Regine sagte: Pappi kann ja morgen früh dahin kommen. Seinetwegen zu Hause bleiben wollte sie nicht.

Die Kinder im Laden schlafen alle gerne ab und zu bei einem anderen Kind. Regine und Bettina dürfen das von mir aus nur samstags, denn wenn sie woanders schlafen oder ein anderes Kind bei uns, wird es immer etwas später, schlafen sie oft erst gegen neun, das ist zu spät, wenn sie morgens um 3/4 sieben zur Schule aufstehen müssen. So freuen sie sich die ganze Woche über darauf, woanders schlafen zu dürfen oder ein anderes Kind bei uns. Ich fand es nun falsch, ihnen um ihres Pappas willen diese Freude zu verderben, weder für sie noch für mich, noch für ihren Vater ist es schön, wenn ein Besuch mit einem Verzicht verbunden ist, der ihnen die Freude an seinem Besuch verderben könnte.

Das Reihumschlafen gehört auch zu ihrer Integration in die Kindergruppe des Ladens, macht sie selbstständig und selbstbewusst, die Erwachsenen sollten das unterstützen.

Dass der Laden für uns eine glückliche Lösung unserer Probleme ist, das findet auch Frau Dr. Schulte, die Leiterin des Hauptkinderheims Berlin, der ich die Kinder voriges Jahr, als ich Sorgen mit ihnen hatte, vorstellte. Als ich sie dieser Tage auf einer Tagung der Internationalen Gesellschaft für Heimerziehung traf, erzählte ich ihr von dem Laden, und sie beglückwünschte mich, dass ich für uns diese Lösung gefunden habe. [...]

Dass Röhl, wenn er vormittags kommen würde, enttäuscht sein würde, dass wir die Kinder erst holen müssen, war mir klar. Ich nahm mir vor, ihm alles freundlich zu erklären und ihn darum zu bitten, die Kinder zu verstehen. Er kam um halb 11 Uhr. Er war nicht nur enttäuscht, er war gleich sehr wütend, er brüllte herum, er bestehe auf sein Besuchsrecht, er wollte augenblicklich wieder abreisen. Ich bat ihn dringend zu bleiben, ich fand es falsch, die Kinder für ihre naive Abwesenheit zu bestrafen, die sie für ganz und gar nicht unvereinbar mit seinem Besuch gehalten hatten. Er blieb, nicht ohne seine heftigen Beschimpfungen im Treppenhaus fortzusetzen, dass es an ihm ist, für die Kinder Verständnis zu haben, wies er weit von sich. Bei Anke und Tanja ging er auch nicht mit hoch, er suche sich die Leute selber aus, die er besuche. Die Kinder kamen mit. Sie waren zunächst etwas verlegen, als sie ihn unten trafen. Ab 2 Uhr fragten sie dann auch schon, wie spät es sei, sie wollten auf keinen Fall zu dem Geburtstag zu spät kommen. Wir brachten sie um 4 Uhr zu Tanja. Röhl erklärte mir dann, er sei über den Zustand der Kinder entsetzt, sie hatten tatsächlich Schnupfen und gerade erst ziemlich scheußliche Windpocken hinter sich. Er behauptete, sie seien immer krank und todunglücklich, ich machte ihnen Schuldgefühle, dass sie ihn lieb haben. Der Laden sei eine Katastrophe. Mein Einwand, dass er ihn gar nicht kenne und nicht wisse, wie er funktioniere, und auch nicht danach frage, wies er zurück, als Journalist brauche er da keine gründlichen Kenntnisse. Er wiederholte den Vorwurf, ich machte Menschenversuche mit den Kindern. Er wollte sich dann noch mit mir bei einer Tasse Kaffee unterhalten. Ich fragte, worüber, ob über die Menschenversuche. Er sagte: allerdings. Ich lehnte das Gespräch ab. Er ging erzürnt und wütend weg. Nach Tinas Schulsituation fragte er nicht. Die Kinder hatten einen schönen Kindergeburtstag. [...] Natürlich haben sie Probleme mit ihm. Durch sein Verhalten trägt er auch kaum zur Erleichterung ihrer Probleme bei.[165]

Wir sahen unseren Vater erst im September wieder. Unsere Eltern haben sich danach nie mehr wiedergesehen.

Mein Vater versuchte noch einmal einzulenken:

Liebe Ulrike,
[...] Nach den missglückten Experimenten möchte ich nun endgültig darum bitten, dass ich die Kinder für den Besuchstermin mit mir nehmen darf. Ich glaube, das ist wirklich besser für alle Teile. Eine Wohnung in Berlin steht zur Verfügung. Lieber wäre mir, du gibst die Kinder abends am Sonnabend in Tempelhof der Stewardess, die so was dreimal am Tag macht, und ich hole sie in Fuhlsbüttel ab, und am Sonntagabend schicke ich sie Dir zurück. Das kostet das gleiche Geld. Ließe sich darüber reden? Die Kinder könnten hier auch Oma und Opa sehen, und alles ist ruhiger.
Herzlichst Dein Klaus

Doch es kommt zu keinem Besuch in Hamburg mehr. Meine Mutter lehnte jeden weiteren Kontakt mit meinem Vater ab.

Streit mit Lai-tu

»Kin-jeh sagte zu Meh-ti: Lai-tu, die Selbstlose, ist mit einem Korb gekommen und hat ihre Geschenke abgeholt. Sie erzählt meinen Feinden, ich bestehle meine Mitarbeiter. Sie ist von Sinnen, was soll ich tun? Meh-ti sagte: Sie muss von Sinnen sein, wenn sie das tut, denn sie liebt dich. Sie fordert viel, weil sie zu viel gegeben hat; sie beschimpft dich zu sehr, weil sie dich zu sehr gepriesen hat. Sorge, dass ihr kein Leid geschieht und sie zu essen hat. Da sie dich liebt, wird sie es erlauben.«[166]

Diese kleine chinesische Geschichte hatte Klaus Röhl in einer Zeitung gefunden. Er schneidet sie aus, klebt sie auf seinen letzten persönlichen Brief an Ulrike Meinhof, der sie am 24. 03. 1970 erreicht, und schreibt dazu mit seiner grünen Cheftinte:

»Oder soll ich alles so verstehen? Dann sag mir's. Dein Klaus«

Ihre zivilrechtlichen Auseinandersetzungen aus Anlass des Sturms auf Redaktion und Haus sowie die Nachwehen des Kolumnenvertrages werden im März 1970 beigelegt. Röhl vertritt seine Interessen nicht sehr vehement und zeigt sich großzügig. Die Korrespondenz zwischen den Meinhof-Anwälten Groenewold und Senfft und Klaus Röhl ist allerdings sehr mühselig: Meinhof, zweifelsfrei Spiritus Rector der letzten SDS-Aktion, dem Sturm auf das Haus und die Zeitschrift *konkret*, ist die Aktion in Blankenese entglitten, so eine Formel, auf die sich die streitenden Parteien jetzt einigen. Auch ein gegen sie eingeleitetes staatliches Ermittlungsverfahren verläuft im Sande.

Offen beschwert sich mein Vater noch einmal bei Meinhofs Anwalt Senfft über das von seiner Exfrau traktierte Besuchsrecht. Rechtsanwalt Senfft rät unserer Mutter, das Besuchsrecht jetzt endlich zu regeln. Doch meine Mutter weicht aus. Sie versucht nun, Zeit zu gewinnen. Auch ihrem Anwalt Senfft sagt sie nicht, dass sie längst mit ganz anderen Dingen beschäftigt ist, dass ein Besuch von Klaus Röhl in Berlin ohnehin nicht mehr infrage kommt, da sie inzwischen mit Leuten zu tun hat, die tatsächlich von der Polizei gesucht werden. Am 22. April 1970 ruft Klaus Röhl den Anwalt Dr. Senfft an, um anzukündigen, dass er nunmehr seinen Rechtsanwalt Damassiotis beauftragen will, die Besuche der Kinder zu regeln.

In einem Brief an ihre Schwester Wienke vom 13. 04. 1970 zeigt Meinhof indes, dass sie Klaus Röhl immer noch als ihren ersten und wahren Feind ansieht:

Wirklich – das einzige Mittel gegen die Angst ist der Hass. Wenn man sie wirklich hasst, wenn man sich wirklich darüber im Klaren ist, dass das die Fressen sind, die als GIs in Vietnam, Persien, Kambodscha, in den Negerghettos, als Werkschutz die Politik des Imperialismus machen – dann kann man was gegen die Angst machen, sich scheiden lassen. Mein GI ist der Röhl. Und meine Angst. Mit der bin ich noch nicht fertig. Als er im Februar hier war, hat Tina ihn pausenlos angegriffen: Warum hast Du Mammi früher mal gehauen? Warum hast du keine langen Haare? Warum ziehst du dich so hübsch an? Warum hast du so viel Geld? Bist du überhaupt ein Genosse? Er versuchte sich auf ziemlich miese Art rauszureden, z. B. damit, dass es verschiedene Arten von Genossen gäbe. Tina bestritt das, es gäbe nur eine Art. Er fragt: Wer sagt das? Sie: Mammi. Ich: Und Mao Tse-tung. Er fragt: Und Du glaubst alles, was Mammi sagt? Sie: Ja. Er: Und was ich sage? Sie: Das glaube ich nicht alles. – Er droht jetzt mit dem Vormundschaftsgericht. Er kann mich mal. Soll er hingehen und beweisen, ich verhinderte seine Kinderbesuche. Er kann es nicht beweisen. [...]

Wenige Wochen später wird die RAF gegründet. Der Kampf zwischen Meinhof und Röhl um die Kinder eskaliert: »Privatleben ist unheimlich politisch«, sagt Meinhof in einem Interview, bevor sie in den Untergrund abtaucht.

ESSAY II

Der Triumph von 68

Meinhof ist Anfang des Jahres 1970 bei allem Revolutionsgedöns sehr stark mit ihrem eigenen Leben beschäftigt. Sie politisiert ihr Privatleben, sie debattiert mit ihrem Exmann über Kindererziehung und stürzt sich auf die Randgruppen- und Heimkinderproblematik.

Sie ist auf der Suche nach der Revolution, die sie irgendwie verloren hat. Und sie sucht die Antworten in der revolutionären Umerziehung der Menschen in der Abkehr von dieser Gesellschaft und in Gewalt. So geht es nicht nur ihr, fast alle Protagonisten der APO-Bewegung fragen sich ratlos, wie es weitergehen soll. Wo ist denn nur die Revolution geblieben, von der sie 1968 noch so sehr beseelt gewesen waren, die sie wie eine Woge der Begeisterung getragen hatte? Man könnte es aber auch so sehen: Die APO-Bewegung hatte den Paradigmenwechsel in der Gesellschaft auf dem Höhepunkt von 1968 bereits bewirkt und ihren »Sieg« über die Gesellschaft nicht erst nach einem »langen Marsch durch die Institutionen« errungen. Des einen Sieg ist regelmäßig des anderen Niederlage, und hier geht es um die Beschreibung des Triumphes der Bewegung, einer gigantischen Macht und Über-Macht des 68er-Sieges und auf der anderen Seite um die griechische Tragödie der Bundesrepublik.

Ihren Durchbruch haben die Protagonisten selber allerdings nicht erkannt, viele von ihnen fühlten sich sogar in diesem Moment gescheitert (auch wenn viele aus der Bewegung dann sehr viel später doch noch Karriere machten, weil die Bewegung selber sie wieder nach oben spülte). Die meisten Historiker und Zeitgenossen reden bis heute von einer »Auflösung«, einem »Zerfall« der 68er-Bewegung nach den Schüssen auf Dutschke, so zum Beispiel Gerd Koenen, Historiker und langjähriges Mitglied der Politsekte KBW in seinem Buch »Das rote Jahrzehnt«. Gerd

Koenen flüchtete, so scheint es, auch wegen des von ihm analysierten »Zerfalls« der APO, also wegen dieser Sinnkrise der APO-Führer und wegen »der eigenen flaumleichten Existenz«[167], mehr als zehn Jahre lang in die »mythische Sonderwelt« der K-Gruppe, die er später, als er 1982 wieder aus ihr auftaucht, nur noch als ein großes »schwarzes Loch« in seiner Biografie empfand. Er ist einer unter vielen

Fritz Teufel, Protagonist der 68er-Bewegung, Kommunarde, selbst ernannter Spaßguerillero und Politstar, Flugblattverfasser (»Burn, warehouse burn!«), späterer Terrorist, anschließend langjähriger Berliner Fahrradkurier, sprach in einem Fernsehinterview mit »Monitor« im Februar 1970 recht cool und geschliffen – wieder einmal wurde er gerade von der Polizei gesucht, was die »Monitor«-Journalisten sensationsgierig mitteilten – sogar von der »Leiche APO«. Auf die Frage, was von der APO geblieben sei, antwortet Fritz Teufel:

»Geblieben ist 'ne große Diskussion, was aus der Leiche APO werden soll, ob wir alle Popstars werden, wie es Langhans vorschlägt, ob die APO 'ne lahme Legalize-Pot-Bewegung wird, ob sich daraus 'ne neue Generation von superschlauen Uni-Deppen ergibt und äh oder ob wir tatsächlich, was wichtig wäre, 'n neues Verhältnis zur Gewalt finden.«[168]

Dann sagt er noch vor der Kamera in einem lang gezogenen Ruf diesen einen Namen: »Mao Tse-tung«.[169] Teufel wurde dann vom APO-Häuptling zum Militanti im Happening-Gewand. Er gehörte damals zeitweilig der Terrorgruppe 2. Juni an, die zum Beispiel im November 1974 den Kammergerichtspräsidenten Günter von Drenkmann umbrachte, dessen konkrete Mörder bis heute nicht eruiert sind. Teufel saß insgesamt acht Jahre im Gefängnis und bedauerte noch kurz vor seinem Tod im Juli 2010 in einem Interview mit dem Tagesspiegel, dass er und das »fröhliche Hippiemädchen« Irmgard Möller, mit der er noch 1969 zusammen war, keine Chance gehabt hätten. Immer hätten entweder er oder später sie im Knast gesessen. Irmgard Möller war als RAF-Mitglied 22 Jahre in Haft. Teufel starb im Jahr 2010 arm, aber, wie es scheint, mit sich selbst im Reinen.[170]

Dieter Kunzelmann, ursprünglich aus Bamberg stammender Kommune-1-Frontmann und neben Teufel Spiritus Rector sämtlicher sogenannter Happening-Aktionen, die seit Beginn des Jahres 1967 die APO-Proteste einleiteten, antipodischer Freund und Weggefährte von Rudi Dutschke, Terrorist der ersten Stunde, der von 1970 bis 1975 im Gefängnis saß, sich noch während der Knastzeit der maoistischen KPD anschloss und schließlich 1983 Abgeordneter der Alternativen Liste in Berlin wurde und heute mit 78 Jahren immer noch als eine Art Kreuzberger Urgestein in Berlin lebt, konstatierte in seinem Buch »Leisten Sie keinen Widerstand. Bilder aus meinem Leben«, das 1998 im Transitverlag erschien: »Die wirkliche Bedeutung der Osterereignisse von 1968 liegt darin, dass in diesen Tagen das Ende der antiautoritären Bewegung eingeläutet wurde.«[171]

Und Ulrike Meinhof spricht in einem ihrer späten Texte, den sie im Gefängnis schon als »Terroristin« verfasst, als sie versucht, ihre Beweggründe für die Gründung der Roten Armee Fraktion in einem Buchprojekt »Bassa« zu Papier zu bringen, von dieser Flaute, diesem Scheitern der Bewegung, die sie dann ab 1970 mit der RAF reanimieren und fortsetzen wollte:

> Die Bildung der RAF hatte in der Tat spontaneistischen Charakter. Die Genossen, die sich ihr anschlossen, sahen darin die einzige wirkliche Möglichkeit, ihre revolutionäre Pflicht zu erfüllen. Angeekelt von den Reproduktionsbedingungen, die sie im System vorfanden, der totalen Vermarktung und absoluten Verlogenheit in allen Bereichen des Überbaus, zutiefst entmutigt von den Aktionen der Studentenbewegung und der APO, hielten sie es für nötig, die Idee des bewaffneten Kampfes zu propagieren. Nicht weil sie so blind waren zu glauben, sie könnten diese Initiative bis zum Sieg der Revolution durchhalten, nicht weil sie sich einbildeten, sie könnten nicht erschossen werden und nicht verhaftet werden. Nicht weil sie die Situation so falsch einschätzten, die Massen würden sich auf ein Signal hin einfach erheben. Es ging darum, den ganzen Erkenntnisstand der Bewegung von 1967/68 historisch zu retten; es ging darum, den Kampf nicht abreißen zu lassen.[172]

Doch es verhielt sich keineswegs so, wie es die festgefahrene 68er-Geschichtsschreibung behauptet, nämlich, dass die 68er-Bewegung bereits im Mai/Juni 68 quasi tot gewesen wäre. Es war vielmehr so, dass das, was die Führer der 68er als »Flaute« nach den Schüssen auf Rudi Dutschke und spätestens seit dem Sternmarsch auf Bonn im Mai 1968 empfanden, eben der von ihnen allerdings verkannte Sieg gegenüber Staat und Gesellschaft war. Die Bewegung hatte eins ihrer Ziele, nämlich den Staat in seinem Kern zu erschüttern, zu destabilisieren, ihn in seiner Selbstverständlichkeit zu zersetzen, erreicht.

Es mag sein, dass sich der SDS marginalisierte, dass die APO-Führer an Bedeutung verloren, dass die APO-Wortführer nicht mehr als einzigartig erschienen, aber das lag nicht daran, dass die Welt wieder reaktionärer wurde, sondern dass das, was sie propagiert und initiiert hatten, zur Massenbewegung, zum Mainstream geworden war. Der berühmte Vietnamkongress vom 17./18. Februar 1968 und die anschließende Demonstration auf dem für sie freigegebenen Kurfürstendamm waren schon der Wendepunkt der 68er-Bewegung gewesen, der zufällig zeitlich zusammenfiel mit der berühmten Tet-Offensive des Vietcong in Südvietnam, die zwar militärisch von den USA zurückgeschlagen wurde, die aber in den USA selber einen Stimmungsumschwung gegen den Vietnamkrieg erzeugte. Das Attentat auf Rudi Dutschke, knappe zwei Monate später, ließ die Stimmung in weiten Teilen der Gesellschaft dann zugunsten der Bewegung umschlagen.

Fast alle wollten nun mitmachen, wollten jetzt links sein, bald wollte jeder in der Gesellschaft beweisen, dass er irgendwie auch etwas links war und jedenfalls »Verständnis« für die guten Ziele der APO hatte. In einer Umfrage des Allensbacher Instituts[173] erklärten zwischen 60 und 70 Prozent der Schüler und Studenten, dass sie Rudi Dutschke, der immerhin das System, die Bundesrepublik Deutschland, abschaffen wollte und von »Stadtguerilla« gesprochen hatte, gut fänden.

Besonders nach der Wahl von Willy Brandt zum Bundeskanzler im September 1969, als sich das steigende Ansehen der APO-Bewegung in einem Wahlergebnis zugunsten der SPD manifestierte (und nicht erst Jahrzehnte später), neigte sich die Waage zulasten des Staates und der Gesellschaft und zugunsten der »Revolutionäre« und der »Revolution«.

Der Staat, was immer das im 68er-Verständnis, in den nebulösen Abstrakta von »Repression«, »Imperialismus« und dergleichen gewesen sein mag, hat damals verloren, das ist meine These. Er ist seither ein verdächtiger Staat, und das alleine ist bereits die Niederlage: Der Staat ist seit dem Paradigmenwechsel von 68 ein zutiefst im Kern bemakelter, ein im Mark erschütterter Staat. Ihm wurde damals eine enorme Bringschuld aufgebürdet und nur eine extrem eingeschränkte Grundlegitimation zugestanden.

Deswegen fehlt dem Staat auch seither die notwendige Identifikationsanziehung, was sich bis heute negativ in der Politik bemerkbar macht, siehe aktuell das unausweichliche Permanentscheitern der Integrations- und Zuwanderungspolitik.

Die APO, der Sozialistische Deutsche Studentenbund (SDS) mit seinen circa 2500 Mitgliedern und eben einem Rudi Dutschke, Bernd Rabehl, Wolfgang Lefèvre, Christian Semler, KD Wolff, Hans-Jürgen Krahl an der Spitze, die Kommune 1 mit ihren Anführern Dieter Kunzelmann, Fritz Teufel und Rainer Langhans und ihrer Entourage und die vielen Schriftsteller, Journalisten und Einzelkämpfer wie Ulrike Meinhof, Peter Schneider, Hans Magnus Enzensberger, Bahman Nirumand, Horst Mahler, Wolfgang Neuss, Klaus Rainer Röhl, Daniel Cohn-Bendit und all die anderen bekannten und unbekannten Gesichter haben den Sieg ihrer Bewegung und damit ihren persönlichen Sieg als solchen allerdings nie recht begriffen, sie haben ihn »verschlafen«. Ihre führenden Vertreter jammerten darüber, dass die revolutionäre Energie, dass ihre Bewegung verpufft sei. Nach der Euphorie der Jahre 1966 bis 1968 war plötzlich die Luft raus, so empfanden sie es, sei die Bewegung zerfallen, und sie fragten sich verbissen, wie sie die revolutionäre Energie wieder neu entfachen könnten.

So ist das eben, wenn man den Gipfel erreicht und keine Idee hat, was man mit dem Sieg anfangen soll. Jetzt hätte natürlich die substanzielle und positive Arbeit an einer noch besseren Gesellschaft beginnen müssen: Der Aufbau hätte beginnen müssen. Stattdessen sehnten sich die »Revolutionäre« nach dem schönen Aufstiegs- und Durchbruchsgefühl zurück, sie sehnten sich nach ihrer Revolution: nach einer Steigerung, nach allem anderen, nur nicht nach Arbeit!

Es herrschte auf dem Höhepunkt von 68 bei dem Führungspersonal totale Einfallslosigkeit. Nicht die jetzt rapide anschwellende Bewegung war es, die abstürzte, nein, es waren die APO-Führer selber, die in ihre Sinnkrise stürzten. Die Umsturzkolumnen, Widerstandsaufrufe, Texte und Reden zündeten nicht mehr, weil das Ziel der Revolution, eben die Macht, die Deutungshoheit über den gesellschaftlichen Diskurs, erreicht und errungen war. Jetzt schrieben *Spiegel*, *stern* und *ZEIT* und die öffentlich-rechtlichen Sender, die den Aufstieg schon begleitet und ermöglicht hatten, plötzlich dasselbe in Massenauflage, was vorher nur in kleineren Revolutions-Zirkeln ausgebrütet worden war. Die APO-Häuptlinge erlitten einen selbst verschuldeten Bedeutungsverlust, weil das, was sie seit Jahren propagiert hatten, plötzlich en vogue war und von den geistig beweglichen Teilen der Gesellschaft ohnehin begrüßt und nachgemacht wurde.

Einfach jetzt einen guten politischen Job machen, gute Universitäten leiten, ein gutes Studium an einer befreiten Universität zu Ende bringen, nicht mehr Revolutionsphantasmen hinterherlaufen, sondern den Aufbau der ersehnten Gesellschaft und der neuen Wirtschaft, um die es den Revolutionären immer gegangen war, betreiben? Wie sollte das gehen, wenn man sich vorher auf den primitiven Imperativ festgelegt hatte, dass Staat und Gesellschaft gewaltsam gestürzt, die Machthaber entmachtet und alle repressiven Strukturen zerstört werden sollten?

Ihre Revolutionsidole, vom atheistischen Ur-Gott Karl Marx über Lenin, Trotzki, Mao Zedong, Che Guevara, Fidel Castro bis zu Ho Chi Minh, boten, das war jetzt das Problem, keinen adäquaten Ansatz, Gesellschaft und Wirtschaft neu zu gestalten. Die Protagonisten fanden bei ihren Idolen keine Anleitung, wie sie am nächsten Tag einen Handwerksbetrieb, einen Großkonzern, eine Bank, eine Versicherung führen oder gar eine Volkswirtschaft konkret gestalten sollten, sodass auch weiterhin jeder Arbeit und etwas zu fressen habe, um Wolf Biermann zu zitieren, und möglichst nicht weniger zu fressen habe als im bösen Kapitalismus, sondern eher mehr. Enteignung, Enteignung, Enteignung, Abschaffung des Kapitals, des Eigentums an Produktionsmitteln, Grund und Boden – das war alles, was in den Köpfen herumgeisterte, die frei waren von jedem wirtschaftlichen Sachverstand.

Peter Schneider beschrieb 2008 in seinem Buch »Rebellion und Wahn« sehr anschaulich eine Szene, wie er und ein paar andere APO-Größen sich als junge Revolutionäre halb im Scherz, aber dann doch sehr ernst gemeint, ausgemalt hätten, wie sie die Stadt Berlin übernehmen würden, wenn sie gesiegt hätten. Sie hatten über eine Räterepublik diskutiert und wer von ihnen welchen Posten übernehmen sollte und wollte.

Peter Schneider: Keine Frage, die revolutionäre Pöstchenverteilung war ein Spiel, ein absurdes und übermütiges Spiel, aber ich kann mich nicht erinnern, dass einer von uns in herzliches Gelächter ausgebrochen wäre. Wir, die Machthaber eines künftigen »Freistaates Westberlin«, waren damals Anfang und Mitte Zwanzig. [...]

Und dann beschreibt Schneider, wie er kurz darauf am Bahnhof Zoo am Häuschen der Bahnaufsicht gestanden und die ein- und ausfahrenden Züge beobachtet habe:

Mit dem leisen Schauder eines Geburtstagskindes, das von seinen Eltern eine viel zu große Spielzeugeisenbahn geschenkt bekommen hatte, hörte ich den Lautsprecheransagen zu, die die Züge ankündigten. [...] Während ich dort stand und die Züge pünktlich, manchmal auch mit angekündigter Verspätung ein- und ausfahren sah, überkam mich ein überwältigendes Gefühl von Überforderung. Wer von uns, überlegte ich, sollte imstande sein, all diese Züge zu dirigieren? Wer würde die Weichen stellen? Etwa der abgebrochene Germanist Hans-Joachim, der nichts als reden konnte? Oder der Theaterwissenschaftler Kajo, der in ewiger Trennung mit seiner Frau lebte und unter Schlaflosigkeit litt? Oder ich, der selbst ernannte »melancholische Revolutionär«? Wir waren allenfalls fähig, die bestehenden Fahrpläne abzuschaffen, wehe uns und den Passagieren, falls wir jemals die Chance erhalten sollten, die deutsche Bahn zu beaufsichtigen.[174]

Doch dann, als der erste, der entscheidende Schritt zum Erfolg erreicht war, als nämlich die Sympathie-Waage in der Gesellschaft zugunsten der APO ausschlug, und dies nicht nur in Berlin: Was fühlten die Sieger? Nichts. Der große Frust, die große Leere war mitten im Jahr 68 bei den APO-Führern ausgebrochen. Die naive Vorstellung der Protagonisten, dass der Sieg der APO in einer Übernahme des Kanzleramtes und der sofortigen Einführung einer Volks- oder Rätedemokratie, einer Diktatur des Proletariats à la Mao zu bestehen hätte, hatte sich naturgemäß nicht erfüllt. Aber die viel wichtigere Deutungshoheit hatten sie erlangt, und sie hatten eine diffuse Zustimmung weiter Teile der Gesellschaft gewonnen. Diesen Gewinn jedoch verkannten sie. Sie nahmen ihn nicht wahr. Sie nahmen die Erklimmung des ersten großen Gipfels als Frust wahr. Was nun?

Stattdessen zerlegten und zersplitterten sie sich in verschiedene Gruppen, in terroristische, kommunistische, maoistische, feministische Gruppen, in eine Drogenszene und in viele, viele weitere Basisgruppen, Stadtteilgruppen, politische Wohngemeinschaften, Schwarze Hilfen, Rote Hilfen und jede Art von Unterstützergruppen mit hochideologisierten Ansätzen. Christian Semler gründete die K-Gruppe KPD/AO, Rudi Dutschke dachte im fernen London eher über die Option eines »Untergrunds« nach, viele APO-Bewegte gingen in die Betriebe, um dort »Arbeiter« zu agitieren, und nicht wenige machten jetzt Ernst mit dem Terrorismus.

War die Bewegung 1968 selbst zahlenmäßig noch eine überschaubare Truppe gewesen, mit etlichen der berühmten Kader an der Spitze und einer kleinen Privatarmee wild gewordener Dauerprotestierer und Dauerstudenten, fand nach 68 plötzlich eine regelrechte Inflation von immer neuen Mitläufern, Scharfmachern und Revolutionsfantasten statt, sodass häufig von einer regelrechten Generationenbewegung die Rede ist.

Die Zahlen der Protestler explodierten, die glühenden Anhänger aus den Schulen und Universitäten des ganzen Landes waren bereits durch die kurzen »Revolutionsjahre« der Alt-Protestler angefixt und brachten sich jetzt erst ein und in Stellung. Die Zuströme der Jüngeren erreichten die Bewegung in Wellen, die Bewegung wuchs also nach ihrem unerkannten Sieg von Jahr zu Jahr, sie explodierte förmlich. Die Protestideologie war plötzlich nicht mehr nur Subkultur von unten, sondern wurde vom Establishment adaptiert. Sehr schnell waren beispielsweise viele Lehrer mit ihren 68er-Ideen radikaler als ihre Schüler.

Der damalige Berliner Polizeipräsident Klaus Hübner ging 1969/70 in die Schulen, um die Schüler über die Arbeit der Polizei aufzuklären und den anschwellenden Vorurteilen gegen Staat und Polizei etwas entgegenzusetzen: »Ich stellte mich mit den Schülern auf eine Stufe, obwohl die frontale Sitzordnung diese Ebene bildlich nicht wiedergab. Mein Gleichheitsangebot wurde auch kaum einmal unbefangen akzeptiert. Wenn man dem Oberbullen gegenübersaß, empfand man sich weniger als Auditorium denn als Tribunal. [...]«[175]

Mit den Studenten waren auch die Schüler in der Bundesrepublik in den Wahn einer kulturrevolutionären APO-Protestmode gefallen, gegen den das bessere Argument zwecklos war. Ein Reporter des *Tagesspiegel* war dabei, als Hübner versuchte, mit den Schülern eines Gymnasiums in Zehlendorf ins Gespräch zu kommen: »Ein Mann und hundert angehende Männer und Frauen. Sie hatten es schwer miteinander, aber sie gaben sich Mühe. Das Misstrauen und die Voreingenommenheit bei den Schülern lagerte wie eine Wolke über der Aula. [...] Schwer zu sagen, ob das eine oder andere, was der Polizeipräsident sagte, ihnen erläuterte, und zwar mit Argumenten und in der Diktion unter Gleichberechtigten, einen Spalt in der Wand der Vorurteile gefunden hat.«[176]

Erst in den Siebzigerjahren wurde die antiautoritäre Jugendrevolte zu einer wirklichen Massenbewegung. Diese dem Augenschein nach zersplitterten Erscheinungsformen in viele verschiedene Gruppierungen bahnten sich ihren Weg in alle Lebensbereiche der Gesellschaft jener Siebzigerjahre. Zusammen bildeten sie eine große Bewegung mit tausend Armen, in der alle miteinander verbunden waren, selbst wenn sie sich zum Teil untereinander erbittert bekämpften. Die geistige 68er-Heimat blieb also erhalten, und die Bewegung und das neue Bewusstsein wuchsen bis in jedes Dorf von der Flensburger Förde bis nach Bayern. Irgendwann in den Achtzigerjahren mündeten die 68er-Ideen und die Personen aus den vielen linksbewegten Gruppierungen in die grüne Partei, strömten auch in die SPD und zu den Jusos. 1998 wurden die 68er mit Gerhard Schröder, Otto Schily und Joschka Fischer Bundesregierung, und dies so lange, bis Angela Merkel sich 2005 an die Spitze der Bewegung setzte und heute die Ziele der 68er und der Grünen umsetzt. 50 Jahre 68er-Ideologie, 50 Jahre 68er-Sieg in Permanenz. 68 ist also eine Siegerideologie, die für jedermann in allen Lebensbereichen die richtige Antwort auf jede Frage weiß, sozusagen die verpopte Variante des wissenschaftlichen Sozialismus. Und die Bewegung rollt, wie schon gesagt, seit 50 Jahren durch die Gesellschaft und findet immer neue Betätigungsfelder, immer neue Imperative: Vietnam, und wenn man darauf keine Lust mehr hat, Palästina; und wenn man darauf keine Lust mehr hat: Feminismus, Abtreibung, neue Ostpolitik, Sexbefreiung, Abschaffung der Familie, Abschaffung aller Autoritäten. Und wenn man darauf keine Lust mehr hat, gibt es den Kampf gegen das Waldsterben und für die Lurche und Kröten, und wenn man darauf keine Lust hat, will man zur Not das Auto abschaffen, und wenn man darauf keine Lust mehr hat, bekämpft man die Kapitalisten, und wenn man darauf keine Lust mehr hat, ist man für die Flüchtlinge, und wenn man darauf keine Lust mehr hat, wird sich schon was Neues finden. Nur die eigentliche Arbeit, das tägliche Geschäft, die schnöde Volkswirtschaft, das interessiert die Ideologen nicht. Denn schließlich: Der Strom kommt aus der Steckdose, das Geld kommt von der Bank, die Milch kommt aus dem Supermarkt und die Urlaubsreise aus dem Katalog. Muss man sich um so was kümmern? Weil die APO-Bewegung damals ihren Durchbruch erlebte, weil die 68er in allen Bereichen in der Gesellschaft an die Schaltstellen der Macht gelangten, weil die Geschichtsschreibung seit 50 Jahren in den Händen der APO-Protagonisten selber liegt, weil Lehrer, Richter, Beamte, Künstler, Politiker seit 50 Jahren 68er oder Post-68er sind, weil 68 das Normalnull in dieser Gesellschaft ist, deshalb ist es schwer, das Phänomen 68 zu beschreiben. Wir sind immer noch mittendrin in 68, 68 ist weitergegangen, hat sich angepasst, modifiziert, hat sich immer neue Themen auf die Fahnen geschrieben.

Identifikation mit der Protestbewegung statt mit dem Staat

68, das heißt: Protestkultur statt Kultur. Protestpolitik statt Politik, heißt Protestjournalismus statt Journalismus, heißt Protestjustiz statt Justiz. Nur dass, wenn Protest Mainstream ist, wenn Protest Regierung und Opposition gleichzeitig ist, Subkultur und Hochkultur, vom Protest nichts übrig bleibt; dass dann linker Protest der aalglatteste, angepassteste, opportunistischste Mainstream und kein echter Protest mehr, nur noch Attitüde ist. Deshalb wird der echte Protest, nämlich der Protest gegen die etablierte Protestkultur selber, bis heute als konterrevolutionär, als autoritär, als rechts, als ewig gestrig, als böse, als imperialistisch, rassistisch oder was noch immer bekämpft und unterdrückt, bis auch die letzte Stimme und das letzte Argument, das eine 68er-Ideologie entlarvt und zur Diskussion stellt, ausgemerzt sein werden.

Allerdings: Ein Staat, dem der »Wille des Volkes«, der Konsenswille, das Verpflichtungsgefühl seiner Bürger, fehlt, ist einen Dreck wert. Daran ändert auch ein durch eine hervorragend laufende Wirtschaft erzeugtes Wohlbefinden, an dem die Bundesbürger sich derzeit 2017/2018 festhalten, nichts. Um das zu verstehen, ist es überaus wichtig, in die Geschichte der Zeit einzutauchen.

Alles in der Menschheitsgeschichte spricht dafür, dass sich die meisten Bürger eine Identifikation mit ihrem Gemeinwesen, ihrem Staat wünschen, dass sie eine Art selbstverständliche Sehnsucht danach haben, in einer grundsätzlichen Übereinstimmung mit anderen Menschen zusammenzuleben.

Aber was passierte damals mit der Identifikation der Menschen mit ihrem Staat, der Bundesrepublik?

Als auf dem Höhepunkt der 68er-Bewegung der Bundesrepublik die Identifikationskraft genommen wurde, konnten die Protestideen der 68er so erfolgreich in die Medien, in den Kulturbetrieb und in die Köpfe in einem bis heute andauernden Prozess implementiert werden, dass die Protestbewegungen selber zu den Identifikationszentren wurden. Statt des Staates wurde die »Revolution«, wurde die Protestkultur zur eigentlichen neuen Identifikationsgröße für die Menschen in der Bundesrepublik und im ganzen Westen.

Nicht mehr der Kanzler Kiesinger, der von einer Mehrheit der Deutschen mittelbar gewählt worden war, sondern Rudi Dutschke, die singulär herausstechende Führungsfigur der APO, wurde zur Kultfigur der Deutschen im öffentlichen Raum. Nicht mehr das Parlament, sondern die Kommune 1 und der SDS und dann, nach deren schneller Auflösung, die wechselnden Zentren der »Revolution« – die RAF, die Hafenstraße, die Rote Flora, die frühe Bewegung der Grünen um Joschka Fischer und Cohn-Bendit, die Hausbesetzerbewegung in Frankfurt und Berlin, die Friedensbewegung, Anti-Atombewegung, die Klimaschützer, die Protestierer der Startbahn West und heute die Globalisierungsgegner und die NGOs, die heute mit ihrem spezifischen Genre das Sagen haben – waren und sind die Identifikationsorgane und -zentren, auf die sogar Bundesregierung und Bundespräsident schauten und schauen.

Nicht mehr die Polizei und die Ordnungskräfte verteidigen aus Sicht des inzwischen 50 Jahre alten 68er-Mainstreams die Bürgerrechte und die Verfassung, sondern die Studenten, die Demonstranten, die Gewaltbereiten, die Protestierer und heute die Antifa standen und stehen seither – unausgesprochen oder ganz explizit – für die Bewachung und Bewahrung der Menschenrechte gerade.

Revolution – und die kam als links daher, was immer das genau war, also linke Revolution, linker Systemumsturz, linke Systemkritik –, das war plötzlich nicht einfach nur »in« und zur allgegenwärtigen Nachahmung voll im Trend, sondern es wurde zur schlechthinnigen Identifikationsgröße bis heute. Die von der Bewegung erfassten Leute identifizierten sich in den Jahrzehnten nach 68 nicht mehr mit dem Staat, sondern mit dem Verdacht gegen den Staat, mit der Verdächtigung des Staates. Statt mit der Bundesrepublik identifizierte man sich jetzt mit dem »Kampf gegen die Bundesrepublik«, mit der »permanenten Revolution«.

Da sich seit 50 Jahren der Protest doch in der Regel sehr abstrakt und sehr allgemein und seltsam umfassend und seltsam prinzipiell und dann auch noch meistens im Gefolge der Ideen der linken Denkfürsten Marx und Mao abspielt, ist die von der Justiz überbordend unterstützte Protestkultur substanziell kaum zu greifen. Sie stellt sich der inhaltlichen Frage nicht, sie bemäkelt alles und liefert selber nichts als Störfeuer.

Natürlich muss Demokratie auch Unsinn und Schwachsinn aushalten, aber das Gleichgewicht zwischen Mehrheit und Minderheit, zwischen Staat und staatsfeindlicher Verdächtigung, zwischen Demokratie und außerparlamentarischer Opposition darf nicht aus dem Lot geraten. Das ist es aber seit 50 Jahren.

Die Revolutionäre, die Protestierer, die Fingerzeiger, die Ankläger, die Forderungssteller sind die geradezu diktatorischen Immer-Rechthaber und müssen weder ihren eigenen Status, ihre Ausbildung, ihren Beruf, ihre Vergangenheit, frühere Taten und Reden noch irgendeine Mindestqualifikation vorweisen.

Die Moral ist seit 1968 nicht mehr bei dem besten, durch das hervorragende Grundgesetz verfassten deutschen Staat, den es je gab, sondern die Moral war fortan, bis heute, bei den Systemumstürzlern, bei den Helden der APO-Zeit, bei den coolen Protestlern, bei den Linksintellektuellen, die auf der Welle der Bewegung mitschwammen, bei den Ausgeflippten, bei den Systemkritikern in Kunst und Kultur, in den Medien, aber auch in der öffentlichen Verwaltung, in der Justiz, bei den gewalttätigen linken Demonstranten, bei den »Empört Euch!«-Aufrufen und heute bei den Globalisierungsgegnern, bei den Hausbesetzern, den Gentrifizierungsgegnern, den Post-post-post-Feministinnen, den EZB-Hassern und natürlich den Heerscharen, die ihren »Kampf gegen rechts« entdeckt haben.

Der Staat kann tun und lassen, was er will, er bleibt ein bemäkelter Staat, der immer noch mehr liefern muss. Nur was? Selbst das, zumindest was die realistische Seite angeht, bleibt vollständig im Dunkeln. Und dass das offen bleibt, ist der größte Pferdefuß, den 68 in die Geschichte eingebaut hat.

Der Staat Bundesrepublik ist durch den Paradigmenwechsel 68, durch seine zerbrochene moralische Legitimation weitgehend reaktionsunfähig gemacht worden. Merkel und die Regierung waren im Sommer/Herbst 2015 nicht mehr in der Lage, obwohl anscheinend willens, die Grenzen zu schließen. Sie trauten sich nicht. Sie hatten Angst vor der heutigen »APO«, sprich vor den Medien, der Opposition, den NGOs, den Antifas und den selbst ernannten und, anders als die Regierung, demokratisch nicht legitimierten Moralaposteln und Empörten in der Gesellschaft. Siehe das Buch des *Welt*-Journalisten und langjährigen Merkel-Kenners Robin Alexander »Die Getriebenen«.[177]

TEIL II

Die Entstehung der RAF

Horst Mahler

Der damalige APO-Anwalt Horst Mahler ist nach meiner Einschätzung der eigentliche Gründer der RAF. Er ist derjenige, der seit Anfang des Jahres 1970 die Gründung einer Stadtguerilla verfolgt und dabei all diejenigen zusammenzubringen versucht, von denen er glaubt, dass er sie für eine Stadtguerilla gewinnen könnte. Horst Mahler konzipiert die RAF gleichsam strategisch.

Er kann nicht nur Manfred Grashof, einen desertierten Bundeswehrsoldaten[178], den er noch vor Kurzem als Anwalt vertreten hatte, und dessen Freundin Petra Schelm, eine 19-jährige Friseurin, sondern auch Monika Berberich, eine Jurastudentin kurz vor dem zweiten Staatsexamen, die bei ihm im »Sozialistischen Anwaltskollektiv« gearbeitet hatte, rekrutieren. Mahler ist auch derjenige, der Ensslin, Baader und Proll aus Rom nach Berlin holt. Und Mahler reist persönlich nach London, um Rudi Dutschke, der dort inzwischen mit seiner Familie lebte, zum Mittun zu bewegen. In diesem Fall allerdings ohne Erfolg.

Wo stand der 34-jährige angesagte APO-Anwalt Horst Mahler damals, der von Rudi Dutschke, Benno Ohnesorgs Witwe, Beate Klarsfeld bis zu den Kaufhausbrandstiftern alles verteidigt und vertreten hatte, was in der APO-Szene Rang und Namen hatte?

Mahler war kurz zuvor als Rädelsführer der Anti-Springer-Gewaltdemo zu Ostern 68 wegen Sachbeschädigung (106 zerbrochene Scheiben, verbrannte Verlagsfahrzeuge und Zeitungen) zu Schadenersatz an den Springerkonzern verurteilt worden, was seine wirtschaftliche Existenz und damit seine Zulassung als Anwalt gefährdete. Axel Springer, der sich und seinen Konzern gegen linke Gewalt über Jahrzehnte nicht recht zu verteidigen wusste, hatte offenbar Horst Mahler auf dem Kieker. Mahler war wie Kunzelmann und Karl Pawla[179] am Abend des Gründonnerstag 1968 ins Foyer des Springerhauses gelangt, während draußen die Brandsätze flogen. Daraus eine singuläre Haftung Horst Mahlers zu konstruieren war einigermaßen abwegig. Denn mit einer plumpen Subsumption unter Täterschaft, Mittäterschaft, Beihilfe war der Fall Horst Mahler nicht zu lösen. Die Anti-Springer-Gewalt war eben ein Massentanz auf dem ideologischen Vulkan, eine Massenpsychose, eine Massenparanoia, weshalb ein Rädelsführerprozess vollkommen sinnlos war.

Die berühmte APO-Schlacht am Tegeler Weg vom 4. November 1968 in Berlin, 130 teils schwer verletzte Polizisten und 22 teils ebenfalls schwer verletzte Demonstranten, im historischen Bewusstsein der 68er bis heute erhalten, ist daher vor allem eine Pro-Mahler Demonstration gewesen. Entzündet hatte sich die vom SDS organisierte Demonstrationsschlacht, an der dann auch ein paar Kriminelle und ein paar Rocker teilnahmen, an ebenjenem Ehrengerichtsverfahren gegen Horst Mahler, dessen Anwaltslizenz auf dem Spiel stand. Mahler kassierte nach einem Schadenersatztitel des Springerkonzerns und dem Ehrengerichtsverfahren Anfang 1970 auch noch eine zur Bewährung ausgesetzte zehnmonatige Freiheitsstrafe wegen »schweren Aufruhrs in Tateinheit mit Landfriedensbruch und Hausfriedensbruch« wegen seines Vordringens auf das Springergelände, die allerdings Stunden nach Verkündung des Urteils wegamnestiert wurde.

Zur Erinnerung: Der böse »Polizeistaat« Bundesrepublik (O-Ton Ulrike Meinhof) hatte im März 1970 unter Bundespräsident Gustav Heinemann eine Amnestie eigens für die inzwischen weit über 7000 »68er«-Straftäter erlassen und das Demonstrationsstrafrecht entsprechend geändert, inklusive Rückwirkung, sodass Mahler sich im Ergebnis einen gleichsam wirkungslosen Schuldspruch eingefangen hatte. Über 5000 Straftäter wurden durch die Amnestie über Nacht legalisiert. Dabei ist zu bedenken, dass die Zahl der Straftaten exorbitant höher war als die Zahl der Ermittlungsverfahren und dass die Zahl der Ermittlungsverfahren ein Vielfaches ausmachte gegenüber der Zahl der Verurteilungen. Es gab mithin eine wahre Massendelinquenz, an die sich auch die vielen namenlosen Protagonisten der Generationen nur außerordentlich schwer erinnern, wenn man sie fragt.

Mahler war also, als er Anfang 1970 begann, eine Stadtguerilla aufzubauen, ein ziemlich gebeutelter Anwalt mit hohem Glücksfaktor. Dennoch war das drohende Berufsverbot für Mahler sicherlich auch ein Motiv, darüber nachzudenken, die Brücken abzureißen und den Schritt der Gewalt, der damals in den APO-Kreisen diskutiert wurde, tatsächlich zu gehen. Im Herbst 1970, als Mahler bereits RAF-Mitglied war, wurde die

Schadenersatzhöhe auf 76 000 DM festgesetzt und ein Berufsverbot gegen Mahler tatsächlich beschlossen.

Noch am 1. Mai 1969 hatte Mahler zusammen mit Klaus Eschen, Ulrich K. Preuß und Hans-Christian Ströbele das »Sozialistische Anwaltskollektiv« gegründet. Jetzt, nur ein paar Monate später, im Winter 1970, war er auf dem Weg in den Terrorismus. Warum? Das wollte ich von Horst Mahler wissen, als ich ihn am 29. November 1998 zu einem Interview in seiner damaligen Anwaltskanzlei in der Kantstraße in Berlin-Charlottenburg traf.

Der heute wegen rechtsradikaler Delikte, vor allem Holocaustleugnung, verurteilte 82-jährige Horst Mahler, der seit vielen Jahren erneut im Gefängnis sitzt, stand damals 1998 als 61-Jähriger gerade im Begriff, vom linken Lager ins rechte zu wechseln. Mahler war 1997 und 1998 nach 10 Jahren Gefängnis, seiner Abkehr von der RAF und seit seiner von Rechtsanwalt Gerhard Schröder, dem späteren Bundeskanzler, miterstrittenen Wiederzulassung als Anwalt im Jahr 1988 wieder ein viel beschäftigter Mann und gern gesehener Gast in Talkshows gewesen. Er war der einzige der vier RAF-Köpfe (Mahler, Meinhof, Baader, Ensslin), der die RAF überlebt hatte, der abgeklärt und geläutert erschien. Politiker mit strammen 68er-Biografien und alte Freunde von Horst Mahler stellten mit Gerhard Schröder, Joschka Fischer, Otto Schily und vielen anderen alten Kämpen, die Politkarriere gemacht hatten, seit Herbst 1998 erstmalig eine rot-grüne Bundesregierung. 30 Jahre nach 68 schien Mahler es als einer von ganz wenigen geschafft zu haben, aus der RAF in ein bürgerliches Leben zurückgefunden zu haben. Als geläuterter Alt-68er und abgebüßter RAFler, der sich von seiner »Verirrung« losgesagt hatte und dank früher Verhaftung auch an keinem Mord je beteiligt gewesen war, schien eine zweite Karriere vor ihm zu liegen.

Mahler begrüßt mich in seiner schicken, großräumigen Anwaltskanzlei im fünften Stock eines schönen Altbaus mit glänzendem Parkettboden und empfängt mich zu einem ausführlichen Interviewgespräch. Er wirkt nett, eloquent, distanziert und aufgeschlossen. Und dann beginnt Mahler, mir seine Erinnerungen an die RAF-Zeit zu erzählen – mit dem Tenor, als sei das damals zwar ein bisschen extrem gewesen, aber doch auch nicht so extrem und im Grunde ganz einfach zu erklären. Zuletzt hatte ich Horst Mahler 1970 als Kind in unserer neuen Wohnung in der Kufsteiner Straße in Berlin gesehen. Jetzt, 28 Jahre später, sah er immer noch so aus, wie ich ihn in Erinnerung hatte.

Bettina Röhl: Wie kam es plötzlich auf dem Höhepunkt von 68 zu dem Gedanken, Stadtguerilla zu machen, wie fing das an?

Horst Mahler: Man muss vielleicht verschiedene Phasen unterscheiden. Es gab ja nach Ostern 1968 intensive Diskussionen, wie geht es weiter, und dann kamen also so revolutionäre Strategien in den Diskussionen auf. Und Revolution sollte es schon irgendwie sein, das ist alles heute schwer nachvollziehbar. Aber eine sehr breite Fraktion innerhalb dieser Gruppierung, es war nicht nur der SDS, sondern eben das, was sich da so als aktives Potenzial um den SDS an der Hochschule gebildet hatte im Zusammenhang mit diesen Osterunruhen, da gab es verschiedene Diskussionszirkel, an einem war auch Rudi Dutschke sehr intensiv beteiligt, und ich bin da in einer relativ frühen Phase dazugestoßen und bin dann aber auch gleich wieder weggeschickt worden mit der Begründung, das ist zu unsicher, das ist sehr experimentell, ich sei zu sehr eine Galionsfigur dieser ganzen Bewegung. Man wollte also Nato-Symbole mit gewaltsamen Mitteln angreifen, und da steckte ich so in Diskussionszirkeln, das war so 1968/69, da gab es eine Auseinandersetzung mit Dieter Kunzelmann und den Leuten um ihn herum, die ja damals schon losgegangen sind, viel früher als wir von der RAF. Das waren auch diejenigen, die zuerst in Jordanien waren. [...] Ich weiß nur, dass Aktionen hier gelaufen sind, und was für mich ganz schlimm war, war diese Gott sei Dank nicht hochgegangene Pattexbombe im jüdischen Gemeindezentrum in Berlin, und ich hatte schnell herausbekommen, woher das kam und wer dahintersteckte. Und da hab ich das ziemlich heftig wohl kritisiert, wie hier mit unserer Geschichte umgegangen worden sei und dass so was unter gar keinen Umständen wieder passieren darf, und habe dann so doziert und doziert, wie ich mir das genau vorstelle, wenn man so was macht. Da guckt er mich groß an und sagt: ja, wenn du das alles so genau weißt, wie man es macht und wie es richtig ist, warum machst du es nicht? Und das war dann ein entscheidendes Argument für mich.[180]

Horst Mahler erzählt mir zuerst von den ersten terroristischen Aktionen und Bombenattentaten in Berlin aus den Reihen der Kommune 1 um den »Kommunarden« und Terroristen Dieter Kunzelmann, die spätestens seit dem Sommer 1969 als »umherschweifende Haschrebellen« und als sogenannte Tupamaros West-Berlin (TW) und gern auch als »Schwarze Ratten« und unter einigen anderen Namen mit Sprengstoffattentaten vor allem gegen Justizpersonal, Richter, Staatsanwälte, aber auch im Jüdischen Gemeindehaus, auf dem Juristenball, im KaDeWe und an einigen anderen Orten umfangreich vorgelegt hatten.

Horst Mahler hatte bei diesen ersten terroristischen Aktionen der Kunzelmann-Gang, wie ich sie nennen möchte, im Herbst 1969 eine Art aktive Beobachterrolle gespielt, wusste von den Aktionen und hatte wohl auch öfter mit Geld ausgeholfen, »auch mit größeren Summen«.[181]

Die Kunzelmann-Gang

Aus der Kommune 1, die bei den meisten Menschen irgendwo im Hinterkopf als Sex-Kommune herumgeistert, war zu diesem Zeitpunkt längst eine Terror- und Drogen-Veranstaltung geworden. Dass genau diese Kommune ziemlich das Gegenteil von dem war, wofür sie heute noch bekannt ist, ist ein Witz der Geschichte.

Während Rainer Langhans und das 68er-Topmodel Uschi Obermaier, die witzigen und nett anzusehenden und bei allen Exzessen auch sympathischen Aushängeschilder der Kommune 1, im November 1969 auf dem Titelbild des *stern* als APO-Traumpaar erscheinen und dieser endgültig den Stempel einer Liebeskommune aufdrücken, landete genau diese Kommune und ihr Umfeld zur selben Zeit in den krassesten Terror- und Drogenexzessen, die in Summe in jahrzehntelangen Gefängnisstrafen (Irmgard Möller, Brigitte Mohnhaupt, Dieter Kunzelmann, Bommi Baumann, Fritz Teufel, Andreas Baader usw.), in frühen Toden (Ina Siepmann, Georg von Rauch, Thomas Weisbecker usw.) und lebenslanger Flucht (Albrecht Fichter usw.) endete.

Die Kunzelmann-Sekte, wie man die Kommune 1 vielleicht zutreffender nennen sollte, hatte unter anderem ein Problem, das sie auch erschütternd offen propagierte: Orgasmusprobleme. Orgasmusprobleme und die Unfähigkeit zu irgendeiner Kommunikation ohne ideologische Exzesse waren offenkundig der Treibsatz für Terror und Zerstörung. Auch die oft zum Diktat verkommene freie Liebe trieb viele von den APOs in tiefe Verzweiflung. Motive aus dem intimsten eigenen Bereich, keineswegs immer sexueller Natur, spielten eine in der Geschichtsschreibung weit unterschätzte Rolle, wenn es um die Bewertung der plötzlich in Mode gekommenen politisch kaschierten Gewaltbereitschaft einer ganzen Bewegung ging.

Und es hatte eine Annäherung an die Palästinenser gegeben: Reisen nach Jordanien in sogenannte Ausbildungslager der Palästinenser. Nicht nur Dieter Kunzelmann war mit Freunden, der späteren Terroristin Ina Siepmann, Albrecht Fichter[182] und dem späteren Terroristen Georg von Rauch in Amman gewesen, ließ sich von den Palästinensern kurz an der Waffe ausbilden, wurde von PLO-Chef Arafat empfangen und für die palästinensische Sache im Kampf gegen Israel begeistert, eingespannt, gewonnen. Im Juli 1969 hatte auch schon eine 20-köpfige Delegation des SDS aus Frankfurt, Hamburg, Heidelberg und Aachen die palästinensischen Kampflager in Jordanien auf Einladung der Al Fatah und der Demokratischen Front für die Befreiung Palästinas (DFLP) besucht, inklusive einer Waffenausbildung an der Kalaschnikow. Auch der spätere grüne Spitzenpolitiker und zeitweilige Bundesaußenminister Joschka Fischer (1998–2005) nahm bekanntlich als Mitglied einer fünfköpfigen Delegation des SDS aus Deutschland im Dezember 1969 an einer Palästinenser-Unterstützer-Konferenz in Algier teil.[183]

Es war der Tiefpunkt des SDS kurz vor seiner Auflösung. Der SDS und die Kunzelmann-Leute hatten Palästina, nachdem sie keine Lust mehr auf Vietnam hatten, zum eigentlichen revolutionären Land erkoren und damit auch einen neuen Feind, nämlich Israel, als neuen »imperialistischen« »faschistischen« Gegner für sich entdeckt. Der *Spiegel* schrieb damals:

Studentendelegationen aus aller Welt reisten im Sommer 1969 Richtung Nahost, um in palästinensischen Ausbildungslagern den Schulterschluss im antiimperialistischen Befreiungskampf zu proben. Bassam Abu Scharif, ehemals PFLP-Sprecher und derzeit Berater in Arafats Stab, sieht den Revolutionstourismus noch heute als großen PR-Erfolg: »Das war eine Riesenchance. Nicht, um Kämpfer zu rekrutieren. Die hatten wir selbst, und zwar bessere. Wir wollten Leute gewinnen, die in ihren Ländern für die palästinensische Sache werben.«[184]

Wer das Buch »Die Bombe im Jüdischen Gemeindehaus« von Wolfgang Kraushaar aus dem Jahr 2005 liest, kommt nicht umhin anzunehmen, was der Autor auch andeutet, dass es den Palästinensern gelungen ist, Leute für die »palästinensische Sache zu werben«. Kraushaar fragt in seinem Kapitel »Im Auftrag oder aus eigenem Antrieb?«, ob es sich bei dem Anschlag zum Beispiel auf das jüdische Gemeindehaus nicht doch »um eine Auftragsaktion gehandelt haben könnte. [...] Ein Auftrag, für den vor allem Auftraggeber infrage gekommen sein dürften, die unter den Palästinensern, genauer den militärischen Ausbildern im jordanischen Trainingscamp zu suchen sind. [...] Wurden bei diesem Aufenthalt Absprachen getroffen, und wenn ja, welche? Behauptet wird jedenfalls von einem früheren Mitglied der Tupamaros West-Berlin, dass in dem Ausbildungslager in Jordanien einer oder mehrere Palästinenser als Kontaktpersonen genannt wurden, die nach der Rückkehr nach Berlin in Frankfurt für Absprachen bereit gewesen sein sollen.«[185]

Man könnte auch fragen – Kraushaar vermeidet diesen Ausdruck –: War Kunzelmann, waren einige andere, die im Jahr 1969 aus Jordanien nach Deutschland zurückkehrten, so etwas wie »palästinensische Agenten« geworden, die für die palästinensische Sache arbeiteten, und waren deswegen so viele der terroristischen Ziele der Kunzelmann-Leute aus dem Winter 69/70 so klar antiisraelisch, um nicht zusagen, antisemitisch?

Kraushaar verweist auf ein Treffen Kunzelmanns im November 1969 mit einem Al-Fatah-Vertreter aus Frankfurt, das Kunzelmann in seinem Notizbuch vermerkt hatte.[186] Laut seiner damaligen Weggefährtin und späteren Zeugin Annekatrin Bruhn hatte Kunzelmann in Frankfurt auch einmal von einem solchen Mittelsmann Geld für einen Rückflug nach Berlin bekommen.

Die Kunzelmann-Kommune-Gang, der auch der spätere Terrorist und Kopf der »Gruppe 2. Juni«, Bommi Baumann, angehörte, hatte jedenfalls gemäß ihrer neuen Philosophie, dass Israel der neue Feind und Palästina das neue Vietnam sei, auch zunehmend antiisraelische, antisemitische Ziele ausgeguckt, siehe die Bombe auf das jüdische Gemeindehaus am 9. November 1969, die nicht zündete, und siehe auch den Brandanschlag auf das El-Al-Büro in Berlin. Der offensichtliche Drahtzieher Kunzelmann wurde trotz einer inzwischen ganz hervorragend von Wolfgang Kraushaar herausgearbeiteten Indizienlage und solider Zeugenaussagen nicht belangt.

Wolfgang Kraushaar schreibt:

Das Eingeständnis desjenigen, der die Bombe am 9. November hinter der Garderobe versteckt hat, liegt schließlich vor. [Albrecht Fichter, Anm. d. Autorin] Kunzelmann war aber mutmaßlich dessen Auftraggeber. Vielleicht nicht der alleinige, aber – nach allem, was darüber bekannt ist – wohl der entscheidende. Mit Geschick zog er aus dem Untergrund die Fäden. Er hatte seine Leute, die bereit waren, für ihn durchs Feuer zu gehen. [...] Kunzelmann war – von der bereits aufgeworfenen Frage nach möglichen, wenn nicht gar wahrscheinlichen Hintermännern einmal abgesehen – jedenfalls vor Ort der Kopf der Aktion, der Planer, der Auftraggeber, Spurenverwischer und falsche Spurenleger in einem.[187]

Kunzelmann hatte im November 1969 in dem anarchistischen Szeneblatt *Agit 883* in seinem »Brief aus Amman« Palästina zum neuen Vietnam erklärt und die Linken zum Terrorismus aufgerufen:

Palästina ist für die BRD und Europa das, was für die Amis Vietnam ist. Die Linken haben das noch nicht begriffen. Warum? Der Judenknax. Wir haben 6 Millionen Juden vergast. Die Juden heißen heute Israelis. Wer den Faschismus bekämpft, ist für Israel. So einfach ist das, und doch stimmt es hinten und vorne nicht. Wenn wir endlich gelernt haben, die faschistische Ideologie »Zionismus« zu begreifen, werden wir nicht mehr zögern, unseren simplen Philosemitismus zu ersetzen durch eindeutige Solidarität mit Al Fatah, die im Nahen Osten den Kampf gegen das Dritte Reich von gestern und heute und seine Folgen aufgenommen hat.[188]

Dieses Statement, das Wort vom »Judenknax«, der offenkundige *Antisemitismus* des linken Kommunemannes Kunzelmann, muss jedenfalls in der Szene derjenigen, die Stadtguerilla und Revolution in dieser Zeit befürworteten, auf Kritik gestoßen sein, wie Mahler sie in unserem Gespräch im Jahr 1998 zum Ausdruck bringt.

Und Kraushaar verweist noch auf einen anderen Einheizer und Mentor der 68er-Bewegung, der damals die Idee, »Stadtguerilla« zu machen, vorantrieb: den Schriftsteller Hans Magnus Enzensberger. Der damals von Enzensberger herausgegebenen Monatszeitschrift *Kursbuch,* dem wohl wichtigsten Medium der APO nach 1968, hatte im Oktober 1969 ein »Kursbogen«[189] mit der dicken Überschrift »Stadtguerilla Neue Strategie« beigelegen, in dem unmissverständlich Werbung für den bewaffneten Kampf nach dem Vorbild der Tupamaros (T) gemacht wurde und die südamerikanischen Guerilleros als Helden dargestellt wurden. Ohne Zweifel, Stadtguerilla, Revolution, Terrorismus – das war das, was Ende des Jahres 1969 die früheren APO-Häuptlinge umtrieb und beschäftigte.

Der Chefdesigner der RAF

Wenn einige Hintermänner und Helfer wie Horst Mahler wohl selber zuvor auf die »Tupamaros West-Berlin« als Avantgarde des Terrorismus gesetzt hatten, so sahen sie sich Ende 1969 enttäuscht und wendeten sich von der Kunzelmann-Gang ab. Und so hatte sich Mahler offensichtlich entschlossen, selber aktiv zu werden. Festzuhalten bleibt, dass aus dem linken Lager, aus der SPD und den Gewerkschaften usw., einhellige Kritik und Ablehnung gegenüber dem versuchten Brand- oder Mordanschlag auf das jüdische Gemeindezentrum zu hören war, was nichts an der Tatsache ändert, dass seit den damaligen Zeiten ein zynischer Anti-Israelismus, oft einen Antisemitismus kaschierend, bis heute im linksradikalen Lager anzutreffen ist. Kunzelmann war mit seinem Antisemitismus und seinem »Judenknax« zu weit gegangen.

Für Leser, die die Zeit nicht miterlebt haben: Die Palästinenser, die damals mit der Kalaschnikow, dem Symbol ihrer Befreiungsarmee, unterwegs waren, um ihren eigenen palästinensischen Staat durchzusetzen, waren Sozialisten, Kommunisten, hatten ganz enge Beziehungen zur DDR und zu Moskau und waren nicht aus religiösen Gründen gegen Israel. Die PLO wurde lange selber noch als Terrororganisation geführt. Die deutschen Revoluzzer, die nach Palästina fuhren, taten dies, vereinfacht gesagt, um das Terrorhandwerk zu lernen. Mahler verurteilte damals jedenfalls nicht, dass viele SDS-Leute und die Kunzelmann-Leute nach Jordanien in palästinensische Ausbildungslager gefahren waren. Er verurteilte den auf diese Reise folgenden Anschlag auf das jüdische Gemeindezentrum in Berlin, das nach den Kaufhausbränden von 1968, die ich als erste Terroranschläge in Deutschland werte, das nächste Terrorobjekt geworden war.

Bettina Röhl (in ihrem Gespräch mit Horst Mahler): Du wolltest das jetzt also besser machen als die Kunzelmänner, du wolltest eine eigene Stadtguerilla aufbauen?
Horst Mahler: Ich habe mich dann erinnert, dass da eine Gruppe ist, nämlich Andreas Baader, Gudrun Ensslin und ihre Freunde, und ich wusste, wo sie sind, die waren abgetaucht nach Italien. Und bin dann also als Erstes nach Italien gefahren. Ich hab dann in München noch 10 000,- DM, die gespendet wurden von irgend so einer Kulturgröße, mitgenommen, damit sie sich da ein bisschen in Rom noch halten und bewegen können, und habe eine Nacht lang mit denen diskutiert.[190]
Bettina Röhl: 10 000 DM von irgendeiner Kulturgröße, sagst du. Hat nicht auch die DDR ganz kräftig mit Geld und logistisch im westdeutschen Terrorgeschehen mitgefingert? Gab es Kontakte mit der DDR? Immerhin die Destabiliserung des Westens lag ja zentral im Interesse der DDR-Führung? Du warst im Vorstand des Berliner Republikanischen Clubs, der auch von der DDR unterstützt wurde, und seit 1969 hattest du zusammen mit Christian Ströbele, Klaus Eschen, Ulrich K. Preuß und anderen das »sozialistische Anwaltskollektiv« gegründet. Wie sahen die Beziehungen zur DDR aus, gab es auch Geld von der DDR?

Mahler verneint weitgehend, aber nicht ganz. Er gibt lapidar zu, auch mal Geld von der SEW (der SED in Westberlin) bekommen zu haben, zum Beispiel von Leuten aus dem Republikanischen Club. Das sei aber nicht viel gewesen, versichert Mahler mir. In seiner entwaffnenden offenen Art, die alles ganz selbstverständlich erscheinen lässt, erzählt er:

Horst Mahler: Es gab auch Kontakte, die natürlich nicht öffentlich waren. Das war nichts Sensationelles, ganz bestimmt nicht. Das war für uns kein Feindesland, ganz bestimmt nicht. [...] Stasi – es war klar, wenn man mit jemanden im Osten gesprochen hat, dann wussten wir, irgendwie geht das auch als Bericht in die Akten des Staatssicherheitsdienstes, das störte nicht weiter. Wir hatten eine persönliche Einschätzung über das, was wir wollten und wie man sich das Verhältnis vorstellt.

Bettina Röhl: Man hat also mit DDR-Leuten gesprochen ...

Horst Mahler: Ja, sicher, und ich hab das auch ganz öffentlich gesagt, es ist notwendig, das zu machen und die einzubeziehen, damit man sich offen auseinandersetzt, das war für uns überhaupt kein moralisches Problem. Ein Problem war die Sicherheitsfrage, weil wir wussten, das ist eine Geheimdienst-Szene. Da sind ja auch Spitzel vom Westen drüben, und was kommt dann raus und so. Unter diesem Gesichtspunkt hat es sicherlich sehr sorgfältig überlegt sein müssen, aber nicht unter dem prinzipiellen Gesichtspunkt, lässt man sich mit dem Teufel ein. Das war nicht der Punkt.[191]

Bettina Röhl: Wie ging es weiter? Du bist mit dem Geld einer Kulturgröße aus München nach Rom gefahren.

Horst Mahler: Und dann ging es, klar, kleine Tür oder verhältnismäßig kleine Tür oder Tor in ein prunkvolles Bürgerhaus, ziemlich luxuriös. Man tritt ein und – da saßen die. Astrid Proll, Gudrun Ensslin, Andreas Baader, ich glaube, Ingrid Schubert war auch da. Dann haben wir die ganze Nacht lang diskutiert und haben gesagt, a) wir wollen etwas machen, b) was können wir zusammen machen? Dann haben wir uns verständigt, ob das reicht, was wir an Konsens hatten. Wir stellten fest, das reicht, und da wurde beschlossen, dass sie nach Berlin kommen und ich in Berlin so die Vorbereitung treffen musste, damit sie hier irgendwo als Illegale leben können, also eine Wohnung beschaffen und Kontakte knüpfen.

Die Ensslin-Baader-Proll-Truppe ist in Italien, wie schon erwähnt, auch zu Gast bei der ihnen wohlgesinnten Schriftstellerin Luise Rinser, bei dem deutschen Schriftsteller und linkskommunistischen Urgestein Peter O. Chotjowicz, der dort ein Stipendium in der berühmtem Villa Massimo hatte, und bei dem *konkret*-Fotografen Nico Neumann. Sie vertreiben sich ihre Zeit in Trastevere, dem Bohemeviertel in Rom, und unternehmen einen Kurztrip nach Sizilien zu einer italienischen kommunistischen Gruppe, die sich dort um Erdbebenopfer kümmert. Alles in allem: Man hat offenbar Geld, Spaß, Revolutionsromantik. Und man ist obendrein so wichtig, dass Horst Mahler Geld mitbringt und wichtige Gespräche über eine neu zu gründende Terrorarmee führen will.

Aus Italien zurück, spricht Horst Mahler Ulrike Meinhof an, die sich bereit erklärt, für Baader und Ensslin, die immer noch von der Polizei gesucht werden, eine »konspirative« Wohnung zu suchen. Mahler drückt sich so aus: »[...] und da spielte Ulrike eine bestimmte Rolle, weil, das war so eine Anlaufadresse, die sie mir vermittelt hat [...]«

Ulrike Meinhof und Horst Mahler lernen sich über diese gemeinsamen Gespräche Anfang des Jahres 1970 besser kennen.

Horst Mahler: Ich hatte sonst mit Ulrike noch nicht so einen intensiven Kontakt. Einige Male hatte ich sie vorher im Republikanischen Club in Berlin getroffen, sie saß da mal zusammen mit Enzensberger, und wir haben uns da ein bisschen beschnuppert, abgetastet, ja. Ulrike amüsierte sich köstlich mit Enzensberger auf meine Kosten über irgendetwas, was ich gesagt habe, und sie sagte so etwas wie, plaudere ruhig weiter, ich weiß nicht mehr, worüber [...] und dann wurde es sehr intensiv, als diese Gruppe da kam, Andreas, Astrid und Gudrun und Ingrid Schubert, und die erste Anlaufstelle war eure Wohnung. Daran kannst du dich sicherlich auch noch erinnern, Bettina, da hab ich euch auch gesehen. Da gab es dann eben die ersten Diskussionen mit Ulrike offen mit der Alternative, was machen wir? Machen wir mit, oder machen wir nicht mit, und da war es eigentlich ziemlich klar, sie macht mit, und ich mach auch mit. Wir wollten nur noch sehen, dass wir das so effektiv wie nur irgend möglich machen, also so lange wie möglich legal bleiben, sie als Publizistin und ich als Anwalt. Und so sind wir dann die ersten Unterstützer für die Gruppe, die also völlig in der Illegalität sein musste, gewesen.[192]

Hanna K. und die Erweiterung des »proletarischen Arschs«

Horst Mahler spricht weiter gezielt Leute für den »bewaffneten Kampf« aus dem Umfeld des SDS an, Leute aus den angesagten einschlägigen Wohngemeinschaften. So hört auch Hanna K., eine 23-jährige Studentin der Soziologie, im Januar 1970 von den geheimen Treffen einer Gruppe um Horst Mahler, die den bewaffneten Kampf nun auf die richtige Art und Weise in die Tat umsetzen will. Hanna K., die ein Mitglied der Gruppe wird und eine Rolle bei der Gründung der RAF und auch in meinem und dem Leben meiner Schwester spielen wird, hat sich bis heute nie öffentlich geäußert. Sie gehörte zu den wenigen, die sehr früh wieder absprangen und erkannten, dass der Weg in den Terror falsch war. Mir gibt sie im Mai 2017 ihr erstes und einziges Interview zu den Ereignissen.

Hanna K.: Es war im Januar 1970, da wurde ein Mitbewohner von uns in der Xantenerstraße 1, das war eine dieser sehr großen Berliner Wohnungen, also eine WG mit sieben Zimmern, also vielen Leuten, ich wohnte da eine Zeit lang als Studentin, also es wurde Peter Rambausik, genannt Ramba, von Horst Mahler angesprochen, ob er vielleicht Interesse habe, bei einer Gruppe mitzumachen, die quasi die Revolution, von der die anderen nur reden würden, selber jetzt machen wollte. Ramba hatte wohl zu Mahler gesagt, dazu wolle er seine WG befragen, und fragte uns alle in der WG, oder fast alle, jedenfalls sagte eine Mitbewohnerin von uns, Brigitte Asdonk, sie mache mit, und ich sagte auch Ja, ich will da vielleicht mitmachen. Ich hatte vorher schon am Rande beim SDS mitgemacht, ich war auf der Schahdemonstration am 2. Juni mit dabei gewesen und hatte selber auf der Flucht vor der Polizei in allernächster Nähe den Schuss gehört, mit dem Benno Ohnesorg erschossen worden war. Niemand ahnte damals, dass der Polizist Kurras selber ein Stasimann gewesen war. Ramba und seine Freundin, die damals auch in unserer WG wohnte, sagten dann allerdings ab. Seine Freundin sagte, sie habe gerade bei Siemens angefangen, Basisarbeit bei der Arbeiterklasse zu machen, das wolle sie jetzt nicht einfach abbrechen, sie mache nicht mit, woraufhin der eigentlich doch so revolutionäre Ramba auch nicht mitmachen wollte, bemerkenswert, denn er machte es für seine Freundin, also aus privaten Motiven, was damals natürlich verpönt war.

So bin leider ich in die Sache reingezogen worden oder besser strebte aktiv dahin, um es so ehrlich und hart zu sagen, wie es war. Brigitte Asdonk und ich gingen dann in eine Wohnung, die man uns sagte, ich weiß nicht mehr genau, wo das war, aber irgendwo in Charlottenburg, da waren circa 15 Leute, unter ihnen Ulrike Meinof, die ich nur von einem anderen Treffen viel früher kannte, wo ich mal an ihrer Tür geklingelt hatte. Da waren der Oberstalinist Andreas Baader, die Oberstalinistin Gudrun Ensslin, wie ich die beiden heute nenne, und wohl auch Horst Mahler, Monika Berberich, Peter Homann, Astrid Proll und einige andere. Die sagten jetzt: Wir wollen den bewaffneten Kampf organisieren.

Alle anderen sagten ja immer, Stadtguerilla sei wichtig, aber hier wurde es jetzt konkret gemacht. Die sagten zu uns, wir müssten uns als erste Aktion neue Namen als Tarnnamen für uns ausdenken. So hießen Baader und Ensslin Hans und Grete, Ulrike Meinhof hieß Anna, Peter Homann nannte sich Hans-Werner, weil er so viele Hemden von Hans-Werner Henze hatte, die alle mit dem Namensschild Hans-Werner ausgestattet waren, und ich sagte, als ich befragt wurde, dass ich auf keinen Fall Clothilde heißen wollte. Und schon sagte Baader zu mir, dann hieße ich ab jetzt »Hilde«. Das war mein Tarnname, also um es kurz zu machen, Brigitte Asdonk und ich machten ab da mit. Ich gehörte allerdings nicht zum inneren Kreis dieser Gruppe, die trafen sich auch mal ohne mich, und ich bekam auch nicht immer mit, was die beschlossen, aber ich war jetzt regelmäßig dabei. Ich sah es als eine langfristige Sache, bei der ich mithelfen wollte.

Und da fiel übrigens auch mal das Wort, es war, glaube ich, Ulrike Meinhof, die das sagte, in Bezug auf Irene G., die so ein bisschen das Proletariat verkörperte. Sie sagte nämlich: »Wir haben zu wenige Proletarier. Wir müssen unseren proletarischen Arsch erweitern.«[193]

Hanna hatte keine so hohe Meinung von Ulrike Meinhof, was einen anderen Hintergrund hatte. Es ging um »Karin, die Rockerbraut«, wie sich Hanna K. erinnert. Hanna und ihre WG hatten nämlich ein knappes Jahr zuvor während der Heimkampagnen, als viele WGs geflüchtete oder

»befreite« Heimkinder/Jugendliche aufnahmen, eine außerordentlich schwierige Rockerbraut, genannt Karin, die Königin der Rocker, bei sich aufgenommen.

Hanna K.: Karin war ein kaum 16-jähriges sehr hübsches, blondes Mädchen, ein blondes Gift, die einen Rattenschwanz von 6 Rocker-Verehrern hinter sich herzog, die sie allesamt beherrschte. Wir hatten Karin schon von einer anderen WG übernommen, die nicht mehr mit ihr fertiggeworden war, und auch uns tyrannisierte sie bald fürchterlich.
Ich selber bin nicht so sehr in ihre Schusslinie gekommen, aber so klein und hübsch sie war, so laut und clever war sie auch, und sie hatte immer so eine Fahrradkette dabei, mit der sie um sich schlug, und da hatten auch meine Mitbewohner schon einige Blessuren davongetragen. Wir hielten es also nicht mehr aus mit diesem Heimmädchen, die ein Jugendamt vermittelt hatte, und hatten dann die Idee, Karin die Rockerbraut zu der uns bekannten Journalistin Ulrike Meinhof zu bringen. Wir kannten Meinhof nicht persönlich, aber wir wussten, dass sie sich für Heimkinder engagiert, und wir dachten, vielleicht hat die eine größere Wohnung und kann uns Karin abnehmen.
Wir von der WG sind also da hin, haben an Ulrike Meinhofs Haustür geklingelt und haben ihr unser Anliegen vorgetragen, doch Meinhof schmiss uns hochkant wieder raus. Da waren wir doch etwas enttäuscht gewesen über diese Diskrepanz zwischen hochtrabenden Artikeln und Reden und direkter Hilfe.[194]

Hanna K. lernt in der konspirativen Gruppe auch Peter Homann kennen, von dem sie nicht wusste, dass er in einem engen Verhältnis zu Ulrike Meinhof stand.

Hanna K.: Ich mochte Peter, wir verstanden uns auf Anhieb gut, und für eine kurze Zeit sind wir uns nähergekommen, allerdings fand das alles innerhalb dieser konspirativen Gruppe statt, die ja Stadtguerilla machen wollte, sodass das Ganze weder den anderen bekannt wurde noch irgendwie weiterging, ich erzähle es nur, weil dies der Grund war, dass ich Peter von allen anderen, die da saßen, am persönlichsten kannte, außer natürlich meine Mitbewohnerin Brigitte Asdonk, die ja jetzt in meiner WG in der Xantenerstraße eine Mitwisserin war. Ich hatte in meiner WG aber auch noch zwei weitere Mitwisser, was insofern ganz gut war, als dass ich nicht alles heimlich machen musste und so doch noch etwas Luft hatte.[195]

Die Kufsteiner Straße wird konspirativ

Im Februar 1970 zogen Andreas Baader und Gudrun Ensslin bei uns ein. Unsere Mutter instruierte uns, dass wir die beiden »Hans« und »Grete« nennen sollten, damit wir uns nicht verplapperten. Und wir wurden auch aufgeklärt, dass die beiden eigentlich Andreas und Gudrun hießen und dass sie von den »Bullen« gesucht würden.

Wenn die Polizei an der Tür klingelt, sollten wir Kinder nichts sagen. Auf alle Fragen antworten: Ich weiß nicht. Und falls uns Fotos von Gudrun und Andreas gezeigt würden, ob wir die kennen, dann sollten wir das unbedingt verneinen. Zur Bekräftigung sagte unsere Mutter, dass wir auch ein Foto von ihr selbst mit den Worten »kennen wir nicht« quittieren sollten. Damals wusste ich überhaupt nichts damit anzufangen, aber ich war sehr erschrocken.

Baader versetzte mit seiner Anwesenheit die ganze Wohnung auf einen anderen Orbit. Er schrie und pöbelte herum. Baader benahm sich, wie man sich vielleicht den Zuhälterkönig einer kleineren deutschen Großstadt vorstellt. Aggressiv versuchte dieser Gast, die Wohnung zu erobern, er wollte der Hausherr sein und war doch nur ein Kaufhausbrandstifter, ohne Beruf, ohne Einkommen und ohne Wohnung, auf der Flucht vor der Polizei, und er war jemand, der einem Frankfurter Kaufhausbesitzer 1 Million D-Mark schuldete, zuzüglich Umsatzverlust. Diese Schizophrenie machte ihn zu einem äußerst unangenehmen Zeitgenossen. Kinder waren für ihn nicht existent. Die schräge Form seines Balzverhaltens war neuerdings auf Ulrike Meinhof gerichtet, die er zu dieser Zeit wohl noch als große Journalistin bewunderte.

Die Fotografin Ruth Walz, die Mutter eines Jungen, der mit uns im Kinderladen war, sagte mir, als ich sie 1996 in Berlin zu einem Gespräch traf, dass Meinhof, seitdem er da war, sich für nichts und niemand mehr ernsthaft interessierte und »nur noch an diesem Baader hing«.[196]

Peter Homann, der nicht mehr bei uns wohnte, aber regelmäßig auch frühmorgens oder nachmittags vorbeikam, vor allem um uns Kinder zu versorgen, war für Baader das gefundene Fressen. Peter Homann: »Baaders Problem war, dass ich ihn ja schon seit Jahren kannte und sehr gut wusste, dass er nicht der tolle Revolutionär war, als der er sich jetzt aufspielte. Ich hatte ihn ja noch als kleinen Kunststudenten erlebt, der meine Nähe gesucht hatte. Ich durchschaute ihn und seine Masche, und das ärgerte ihn wahnsinnig.«

Der weibliche »Fanclub« unserer Mutter, das 17-jährige Heimkind Irene G., das jetzt öfter mal bei uns wohnte, Astrid Proll, die bei Meinhof schon im Januar an der Tür geklingelt und sie gefragt hatte, ob sie das Frankfurter Heimkinderprojekt von Baader/Ensslin übernehmen wollte, und Monika Berberich, die Anwaltsgehilfin aus dem »sozialistischen Anwaltskollektiv« von Horst Mahler und Hans-Christian Ströbele, war schon vor dem Einzug von »Hans« und »Grete« immer häufiger bei uns versammelt. Die drei, die nicht viel sagten, sich aber von Baader auch nicht abschrecken ließen, stärkten meiner Mutter irgendwie den Rücken.

Horst Mahler ließ sich gleich nach dem Einzug der neuen »Untermieter« immer häufiger blicken. Wir Kinder nannten ihn den »Chef«, was nicht nur daran lag, dass er einer der ganz wenigen Besucher war, der in Schlips und Kragen kam, sondern vor allem daran, dass er sehr ruhig und gelassen sprach und sehr bestimmt auftrat, eben als Chef. Mahler und Meinhof waren gute Kumpel, und sie unterhielten sich, was mir besonders angenehm war. Bei Baader und Co. war es immer ein aufgedrehtes, kreischiges Gerede.

Einmal nahm Baader Kenntnis von mir: Ich hatte mich in der Wohnung an einer Tischkante gestoßen und weinte. Baader schüttete sich aus vor Lachen und zeigte eine sehr hässliche Schadenfreude. Dieser Genosse war wirklich von einer anderen Art als diejenigen, die Meinhof sonst anschleppte.

Ensslin machte hier und da ihre Statements und war ähnlich aufgekratzt wie Baader, was vermutlich an den Aufputschmitteln und sonstigen Drogen lag, die sie nahmen. Jedenfalls gab sich Ensslin, ebenfalls arbeitslose, studienabbrechende Kaufhausbrandstifterin ohne Wohnsitz und auch mit einer Million Schulden an der Backe, wie ein angehender Popstar. Auch sie sah und hörte uns Kinder nicht. Das war neu. Alle anderen Genossen, die wir bis dahin gekannt hatten, hatten sich mindestens den Anschein einer gewissen Kinderfreundlichkeit gegeben. Ensslin hatte zu dieser Zeit selber einen dreijährigen Sohn, dessen sie sich vergleichsweise unspektakulär entledigt hatte. Sie hatte ihn nach einigen Umwegen kurz zuvor zu Pflegeeltern gegeben. Auch Baader hatte eine fünfjährige Tochter, die er bei der Mutter Ellinor Michel und deren Ehemann Manfred Henkel zurückgelassen hatte.

Meine Mutter muss das Leben mit Baader in der eigenen Wohnung spannend gefunden haben. Sie blühte aus ihrer Depression förmlich auf. Irgendwie war was los in der Wohnung. Baader lockte sie aus der Reserve, war aber als Mann keine echte »Gefahr«, denn er hatte ja immer seine Gudrun und bezog sich trotzdem total auf Meinhof. Sie hatte das Geld, sie hatte die Wohnung, sie war die anerkannte Journalistin, und umgekehrt konnte sie sich Baader irgendwie unterordnen, mit irgendeiner Lust.

Zu den »Highlights«, die Baader und Ensslin in unsere Wohnung brachten, gehörte auch ein gemeinsamer LSD-Trip von Meinhof, Baader, Ensslin, Peter Homann und ein paar Frankfurter Heimzöglingen, die ebenfalls kurze Zeit bei uns wohnten.

Peter Homann: »Ensslin, die ohnehin nur noch mit der Mao-Bibel herumrannte, früher hatte sie aus der Bibel vorgelesen, drehte in ihrem LSD-Rausch völlig auf. Sie zählte die Zehn Gebote auf, allerdings drehte sie sie um: Du sollst töten, du sollst ehebrechen, du sollst klauen usw. Das fand sie irgendwie geil. Es war schauerlich.«[197]

Und Peter Homann entschuldigt Meinhof: »Deine Mutter saß nur da und versuchte, das einigermaßen zu überstehen. Sie hatte seit ihrer Kopfoperation immer Angst, die Besinnung zu verlieren.«

Peter Homann ist entsetzt. Er hofft, dass Meinhof die LSD-Nummer und Ensslins Geschrei genauso abstoßend findet wie er selbst. Peter Homann: »Einmal saßen wir – Baader, Ensslin, deine Mutter und ein paar andere – zusammen im Café. Die gingen immer raus auf die Straße, die hatten keine Angst, erwischt zu werden, da sagte Ulrike zu mir: ›Das ist so was wie ’ne Kinderbande, davon habe ich mein Leben lang geträumt, wie in Jena, als ich die anderen Kinder dazu brachte, Äpfel zu klauen.‹ So naiv hat sie manchmal geredet.«[198]

Auch wenn man als Kind das spontane Beziehungsgeflecht nicht rationalisieren konnte, war es trotzdem spürbar, dass Baader meiner Mutter irgendeinen Lebenssinn brachte. Peter war bei Meinhof als Mann abgemeldet. Unsere Mutter begann in dieser Zeit, was ich damals nicht bemerkte, mir aber später berichtet wurde, ein Verhältnis mit Monika Berberich[199], die burschikos, herzlich, sich selber zurücknehmend, von Anfang an nett zu uns Kindern war. Wenn Berberich im Hause war, war unsere Mutter ruhiger, und das war für uns Kinder entlastend.

Es passierte, was passieren musste: Ich erzählte eines Nachmittags meinen Freunden im Kinderladen, dass bei uns neuerdings Leute wohnten, die von der Polizei gesucht wurden, und dass sie das auf keinen Fall irgendjemandem und schon gar nicht ihren Eltern weitererzählen dürften. Bald waren fast alle Kinder um mich versammelt und wollten die Geschichte von »Hans« und »Grete«, die aber in Wahrheit nicht so hießen, hören und schworen mir zu schweigen »wie ein Grab«. Als ich mitbekam, dass die Eltern, die gerade Dienst hatten, aufmerksam wurden und die Amme-Brüder drängten, dass sie »Hänsel und Gretel« nun auch mal sehen wollten, dass ich das beweisen müsse, was ich da erzählt hätte, habe ich die ganze Bagage, ungefähr 8–10 Kinder, mit nach Hause genommen.

Die Kinder waren ganz ruhig, als ich auf Baader und Ensslin zeigte, die augenblicklich einen Affentanz aufführten. Baader flüchtete ins Badezimmmer. Und die aufgeweckten Kinderladenkinder fragten meine Mutter, die um Klärung bemüht war und die Aufregung herunterfuhr, wer die beiden denn nun wirklich wären. Ich nahm die Schar wieder mit in den Kinderladen und war sehr stolz, dass sie nun gesehen hatten, dass meine Geschichte wahr war. Große Anerkennung! Und noch mehr: große Entlastung, da ich die Sache mit der Polizei nun endlich einmal ausgesprochen hatte.

Baader und Ensslin blieben ein paar Wochen. Bei uns in der Kufsteiner Straße kam es zu dem großen »Delegiertentreffen«[200] zwischen den Köpfen der »Tupamaros West-Berlin«, den Haschrebellen, der Kunzelmann-Gang mit Thomas Weisbecker, Georg von Rauch und Dieter Kunzelmann und der sich formierenden Mahler-Baader-Ensslin-Meinhof-Truppe.

Der Anschlag auf das jüdische Gemeindehaus sowie das Agit-883-Gequatsche vom Judenknax scheint auch die Leute um Baader, Ensslin und Meinhof nicht zu stören. Dennoch kommt es zu keiner Einigung: Kunzelmann war schon Chef einer kleinen Terrorgruppe, Baader und Mahler wollten die neuen Chefs sein, das funktionierte nicht. Man trennte sich wieder, arbeitete aber später im Untergrund immer wieder zusammen.

Schließlich verließen Baader und Ensslin die Wohnung mit gefärbten Haaren und neuen Klamotten. Es waren, offenbar von Mahler und Meinhof, inzwischen mehrere konspirative Wohnungen in Berlin besorgt worden, eine in der Knesebeckstraße 89, eine in der Hauptstraße 19 und eine in der Kurfürstenstraße 161. Seit 48 Jahren halten sich die Gerüchte unter Insidern, dass diese Wohnungen dem wahrscheinlich milliardenschweren Groenewold-Immobilienclan gehörten. Ich habe den Scheidungs-und späteren RAF-Anwalt Kurt Groenewold deshalb direkt gefragt und von ihm die Auskunft erhalten, dass ihm oder Familienmitgliedern diese drei Wohnungen nicht gehörten. Ein Blick in den Grundbucheintrag der Knesebeckstraße 89 bestätigt dies. Einblick in die anderen Grundbuchakten war uns nicht möglich, aber wir haben keine Anhaltspunkte, dass sich daraus andere Erkenntnisse ergeben würden. Unklar bis heute: Woher kam das Gerücht? Wer zahlte die Miete?

Die Gründung der Stadtguerilla in unserem Wohnzimmer

Unsere Wohnung, die immer noch nicht ganz eingerichtet war, füllte sich allmählich mit Menschen. Es kommen einige Staffelberger zu uns, darunter Charly, der mir viele Jahre später in seiner netten Potsdamer Kneipe, die er inzwischen betreibt, erzählte, dass er eine Weile bei uns gewohnt habe und nach einigen Wochen wegen eines von ihm begangenen Einbruchs ins Jugendgefängnis gemusst habe.

Es kommen jede Menge Genossen. Im März und April 1970 sitzt fast jeden Abend eine große Runde von 20 bis 25 Leuten in unserem

Wohnzimmer, die Kufsteiner Straße war zum konspirativen Treffpunkt von revolutionswilligen Kadern und Mitläufern geworden, die Runde diskutierte bis spät in die Nacht.

Rauchschwaden vernebelten die ganze Wohnung, und die Kaffeetassen standen überall herum. Laut, wichtig und unendlich angestrengt redete man sich die Köpfe heiß. Ich saß oft bis spät in die Nacht auf dem Schoß meiner Mutter. Sie gehörte nicht zu den großen Rednern. Sie stellte die Wohnung zur Verfügung, überließ aber das Kaffeekochen, Stühlerücken, Aschenbecherausleeren anderen. Wenn sie etwas sagte, brachte sie sich gewichtig in Stellung und wurde gehört.

Dauernd fiel das Wort »Gefängnis«. Ich hatte das Gefühl, dass alle wohl schon mal drin gewesen waren, und fragte meine Mutter, ob sie auch schon im Gefängnis war, und war erstaunt, als sie verneinte.

Manchmal explodierte einer, weil ihm etwas nicht passte. Es gab also auch heftigen Streit. Und es fielen all die »Fremdwörter«, die ich kannte, aber nicht zu deuten wusste. Bald war es meine Aufgabe, im Schlafanzug, zwei Markstücke in der Hand, zu dem Zigarettenautomaten nahe der Hauseingangstür zu gehen und eine Schachtel Reval für Peter und eine Schachtel Roth-Händle für meine Mutter zu ziehen. Leider konnte man auf dem Treppengeländer nicht gut herunterrutschen, aber man konnte sich hervorragend an den Sprossen festhalten und viele Stufen überspringen, sodass das Zigarettenholen, das ja ganz wichtig war, Spaß machte. Und meine Mutter und Peter Homann waren dankbar.

Das versammelte Volk sah aus wie eine Versammlung abgerockter Bohemiens mit APO-Stilbewusstsein, sehr vielen Lederjacken, raushängenden Hemden, Jeans. Ab und zu waren »korrekt gekleidete« Typen dabei, die deutlich emotionsloser waren, mit weißem Hemd und Anzug, kurz geschnittenen Haaren. Das sind die Genossen aus Ostberlin, klärte mich unsere Mutter auf, das sind die, die euch Kindern manchmal kleine Geschenke oder Geld in eure Schuhe stecken, daran kannst du diese Genossen erkennen.

Ich habe mir all die Leute, die jetzt in unsere Wohnung kamen, neugierig angeguckt und intensiv zugeschaut, wie sie sich benahmen. Irgendwas war los.

Ulrike Meinhof unternimmt in dieser Zeit einen letzten Versuch, Rudi Dutschke doch noch für die sich aufbauende Guerilla zu begeistern. Sie will ihn als Partner, als Mann für ein gemeinsames Leben im terroristischen Untergrund gewinnen. Gretchen, die Frau von Dutschke, der Rudi alles erzählt, ist immer noch empört, als ich sie 1998 bei einem Interview in Bonn danach befrage: »Meinhof meinte das vollkommen ernst, sie wollte Rudi mitnehmen und mit ihm im Untergrund zusammenleben, sie sagte, es sei kein Problem, er solle die Kinder ruhig mitbringen, die wolle sie mit übernehmen.«[201]

Rudi lehnte ab. Meine Mutter hatte keinen Revolutionspartner gefunden, mit dem sie in der Gruppe ein Gegengewicht zu Baader/Ensslin hätte bilden können.

Meinhof bricht die Brücken ab

Im Februar war der Film »Bambule« gedreht worden. Meine Mutter akzeptierte, dass sie als bloße Drehbuchautorin in der Produktion nichts mehr zu sagen hatte. Der Film wird mit Schauspielern gedreht, einige Heimmädchen dienen als Statisten. Ulrike Meinhof setzte sich beim Berliner Senat dafür ein, dass Irene endgültig aus dem Heim entlassen werden konnte. Allerdings stand auf den Entlassungspapieren nach wie vor »unverbesserlich« und »auf Bewährung«.[202]

Vermutlich deswegen war das Heimmädchen Irene G. so häufig bei uns zu Hause und wurde von meiner Mutter auch mal als »Babysitterin« eingesetzt. Von ihr lernen wir, dass man nicht einkaufen, sondern »einklauen« geht und dass man von zu Hause oder aus dem Heim abhaut, »auf Trebe« – von sich Herumtreiben – geht. Wenn wir mal allzu laut durch die Wohnung tobten, sagte sie schon mal, sie würde gern eins von uns Kindern mit dem Kopf an die Wand knallen. Aber ich glaube, das war nur ein blöder Spruch.

Peter Homann, der sich in dieser Zeit immer noch um uns kümmerte, sah das anders und brüllte sie an, sie solle gefälligst die Schnauze halten. Bei meiner Mutter, die bei dieser Szene nicht dabei war, kam der unvermittelt eruptive Stil Irenes sehr gut an. Irene G. war vielleicht für eine kurze Zeit so etwas wie eine »Ziehtochter« für meine Mutter, eine Freundin mit gleichzeitigem Kindstatus. Irene G. fand das cool und nahm Meinhof mit in ihr »Milieu«. Irene G.: »Nächtelang haben wir meine Szene durchkämmt. Sie war fähig, sich in mein Milieu hineinzubegeben, nämlich in die nächtlichen Straßen von Berlin und in die Trebegängerinnen-Kneipen.«[203]

Mao Zedong hatte geschrieben: »Wer auf der Seite des revolutionären Volkes steht, der ist ein Revolutionär; wer auf der Seite des Imperialismus, des Feudalismus und des bürokratischen Kapitalismus steht, der ist ein Konterrevolutionär. Wer nur mit einem Lippenbekenntnis auf der Seite des revolutionären Volkes steht, jedoch nicht mit seinen Taten, der ist ein Revolutionär in Worten; wer nicht nur in Worten, sondern auch mit Taten auf der Seite des revolutionären Volkes steht, der ist ein vollwertiger Revolutionär.«[204]

Ganz in diesem Sinne der Selbstkritik einer Intellektuellen schrieb meine Mutter nach Fertigstellung des Films im März 1970 an Dieter Waldmann vom Südwestfunk Baden-Baden, für den sie das Fernsehspiel »Bambule« gemacht hatte, einen Brief.

Ulrike Marie Meinhof:

Lieber Dieter,
ich habe ziemliche Schwierigkeiten, diesen Brief zu schreiben. [...] Das Problem ist, dass mich die Dreharbeiten ziemlich fertiggemacht haben, dass ich nun, da ich auf diese elende Drehgenehmigung keine Rücksicht mehr zu nehmen brauche, erst voll begriffen habe, wie sie mich eineinhalb Jahre lang korrumpiert hat, insofern sie für mich ein unausgesprochenes Verbot darstellte, das Selbstverständliche zu tun, nämlich aus meinen Kenntnissen über die Heime die richtigen, d.h. praktischen Konsequenzen zu ziehen. Ich weiß, dass ich Dir das alles eigentlich gar nicht vermitteln kann, denn Du bist selbst ein Schreiber, Dein Job ist das Fernsehspiel – also kannst Du mich nur für verrückt erklären, und ich habe auch gar keine Lust, Dir Deinen Glauben ans Fernsehen und seine Möglichkeiten nehmen zu wollen. Nun ist mir jetzt wirklich klar geworden, dass ein Aufstand im Heim, die Organisation der Jugendlichen selbst, tausend Mal mehr wert sind, als zich Filme, insofern es nichts nützt, mit einem Film einige

Institutionen zu verunsichern, wenn die Unterdrückten selbst sich noch nicht organisiert haben, um eine solche Verunsicherung der Institutionen für sich ausnutzen zu können – ich habe keine Lust mehr, ein Autor zu sein, der die Probleme der Basis, z. B. der proletarischen Jugendlichen in den Heimen in den Überbau hievt, womit sie nur zur Schau gestellt werden, dass sich andere daran ergötzen, zu meinem Ruhm. Verstehst Du? Das habe ich kapiert, dass ich mit diesem Film nichts als ein ästhetisches Verhältnis zu den Problemen dieser proletarischen Jugend herstelle, wie jeder andere Schriftsteller auch – dass das Gewäsch ist, Revolutionsgewäsch. Das hab ich jetzt vollends kapiert, und daraus muss ich natürlich Konsequenzen ziehen. Die erste Konsequenz war die, dass ich Anneliese de Haas [eine Journalistin vom Spiegel, Anm. d. Autorin] das Gespräch verweigert habe. Das war natürlich nachdem sie eigens wegen mir nach Berlin gekommen war, eine grobe Unhöflichkeit, und ich kann nur hoffen, dass sie Dich das nicht spüren bzw. entgelten lässt. Aber wenn ich ihr erzählt hätte, was mit mir los ist, wäre dabei nur die Geschichte über eine neue Skurrilität von Ulrike Meinhof herausgekommen, dieserart wollte ich mich nicht im Spiegel verbraten lassen. Aber ich konnte mich auch nicht auf das ganze Hamburg-Getucker, mit dem sie angereist kam, einlassen. Immerhin bin ich von dem, was ich da kapiert habe, selbst so betroffen, dass ich das nicht schon wieder verkaufen kann. [...] Ich kann mir natürlich unter diesen Umständen auch keinen neuen Film von mir vorstellen. Vielleicht muss ich mal einen machen, damit die Kohlen stimmen. Aber vorerst nicht. Versuch mal, jetzt nicht bitterböse auf mich zu sein, sondern die Geschichte ein bisschen zu verstehen. Sie ist nicht einfach verrückt. Im Grunde ist sie nur konsequent und ich zum Glück noch nicht so korrupt, dass ich es nicht ticken könnte.
Tschüss für heute
Ulrike[205]

Dieter Waldmann antwortet ihr:

Wa / vo. 25.3.70
Liebe Ulrike,
besten Dank für Deinen Brief und Deine Beiträge.

Das geistige Dilemma, in das Du geraten bist, kann ich gut verstehen. Ich lebe ständig in dieser Situation des Zweifelns über die Effektivität dessen, was ich tu; erst die Reaktionen auf unsere Arbeit holen mich immer wieder aus diesem Schlamassel heraus und lassen mich neu anfangen. Immerhin: Das hättest Du von vorneherein wissen müssen. Ich finde es einigermaßen naiv, erst jetzt, nach dem Dreh, auf die Gedanken, die Du hast, zu kommen.
Obwohl Du hier einen großen Fehler machst, denselben Fehler, den alle Radikalen machen, sie verraten ihre Effektivität von Positionen, die nicht unbedingt und sofort auf einen Nenner der eigenen zu bringen sind. Mit andren Worten: Was hindert Dich, politisch aktiv tätig zu sein und gleichzeitig auch das Medium Fernsehen für denselben Zweck einzuspannen? Du kippst das Kind mit dem Bade aus, wenn Du meinst, Dein Film sei so ohne Weiteres genießbar und könne auf gar keiner Ebene zur Bewusstseinserweiterung beitragen. Selbst wenn er wirklich die direkt Beteiligten am Problem nur ein wenig beunruhigt, (was auch schon besser ist als die wohlige Ruhe schlechthin), so wirkt doch auch der »Überbau« (den schließlich Du gewollt hast) als solcher, als Beispiel auf andere, die in ihrem Leben mit der Fürsorgeerziehung nicht in Beziehung kommen werden. Das ist ja gerade das Gute an diesem Film. Warum sich den Weg dieser Wirkung, wenn es auch im Moment für Dich persönlich nur eine Nebenwirkung ist, verschließen, indem man Gespräche verweigert usw. Das ist ungerecht und hochmütig gegenüber allen, die an einer Veränderung des Bewusstseins arbeiten. Weißt Du eigentlich, was es heißt, einen solchen Film in einer Rundfunkanstalt durchzusetzen? Das allein ist es wert, ihn gemacht zu haben – warum, brauche ich Dir wohl nicht zu erklären.
Was Du nun über die Arbeit mit unserem Team schreibst, ist schlicht ungerecht. [...]
Du beschuldigst unser Team der Teilnahmslosigkeit. Liebe Ulrike, mein Team hat von morgens bis in die Nacht Schwerstarbeit geleistet und tut es bereits wieder. So ist das in dem Beruf, dessen Spielregeln das Team nicht bestimmt, leider. Dass unsere Mitarbeiter von der Misere, die sie gesehen haben, nicht betroffen gewesen wären, ist eine Unterstellung, die kränkend ist. Ist es nur Dir vorbehalten mitzuleiden?

Weißt Du eigentlich, dass die von Dir so verleumdeten Schauspielerinnen sich mit einigen Mädchen verabredet haben, nach dem Dreh? Zum Kaffee, zum Theaterbesuch? Dass unsere Maskenbildnerin einem der Mädchen in ihrem Beruf helfen will? Dass wir gestern gerade uns beredet haben, wie wir ebendiesen Kontakt nicht abbrechen lassen? [...] Hast Du wirklich erwartet, dass unser Team mit den Mädchen nun eine echte Revolution inszeniert? Job, Familie, alles aufs Spiel setzt? Du kommst mir vor wie jene hochmütigen Intelligenzler, die den Springerarbeitern zurufen, sich mit ihnen zu solidarisieren, ohne zu fragen, wer denn dann den Lohn zahlt. Du beschuldigst wütend um Dich rum – weil Du Deine eigene politische Misere wieder einmal erkennst. Für Dich mag »Bambule« ein Scheißspiel sein – für uns ist es der Versuch, anstelle von volksverdummenden Scheißspielen ein kleines Stückchen Aufklärungsarbeit zu leisten. Im Übrigen hoffe ich auf den Tag, da bei Dir wieder einmal die Kohlen nicht stimmen und Du gnädigst Dein zweites Spiel für uns schreibst. Herzlich Dieter[206]

Ihren Lehrauftrag, den sie seit dem Wintersemester 1969 am Institut für Publizistik der Freien Universität angenommen hatte, wo sie den Studenten etwas über Zeitungmachen, Rundfunkmachen – ihr Seminarthema hieß »Möglichkeiten von Agitation und Aufklärung im Hörfunkfeature« – und zuletzt Filmemachen verklickern sollte, gibt sie auf, indem sie ein Verlängerungsangebot des Leiters ablehnt.

Meinhof hatte ihre journalistische Arbeit von Beginn ihrer Karriere an nicht als bloßen Meinungsjournalismus, sondern als politische Agitation verstanden. Journalismus war ihre Form der politischen Agitation. So war sie anfangs gemeinsam mit Klaus Rainer Röhl jahrelang geschmeidig bereit gewesen, die »unabhängige« Zeitung »konkret« unter der Fuchtel der Ostberliner Propaganda zu machen, und so hatte sie sich noch im Jahr 1969 selber in ihrem Post-Scheidungskampf um die Zeitschrift *konkret* überdeutlich positioniert: Journalismus als wirksame Kampfform einer Revolutionärin. Insofern ist es ganz verständlich, dass sich zwei Springer-Journalisten und eine CDU-Abgeordnete damals verärgert darüber zeigten, dass eine rote Meinhof, die hinter jedem Busch »Faschisierung« witterte, auf Kosten des Steuerzahlers linke Agitation an der Universität lehren würde. Nicht nur Meinhof war plötzlich Lehrbeauftragte, sondern auch ein gewisser Harry Pross, der Leiter des Instituts für Publizistik, war an dem Ort angekommen, an dem er einer Meinhof den Lehrauftrag erteilen konnte. Ein gutes Beispiel, wie sich die Protestbewegung in die Gesellschaft hinein vernetzte. Und exakt dasselbe gilt zu dieser Zeit auch schon für die öffentlich-rechtlichen Medien, wenigstens partiell. So schnell hatte Rudi Dutschkes langer Marsch durch die Institutionen bereits Wirkung gezeigt.

Der heutige Springer-Journalist Alan Posener ist im Frühjahr 1970 einer von Meinhofs Seminarteilnehmern gewesen. Als ich ihn im Sommer 2006 mit einem Kamerateam von SPIEGEL TV für meinen Film »So macht Kommunismus Spaß!«[207] interviewte, der im Februar 2007 auf Sat1 ausgestrahlt wurde, zeichnet er ein ziemlich direktes Bild seines damaligen Eindrucks von meiner Mutter:

Ulrike Meinhof war für mich eine grässliche Enttäuschung und eine Zumutung. Ich kannte also die Publizistin meiner jugendlichen Träume, die auch sehr hübsch aussah, und ich begegnete einer grauen, kettenrauchenden, älteren Frau, und die meiste Zeit war sie völlig passiv, und irgendwelche subalternen Bewunderer aus der Bambuleproduktion, habe ich den Eindruck, produzierten sich dort vor uns und bereiteten ein nächstes Produkt vor, das, glaube ich, dann nicht mehr stattfand, weil während des Seminars tauchte sie ab.
Und ich weiß noch, dass ich noch überlegte, was jetzt mit meinem Schein ist, denn es war noch mitten im Semester. Allerdings was sollte mir ein Schein nützen, auf dem als Seminarleiterin der Name Ulrike Meinhof stand?

Posener trifft die Realität, wie ich sie erinnere, ziemlich genau. Meinhof, die zu ihren Seminaren Heimkinder aus der Bambule-Produktion mitnahm, war in einem desolaten Zustand. Das vorterroristische Umfeld von Meinhof, um das es auch nicht zum Besten stand, hat ihren Zustand damals verkannt. Und die vielen damaligen und späteren »Bewunderer« haben in den letzten fünfzig Jahren selten das ausgesprochen, was offenkundig war.

»The original desperate housewife«

In genau dieser Zeit, vermutlich im März 1970, gibt Ulrike Meinhof der Filmemacherin Helma Sanders-Brahms ein Interview. Es entsteht ein kleines Schwarz-Weiß-Filmchen, das heute überall im Netz zu finden ist. Meinhof sitzt in einem Zimmer in der Kufsteiner Straße, in dem normalerweise Gäste schliefen und die üblichen »Enteignet Springer«- und Che-Guevara-Plakate an der Wand hängen. Meinhof und Sanders-Brahms, die einfach draufhält, inszenieren den tatsächlichen Zustand meiner Mutter für die Kamera. Es ist ein bisschen wie eine Botschaft, die nach dem Abtauchen in den Terror gehört und gesehen werden soll.

Meine Mutter hockt da, mit ins Gesicht hängenden Haaren, einem vom Alkohol aufgedunsenen Gesicht. Sie ist ungeschminkt, raucht und wirkt, während sie ihren Kopf mehrfach senkt und mühsam wieder hebt, gleichzeitig abgetörnt, depressiv und latent aggressiv. Fast schon provokant: Konsequent lächelt sie an keiner einzigen Stelle. Nicht nur ihre Haare, auch ihre Zähne sind ungepflegt. Und sie drückt alle Feminismus-Knöpfe und ergeht sich in Kinder-Gerede.

Ulrike Meinhof: Privatangelegenheiten sind eminent politisch. Kindererziehung ist unheimlich politisch. Die Beziehungen, die Menschen untereinander haben, sind unheimlich politisch, weil sie etwas darüber aussagen, ob Menschen unterdrückt sind oder frei sind, ob sie Gedanken fassen können oder ob sie keine Gedanken fassen können, ob sie was tun können oder ob sie nichts tun können. Von den Bedürfnissen der Kinder her gesehen ist die Familie, [...] der stabile Ort mit stabilen Beziehungen, notwendig, unerlässlich. [...] Schwer, schwer, unheimlich schwer. [...] Es ist das Problem aller politisch arbeitenden Frauen, mein eigenes inklusive, dieses: dass sie 'n Kopf voller richtiger Sachen haben, dass sie eventuell auch wirklich reden und schreiben und agitieren können. Aber auf der anderen Seite mit ihren Kindern genauso hilflos dasitzen wie alle anderen Frauen auch und sehr viele von diesen Frauen auch dieselben Schwierigkeiten innerhalb ihrer Familie haben, die alle anderen Frauen auch haben. Wenn man so will, ist das die zentrale Unterdrückung der Frau, dass man ihr Privatleben als Privatleben in Gegensatz stellt zu irgendeinem politischen Leben. Wobei man umgekehrt sagen kann, da wo politische Arbeit nicht was zu tun hat mit dem Privatleben, da stimmt sie nicht, da ist sie perspektivisch nicht durchzuhalten. Man kann nicht antiautoritäre Politik machen und zu Hause seine Kinder verhauen. Man kann aber auf die Dauer auch nicht zu Hause seine Kinder nicht verhauen, ohne Politik zu machen. Das heißt, man kann nicht innerhalb einer Familie Konkurrenzverhältnisse aufheben, ohne nicht darum kämpfen zu müssen, die Konkurrenzverhältnisse auch außerhalb der Familie aufzuheben, in die jeder reinkommt, der also seine Familie anfängt zu verlassen.[208]

Meinhof fabuliert über die klugen alleinerziehenden Frauen, zu denen sie sich selber zählt, die es unheimlich schwer hätten, politisch zu arbeiten, der Kinder wegen. Sie verschweigt, dass sie neben unserer Schule einen Kinderladen in Anspruch nahm, dass sie ganz viele dienstbare Geister um sich hatte, an die sie ihre Mutteraufgaben delegierte. Und sie verschweigt, dass sie seit der Geburt von uns Zwillingen immer Hauspersonal beschäftigt hatte, was sie jetzt aus ideologischen, nicht etwa aus finanziellen Gründen ablehnte. Sie war also der Prototyp der alleinerziehenden Mutter, die auch über genug Einkommen verfügte, die also gerade nicht durch Haushalt und Kinder schwer belastet war.

Seitdem dieser Film existiert, triefen Männer wie Frauen, die diese Filmsequenz in den vielen RAF-Filmen, die seither gedreht wurden, sehen, vor erschrockenem Mitgefühl für eine Frau, die ein hartes Schicksal gehabt hat und von ihrem Leben überfordert gewesen ist. Sie verkennen, dass Meinhofs Zustand keineswegs einer äußeren Situation geschuldet ist, sondern dass sie sich selber ganz bewusst so in Szene gesetzt hat.

Meinhof rauchte damals die außerordentlich aggressiven Roth-Händle ohne Filter in Kette, sie trank jeden Tag literweise Kaffee und billigen Weißwein und diskutierte vollkommen verengt immer über dasselbe Thema: Revolution, Illegalität, Untergrund, Terrorismus. Sie schlief nicht, sie machte keinen Sport, sie ging nicht an die frische Luft, aber sie hyperventilierte in ihren ideologisch begründeten Aktivitäten. Auf diesem Feld war sie aktiv über alle Grenzen.

Und die erfahrene Journalistin, die schon mehrfach im Fernsehen aufgetreten war, also wusste, wie man auftritt und wie man wirkt, inszenierte sich für diese Filmsequenz ganz bewusst als eine Frau, die droht kaputtzugehen. Der 68-Revoluzzer mit Weltgeltungsanspruch wollte das Bild des an der Welt Verzweifelnden abgeben, der sich für die Menschheit opfert, Äußerlichkeiten nicht mehr wahrnimmt und so sensibel ist, dass man ihm das »Nicht-mehr-aushalten-Können«, das »innere Weinen und Schreien« sofort und unmittelbar ansieht.

Die ganze »Kiste« (Meinhof-Jargon) war ihre Botschaft an die Welt. Sie wusste, dass sie sich für den Untergrund entschieden hatte, und diesmal rechtfertigt sie diesen Schritt nicht mit dem Antikapitalismus wie sonst, sondern mit dem Kampf gegen die Frauenunterdrückung, mit ihrer eigenen weiblichen Verzweiflung.

Das Video ist ein mittelmäßig gelungenes Buhlen um Sympathie und Verständnis und gleichzeitig auch eine Abschiedsbotschaft. Meinhof gibt gewissermaßen bekannt, dass sie ihre »Familie verlassen« wird. Sie inszeniert sich als Märtyrerin, die das ihr angeblich Wichtigste für die Revolution opfern wird: ihre Kinder.

Das Besondere an dem Filmchen ist, dass es Meinhof gelingt, sich komplett als Opfer der Verhältnisse darzustellen, während sie gleichzeitig gezielt und eiskalt ihren Gang in den Terrorismus forciert, wenn sie auch selber noch nicht wusste, wie die Dinge genau kommen würden. Meinhof schockt gekonnt, schließlich war sie eine routinierte politische Aktivistin und Agitatorin mit Journalistenstatus. Und man muss anerkennen, dass ihr und der Filmemacherin Helma Sanders-Brahms ein Coup gelungen ist. Die Botschaft der verzweifelten Frau kommt an, Meinhof landet einen traurigen Volltreffer.

Meinhof ist in dieser Zeit auf Abschiedstour. Schon in ihrem Brief an Waldmann hatte sie sich von ihrer journalistischen Arbeit verabschiedet, ihren Lehrauftrag hatte sie bewusst nicht verlängert. Den Drei-Minuten-Film, der im Internet auf YouTube mehrfach zu finden ist, kommentiert der User Chris Meade mit klarem Durchblick und viel Humor in knappsten Worten: The original desperate housewife!!![209]

Problemmutter

Eine Mutter ist Mutter, weil sie Kinder hat. Das ist die Definition. Wenn eine Mutter mit ihren Kindern Probleme hat, dann hat sie Probleme, die Kinder haben originär keins. Wenn eine Mutter ihre Kinder loswerden will, ist das ihr Problem, nicht das Problem der Kinder. Und vor allem: Die Kinder an sich sind kein Problem. Sie haben vielleicht eins mit ihrer Mutter, die ein Mutterproblem hat, mit einer Mutter, die eine Problemmutter ist.

Im Fall Meinhof hat sich die gesamte Biografengilde gruppendynamisch auf Abwege begeben, die zu einem Teil der deutschen Geschichtsschreibung wurden. Meinhof hatte von unserer Geburt an ein Problem mit ihrer Mutterschaft, was sie in den frühen Sechzigerjahren gegenüber Freunden selber ausgesprochen hatte. Dieses Problem versuchte sie geschickt vor sich selbst und vor der Welt zu kaschieren, indem sie in ihrem Umfeld unendlich viel über ihre Kinder, die so oder so oder anders wären, und abstrakt über Kindererziehung erzählte und dozierte.

Dabei hat sie brutal ausgenutzt, wie es so viele 68er-Eltern taten, dass sich ihre kleinen Kinder selber noch nicht artikulieren konnten. Das war Mainstream: Viele 68er-Eltern problematisierten systematisch ihre Kinder, obwohl sie erkennbar selber die Probleme hatten, obwohl sie sich im 68er-Rausch mit Ideologie, Drogen und Neue-Mensch-Experimenten, Kommune- und WG-Modellen, Freie-Liebe-Experimenten und Kindererziehungsexperimenten womöglich selber überfordert und ihre Probleme höchstpersönlich kreiert hatten.

Meine Schwester und ich wurden so zum Gegenstand von Meinhofs »Psycho-Analysen« und einer von ihr in diesem Sinne mitgerissenen Öffentlichkeit. Fakt ist: Meinhof war eine Frau, die ihre Mutterrolle nie gefunden hat; zwischen partiellem Überengagement und aversivster Ablehnung schwankte sie hin und her und wusste nicht, wie sie es ihrer Umwelt verkaufen sollte, dass sie sich ihrer Kinder entledigen wollte. Vermutlich wusste sie auch vor sich selbst nicht, wie sie ihre Abstoßungsreaktionen erklären sollte.

Die Idee, dass Kinder ihre Mütter am Leben hinderten, am Beruf, an der Selbstverwirklichung, an der sexueller Erfüllung oder eben auch an der revolutionären Selbstverwirklichung, lag damals schwer im Trend, ein Trend, der sich in den extremen Kommunen wie zum Beispiel der Otto-Mühl-Kommune, aber auch bei den Sannyasins fortsetzte. Auch dort war es Programm, dass Kinder für die Selbstverwirklichung vor allem der Frau gezielt und bewusst von ihren Müttern getrennt, verlassen, zurückgelassen oder sogar weggegeben wurden. Es galt teilweise als fortschrittlich, die überkommene Mutterbindung brutal zu brechen und zu überwinden, um auch die Kinder zu selbstständigen neuen Menschen zu erziehen. Dieser Trend hält teilweise auch heute noch an, wenn zum Beispiel immer wieder junge Journalistinnen sich lautstark damit brüsten, dass sie keine Kinder haben wollen, was reine Selbstdarstellung ist, weil es außer ihnen selbst niemanden interessiert: Es soll eben provozieren. Es war ein Tabubruch, der en vogue war.

Margarete Mitscherlich, Ärztin und Deutschlands wohl berühmteste Psychoanalytikerin und Mitautorin des Buches »Die Unfähigkeit zu trauern«, sagte mir, es komme häufiger vor, dass Mütter keinen Zugang zum Muttersein fänden. Sie fragte mich in einem im Jahre 2010 von der Zeitschrift *Chrismon* moderierten gemeinsamen Gespräch über Liebe und Muttersein:

Margarete Mitscherlich: Können Sie Ihre Mutter verstehen? Ich kann sie nämlich nicht verstehen.
Bettina Röhl: Nein, ich kann sie überhaupt nicht verstehen. [...] Meine Mutter hatte ein großes Problem mit der Selbstverständlichkeit des Mutterseins.
Margarete Mitscherlich: Und das gibt es öfter, als wir denken. Es war aber früher ganz unmöglich, das offen auszusprechen und damit auch vernünftige Auswege zu suchen. Dass eine Frau ein Kind bekommen kann, bedeutet noch nicht, dass sie es auch aufziehen kann.[210]

Als wir in die Königin-Luise-Stiftung eingeschult wurden, hatte meine Mutter sicher im Hinterkopf, dass wir in dem dortigen Internat aufwachsen könnten. Etwas später hatte sie die Odenwaldschule wegen deren Reformpädagogik als Internat für ihre Kinder ins Auge gefasst. Jetzt, wo es ihr um die Begründung ihrer Illegalität ging, die von den gewaltbereiten APOs als notwendige Steigerung des Kampfes gegen die Bundesrepublik Deutschland betrachtet wurde, stand Meinhof plötzlich unter Zeitdruck. Wohin sollte sie ihre Kinder entsorgen, um es so hart auszudrücken, wie es war.

Die naheliegende Lösung, dass meine Schwester und ich zu unserem Vater nach Hamburg gehen könnten, hatte sie vor sich selbst und ihrer terrorgeneigten Umwelt verbaut. Und auch die andere Lösung, dass meine Schwester und ich zu unseren Tanten, zu Holde und Renate, kämen, hatte sie seit unserem letzten Besuch bei den beiden für sich versperrt. Ihre Ziehmutter Renate war zu ihrer Feindin geworden. Die Devise war ganz klar: Auf keinen Fall sollten wir bei Renate Riemeck oder Klaus Rainer Röhl aufwachsen.

Also begann sie jetzt hektisch, nach irgendwelchen Lösungen ihres Mutterproblems Ausschau zu halten. Sie fragte sehr viele Menschen, alte und neue Freunde, Genossen, so grotesk es klingt, fast wahllos: Wollt ihr zwei Kinder haben und großziehen? Würdet ihr mir die Kinder abnehmen? Monika Seifert hat mir erzählt, dass meine Mutter sie gefragt hat, ob wir bei ihr aufwachsen könnten. Meinhofs Schwester Wienke war nicht ihre erste Wahl, aber sie hatte sie gefragt, ob sie uns nehmen würde, falls etwas passiert. Sie fragte im alten Hamburger Freundeskreis vor allem die Frauen, und sie fragte die Berliner Genossen, die nicht in den Untergrund gehen wollten. Meine Schwester und ich sind jahrzehntelang bei allen möglichen Gelegenheiten, Partys oder beruflichen Treffen, immer wieder Leuten begegnet, die uns mit großer Geste sagten, dass wir beinahe bei ihnen aufgewachsen wären. Regine drückte es 1995 in einem *Spiegel*-Beitrag so aus: »Überzufällig häufig erklärte dabei auch die eine oder der andere, dass sie oder er uns beinahe großgezogen hätte. Wer da nicht alles infrage gekommen sein will, das wäre eine richtig große Kommune geworden.«[211]

Meinhofs engere Wahl fiel damals im Frühjahr 1970 offenbar auf die Familie Holtkamp. Mit ihrem alten Kollegen, dem *konkret*-Mitarbeiter aus ganz frühen Kommunistentagen, Jürgen Holtkamp, hatte sie sich zuletzt in den gegenredaktionellen Kampf um *konkret* gestürzt und dabei einen neuen Kontakt zu dem Ehepaar Holtkamp gewonnen. Jürgen und Lilli Holtkamp waren 1961 die Trauzeugen unserer Eltern gewesen. Zunächst hatte sich Meinhof bemüht, die Holtkamps als WG-Partner nach Berlin zu holen. Holtkamps hatten drei Kinder in unserem Alter, das schien ihr zu passen. Doch Jürgen Holtkamp wollte sein Bremer Haus nicht aufgeben. Und jetzt hatten sich Meinhofs Pläne ohnehin geändert. Jetzt dachte sie wohl, dass möglicherweise die Holtkamps meine Schwester und mich erst einmal nehmen könnten, wenn sie in den bewaffneten Kampf zöge. Ob für drei Wochen, drei Monate, drei Jahre oder länger, wusste sie sicher selber noch nicht.

Einen Teil der Osterferien, Ende März, Anfang April haben meine Schwester und ich jedenfalls bei den Holtkamps in Bremen verbracht. Holtkamps lebten mit ihren Kindern in einem funktionierenden ordentlichen Einfamilienhaus, in dem eine nette familiäre Stimmung herrschte, eine Mischung aus einem linksradikalen und gleichzeitig etwas spießigen, sehr kinderbezogenen Haushalt. Wir Kinder verstanden uns alle sehr gut. Ich freundete mich vor allem mit Pablo an, dem einzigen Sohn der Familie. Und freute mich, dass die Holtkamps dann auch sehr bald auf ein Wochenende zu uns nach Berlin kamen. Mit Pablo übte ich an diesem Wochenende das »Abhauen«, ein Wort, das sich wie ein Mantra durch die Heimkinderdiskussion zog, die bei uns zu Hause lief.

Wir versorgten uns mit Rädern aus dem Kinderladen und ein bisschen Proviant und fuhren in Berlin herum. Wir »hauten ab«. Es war nur ein Spiel, aber wir versuchten, so lange wie möglich durchzuhalten. Als wir am Abend nach Hause kamen, hatte es allerdings noch niemand bemerkt. Die Erwachsenen diskutierten mal wieder. Viel, viel später haben Pablo und ich uns in Bremen getroffen und bei einem Spaziergang an der Weser über diese Geschichte gelacht.

Klauen lernen

Auch das »Klauen« wollte ich jetzt üben. Die Gelegenheit kam. Da lag ein Portemonnaie einer Bezugsperson im Kinderladen, ich schaute hinein und fand 100 Mark, und die nahm ich – so aufgeregt, wie man nur aufgeregt sein kann.

Als ich abends nach Hause kam, empfing mich das »Tribunal«: meine Mutter, Irene G. und die Frau, deren 100 Mark ich in der Tasche hatte. Ich sollte die 100 Mark herausgeben, was ich auch tat. Und dann lautete die Anklage, dass man nicht klaut. Ich verteidigte mich, dass die anwesenden »Gerichtspersonen« mir und allen Kindern immer gesagt hätten, dass wir revolutionär sein sollten, klauen sollten, dass Irene selber klauen würde, dass ich selbstständig sein sollte und mich durchsetzen sollte.

Das brachte meine Mutter in Schwierigkeiten. Sie entschied als »Richterin«, dass es zwar richtig sei zu klauen, aber nicht bei Genossen. Außerdem ginge Klauen nur, wenn es politisch sei, aber das verstünde ich noch nicht. Ich fühlte mich von meiner Mutter dennoch hoch anerkannt. Irgendwie schien ihr der Gedanke gefallen zu haben, dass ich ein revolutionäres Kind sein könnte. Und letzten Endes hatte ich die »Aktion« wohl auch gemacht, um mit ihr in irgendeinen Kontakt zu kommen.

Am 13. April 1970 schrieb meine Mutter an ihre Schwester Wienke:

[...] Ich hab mir auch überlegt, dass ich meinen Kindern damit keinen Gefallen tue, dass ich ihnen ein privilegiertes Leben bereite und ihnen zuliebe auf politische Arbeit verzichte. Wenn ich nur die Angst vorm Röhl nicht zu haben brauchte! Himmel! Ich habe aber keine Angst mehr davor, dass auch ihr Leben schwer sein kann. Die habe ich freilich auch deshalb immer weniger, weil sie stark sind. Ich bin momentan richtig stolz auf sie. Sie gingen heute zum Kindergeburtstag, und weder die Kleiderfrage noch die Geschenkfrage kam auf mich zu. Sie gingen verdreckt, wie sie dauernd rumlaufen. Sie nahmen eigene Sachen zum Schenken mit. Von Schulkameraden werden sie allerdings auch kaum mehr eingeladen. Und wenn ich sie abends allein lasse, wissen sie, dass es wichtig ist und dass sie etwas Richtiges leisten, wenn sie mich gehen lassen. Trotzdem hoffe ich, dass Irene zu mir zieht, um die Chance zu vergrößern, dass zufällig einer da ist, wenn es nötig ist. [...] Deine Ulrike.

Der Unfall mit dem R4

Peter Homann war mehr und mehr abgemeldet. Nicht nur Baader focht Hahnenkämpfe mit ihm aus, auch die Frauen erkannten Baader als neue Führungsfigur an und bekämpften den, der sich engagierte und sich um alles kümmerte.

Mit Irene G., Monika Berberich und Astrid Proll, die in diesen Monaten für meine Mutter wichtig wurden, bildete sich die Frauenfraktion, mit der Peter sich immer weniger verstand. Er wurde verdrängt, auch verlacht. Die Stimmung, die vorher nur gegen Klaus Röhl gewesen war, schlug um, zunehmend auch gegen ihn. Trotzdem stürzte man sich in dieser Zeit noch einmal gemeinsam auf ein politisches Projekt.

Horst Mahler: Als die Gruppe um Baader und Ensslin hier war, da war sie zwar auch illegal, sie sollten ja eine Strafe antreten, aber nicht so gesucht, wie nach der Befreiungsaktion, es war also Illegalität minderer Güte, und das haben wir benutzt, um so eine Basisarbeit zu beginnen im Märkischen Viertel. Da war Ulrike sehr engagiert, hat also kräftig mit den Leuten zusammengearbeitet, und da haben wir uns auch politisch mal richtig kennengelernt. Wir hatten vor, ein Netz von Unterstützern und Sympathisanten im Märkischen Viertel aufzubauen und die ersten Aktionen im Märkischen Viertel zu machen [...] das waren Unterstützungsaktionen für kinderreiche Familien, die durch Räumung bedroht waren, weil sie die Mieten nicht mehr zahlen konnten. Und da gab es auch in diesem Zusammenhang einen missglückten Brandanschlag, der galt der Wohnungsverwaltung, die im Märkischen Viertel tätig ist, und das Ganze ist aber gelandet bei der AOK, weil die Stockwerke an der Straße und vom Hof aus versetzt waren. Der Hof ging nach unten, und da haben wir gedacht, im 1. Stock ist es, und dann war es im 2. Stock von der Straße aus gesehen. Und dann gab es auch mehrfach Konfrontationen mit der Polizei, wo Ulrike auch dabei war.[212]

Auch ich erinnere mich, dass wir in dieser Zeit verstärkt über die Stadtautobahn ins Märkische Viertel fuhren. Das Märkische Viertel war ein neues Siedlungsgebiet, das aus bunt angemalten Wohnhäusern bestand. Dort machten wir Besuche in den Wohnungen, und meine Mutter regte sich über die kleinen Dreizimmerwohnungen, in denen Menschen nicht leben könnten, auf und verteilte Flugblätter, in denen die Bewohner zur Revolution aufgefordert wurden. Während die Erwachsenen immer irgendwo standen und diskutierten, spielte ich mit meiner Schwester in den großen Matschpfützen. Ich weiß noch, dass ich ernsthaft dachte, dass die

Häuser doch eigentlich ganz hübsch seien, sie waren ja bunt angemalt und auch nicht so hoch. Auch die Wohnungen erschienen mir nicht so schrecklich, wie meine Mutter sie geschildert hatte. Ich hatte mir wahre Löcher vorgestellt, stattdessen war alles neu und frisch renoviert, und innen sah es sehr ordentlich aus. Die Familie, die wir besuchten, sah auch ganz normal aus. Als ich das sagte, erklärte mir meine Mutter, dass es aber doch ganz schrecklich sei und dass ich das nicht beurteilen könne.

Und einmal, als meine Mutter nicht dabei war, gab es einen Unfall. Den ganzen Wagen voller Flugblätter, waren wir losgefahren, eine Frau fuhr den R4, Irene G. saß auf dem Beifahrersitz und Peter Homann auf der Rückbank zwischen meiner Schwester und mir. Mitten auf der Autobahn bei ungefähr Tempo 100 auf der Überholspur dann plötzlich das wilde Schlingern des Autos, das uns alle schlagartig hellwach machte. Die Fahrerin schrie laut, dass sie das Auto nicht mehr in den Griff bekomme, dass sie nicht mehr bremsen könne. Ich sah noch, wie Irene G. versuchte, sich eine Zigarette anzuzünden, die ihr in diesem Moment aus der Hand fiel. Da knallte das Auto auch schon an die Leitplanke und wurde durch den starken Rückstoß sofort mit voller Wucht zurück auf die Fahrbahn bis auf den rechten Seitenstreifen geschleudert. Das Auto überschlug sich und kam schließlich auf der Wiese am Rande der Autobahn zum Stehen. Wie durch ein Wunder war keinem von uns etwas passiert.

Als ich meine Augen aufschlage, merke ich, dass Peter mich fest im Arm hält. Irene G. schreit die ganze Zeit »Wir müssen raus, wir müssen raus, mir ist meine brennende Zigarette runtergefallen«, und das ganze Auto ist voll mit den Flugblättern, die durch den Sturz durcheinandergewirbelt waren. Peter ist der Einzige, der sich ein bisschen am Knie verletzt hat. Das Auto geht trotz brennender Zigarette nicht in die Luft. Die Stimmung ist ein bisschen unpersönlich und zerstritten: Was machen wir jetzt?

Wir kriechen aus dem Auto. Einer holt die Polizei, und wir fahren trotz allem nach stundenlangem Warten in der Kälte, mit wem, weiß ich nicht mehr, noch ins Märkische Viertel, wo wir einen Teil der Flugblätter abliefern. Das Auto lassen wir am Straßenrand liegen, es ist so kaputt, dass es nicht mehr zu fahren ist. Stumm machen meine Schwester und ich an der Hand von Peter alles mit. Die beiden Frauen lachen und scherzen gleich wieder, das kaputte Auto belastet sie nicht, es ist ja Meinhofs. Sie benehmen sich, als wäre nichts geschehen. Auf der Rückfahrt – irgendwelche Genossen, die wir im Märkischen Viertel getroffen hatten, fahren uns nach Hause – sehe ich den roten Rücklichtern auf der Autobahn hinterher und schlafe ein.

Auch Peter Homann erleidet an diesem Tag einen Schock. Schlimmer als der Unfall selber, bei dem ja Gott sei Dank nur das Auto kaputtging, ist für ihn die Reaktion meiner Mutter und der anderen:

Ich erinnere mich noch an diesen furchtbaren Unfall mit Euch, als es mitten auf der Autobahn auf dem Weg ins Märkische Viertel fürchterlich zu schaukeln anfing und das Auto aus der Bahn geriet. Ich saß hinten zwischen Euch Kindern und hatte Euch beide so fest im Arm, damit ihr nicht irgendwo gegenknallt, und ich habe einen lauten Schrei ausgestoßen, als wir gegen die Planke flogen und uns dann auf der anderen Straßenseite überschlugen. So festgehalten, waren wir alle drei unverletzt geblieben, aber für mich war trotzdem etwas Entscheidendes passiert, für mich war dieser Unfall der Ausbruch des Wahnsinns.
Abends kam ich mit Euch beiden nach Hause. Die Reaktion von Deiner Mutter und Monika Berberich hat mich entsetzt. Die lachten noch darüber, dass ich mich aufregte und das so tragisch nahm. Die sagten, das sei eine Kleinigkeit im Gegensatz zu den schlimmen gesellschaftlichen Verhältnissen. Ich war der Idiot, der sich Sorgen machte. Meine Knie haben noch geschlottert, ich konnte kaum auftreten, so sehr war mir der Schreck in die Knochen gefahren.
Für mich war es nicht nur der Unfall, es war das Gefühl, jetzt ist alles kaputt, auch die Familie. Ich fühlte plötzlich, so konnte es nicht weitergehen. Einfach so das Auto vernachlässigen, das schon lange keiner mehr auf seine Fahrtüchtigkeit hin überprüft hatte, einfach so irgendwelche Leute, die man kaum kannte, damit fahren lassen. So war Ulrike eben damals. Sie begriffen nicht, dass es nur ein Wunder gewesen war, dass wir gerettet, dass wir noch am Leben waren. An so einem Beispiel, dachte ich, muss Ulrike doch sehen: es geht zu weit.

Aber es ist, als wäre meine Mutter jetzt auf einen anderen Trip gekommen, auf den Frauentrip. Männer, auch »gute« Männer wie Peter Homann, waren »scheiße«, waren letztlich doch nur »Arschlöcher«, die einen unterdrücken wollten. Sie sagte: »Wir Frauen haben 2000 Jahre und noch viel länger die Hausarbeit und Kindererziehung übernommen, jetzt seid ihr mal dran.« Man benutzte Homann jetzt gern noch als Hausmann. Noch heute ist er wütend, wenn er sagt:

Die Monika Berberich hat sich nicht um Euch gekümmert, Eure Mutter auch nicht. Meinst Du, die haben Euch Frühstück gemacht, die haben Euch zur Schule gebracht? Nein, die lagen im Bett, und ich bin morgens gekommen, um Euch zu versorgen. Für die anderen wart ihr Kinder der lästige Rest aus einem anderen Leben.[213]

Ich mochte den R4 immer ganz gern, mit dem konnte jeder machen, was er wollte, das machte Spaß. Türen knallen, Fenster runterdrehen, das Auto war nicht alt, aber ziemlich heruntergekommen, und jetzt war es Schrott.

Nur zwei Tage nach dem Unfall stand ein grüner Peugeot vor unserer Haustür, ein Geschenk meines Vaters an meine Mutter. Eine Überraschung. Ich war begeistert, ein nagelneues Auto, mit dem meine Mutter uns gleich morgens als Erstes in die Schule fuhr, was sonst nur Peter mit seiner roten Ente machte. Jetzt musste sie aber doch mal dankbar sein! Aber nein, sie schimpfte nur. Das Auto sei hässlich, es sei eine Frechheit, dass Röhl ihr, ohne sie zu fragen, das Auto geschenkt habe, sie wolle sich ihr Auto selber aussuchen, den Peugeot wolle sie nicht haben. Wie immer war sie konsequent. Nach nur wenigen Tagen hatte sie das Auto in einen weißen VW umgewandelt. Und war nun wohl doch froh über das Geschenk, das ihr wenigstens schnell ein neues Auto beschert hatte. Begeistert fuhr sie mit dem weißen VW herum. Allerdings nicht mehr lange.

Baader wird festgenommen

Am 4. April 1970 wird der flüchtige Kaufhausbrandstifter Andreas Baader von der Polizei festgesetzt. Eine Guerilla braucht Waffen, das bildet sie sich jedenfalls ein. So waren Baader, Mahler, Homann und andere auf Waffenbeschaffungstour gegangen.

Die Mahler-Baader-Homann-Truppe hatte Peter Urbach, einen dienstbaren Mitläufer der APO-Szene, der seit Jahren im Dunstkreis der Kommune 1 und der APO immer mal wieder Waffen beschafft hatte, im Republikanischen Club getroffen, wo dieser andeutete, er könne sie zu einem Waffenversteck führen.

Peter Homann: Ich kannte Urbach schon lange, mir ist er das erste Mal aufgefallen bei der Springerdemo Ostern 1968 – da waren wir beim Springerhochhaus, da kam er mit so einem Auto angefahren und hatte so einen Milchflaschenkorb, das war so ein Metallkorb, ein Sechserpack mit Holzgriff mit fertig präparierten Molotowcocktails, und verteilte sie an die Leute. Man denkt dann natürlich als Erstes, was ist denn hier los, vielleicht sind jetzt Studenten bereit, das Springerhaus anzuzünden, dann gingen ein paar Autos in Flammen auf. Er war eben so ein richtiger Agent Provocateur im Auftrag des Verfassungsschutzes, damit die Bürger sich gegen die Studenten richten. Aber das wussten wir damals noch nicht. Also haben wir uns mit ihm getroffen und uns auf Waffensuche begeben.

Mit dabei waren auch noch die junge Freundin von Mahler und einige andere, sodass ein kleiner Autokonvoi eines Nachts aufbrach, um in dem von Urbach gezeigten Waldstück nach dort verbuddelten Waffen zu graben.

Peter Homann erinnert sich: Mahler war ja von Kunzelmann in eine sexuelle Affäre gezogen worden, Kunzelmann hat ihm ein Weib auf den Hals geschickt, ein hübsches Weib, die dann im durchsichtigen Hemd zu Mahler ging, dem biederen Familienvater und Ehemann Mahler, und ihn also verführen sollte, Kunzelmann wollte ja auch zuerst die RAF machen,

Kunzelmann und Mahler. Also dieses Mädchen, ich erinnere ihren Namen nicht, die arbeitete in einem Kaufhaus. Die sagte mir auf der Fahrt im Auto, als wir da nach Waffen suchten: »Ich wollte immer schon mal was in dieser Richtung machen.« Also Doofheit! Ich dachte schon damals, das kann nicht wahr sein, die hatte also Mahler verführt, und dann war er irgendwie noch mehr drin.[214]

Doch die Suche nach Waffen – die Truppe wird beim ersten Mal von Passanten gestört und muss die Suche ein paar Tage später wiederholen – entpuppt sich als Falle des Verfassungsschutzes.

Peter Homann: Schon am Tag vor der Festnahme ist Baader wie ein Idiot in einem Mercedes-Benz durch Berlin gefahren, da muss sich die Polizei die Nummer aufgeschrieben haben, ich saß mit im Auto und merkte nur, wir werden verfolgt. Dann fuhren wir also an einem der nächsten Tage noch mal in ein entlegenes Waldstück, wo die Waffen vergraben sein sollten. Da sprang Urbach ganz albern herum und sagte immer, hier muss es sein, hier muss es sein, aber das war alles Quatsch, natürlich fand er gar keine Waffen, denn er war ja ein Verfassungsschutzagent, was wir nicht wussten.

Auf der Rückfahrt wurde Baader angehalten, Peter Homann saß bei ihm im Auto. Baader, der keinen Führerschein besaß, zeigte seinen gefälschten Pass – es war der Pass von dem Schriftsteller und Rechtsanwalt Peter O. Chotjewitz –, kann sich aber, nach seinen eigenen Daten befragt, nicht erinnern und wird festgenommen. Auch Peter Homann wird zur Identifizierung mit auf die Polizeiwache genommen, kann aber nach kurzer Zeit die Wache wieder verlassen. Doch die Stadtguerillatruppe ist alarmiert. Ist Baaders Verhaftung jetzt der Kairos, mit der geplanten Illegalität loszulegen?

Peter Homann: Noch am gleichen Abend war ein Treffen in der Kufsteiner Straße 12, wo Mahler alle Leute zusammengeholt hatte, die auf irgendeine Weise die Gesellschaft mit Gewalt verändern wollten. Auch Kunzelmann war, glaube ich, dabei.[215]

Kurz nach der Verhaftung von Andreas Baader am 4. April 1970 klärte Ulrike Meinhof auch mich auf: Baader ist verhaftet, und das ist für den revolutionären Kampf ein schwerer Rückschritt. »So«, dachte ich, »so ist das wohl.«

Dann wurde ich Zeuge eines heftigen Streites zwischen Peter und unserer Mutter. Peter Homann trat mit dem Fuß gegen einen vollen Papierkorb, der durch die Gegend flog, und schrie Meinhof an. Es ging um irgendetwas offenbar Wichtiges. Von heute betrachtet nehme ich an, dass es um die spontan bei Meinhof und den Ko-Revoluzzern gewachsene Idee ging, Baader aus dem Gefängnis herauszuholen, es ging um die sogenannte Baader-Befreiung. So vehement hatte ich Peter noch nie erlebt. Meine Mutter ließ das an sich abgleiten, was Homanns Wut offenkundig steigerte. Peter hatte jetzt die Nase voll und lehnte es ab, bei der sogenannten Befreiungsaktion, die vor allem von Ensslin und Meinhof forciert wird, mitzumachen.

Peter Homann: Man muss sich das mal vorstellen, Baader hatte höchstens drei oder vier Monate Gefängnis vor sich, allerhöchstens acht Monate. Es ging nicht etwa um 10 Jahre. Aber Herr Baader, der Revolutionär, wollte natürlich ein Held sein und befreit werden. Ensslin hatte ihm das auch »versprochen«. Ich versuchte schon im Vorfeld, mit Ulrike zu reden und ihr zu erklären, wie unsinnig eine Befreiung ist. Doch die war schon Feuer und Flamme für die Befreiung des »Genossen«. Es war ihr Vorschlag, Baader unter dem Vorwand, er würde mit ihr, der Journalistin, zusammen ein Buch über Fürsorgeerziehung schreiben, in eine Bibliothek ausführen zu lassen. Der Verleger Klaus Wagenbach war ein guter Bekannter von ihr und würde, wie sie annahm, bestimmt mitmachen.[216]

Auch Hanna K. ist ein wenig erschrocken, dass Baaders Verhaftung Grund und Anlass sein soll, in die Illegalität zu gehen.

Hanna K.: Wir planten bis dahin langfristig den bewaffneten Kampf, und dann hieß es plötzlich, Baader sei verhaftet worden. Ich sah es eigentlich nicht so, dass der jetzt gleich befreit werden müsste und auch nicht, dass

das nun der revolutionäre Anlass wäre, aktiv zu werden, aber Gudrun sagte, der Baader muss da raus, und der ist auch der wichtigste Kader. Einige sagten, der kommt doch sowieso wieder raus, das sei wirklich keine revolutionäre Situation, aber für eine Kerngruppe stand fest, der muss jetzt raus, weil er der revolutionäre Kader ist, ohne ihn geht es nicht.
Es war das erste Mal, dass diese Kader-Idee so griff, ich fand damals schon, das war so eine kurzfristige Perspektive. Ich fand eigentlich auch, dass wenn man Revolutionär sein will, man damit rechnen muss, auch mal verhaftet zu werden: Man kann nicht gleichzeitig Stadtguerilla machen und nicht damit rechnen, dass man mal ins Gefängnis muss.[217]

Klaus Wagenbach, den ich 1996 um ein Gespräch bat – wir trafen uns im Literaturhaus in Berlin –, erzählte mir, wie der Plan, Baader herauszuholen, genau aussah. Meinhof und Baader schlossen gemeinsam einen Buchvertrag mit dem Wagenbachverlag ab, Thema Heimkinder. Klar, nicht nur Meinhof sollte recherchieren, auch Baader sollte ganz wissenschaftlich in die Literatur einsteigen, dafür reichte die Knastbibliothek nicht aus. Also wollten sich Meinhof und Baader gemeinsam in der Bibliothek des Berliner Zentralinstituts für Soziale Fragen treffen, um gemeinsam in die Literatur einzusteigen und zu schreiben.

Wagenbach: »Eine Gefangenenbefreiung, das war natürlich eine tolle Sache, da wollte ich gerne mitmachen.«[218] Der nicht ernst gemeinte Vertrag wird also tatsächlich unterschrieben und dem Gefängnisleiter unter die Nase gehalten. Der hat allerdings keine Lust, dem verurteilten Kaufhausbrandstifter, der mithilfe seiner Anwälte vorübergehend auf freien Fuß gesetzt wurde, aber zur Verbüßung seiner Reststrafe nicht erschienen war und deshalb als flüchtig galt, nun eine solche Sonderwurst zu braten. Da tritt Baaders Anwalt Horst Mahler auf den Plan und überredet den Gefängnisleiter, seine Zustimmung zu erteilen.

Und das entbehrt nun nicht einer gewissen Ironie: Immer wieder wird der deutsche »Polizeistaat« anno 1970 sichtbar, der sich selber kaum ärger hätte veräppeln können als mit der Genehmigung von Baaders Ausführung in besagtes Institut. Baader saß gerade wenige Wochen im Gefängnis, nachdem er sich ein halbes Jahr lang der Haft entzogen hatte. Die Vorstellung eines »Polizeistaats«, einer sich faschisierenden

Bundesrepublik, ist vollkommen abwegig. Enzensberger, der damals an der blutroten Revolution und der Wahnidee, die Bundesrepublik sei ein System, das nur mit Gewalt zu stürzen sei, mitstrickte, redet heute, in später Erkenntnis, von einer »Gemütlichkeitsrepublik«, die die Bundesrepublik damals gewesen sei. Diese späte Einschätzung kommt der Wirklichkeit erheblich näher.

Baader erhielt fast täglich Besuch von der Damenriege der Stadtguerilla in statu nascendi, unter ihnen auch die ebenfalls wegen des Kaufhausbrandes verurteilte und gleichermaßen flüchtige Ensslin. Sie spaziert unter dem Namen Dr. Gretel Weitemeier mehrfach ins Gefängnis zu ihrem Andi. Meinhof ist einmal pro Woche bei Baader.

Genau in dieser Zeit, am 1. Mai 1970, zwei Wochen vor der geplanten Gefangenenbefreiung, macht Homann bei einer letzten Aktion im Märkischen Viertel dann noch einmal mit; eine Gruppe, angeführt von Ulrike Meinhof und Peter Homann, überfällt ein Büro der Verwaltungsgesellschaft des Märkischen Viertels. Ein Riesen-Bohei. Die Polizei nimmt Ulrike Meinhof und Peter Homann fest. Rechtsanwalt Mahler bekommt die beiden binnen weniger Stunden wieder frei. Die berühmten Fotos, auf denen Meinhof in ihrem Dufflecoat von der Polizei abgeführt wird, entstehen zwei Wochen bevor sie in den Untergrund geht bei ihrer Verhaftung im Märkischen Viertel. Es ist wie die Ouvertüre zu dem, was jetzt folgen sollte.

Am 14. Mai soll die Befreiungsparty steigen. Baader soll aus dem Bibliotheksraum in einem geeigneten Moment aus dem Fenster in den Garten springen und dann in ein Fluchtauto seiner Retterinnen jumpen. Da Baader von zwei Polizeibeamten begleitet wird, hatten sich die Strategen der Stadtguerilla ausgedacht, mit viel Waffengetöse Unruhe zu stiften. Diese Unruhe sollten die »Befreier« und Baader nutzen, um abzuhauen. Meinhof hatte die Option, ganz erstaunt über den Verlust ihres Co-Autors, einfach an dem gemeinsamen Arbeitsplatz im Institut sitzen zu bleiben. Die beiden alten, bereits etablierten Mitglieder der neuen Guerilla-Kombo, Mahler und Meinhof, sollten zu diesem Zeitpunkt noch nicht »verbrennen«, sie sollten als Unterstützter der anderen schon Flüchtigen noch eine Weile legal bleiben.

Horst Mahler: Wir hatten jetzt nur noch das Problem, wie kriegen wir den Andreas wieder raus, und da wurde eben auch die Frage der Waffen diskutiert. Da wurde also Kontakt aufgenommen zu einem sehr obskuren Waffenlieferanten hier, der wohl auch eine Rolle als Lieferant für Waffen von Carlos gespielt hat. Vogt war das, der war im Republikanischen Club aufgetaucht, hat erzählt, was er für Möglichkeiten hat, und hat uns dann so ein paar Dinger geliefert. Die schossen auch halbwegs, und das war also die Garnitur, mit der dann die Befreiungsaktion durchgeführt wurde. Später ging es dann los mit der Beschaffung von Waffen etwas anderen Zuschnitts, die kamen aus Hamburg – das war eine Aktion, die Gudrun Ensslin vorbereitet hatte, und diese Waffen wurden dann deponiert hier bei einem, ja, auch bei einer anderen Kulturgröße ...
Bettina Röhl: Kulturgröße?
Horst Mahler: Ja, die waren im Status von Sympathisanten, die wollten auch nicht mitmachen und fanden es auch ziemlich verrückt, aber sagten, macht es doch mal, und haben also so kleine Unterstützungsleistungen erbracht, indem sie Waffen versteckt haben und so ja ...
Bettina Röhl: ... oder Geld gegeben haben, wie die Münchner?
Horst Mahler: Das Geld in München habe ich in Empfang genommen für die in Rom von einer Kulturgröße in München. Aber die anderen hier, die in Berlin das Geld gaben, das war im Schriftstellerbereich, das war hier ein Berliner Schriftsteller.[219]

Der Gefängnisausbruch

Wer sich Heroin spritzte und in den ziemlich versifften APO-Milieus lebte und nicht auf eine sterile Spritze achtete, fing sich ziemlich schnell eine Gelbsucht ein. So war es Baader passiert, der im Gefängnis auf der Krankenmasche ritt oder tatsächlich krank war und deshalb auf die Krankenstation verlegt wurde. Da traf er auf Michael »Bommi« Baumann, den Proletenkönig der Kunzelmann-Welt. Baumann hatte sein eigenes terroristisches Ding bei dem »Zentralrat der umherschweifenden Haschrebellen«, den »Tupamaros West-Berlin«, dem Berliner »Blues«, gemacht. Nun ebenfalls mit Gelbsucht infiziert, lag Baumann Zelle an Zelle mit Baader auf dem Krankenlager des Gefängnisses. Baumann hatte sich für diesen Gefängnisaufenthalt unter anderem mit einem Brandanschlag auf eine Fluggesellschaft qualifiziert. Und er erlebt den werdenden Buchautor Baader im Gefängnis so: »Der hat sich so aufgeführt, dass sie ihn in die Klapsmühle gesteckt haben. Der hat sich nie gewaschen und lauter so 'ne Geschichten [...] er kriegte solche Depressionen, dass sie ihn in die PN, die psychisch-neurologische Abteilung, steckten. Baader war dann schon dabei, die Gänge immer hoch und runter zu laufen, die richtige Knastmacke.«[220]

Baumann und Baader, die späteren Anführer der Terrorgruppen 2. Juni und RAF, waren sich offenbar nicht besonders sympathisch. Ärgerlich für Baumann: Die Kaufhausbrände waren von der bekannten *konkret*-Kolumnistin »gesellschaftsfähig« geschrieben worden. Seine eigenen »Werke« – er hatte sich schon 1968 als »Reifenstecher« einen Namen gemacht, einen *Quick*-Reporter mit einer Flasche niedergeschlagen, Brandanschläge usw. – hatten nicht vergleichbar gezündet. Es war für Baumann sicherlich hart, dass für diesen Fatzke Baader, der weniger abzusitzen hatte als er, gleich eine »Gefangenenbefreiung« organisiert wurde, und zwar von dessen Braut »Grete« Ensslin, während der »Blues« und die »Tupamaros West-Berlin« gerade mithilfe von Hellas Aussagen, Bommis Braut, und deren Freundin Annekatrin Bruhn erfolgreich durch die Polizei zerschlagen wurde.

Nun war also der 14. Mai gekommen. Um 9 Uhr wurde Baader in den Lesesaal gebracht, von zwei Polizisten freundlich begleitet. Das operative Geschäft hatten ausschließlich Frauen organisiert. Mahler und Wagenbach übten sich in vornehmer Zurückhaltung. Die Befreierinnen hatten sich im letzten Moment für alle Fälle noch eine Art »Bodyguard« aus dem kleinkriminellen Milieu dazugeholt, Jürgen B. Dem drückten die Flintenladys Irene G., Ingrid Schubert und Gudrun Ensslin eine Pistole mit Schalldämpfer in die eine und eine Gaspistole in die andere Hand. Sie selber verfügten noch über ein Kleinkalibergewehr, das Ensslin zugestanden wurde, und über ein paar Tränengaspistolen.

Kurze Zeit später verwirklichten sie ihren Plan. Ensslin und der angeheuerte Jürgen B. stürzten mit der beschriebenen Flak in den Händen in das Institut, wo sich Irene G. und Ingrid Schubert, als harmlose

Besucherinnen getarnt, herumgedrückt hatten und nun auch aktiv wurden. Als sich ihnen der Institutsangestellte Georg Linke wider Erwarten in den Weg stellte, schoss der maskierte Jürgen B. aus Versehen, wie er später sagte, mit der scharf geladenen Pistole statt mit der Tränengaspistole. Georg Linke erlitt einen Lebersteckschuss und war lebensgefährlich getroffen. Das Quartett stürzte in den Lesesaal. Irene G. und Ingrid Schubert schossen mit Tränengaspistolen um sich. Ein Bewacher wurde von Ensslin mit vorgehaltener Waffe in Schach gehalten, es gelang ihm, ihr die rote Perücke vom Kopf zu reißen. Darunter kamen blonde kurze Haare zum Vorschein. Der zweite Bewacher schlug Jürgen B. die Schusswaffe aus der Hand und griff zur Dienstwaffe. Bevor er durchladen konnte, bekam er von Jürgen B. eine Ladung aus der Gaspistole ins Gesicht. Für einen Moment kampfunfähig, gab er zwei ungezielte Schüsse ab, die in die Wand einschlugen.

Sechs frischgebackene RAF-Terroristen (die sich noch nicht RAF nannten) hatten die beiden Polizisten erfolgreich außer Gefecht gesetzt. Und nutzten die Chance zur Flucht. Baader und Meinhof sprangen als Erste aus dem Fenster, die anderen vier hinterher. Sie liefen zu den zwei bereitstehenden Autos, die vor dem Institut parkten. Baader und Meinhof stiegen in das erste Auto zu Hanna K., Ensslin, die erst zu dem zweiten Auto gelaufen war, rannte schnell zu ihrem Baader und quetschte sich noch in das erste Fluchtauto, in dem die »Prominenz« versammelt war, mit hinein.[221] Die drei anderen, Irene G., Schubert und Jürgen B., stiegen in den Alfa Romeo von Astrid Proll.

Bettina Röhl (im Gespräch mit Hanna K.): Wie bist du hinter das Steuer des Fluchtautos gekommen?
Hanna K.: Wer kann was machen, war so gefragt worden, und ich hatte gesagt, ich könne Auto fahren. Und da sagten die, dann könnte ich ja eins der Fluchtautos fahren. Es war ein BMW, ich weiß nicht, woher ich das Auto bekam, es war klar, das besorgt jemand anderes, ich glaube, es war Monika Berberich, ich glaube, sie hatte das Auto nur geliehen, von einem, der gar nicht wusste, dass damit die Baader-Befreiung gemacht werden sollte. Dann wurde das Institut, also die Location, von außen angesehen, dann machte man die Planung. Ich sollte das zweite Fluchtauto fahren,

tatsächlich war ich aber das erste Auto. Es hieß, um so und so viel Uhr sollte man da und da stehen. Ich kam dann mit dem Auto zu der beschriebenen Uhrzeit dahin und wunderte mich, dass ich jetzt doch vorne stehe mit meinem Auto, das zweite Fluchtauto parkte hinter mir. Ich konnte ja auch nicht aussteigen und fragen, wieso bin ich jetzt vorne, das geht dann ja nicht mehr. Ich stand also da und wartete, und dann kamen – ich stand direkt vor dem Institut – zuerst Baader und Meinhof zu meinem Auto gelaufen. Dann kam Ensslin und drängte sich in letzter Minute auch noch dazu, sie wollte wohl bei ihrem Baader sein.

Die Nummernschilder von meinem BMW waren mit anderen Nummernschildern an diesem Tag mit Klebeband überklebt worden. Zur Tarnung hatte ich mir eine billige Perücke mit langen schwarzen Haaren aufgesetzt, ich trug in Wahrheit kurze mittelblonde Haare.

Wir fuhren also los, das ging alles sehr schnell, und Meinhof gab mir klare Anweisungen, hier lang und da lang, und dann stiegen sie zwei Kilometer weiter oder so wieder aus. Ich weiß nicht, ob sie in ein anderes Auto stiegen oder schon bei ihrem Ziel angekommen waren. Sie stiegen jedenfalls aus, und ich bog schnell in eine Seitenstraße und fuhr ein bisschen herum, denn ich musste ja noch die Nummernschilder loswerden. Da ich zuvor vergessen hatte, mir Handschuhe zu besorgen, hatte ich mir am Morgen nur Fäustlinge angezogen, das war das Problem, als ich jetzt in einer Seitenstraße ausstieg, um die falschen Nummernschilder loszuwerden. Ich musste die Fäustlinge ausziehen, um das Klebeband abzumachen, dann wollte ich die Nummernschilder in einen Gulli werfen, das gelang mir aber nicht, ich wurde zu nervös, vielleicht kamen auch Leute, jedenfalls stellte ich die Nummernschilder unauffällig neben den Kantstein, dass sie nicht sofort auffielen, und fuhr weiter. Ich wusste von einem Haus in der Nähe, dass in dessen Hinterhof da und da Mülltonnen standen, und da nahm ich meine Perücke, hielt kurz an, rannte da hin und schmiss die Perücke da rein. Dann fuhr ich also mit korrektem Nummernschild und meiner eigenen Frisur weiter zu dem verabredeten Ort, an dem ich das Auto abstellen sollte. Ich weiß noch, dass mir Polizeiautos entgegenkamen, die an mir vorbeifuhren. Ich fuhr dann mit der Bahn nach Hause in meine WG, wo zwei weitere Leute von der Aktion wussten. Ich hörte dann sehr schnell im Radio: Baader aus dem Gefängnis ausgebrochen, versuchter Mord.

Bettina Röhl: Haben dir deine drei Fahrgäste den Hergang der Tat erzählt?

Hanna K.: Nein. Baader sagte nur so aufgeregt, los, los, beeil dich. Und nach wenigen Minuten stiegen sie ja auch schon wieder aus. Ich war ziemlich aufgeregt. Dass jemand angeschossen werden könnte, hatte ich bis dahin, ohne an so was zu denken, für ausgeschlossen gehalten. Ich bin aber zu diesem Zeitpunkt noch nicht aufgewacht, dass ich in einem völlig falschen Film saß, das muss ich leider zugeben.[222]

Gute Nacht, Revolution!

Astrid Proll, die das zweite Auto, einen Alfa Romeo, fuhr und die die anderen mitnahm, erzählte mir später, dass es nicht unbedingt vorgesehen war, dass meine Mutter mit abtauchen sollte. Laut Plan hätte sie im Saal zurückbleiben und die Unbeteiligte spielen sollen. Ihre zentrale Mittäterschaft wird von vielen Ikonografen in den Hintergrund gedrängt durch eine ganz künstlich entfachte Spekulation, dass Meinhof nur versehentlich mit in den Untergrund gesprungen wäre. Oh Gott!

Monika Berberich, damals engste Vertraute meiner Mutter, sagte mir im Interview[223] das Gegenteil: Meinhof sollte und wollte mit abtauchen. Genauso sei es auch geplant gewesen. Wahrscheinlich wäre es den werdenden RAF-Mitgliedern sogar lieber gewesen, wenn Meinhof legal geblieben wäre. Als Propagandistin der gemeinsamen Sache, mit einer großen Wohnung in der Kufsteiner Straße, mit Geld, Beziehungen, Logistik, wäre eine unerkannte Mittäterin Meinhof viel nützlicher für die geplante »Revolution« gewesen.

Alles spricht dafür, dass Meinhof selber ganz dringend gemeinsam mit der Gruppe in den gemeinsamen Untergrund abtauchen wollte, dass sie in einem effektvollen Sprung die Welten wechseln wollte. Alles spricht dafür, dass sie sich ihres legalen Lebens entledigen und in die Freiheit des Untergrunds eintauchen wollte. Frei davon, die Journalistin Meinhof zu sein, frei von bürgerlicher Reputation, dem Zwang, Geld zu verdienen, irgendein geordnetes Leben zu führen, einen Vermieter zu haben, ein zugelassenes Auto zu haben. Kein Telefon, kein Finanzamt, keine

Rechnungen, keine Partys, keinen Small Talk, keine Arbeit. Und keine Kinder. Etliche Terroristen haben mir von diesem Reiz erzählt, von dieser Flucht vor den Sachzwängen des Lebens. Und die große Revolution, das große Ziel, das Phantasma, das alles legitimiert, verdrängt die eigenen täglichen Probleme, die allerdings, wer hätte das gedacht, im Untergrund binnen kürzester Zeit wie ein Bumerang doppelt und zehnfach zurückkehren.

Das war das eine. Das andere war sicher eine klare, eine rationale Abwägung. Die APO-Protestbewegung produzierte beide Terrorformen: Viele Terroristen verübten Anschläge, Sabotageakte aus der Klandestinität heraus, ohne Gesicht, ohne gesehen, ohne erkannt, ohne berühmt zu werden. Die RAF-Terroristen gingen den zweiten Weg: Terror mit Gesicht, Namen und Bekenntnis und der Möglichkeit persönlicher Identifikation durch das Publikum.

Baader und Ensslin hatten das mit ihrem ersten Terrorakt, den zwei in Brand gesteckten Kaufhäusern in Frankfurt, vorgemacht und waren, gerade weil sie alles offen kommuniziert und es geradezu auf ihre Verhaftung angelegt hatten, über Nacht berühmt geworden, ohne mehr geleistet zu haben, als ein Streichholz anzuzünden. Der Mut, ins Gefängnis zu gehen, gehörte zu diesem Weg unbedingt dazu. Meinhof, die bereits alle Brücken hinter sich abgebrochen hatte, die also bereit war, in den Terror zu gehen, nahm ihre Chance gezielt wahr. Eine bessere PR gab es nicht, und eine zweite Chance, gemeinsam mit der ganzen Gruppe zu starten, gab es auch nicht. Der Gefängnisausbruch von Baader wurde ein gigantischer PR-Erfolg. Die Konkurrenzarmee von Kunzelmann, der immer schön im Hintergrund die Fäden zog, existierte sozusagen nicht mehr, und auch die später gegründete Terrorgruppe 2. Juni kam in Zukunft immer nur auf Platz 2 des Terror-Rankings.

Meinhof war in der jungen Terrorsociety irgendwie eine Außenseiterin, sie war älter, sie war bekannt, sie hatte einen Beruf, sie hatte eine »Stasi«-Vergangenheit[224], sie hatte einen völlig anderen Erfahrungsschatz als die anderen. In ihrem solidarischen Abtauchen in den Untergrund lag wahrscheinlich auch etwas Anbiederndes, sie wollte die Wärme einer Gruppe, ein Gruppengefühl, die Solidarität einer Familie, das Ideal, durch die Illegalität zusammengeschweißt zu werden. Und ganz wichtig für Meinhof, dass sie, wie sie es oft zum Ausdruck brachte, sich selber immer wieder durch gemeinsame Taten revolutionieren konnte und nicht heimlich doch verbürgerlichte. Zum Terror muss man sich eben immer wieder neu motivieren, das gilt auch für Terroristen. Die Illegalität sollte in den mittuenden Menschen einen inneren Prozess auslösen, mittels revolutionärer Taten sollte die Metamorphose zum Neuen Menschen gelingen. Und selbstredend wollte Meinhof auch von Anfang an ein Kader in der Gruppe sein, und dazu musste sie »Taten« aufweisen.

Am nächsten Tag sehr schnell wurde Meinhof – und nicht Baader und nicht etwa Jürgen B. oder Ensslin – dem breiten Publikum bekannt, denn ein Plakat der Staatsanwaltschaft mit ihrem Konterfei hing in Westberlin an allen Ecken und Enden und den Litfaßsäulen: »Mordversuch in Berlin, 10 000 DM Belohnung. Ulrike Meinhof, geschiedene Röhl.« Prominenter konnte sie in dem Moment gar nicht werden, wenn auch der Preis sehr hoch war. Jetzt war sie selber ein »Kader«.

Die ganze Gruppe floh in wilder Hast in die Wohnung einer Freundin meiner Mutter, Barbara Morawiecz. Angeblich war sie vorher nicht informiert worden, dass ihre Wohnung als Zufluchtsort galt. Mit den Worten meiner Mutter »Wir brauchen jetzt deine Solidarität« soll die Gruppe dort Einlass gefunden haben. Wenig später wurde eine Sektflasche geöffnet, um den Coup gebührend zu feiern. Außer dem Schützen, der sehr schweigsam gewesen sein soll, waren alle in Hochstimmung.

»Die Befreiung Andreas Baaders war gelungen«, resümiert Stefan Aust in seinem Buch »Der Baader-Meinhof-Komplex« abschließend zu dieser Aktion.[225] War sie das? Nein, sie war misslungen. Das Blut eines versuchten Mordes klebte an den Händen der Täter. Ein Mann war lebensgefährlich verletzt worden. Mit dieser ersten, ganz und gar sinnlosen Aktion der Gruppe hatten die Guerilleros ihre Unschuld verloren. Das verdrängten sie. Klar, dass die inneren Verhältnisse der Gruppe jetzt ruppiger wurden. Und das Peinlichste: Für wen und was haben sich die Revoluzzer in den Gefängnisausbruch von Baader gestürzt? Falls eine Revolution einen politischen Kopf braucht: Baader war keiner. Er hatte es drauf, mit Aggression ein paar Leute in seinem direkten Umfeld zu terrorisieren. Und das war es, weiter reichten seine Möglichkeiten nicht. Falls eine Revolution einen Charismatiker braucht, der sich vor die Massen stellt und diese begeistern kann, dann war Baader das Gegenteil davon.

Er war ein beinahe stotternder, nuschelnder Stümper. Und selbst Rudi Dutschke, der Einzige aus der Bewegung, der die erforderlichen Qualitäten gehabt hatte, wäre nicht der Mann gewesen, eine konkrete Machtübernahme in einem konkreten Staat zu orchestrieren. Mit dem Personal, das sich jetzt, von Horst Mahler organisiert, an die Revolution machte, stand die Revolution auf verlorenem Posten. Gute Nacht, Revolution, was nicht heißt, dass die spätere RAF, und zwar die sogenannte erste Generation, nicht einen wesentlichen Anteil an der Verstärkung der Wirkung der 68er-Ideologien hatte. Die zweite Generation der RAF war dann, historisch gesehen, endgültig politisch bedeutungslos, wenn sie auch für allerlei Dokumentar- und Spielfilme und sonstige mediale Verwurstung reichlich herhalten musste.

Homann trifft Jürgen B.

In derselben Zeit saß Peter Homann, der die Aktion Baader nicht mitgemacht hatte, angespannt in seiner Einzimmerwohnung und hörte den Polizeifunk ab. Dadurch kannte er erste Eckdaten des Geschehens. Was machten die anderen wohl jetzt, fragte er sich, und was sollte er tun? Versuchter Mord! Meinhof abgetaucht. Ein maskierter Mann mit blonden Haaren seiner Größe hatte geschossen und wurde gesucht. Plötzlich fuhr es ihm in die Glieder, dass der Verdacht auf ihn fallen musste.

Peter Homann: Dann, kurz nach 10 Uhr, bin ich in eine Boutique gelaufen, um mir ein Alibi zu verschaffen, aber es war viel zu spät. Ich wusste nicht, wo die anderen waren. In mir ging alles drunter und drüber, ich dachte mir: »Oh Gott.« Aber das war erst der Vorhof zur Hölle. Noch nicht die Hölle selbst. Die kam erst nachher.[226]

Homann macht sich auf die Suche nach den anderen. Zuerst ruft er im Büro Mahler/Ströbele an.

Peter Homann: Also, ich wusste nicht, wo die Gruppe war, und ging zum Büro Horst Mahler, der gab mir eine angeblich ganz seriöse Kontaktadresse, der etwas wissen sollte. Ich fuhr also dahin und dachte, einen Linken zu treffen, statt dessen traf ich einen stadtbekannten Ganoven, den ich zufällig aus meiner Zeit in der Potsdamerstraße kannte, sein Spitzname war »Gamasche«, es war einer aus dem Zuhälter- und Schlägermilieu. Er kannte mich nicht, ich aber ihn, der war mir also als zuverlässige Person angegeben worden. Mahler hatte den wohl mal als Anwalt vertreten. Hm, ich fragte vorsichtig, ob da Freunde von Horst Mahler sind, aber der wusste nichts.

Abends ging Homann in den Republikanischen Club, wo immer jemand war, der etwas Nützliches wusste.

Peter Homann: Dort traf ich dann zufällig den Jürgen B., der wusste wahrscheinlich gar nicht, dass er für mich eingesprungen war, er wusste nur, dass ich die anderen kannte. Jürgen B. war völlig fertig und heulte, dass er jemanden angeballert hätte, er hatte mit der Gaspistole schießen wollen. Damals war ja noch alles total offen, die liefen noch frei herum, man redete noch. Von ihm erfuhr ich, dass die anderen bei Barbara Morawiecz seien, Ich bin also dahin, da waren alle da, nur Ulrike war weg. Als ich kam, waren die Ersten gerade dabei, von Barbara Morawiecz wegzufahren und in die illegalen Wohnungen, die ja schon lange vorbereitet waren, zu fahren. Von den drei Wohnungen konnten sie nur eine benutzen. In den anderen beiden Wohnungen waren Ensslin und Baader schon vorher gesehen worden, man wollte vorsichtig sein.
Bettina Röhl: Glaubst du, dass die Barbara Morawiecz eingeweiht war?
Peter Homann: Ach, es gab viele Leute, die sie später aufgenommen haben, die das nicht freiwillig gemacht haben, Pastoren und Universitätsprofessoren, die einfach mit der Pistole bedroht wurden, da haben die dann ihre Wohnungen zur Verfügung gestellt. Ich weiß nur von Franz Josef Degenhardt, der hat denen gesagt, er hole die Polizei, das war mutig, aber er war sicher einer der wenigen, die das gemacht haben.[227]

Keiner wusste, wo Meinhof war. Sie war verschwunden. Deshalb machte sich Homann erneut auf die Suche nach ihr.

Meinhof und die Black-Panther-Frau

Peter Homann: »Ich fuhr zu dem *konkret*- und *stern*-Journalisten Sebastian Haffner.« Bei dem war Ulrike Meinhof tatsächlich gewesen, aber Haffner hatte meine Mutter wieder weggeschickt, er wollte mit der Sache nichts zu tun haben. Anschließend war Homan bei dem Filmemacher Klaus Wildenhahn, der ähnliche Andeutungen wie Haffner machte und einen Hinweis auf seine geschiedene amerikanische Frau – engagiert bei den »Black Panthers« – gab. Homann verstand sofort und fuhr dorthin.

Peter Homann: Die Frau kam an die Tür und behauptete, bei ihr sei niemand. Aber ich sagte, ich müsse Ulrike unbedingt sprechen. Schließlich kam Ulrike zum Vorschein und sagte, es sei okay. Ich solle reinkommen. »Du musst zur Polizei gehen und dich stellen«, versuchte ich, sie zu drängen. Aber sie: »Ich bin jetzt eine Revolutionärin.« Es war zwecklos. Ich merkte, dass sie auch mit der Frau schon endlos diskutiert hatte. Sie war voll drauf auf dem Trip des bewaffneten Kampfes.
Bettina Röhl: Und wie wäre es gewesen, jetzt ganz einfach die Polizei zu holen?
Peter Homann: Hier habe ich wohl versagt, denn um sie zu retten, hätte ich wirklich die Polizei holen müssen, aber das ging nicht. Daran kannst du sehen, wie tief ich den Regeln der Szene unterworfen war. Ein Verrat wäre ausgeschlossen gewesen. Es war nicht mit ihr zu reden. Ich sagte zum Beispiel zu ihr: »Was wollen wir jetzt machen?« Da sagte sie: »Wir sowieso nicht.« Ich sagte: »Was wollen wir mit den Kindern machen?« Da sagte sie: »Das werden wir im Kollektiv entscheiden«. Plötzlich gab es keine individuelle Verantwortung mehr. Hunderte von Nächten hatten wir über euch Kinder geredet, wie wir es machen, Kinderläden, Kindererziehung, Eliteschulen. Und jetzt löschte sie von einem Moment auf den anderen unsere ganzen Gemeinsamkeiten aus. Sie sagte zu mir, ja Peter, du gehst dorthin zurück, woher du gekommen bist, wo dein Vater Arzt ist. Aber ein Heimkind wie Irene G. kann nie zurückgehen. Das Argument kam, weil ich gesagt hatte, dass ich die Brücken hinter mir nicht verbrennen wollte.
Sie warf mir vor, dass ich sie mit den Kindern erpresse. Mein Verantwortungsgefühl nahm sie als Erpressung, ich würde sie von ihrem

revolutionären Weg abhalten. Es war ein Auslöschen von Gemeinsamkeiten, die eigentlich vier Menschen betrafen und nicht nur zwei. Es war doch auch etwas zwischen mir und euch Kindern entstanden, das wurde einfach geleugnet. Man hat doch mit Kindern eine Verbindung. Irgendetwas fehlte ihr, sie hatte keinen Schwerpunkt in der Mitte. Ein bestimmter Instinkt fehlte ihr, eigentlich eine Art Mutterinstinkt.[228]

Peter Homann hatte für einen Moment einen historischen Schlüssel in der Hand. Ein Anruf 110 und die RAF wäre Geschichte gewesen, bevor sie hätte loslegen können. Er kannte die Wohnungen, er wusste, wo Meinhof war, er kannte die Figuren, er kannte die Zusammenhänge. Er war ganz nah am Geschehen, er wusste, was das für Typen waren. Peter Homann gehörte zu den wenigen, die sich eine starke Rest-Immunität gegen das Revolutionsfantasma bewahrt hatten, das damals ganze Generationen infiziert hatte, und zwar ziemlich flächendeckend. Nicht nur in Deutschland, sondern auch in Italien, wo gigantische Terroristennetzwerke entstanden, und in anderen europäischen Ländern, und teilweise auch in den USA, in der die Black-Panther-Bewegung sogar Vorreiter für den Weg der Veränderung der Gesellschaft durch Terror und Gewalt war.

Peter, der vollkommen involviert war, hatte letztlich seine Teilnahme an der Baader-Aktion abgelehnt, ein starkes Signal. Jetzt lässt er sich durch äußere Zwänge – sein Verdacht bestätigt sich, die Polizei setzt ihn statt Jürgen B. auf die Fahndungsliste – und durch seinen unerschütterlichen Meinhof-Retter-Fimmel dazu hinreißen, mit in den Untergrund abzutauchen. Sein Drang, trotz des Bruches, den Meinhof vollzieht, ihr weiterhin beistehen zu wollen, reißt ihn in einen Abgrund. Er konnte sie nicht überreden, zur Polizei zu gehen. Ihr hingegen gelang es, ihn ein Stück weit auf ihren Weg in den Untergrund zu zwingen.

Man muss den Geist einer Zeit, die gar nicht so lange her ist, verstehen, wenn man die Dynamiken nachvollziehen will. Homanns Verhalten damals ist durchaus nachvollziehbar. Er war ein Linker, und Revolution war angesagt. Bei vielen zwar sehr affektiv, aber auch tief. Homann konnte sich nicht auf die Seite der Bundesrepublik, auf die Seite des Staates, des Systems, des Rechts, des Kapitals und erst recht nicht auf die Seite der

Polizei stellen. Meinhofs nimmer endende Konsequenz und Härte, auch gegenüber sich selbst, taten bestimmt ein Übriges. Und plötzlich stand Peter mit seinem Humor, mit seiner künstlerischen Kreativität und seiner Freundschafts- und Liebesfähigkeit, mit seinen Zweifeln und Ängsten und seinem gesunden Menschenverstand isoliert da.

Peter Homann: »Ulrike wollte dann während des Gesprächs noch von mir wissen, ob die anderen noch in den Wohnungen sind. Sie ist dann zu denen gefahren.«

Horst Mahler geht in den Untergrund

Horst Mahler, der am Tag der Baader-Aktion als Anwalt im Gerichtssaal war, entschließt sich in diesen Tagen, ebenfalls abzutauchen. Frau und Kinder und Haus und sogar sein Anwaltsbüro lässt er geordnet zurück, alles läuft auch ohne ihn weiter. Sein »Sozialistisches Anwaltskollektiv« wird sich bald um den Kollegen Mahler kümmern und auch sonst für die Revolutionsgenossen bereit stehen. Das »Sozialistische Anwaltskollektiv« als den legalen Arm der sich gründenden RAF zu begreifen ist historisch sicherlich richtig. Schon bald wird es viele APO-affine Anwälte geben, die unter dem Mantel der anwaltlichen Schweigepflicht einen regen Kontakt zu den Untergrundmenschen pflegen.

Horst Mahler: Der zentrale Punkt unserer Geschichte ist halt dieser Tag, das war der 14. Mai 1970. Da spieltet ihr eine bestimmte Rolle in meinem Leben, ganz unmittelbar. Ulrike ist da in die Illegalität gegangen aufgrund eines Versehens, denn das war ja nicht vorgesehen, dass sie mit Baader aus dem Fenster springt und verschwindet, sondern sie sollte sitzen bleiben und völlig überrascht tun, und sie traute sich das auch zu, dass sie das durchsteht, aber es hat sich dann doch gezeigt, die Nerven sind mit ihr durchgegangen, und damit war sie von einem Augenblick auf den anderen illegal und konnte natürlich daraufhin die Verbindung mit euch nicht mehr halten, und ihr seid dann über eine Zwischenstation bei Freunden oder politischen Bekannten da in diesem illegalen Camp in Italien gelandet.[229]

Bettina Röhl: Wie hast du nach der Baader-Befreiung den Kontakt zu den anderen gefunden, du bist ja nicht dabei gewesen?
Horst Mahler: Ich bin dann dahin gegangen, das war verabredet, um den Kontakt nach der Befreiungsaktion zu diesem Trupp, der die Befreiung durchgeführt hat, aufzunehmen. [...] Und dann hat mich Gudrun ins Feuer geschickt und hat gesagt: Ulrike hats gepackt, und jetzt entscheidest du dich, entweder du bleibst, oder du gehst hier raus, und wir sehen uns nie wieder. Ich hatte ja auch zwei Kinder, die waren etwas älter, 10 und 11. Ich war frühmorgens wie jeden Morgen aus dem Haus gegangen, hab mich verabschiedet, und plötzlich sollte ich da nicht mehr zurückgehen. Und da guckten wir uns an, deine Mutter und ich, es war ein flehender Blick, da bin ich geblieben, ja, und dann hab ich meine Kinder nur noch einmal gesehen, ich bin dann in Verkleidung nach Hause gekommen, da habe ich mich da hingeschlichen, und dann habe ich sie erst wieder in der Haft gesehen.[230]

Warum machte sich der erfolgreiche, angesehene APO-Anwalt Horst Mahler, zuvor Jungstar unter Deutschlands Wirtschaftsanwälten, der gerade ein Jahr zuvor am 1. Mai das »Sozialistische Anwaltskollektiv« mitgegründet hatte, plötzlich 1969 und endgültig 1970 auf den Weg in den Terrorismus? Diese Frage wird nie gestellt. Es wird nicht davon geredet, dass er seine Frau und seine Kinder verlässt, es wird nicht davon geredet, dass er seine Karriere hinschmeißt und was sein Motiv war, die RAF-Truppe zusammenzusammeln. Wo man auch ins Netz schaut, fast fünfzig Jahre RAF, Frau und Kinder von Mahler werden nicht oder nie wirklich erwähnt, seine Seele wird nicht durchleuchtet, keine Historiker und Psychologen und Medienmachergilde gründeln in seinem Inneren, in seinem Privatleben. Und dann schauen wir uns Ulrike Meinhof an, deren Leiche auf dem Obduktionstisch nicht nur neugierig zerstückelt wurde, sondern die vom ersten Tag an als Ehefrau, als Mutter, als Kriegskind, als Ziehtochter, als Waise, als von ihrem Ehemann betrogen, als an der Welt leidend und noch vieles mehr durchpsychologisiert wurde. Warum, warum, warum nur ging sie in den Untergrund? Und wie geht es wohl den armen Kindern? Und bei Horst Mahler, der auch schon eine Karriere und eine Familie hatte, wird nicht gefragt. Wie erklärt sich dieses Phänomen? Horst Mahler hat mich, als ich ihn 1998 kennenlernte, erstaunt. Ich sah jemanden vor mir, in dem eine geradezu heitere, spielerische Frohnatur steckt und der eine ganz weiche Seite hat. Was nichts daran ändert, dass er zu großen Irrtümern fähig ist.

Die Verschleppung

Meine Schwester und ich waren zu diesem Zeitpunkt auf dem Weg von Berlin nach Bremen. Jan-Carl Raspe und Marianne Herzog hatten uns am Tag der Baader-Aktion von der Schule abgeholt, unser kleines Reisegepäck, das wir abends vorbereitet hatten, mitgebracht und fuhren uns zu den Holtkamps, über die Pfingstferien, wie wir dachten und wie wir es von unserer Mutter gehört hatten. Am Morgen hatten wir sie noch gesehen, es hatte keinen besonderen Abschied gegeben. Am nächsten Tag fuhren wir mit den Holtkamps und ihren drei Kindern von Bremen für ein paar Tage an die Nordsee in den Urlaub. Von dem, was sich in Berlin ereignete, sahen und hörten wir nichts.

Eine andere, frühere Fahrt zu den Holtkamps hat sich mir als die eigentliche Abschiedsfahrt eingeprägt, als unsere Mutter zwei Wochen zuvor mit uns in ihrem weißen VW nach Bremerhaven gefahren war. Sie hatte einen großen Sack frische Nordseekrabben gekauft. Die hatten wir an der Kaimauer im Hafen gepult. Wir hatten die großen Schiffe, wie wir sie auch in Hamburg oft sahen, beobachtet. Es ging ein lauer Wind. Meine Schwester und ich pulten begeistert die Krabben, und unsere Mutter stand etwas abwesend und ungeduldig daneben und aß die Krabben, die wir ihr reichten. Der Ausflug nach Bremerhaven dauerte nicht sehr lange. Dann waren wir weiter zu den Holtkamps nach Bremen gefahren, die uns von den gegenseitigen Besuchen der letzten Wochen ganz vertraut waren. Meine Mutter hatte sich dann recht schnell verabschiedet und war nach Berlin zurückgefahren.

15 Jahre *konkret*

Nicht nur unsere Mutter, auch unser Vater hat am 14. Mai 1970 seinen großen Tag, jedenfalls zunächst. Er feiert 15 Jahre *konkret* in den Redaktionsräumen am Gänsemarkt. Große Vorbereitung, großer Bahnhof, alle Mitarbeiter sind eingeladen, die Mitarbeiter aus der kommunistischen Zeit, die im Streit Gegangenen, die feindschaftlich Gesinnten und die vielen Autoren auch aus den anderen Städten Deutschlands.

Klaus Röhl: Um 15 Uhr erheben wir die Gläser. Die meisten Hamburger Publizisten sind gekommen, Neugierige, Fotografen, ehemalige Mitarbeiter, nur keiner der Berliner. Ich halte eine kurze Ansprache. Eine Minute später tritt eine Sekretärin kreidebleich auf mich zu und sagt: Es ist eben im Radio gemeldet worden: Andreas Baader ist mit Waffengewalt befreit worden, es soll Tote gegeben haben. Ihre Frau soll dabei gewesen sein. Sie ist auf der Flucht. [...] Mein erster Gedanke waren die Kinder. Ich musste sofort nach Berlin und die Kinder in Sicherheit bringen. Die nächsten Nachrichten besagten, dass der niedergeschossene Bibliotheksangestellte zwar noch lebe, aber eine bundesweite Fahndung nach Ulrike Meinhof und ihren Helfern angelaufen sei. Wo waren die Kinder? Ein Anruf in der Berliner Wohnung blieb ohne Ergebnis.[231]

Die Party ist sehr schnell zu Ende. Doch Röhl unterhält sich noch eine Weile mit seinem früheren *konkret*-Redakteur, dem alten KP-Genossen und Fidel-Castro-Anhänger Holti (Jürgen Holtkamp).

Klaus Rainer Röhl: Jürgen Holtkamp verabschiedete sich nicht sogleich. Er trank noch einen Sekt mit mir und gratulierte mir zu den 15 harten, aber erfolgreichen Jahren. Er sah mir unbefangen in die Augen, grinste wie immer sein etwas befangenes, interessiertes Grinsen und wusste, wo meine Kinder, die nun siebenjährigen Zwillinge, waren. Bei ihm. In Bremen. Es stellte sich später heraus, dass er keineswegs der einzige unter den Teilnehmern unseres Jubiläums war, der Bescheid wusste. Leute, deren Verbindungen in die höchsten Spitzen des Establishments reichten, wussten Bescheid und machten keinen Hehl daraus, dass sie Ulrike sympathisch fanden und ihre Handlungen zumindest verständlich.[232]

Er macht sich auf die Suche, er klappert alle Adressen und Telefonnummern ab, wo wir sein könnten. Er ruft bei Freunden und Bekannten und Verwandten von Ulrike Meinhof aus Berlin, aus Hamburg und Frankfurt an, keiner weiß, wo wir sind. Er ruft sogar den DDR-Gewaltigen, Rechtsanwalt Kaul, eine der rechten Hände von Walter Ulbricht und später Erich Honecker, an, der ihm versichert, dass wir Kinder nicht in die DDR gebracht worden seien.

Klaus Röhl wendet sich an die Presse und schaltet Interpol ein. Am Samstag, den 16. Mai, erhält unser Vater im Eilverfahren vom Amtsgericht Berlin-Charlottenburg das alleinige Aufenthaltsbestimmungsrecht:

In der Familiensache betr. Bettina Röhl geb. 19.09.62, Regine Röhl geb. 19.9.1962 z. Zt. wohnhaft bei der Mutter[233]

Mutter: Frau Ulrike Röhl geb. Meinhof, Berlin 30, Kufsteinerstr.10
Vater: Klaus Rainer Röhl, Hamburg 55, Ferdinands Höh 10

wird im Wege einstweiliger Anordnung dem Vater das Aufenthaltsbestimmungsrecht für seine Kinder unter Abänderung des Beschlusses des Amtsgerichtes Hamburg betr. Übertragung der elterlichen Gewalt auf die Mutter übertragen. Dem Vater wird gestattet, die Hilfe des Jugendamtes, der Polizei und des zuständigen Gerichtsvollziehers bei der Herausnahme der Kinder aus ihrem jetzigen Unterkunftsort in Anspruch zu nehmen.
Gründe
Die Ehe der Eltern ist geschieden. Durch Beschluss des Amtsgerichtes Hamburg ist der Mutter die elterliche Gewalt für die Kinder übertragen.
Die Mutter ist in Strafverfahren verwickelt. Gegen sie ist Haftbefehl ergangen. Die Mutter ist deshalb unbekannten Aufenthalts. Hierdurch ist das Wohl der Kinder in erheblichem Umfange gefährdet, dass sofortige Maßnahmen zu treffen und dem Vater das Aufenthaltsbestimmungsrecht zu übertragen waren. (§ 1696,1676 BGB). Da damit zu rechnen ist, dass die Kinder nicht freiwillig herausgegeben werden, war gem. § 35 BGB der

ternationaler Vietnam-
ongress am 17. und 18.
ebruar 1968: Rudi Dutschke
ält vor der Fahne des
etcong das Hauptreferat

Rudi Dutschke auf einer der zahllosen
Demonstrationen im Jahr 1968

rike Meinhof im
ugust 1967 in Hamburg

Bettina Röhl, Einschulung in die Königin-
Luise-Stiftung Berlin, August 1968

7. Mai 1969: Ulrike Meinhof vor der Röhlschen Villa in Blankenese, deren Verwüstung durch APO-Genossen sie gerade angeführt hat

Die Polizei vor dem Haus, aus dem Meinhof erst knapp eineinhalb Jahre zuvor ausgezogen war

Ulrike Meinhof erklärt der Presse im »Republikanischen Club« in Hamburg, dass der Sturm auf das Haus ihres Ex-Mannes eine politische Aktion war

Am selben Tag: Klaus Röhl gibt in seinem Unterschlupf in der Wohnung des Lyrikers Peter Rühmkorf dem Spiegel e
Interview

Fotomodell und Kommunardin Uschi Obermeier, die Terroristin Ulrike Meinhof (hier von einem Fotomodell dargestellt) und Mao Zedong zierten Anfang der siebziger Jahre die Titelseiten der Zeitschrift konkret

Klaus Rainer Röhl 1969 in Kampen auf Sylt

Ulrike Meinhof während der Dreharbeiten zu ihrem Film »Bambule« im April 1970

Sommerferien 1969: Ulrike Meinhof holt ihre Kinder bei Holde Bischoff in Eppenhain ab: Bettina mit Rock, Regine mit Gipsarm

Ich hab mir auch überlegt, daß ich meinen Kindern damit keinen Gefallen tue, daß ich ihnen ein privilegiertes Leben bereite und ihnen zuliebe auf politische Arbeit verzick te. Wenn ich nur die Angst vorm Röhl nicht zu haben brauchte! Himmel! Ich habe aber keine Angst mehr davor, daß auch ihr Leben schwer sein kann. Die habe ich freilich auch deshalb immer weniger, weil sie stark sind. Ich bin momentan richtig stolz auf sie. Sie gingen heute zum Kindergeburtstag und weder die Kleid rfrage noch die Geschenkfrage kam auf mich zu. Sie gingen verdreckt, wie sie dauernd rumlaufen. Sie nahmen eigene Sachen zum Schenken mit. Von Schulkameraden werden sie allerdings auch kaum mehr einegladen. Und wenn ich sie abends allein lasse, wissen sie, daß es wichtig ist und daß sie etwas richtiges leisten, wenn sie mich gehen lassen. Trotzdem hoffe ich, daß Irene zu mir zieht, um die Chance zu vergrößern, daß zufällig einer da ist, wenn es nötig ist.

Ich möchte, daß nur Du allein diesen Brief liest. Aber das ist ja schon klar.

ef von Ulrike Meinhof an ihre Schwester Wienke vom 13. April 1970, einen Monat vor ündung der RAF

Bettina Röhl auf einer Demonstration in Berlin 1970

1. Mai 1970: Ulrike Meinhof wird nach der Besetzung eines Hauses im Märkischen Viertel wegen Hausfriedensbruchs kurzfristig von der Polizei festgenommen. 14 Tage später geht sie in den Untergrund

Um ihrer Gefängnisstrafe zu entgehen, flüchten Gudrun Ensslin und Andreas Baade Ende 1969 nach Paris, hier fotografiert von Astrid Proll

eter Homann 1973 in Hamburg

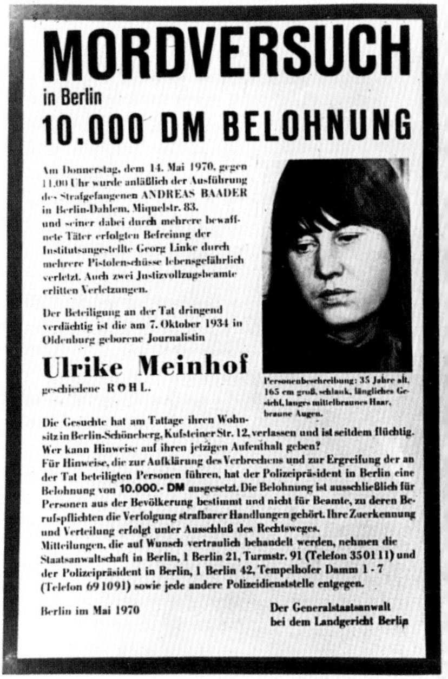

MORDVERSUCH

in Berlin

10.000 DM BELOHNUNG

Am Donnerstag, dem 14. Mai 1970, gegen 11.00 Uhr wurde anläßlich der Ausführung des Strafgefangenen ANDREAS BAADER in Berlin-Dahlem, Miquelstr. 83, und seiner dabei durch mehrere bewaffnete Täter erfolgten Befreiung der Institutsangestellte Georg Linke durch mehrere Pistolenschüsse lebensgefährlich verletzt. Auch zwei Justizvollzugsbeamte erlitten Verletzungen.

Der Beteiligung an der Tat dringend verdächtig ist die am 7. Oktober 1934 in Oldenburg geborene Journalistin

Ulrike Meinhof

geschiedene ROHL.

Personenbeschreibung: 35 Jahre alt, 165 cm groß, schlank, längliches Gesicht, langes mittelbraunes Haar, braune Augen.

Die Gesuchte hat am Tattage ihren Wohnsitz in Berlin-Schöneberg, Kufsteiner Str. 12, verlassen und ist seitdem flüchtig.
Wer kann Hinweise auf ihren jetzigen Aufenthalt geben?
Für Hinweise, die zur Aufklärung des Verbrechens und zur Ergreifung der an der Tat beteiligten Personen führen, hat der Polizeipräsident in Berlin eine Belohnung von **10.000.- DM** ausgesetzt. Die Belohnung ist ausschließlich für Personen aus der Bevölkerung bestimmt und nicht für Beamte, zu deren Berufspflichten die Verfolgung strafbarer Handlungen gehört. Ihre Zuerkennung und Verteilung erfolgt unter Ausschluß des Rechtsweges.
Mitteilungen, die auf Wunsch vertraulich behandelt werden, nehmen die Staatsanwaltschaft in Berlin, 1 Berlin 21, Turmstr. 91 (Telefon 350111) und der Polizeipräsident in Berlin, 1 Berlin 42, Tempelhofer Damm 1 - 7 (Telefon 691091) sowie jede andere Polizeidienststelle entgegen.

Berlin im Mai 1970

Der Generalstaatsanwalt
bei dem Landgericht Berlin

Dieses Fahndungsbild hing kurz nach dem Gefängnisausbruch von Andreas Baader im Mai 1970 in ganz Berlin an Litfaßsäulen und Plakatwänden

chèle Ray mit ihrem Mann, dem Filmemacher Costa Gavras, in Cannes 1976.
'970 reiste die Journalistin Ray auf Verlangen der sich formierenden RAF nach Berlin
ıd berichtete dem Spiegel exklusiv aus dem Berliner Untergrund

Niedrigwasser: 2.13 u. 14.29 Uhr

Wurden Meinhof-Kinder aus Berlin verschleppt?

Gesucht: Horst Mahler

Gesucht: Peter Homann

Ermittlungsverfahren gegen verschwundenen APO-Rechtsanwalt Horst Mahler eingeleitet

Von Günter Werz

Berlin, 23. Mai

Gibt es nach dem „Fall Baader" nun auch noch den „Fall Mahler"? Überraschend ist gegen den Westberliner Rechtsanwalt Horst Mahler (33) im Zusammenhang mit der gewaltsamen Befreiung des Frankfurter Kaufhausbrandstifters Andreas Baader ein Ermittlungsverfahren eingeleitet worden. Wie der Berliner Justizsenator Hans-Günter Hoppe dazu erklärte, sei das Verfahren durch Hinweise in Gang gekommen, die erst seit Mittwoch vorlägen.

Der 33jährige Anwalt ist — wie berichtet — seit dem Tag der Baader-Befreiung nicht mehr zu erreichen. Seine Ehefrau hatte schon einen Tag nach dem Befreiungscoup der MORGENPOST erklärt: „Ich habe meinen Mann nicht mehr gesehen." Seit gestern meldet sich auf Telefonanrufe in der Privatwohnung des Rechtsanwalts am Berliner Lietzensee keiner mehr.

Auch von dem Hamburger Kunstmaler und Grafiker Peter Homann (33), der in die Großfahndung nach den Befreiern Baaders mit einbezogen wurde, fehlt noch jede Spur. Gegen ihn war am Donnerstagabend Haftbefehl wegen versuchten Mordes in Verbindung mit Gefangenenbefreiung erlassen worden. Homann, am 17. Juni 1936 in Hamburg geboren, wohnte zuletzt bei der ebenfalls spurlos verschwundenen Ulrike Meinhof. Er war mit ihr eng befreundet.

Homann hatte 1958 in Ratzeburg geheiratet. Seine Frau stammt aus Japan und hat zwei Kinder von ihm. Früher wohnte Homann bei seiner Mutter in Hamburg-Finkenwerder. 1962 zog er nach Berlin und meldete sich in der Potsdamer Straße 158 an. Er wird verdächtigt, die beiden Töchter von Ulrike Meinhof verschleppt zu haben.

Früher war Homann Mitarbeiter der Zeitschrift „konkret" in Hamburg gewesen. Bei der politischen Polizei in Berlin ist er kein Unbekannter mehr.

Nach wie vor erfolglos ist bisher die Großfahndung nach Andreas Baader, Ulrike Meinhof und ihren Helfern. Wie die Polizei am Freitag mitteilte, wurden die von der Staatsanwaltschaft herausgegebenen Steckbriefe von Ulrike Meinhof an den Litfaßsäulen in fast allen Berliner Bezirken mit Teer und Farbe unkenntlich gemacht.

Bei einer neuen Durchsuchung der Untergrund-Zeitschrift „883" sowie ihrer Druckerei wurden in der Nacht zum Freitag sämtliche Matrizen der jüngsten Ausgabe beschlagnahmt, in der zu einer Kampfdemonstration gegen die am heutigen Sonnabend in Westberlin stattfindenden „Alliiertenparade" aufgerufen worden war.

Seit der gewaltsamen Befreiung des Frankfurter Kaufhaus-Brandstifters Andreas Baader (27) sucht „konkret"-Chefredakteur Klaus Rainer Röhl seine beiden siebenjährigen Zwillingstöchter Bettina und Regine (Foto), die zuletzt bei Röhls geschiedener Frau, Ulrike Meinhof, gelebt haben. Röhl zur MORGENPOST: „Es ist zu befürchten, daß die Mädchen von dem arbeitslosen früheren Kunststudenten Peter Homann verschleppt wurden." Die MORGENPOST fragt deshalb: Wer kann Angaben über den Aufenthaltsort machen?

Verschwörer: Auch zum Mord bereit!

Fortsetzung von Seite 1

Über den Ordnungsdienst der NPD hatten sich die 20 Mitglieder des rechtsradikalen Geheimbundes „Europäische Befreiungsfront" kennengelernt. Jedes ihrer Mitglieder mußte sich zu unbedingter Treue und zu blindem Gehorsam gegenüber ihrem „Führer" verpflichten — auch beim Auftrag zum Mord!

Die 14 Festgenommenen sind nach Angaben von Oberstaatsanwalt Heydenreich Arbeiter und kleine Angestellte. Der Jüngste ist 22, der Älteste 45 Jahre alt. Sie wohnen in Düsseldorf, Duisburg, Oberhausen, Mülheim, Köln, Trier und Minden, aber auch in Niedersachsen. In der Nähe von Betzdorf/Sieg hatten sie auf dem Grundstück eines Gastwirts mitten im Wald einen Schießstand.

So sollte die endgültige Organisation der „Befreiungsfront" aussehen: An der Spitze ein Triumvirat von Oberbefehlshabern, darunter Kommandostellen, Staffelkommandeure und Verbindungsoffiziere. Die weitere Abstufung sah Kommandoführer, Gruppenführer und Truppführer vor.

Die 14 Festgenommenen — die übrigen sechs Mitglieder waren erst „im Kommen" — wurden vier Richtern an vier verschiedenen Orten vorgeführt. Nur gegen einen erging Haftbefehl. Die anderen werden unter ständiger Beobachtung gehalten.

Haftbefehl wurde zunächst gegen den Kölner Bauinspektor Hartmut Neumann erlassen. Von [illegible] heißt es, er habe für die Landtagswahl in Nordrhein-Westfalen am 14. Juni kandidieren wollen, aber nicht die erforderlichen Unterschriften zusammenbekommen. Der 25jährige, der vorläufig vom Haftrichter wieder auf freien Fuß gesetzt wurde: „Köpfe müssen rollen ..."

Im Vorwort zu den Statuten des Geheimbundes heißt es wörtlich: „Die Organisation ist unabhängig von den Parteien. Sie ist eine reine Kampftruppe." Diese „Kampftruppe" dachte in

Morgenpost 23.5.70

Feuerwehr verfolgte brennenden Lkw

Heilbronn, 23. Mai

Blut und Wasser schwitzte ein Lkw-Fahrer, als er auf der Autobahn bei Heilbronn plötzlich bemerkte, daß die Reifen seines Wagens brannten. An der nächsten Notrufsäule alarmierte er die Feuerwehr, setzte sich in seinen Lastzug und jagte weiter. Mit brennenden Reifen und Angst im Genick.

Die Feuerwehr kam prompt. Aber sie fand den Lastzug nicht mehr. Mit Blaulicht und Sirenengeheul nahm sie die Verfolgung auf. Nach einigen Kilometern hatte die Feuerwehr den brennenden Lastwagen eingeholt und konnte löschen. Die Ladung, mehrere tausend Flaschen Wein, war gerettet.

Berliner Morgenpost vom 23. Mai 1970

Die vier «Hippies«: Andrea und der VW-Bus, Uli, Ecki und R. in Sizilien

ettina Röhl in der sizilianischen Baracke

malte Bettina Röhl in der 2. Klasse das Barackenlager, nachdem sie im Herbst 70 in Hamburg wieder eingeschult wurde

Klaus Röhl mit Bettina (blauer Pullover) und Regine im Garten in Blankenese, wenige Tage nach der Befreiung aus Sizilien im September 1970

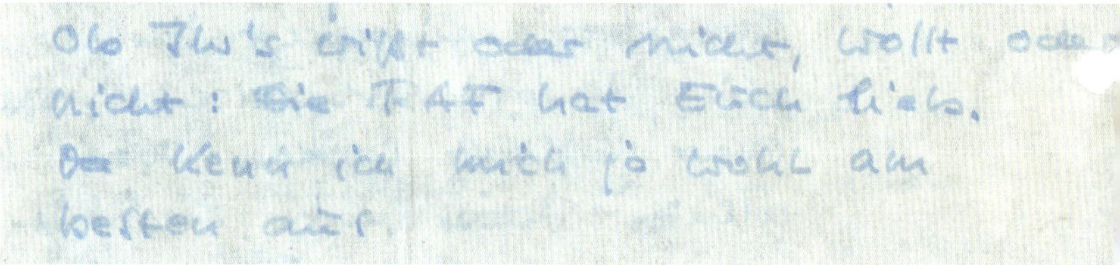

Ob Ihr's [illegible] oder nicht, wollt oder nicht: Die RAF hat Euch lieb. Da kenn ich mich ja wohl am besten aus.

Ausschnitt eines handgeschriebenen Briefes von Ulrike Meinhof an ihre Kinder, 1972

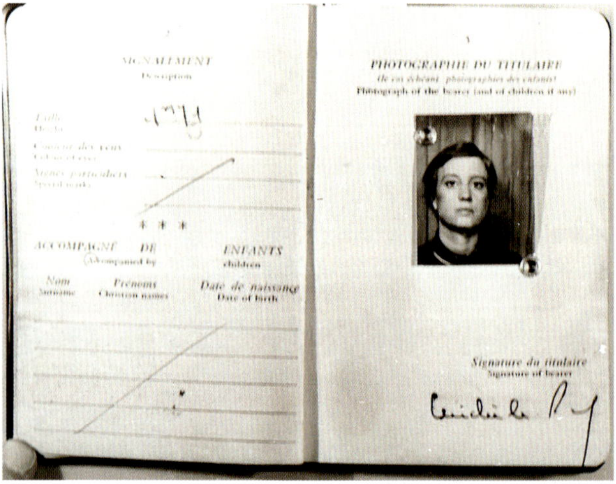

Bei ihrer Einreise in die DDR am 17. August 1970 fotografierten die Grenzer den gefälschten, auf Michèle Ray ausgestellten Pass von Ulrike Meinhof

AF-Fahndungsplakat von 1971

Der Polizist Norbert Schmid wurde am 22. Oktober 1971, als er Meinhof in Hamburg festnehmen wollte, von ihrem »Leibwächter« Gerhard Müller aus nächster Nähe erschossen. Norbert Schmid, damals 33 J., war das erste Mordopfer der RAF

Fahndung nach der »Baader-Meinhof-Bande« Anfang der siebziger Jahre in der BRD

Meinhof-Anwalt Heinrich Hannover, hier mit seiner Mandantin Astrid Proll

Wienke Zitzlaff, die Schwester von Ulrike Meinhof, bei einer Hungerstreik-Aktion 1973 gegen die Isolationshaft

Bettina (links) und Regine 1973 auf Sylt

Die RAF-Anwälte Hans-Christian Ströbele und Otto Schily verteidigen ihren früheren Kollegen Horst Mahler 1972 vor Gericht

urt Groenewold, Scheidungs-
nwalt von Ulrike Meinhof und
AF-Anwalt (unter anderem
on Andreas Baader)

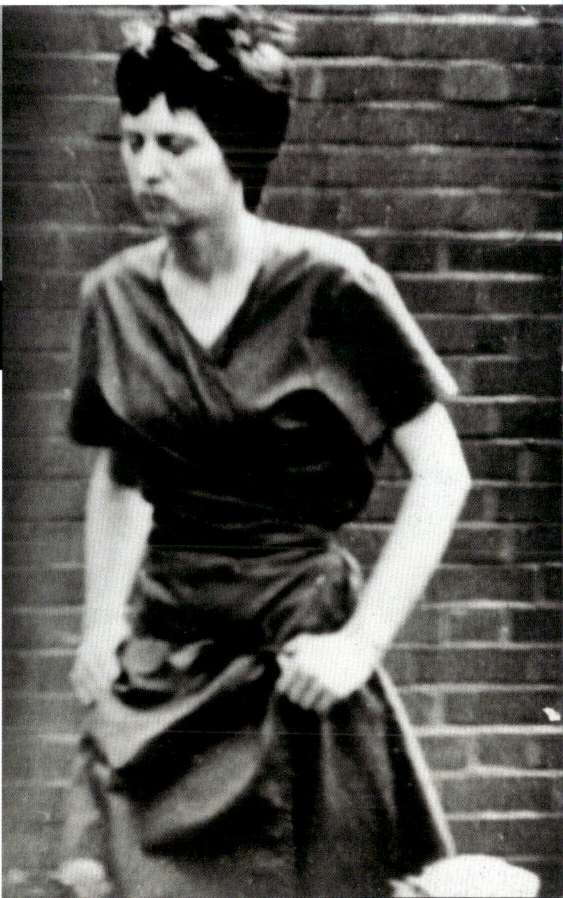

rike Meinhof 1972 auf dem
efängnishof in Köln-Ossendorf

1995 schrieb Bettina Röhl für den Spiegel die Titelgeschichte »Und seid nicht traurig…«
Hier äußerte sie sich zum ersten Mal über die RAF und die Verschleppung nach Sizilien

Fiktion: Zwei kleine blonde Mädchen an der Kalaschnikow, eine häufig realisierte Fantasie von Filmemachern und Theaterleuten über die Zwillingsschwestern

ettina und Regine Röhl im Februar 1998 nach der Talkshow Boulevard Bio, Köln

Regine und Bettina (hinten) auf »Franka« in Morsum auf Sylt, 1974

Vater zu ermächtigen, die Hilfe aller zuständigen Behörden in Anspruch zu nehmen.
1 Berlin 19, den 16.Mai 1970, Amtsgericht Charlottenburg Abt.53 Goesch, Oberamtsrichter[234]

Am 23. Mai 1970 fragte die *Berliner Morgenpost*:

Wurden Meinhof-Kinder aus Berlin verschleppt?
Seit der gewaltsamen Befreiung des Frankfurter Kaufhausbrandstifters Andreas Baader (27) sucht *konkret*-Chefredakteur Klaus Rainer Röhl seine beiden siebenjährigen Zwillingstöchter Bettina und Regine (Foto), die zuletzt bei Röhls geschiedener Frau, Ulrike Meinhof, gelebt haben. Röhl zur Morgenpost: »Es ist zu befürchten, dass die Mädchen von dem arbeitslosen, früheren Kunststudenten Peter Homann verschleppt wurden.« Die Morgenpost fragt deshalb: Wer kann Angaben über den Aufenthaltsort machen?

Auch dass Horst Mahler verschwunden ist, thematisiert die Zeitung jetzt:

Gibt es nach dem »Fall Baader« nun auch den »Fall Mahler«? Überraschend ist gegen den Westberliner Rechtsanwalt Horst Mahler, 33, im Zusammenhang mit der gewaltsamen Befreiung des Frankfurter Kaufhausbrandstifters Andreas Baader ein Ermittlungsverfahren eingeleitet worden. [...] Der 33-jährige Anwalt ist – wie berichtet – seit dem Tag der Baader-Befreiung nicht mehr zu erreichen. Seine Ehefrau hatte schon einen Tag nach dem Befreiungscoup der MORGENPOST erklärt: Ich habe meinen Mann nicht mehr gesehen. [...] Auch von dem Hamburger Kunststudenten und Grafiker Peter Homann (33), der in die Großfahndung nach den Befreiern Baaders mit einbezogen wurde, fehlt noch jede Spur. Gegen ihn war am Donnerstagabend Haftbefehl wegen versuchten Mordes in Verbindung mit der Haftbefreiung erlassen worden. H. [...] wohnte zuletzt bei der ebenfalls spurlos verschwundenen Ulrike Meinhof. Er war mit ihr eng befreundet. [...] Er wird verdächtigt, die beiden Töchter von Ulrike Meinhof verschleppt zu haben.

Die Idee, dass Homann uns verschleppt haben könnte, war eher einer alten Eifersucht von Klaus Röhl geschuldet oder einer dunklen Fantasie. Für eine Täterschaft Homanns hatte er jedenfalls keinen konkreten Anhaltspunkt. Da hatte Klaus Röhl seinen Nachfolger bei Meinhof etwas ins Blaue hinein verdächtigt. Dass Meinhof selber die Täterin war und Peter Homann sogar versucht hatte, sie davon abzuhalten, das kam Klaus Röhl nicht in den Sinn. Ein typisches Beispiel dafür, dass Röhl, der von allen als Meinhof-Quäler gegeißelt wurde, ganz im Gegenteil immer – bis heute – ein eisenharter Meinhof-Verteidiger und Schönredner ist. Eigentlich wusste niemand besser als Klaus Röhl, dass Meinhof dabei war, in den Irrsinn abzudriften, und dass Homann gar kein eigenes Motiv hatte, sondern bestenfalls für Meinhof die Kinder dorthin gebracht haben könnte, wo Meinhof sie hinhaben wollte. Eine sinnlose Verböserung von Homann.

Bei Klaus Röhl setzt sich beim Kaffeesatzlesen in diesen Monaten die Idee fest, dass Meinhof ein schuldloses Opfer vor allem von Baader sei, der Meinhof gezwungen habe, mit ihm aus dem Fenster zu springen und in den Untergrund zu gehen. Er hatte die Fantasie, dass Baader sie gezwungen habe, eine Pistole in die Hand zu nehmen und zu schießen und dass er sie damit zur Mittäterin machen wollte. Er hatte die fixe Idee, dass Baader und Ensslin (und Homann als Mittuender) die Kinder gekidnappt hätten und Meinhof erpressen und zwingen wollten, im Untergrund zu bleiben.

Die meisten Menschen, die Klaus Röhl kennen, sehen in ihm den Kommunisten, der zum Salonkommunisten und dann zum Kapitalisten wurde, sie sehen in ihm den Polit- und Sexverleger und einen Gegner von Meinhof. Und seit zwanzig Jahren sehen sie ihn als Rechten. Vor allem ist Klaus Röhl aber ein teutonischer Nibelung. Die große deutsche Sage mit Brunhilde und Kriemhilde und natürlich Siegfried und Hagen von Tronje und dem König Gunther und die Urschicksale und die Nibelungentreue – dem allen ist Röhl nicht minder verfallen als ein gewisser Komponist, Dichter, Dramatiker, Theaterregisseur Richard Wagner. So wie moderne Feuilletonisten, wenn sie über Politik schreiben, was viele besser lassen sollten, je nach Gusto zu gewagtesten Vergleichen kommen, indem sie den einen Politiker mit dem Fußballer XY und den anderen

Politiker mit einem Filmhelden oder einer Figur aus der griechischen Antike vergleichen, so schwelgt Klaus Röhl gern in nibelungischen Konflikten, wenn er die Welt erklärt.

Er hatte Ulrike Meinhof sexuell verlassen, aber ihr die ewige Treue gleichwohl gehalten, in einem ganz abgehobenen Sinn. Und wenn man ihn fragen würde, würde er darüber auch noch einen distanzierten Scherz machen, nur die Nibelungentreue gegenüber seiner Exfrau, der Terroristin Meinhof, kann ihm nichts und niemand austreiben, sie ist zu einem Teil seiner selbst geworden. Er selber tönt, dass er größte politische und menschliche Distanz zu Meinhofs Irrweg habe, und macht sich auch manchmal lustig. Dennoch bleibt er ihr ewiger Ehemann und nimmt sie verdammt ernst. Wehe, jemand anderes käme ihr zu nahe. In einem erschütternden Ernst empfindet er jede Kritik an Meinhof als Blasphemie.

Bei den Nibelungen gibt es Schlachten, den großen Verrat, Liebe, List, Hass, es gibt Pathos, es gibt Drachen und Helden, und es fließen Blut und Gefühle. Es geht um Liebe, Begehren, Kränkung und Rang. Große Oper eben, ganz nach Röhls Geschmack. Es muss immer ein bisschen Schicksal dabei sein. Und: Man muss es singen können. Klaus Röhl konnte viele Brecht-Lieder sehr gut vortragen, aus der »Dreigroschenoper« oder das Lied »Kinderkreuzzug«, bei dem er immer weinen musste. Und wenn sein Freund aus seiner Studentenkabarettzeit, der Sänger »Wolfram«, später auf seiner Theorbe spielte und mit seiner gewaltigen Stimme das Lied von der »Schönen Lilofee« intonierte, war es um die Contenance von Klaus Röhl geschehen: Die Geschichte eines Mannes, der seine Frau, die schöne junge Lilofee, bittet, zu ihm und seinen weinenden Kindern zurückzukehren, das traf den Nerv unseres Vaters, was ihn nicht daran hinderte, im nächsten Moment zu schmettern: »Und gibt man uns den Todesstoß, wir machen dennoch Deutschland groß.«

Dieser Klaus Röhl ist wahrscheinlich bis heute der Meinung, dass seine Ulrike ihm gehört und von bösen Mächten verführt wurde, Terroristin zu werden. Allein gegen die Mafia, so war ab jetzt Röhls Lebensgefühl, allein gegen die Baaders, Mahlers und Homanns, mit dem Schwert der Gerechtigkeit die Gefangene Ulrike befreien und für sie und für sich natürlich auch die Kinder finden, in welcher dunklen Höhle sie auch versteckt sein mochten.

Jetzt hatte Röhl die gerichtliche Erlaubnis in der Hand, meine Schwester und mich zu sich nach Hause zu holen. Und er hatte noch eine Idee, wo wir wohl sein würden: bei Holtkamps. Er bespricht sich mit einigen Redakteuren und seinem Bruder Wolfgang. Man beschließt, dass Wolfgang Röhl und der Redakteur Bernd Michels am Tag nach Pfingsten sehr früh zu den Holtkamps fahren und uns holen sollten.

Italien

Am Pfingstmontag, dem 18. Mai 1970, waren wir am Nachmittag von der Nordsee zurück nach Bremen gekommen. Wir freuten uns auf die Schule und den Kinderladen am nächsten Tag. Dann kam Lilli Holtkamp zu uns und sagte, dass wir noch eine Woche länger bleiben »dürfen«. Ich dachte, das ist ja toll, typisch Mami, die hat mal wieder keine Zeit und lässt uns die Schule schwänzen. So gingen wir ins Bett. Morgens gegen 5.30 Uhr werden wir plötzlich von Holtkamps geweckt. »Los, ihr müsst sofort aufstehen, euer Vater ist im Anmarsch, er will euch abholen, ihr müsst hier weg.« So wurden wir aus den Betten geholt. Schnell werden unsere Sachen gepackt. Wir ziehen uns an und kriegen noch ein kleines Frühstück. »Los, los, beeilt euch«, sagt Lilli Holtkamp, »Genossen, Freunde von Ulrike, holen euch ab.«

Wir konnten uns noch nicht mal von den Holtkampkindern, unseren Spielkameraden, richtig verabschieden, die schliefen noch, und schon verfrachtete uns Lilli Holtkamp mitsamt Gepäck in ihr Auto und fährt uns an diesem strahlend schönen Maimorgen nach Hannover. Zum Eingang des Zoos. Das war der Treffpunkt. Ich war doch ein bisschen verwundert: Unser Vater kommt, und deshalb müssen wir Hals über Kopf weg? Hm. Was würde wohl jetzt passieren?

Da standen zwei Frauen, die uns entgegenkamen und die ganz kurz und knapp mit Lilli Holtkamp redeten. Es waren Monika Berberich und Marianne Herzog, die wahrscheinlich von Berlin mit der Bahn nach Hannover gefahren waren. Sie hatten kein Auto dabei. Lilli Holtkamp verabschiedet sich schnell von uns und fährt weg, ich sehe sie erst 30 Jahre später wieder, in ihrem Bremer Haus, als ich sie für dieses Buch zu einem Interviewgespräch[235] treffe. Jürgen Holtkamp sollte ich nicht mehr wiedersehen. Er war im Jahr 2000, als ich den Kontakt zu der Familie aufnahm, bereits gestorben.

Wir warten noch auf eine dritte Frau. Die kam etwas später mit einem BMW angefahren: Es ist Hanna K. Sie hatte dunkelblonde kurze Haare, war groß und hielt sich zurück. Die Frauen luden unsere Sachen in den BMW, und schon ging's los. Wohin? Doch bestimmt zu irgendeinem spannenden Abenteuer, so wie die sich benahmen? Sie erzählten, dass wir jetzt erst einmal weit weg führen, nach Italien, wo wir auch unsere Mutter wiedertreffen würden.

Währenddessen waren mein Onkel Wolfgang Röhl und der *konkret*-Redakteur Bernd Michels – der später Stasi-Spitzel wurde, eine Fernsehkarriere beim NDR machte, zehn Jahre lang Pressesprecher der SPD in Schleswig-Holstein war und beim Sturz des SPD-Kanzlerkandidaten Björn Engholm in Kiel eine unrühmliche Rolle spielte – bei Holtkamps vorgefahren, um uns abzuholen. Klaus Röhl hatte den beiden seinen roten Porsche gegeben, um Tempo zu machen. Doch die beiden jungen Männer kamen zu spät.

Wie war Klaus Röhl überhaupt auf den Gedanken gekommen, dass wir bei den Holtkamps waren? Er selber sagt, es sei so eine Idee gewesen, nachdem viele andere Bekannte unserer Mutter nicht in Betracht gekommen seien. Lilli Holtkamp stellte den Sachverhalt in unserem Gespräch anders dar. Ihr Mann Jürgen Holtkamp habe tags zuvor Klaus Röhl angerufen, um ihn zu überzeugen, dass es das Beste sei, wenn die Kinder bei ihnen blieben. Ihm liege ein Schreiben vor, dass es Ulrikes Wunsch sei, die Kinder erst einmal bei ihnen zu lassen. Mein Vater habe aber sofort sehr unfreundlich reagiert und gesagt, dass er die Kinder auf der Stelle abholen wolle. Er habe sich am Telefon so schlimm angehört und sei so wenig auf Ulrikes Wunsch eingegangen, dass diese beschlossen habe, uns wegbringen zu lassen. Insofern sei eigentlich Klaus Röhl schuld daran, dass wir nach Italien gebracht werden mussten. Hätte er anders reagiert, wäre doch alles gut gewesen. Es könnte wahr sein, was Lilli Holtkamp erzählt. Was sie indes nicht miterzählt, ist, dass »Ulrike« zu diesem Zeitpunkt wegen eines »Mordversuchs« von der Polizei gesucht wird und dabei ist, in den bewaffneten Kampf zu ziehen. Lilli Holtkamp verstand auch 30 Jahre danach während unseres Interviews noch nicht, dass Klaus Röhl sich womöglich zu Recht Sorgen um seine Kinder machte und aus gutem Grund wütend auf Holtkamps war.

Der Fehler, den mein Vater machte, lag woanders. Das Amtsgericht hatte es Klaus Röhl schwarz auf weiß gegeben, dass er mit seinem Gerichtsbeschluss auch die Behörden und die Polizei in Anspruch nehmen dürfe, um seine Kinder, wo immer sie seien, notfalls mit amtlicher Gewalt herauszuholen. Seltsam, dass Klaus Röhl auf den naheliegenden Gedanken, die Polizei zu rufen, nicht gekommen ist. Die Bremer Polizei hätte keinen Anfahrtsweg gehabt und hätte uns schon am frühen Morgen oder gar am Vorabend unserer Abreise bei Holtkamps herausholen können. Wie kam mein Vater darauf, die Kindergeschichte als eine Art privaten Krimi zu behandeln und eigene Leute mit dem Porsche nach Bremen zu schicken? Fest steht: Hätte Klaus Röhl konsequent die Polizei gerufen, hätte das, was nun folgte, nicht passieren können.

Zu diesem Zeitpunkt waren wir noch gar nicht von Hannover aus losgefahren, sondern befanden uns noch mit den Frauen in einem Kaufhaus in der Innenstadt, um Sommersachen für die Reise nach Italien zu kaufen. Das war keine spontane Idee oder eine Art Einkaufsbummel, es war ganz funktional: Kinder, ihr sucht euch was aus und dann geht's los! Das war jetzt mal meine Gelegenheit. Endlich! Ich suchte mir das schönste rosarote Rüschenkleid aus, das ich finden konnte, und legte es zu den anderen nützlichen oder unnützen Dingen, Strümpfe, Unterwäsche, Badezeug, ein paar T-Shirts und Hosen, auf den Kassentisch. Würden die etwas dagegen sagen? Nein, die achteten gar nicht darauf, es wurde alles, was wir ausgesucht hatten, gekauft, ohne hinzusehen.

Dann fuhren wir sofort los zu irgendwelchen Genossen nach Frankfurt, in deren Wohnung wir einige Stunden verbrachten. Die Frauen wälzten Landkarten und telefonierten, hörten aufmerksam Radio und machten Besorgungen. Wir Kinder saßen im Haus rum und warteten.

Wie war Hanna K. zu ihrem Job, zwei Kinder in den Süden zu fahren, gekommen?

Hanna K.: War man ›Teil‹ der Gruppe, so erfuhr man/ich, wo ein Treffen angesagt war. In Wohnungen. Wer die wie angemietet hatte, wem die

gehörten, fragte man/fragte ich nicht. Es war immer in Charlottenburg, eine kleine Wohnung lag etwas südlich der Lietzenburgerstraße an einem kleinen, netten Platz. NACH der als »Befreiung von B« in die Annalen der Geschichte eingegangenen Aktion war ja klar, dass nun die bekannten Personen versteckt, untergetaucht waren. UM ebenfalls. Nun hörte ich, dass diese ihre Kinder nach »Westdeutschland« (so sagte man damals in Westberlin zu allem, was in der Bundesrepublik war) gebracht hatte, hatte bringen lassen.
Dort seien sie einige Zeit sicher, aber sie müssten woanders hin. Wohin? Offenbar hatte UM ein schriftliches Statement hinterlassen, dass ihre Schwester [Wienke, Anm. der Autorin] das Sorgerecht erhalten solle. Das würde sicher klappen, denn sie, Frau UM, habe ja bisher das Sorgerecht. Denn AUF KEINEN FALL DÜRFTEN die Kinder zu dem sooo schrecklichen Vater!! AB und GE fanden das wohl etwas unrevolutionär und etwas kitschig, das sei doch egal, Hauptsache, Revolution. UM war hier aber wohl ganz entschlossen, sodass die Idee aufkam, die Kinder einstweilen nach Süditalien zu bringen, wo ja AB und GE in ihrer Untergrundzeit (nachdem sie sich nicht mehr in Ffm gemeldet hatten bei der Polizei, was sie wöchentlich, glaube ich, hätten tun müssen) schon gewesen waren. In Sizilien, in einem Barackenlager in einem Erdbebengebiet, seien tolle Genossen (fanden AB und GE), gleichzeitig sei die Gegend sooo weltabgeschieden, dass man dort gewiss nicht sofort, bald oder überhaupt irgendwann mit Polizeibesuch rechnen müsse, der nach Kindern fahnden würde. Dorthin könne man doch die Kinder bringen!! Man müsse nur revolutionäre Grüße von AB und GE ausrichten, dann werde das schon was.
Ja, das sei eine gute Idee! Fand auch UM.
Aber wie umsetzen? Jemand wusste jemanden mit einem schnellen Superauto, BMW. Von mir meinte man: ich könne doch gut Auto fahren, sei unbekannt, spreche gar etwas die Sprache dort und könne doch bitte gleich am nächsten Tag losfahren, die Kinder abholen. Und dorthin bringen. Was soll ich sagen, heute? Ich war einverstanden. Ich bekam den Autoschlüssel, fuhr los.[236]

Doch wie sollten die drei Frauen mit uns Kindern über die Grenzen kommen? Das wurde jetzt in Frankfurt diskutiert. Hanna sollte »in

Frankfurt einen revolutionären Genossen fragen, wie man zumindest nach Frankreich kommt, der würde sicher helfen«, hatten Baader, Ensslin und Meinhof zu ihr gesagt.

Hanna K.: So ging ich an die empfohlene Adresse, brachte mein Begehr vor und wurde mit Unverständnis und Entsetzen zur Tür hinausgeleitet – geworfen. (Das erschütterte mich doch, dachte ich doch, im Sinne DER Revolutionäre unterwegs zu sein !!) So suchten wir uns alleine den Weg über die französische Grenze, über eine kleine Landstraße durch den Wald.[237]

Bei den Frankfurter Genossen hatte ich, während die drei jungen Frauen palaverten, ein kleines Reiseetui mit Nähutensilien gefunden und mir mit dem Inhalt die Zeit vertrieben. Zum Abschied schenkte mir die Hausherrin das kleine Stück. Dieses Souvenir hat mich dann nach Italien begleitet. Und ich habe einige Jahre lang alle besonderen Knöpfe gesammelt und darin aufbewahrt.

Über die grüne Grenze

Die drei Frauen waren angespannt. Schließlich war das Ganze Arbeit, harte Revolutionsarbeit. Essen und Trinken und Notdurft im wahrsten Sinne des Wortes waren gerade noch drin, ansonsten herrschte Nervosität, und ab und zu gab's auch eine seltsame Euphorie. Wenn überhaupt gesprochen wurde, dann über den bevorstehenden Grenzübertritt: Heute sollte es über die »grüne Grenze« nach Frankreich gehen. Wir würden nicht über einen normalen Übergang fahren, sondern heimlich über einen Schleichweg zu Fuß die Grenze passieren. Sie hätten zwar unsere Kinderpässe dabei, aber niemand, auch kein Grenzbeamter sollte wissen, wo wir sind.

Kurz vor der französischen Grenze schoben Monika und Marianne die Kinderpässe, die sie vor ihrer Abreise aus Berlin noch keck aus dem Passamt abgeholt hatten, unter die Fußmatten und sagten, dass sie jetzt mit uns durch das Waldstück da vorne gehen wollten. Hanna hielt an und ließ uns vier aussteigen. Sie sollte das Auto legal über die Grenze bringen und dann ein paar Hundert Meter weiter auf uns warten, damit wir dann wieder einsteigen und gemeinsam weiterfahren könnten. Ich glaubte den Frauen nicht so ganz, dass es jetzt gefährlich werden könnte, dass das jetzt ernst war. Sie sagten, wir sollten uns, wenn wir eine Patrouille von Grenzbeamten sähen, auf den Boden, in den Graben oder ins Gebüsch werfen. Die meiste Zeit gingen wir auf einem Feldweg, der von dichten grünen Büschen gesäumt war, im Gänsemarsch hintereinander her. Ganz ruhig und zügig, ohne ein Wort zu sprechen.

An einem Kreuzweg, auf den wir zuliefen, standen zwei Beamte und unterhielten sich. Wir warteten im Gebüsch, bis die Beamten weggegangen waren. Sie hatten uns nicht gesehen, der Rest war wie ein Spaziergang. Das Ganze mitten im Europa der mörderischen »Polizeistaaten«, wie die 68er-Revolutionäre es ja sahen. Wir fuhren weiter Richtung Italien.

Marianne und Monika waren durch das Gelingen der Aktion in einer wahren Hochstimmung. Sie begannen, über den Gefängnisausbruch des großen Revolutionärs Baader zu sprechen. Sie johlten und schrien, während sie in der Heldengeschichte schwelgten. Sie lachten sich kaputt darüber, wie dumm die Polizei gewesen war und dass alles so sagenhaft gut geklappt hatte. Berberich prahlte damit, dass sie vor dem Institut mit laut aufgedrehtem Radio hin und her gefahren sei, um die Polizei abzulenken.

In Frankreich übernachteten wir in einem kleinen Hotel irgendwo auf dem Land. Bevor wir ausstiegen, bläuten Monika und Marianne uns Kindern ein, dort in dem Hotel kein einziges Wort zu sprechen. Und sie diskutieren, ob man uns nicht besser die Haare schwarz färben sollte, falls die Polizei uns suchen sollte. Abends war es dann meine Schwester Regine, die plötzlich, als wir schon in unseren Betten lagen, zu mir sagte: »Du, Bettina, also ich hab, bevor wir nach Bremen gefahren sind, bei Mami etwas gesehen, davon darf ich dir aber nichts sagen. Ich habe ihr versprochen, niemals jemandem etwas davon zu sagen, auch dir nicht.« Ich: »Ja, was denn, Regine, das musst du mir doch sagen.« Regine: »Nein, ich habe es ihr versprochen, ich werde es dir niemals sagen, aber es würde vielleicht zu dem passen, was hier gerade passiert.«

Ich kriegte es aber nicht aus Regine raus, obwohl ich als Zwilling sonst alles mit ihr teilte. Sie blieb eisern, und so schliefen wir ein. Erst zwei Jahre später, als meine Mutter aufflog und verhaftet wurde, vertraute Regine mir an, sie habe am Morgen der Baader-Aktion, als unsere Mutter sich anzog, eine Pistole an ihr gesehen.

Am nächsten Morgen fuhren wir weiter in Richtung Alpen, Richtung französisch-italienische Grenze. Wieder beschlossen die drei Frauen, die Grenze mit uns illegal zu passieren, und brachten uns dabei einigermaßen in Lebensgefahr, denn wir passierten einen an diesem Tag noch gesperrten kleinen Grenzübergang. Auf der einen Seite aufsteigende Berge voller Schnee, vor uns eine total verschneite und vereiste Straße und auf der anderen Seite ein Abgrund, alles in aufkommender Dämmerung und bald in vollständiger Dunkelheit. An einigen Stellen liefen Marianne und Monika vor dem Auto her, erkundeten den Weg und gaben Signal, wie es hinter der nächsten Kurve weiterging. Auch diese Hürde meisterten wir im Schritttempo, Kurve um Kurve, Serpentine um Serpentine, bis wir irgendwo in einem Tal herauskamen, wo es plötzlich doch einen Grenzposten gab. Wir Kinder sollten uns schnell unter Decken und Gepäck auf dem Rücksitz verstecken, sie redeten kurz mit den Beamten, und weiter ging's Richtung Sizilien.

Hanna K.: In der Nacht fuhren wir über eine Grenze nach Italien. Die Kinder sollten hinten schlafen, wir hatten Decken über sie geworfen. So kamen wir ohne Probleme in – ich glaube – Turin an, suchten ein Hotel. Eine der beiden blieb solange im Park mit den Kindern. Das mit dem Hotel klappte gut, obwohl in den – deutschen – Zeitungen bereits »per Interpol« nach den Kindern gefahndet wurde.[238]

In Turin, ich selber erinnere mich daran nicht, hätten wir Kinder plötzlich geweint und nach unserer Mutter gefragt, das erzählte mir Monika Berberich Mitte der Neunzigerjahre im Interview. Am nächsten Tag fuhren wir weiter Richtung Mezzogiorno, es wurde immer heißer. In dem ziemlich vollgepackten Auto ohne Klimaanlage erreichten wir schließlich – der italienische Stiefel wurde immer länger – Neapel und fuhren noch am Abend auf die Fähre nach Palermo. Ich erinnere mich, wie wir am nächsten Morgen auf dem Schiff an der Reling standen und auf die Gischt und auf Palermo sahen.

Mit dem inzwischen sehr verstaubten Auto ging es sofort weiter Richtung Südwest ins Landesinnere, ins Armenhaus des damals ohnehin sehr armen Sizilien, wie der *Spiegel* den idyllischen und vergessenen Landstrich in seinem Bericht über das Erdbeben in Gibellina vom 15. Januar 1968 nannte. Für die gut 70 Kilomenter von Palermo bis zum Ziel brauchten wir eine Ewigkeit. Wir fuhren auf uralten Straßen aus vergangenen Zeiten, die vermutlich schon einige Erdbeben erlebt hatten und in moderneren Zeiten immer nur mit einem kleinen Asphaltpflaster wieder geheilt worden waren, die also abenteuerliche Schlaglöcher aufwiesen. Wir fuhren von einem Dörfchen zum nächsten, auch lange Strecken einfach durch die Puszta.

Wir sahen hier und da schwarz gekleidete alterslose Bäuerinnen, die uns Fremde beguckten, und selten jüngere Frauen und so gut wie keine Männer, die waren aus dieser Region als »Gastarbeiter« in alle Welt gezogen.

In der größten Mittagshitze – es war so gegen 14 Uhr – kamen wir schließlich am Eingang eines ziemlich großen Barackenlagers an. Wir hielten am Anmeldehäuschen, und die drei Frauen versuchten mit Händen und Füßen, den Leuten klarzumachen, zu wem sie wollten. Aber es war kompliziert. Wir waren nicht angemeldet, die drei Frauen kannten niemanden, niemand kannte die drei Frauen.

Das Barackenlager

Das Barackenlager war nach einem Erdbeben im Januar 1968 in der Region um Gibellina, bei dem es rund 400 Tote gegeben hatte und sehr viele Menschen Haus und Hof verloren hatten, mitten in die Landschaft im Valle del Belice gesetzt worden. Der italienische Staat hatte für die betroffenen Menschen ein gigantisches Hilfsprogramm von umgerechnet insgesamt fast 40 Milliarden Euro aufgelegt, damals ging das Erdbeben durch die Weltpresse.

Schneller, als das große Areal geteert und die sehr primitiven Baracken aufgebaut werden konnten, war der berüchtigte Mafia-Clan der

Corleones zur Stelle und hielt die Hand auf. In den Ämtern Palermos und den Ministerien von Rom wurden die großen Kollekten aufgestellt, auf denen in großen unsichtbaren Lettern »Korruption« stand.

Bei der ohnehin armen, anspruchslosen Bevölkerung, die dringend Nothilfe brauchte, kam vom Geld, das für sie bestimmt war, nichts an. So gab es in dem Lager, wohl von Anfang an, neben der betroffenen Bevölkerung ein Mafia-Viertel, und sehr schnell waren auch die italienischen Kommunisten, die diese Landbevölkerung im Ausnahmezustand revolutionieren wollten, vor Ort und bezogen einige der Baracken.

In diesem Lager der Desperados gab es auch eine linke Gruppe, das sogenannte Centro studi um den Ex-Architekten und Soziologieprofessor Danilo Dolci, die in Echtzeit beobachten wollte, wie sich die armen und traumatisierten Menschen in ihrer Elendssituation in diesem Lager verhielten. Das Hauptquartier dieser verzweigten Gruppe befand sich in einem Dorf in der Erdbebenregion, in dem Barackenlager unterhielt die Gruppe ihr zweitgrößtes Zentrum. Danilo Dolci hatte es schon einige Jahre zuvor als »Gandhi von Sizilien« zu Weltruhm gebracht, weil er in dieser Region schon seit zehn Jahren für die Rechte der Ärmsten der Armen kämpfte. Er hatte die teilweise unvorstellbare Armut und Rückschrittlichkeit der Menschen in dieser Region immer wieder angeprangert, was ihn zwangsläufig in Konflikt mit der Mafia gebracht hatte, die sich in dem Barackenlager immer wieder auch gewalttätige Auseinandersetzungen mit den Kommunisten lieferte.

In dem Lager gab es kein fließendes Wasser, geschweige denn ein funktionierendes Abwassersystem, und es gab auch kein Gesetz und keine Polizei. Es gab wenige schwächliche Stromgeneratoren. Wer wollte, machte seine Gaslaterne an. Es gab Gemeinschaftsküchen, und einmal in der Woche kamen Tanklastzüge mit Frischwasser. Wer ein Auto hatte, fuhr mit Kanistern zu den Brunnen in den umliegenden Dörfern.

Und es hatte die beiden ersten deutschen Terroristen gegeben, Baader und Ensslin, die mit ihrer famosen Frankfurter Kaufhausbrandstiftung das deutsche Terrorrad in Gang gesetzt und die Terrorenergie aus der Flasche gelassen hatten, von der sich alsbald viele, auch Ulrike Meinhof, ganz intensiv anstecken ließen. Diese beiden deutschen Ur-Terroristen hatten auf ihrer Flucht vor dem deutschen Rechtsstaat im Winter 69/70 bei den ihnen persönlich nicht bekannten »Genossen« im Barackenlager in Sizilien Station gemacht, nachdem schon eine andere Berliner Gruppe um Fritz Teufel im Sommer 1969 der Kunde, dass es da ein Revolutionslager gebe, gefolgt war.

Wer aber hatte diese Kunde über das Revolutionsprojekt im sizilianischen Barackenlager in die deutsche APO-Szene getragen? Das waren die »Uccelli«, eine römische 68er-Truppe, die schon bei der Kommune 1 in Berlin Visite gemacht hatte und die im Sommer 1969 noch einmal in Deutschland im sogenannten Knastcamp bei Ebrach zu Besuch gewesen war, wo sich viele spätere Terroristen, von Dieter Kunzelmann über Fritz Teufel, Irmgard Möller bis hin Brigitte Mohnhaupt, Ina Siepmann und viele Genossen aus dem »sterbenden« SDS, getroffen hatten. Die »Uccelli« hatten den deutschen 68er-Leitfiguren damals den Tipp von den zu revolutionierenden Erdbebenopfern in Sizilien gegeben und Werbung für den Revolutionstourismus nach Sizilien gemacht. Baader und Ensslin waren diesem Ruf gefolgt und hatten bei ihrem Aufenthalt dort ein paar Namen von Kadern aufgeschnappt. Diese Namen, unter anderem »Francesco«, waren also nun die Eintrittskarte, mit der die drei Frauen uns in dem Barackenlager abgeben sollten und wollten.

Im kommunistischen Teil des Lagers gab es eine ständige Fluktuation, und niemand interessierte sich für niemanden, also auch nicht für uns. Niemand war überrascht, niemand war skeptisch, niemand war neugierig. Man könnte also sagen, dass Meinhofs Wunsch, an diesem Ort zwei Kinder vor ihrem Vater in Hamburg unauffindbar zu »verstecken«, keine unrealistische Idee war, außer dass diese Idee irreal war, weil es überhaupt keinen Kontakt, keine Verabredung, kein Konzept und auch keine gesicherte Finanzierung gab.

Wir fuhren in das Barackenlager hinein, auf einen kleinen Asphaltpatz, wo uns »Francesco« und seine Schweizer Frau, die deutsch sprach, begrüßten.

Der Asphalt, der das gesamte Barackenlager beherrschte und jeden Zwischenraum zwischen den Baracken ausfüllte, war in der Mittagssonne sehr weich geworden und verschluckte gnädig viele der umherliegenden Glasscherben, die an manchen Stellen, auf die wir gleich hingewiesen wurden, gefährlich aus dem Teer herausragten. Mir fielen gleich die unzähligen orangefarbenen, im Schachbrettmuster angeordneten Häuschen mit den grünen Fensterläden auf, die von den Erwachsenen Baracken genannt wurden. Viele Fenster hatten keine Scheiben mehr, auch viele Fensterläden fehlten.

Monika erklärte mir, dass die Baracken, deren Wände aus Presspappen mit einer ganz dünnen Styroporschicht dazwischen bestanden, nach dem Erdbeben aufgebaut worden waren. Alle Menschen, die hier lebten, hatten ihre Häuser und ihre Dörfer verloren. Die Regierung hatte ihnen diese hässlichen Baracken für eine Übergangszeit zur Verfügung gestellt. Dann lieferte sie aber das Geld für den Wiederaufbau nicht, weshalb die armen Menschen nun wohl für längere Zeit hier würden leben müssen. Eine Schweinerei. Wir seien jetzt in dem politischen Teil des Barackenlagers, erklärte sie uns, hier kämpften italienische Genossen gegen diese Ungerechtigkeit, hier seien wir sicher, alles Freunde, wir bräuchten keine Angst zu haben. Wir gingen mit Francesco und anderen in die Gemeinschaftsküche des einzigen größeren Hauses, das es dort weit und breit gab. Wir bekamen Brot, das wir in einen sehr großen Kanister mit Olivenöl tunken und mit ein bisschen Salz bestreuen sollten. Das schmeckte gut, war nur ein bisschen ungewohnt. Butter und Milch gab es nicht, weil es keine Aufbewahrungsmöglichkeiten dafür gab. Meine Schwester und ich bekamen jede eine verstaubte, ziemlich warme Flasche Coca-Cola in die Hand gedrückt. Auch ein Genuss.

Der Gemeinschaftsraum war kahl. Holztische und Holzstühle auf dem Steinfußboden, das war alles. Nebenan gab es noch einen Raum, der sei für die Kinder, wurde uns gesagt. Auch der total kahl, keine »Bezugsperson«, keine Kinder, kein Spielzeug. In einer Ecke hockten zwei mit Shorts bekleidete Jungs vor einem Schachspiel. Dass das der »Kinderraum« sein sollte, hätte ich nicht erkannt, wenn es mir nicht gesagt worden wäre.

Dann zeigten uns Francesco und seine Freundin eine leerstehende Baracke. In dem endlosen Palaver der drei Frauen mit den italienischen Genossen hatte sich ergeben, dass wir in dieser Baracke erst einmal bleiben könnten. Sie war ganz in der Nähe des Gemeinschaftsraumes mit dem »Kinderladen« und bestand aus drei Räumen. Der mittlere Raum war der größte, das »Wohnzimmer«, außerdem gab es ein Zimmer für meine Schwester und mich und eins für die Erwachsenen. Die Baracke hatte einen sehr staubigen Steinfußboden, die Fensterscheiben waren herausgebrochen. Das Häuschen verfügte über einen kleinen Kloraum mit einer Wassertonne und einem Plastikgefäß zum Spülen der Toilette. Waschbecken und Dusche fehlten.

Der Einzug der Tedeschi in diese Baracke hatte sich bei den Kindern aus den umliegenden Häuschen schnell herumgesprochen. Sie kamen, umringten uns und riefen: Bionda, bionda, so intensiv, als hätten sie noch nie blonde Haare gesehen. Come ti chiami?, fragten sie uns. Sie zeigten mit den Fingern auf sich selbst: Lilo, Filippo, Maria. Wir taten dasselbe: Regine, Bettina. Unser Alter zeigten wir uns mit den Fingern, tre, quattro, sei, otto, zeigten die Kinder, wir zeigten: sette.

Aber wo war unsere Mami? Die war ja gar nicht da. Sie würde noch kommen, sagten Monika und Marianne.

Der Abschied

Plötzlich sagten Marianne und Monika, dass sie jetzt wegfahren würden, stiegen ins Auto und fuhren, wie sich ein echter Revolutionär verhält, wortlos ab. Ein Tschüss, und zack, waren sie weg. Damit hatte ich nicht gerechnet. Sie hatten nichts erklärt. Warum wir hier waren, wie lange wir bleiben würden, wann wir wieder nach Hause führen, wo unsere Mutter war und wann wir in die Schule gehen würden. Niente. Hanna, die wir ja erst seit wenigen Tagen kannten, blieb. Sie warf sich auf ein Bett in unserer Baracke und weinte laut und heftig. Wir standen wie versteinert da und fühlten uns verloren. Und wer war Hanna K.?

Hanna K.: Wir waren von Palermo aus ins Valle del Belice gefahren. Dort waren wegen der vielen Erdbeben Wellblechsiedlungen für die Bevölkerung gebaut worden, und wir fanden dann da hin und waren gegen Mittag auch an dem Ort »Centro studi«, wo die Genossen sein sollten. Die wussten nun allerdings überhaupt nicht Bescheid, sie wussten von gar nichts. Wir mussten denen auf Italienisch und Englisch erklären, dass wir einen Unterschlupf für euch Kinder suchten. Davon waren die jetzt nicht so begeistert. In Berlin war alles so besprochen worden: Ich bringe euch nach

Sizilien und liefere euch bei Genossen, mit denen alles besprochen ist, ab. Und dass ich dann nach Berlin zurückfahre. Ich war als Fahrerin engagiert worden und als sonst nichts. Keine von uns dreien hatte darüber nachgedacht, von wem ihr da unten versorgt werden würdet. Es war alles nach dem Motto: Da sind ja Genossen, die nehmen euch schon auf.
Und ich erinnere noch eine ältere, mütterliche und etwas strenge Italienerin, die sagte, o. k., die Kinder können hierbleiben, aber eine von euch drei Frauen muss auch hierbleiben und sich um die Kinder kümmern, denn sonst machen wir es nicht. Denn sonst fühlen sich die Kinder nicht wohl.
Wir sind dann mit dem Auto zu der Baracke gefahren, die noch frei war, um unsere Sachen auszuladen, und dann sind die anderen beiden sofort in das Auto gestiegen und fuhren auch schon wieder los. Sie sagten zu mir, du, Hanna, du bist die Richtige dafür, du sprichst ja auch etwas Italienisch und so, wir werden auch viel dringender als du bei der Revolution gebraucht, und schon waren sie weg.[239]

Es dauerte eine Weile, dann raffte sich Hanna auf und sprach das erste Mal wirklich mit uns. Unsere Mutter würde bald kommen, und bis dahin würde sie auf uns aufpassen. Am Abend gingen wir das erste Mal zu dritt in das große Haus zum Essen, was wir in den nächsten Wochen regelmäßig taten. Frühstück, ein Kaffee für Hanna, Brot in Öl und Tomatenmark, um 9 Uhr. In der sengenden Mittagshitze war das Lager wie ausgestorben, da aß niemand, das Abendessen gab es um 20 Uhr.

Als wir fertig waren, war es dunkel draußen, und wir gingen unter einem unglaublichen Sternenhimmel in der warmen Nachtluft über den immer noch heißen Asphalt »nach Hause«. Für die nächsten sechs Wochen war Hanna für uns Mittelpunkt und Bezugsperson. Regine und ich holten unsere Schlafanzüge aus unserem Koffer und schliefen das erste Mal in unserem neuen Barackenzimmer, das keine Fensterscheiben hatte, in den Betten, in die irgendjemand irgendwelche Matratzen gelegt hatte.

Sizilien

In unserem »Kinderzimmer« standen nur zwei Betten. Meine Schwester und ich holten uns einen der draußen herumliegenden grünen Fensterläden und einige von den irgendwo gestapelten Ziegelsteinen und bauten uns einen Tisch. Das hatte uns ein netter italienischer Revolutionär gezeigt. In unser »Wohnzimmer« wurden einige Matratzen als Sitzmöbel gelegt, sodass wir nach wenigen Tagen nahezu perfekt eingerichtet waren. Die schwache Stromversorgung reichte für kleine Glühbirnen, die von der Decke hingen, und wenn die leuchteten, leuchteten sie. Und schnell lernten Regine und ich den mobilen Eisladen kennen, der sich ganz am Rande des Lagers, eigentlich schon außerhalb an einer fast unbefahrenen Straße unter einem Olivenbaum einsam aufgestellt hatte. Unser Lieblingseis hieß La Macchina und war ein Becher, der wie ein kleines, mit Vanille- und Schokoladeneis gefülltes Auto geformt war. Hanna, die von ihren Eltern einen monatlichen Wechsel für ihr Studium bekam, hatte Geld bei sich und führte ein wöchentliches Taschengeld ein, es war wie im richtigen Leben: Wir bekamen je 150 Lire in der Woche.

Das Leben im Lager war nicht von großer Kommunikation geprägt. Die Erdbebenopfer waren auf sich selbst bezogen. Vor dem Erdbeben galten sie als arm und aus der Zeit gefallen, und nach dem traumatisierenden Erdbeben waren sie gewiss noch weniger bereit, sich neuen Kontakten zu öffnen. Die Idee der Kommunisten, diese Menschen nach dem üblichen Schema zu revolutionieren, muss man schon als ziemlich unrealistisch bezeichnen.

Unsere sizilianischen Nachbarn kamen erst am frühen Abend richtig aus dem Haus. Dann saßen die Frauen aller Altersgruppen auf ihren Stühlen vor den Baracken und unterhielten sich. Die Rufe der Frauen nach ihren Kindern hörte man über das ganze Lager. Mindestens drei Jungen in unserer nächsten Nähe hießen Lilo. Wenn ich heute an die Zeit zurückdenke, höre ich deren Mütter noch immer Liloooo, Liiilooo, Liiiloo rufen.

Das Lager war als vorübergehendes Provisorium gebaut und bot für ein italienisches Familienleben oder überhaupt für ein Leben nichts. Da es keine Küchen in den Baracken gab, konnte in den Familien nicht gekocht werden, es gab keine Bars, keine Restaurants, gar nichts. Autos fuhren innerhalb des Barackenlagers nicht, ab und zu kam eine Vespa vorbei. Es war eine dumpfe Stimmung. Für die Kinder gab es auch nichts. Öde und Eintönigkeit beherrschten das Lager. Es gab weit und breit verdorrte Landschaft, unterbrochen von Olivenhainen und Zitronenbäumen. Und es wurde täglich heißer, und für die Menschen, die das gewohnt waren und dies nicht per se als exotisches Erlebnis empfanden, gab es nichts als Tabula rasa. Das Meer war weit weg, beschwerliche eineinhalb Autostunden entfernt, aber die meisten Erdbebenopfer hatten ja gar kein Auto.

Danilo Dolci hatte vollkommen recht, gegen die Mafia und gegen den spendablen italienischen Staat zu kämpfen, der das Geld nicht bei den Erdbebenopfern ankommen ließ. Und die Aussichtslosigkeit, jemals wieder aus dieser Hölle herauszukommen, lastete auf den Menschen. Dagegen waren die Centro-studi-Leute schon etwas lebendiger. Die Genossen, in deren kleinem Viertel wir untergebracht waren, waren viel mobiler, fuhren, anders als die Erdbebenopfer, auch mal an den Strand oder nach Palermo, um kleine Demonstrationen für die Erdbebenopfer zu organisieren, und kümmerten sich um ihren Zeitvertreib. Sie machten ein bisschen auf sozialistische Gemeinschaft und hörten und sangen von morgens bis abends Revolutionslieder.

Es war für viele bestimmt eine Art kostenloser studentischer Urlaub mit leichten Agitationsfreuden. Eine besondere Würze ihres Selbsterfahrungstrips war sicher die Tatsache, dass die Mafia sie »missbilligte«. Und diese Missbilligung war tatkräftig. Während unserer Zeit im Lager sprengte die Mafia das Hauptquartier der Centro-studi-Leute in der Region, das in einem unversehrt gebliebenen Haus in einem der vom Erdbeben zerstörten Dörfer stand. Wir bekamen diesen Anschlag nicht mit, aber wir bekamen mit, dass in unserem klitzekleinen Lagerbereich Unruhe aufkam. Die Angst stieg, dass die Mafia als Nächstes unser Zentrum angreifen würde. Meine Schwester und ich sind ein-, zweimal zu kleinen Besichtigungstouren der Erdbebendörfer mitgenommen worden, und die Genossen haben uns diese Geisterdörfer und das zerbombte Haus anschaulich gezeigt.

Am späten Abend, wenn es dunkel war, saßen bestimmt dreißig bis fünfzig Genossen auf irgendwelchen Apfelsinenkisten, Decken und Kissen vor dem Gemeinschaftshaus nahe unserer Baracke und sangen, von einem Gitarrenspieler begleitet, sehr romantisch und sehr stimmungsvoll schöne italienische Revolutionsballaden. Sternenklarer Himmel, das Grillenkonzert von den angrenzenden Naturflächen und überall abgemagerte Katzen und Hunde, die friedfertig ihre Bahnen zogen. Da wir drei, Hanna, Regine und ich, kein Auto hatten, war unser Aktionsradius klein. Die Baracken standen in Reih und Glied und sahen alle gleich aus, wir sollten uns nicht verirren und möglichst nahe an unserer Hütte bleiben. Deswegen konnte ich mir zuerst gar nicht vorstellen, wie riesig das Lager wirklich war. Wir hätten den Radius um unser Gemeinschaftshaus wohl nie verlassen, wenn meine Schwester nicht einen Rollerfahrer kennengelernt hätte, den es mit seiner Vespa zufällig in unsere Gegend verschlagen hatte. Der war so entzückt von der bella bionda, dass er sie mit seinem Roller mitnehmen wollte. Meine Schwester konsultierte aber erst einmal mich und sagte, ich müsse mitkommen, denn alleine hätte sie Angst. So hatte der kobernde Fahrensmann plötzlich zwei blonde Mädchen um sich, was ihn völlig aus dem Häuschen brachte. Wir verstanden kein Wort, aber wir verstanden seine Zeichen, wir sollten mitkommen, eine kleine Fahrt mit ihm machen, er wollte uns wieder zurückbringen, wir sollten keine Angst haben. Ich stand auf dem Roller vor dem Fahrer und hielt mich an dem Lenker fest, der immer in Bewegung war. Und meine Schwester saß auf dem Sozius, und los ging die Fahrt.

Mit dem blassblauen Roller fuhren wir ein Stück um das Lager herum und immer wieder ins Lager hinein. Unser neuer italienischer Kontaktmann hielt überall an, er kannte viele Leute und schrie im Vorbeifahren, *bionda bionda, sensazione*, hielt an, zeigte auf uns, erklärte uns irgendetwas, zeigte uns bei vielen Leuten, Bekannten, herum. Das war unser erster und einziger Kontakt mit den Erdbebenopfern, die sich uns öffneten und irgendwie freudig reagierten. Da stellten wir fest, dass wir hier offenbar Exoten waren. Unser neuer Freund drehte immer weitere Kreise, und wir verstanden erst jetzt, wie groß das Lager war. Ich begriff, dass unser Areal nur ein kleiner Krümel in einer großen »Stadt« war. Insgesamt waren in der Region über 30 000 Menschen von dem Erdbeben betroffen, vielleicht lebte der überwiegende Teil dieser Menschen sogar in diesem Lager.

Die Kinder in unserer Umgebung trafen wir tagsüber so gut wie nie. Es war einfach zu heiß, um draußen zu sein, aber wir trafen sie abends nach 20 Uhr, wenn sie zwischen den Baracken ihre Westernspiele mit selbst geschnitzten Holzschwertern und Holzpistolen spielten.

So wenig Klamotten wir auch mitgebracht hatten, die meisten haben wir nicht ein einziges Mal angezogen. Stattdessen Badehose, Shorts, T-Shirt und Latschen, immer dieselben, tagein, tagaus, das war es. Und Gott sei Dank nahmen uns die italienischen Genossen ein paarmal mit an sehr einsame Strände. Das war eine tolle Abwechslung. Es war kein Leben nahe einem Rossmann oder DM-Markt. Die einzige Dusche war das salzige Mittelmeer, aber es gab keine Dusche danach. Und bei diesen zwei, drei Gelegenheiten am Strand kamen unsere eigentlich schon viel zu kleinen Bademäntel, die wir einst zu unserem fünften Geburtstag geschenkt bekommen hatten, letztmalig zum Einsatz. Mein rosa Rüschenkleid hatte ich kein einziges Mal an. Es war viel zu dick und hätte zur Revolutionsromantik wohl auch nicht so gut gepasst.

Die meiste Zeit hingen meine Schwester und ich in der brütenden Tageshitze in der Baracke ab, erzählten uns Geschichten und spielten ein paar Spiele, die uns die Genossen geschenkt hatten. Aber auch wenn wir zusammen auf unseren Betten lagen, kriegte ich das Geheimnis meiner Schwester, nach dem ich immer wieder bohrte, nicht heraus. Sie schwieg eisern.

Bei Bubi

Nach ungefähr vier Wochen kam Hanna zu uns und sagte, wir müssten aufbrechen. Ans andere Ende der Welt, nach Syrakus. Einmal quer durch Sizilien mit seinen damals mittelalterlichen Straßen. Der Grund sei, dass es im Lager zu unsicher für uns werden könnte. Die Centro-studi-Genossen organisierten jetzt intensiv Demonstrationen in Palermo, wo sie Sitzblockaden und Ähnliches machen wollten. Das könnte die Polizei ins

Lager locken, und dann wäre die Gefahr zu groß, dass wir entdeckt würden. Die Genossen holten für ihre Aktionen auch unsere Decken aus unseren Zimmern, wie sie auch sonst alle Utensilien in den anderen Baracken zusammensammelten, die sie für ihren Palermo-Trip brauchten. Nicht, dass ich meine Decke groß vermisste, warm genug war es auch nachts, aber ich hätte sie gern gehabt, denn ich bekam eine kurze heftige Mittelohrentzündung. Das hatten Meinhof und die RAF in Berlin nicht eingeplant. Es kam leichte Panik auf unter den Genossen, einen Arzt zu holen kam nicht infrage, wegen des Entdeckungsrisikos, ich bekam allerlei Mittelchen und Tropfen, das Fieber legte sich wieder, die Schmerzen ließen nach, und ich gab mir Mühe, wieder gesund zu werden. Dann brachen wir auf.

Hanna K.: Nach ein paar Wochen hieß es, wir machen jetzt eine Demonstration darüber, dass das Geld immer versickert, das eigentlich für das Barackenlager gedacht war, und da sagten die, wir müssten solange verschwinden, sonst würde man uns am Ende noch dort finden. Sie brachten uns mit dem Auto nach Agrigent, wo wir bei einem reichen adligen italienischen Paar in einem kleinen Schloss unterkamen, die völlig begeistert waren, dass sie auch mal etwas für die Revolution tun könnten, dass da jetzt eine Frau und zwei Kinder bei ihnen versteckt wurden. Also die bewunderten uns und ließen uns ein wahres Luxusessen servieren.
Am nächsten Tag brachten die uns in eine Bucht gegenüber Syrakus, zu dem Ingenieur Bubi, so nannte er sich. Der hatte ein altes Steinhaus, ein altes Gemäuer, ganz nah am Meer. Bubi hatte seine Meriten schon im Widerstand gegenüber Mussolini verdient, so hieß es. Tagsüber arbeitete er in der Stadt. Seine Haushälterin versorgte uns mit allem Notwendigen. Nahe dem Haus war ein Campingplatz und eine Telefonzelle, da bin ich sofort hingegangen, und über diese Telefonzelle konnte ich dann erstmalig Kontakt mit meiner Wohngemeinschaft aufnehmen. Und so konnte ich ein paar Dinge erfahren, wie es weitergehen sollte. Ich hatte ja immer zwei Vertraute in meiner Xantenerstraße.
Ich weiß noch, dass ich auf dem Campingplatz hinten hörte, dass die Fussballweltmeisterschaft lief, wo gerade Deutschland gegen Italien spielte.[240]

Das waren drei oder vier geruhsame Wochen. Bubi, der schon etwas älter war, vielleicht Mitte oder Ende fünfzig, war ein etwas skurriler Junggeselle, jedenfalls war das Grundstück, das wir kaum verließen, ziemlich verwunschen und sehr verwinkelt. In dem verwilderten mediterranen Garten zwischen Felsen und Gestrüpp befand sich das Katzenparadies von Bubi, es lebten hier viele wohlgenährte Katzen, manche auch mit ihren Katzenbabys. Die zu beobachten und mit ihnen zu spielen fand ich sehr schön. Die Viecher waren frech, und man musste sie ständig aus der Küche verjagen, wo sie wahnsinnig gern genascht hätten. Bubi hatte alles, was wir vier Wochen lang nicht gesehen hatten: Fisch und Fleisch und Gemüse und Obst und alles, was das Herz begehrt. Und ab und zu machte er uns ein Zuckerei. Das war unser einziger Kontakt mit ihm. Sonst ließ er uns in Ruhe.

Wir konnten von dem Haus die Felsen hinuntersteigen, direkt zum Wasser. Man musste aber auch direkt vom Felsen ins Wasser springen, wenn man baden wollte. Hanna lebte auf. Das war auch für uns sehr angenehm. Sie schnorchelte mit Leuten, die sie kennengelernt hatte, und brachte uns selbst gefangene Seeigel mit, die man essen konnte. Wir saßen gern auf den Felsen, guckten aufs Wasser und schauten zu, wie Hanna und die anderen tauchten. Meine Schwester und ich wurden zu kleinen Spaghetti-Köchinnen, und auch unsere Sugo war, glaube ich, ganz gut. Unsere Haare wurden immer heller und unsere Gesichter immer brauner, nach ein paar Wochen sahen wir richtig erholt aus.

Hanna K.: Bei Bubi blieben wir ein paar Wochen. Dann stand die »Wachablösung« mit einem VW-Bus vor der Tür. Es waren R., die ich kannte, weil sie in einem Buchladen am Savignyplatz gearbeitet hatte, also wir kannten uns ein bisschen, und die drei anderen, Ecki, Andrea und Uli, die kannte ich nicht. Die vier hatten offenbar in dem Barackenlager gehört, wo wir jetzt waren, und waren dann direkt zu Bubi gefahren. Der brachte mich irgendwann mit dem Auto nach Palermo, von wo aus ich zurück nach Berlin flog.[241]

Die vier Neuankömmlinge aus Deutschland, die wir noch nie vorher gesehen hatten, erklärten uns Kindern, dass sie jetzt für uns zuständig seien. Wir stiegen in ihren blauen VW-Bus, und los ging's zurück ins Barackenlager!

»Natürlich kann geschossen werden«

Während wir bei Bubi eine Auszeit vom Barackenlager genommen hatten, landet Meinhof ihren ersten medialen Terror-Coup. Es gelingt ihr, aus dem Untergrund heraus eine Erklärung im *Spiegel*, der damals ganz singulär das deutsche Leitmedium war, zu veröffentlichen. Ihr Text »Natürlich kann geschossen werden« etabliert die Baader-Aktion und haucht dieser im Nachhinein das bis dahin fehlende revolutionäre Moment ein. Er ist Meinhofs erste und letzte Veröffentlichung im *Spiegel*. Im redaktionellen Vorspann zu ihrem Text, der am 15. Juni 1970 erschien, heißt es: »Der *Spiegel* veröffentlicht nachstehend unredigierte Auszüge, die mit der Antwort auf die Frage beginnen, warum Baader befreit worden sei.«

Der Artikel beginnt wie folgt:

Man kann sagen: aus drei Gründen. Erst mal natürlich deswegen, weil Andreas Baader ein Kader ist. Und weil wir bei denjenigen, die jetzt kapiert haben, was zu machen ist und was richtig ist, nicht davon ausgehen können – auf irgendeine luxuriöse Art und Weise –, dass Einzelne dabei entbehrlich seien.

Das Zweite ist, dass wir als erste Aktion eine Gefangenenbefreiung gemacht haben, weil wir glauben, dass diejenigen, denen wir klarmachen wollen, worum es politisch heute geht, welche sind, die bei einer Gefangenenbefreiung überhaupt keine Probleme haben, sich mit dieser Sache selbst zu identifizieren. [...] Das Dritte ist, wenn wir mit einer Gefangenenbefreiung anfangen, dann auch deswegen, um wirklich klarzumachen, dass wir es ernst meinen. Das heißt, dass diejenigen, die jetzt angefangen haben, zu arbeiten und solche Aktionen machen zu wollen, natürlich Leute sind, die sich in gar keinem Fall gegenseitig draufgehen lassen; für die es eben kein Spiel ist. [...]

Die intellektuelle Linke hat die Aktion im Großen und Ganzen abgelehnt. Wir gehen davon aus, dass die Intellektuellen natürlich als Initiatoren von

politischen Auseinandersetzungen gar nicht zu entbehren sind. Es ist ja auch eine Tatsache, dass es die Intellektuellen gewesen sind, auch in Deutschland und in Berlin, die die politischen Auseinandersetzungen zu dem Punkt gebracht haben, wo wir jetzt sind. Wir sehen aber auch, dass ebendiese Intellektuellen mit ihren theoretischen Konzepten so weit sind, zu wissen, dass Bewaffnung notwendig ist und dass die Revolution nicht gemacht werden wird, ohne dass sich die Revolutionäre bewaffnen; dass sie aber gleichzeitig Leute sind, die den nächsten Schritt, der jetzt zu machen ist – nämlich das, wovon sie reden, auch zu tun –, nicht machen werden. [...]
Wovon wir ausgehen und was ja auch die Linken, die intellektuellen Linken begriffen haben, das ist, dass die Revolution nicht von ihnen gemacht werden wird, sondern vom Proletariat; das ist, dass man also in die Fabriken zu gehen hat und in die Stadtteile und dass die Organisierung stattzufinden hat. Nur sind wir der Auffassung, dass die Organisierung des Proletariats ein Popanz dann ist, wenn man nicht gleichzeitig anfängt, das zu machen, was wir jetzt tun, nämlich die Rote Armee aufzubauen; [...]

Und dann kommt Meinhof zur Sache:

Es gibt ein Problem bei uns, wo man eigentlich immer wieder staunt, wenn man drauf stößt. Das ist ganz klar, dass, wenn über Black Panthers berichtet wird, die Polizei Pigs genannt werden, mit dem englischen Wort »pigs«, dass man das übernimmt und dass man es richtig findet. Wohingegen immer wieder das Problem auftaucht, dass, wenn man es hier mit den Bullen zu tun hat, argumentiert wird, die sind ihrer Funktion nach natürlich brutal, ihrer Funktion nach müssen sie prügeln und schießen, und ihrer Funktion nach müssen sie Unterdrückung betreiben, aber das ist ja auch nur die Uniform, und es ist nur die Funktion, und der Mann, der sie trägt, ist vielleicht zu Hause ein ganz angenehmer Zeitgenosse.
Sodass in der Auseinandersetzung, wenn es zur Auseinandersetzung mit den Bullen kommt, immer wieder die Leute unsicher sind und dass, wo sie gar keine Schwierigkeiten haben, bei den Panthers, deren Wort für Bullen, nämlich das Wort Schweine zu übernehmen, nicht anwenden auf die Polizei, die ihnen selber auf der Straße begegnet, mit der sie es zu tun

kriegen, die sie einsperrt und die sie zusammenknüppelt und die in Berlin ja auch schon geschossen hat.
Das ist ein Problem, und wir sagen, natürlich, die Bullen sind Schweine, wir sagen, der Typ in der Uniform ist ein Schwein, das ist kein Mensch, und so haben wir uns mit ihm auseinanderzusetzen. Das heißt, wir haben nicht mit ihm zu reden, und es ist falsch, überhaupt mit diesen Leuten zu reden, und natürlich kann geschossen werden.
Denn wir haben nicht das Problem, dass das Menschen sind, insofern es ihre Funktion ist, beziehungsweise ihre Arbeit ist, die Verbrechen des Systems zu schützen, die Kriminalität des Systems zu verteidigen und zu repräsentieren. Und wenn wir es mit ihnen zu tun haben, dann sind das eben Verbrecher, dann sind das eben Schweine, und das ist eine ganz klare Front. Diejenigen, die sagen, nicht die Bullen sind schuld, die Bullen sind auch irgendwie Menschen, sie haben nur diese beschissene Funktion, diejenigen, die sagen, wir wollen den Kapitalismus abschaffen und den Imperialismus bekämpfen, aber wir machen einen Unterschied zwischen dem System, das wir bekämpfen, und den Bullen, die uns bekämpfen – die kommen natürlich überhaupt nicht dazu, das System da zu bekämpfen, wo das System uns bekämpft, Das heißt eben: Sie kommen nicht darüber hinweg, ihre Theorie zur Praxis zu machen, ihre Theorie, die richtig ist. Aber die Praxis hat natürlich zu sein, davon auszugehen, dass die Polizei als Repräsentant des Systems zu bekämpfen ist, und natürlich rücksichtslos zu bekämpfen, und natürlich skrupellos und bedenkenlos zu bekämpfen ist. [...][242]

Die Revolutionen, die es seit der Französischen Revolution gegeben hatte, verfügten stets über so kraftvolle kleine Gruppen von Revolutionären, die die Initialzündung setzen und ihre Anhänger in Marsch setzen konnten. Genau diese Initialzündung wollte Meinhof jetzt unbedingt in Gang bringen. Sie ist bereit, sich die Hände »schmutzig« zu machen, und übt Druck auf die schwankenden linken Genossen aus, die sehr schnell und in sehr großer Zahl zu Unterstützern der entstehenden RAF werden, zu Helfern, zu Sympathisanten und Anhängern, ohne selber wirklich irgendetwas zu riskieren. »Tu was!«, dieser Imperativ brachte viele Leute, die nichts oder nicht das Ultimative taten, dazu, sich einer überbordenden Sympathie für die handelnden Terroristen zu befleißigen, einer Art Kompensation ihres schlechten revolutionären Gewissens. Meinhofs Text »Natürlich kann geschossen werden« traf viele 68er, ob sie es wissen oder nicht, ob sie es wahrhaben wollen oder nicht, mitten in ihrer Unentschlossenheit.

Der organisierte Gefängnisausbruch eines Andreas Baader war, auch wenn Meinhof das Gegenteil darzustellen versucht, weder intellektuell noch politisch noch moralisch noch sonst eine Großtat. Damit die Wirkung der Baader-Aktion nicht implodierte, musste nun schnell eine Begründung, eine Erläuterung her, und es musste propagandistisch noch eins draufgesetzt werden. Das war die Gründung der Roten Armee, die zuerst das Motto »Die Rote Armee aufbauen« im Namen trug und später etwas bescheidener nur noch »Fraktion«, nämlich Rote Armee Fraktion, RAF, hieß.

Den Text »Natürlich kann geschossen werden« kann man als die erste »Presseerklärung« der RAF werten. Die Diktion dieser Erklärung ist hundertprozentig Meinhof. Auch in einer vorangegangenen Erklärung mit dem Motto-Titel »Die Rote Armee aufbauen. Erklärung zur Befreiung Andreas Baaders vom 5. Juni 1970« in der Untergrundzeitschrift »Agit 883« ist Meinhof eindeutig die Autorin.[243] Meinhof ist diejenige, die ganz strategisch und kalt auf Eskalation setzt.[244] Sie will die Eskalation, um das Proletariat in Marsch zu setzen. Und sie will vor allem die sogenannten linken Intellektuellen doch noch zum Aktivwerden bewegen. Um diese Intellektuellen, zu denen sie sich selber zählt, buhlt sie regelrecht. Und der *Spiegel*, der den propagandistischen Terrortext Meinhofs ohne jede Distanz so bringt, als handelte es sich um die Kolportage einer politisch wichtigen Erklärung einer besonders gesetzestreuen, gesellschaftlich relevanten NGO, sorgt dafür, dass sie diese Intellektuellen auch erreicht.

Mit dem abstrakten Satz »Natürlich kann geschossen werden«, den Meinhof hier im Namen der »Roten Armee« in die Öffentlichkeit schreit, dreht sie die Schraube der Scheinlegitimation eine Drehung weiter und beflügelt und verfestigt einen bis heute anhaltenden gesellschaftlichen Konsens katastrophaler Dimension. Ich möchte das Phänomen einmal die Zwei-Seiten-Theorie nennen. Wie hieß es zuletzt in der Nachlese zum G20-Gipfel im Juli 2017? Demonstranten provozieren die Polizei oder umgekehrt: Polizei versus G20-Gegner, gerade so, als handele es sich bei denen, die dem Staat den Kampf ansagen, um die eine Partei und bei der Polizei um die andere Partei.

Es stimmt: Die Polizei ist zum tatkräftigen Schutz des Rechts da, und sie ist an Recht und Gesetz gebunden, und die Demonstranten dürfen alles, was nicht gesetzlich verboten ist. Aber diese Rechtslage macht aus der Polizei nicht »die eine Seite«, nicht »die eine Partei«, und aus den Revoluzzern nicht »die andere Seite«, »die andere Partei«. Es ist eine maßlose Überhöhung des außerparlamentarischen Protestes, wenn man »die beiden Seiten« als gleichwertig betrachtet. Die Polizei ist die Eingriffsbehörde eines demokratisch und rechtlich legitimierten Staatsapparates, während der Protest lediglich die Willensbekundung einer Minderheit ist, die alle Minderheitenrechte gerne bis zum Anschlag ausnutzen soll, die aber nicht die Mehrheit ist oder die Mehrheit mit Gewalt dominieren kann. Die politische Auseinandersetzung mit außerparlamentarischem Protest findet seitens der Regierungen in Deutschland nicht oder nur ungenügend statt: Die Polizei soll's richten und fängt von der oft aggressiven Protestseite nicht selten fast identische Prügel ein wie von den Regierungen selber. Eine Auseinandersetzung über die Frage, was genau der außerparlamentarische Protest, was die Kapitalismusfeinde, die Staatsfeinde, die »Macht kaputt, was euch kaputt macht«-Apologeten oder die Terroristen wollen, wie legitim und sinnvoll oder wie illegitim und sinnlos das ist, gibt es in den zugespitzten Situationen, die immer wieder auftreten, nicht wirklich.

In dem Satz »Natürlich kann geschossen werden« liegt zugleich auch das Gebot, auf Bullen zu schießen. Auf Bullen zu schießen wäre eine gute Tat für die Revolution. »Natürlich kann geschossen werden« enthält zugleich eine Legitimation, auf jeden Bürger zu schießen, wenn er der Revolution im Wege steht. Der Büchereiangestellte Georg Linke wurde aus der Sicht der RAF in dem Moment zum »Bullen«, wo er sich den Organisatoren des Baader-Gefängnisausbruchs in den Weg stellte. Aus der Sicht des guten Revolutionärs hat jeder Mensch die Wahl, zum »Schwein« oder zum »Bullen« zu werden oder zu einem unvermeidbaren Kollateralschaden, wenn geschossen werden »muss«.

Klaus Hübner, Berliner Polizeipräsident von 1969 bis 1981, hat den Paradigmenwechsel des Rechts, dass nämlich auf »Bullen« geschossen werden »darf«, dass »Bullenschweine« nur über ein eingeschränktes Menschenrecht verfügen, in seinem Buch beschrieben und einen interessanten Gedanken hinzugefügt:

Die moralische Absegnung der Gewalt gegen Sachen führte mit unabwendbarer Zwangsläufigkeit dazu, den Polizisten als Sache zu begreifen. Über die gefügige Sprache führte die Brücke, denn ein »Bulle« war nach »geltendem Recht« eine »Sache«. Selbst für furchtsame Mitläufer gab es eine infame Handreichung. Auf Spruchbändern, in Schmähschriften und an den beschmierten Mauern erschien der Polizist als pig, also als Schwein, rechtlich gesehen auch eine »Sache« und ein Schimpfwort obendrein.[245]

Der Mord an einem Polizisten war plötzlich zu einer Sachbeschädigung verkommen.

Michèle Ray

Um die Herren des *Spiegel*, allen voran Rudolf Augstein, für die Veröffentlichung des Textes »Natürlich kann geschossen werden« geneigt zu machen, hatten sich Meinhof, Baader, Mahler und Ensslin einen besonderen Gag ausgedacht: Sie schickten die französische Journalistin Michèle Ray, damals 31 und ehemaliges Chanel-Model, Frau des Filmregisseurs Costa-Gavras (»Z«, 1969), die als politische Journalistin und Aktivistin schon aus Vietnam und aus Bolivien über Revolutionen berichtet und zuvor in *konkret* eine Reportage über ein Camp für palästinensische Waisenkinder geschrieben hatte, ins *Spiegel*-Hochhaus.[246] Sie hatten sie extra aus Paris anreisen lassen, um sie in geheimer Mission zu Rudolf Augstein zu schicken.

Statt wie üblich ihren Text auf der Reiseschreibmaschine zu tippen, hatte Ulrike Meinhof die Terror-Botschaft auf ein Tonband gesprochen. Mit diesem Tonband ging Ray dann zum *Spiegel*, der plötzlich nicht nur mit einer »exklusiven« Revolutionsschrift ungeheuerlichen Inhalts, sondern obendrein mit der betörenden Erscheinung der schönen Revolutions-Französin beglückt wurde, was damals durchaus très intéressant war.

Aus dem französischen Filmestablishment war Michèle Ray, hochschwanger, tatsächlich am 4. Juni 1970 auf einen Anruf hin in das Berliner Untergrunddomizil der RAF in statu nascendi eingeschwebt und erzählte nun den *Spiegel*-Redakteuren in Hamburg die Geschichte, wie das Treffen abgelaufen sei. Aus ihrer Erzählung machte der *Spiegel* den Begleittext zu Ulrike Meinhofs Aufruf zum Terror.

Michèle Ray berichtete, dass die Genossen sie ganz konspirativ mit allerlei Verwirrspielen zu einer Wohnung geführt hätten, sodass sie nicht genau beschreiben könnte, wo die Wohnung lag. Und Ray vergaß nicht, dem *Spiegel* zu sagen, dass sie ja selber auch die Polizei hasste (»Ich hasse die Polizei auch«), ohne zu differenzieren, ob es sich um die Polizei in gelobten Ländern wie China, Palästina oder Kuba handelte oder um die Polizei in einem westlichen Rechtsstaat.

Ray hatte gepflegt bei einem »Tee und einer Schale Erdbeeren« mit Baader und Meinhof im Untergrund geplaudert. Meinhof sei mit »langen blonden Haaren und Minikleid« durch die Wohnung gelaufen, Mahler habe eine »Perücke« getragen und sich »lange Koteletten« wachsen lassen. Der *Spiegel* schrieb damals:

Der Besucherin aus Paris schien es, als lebte der linke Tat-Kreis in einer Atmosphäre ohne spürbare Spannung, als sei er in seinem Aktionsradius weder auf Berliner Unterschlupf noch auf Berliner Gebiet beschränkt gewesen, als habe er keine materiellen Probleme gehabt. Michèle Ray: »Sie hatten Geld, Unterkunft und Freunde.«[247]

Und liefert folgende Einschätzung von Michèle Ray:

Als Feindin kam auch Michèle Ray nicht. Das einstige Mannequin, das sich bis 1960 in den Roben Coco Chanels der Bourgeoisie in eleganten Verrenkungen darbot, hat sich längst zu einer engagierten Linken entwickelt, die sich als Journalistin »darauf spezialisiert hat zu beschreiben, was hinter der Front geschieht« (so die Londoner »Times«) […] Im

Mittleren Osten gesellte sie sich zu El-Fatah-Partisanen, unternimmt gelegentlich Reisen an die palästinensische Befreiungsfront und schreibt zurzeit an einem Buch über den arabisch-israelischen Konfliktherd. Ihre Nahost-Kontakte waren es offenbar auch, die der Meinhof-Gruppe in Berlin Anlass waren, die Verbindung aufzunehmen – zumal Ulrike Meinhof und Michèle Ray sich vor Jahren kennengelernt hatten.[248]

Ray übergab dem *Spiegel* auch noch einige handschriftliche Auskünfte von Meinhof, die der *Spiegel* teilweise kolportierte, und erzählte, was die junge RAF als Nächstes machen würde.[249] Der *Spiegel*:

Am anderen Morgen, am Freitag (5. Juni), traf man sich noch einmal zum Frühstück. Von Ulrike Meinhof erhielt Michèle Ray handschriftliche Notizen zum Lebenslauf und zum Programm. Ulrike Meinhof unter
Punkt 2: »Waffen – woher. Wir werden sie uns beschaffen und vorher nicht darüber reden.«
Punkt 3: »Ideologisch – wo ... Zu lernen haben wir von den revolutionären Bewegungen der 3. Welt und der Metropolen: vom Vietcong, von der Palästinensischen Befreiungsfront, von den Tupamaros, von den Black Panthers etc.«
Punkt 5: »Name: ›Die Rote Armee aufbauen‹ – also kein Name, sondern ein Satz: Er beinhaltet, was wir tun. Er beinhaltet zugleich, was zu tun jetzt notwendig ist.«
Bei diesem Morgenkaffee, unmittelbar vor der Rückkehr nach Paris, erfuhr Michèle Ray auch, was die Gruppe als Nächstes zu tun für notwendig hielt: Berlin verlassen, zu den arabischen Guerilleros, Zwischenziel Beirut. Nach Ankunft sollte die Französin in Paris Bescheid bekommen. Aus Westberlin herauszukommen erschien der Gruppe offenbar unproblematisch. Ein Untergrund-Genosse: »Sie brauchten sich doch nur eine S-Bahnkarte zu kaufen.« Denn: Wer vom S-Bahnhof Zoo (Westberlin) zum S-Bahnhof Friedrichstraße (Ostberlin) fährt, hat keine westliche Kontrolle zu passieren.[250]

Rays Beschreibung der Meinhofs, Mahlers, Baaders und und Co. trifft nach allem, was ich weiß, den Nagel auf den Kopf. Terroristen ging es zu dieser Zeit in ihrem »Untergrund« bombig. Voll auf Revolutionsspeed, genossen sie feist ihre Freiheiten der besonderen Art. Sie waren die Helden der Szene und schwammen in der 68er-Bewegung wie die Fische in Maos Wasser.

Die 68er erzählen uns doch laufend, wie blöd wir Jüngeren wären: Sie hätten die geile Zeit gehabt. Das gehört zu den Selbsteinschätzungen der 68er, die wir ihnen glauben können und sollten. Subjektiv waren die 68er-Bewegten im Glückszustand.

Vor nicht allzu langer Zeit erzählte mir ein *Spiegel*-Redakteur, dass er 2001, kurz nach den Anschlägen von Osama bin Laden auf das World Trade Center, mit Michèle Ray telefoniert habe. Die wollte nun plötzlich vom schicken linken Westterror nichts mehr wissen, weil der Begriff »Terror« plötzlich eine völlig neue Dimension und eine völlig andere Farbe bekommen habe. Und das ist ein guter Hinweis auch für die Leser dieses Buches: Terror ist seit dem 11. September 2001 anders konnotiert als zuvor. Bis dahin war linker Terror eine Art Gesellschaftsspiel mit einigen Toten und mit realer, kitzelnder Gruseligkeit, das zur 68er-Tradition gehörte und von den unteren Steinewerfern bis zum höchsten Establishment gespielt wurde. Die RAF als Speerspitze des APO-Protestes: Terror als APO-Spaß muss in seinem zeitlichen Kontext verstanden werden und nicht aus der heutigen, inzwischen deutlich gewandelten Wahrnehmung des Begriffes »Terror« heraus.

Die Geburt des Mythos RAF

Der Bericht des *Spiegel* über Rays Besuch im Berliner »Untergrund«, die Rahmengeschichte zur abgedruckten »Genehmigung«, dass auf »Bullen« geschossen werden dürfe, ist der Beginn des medialen Durchbruchs der RAF. Und er begründet ein neues Genre der Hofberichterstattung. In kurzer Zeit werden sich alle Medien, von *stern*, *Spiegel*, *ZEIT*, *Frankfurter Rundschau*, *Süddeutsche Zeitung* bis zu den Öffentlich-Rechtlichen, darum reißen, in die Nähe der »Helden«, der in den Terrorismus abgeglittenen Helden zu kommen, um aus dem Inner Circle berichten zu können. Jeder brüstet sich damit, wen er tatsächlich oder angeblich kennt. In dieser Zeit begann auch das Wettrennen der Anwälte um die Gunst ihrer terroristischen Klienten im Untergrund. Meinhof hatte sowohl Ray als auch den *Spiegel* für die heilige Revolution erfolgreich aktiviert. Und das Medienereignis Meinhof/Ray im *Spiegel* entpuppte sich als Granate und die Geburt des Mythos RAF.

Es war also kein kleiner Fauxpas des *Spiegel*, den von »dem deutschen Nachrichtenmagazin« geadelten Meinhof-Text zu veröffentlichen und diesen einem spiegelgläubigen Millionenpublikum zu servieren: Es war ein Schuss Meinhofs aus dem »Sturmgeschütz der Demokratie« (Augstein über den *Spiegel*). Und dieser Schuss wurde von vielen politischen und kulturellen und subkulturellen Entscheidern und Mitläufern gehört. Der *Spiegel* setzte einen Trend, der sich in den Medien schnell potenzierte: Die Gier nach Baader-Meinhof-Storys, nach RAF-Storys, nach Terror-Storys explodierte förmlich, und die Sympathien und die Identifikation lagen trotz aller Kritik bei den Protagonisten des Terrors. Von Anfang an waren Sympathie und Identifikation nicht bei den »Bullen«, nicht beim Staat, nicht bei Georg Linke, dem ersten Opfer der RAF, und natürlich nicht bei den »Spielverderbern«, die sich von dem Revolutionsfeuerwerk nicht blenden ließen, sondern ganz sachlich und kühl das kriminelle Momentum nicht verkannten. Der allgemeine mediale Tenor in den linksliberalen Medien war bald, jaja, manche Terroristen sind schlimm, vollkommen irre, aber sie haben auch recht, denn die Welt ist ja ungerecht. Dazu sage ich heute: Das stimmt, die Welt ist ungerecht, und die Terroristen gehören zu den Ungerechtesten.

Der ungewöhnlich ungelenk geschriebene Begleittext zu Meinhofs Aufforderung, auf Bullen zu schießen, lässt auf die Verwirrung schließen, die im *Spiegel* herrschte und der Redaktion den klaren Durchblick vernebelte. Wie hätte es sonst passieren können, dass man das Verschwinden von zwei Kindern, das in dem *Spiegel*-Text über Michèle Rays Besuch bei der Roten Armee am Rande als reine Nebensache erwähnt wird, gar nicht als eigene Geschichte erkannte und dem weiter keine Bedeutung beigemessen hat.

Über das Verschwinden von zwei kleinen Kindern berichtete der *Spiegel* lapidar:

Mit Röhl selber suchten Anwälte seiner geschiedenen Frau über gemeinsame Bekannte Kontakt. Der antianarchistische Linkspublizist (»Anarchismus führt zum Faschismus«) solle, so forderten sie, auf das nunmehr ihm zugesprochene Sorgerecht für die Zwillinge Bettina und Regina, 7, aus seiner Ehe mit der früheren »konkret«-Chefredakteurin Meinhof verzichten. Röhl glaubte, die Kinder bereits bei dem Bremer Schriftsteller Jürgen Holtkamp durch einen »konkret«-Reporter ausfindig gemacht zu haben – da waren sie wieder verschwunden.[251]

Was die Erwähnung von meiner Schwester und mir anbelangt, hat der Text des *Spiegel* regelrecht das eigene Thema verfehlt. Die Mutter hebt (mithilfe des *Spiegel*) das Terrorniveau auf Black-Panther-Niveau, wie sie explizit in ihrem Text ausführt, und lässt gleichzeitig ihre Kinder verschwinden. Das ist dem *Spiegel* zwar zur Steigerung des theatralischen Momentums eine Schilderung wert, aber nicht einmal, wenn es um Kinder geht, die (unter Meinhofs Regie) einfach so *»verschwinden«*, kann sich der plötzlich terroraffin gewordene *Spiegel* zu einer eindeutigen Parteinahme zugunsten der Kinder entschließen. Die Tatsache, dass meine Schwester und ich offenbar entführt wurden, was Klaus Röhl den *Spiegel*-Leuten zu vermitteln versucht, ist dem *Spiegel* keine journalistische Recherche, keine Analyse, keine Suchanzeige oder gar ein Anprangern à la »Wohin ließ Meinhof ihre Kinder verschleppen?« oder Ähnliches wert.

Zwei Kinder verschwinden lassen ist eben keine revolutionäre Tat, es ist aus der Sicht der terrorbegeisterten Baader-Meinhof-Fans, auch in den Medien, eher so etwas wie eine störende Nebensache. Die Behandlung des Stoffes, wie der *Spiegel* sie hier an den Tag legt, ist symptomatisch für die nun einsetzende Berichterstattung über die RAF. Tatsachen, die das Heldenbild der Protagonisten der Roten Armee beflecken, werden gern ignoriert. Auch dass Meinhofs Anwälte dieser »die Kinder« wieder übergeben wollen, ist dem *Spiegel* eine Kolportage wert, ohne jede Reflexion, ohne jede Erkenntnis, was für ein Ding der Unmöglichkeit das unter den damaligen Umständen gewesen wäre. Zurück zu einer wegen Mordes gesuchten Revolutionärin im Untergrund? Im Revolutionsrausch spielen Menschen und Menschenleben eben keine Rolle, und das ist auch das Geile an der Revolution: die entgrenzte Verfügungsgewalt über Leben und Tod. »Natürlich kann geschossen werden« hat das öffentliche Koordinatenkreuz bereits in diesem Moment auf den Kopf gestellt. Der sogenannten politischen Kriminalität wurden enorme Freiräume, vorläufig mit Worten, »erschlossen«.

Günter Wallraff verurteilt Ulrike Meinhof

Unter dem Titel »Ulrikes Rote Armee« kommentiert Günter Wallraff 1970 im Juliheft von *konkret* Meinhofs Schießbefehl, den das »Revolutionsmannequin« (Günter Wallraff) Michèle Ray in Form des Tonbands in den *Spiegel* getragen hatte. Es ist eine scharfe Kritik an Ulrike Meinhof von ganz links:

Die revolutionäre Ungeduld, die Ulrike Meinhof an den Tag legt, zeigt, welchen Stellenwert sie sich selbst gibt. Nach dem Motto »Wo ich arbeite, ist das Zentrum des Klassenkampfes« verfällt sie (die immerhin lange anonyme Kleinarbeit mit Fürsorgezöglingen geleistet hat) in kleinbürgerliches Revoluzzertum. Die Befreiung von Baader ist für sie kein vorschnell und unbedacht organisiertes Ereignis, sondern wird als Beginn des Aufbaus einer »Roten Armee« deklariert, zu einer Großtat historischer Bedeutung mystifiziert.

Der Schusswaffengebrauch hat offensiv stattgefunden und wird zum erlaubten Mittel der politischen Auseinandersetzung in der BRD erklärt. Dies wird noch erhärtet durch die wiederholte Feststellung, Polizisten seien Schweine, keine Menschen. Und natürlich kann geschossen werden. Ferner wird von der »Armeesprecherin« erklärt, Baader sei befreit worden, weil er unentbehrlich für die Revolution, weil er »ein Kader« sei. Eine zutiefst unmarxistische Betrachtungsweise, die Kumpelschaft mit Solidarität verwechselt. Der Kader Baader, ohnehin ein Gefangener mit Sonderrechten, der in drei Monaten mit Begnadigung hätte rechnen können, [...] wird mit einem Höchstmaß an Organisation und Aufwand befreit. Ein Kader wird befreit. Tausende und Abertausende gewöhnliche Menschen werden im Stich gelassen. Meinhof lässt Fürsorgezöglinge und Randgruppen

im Stich, Mahler Hunderte von nicht rechtskräftig verurteilten Studenten. Die Sehnsucht nach neuem Führerkult, die kleinbürgerlich romantische Sehnsucht nach der »überragenden Einzeltat«, nach Märtyrertum und Heroismus, kommt hier zum Ausdruck.
Die Gleichsetzung der Polizeiangestellten mit Schweinen, die man umbringen kann – nicht einmal die südamerikanischen oder vietnamesischen Revolutionäre, die unter Diktatur und Folter leben, haben je diese Gleichsetzung vollzogen, stellt die Gruppe der »Roten Armee« außerhalb jeder sozialistischen Anstrengung zur Veränderung der Welt. [...]

Und Wallraffs Tonfall wird noch klarer und schärfer:

Wer soll bestimmen, welche Menschen die Schutzbezeichnung »Mensch« in Zukunft noch tragen dürfen und welche nicht? Die Kader. Wer bestimmt einige Menschen zum Tode und andere zur Freiheit vor dem Gesetz? Die Kader. Wer hat sie gewählt, wer hat sie delegiert, diese Kader? Meinhof hat uns allen also Schießerlaubnis erteilt. Polizisten, also schlecht bezahlten Arbeitnehmern in Uniform, die keine Menschen sind, die man ruhig erschießen kann, stehen auf der anderen Seite Kader gegenüber, die ein besonderes Schutzbedürfnis zu beanspruchen haben. Meinhof ist uns leider die Antwort darauf schuldig geblieben, ob auch der sechzigjährige Institutsangestellte, der bei der Befreiung fast ums Leben gekommen wäre, ein »Schwein« ist, das man ohne Skrupel erschießen konnte. Das bleibt offen.[252]

Das terroristische Start-up

Währenddessen plante das terroristische Start-up mit dem Namen »Die Rote Armee aufbauen«, sich bei der El Fatah in der assymetrischen Kriegsführung des Terrors gegen den Staat und seine Organe ausbilden zu lassen.

Peter Homann hatte sich, kurz nachdem ihm bekannt geworden war, dass er selber auf der Fahndungsliste stand, zu den anderen gesellt:

Peter Homann: Der Untergrund bestand im Prinzip aus drei Wohnungen in Berlin. [...] Mahler hatte diese wohl unter der Devise besorgt, er brauche Wohnungen für Kriegsdienstverweigerer. Das erste Geld für die »RAF« soll aus Ulrikes Restanteil an dem Haus in Blankenese gestammt haben. Woher kam das Geld? [Befragt, ob er 45 000,- DM gegen Abtretung ihrer Ansprüche an Röhl vorgestreckt hat, antwortet Rechtsanwalt Kurt Groenewold etwas unklar: Der Hypothekenbrief wurde nach der Baader-Befreiung beschlagnahmt, da er sich in der Handtasche der Mutter befand. Ich hörte, dass der Fiskus aufgrund des Hypothekenbriefs den Betrag von Klaus Rainer Röhl angefordert hat. An mich hat der Vater nicht gezahlt. In der Szene wird immer wieder über Vermögen gesprochen, später gab es auch Anspielungen der Gefangenen« Anm. d. A.]
Meine persönliche Verwicklung war, dass ich plötzlich als der Täter des versuchten Mordes [an Georg Linke, Anm. d. A.] gesucht wurde. Ich wusste ja sogar, wer geschossen hatte, aber den zu verraten, das kam für mich nicht in Betracht. Ich saß in einem Café, als über das Radio kam, dass ein Peter Homann als der Mörder gesucht würde, es war auf dem Ku'damm. Mir sank das Herz in die Hose. Mit wem sollte ich sprechen. Ich konnte nicht mal in meine Wohnung zurück, ich dachte, die glauben mir nie, dass ich es nicht gewesen war, und ich wollte nicht mein Leben lang im Gefängnis sitzen. Ich wusste, die anderen wollten abhauen, so beschloss ich, mit denen mit zu gehen.
Die Palästinenserkontakte waren schon vorher geknüpft worden. So ging ich zu denen in die Wohnung. Das Erste, was ich von Baader hörte, war: »Wenn du Schwein in den Knast kommst, dann holen wir dich nicht raus.« Er hatte natürlich von Ensslin gehört, dass ich mich geweigert hatte, an der Befreiungsaktion teilzunehmen. Alle saßen da zusammen, ich war ein Aussätziger, nur durch den Haftbefehl war ich mit drin.[253]

Und tatsächlich, die schießwilligen Stadtguerilleros fahren zur El Fatah, dem militantesten Arm der PLO, der jahrzehntelang wichtigsten Vertretung der Palästinenser (Jassir Arafat). Am 8. Juni 1970 flog die Horst-Mahler-Fraktion über Ostberlin nach Jordanien, unter ihnen Manfred Grashof, Petra Schelm, Jürgen B.[254] , Horst Mahler und die Freundin von Horst Mahler, sie benutzte den Pass von Michèle Ray, den diese bei ihrem

Besuch im »Berliner Untergrund« auf dem Tisch hatte liegen lassen. Etwas, das die Gruppe jetzt häufiger von ihren Sympathisanten und Helfern verlangt, erwartet und auch bekommt, denn durch die Illegalität braucht und verbraucht sie in Zukunft nicht nur immer wieder neu Wohnungen und Geld sowie die dazu gehörende Unterstützung, sondern auch die entsprechenden Reisedokumente. Die Horst-Mahler-Leute sollten mit dem in Berlin lebenden Palästinenser Said Dudin am 8. Juni 1970 nach Beirut im Libanon fliegen und von dort weiter nach Amman in Jordanien. Fest steht, die Ausbildungswilligen um Horst Mahler sind im Palästinensercamp in der Nähe von Amman zwar angekommen, aber durch eine Panne, die Mahler zugeschrieben wird, der versehentlich in der westdeutschen Botschaft, die er für die Botschaft der DDR hielt, anrief und seinen Namen nannte, ist die Reise der gesuchten Untergründler schon vorher, nämlich am Tag der Ankunft in Beirut, den deutschen Fahndungsbehörden und dann auch der Presse bekannt geworden. Der *Spiegel* berichtete bereits am 15. Juni 1970, also nur eine Woche später, was angesichts der damals noch ziemlich zeitraubenden Produktionsvorgänge fast gleichzeitig ist, im Zusammenhang mit seinem Bericht über Michèle Ray und Ulrike Meinhof über die Ankunft der Horst-Mahler-Leute im Nahen Osten, was bedeutete, dass zumindest der bundesrepublikanische *Spiegel*-Leser die Gründung der RAF quasi live mitverfolgen konnte.[255]

Der Araber

Während wir Kinder immer noch auf Sizilien zusammen mit Hanna bei Bubi waren und auf ein Zeichen von unserer Mutter hofften, machte sich die zweite Gruppe um Andreas Baader, Ulrike Meinhof, Gudrun Ensslin, Astrid Proll, Irene G., Monika Berberich, Peter Homann und einige andere am 21. Juni 1970 ebenfalls auf die Reise nach Amman, allerdings nicht über Beirut, sondern über Damaskus. Der palästinensische Kontaktmann Said Dudin hatte sich nach dem kleinen Malheur, das die Mahler-Leute erlebt hatten, ein neues Spiel überlegt. Allem Anschein nach brachte er Blankopässe nach Westberlin, die Terror-Touris verkleideten sich »arabisch« mit dunklen Haaren, fälschten ihre Pässe mit arabischen Namen, und zack, ging die Reise, wiederum über Ostberlin, in den Nahen Osten. Irgendwo im Grenzgebiet zwischen Syrien und Jordanien verbrachte die Gruppe ihren ersten Abend im Morgenland in einem Quartier der Palästinenser, in dem auch schon die Mahler-Leute ihre Ankunft bei den Palästinensern gefeiert hatten. Der palästinensische Geheimdienst fotografierte die Delinquenten und ließ sich Dokumente mit deren Klarnamen unterschreiben. Was man hat, das hat man. Die Pässe wurden für die Dauer des Aufenthalts in Jordanien eingezogen.

Der palästinensische Geheimdienst hatte schon seit Längerem damit begonnen, interessierte Ausländer aus dem Westen nach Jordanien einzuladen, um ihnen die riesigen Zeltstädte und die katastrophalen Lebensbedingungen in den Lagern vorzuführen. Aber in welchem Verhältnis standen die palästinensischen Befreiungsbewegungen zu den deutschen Revolutionstouristen, die jetzt immer häufiger in den Nahen Osten kamen, um sich an der Waffe ausbilden zu lassen? Wie schätzten die Palästinenser, die ja nichts zu verschenken hatten, die eher selber Verbündete für ihre Sache suchten, die jungen Linken aus Europa ein, die sich unbedingt mit der El Fatah verbünden wollten?

In der Literatur über die RAF klingt es meistens so, als seien die palästinensischen Terroristen, wie man die Fatah-Leute damals offiziell einstufte, mit den Berliner Genossen solidarisch gewesen und hätten selbstlos und uneigennützig Waffen und Kampfausbildung zur Verfügung gestellt. Aber sie verfolgten natürlich ihre eigenen Ziele. Ihr Interesse war es, Multiplikatoren wie Journalisten, Politiker, Anwälte aus dem Westen zu gewinnen oder zu verpflichten, die etwas bewegen, die in ihren Heimatländern für die Sache der Palästinenser gegen Israel agieren oder logistisch hilfreich sein konnten. Sie wollten so viele »Sympathisanten« wie möglich in Europa für ihre Sache gewinnen. Neu war für die Palästinenser nur, dass diese Deutschen nun selber illegal waren, mit der Knarre rumlaufen und sich eigenhändig an terroristischen Aktionen beteiligen wollten. Aber man passte sich von palästinensischer Seite den neuen Verhältnissen an und bot ihnen, was sie haben wollten: eine Kampfausbildung und ein mieses Lagerleben. Wieso die Deutschen gegen ihre hoch angesehene Bundesrepublik Krieg führen wollten, blieb den Palästinensern sicher ein Rätsel.

Die Palästinenser brauchten Leute, die sich für ihre Sache verwandten, und das war ihr Ansatz, weshalb sie all die linksradikalen Politgruppen aus Deutschland einluden. Manch linksradikaler Polit-Tourist wurde so vielleicht, ohne es zu realisieren, zu einem palästinensischen Agenten. Ohne die deutschen Agenten und Mittelsmänner und ohne die freundliche Assistenz aus Ostberlin und Moskau wäre der palästinensische Anschlag auf die israelische Olympiamannschaft 1972 in München wohl kaum in der Form möglich gewesen.

Der erste Abend sollte die Stimmung der Baader-Meinhof-Ensslin-Truppe entscheidend prägen. Zur Begrüßung wurden die Gäste von einigen palästinensischen »Animateuren« mit Kalaschnikow und reichlich Kriegsgetöse in dem Quartier »unterhalten«. Waffenübungen wurden gezeigt, und die gerade angekommenen Frauen der Baader-Gang wurden angetanzt und in die Höhe gehoben. Danach soll es in dem Gemeinschaftsschlafraum in Gegenwart der Westberliner Untergrund-Kombo zwischen Meinhof und einem Fedayin zum Verkehr gekommen sein. Meinhof soll dabei wild geschrien haben.

Astrid Proll: Soweit ich mich erinnere, kam der Mann nachts in unser Zimmer (wir schliefen zusammen, Georgens, Schubert, Meinhof und ich) und schmiss sich auf deine Mutter. Es hörte sich furchtbar an, und wir haben uns eingemischt und ihn aus dem Zimmer gedrängt. Deine Mutter sollte geschützt werden, wir waren wie die »Kinderarmee« einer erwachsenen Frau. Am nächsten Tag gab es Diskussionen, und man hat ihr Vorwürfe gemacht. Es war eine echte Irritation. Alle haben sie fertiggemacht.[256]

Die Nacht mit dem »Araber« wurde für Ulrike Meinhof zu einem Fiasko. Sie »und Irene G. hätten vor Entsetzen geheult«, sagt Astrid Proll. Dass »Ulrike«, eine immerhin 35-jährige erwachsene Frau, »so etwas« gemacht hatte. »Wir waren damals noch jung. Ich war 22, Irene war erst 19 Jahre alt. Für uns war deine Mutter doch eine Respektsperson. Es war ganz furchtbar.«[257]

Auch Peter Homann ist entsetzt, als ich ihn 1997 nach dieser Nacht frage. Geradezu aufgebracht wollte er sofort wissen, wer mir das erzählt hätte. Er hätte gehofft, dass ich nichts davon erführe:

Alle haben deine Mutter für diese Nacht mit einem Araber fertiggemacht. Es war entsetzlich, Irene, Astrid, Ensslin und Baader. Alle schrien und brüllten, sie dürfe nicht mit einem anderen, der nicht in der Gruppe ist. Dabei vögelten die selbst am laufenden Band miteinander. Meiner Ansicht nach hatten sie sie schon vorher so fertiggemacht, dass sie sich nicht mehr wehren konnte gegen den Araber. Ich denke, das hat sie erduldet. Das war mehr eine Vergewaltigung. Sie war zu gebrochen, um sich noch zu wehren. Aber die anderen taten so, als hätte sie ein Verbrechen begangen.

Auf der Fahrt ins Wüstencamp am nächsten Tag sollen Baader und Ensslin Ulrike Meinhof regelrecht fertiggemacht haben. Wenn ich die Erzählungen unterschiedlicher Protagonisten, die ich gesprochen habe, zusammennehme, hat Meinhof in dieser Nacht jeden Respekt, den Baader ihr bis dahin noch entgegengebracht hatte, verspielt. Und Baader, in dessen Folge auch Ensslin, stürzten sich auf eine Schwäche, die sie bei Meinhof ausgemacht hatten. Meinhof mag unter einem gewissen Sexstress gestanden haben. Der war in jener Zeit kein seltenes Phänomen. Durch die deutschen Medien geisterte das Reizthema Gruppensex und Sex in jeder Variante. Und die freie Liebe weckte Erfolgsdruck. Meinhof hatte das Matratzenlager in der Kommune 1 gewiss im Kopf, wo ebenfalls ein sexueller Leistungszwang bestand, vor den anderen zu kopulieren. Hier in Jordanien war sie die Älteste unter den anwesenden Damen. Gut möglich, dass sie auch von dem Gebaren einiger jüngerer Paare, die es gab und die auch in den gemeinsamen Schlafräumen zur Sache kamen, irgendwie angefixt war.

Peter Homann: Ensslin und Baader haben dann oft in ihrem Beisein zusammen gefickt, wie sie es selber nannten (Ficken und Schießen sind eins, sagte Baader immer). Sie machten es, um deine Mutter zu quälen, damit sie sich alleine fühlte, ausgeschlossen, gedemütigt. Das törnte die an. Deine Mutter saß dann stumm und bewegungslos daneben. So wurden in der Gruppe Herrschaftsverhältnisse hergestellt. Die ›Vergewaltigung‹ durch den Araber war Ulrikes Ende.[258]

Die Affäre mit dem Araber ließ Meinhof in der Gruppenhierarchie abstürzen. Baader und Ensslin gaben jetzt in der kleinen Gruppe den Ton an. Sie waren die Lässigeren, die Cooleren, und das ließen sie Meinhof spüren. So trifft die Baader-Ensslin-Meinhof-Gruppe, schon vom Tag der Ankunft an gruppendynamisch brutalisiert, im Camp auf Horst Mahler und seine Leute, die ja schon ein paar Wochen früher in Jordanien angekommen waren. Und auch Mahler, bis dahin der unumstrittene Chef seiner kleinen Truppe im Camp, sieht sich schnell einem Machtkampf mit Andreas Baader ausgesetzt. Kurz nach seiner Ankunft wirft Baader dem Anwalt Mahler vor, am Flughafen versagt zu haben. Mahler habe sich bereits disqualifiziert, da seine Einreise in den Libanon sofort den deutschen Behörden bekannt geworden sei. Er habe noch nichts Revolutionäres geleistet. Er, Baader, habe mit seiner Kaufhausbrandstiftung hingegen bewiesen, was er könne. Mahler, bis dahin unumstrittener Chef seiner Gruppe, ordnet sich schnell Baader und Ensslin unter. Die beiden früheren APO-Autoritäten Meinhof und Mahler können den viel aggressiver auftretenden Kaufhausbrandstiftern im In-Fight nichts entgegensetzen. Baader und Ensslin sind nur wenige Tage nach der Ankunft der Truppe im jordanischen Ausbildungscamp die unumstrittenen Anführer der angehenden Terrorgruppe. Mahler und Meinhof werden in Jordanien regelrecht entmachtet. Man könnte es auch so sehen: Mahler und Meinhof waren die »Kindergärtner« der RAF, und Baader und Ensslin waren die schwer erziehbaren Kinder, die ihre Erzieher vorführten und ihnen auf der Nase herumtanzten. Und das wurde jetzt in der Wüste ziemlich ernst.

»Hier geht die Lucy ab …«

Gleich zu Beginn setzte Baader bei den Palästinensern durch, dass Männlein und Weiblein in einem gemeinsamen Haus leben und schlafen konnten. Offenbar eine harte Nuss für die Araber. »Denen müssen wir den Zusammenhang zwischen Revolution und sexueller Befreiung unbedingt noch beibringen«, so tönten Baader und Ensslin.

Peter Homann: Kein Mensch kann sich vorstellen, wie die sich da aufgeführt haben. Also, Irene G. sagte als Erstes: Wo ist der Cola-Automat? Dann legten sich die Frauen nackt aufs Dach. Die heiligen Kämpfer der Palästinenser, gewöhnt, dass eine Frau vollkommen verhüllt ist, waren dadurch so aufgeheizt, dass sie nachts einen Esel gevögelt haben, aber unsere Kämpfer meinten, denen müsste man zeigen, was sexuelle Freiheit und Revolution ist.[259]

Zu der miesen und sich verschlechternden Stimmung in der Gruppe trug das Ambiente ganz sicher wesentlich bei: ein armseliger Wüstenplatz mit ebenso armseligen Baracken und zwei Flachdachhäusern und einem »Schießstand«, der als solcher kaum zu erkennen war. Alles staubig, alles grau. Und eine irrsinnige Wüstenhitze. Licht nur aus dem Notstromgenerator und Wasser nur, wenn ein Tanklastzug kam.

Meinhofs Behausung muss wohl eine gewisse Ähnlichkeit mit dem Barackenlager in Sizilien gehabt haben, wo meine Schwester und ich uns zur gleichen Zeit aufhielten. Mit dem Unterschied, dass um die Teerwüste unseres Barackenlagers herum eine verdorrte, aber doch auch schöne Landschaft von Hügeln mit Oliven- und Zitronenbäumen das Auge erfreute. Und was stand nun auf dem Tagesplan der Terroristen?

Nach Besichtigungstouren durch palästinensische Flüchtlingslager gab es tatsächlich militärische Übungen. Dafür bekamen die Westberliner Stadtguerilleros grüne Kampfanzüge, jeder und jede bekam eine Kalaschnikow und zu dem Mordsinstrument auch reichlich Munition. Diese großzügige Ausrüstung bekamen die Deutschen, weil sie, wahrscheinlich ohne zu wissen, was sie sagten, beteuert hatten, dass sie auf der Seite der Palästinenser kämpfen würden, wenn es einen Angriff königstreuer jordanischer Truppen oder einen Angriff der israelischen Armee geben würde. Schließlich befand man sich im Kriegsgebiet. Ab und zu waren israelische Kampfjets am Himmel zu sehen. Und wenige Kilometer vom Camp entfernt war jordanisches Feuer zu hören. Die Berliner Stadtguerilla musste die Nächte angezogen und kampfbereit verbringen. Die Kalaschnikow hatte jeder nach Westernart an seinen Bettpfosten gehängt.

Wenig später, im sogenannten Schwarzen September, tobte hier ein Krieg zwischen jordanischen Truppen und der Fatah-Miliz. Ob den

Deutschen so richtig bewusst war, wo sie sich politisch befanden, oder ob sie so high waren, dass sie im wahrsten Sinne des Wortes keinen Einschlag mehr bemerkten, ist schwer zu beurteilen. Auch das Werfen von Handgranaten und der Umgang mit einer Haubitze wurden geübt. Der algerischstämmige Leiter der Militärübung, Abu Achmet, jagte seine deutschen Schützlinge offenbar gerne durch den Wüstensand.

Manfred Grashof, einer aus der Entourage von Horst Mahler, erinnerte sich, als ich ihn 1999 in Berlin zum Interview treffe:

Ja, erst mal hätten wir uns ja beinahe selber erschossen. Also, wir hatten die Kalaschnikows, waren nur kurz dran ausgebildet, und dann sitzen wir da nachmittags irgendwie bei so einem kleinen Trockenbrot und Trockenkäse da in einem befestigten Gebäude, und hinten waren ein paar Schlafräume. Und auf einmal fällt ein Schuss. Aber so ungefähr, um Gottes willen, da sitzt völlig versonnen Petra Schelm mit ihrer dampfenden Kalaschnikow und hat sich auf dem Bett in die Kniescheibe geschossen: Ja, ich wollt ja nur das Ding putzen, ja, so Sachen sind da passiert ...[260]

Bettina Röhl: Meine Mutter soll mit einer Handgranate herumgefuchtelt haben?

Manfred Grashof: Stehen wir so auf einem Hügel, der so ein bisschen schroff vorne abfällt, also so eine kleine Steilküste in der Wüste, es ging ungefähr 3 Meter runter. Wir stehen da so in Reih und Glied, und es heißt, jetzt üben wir mal Handgranatenwerfen, hier diese russischen Dinger, diese mit dem Holzgriff, sehen so ein bisschen aus wie eine Keule. Na ja, und der Ausbilder machts vor, du nimmst das Ding, schraubst den Deckel ab, und da unter dem Deckel ist so eine Wand, die musst du durchstechen, und dann greifst du rein, da ist so ein kleines Bänzel mit 'nem Ring. Dann ziehst du daran, dann macht es peng, wie so eine Platzpatrone, und dann zählst du ein-und-zwanzig, zwei-und-zwanzig, und dann musst du das Ding wegwerfen. Und Ulrike? Die macht so und erstarrt, wir starren uns alle an, schreien: Schmeiß das Ding weg, da schmeißt sie das Ding weg, so zwei Meter weit, aber zum Glück da unten runter.

Meiner Mutter, die jetzt in Drillichhosen ihre Übungen im Wüstensand macht und wie alle anderen am Abend ihre Kalaschnikow über ihren

Bettpfosten hängt, soll es, laut Astrid Proll, nach einer Weile besser gegangen sein. Sie freundete sich in Jordanien ein bisschen mit Jürgen B. an, mit dem sie regelrecht geflirtet habe.

Die Guerilla-Attitüden der Westberliner Truppe, die bei ihren Übungen wild mit den Kalaschnikows in der Gegend herumschossen und lautstark herumtönten, dass sie besseres Essen wollten, oder gar mit einem Ausbildungsstreik drohten, wenn ihnen etwas nicht passte, missfielen den Palästinensern sehr. Das wilde Geballer, vor allen Dingen von Baader, ging Lagerkommandant Abu Achmet auf den Geist. Er musste schließlich auch seine eigenen Leute unter Kontrolle halten, die sehr restriktiv mit Munition ausgestattet wurden. Schnell gab es nur noch 10 Patronen pro Tag für die Deutschen, die dagegen opponierten. Auch Abu Hassan, ein führendes Mitglied der Fatah, der das Lager ab und zu besuchte, machte sich sein Bild von den Berliner Revolutionären und wurde recht schnell ziemlich skeptisch.

Bettina Röhl: Was waren das für Diskrepanzen zwischen euch und den Palästinensern?
Manfred Grashof: Wir waren ziemlich entsetzt, also je mehr wir davon mitkriegten, was die da für Strukturen haben, dass da auch ganz klare Hierarchien waren, dass sie uns zeigen wollten, wie man umspringt mit Untergebenen, die irgendwie nicht gespurt haben: Auspeitschen – da sollten wir teilnehmen als Zeugen, da haben wir uns kollektiv geweigert.
Bettina Röhl: Was?
Manfred Grashof: Na klar, irgendwelche hochrangigeren Typen sagten ab und zu, wir sollten uns mit angucken, wie einer ausgepeitscht wird. Was weiß ich, weil der auf der Wache geraucht hat oder so, und dann sollten wir Deutschen alle dabei sein. Dieser Lagerkommandant, der ja an und für sich ziemlich gut drauf war. Und als wir dann aufstanden, das war natürlich der Affront, also alle mussten im Kreis sitzen, alle, die im Camp in irgendeiner Form da waren. Wir so am anderen Ende, der Lagerkommandant in der Mitte, und das Opfer musste sich hinknien mit verbundenen Händen und mit einer, so einer Gerte [...] und da haben wir gesagt: Nein! Wir sind aufgestanden, und da war aber was los! Das

grenzte ja schon an Meuterei! Und wenn wir nicht Gäste und dann eben doch wieder Deutsche und Touristen gewesen wären, dann ...[261]
Bettina Röhl: Und wie bist du mit denen persönlich zurechtgekommen?
Manfred Grashof: Das hat mir schwer zu schaffen gemacht, ich war auch schockiert und bin mehrfach Zeuge geworden von einer Verächtlichkeit gegenüber den einfachen Fedayin, oh, oh, oh, was soll das hier geben, habe ich da gedacht, also wo irgendein Höhergestellter oder irgendein Arsch, der vielleicht mal drei Semester oder sonst was studiert hat und jetzt gerade eine Uniform anhatte, über die einfachen palästinensischen Kämpfer, die meinetwegen Analphabeten sind, sagte: Lass dich nicht mit denen ein, das sind doch sowieso alles Verbrecher oder Abschaum!
Ich habe mich immer mit den Gemeinen gemein gemacht. Also ich hab im Zweifel dann da unten in der Stellung gesessen und hab mit denen Karten gespielt oder was weiß ich oder mit Händen und Füßen geredet. Ich sah ja nach 10 Tagen aus wie ein Palästinenser, ich bin ja ein dunkler Typ. Und ich fühlte mich da sauwohl. Ich hab immer das Kopftuch getragen, hab immer die Kalaschnikow dabeigehabt, Petra da, alles super. Das war das Abenteuer meines Lebens. Ich hab ja auch überlegt, ob ich da nicht bleiben soll. Ich dachte, was soll ich jetzt noch in Berlin, hier geht die Lucy ab ...[262]

Lawrence of Arabia.

Mord lag in der Luft

Laufend gab es Streit zwischen Peter Homann und Andreas Baader. Homann hatte sich im Camp von den anderen zurückgezogen und beobachtete das Geschehen, in das er sich selber hineinbegeben hatte. Warum war er hier gelandet? Vielleicht war er von einer Art Beschützertrauma geschüttelt? Meine Vermutung: Immer noch hing er irgendwie an Meinhof und konnte wohl nicht verstehen, dass sie nicht sah, was er sah. Er konnte nicht glauben, dass sie gut fand, was sie selber tat.

Peter Homann: Deine Mutter war in Jordanien zu einer Unwürdigkeit degradiert worden, die ich kaum schildern kann. Sie haben sie fertig-

gemacht, wo sie nur konnten. Sie saß da immer mit dem Gesicht nach unten und guckte auf den Boden. Manchmal versuchte ich, mit ihr Augenkontakt zu bekommen und ein Einverständnis zu erreichen. Sie musste doch wie ich sehen, dass das alles Wahnsinn war, dass das allem widersprach, wovon sie und ich nächtelang geredet hatten, von Menschlichkeit und Kindererziehung und und und. Sie sah mich dann manchmal an, aber dann senkte sie den Kopf und guckte wieder auf den Boden.
Baader und Ensslin haben in Jordanien alles gemacht, um ihre Machtsphäre zu festigen. Sie hatten ja schon in Berlin vor der Befreiung dauernd davon gesprochen, dass das Tabu Gewalt gebrochen werden müsste. Baader war ein Gangster, aber er hätte in einem normalen Gangstermilieu nicht bestehen können, wo es männlicher, härter zugegangen wäre, denn er war im Grunde ziemlich feige, deshalb hat er lieber Frauen um sich gruppiert.
Es war ein Grauen, wenn Baader mit einer sadistischen Lust anfing, davon zu reden, wie er deutsche Politiker, die er kidnappen wollte, systematisch an den Hoden aufhängen wollte. Er malte sich das aus, und das alles war begleitet von diesem widerlichen meckernden Lachen. Und das Unfassbare: Die anderen haben geschwiegen. Sie haben nichts gesagt.
Es ist so schlimm, dass das alles zum Mythos gemacht wurde. Damals wollte keiner, keine Seite, die Wahrheit wissen. Alle wollten, dass das ganz tolle Revolutionäre wären, keiner wollte hören, wie absurd es war, außer der Bildzeitung, die haben das aber dann wieder für ihre Zwecke verdreht. Ich fühlte mich auch später wie ein Einzelkämpfer. Von den vielen RAF-Anhängern, Sympathisanten, Genossen, Journalisten, hat mir später keiner geglaubt, wenn ich von diesen sadistischen sexistischen Sachen, diesen primitiven Grausamkeiten erzählt habe, alle wollten ihre lieb gewordenen Legenden behalten.[263]

Homann merkte plötzlich, dass er ganz allein mit seinen Ansichten dastand und dass die Situation gefährlich für ihn wurde. Als die anderen in ein anderes Haus umzogen, kam Homann nicht mehr mit. Die Lagerleitung hatte so entschieden. Jetzt war er auch äußerlich isoliert. Der Streit war eskaliert, als Baader handgreiflich wurde:

Peter Homann: Dort unten in dem Ausbildungslager der Palästinenser, wo wir am Tag Schießübungen machten, kam es dann zum Streit mit Baader. Er versuchte, alle fertigzumachen, und also auch mich. So griff er mich eines Tages tätlich an, ich schlug jedoch zurück. Das wagte sich ja keiner mehr, und wumms, da fiel der gute Baader leider in den Staub und schrie wie ein Mamasöhnchen: Er hat mich geschlagen, er hat mich geschlagen! Da wollten die Frauen auf mich los. Zum Glück sind sie von den Palästinensern, die dabeistanden, zurückgehalten worden. Das war gefährlich, es trugen ja alle Kalaschnikows.
Am nächsten Tag saß ich draußen auf einer Art Terrasse und bekam mit, dass sie darüber diskutierten, ob ich liquidiert werden müsste. Ich verstand immer ein paar Wortfetzen. Sie hielten eine Art Gerichtsverhandlung ab. Mit Astrid hatte ich noch ein freundliches Verhältnis, die zeigte mir von Weitem, was beschlossen worden war, sie hielt mir eine Patrone hin, was bedeutete, dass die mich erschießen wollten. Es sollte so aussehen wie ein Schießunfall.[264]

Homann kriegt nur aus der Ferne mit, was sich in der Gruppe abspielt. Er weiß jetzt, dass er liquidiert werden soll, aber was soll er tun?

Peter Homann: Astrid warnte mich also. Ulrike hätte mich nicht gewarnt, Bettina! Du darfst aber nicht denken, dass sie noch dieselbe war, sie war nicht mehr sie selbst, weil sie sie derartig fertiggemacht haben, sie hat derartig gelitten.
Ich saß da also fest, doppelt illegal, nicht legal in Jordanien, wegen der Doppelherrschaft dort. Ich hatte kein Geld, ich hatte keinen Pass, den hatten ja die Palästinenser. Ich hatte keine Ahnung, wie ich da lebend wieder rauskommen soll, die wollten mich umbringen.

Homanns Problem war, dass er alles wusste, selber aber an dem Gefängnisausbruch von Baader nicht beteiligt gewesen war. Er kannte denjenigen, der geschossen hatte. Er wusste, wer dabei gewesen war, und vor allem, er kannte die drei Wohnungen, die in Berlin den sogenannten Untergrund darstellten und die natürlich noch gebraucht wurden.

Peter Homann: Deshalb kannst du dir vorstellen, warum sie mich in Jordanien liquidieren wollten, ich wusste alles, ich kannte die Wohnungen, sie glaubten, ich würde das preisgeben, Baader schrie damals immer: »Der schreibt das auf, der schreibt das auf«, überhaupt der Tonfall war finster, es ging nur so »Du Fotze, du Drecksau«, aggressiv, sexistisch, sadistisch, das kann sich keiner vorstellen, wie der Tonfall untereinander war, das hätte mir auch keiner geglaubt, dieser ganze Tonfall wurde von Baader eingeführt und bestimmt. Ensslin hat ihr Vokabular nur umgestellt.[265]

Mord lag in der Luft. Der von den Gruppenmitgliedern selber so genannte »Volksgerichtshof«, bestehend aus allen Mitgliedern der Gruppe, hatte die gemeinsame Exekution Peter Homanns durch Erschießen während einer militärischen Übung beschlossen. Alle sollten an diesem Mord beteiligt sein.

Peter Homann: Auch Horst Mahler war dabei, als es darum ging, mich zu liquidieren, er war sogar bei dieser Sitzung auf der Terrasse der »oberste Richter«, er hat den Mord an mir mitvertreten. Gott sei Dank beschlossen sie dies, nachdem sie uns die Waffen schon abgenommen hatten. Und ich hatte das Wort Schießunfall gehört. Baaders Interesse war es, alle mit in den Mord hineinzuziehen, er sagte immer, das müssen wir alle zusammen machen. Wenn sie mich umgebracht hätten, dann wären alle drin verwickelt gewesen, keiner hätte mehr abspringen können.

Die Entgleisung, die Günter Wallraff in *konkret* vorausgesagt und beschrieben hatte, trat bereits wenige Wochen nach der Michèle-Ray-Story im *Spiegel* tatsächlich ein. Die Mahler-Meinhof-Ensslin-Baader-Bande hatte schon bei ihrer ersten Aktion, der sogenannten Baader-Befreiung, mit ihren Schüssen auf den Institutsangestellten Georg Linke ihren Kompass verloren. Mit der Verschleppung von Meinhofs Kindern nach Sizilien war auch noch die Halterung für einen möglichen Ersatzkompass zerbrochen. Und jetzt, mit den Liquidationsfantasien gegen den Genossen Homann, war auch noch der letzte Orientierungswille verschwunden. Der großkotzige Terror begann, sich zu verselbstständigen.

Wallraff hatte geschrieben: »Wer soll bestimmen, welche Menschen die Schutzbezeichnung ›Mensch‹ in Zukunft noch tragen dürfen und welche nicht? Die Kader. Wer bestimmt einige Menschen zum Tode und andere zur Freiheit vor dem Gesetz? Die Kader. Wer hat sie gewählt, wer hat sie delegiert, diese Kader? Meinhof hat uns allen also Schießerlaubnis erteilt.«[266]

Auch meine Mutter war bei diesem »Volksgerichtshof« laut aller Zeitzeugen, die ich gesprochen habe, dabei. Auch sie votierte für das Erschießen Peter Homanns. Astrid Proll sagte mir aber, dass Meinhof nur »geschwiegen« habe. Homann bemüht sich mir gegenüber, das Schweigen meiner Mutter zu verteidigen:

Peter Homann: Sie wurde so lange gedemütigt, bis sie an den Punkt kam, die Ideen der anderen für besser als sich selber zu halten. Bis zu dem Tag, wo ich abgefahren bin, habe ich keinen einzigen Gedanken oder Satz in dieser Art von deiner Mutter gehört. Aber sie hat auch nicht protestiert. Die individuelle Verantwortung war delegiert.

Horst Mahler redet in dem Gespräch, das ich mit ihm führe, nicht drum herum.

Horst Mahler: [...] was nichts daran rüttelt, dass es tatsächlich den Beschluss gab, ihn umzubringen, ja. Und da ich nicht aus der Gruppe ausgeschieden bin, trage ich den Beschluss so mit, obwohl ich im Kern der Diskussion aus ganz unmoralischen, pragmatischen gruppendynamischen Gründen strikt dagegen war, auch wenn dahinter keine moralische Würde steckte, das möchte ich nicht in Anspruch nehmen, [...] Ich war einfach gegen die Gruppendynamik, dass da jetzt jeder im anderen seinen Mörder sieht, ja, also ohne etwas getan zu haben. Peter Homann hatte ja noch nichts getan, er war ja nicht zum Verräter geworden. Ulrike schätzte ihn so ein ...[267]
Bettina Röhl: Soll das heißen, dass meine Mutter eine treibende Kraft war?
Horst Mahler: Sie war der treibende Keil in dieser Geschichte, ich glaube gar nicht mal so sehr Andreas. Sie sagte immer: »Das Schwein wird uns

verraten, der ist so labil, und die ganze Existenz der Gruppe steht auf dem Spiel. Der weiß zu viel«, was ja auch ein Widerspruch ist, weil, man lässt ihn nicht so viel wissen, wenn man ihn für so labil hält. Also, das waren alles sehr undurchsichtige Geschichten, und mir war das Ganze sehr, sehr unheimlich, weil es irgendwie gefühlsmäßig nicht zu den Prinzipien der Revolution passte, und das hat uns dann eben erst Abu Hassan auch klargemacht, dass eine revolutionäre Gruppe im Kern in allem, was sie tut, immer schon die revolutionäre Moral oder Sittlichkeit praktizieren muss.[268]

Bettina Röhl: Was meinte Abu Hassan?

Horst Mahler: Der meinte: Natürlich ist es richtig, dass mal welche in dieser Weise bestraft werden, aber eben nicht welche, von denen man meinen könnte, dass sie mal zum Verräter werden. So! Da hat er gesagt, das sind Sachen, das macht eine Gang, ja. Und dann seid ihr eine Gang, wenn ihr das macht. Na schön![269]

Und immer wieder betont Horst Mahler in unserem Gespräch:

Horst Mahler: Ja, Ulrike war dafür, sie hat immer gesagt, er wird uns verraten. Sie war die Gewährsperson für die Einschätzung, dass Peter Homann uns verraten wird und deshalb liquidiert werden muss. Das war Ulrike. Das war nicht Andreas. Das war nicht Grete – das war Ulrike.

Ich habe auch Manfred Grashof nach Homann befragt, ob es einen Beschluss gab, diesen zu liquidieren.

Manfred Grashof: Zwischen Baader, Ensslin, Meinhof und Mahler, da gab es die verschiedensten Streitereien, aber bei Homann war es das Beste, dass er dann behauptet hat, wir wollten ihn umlegen. Und es gab ja die Abstimmung. [...] Homann hat in einer gewissen Phase angefangen, dermaßen gegen Baader zu stänkern, also Anbrüllereien, und Baader einfach unterstellt, du bist ja hier bloß, weil du der größte Schwanz sein willst, und lauter so Sachen, also so: du bist unpolitisch. Ausgerechnet Peter Homann, der Kunstmaler, und das hat er aber – sagen wir es mal so – mindestens so schlecht angelegt, dass er da keine Mehrheit hatte. Und

dann haben die Palästinenser mitgekriegt, dass es krachte in der Truppe, und dann haben die gesagt: Kiddys, was ist das überhaupt für ein Typ. So, na ja, das ist ein Sicherheitsrisiko, haben die gesagt, das müsst ihr lösen. Wenn ihr es nicht löst, dann lösen wir es für euch. [...] Er hatte da so eine Palastrevolution angezettelt und hat wirklich auch um ein Haar riskiert, dass wir ihn ... wir hätten ihn dann erschießen müssen. Die Palästinenser waren schon so weit, die haben gesagt, den können wir auch nicht mehr laufen lassen. Also der verpfeift uns ja alle und euch auch. Das war ziemlich furchtbar. Deine Mutter saß auch nur da und hat geknippelt, und die war natürlich auch entsetzt [...] ja, ja, ogott, frag mich – frag nicht die Gretchenfrage! Also ich weiß noch nicht mal ... also ich nehme mal an von mir [...] ich glaub, ich hab auch gesagt: Hier! So! Aber gleichzeitig hab ich immer auch geredet, lass uns doch eine andere Lösung finden.[270]
Bettina Röhl: Du hast schon mit den anderen gegen Peter Homann gestimmt?
Manfred Grashof: Jaja ...[271]

Manfred Grashof erzählt den Fall etwas anders als Peter Homann, aber am Ende doch nicht so sehr unterschiedlich. Und diese Vergangenheit in ein bisschen milderes Licht zu tauchen ist ja auch ganz verständlich.

Peter Homann: Und dann war da Achmet, der Kommandant des Lagers, ein Algerier, der auch schon in der französischen Fremdenlegion gewesen war und jetzt für den antiimperialistischen Kampf eintrat, mit dem hatte ich mich angefreundet. Meine Französischkenntnisse retteten mich sozusagen. Ich sprach mit ihm französisch, und der sagte zu mir: Was hältst du von den Leuten, sind das gute Leute, oder sind das Gangster oder Ganoven? Ich wusste, das ist eine Entscheidung auf Leben und Tod, aber es blieb mir nichts übrig, ich hatte sowieso keine Angst mehr, ich hatte mit meinem Leben schon abgeschlossen.[272]

Homann nimmt seinen Mut zusammen und liefert dem Lagerkommandanten Achmet seine Einschätzung. Er sagt diesem, dass er gar nichts von den anderen halte, dass das »Idioten« seien. Homann hat Glück, der

Lagerkommandant Abu Achmet ist, nachdem er die Gruppe etwas besser kennengelernt hat, auf seiner Seite. Und zufällig ist das zu diesem Zeitpunkt auch die Meinung des Fatah-Führers Abu Hassan. Es sind die Palästinenser, die Peter Homann ab jetzt vor seinen eigenen Genossen schützen.

Hanna K. in Jordanien

Inzwischen ist auch Hanna K. in Jordanien angekommen und realisiert, welch angespannte Situation zwischen Homann und den anderen herrscht.

Hanna K.: Aus Sizilien zurück in Berlin, stellte ich fest, die Hauptgruppe war in den Nahen Osten abgereist. Es waren einige geblieben. Das wunderte mich, einer meiner Vertrauten sagte, er wolle eh nicht mehr mit. Er hatte vor den Oberchefs behauptet: Ne, es müssen ja auch Leute hierbleiben, quasi Stellung halten. Aber das war eine Ausrede gewesen, er wollte aussteigen.

Ja, also ICH reiste. Ich war ja noch überzeugt von der Sache. Die Siziliengeschichte mit euch, Bettina, hatte mich noch nicht auf den Gedanken gebracht, dass ich in einen völlig falschen Film geraten war. Und was heißt geraten, ich war ja zielstrebig selber da hingegangen. Es hatte wohl schon in der Zeitung gestanden, dass die Gruppe im Nahen Osten war, weil Horst Mahler bekanntlich in Beirut versehentlich die deutsche Botschaft am Telefon hatte, als sie am Flughafen nicht gleich weiterkamen.

Ich kam also als Einzelreisende hinterher. Ich kam in Damaskus an, wurde abgeholt und dorthin gefahren, wo sich die »Gruppe« bereits schon etwas länger befand. Es war ein Lager mit viel Staub und Sand, mitten im Gelände, also in sonst unbewohntem Gebiet. Es gab dort drei oder vier »Häuser«, eher Steinbaracken. In der größten Steinbaracke gab es einen Gruppenraum, in dem die Besprechungen stattfanden. In einem Schlafraum in einem anderen »Haus« wurde mir ein Platz in einem Stockbett zugewiesen.

Als ich ankam, fand gerade eine Gruppenbesprechung statt. Alle – wie viele mögen das gewesen sein, fünfzehn bis zwanzig? – waren im Raum. Ich wurde kurz begrüßt, aber die Debatte war offenbar zu wichtig, als dass man nun einen langen Firlefanz wegen meiner Ankunft gemacht hätte. Diskutiert wurde, ob man noch ein Pressestatement herausgeben soll. Hier war das Herrscherpaar AB und GE (Hans und Grete) das Tonangebende. UM wurde zwar gesagt, dass sie etwas schreiben solle, aber sie hatte trotzdem eher eine untergeordnete Rolle. Ich merkte, gegen das Herrscherpaar gab es KEINE Widerworte!!
Danach nahm mich unverzüglich ein Vertrauter zur Seite. Wir saßen in Hitze und Staub auf einem großen Stein. Er sagte: »Das, was hier abläuft, ist ganz, ganz furchtbar!! Und zur Krönung wollen sie auch noch Peter Homann erschießen, prophylaktisch, denn sie haben sich in den Kopf gesetzt, dass der zum Verräter werden würde.«
Das war für mich klar der Punkt zum Ausstieg, so wie es meinem Vertrauten ja auch ging. Wir sprachen dann noch separat mit Brigitte Asdonk, die aber dabei blieb, dass die Revolution in dieser Weise der einzige Weg sei, dass alles richtig sei. Das versetzte mir auch einen Schock. Mit Brigitte hatte ich vorher in einer WG zusammengewohnt, und jetzt merkte ich, dass sie das alles, was da mit Homann passierte, offenbar o. k. fand, dass sie voll drauf war. Ich war entsetzt, denn Brigitte hatte ich vorher als ganz in Ordnung eingeschätzt. Also, ich brach innerlich auch mit ihr.
Homann war schon von den Übrigen separiert. Ja, ich redete auch mit ihm in Jordanien, aber das war bereits gefährlich, denn jeder, der mit ihm sprach, wurde genau von den Kadern Baader und Ensslin beobachtet. Man kam leicht in den Verdacht, ein Verräter zu sein, also hielt ich mich zurück. Peter sagte mir, die Palästinenser würden ihn beschützen und er würde später auch zurückkönnen. Das waren also meine »Privatgespräche« dort.
Die Mutter der Kinder, die ich sechs Wochen lang in Sizilien betreut hatte, sprach mich nicht an. Sie fragte mich nicht, wie es ihren Kindern gegangen sei, was sie dort gemacht hätten. Sie äußerte und zeigte nichts, was sozusagen ein »privates Interesse« einer Mutter am Wohlergehen ihrer Kinder gezeigt hätte. Es war ja bekannt, dass ihr in Sizilien von den vier anderen übernommen worden wart, offenbar gab es dann nichts zu

besprechen. Privatgespräche waren tabu, die gab es praktisch nicht, von kurzen Ausnahmen vielleicht abgesehen. So erinnere ich sie, also die Mutter der Kinder, eher als eine leise sprechende, unterwürfige Person.
Bettina Röhl: Und wie ging es dann weiter?
Hanna K.: Als Erstes durfte ich weg. Gudrun Ensslin sagte: »Die ist so 'ne feige vorsichtige Fotze, die macht nix, die kann gehen.« Ich sagte dann bald in der Gruppe: ich will weg, ich höre auf. Grete: »Haha! Dich sucht man doch sicher längst!! Haha!« Das war mir wurscht, und ich glaubte es auch nicht unbedingt. Mein Vertrauter musste noch bis zur Abreise auch der Idioten bleiben. Und Peter blieb noch länger.[273]

Das kann sich ein vernünftiger Mensch heutzutage nicht mehr vorstellen, aber so ganz private Volksgerichtshofs-Ideen geisterten damals durch viele APO-geschüttelte Köpfe.

Während die Mordfantasien in Bezug auf Peter Homann eskalieren, verlieren die Palästinenser die Geduld mit den Revolutionsspinnern. Die Palästinenser, die den Deutschen inzwischen schon die Waffen abgeknöpft hatten, stellen diese nun unter Hausarrest.

Hilfe von den Palästinensern

Ohne Geld und ohne Pass war Homann nun auf die Palästinenser angewiesen. Er wurde endgültig von der Gruppe getrennt und von den Palästinensern nach Amman gefahren. Man interessierte sich für den, der mit den anderen zerstritten war. Homann: »So kam ich in das Umfeld der obersten Führung. Ich war in einem Ausnahmezustand, ich hatte keine Angst mehr, ich hatte mit meinem Leben abgeschlossen.« Umso erstaunter war er, als der führende palästinensische Geheimdienstler Abu Hassan offenbar ähnliche Ansichten über die deutsche Gruppe hatte wie er.

Peter Homann: Mein einziger Gedanke war, wie komme ich hier heraus. Da sagten die, wir können uns vorstellen, mit dir zusammenzuarbeiten. Sie sagten, du fährst zurück nach Deutschland, wir geben dir Geld, wir machen jetzt Fotos von dir, und du wirst uns hier unterschreiben. Kurz, ich musste denen versprechen, auch mal etwas für sie zu tun, wenn ich hier lebend wieder herauskommen wollte.[274]

Homann war am Tiefpunkt seines Abenteuers angekommen. Das war der bittere Preis dafür, dass er niemanden verraten wollte und aus lauter Fehlinstinkt mit den anderen nach Jordanien gefahren war. Er war in eine Todesfalle geraten und hoffte, dass er irgendwie aus der Sache wieder herauskommen würde. Dann bot Abu Hassan ihm an, einer Unterhaltung, die dieser mit den Berliner Kadern führen wollte, unerkannt beizuwohnen. Der junge smarte Abu Hassan (1940–1979), eigentlich Ali Hassan Salameh, war ein weltläufiger palästinensischer Geheimdienstler mit einer Vorliebe für schnelle Autos und schöne Frauen, wie es sich für einen aus wohlhabender Familie stammenden Sozialisten gehört. So ist Abu Hassan als der »Rote Prinz« in die Weltgeschichte eingegangen.[275] Peter Homann hatte also einen kompetenten Gesprächspartner, der sich von Baader nicht blenden ließ.

Am nächsten Tag kamen tatsächlich Baader, Ensslin, Mahler und Meinhof nach Amman und trafen sich mit Abu Hassan auf der Terrasse seines Hauses. Peter Homann konnte die Unterhaltung durch ein geöffnetes Fenster verfolgen.

Horst Mahler: Es gab also in der Gruppe die Diskussion, ich habe da die Opposition verkörpert, ich hab gesagt, ich bin dagegen, und habe das begründet, und da gibt es ja diese Technik, jemanden, der dagegen ist, trotzdem in die Verantwortung einzubinden. Ich kriegte also den Auftrag, als Dolmetscher zu fungieren für die Verhandlungsgruppe, die mit Abu Hassan und der El Fatah das »Okay« sozusagen einholt. Wir konnten den Homann ja nicht irgendwie erschießen, ohne die Palästinenser vorher zu informieren, ja. [...] Und dann hatte ich also den Auftrag, obwohl Grete auch ganz gut englisch kann, als Dolmetscher mitzugehen und das zu dolmetschen, was Andreas und Grete Abu Hassan über den Beschluss der Gruppe sagen würden. Wehe, ich würde mich erdreisten, da meine Bedenken anzumelden.[276]

Homann, der die Unterhaltung belauschte, erinnert sich an die schrille Stimme von Ensslin, die dazwischenrief: »He is an Israeli spy. Shoot him.« Aber Abu Hassan winkt ab. Auch die Frage, ob die Fatah ihnen Waffen liefert, wird ausweichend negativ beschieden.

Schließlich fragte Ensslin, ob die Zwillingskinder von Ulrike in einem palästinensischen Waisenlager in Jordanien untergebracht werden könnten. Abu Hassan antwortete wenig enthusiastisch, das sei prinzipiell möglich. Und fügt laut Homann hinzu: »Aber dann werdet ihr sie nicht wiedersehen, dann werden sie palästinensische Waisenkinder sein.«[277]

Peter Homann blieb noch gut zehn Tage in Amman. Er bekam 200 Dollar Eigenkapital und musste die Einschätzung, die er über die Gruppe gegenüber dem Lagerkommandanten Achmet zuvor schon mündlich geäußert hatte, noch einmal schriftlich niederlegen und sollte eine politische Einschätzung über die Lage in der Bundesrepublik geben. Er bekam einen Betreuer. Dann wurde er aufgefordert, sich schick zu machen, man ging mit ihm zu einem Schuhputzer, seine Hose wurde gebügelt, und in Begleitung verschiedener Araber wurde er in eine hochherrschaftliche palästinensische Familie eingeladen. Man besuchte mit ihm ein Kino und zeigte ihm ein palästinensisches Lager.

Peter Homann: Es war ein Lager mit Zelten bis zum Horizont. Tausende lebten dort, von denen gab es in Jordanien, Syrien und im Libanon mehrere. In den Lagern lebten 1–3 Millionen Palästinenser teilweise seit 10–15 Jahren. Dort war eine ungeheure Verzweiflung, weil sich die Lage nicht änderte. In der Schule lernten die Kinder nicht nur lesen und schreiben, sondern nahmen auch an militärischen Übungen teil. Ich hatte ja nun gehört, was die Gruppe mit euch vorhatte, und malte mir das mit Entsetzen aus. Für euch Kinder wäre es in dem Waisenlager schrecklich geworden. Aber unsere Revolutionäre fanden das natürlich ganz toll. Für die war das der neue Mensch, der da rumkrabbelte.[278]

Peter Homann bekam zwei Pässe, einen arabischen auf den Namen »Omar Sharif« (»Ich hatte mir den einzigen arabischen Namen, den ich kannte, ausgesucht.«) und einen deutschen Blankopass, den er selber ausfüllen und fälschen sollte, was ihm als studiertem Künstler nicht allzu schwerfiel.

In Beirut kam es zu einer letzten Begegnung mit den Baader-Meinhof-Leuten. Er verbrachte eine Nacht gemeinsam mit seinen früheren Genossen in einer palästinensischen Unterkunft. Die Stimmung war eisig. Man ging sich aus dem Weg. Auch von den übrigen RAF-Mitgliedern werden nun noch einmal Fotos gemacht, auch sie werden gebeten, in Zukunft mit den Palästinensern zusammenzuarbeiten.

Manfred Grashof erinnert sich: Unsere Rückkehr aus Jordanien gestaltete sich ja auch äußerst schwierig, Die Kämpfe begannen schon oder deuteten sich an, lagen in der Luft, und wir wurden damals zurückverfrachtet, hastig, hastig. Und mussten uns in Damaskus noch – weiß gar nicht was – war es der syrische Geheimdienst? – also wir mussten da irgendwie Fotos machen, uns fotografieren lassen. Und dann kam bei mir, nicht nur bei mir, wahrscheinlich auch hoch, also bei dieser Fotografiernummer, da hab ich irgendwie gesagt, ist das jetzt hier das letzte Foto für die Welt oder was?[279]

Bei dieser Gelegenheit sah Peter Homann meine Mutter zum letzten Mal. Die Westberliner Stadtguerilla war für den nächsten Tag auf einen Flug nach Berlin-Schönefeld gebucht, Homann bekam ein Flugticket Beirut–Rom, sein Flug ging eine Woche später. In Rom steckte er seinen arabischen Pass heimlich unter das Hemd und zog seinen anderen gefälschten deutschen Pass aus der Tasche. Er kaufte sich ein Bahnticket nach Hamburg.

Peter Homann: Ich erinnere mich an meine Fahrt, wie der Zug über die Elbbrücken nach Hamburg einfuhr. Es war für mich wie eine Offenbarung. In wenigen Minuten lief meine ganze Kindheit vor mir ab. Ich war ja in Finkenwerder aufgewachsen. Alte, ganz alte Gefühle kamen in mir hoch. Ich war gerettet. Die Welt hatte mich wieder, ich war noch am Leben, ich war wieder zu Hause in meiner Heimatstadt Hamburg.[280]

Homann war gerettet, aber er rechnet seine eigenen Erfahrungen später hoch. Er glaubt, dass es andere Mitglieder gibt, die tatsächlich noch von der RAF liquidiert wurden.

Peter Homann: Wenn ich sage, an den Händen bestimmter Leute klebt Blut, die längst frei rumlaufen, dann meine ich damit, dass bestimmte Menschen verschwunden sind und nie wieder aufgetaucht sind. Und dass ich ziemlich sicher bin, dass sie liquidiert worden sind, wie sie ja auch mich liquidieren wollten. Eine von denen, die nie wieder aufgetaucht sind, ist die ehemalige Frau des Filmemachers Hark Bohm, sie heißt Angela Luther. Man hat nie wieder von ihr gehört, es ist unwahrscheinlich, dass sie nach Südamerika ausgewandert ist.[281]

In der Tat: Von zwei Frauen, Ingeborg Barz und Angela Luther, fehlt bis heute jede Spur. Ingeborg Barz, ein Mitglied des 2. Juni, die zur RAF stieß, soll von der Gruppe um Baader liquidiert worden sein. Luther soll bei einer versehentlichen Explosion ums Leben gekommen sein.[282]

Und was war jetzt genau der Plan?

Homann und Hanna waren nicht mehr dabei, als die deutsche Guerilla-Gruppe kurz vor ihrer Rückreise nach Berlin den Beschluss fasste, meine Schwester und mich in ein palästinensisches Waisenlager zu verbringen. Wenn ich mir vorstelle, was Meinhof sich dabei gedacht haben mag, vermute ich, dass sie der ganzen Kinder-Sache eine veritable revolutionäre Note geben wollte. »Sie wollte nicht, dass ihr in einem bürgerlichen Leben bei eurem Vater verkommt«, so formulierte Horst Mahler es mir gegenüber.

Monika Berberich aus dem Büro Horst Mahler, die von März bis Anfang Oktober 1970, als sie sehr früh verhaftet wurde, eine engere Beziehung zu meiner Mutter hatte und die bis heute mit einem besonderen Respekt und mit einer besonderen Treue über meine Mutter redet, versuchte mir 1995 – wir saßen in ihrer kleinen Frankfurter Wohnung, sie hatte 18 Jahre für die noch relativ »harmlosen« Taten der RAF in den ersten Monaten und wegen eines eigenen Gefängnisausbruches im »Knast« gesessen und verdiente ihr Geld nun als Fahrradkurierin – in einem langen Gespräch die Motive meiner Mutter näherzubringen. Sie gehört zu den RAF-Mitgliedern, die von der Justiz, ganz anders als andere, extrem hart bestraft wurden, und ist trotz ihrer Treue zur »Revolution« und der langen Haftzeit ein sympathischer Kumpeltyp geblieben.

Bettina Röhl: Warum wollte unsere Mutter uns wegbringen, erst nach Sizilien und dann womöglich nach Palästina?
Monika Berberich: Also, das hab ich ja schon mal versucht zu erklären, weil deine Mutter fand, dass es wichtiger ist, einen Kampf zu führen, der für mehr als die eigenen Kinder was bringt. Also das Beispiel Vietnam, das war zu der Zeit, als sie da tonnenweise Bomben abgeschmissen haben, wo sie Tausende von Kindern umgebracht haben, Palästina und so, da dann die Überlegung: meine Kinder sind ja relativ privilegiert aufgewachsen, denen hab ich schon was mitgegeben, denen kann ich das zumuten. Dann wird ihnen was abgeschnitten, das ist klar, aber gemessen an dem, was mit anderen Kindern passiert und dass man dagegen was machen will – so war ungefähr ihre Abwägung.
Bettina Röhl: Du hast gesagt, dass sie uns sehr viel zugetraut hat.
Monika Berberich: Ja, sie ist davon ausgegangen, dass ihr 'ne Menge Positives in eurem Leben schon mitgekriegt habt, und dass ihr zu zweit wart, war auch total wichtig. Und es war zuerst nicht die Überlegung, dass sie euch gleich gar nicht mehr sieht. Erst in dem Moment ist das eine Überlegung geworden, wo klar war, euer Vater versucht mit allen Mitteln, euch zu kriegen, denn – das vergess ich nicht …
Bettina Röhl: Was meinst du?
Monika Berberich: Willst du das wirklich genau wissen? Weil sie ihn für ein Schwein gehalten hat, und zwar im buchstäblichen Sinne.
Bettina Röhl: Ein bisschen genauer bitte.
Monika Berberich: Sie meinte, er wird sich auf die eine oder andere Weise irgendwie an euch vergreifen, und es gab schon Zeichen dafür.
Bettina Röhl: Also sexueller Missbrauch?
Monika Berberich: Ja – ja, vielleicht jetzt nicht im allerschlimmsten Sinne, aber …
Bettina Röhl: Hm.
Monika Berberich: Also das war das eine, das andere war natürlich, dass sie satte Gründe im Ergebnis hatte, sich getrennt hatte von ihm und sie

der Meinung war, dass es einfach nicht gut ist, wenn ihr bei ihm seid. Aber das war nicht der erste Grund.

Bettina Röhl: Der erste Grund war, dass er ein Schwein war und dass er ...

Monika Berberich: Ja, da hatte sie einfach Befürchtungen.

Bettina Röhl: Und hat sie das auch ganz konkret ausgesprochen?

Monika Berberich: Ja. Du weißt, ich finde, dass das sehr intim in eure Familiengeschichte eindringt, denn das ist immerhin dein Vater, und ich kann das nur so wiedergeben, wie sie es gesagt hat, verstehst du, Ich kann aus eigener Anschauung nichts dazu sagen, denn es kann ja sein, dass du jetzt zu mir sagst, hey du [...] Wir haben darüber geredet. Wir haben sehr viel darüber geredet, über euch.

Bettina Röhl: Wann begannen die Überlegungen, sich von uns Kindern zu trennen?

Monika Berberich: Es war so, dass sie einfach überlegt hat, was dann passieren könnte, wenn sie abtaucht, also in den Untergrund gehen muss, und zu gucken, dass man da auch schon vorher irgendwas organisiert, also vorbeugend. Sie hat mich auch total kritisiert dann, [...] mir ist einfach nichts eingefallen, und ich hab mich manchmal wahnsinnig dahintergeklemmt und nachgedacht, ob ich doch noch was Juristisches rauskriege, da war sie ziemlich sauer.

Bettina Röhl: Sie dachte, sie könnte in den Untergrund gehen und uns trotzdem noch ab und zu treffen?

Monika Berberich: Da war dieser Konflikt, obwohl das wohl für sie aus ihren ganzen Überlegungen, Einschätzungen so war, dass sie dachte, das kann gehen, ohne dass ihr so beschädigt werdet, dass es quasi in keinem Verhältnis mehr steht, ich sags mal so. Ich meine, es sind ihre Worte, aber ... Und dann eben, als klar war, dass dein Vater versucht, euch zu kriegen, überlegen, wie kann es dann gehen, dass ihr vor ihm in Sicherheit seid und trotzdem auf eine Weise leben könnt, die also dem näherkommt, zumindest was sie auch sich vorgestellt hat.

Bettina Röhl: Und das hieße zum Beispiel?

Monika Berberich: Das war dann die Überlegung mit Palästina. Also die Fahrt nach Jordanien ist mit den Palästinensern in Berlin vorbereitet worden, mit denen abgesprochen worden, und da ist, glaube ich, auch die Idee aufgekommen, dass es 'ne Möglichkeit sein könnte. Das war klar, dass Sizilien auch nicht jetzt auf ewig sein sollte, sondern dass das erst mal nur die Möglichkeit war, euch aus dem Zugriffsbereich von eurem Vater zu bringen, wo er dann eigentlich nicht mehr erfahren sollte, wo ihr seid.

Bettina Röhl: Was war jetzt genau der Plan, also als der Plan fertig war, wo sollten wir hin, oder wie wurde das organisiert?

Monika Berberich: Ihr solltet in ein palästinensisches Lager für Kinder [...] ein Waisenheim.

Bettina Röhl: Und für wie lange war das geplant, also war das für länger geplant oder praktisch für immer eigentlich?

Monika Berberich: Das war nicht so klar, aber es hätte bei dieser Überlegung die Möglichkeit bestanden, und das war ihr sehr wichtig, dass sie dann dort wiederum auch euch hätte besuchen können [...] das war dann die Überlegung, da kann sie auch alle paar Wochen mal hin und so. Also es war nicht so: Dann seid ihr da, und es kümmert sich keiner mehr, sondern genau so, mit der Überlegung. [...] Und ich hatte es ja schon erzählt, dass sie dann auch runtergefahren ist, um euch hinzubringen. Das war dann auch abgeklärt, dieses Lager, also wo ihr hinkommen solltet.

Bettina Röhl: Das Lager war schon ausgesucht?

Monika Berberich: Das war ausgesucht, das war schon klar.[283]

Das »beste« palästinensische Waisenlager

Die bombastische Tristesse des winzigen militärischen Ausbildungscamps im jordanischen Wüstensand und die nicht minder gewaltige Tristesse der versammelten deutschen »Auszubildenden« konnte nur geil und abenteuerlich und witzig-spritzig finden, wer voll auf dem Revolutionstrip und besoffen im Terrorrausch zum Teilnehmer an dem Spiel geworden war.

In solchen Ausnahmesituationen kann es vielleicht vorkommen, dass Mutter Meinhof sich das »beste palästinensische Waisenlager« [O-Ton Astrid Proll im Interview mit der Autorin 1991] bei Amman für ihre Kinder auswählt und den Fünfte- oder Sechste-Welt-Charakter der Lager mit Revolution verwechselt. Eine andere Welt – archaisch, entwurzelt, zerrissen unter einer hauchdünnen sozialistischen Führung mit einer streng muslimischen Gesellschaft darunter.

Den Berliner Revolutionären ging es um die antikapitalistische Revolution, dafür glühten sie. Dafür übersahen sie nun schon seit einer Weile den Völker- und Massenmord in China, in Tibet, in Nordvietnam und andernorts. Dafür übersahen sie, dass die Palästinenser ihnen begeistert »Hitler-Bilder« zeigten, wie Astrid Proll und einige andere sich während unseres Interviews erinnerten, und dafür übersahen sie die sozialen Erfolge des kapitalistischen Westens. Die Meinhof-Mahler-Baader-Gruppe mit ihrem Tunnelblick auf das palästinensische Militärcamp, in dem sie einen touristischen Zwischenstopp eingelegt hatten, hatte so wenig von Palästina gesehen, zur Kenntnis genommen oder verstanden, dass man einen vollständigen Blackout konstatieren muss.

Den Palästinensern ging es um ihren Kampf gegen den Staat Israel, auch mit terroristischen Mitteln, und das hieß automatisch, auch eine antagonistische Haltung gegenüber der Schutzmacht Israels, gegenüber den USA, einzunehmen. Anti-Israelismus, Anti-Amerikanismus und Anti-Zionismus à la Palästina war vielleicht ethnisch, war vielleicht religiös, war vielleicht kulturell, war in jedem Fall territorial motiviert und hatte mit Anti-Kapitalismus, mit einer Kulturrevolution à la Mao Zedong oder mit den Tupamaros in Südamerika oder mit dem Vietcong absolut nichts zu tun.

Schon Gamal Abdel Nasser, der als starker Mann Ägyptens im Kalten Krieg den Westen mit seiner sozialistischen, kommunistischen Moskau-Orientierung das Fürchten lehrte und der als Urvater der sozialistischen Palästinenserclique gelten darf, hatte in Ägypten gegen die muslimisch orientierte Gesellschaft keine wirkliche Chance gehabt. Der russische Sozialismus bzw. Kommunismus in Afghanistan ist kläglich gescheitert. Die hysterischen Ängste des Westens, dass die Welt den kommunistischen Gürtel immer enger ziehen würde, waren bei nüchterner Betrachtung doch wohl etwas übertrieben. In den muslimischen Gesellschaften mit sozialistischem Überbau gab es alles, nur keinen Antikapitalismus und erst recht keinen Anti-Autoritarismus à la 68. Das hätten Mahler, Meinhof, Baader und Co. bei ihrer Palästina-Exkursion sofort und ohne Zweifel sehen und verstehen müssen.

Es gehört schon ein ziemliches Maß an Dummheit, ein extremes Maß an ideologischer Verblendung dazu, derart auf das Wort »Revolution« hereinzufallen, dass man Dinge, die nichts miteinander zu tun haben, die sich geradezu gegenseitig ausschließen, unter diesem Begriff gleichsetzt.

Die Kalaschnikow, das Symbol der PLO, ist einer taktischen Allianz der Palästinenser mit dem damaligen Ostblock geschuldet: Jeder Feind Israels und der USA, aus welchem Grund auch immer, war den Palästinensern naturgemäß recht. Auch Waisenlager in Palästina sind nicht zu vergleichen mit westlichen Einrichtungen. Kinder, die ihre Eltern verloren hatten, wurden von den großen Familienclans versorgt. Die Revolutionswut der Gruppe, diesmal mit Fokus Palästina, zeigt, in welcher Irrealität die westlichen APO-Bewegungen das tatsächliche Geschehen in Vietnam, Kuba, Lateinamerika, einigen afrikanischen Ländern und in China und eben Palästina verkannten.

In so einem Lager hätten meine Schwester und ich weder eine Beschulung im westlichen Sinn erhalten noch eine Beschulung in Marxismus-Leninismus-Maoismus, aber eine Schulung an Waffen mit Sicherheit. Da wir Exoten geblieben wären, wäre der nächstbeste Harem oder das Stunden-Ehe-Bordell das wahrscheinlichste Szenario gewesen. Auch diese Realität war Meinhof und den Ihren versperrt.

Astrid Proll erzählte mir 1991, dass sie dabei war, als Meinhof durch die Lager irrte, auf der Suche nach der »besten« Einrichtung. Auch wenn sich Baader etwas später noch für eine erneute Verschleppung von meiner Schwester und mir mächtig ins Zeug legen wird, bleibt es aus meiner Sicht ein Rätsel, wie Meinhof es mit ihrem Kindergenöle überhaupt so weit bringen konnte, dass sich angehende Terroristen erst in Berlin und dann in Jordanien für die Unterbringung von Kindern interessierten, die sie gar nichts angingen. Hat Meinhof so genervt? Oder waren ungute Fantasien in den Köpfen der Schicksalsspieler angeregt? Schwer zu sagen.

Manfred Grashof, der damals mit in Jordanien war, der nicht abspringt, RAF bleibt, erzählt mir 1999 in einem Interviewgespräch, das ich mit ihm in Berlin führte:

Manfred Grashof: [...] da kann ich sagen, ich hab dafür plädiert, dass ihr in ein Camp kommt, da kannst du mich jetzt hassen [...] weil, das war für mich die einfachste und die plausibelste und die richtigste Lösung. [...] Wir waren dann auch als gesamte Gruppe oft in der Stadt, in Amman, wir haben da mehrere Flüchtlingslager besichtigt, und wir haben das Elend gesehen, in den Krankenhäusern, haben mit Verletzten gesprochen, wir waren in Einrichtungen der Palästinenser, in Waisenhäusern [...] es gab da auch Schulen, die hatten dann auch so eine Jugendorganisation, das war dann natürlich total militärisch, die jungen Löwen, na ja, Jungs und Mädchen zusammen, ab einem gewissen Alter, also es gab da soziale Strukturen, die nicht irgendwie behauptet waren, sondern die real existierten. [...] Ich hab euch mal kennengelernt hier in der Bamberger Straße oder so [...] und ich hab das damals abstrakt spontan richtig gefunden mit dem Camp, und außerdem, Bettina, wenn mir 1970 jemand gesagt hätte, wir würden 1975 noch zusammen Silvester feiern, würd ich sagen, bist du Panne, wir dachten doch, die Welt geht in die Luft. [...]

Bettina Röhl: Und das wurde auch in der Gruppe diskutiert?

Manfred Grashof: Ja, aber nicht durchgängig. Also, das war nicht das Dauerthema.

Bettina Röhl: Na ja, das ist klar, aber auch mal ein Thema für den einen oder anderen Abend?

Manfred Grashof: Ja, doch [...]

Bettina Röhl: Und dann hat es eine Abstimmung gegeben?

Manfred Grashof: Nein, eine Abstimmung nicht, nein, das war natürlich Ulrikes Entscheidung, aber es kamen ganz starke Vorschläge, also es wurde auch wahrscheinlich mit palästinensischen Funktionären gesprochen, also die Möglichkeit, Machbarkeit diskutiert.

Bettina Röhl: Aber du hast dich sozusagen dafür ausgesprochen, dass wir in ein solches Waisenlager kommen, du fandest die Idee plausibel?

Manfred Grashof: Na, ich war nicht dagegen. [...] Es gehörte ja auch zur Aufarbeitung der unvorhergesehenen Geschehnisse, also Ulrike wird illegalisiert und wollte und konnte auch nicht mehr zurück [...] nun waren wir da, und nun waren wir auf dem Weg – dann gab es natürlich sicher auch die Fetzerei zwischen Ulrike einerseits und Baader/Ensslin andererseits, und natürlich stand sie unter Druck, und da der böse Röhl und alles, und als Mutter muss man irgendwie eine Lösung finden. [...] Und ich fand die Idee irgendwie gut, zumal ich ja auch eine Tochter habe. [...]

Bettina Röhl: Und hattest du auch die Idee, eventuell deine Tochter ......?
Manfred Grashof: Na ja, die ging zur Schule, die war zu dem Zeitpunkt [...] schon längst bei meinen Eltern und, also ich hatte ja eigentlich nicht so die Veranlassung, da das Mädchen zu kidnappen, um es dann in den Libanon oder sonst wohin [...] zu bringen.
Bettina Röhl: Und dann wurde das ganze Camp, die Waisenlager, nur wenige Wochen nachdem ihr da wart, von den Israelis und dem jordanischen Militär dem Erdboden gleichgemacht?
Manfred Grashof: Kaum waren unsere Spuren erkaltet, ist da alles in die Luft gejagt worden. Wir kamen hier in Berlin an, buchstäblich abends vor der Glotze, es hat vielleicht 10–14 Tage gedauert, und dann war alles in Klump und Asche geschossen, und dann war alles das, wovon ich eben sprach, das war alles weg, tot.[284]

Fakt ist, welches Lager unsere Mutter auch immer für uns ausgesucht hätte, es wäre kurz nach unserer Ankunft dort ausgebombt, ausgelöscht worden.

Meinhof, ein personifizierter Irrtum der Bewegung

Auch Mahler, Baader, Ensslin hatten Kinder in unserem Alter, und auch sie sahen »eigentlich nicht so die Veranlassung«, ihre Kinder zu »kidnappen« und in ein Waisenlager in den Nahen Osten zu bringen. Der Kinderirrsinn, der tätliche Hass auf ihren Exmann sowie die Tatsache, dass sie dem Plan, Peter Homann zu liquidieren, schweigend zugestimmt hatte oder gar diejenige war, die den Liquidierungsplan durch ihren Verdacht befördert hatte, war ganz offenkundig eine Meinhof'sche Besonderheit.

Was macht ein Mann, der einer neuen Flamme seine Erektionsstörung erklären will? Er setzt vielleicht ein ganz schwieriges Gesicht auf, guckt in die kosmische Ferne, aus der heraus er schweigt und schweigt und schweigt. Und aus dem Off mit ganz tiefer Stimme tönt es: »Schwer, schwer, unheimlich schwer…« Er erweckt den Eindruck, dass er ansonsten ein wilder Rammler ist, aber ja, gerade jetzt, nicht über die Trennung von seiner Frau hinwegkommt, nicht über den Tod seines Vaters hinwegkommt oder den seiner heiß geliebten Oma oder dass er wegen eines Krieges oder einer Hungersnot irgendwo auf der Welt nicht schlafen könne. Er stilisiert sich also zu einem hochsensiblen Menschen und einem ganz besonderen Exemplar. Indes: Tränendrüsen und Mitleidheischen sind das genaue Gegenteil von Sensibilität.

Ganz ähnlich oder genauso hat Meinhof von einem bestimmten Zeitpunkt an, eigene schwerwiegende Probleme kaschierend, ihre »Kinderkarte« ausgespielt, ihre Kinder und ihre Mutterschaft vor sich hergetragen und damit die RAF und die interessierte Öffentlichkeit am Nasenring durch die Arena geführt. Sie hatte, durch welche Persönlichkeitsstörung auch immer, Defizite, die sie zum Sonderling in der RAF machten, eine Schwachstelle, die sie vor der Truppe, in der sie sich zu behaupten hatte, mit immer absurderen Mutterspielen kaschierte. Meinhof riss die Medien in die von ihr selber geschaffene Legende der tragisch-unglücklichen Mutter mit und täuschte sie über ihre Defizite, die sie bis zum Terrorismus trieben.

Statt spielerisch, spontan, unbedacht, affektiv Kontakte zu ihrer Umwelt, zu ihren Mitmenschen aufzunehmen, zu pflegen, zu flirten, musste sie immer zwanghaft, furchtbar ernst irgendetwas diskutieren, problematisieren, wie man damals sagte, und Herrschaftsverhältnisse erzeugen oder ihren eigenen Claim abstecken. Meinhof war eine Außenseiterin, die das durch den großen Wirbel, den sie um sich herum verbreitete, kaschierte. Und sie verstand es, das Sonderliche in etwas Besonderes umzudrehen. Sie wusste, wie man privat und öffentlich wirkt.

Linksextremismus lag eben in der Luft und bot sich an. Das war bei Meinhof nicht anders. Viele Menschen haben Beziehungsprobleme und handeln entsprechend irrational, aber glücklicherweise veranstaltet nicht jeder Terror. Die immer und immer wieder gestellte Frage, warum, warum ging diese sensible Frau, diese intelligente Frau, diese privilegierte Frau in den Terror, hat etwas Gespenstisches und Komisches zugleich. Diejenigen, die so fragen, wollen keine Antwort. Sie wollen in ihrem Meinhof-Mythos schwelgen und diesen Mythos unter keinen Umständen beschädigt oder zerstört sehen. Wer so nach dem »Warum« fragt, sehnt sich nach einem Engel, einem geradezu überirdisch guten

Menschen und nach einem irgendwie gearteten tieferen oder höheren Sinn, den der RAF-Terror doch bitte gehabt haben möge. Er hofft, dass wenigstens eine quasi erleuchtete Meinhof den Durchblick zur absoluten Gerechtigkeit hatte. Die einfache, auf der Hand liegende Erkenntnis, dass Meinhof, wie auch die anderen, sich einfach nur in einen fatalen Irrtum verrannt hatte und dass alles, was sie als RAF machten, Mist war, ist den meisten Anhängern der Bewegung zuwider. Sie hoffen bis heute, dass Meinhof die Garantin dafür war, dass die Exzesse der RAF richtig und notwendig und letztlich gerechtfertigt gewesen seien. Insofern ist die Frage an und über Meinhof, warum, warum hat sie das gemacht, eigentlich die Frage an die Frager selber: Warum können sie sich ihren eigenen Irrtum, ihre oft jahrzehntelange Sympathie für Meinhof und für die RAF nicht eingestehen oder diese wenigstens infrage stellen?

Meinhof wurde zum Guru der gesamten 68er-Bewegung. Poster mit ihrem Bild wurden, wie Götz Aly es anschaulich beschreibt, in den Wohngemeinschaften aufgehängt. »Freiheit für Ulrike« las man ein paar Jahre lang an vielen Häuser- und Plakatwänden, in Universitäten und anderen Kultureinrichtungen. Ihre Anhänger sehen sie als öffentlich leidende Urmutter, die mit ihrem Gang in den Untergrund die Welt und alle Menschen auf eine geradezu metaphysische Art aufrütteln und erlösen wollte. Sie wurde, obwohl die Irrtümer, die Extremismen, das Scheitern und ihr eigenes sowie das Versagen der RAF auf der Hand lagen und liegen, zur Kultfigur. Sie blieb für Jahrzehnte in ihrem angeblichen oder tatsächlichen Leiden an den Menschen und der Welt die absolut unschuldige Marienfigur. Substanzielle Kritik an ihr wurde und wird noch heute von ihren Anhängern wie Blasphemie empfunden und wütend geahndet.

Im öffentlichen Bild sind es immer die anderen, die Meinhof ins Unglück getrieben hätten. Der frühe Tod von Meinhofs Vater, der Krieg, der Tod von Meinhofs Mutter, als sie 14 war, die böse Ziehmutter Riemeck, die übrigens auch schon guruhafte Züge trug, der Schuft Klaus Rainer Röhl, die undankbaren Kinder, der böse Baader, die böse Ensslin und natürlich die bösen Verhältnisse, der böse Staat, der böse Westen, der böse Kapitalismus: Wenn die alle nicht gewesen wären, wäre Meinhof unauffällig geblieben.

Realität ist: Meinhof war eine exzellente Propagandistin der DDR, des Kommunismus und der Westlinken, deren Sache sie zu verkaufen wusste. Allerdings hatte sie sich selber unter einen solchen Eskalationsdruck gesetzt, immer noch eins draufsetzen zu müssen, dass das Ergebnis, ihr aussichtsloser physischer Terror, zu ihrer Tragödie wurde. Ein sinnloser Absturz: Meinhof ist ein personifizierter Irrtum der großen Bewegung der vergangenen fünfzig Jahre.

Wie viele hundsgemeine sexuelle Kontakthemmungen auch von Frauen ihren Anteil an den großen und kleinen Kriegen haben, mit denen Menschen sich in der Geschichte das Leben schwer machen, möchte man lieber nicht wissen. Da glaubt man schon lieber an die objektiven, die widerstrebenden politischen oder ideellen Differenzen. Einfach nur Psycho, irgendwelche Verdauungsstörungen der Leader als Ursache für Krieg zwischen Völkern, das wäre ja katastrophal. Aber unter anderem dafür ist ja die Demokratie mit ihrer medialen Öffentlichkeit erfunden worden, dafür, dass irgendwelche Defekte Einzelner sich in der Politik nicht mehr zu Katastrophen ausweiten können.

»Avanti Popolo«

Es war Ende Juni 1970, unsere Mutter schwitzte im jordanischen Waffencamp, und wir schwitzten auf Sizilien in dem kleinen alten, hellblauen VW-Bus, mit dem unsere neuen Betreuer uns bei Bubi abholten. Es waren zwei junge Paare, ein blondes, Uli und Andrea, ich glaube, aus Tübingen, und ein dunkelhaariges, Ecki und R. aus Berlin, die nach der Abreise von Hanna K. mit uns zurück zum Barackenlager fuhren. Als Erstes erklärten uns unsere vier neuen Bekannten, alle Anfang 20 mit ziemlich langen Haaren, dass sie ein »Vierer« seien und keine zwei Paare, wie wir vielleicht gedacht hätten. Ich hatte sie alle nie zuvor gesehen.

Im Barackenlager war alles wie immer, und wir zogen nun zu sechst in unsere alte Baracke ein. Regine und ich bewohnten wieder »unser Zimmer«, in dem alles so geblieben war, wie wir es verlassen hatten, und der »Vierer« zog in Hannas Raum. Etwas war nun allerdings doch vollkommen anders: Wir hatten ein Auto!

Und noch etwas änderte sich radikal: Wir sollten das Maul halten. Wenn die vier am Tage in ihrem Gemach waren, wenn sie morgens bis in die Puppen schliefen, war uns jede Störung untersagt. Und die Tür, die man hätte öffnen können, sollten wir auf keinen Fall berühren. Sie würden da etwas machen, wo sie nicht gestört werden wollten, sie würden rumbumsen.

Es dauerte nur ein paar Tage, bis die Hippies sich mit den Leuten vom Gemeinschaftshaus verkracht hatten. Neun Uhr Frühstück oder auch die anderen festen Essenszeiten im Barackenlager schafften »wir« jetzt nicht mehr, wir wurden also zu Selbstversorgern. Aus dem VW-Bus kamen ein Spirituskocher und ein Riesensack Reis zum Vorschein. Es wurden Thunfisch- und Tomatendosen besorgt, und das aßen wir fortan in kleinen Variationen vor unserer »Hütte«.

Gelegentlich fuhren wir nun vom sizilianischen Barackenlager an den Strand. Da blieben wir dann mehrere Stunden bis in den Abend hinein. Ans Meer fuhren wir im Konvoi mit mehreren Autos und mehreren Familien mit Kindern. Wir hatten einen Strandabschnitt gefunden, an dem es keinen Tourismus gab. Regine konnte schon vor Sizilien schwimmen, ich habe an diesem Strandabschnitt nachgezogen. Das fand ich natürlich toll und hätte es gern meiner Mutter gezeigt. Wir lernten einige italienische Kinder kennen, es hat Spaß gemacht, sich mit Händen und Füßen zu verständigen.

Die sizilianischen Jungs hatten ein Spiel, das wurde uns als »einen Wald bauen« übersetzt. Dafür sammelten sie am Strand die zahlreich herumkrabbelnden schwarzen Käfer, spießten sie auf Streichhölzer auf und steckten sie vorsichtig in den Sand. Die armen Viecher zappelten mit den Beinchen und kämpften um ihr Leben, und das Ganze sah tatsächlich aus wie ein »gebauter« kleiner schwarzer Bonsai-Wald. Ein ziemlich grässliches Spiel, das aber mit großer Selbstverständlichkeit und Inbrunst den ganzen Tag lang gespielt wurde.

Meine Schwester und ich knüpften zunehmend eigene Kontakte, wenn unsere Hippies vielleicht mit der Liebe oder sonst wie beschäftigt waren. Wir wurden zu beliebten Mitfahrern, wenn in der Nachbarschaft kurze Besorgungstouren anstanden. Ein sehr netter Italiener, heute würde ich sagen: Typ Latin Lover mit Revolutionsgehabe, immer mit einer

Zigarette im Mundwinkel und einer Stimme, wie sie vielleicht ein goldenes Reibeisen erzeugen mag, hatte einen batteriebetriebenen Plattenspieler für 45er-Singles und einen ganzen Haufen lose im Auto herumliegender Scheiben, die alle von der Hitze ganz wellig waren. Ich sollte nun die Musik machen, was nur fetzenweise gelang, weil die Platten, die man in einen Schlitz schieben musste, eierten und immer wieder heraussprangen. Dai! Dai! Komm schon, komm schon! Steck die Platte wieder rein, bleib drin! Und dann folgten Beschimpfungen! Manchmal kamen tatsächlich Revolutionslieder aus der mobilen Jukebox, und die waren wunderschön. Manchmal fuhren wir auch auf der Ladefläche eines Minitransporters in der lauen Abendluft durch die Schlaglöcher mit. Der Fahrer und sein Mitfahrer brachten uns laut grölend das berühmte Revolutionslied »Avanti Popolo« bei, das ich bis heute auswendig singen kann.

Anfang August kam eine große Gruppe italienischer Kriegsdienstverweigerer, die sich im Lager vor dem Zugriff des Militärs versteckten. Fröhliche junge Männer zwischen 18 und 20 mischten den Laden auf. Da sie nichts zu tun hatten, kamen sie auf skurrile Ideen, einige brachten von ihren Strandausflügen Krebse und ein bisschen Salzwasser mit. Den Viechern pinselten sie rote Nummern auf den Rücken und veranstalteten Krebsrennen. Mit großem Gejohle wetteten sie auf ihren kleinen Renner und gingen auch sonst virtuos mit den Seitwärtsläufern um.

Eine Autotour endete an einer Wand. Regine saß vorne, und der am Steuer sitzende Kriegsdienstverweigerer fuhr. Er kümmerte sich dann mehr um die blonden Haare meiner Schwester als um den Verkehr. Bevor uns das unheimlich werden konnte, verlor er die Kontrolle über das Auto, und wir krachten ganz langsam auf die Mauer am Straßenrand. Die Lippe unseres Chauffeurs blutete, uns ist nichts passiert.

Je länger wir in Sizilien waren, desto heftiger habe ich mich in einen Schuldkomplex hineingesteigert. Ich dachte, dass unsere Mutter uns nach Sizilien gebracht hätte, weil ich mich im letzten halben Jahr öfter mit ihr gestritten hatte. Ich dachte, dass wir so schlimm gewesen waren, dass unsere Mutter es nicht mehr mit uns ausgehalten hätte. Irgendeinen Grund für den langen, unerklärlichen Aufenthalt musste es doch geben. Aber wir bekamen keine Erklärung.

Plötzlich war Schluss mit dem Vierer. Ecki und R. reisten ab, versprachen aber wiederzukommen. Der VW-Bus blieb uns erhalten, Andrea und Uli auch.

In der Zeit bekamen wir ein paar ausgediente deutsche Schulbücher geschenkt, wo immer die auch hergekommen sein mögen. Mich erinnerten die Schulbücher an unsere Schule in Berlin, und ich bekam Angst, dass ich viel versäumte und alles vergaß, was ich schon gekonnt hatte. Damit war ich so beschäftigt, dass die Schulbücher ungelesen im Staub zerfledderten.

Uli und Andrea versammelten abends häufig italienische Genossen in unserer Hütte, sie hatten große Platten Haschisch dabei, das guckte ich mir neugierig an, und ich lernte auch, wie man einen Joint baut. Und Uli zeigte mir und den anderen Kindern, wie man einen dicken Joint richtig anfasst. Der machte dann die Runde. Und irgendjemand spielte immer Gitarre. Es wurde viel gesungen. Es wurde nicht diskutiert, wie in den Berliner Runden, es ging um ein gemeinsames Abhängen nach der heißen Tageslast.

Uli bläute mir ein, von den Haschrunden nichts zu erzählen, weil Hasch streng verboten sei. Manchmal fuhren wir nach so einer Haschrunde mit vielen Autos, mitten in der Nacht, auch noch in ein »Schwimmbad«, genannt Acque Calde, und in der Tat sprudelten dort warme Quellen. Die Fahrt dauerte ewig, alle Kinder hingen schon in den Seilen und schliefen oft im Auto ein. Die Erwachsenen kletterten rasch über den Zaun und badeten nackt bei Mondschein und Gitarrenmusik.

Wir blieben den Juli und den ganzen August, und ich verlor das Gefühl für die Zeit. Uli und Andrea wurden sauer. Sie sagten, dass sie kein Geld mehr aus Berlin bekämen, und außerdem wollten sie weiterreisen nach Afrika zu einer Hochzeit, zu der eine neue Bekanntschaft aus dem Barackenlager sie eingeladen hatte. Als das Portemonnaie völlig leer war, brachen wir mit dem VW-Bus auf und fuhren in einen Touristenort an der Küste, wo Uli kellnern wollte, um uns über Wasser zu halten. Nachts schliefen wir in den angrenzenden Weinbergen. Ohne Decken und ohne warme Klamotten war es mückenreich, feucht und deswegen kalt.

Wir saßen mit Andrea den ganzen Tag in dem Restaurant, in dem Uli kellnerte, unterhielten uns oder spielten etwas und aßen Calamares. Wir sahen die kleinen Boote, die mit Licht fischten und mit Sardinen und Tintenfischen zurückkamen, die in »unserem« Restaurant sofort auf dem Grill landeten. Die Tintenfische wurden vorher Ewigkeiten ausgeschlagen, weich geklopft. Neben dem Grill war es warm, gemütlich, es roch nach Holzkohle und Fisch, der eine wahre Delikatesse war. Das Barackenlager sahen wir jetzt nicht mehr so häufig. Es war ungewöhnlich, dass wir nun in dem Küstendorf plötzlich wieder »normale« deutsche Touristen sahen und hörten. Nach der Zeit in dem Lager erschienen sie mir wie aus einer anderen Welt. Wir sahen aus wie eine kleine blonde Hippiefamilie. Wenn Uli Feierabend hatte, fuhren wir wieder in die Weinberge, um dort zu übernachten. Und wie sollte unsere Reise nun weitergehen?

Das »Untergrundsorgerecht«

Während wir in Sizilien den sich neigenden Sommer erlebten, lieferte Ulrike Meinhof noch von Berlin aus ihrem Ex Klaus Rainer Röhl einen Sorgerechtsstreit, den berühmte Anwälte und eine irrlichternde Berliner Justiz zu einem absurden Theater mit kriminellen Zügen machten. Die kriminelle Energiespenderin hieß Meinhof, die allerdings insoweit entschuldigt ist, als sie mit dem juristischen Irrsinn, der ihr zugutekam, nicht hatte rechnen können. Wohl aber konnte sie mit einem verwirrten Zeitgeist rechnen, der die 68er-Exzesse in ein mildes Licht tauchte oder sie häufig sogar begünstigte.

Das Amtsgericht Charlottenburg hatte, wie schon erwähnt, am 16. Mai 1970, zwei Tage nach dem Gefängnisausbruch von Baader und einen Tag, nachdem die über die Medien verbreitete Fahndung nach Ulrike Meinhof angelaufen war, den Beschluss erlassen, meinem Vater das Aufenthaltsbestimmungsrecht vorläufig zuzusprechen. Der Amtsrichter war der letzte mit der Sache befasste Jurist, der einen kühlen Kopf bewahrte und sich routiniert an das Recht hielt. Er war offenkundig nicht vom Terrorismus und nicht von einer Art »Meinhof-Virus«, der so viele Köpfe und Herzen verwirrte, erfasst. Für ihn gab es zwei verschwundene Kinder und eine verschwundene Mutter und einen Vater, der sich um seine Kinder sorgte.

Wenige Tage später wurde der Beschluss des Amtsgerichts Charlottenburg in der Kufsteiner Straße 12 zugestellt, erreichte aber meine Mutter, die ihre von der Polizei bewachte Wohnung seit dem 14. Mai nicht mehr betreten hatte, nicht mehr. Das immer noch ungeöffnete Kuvert mit dem Beschluss des Amtsgerichts übergab mir der Grünen-Politiker und Rechtsanwalt Hans-Christian Ströbele im Juli 1996, als ich ihn aus Anlass der Recherche zu diesem Buch in seiner Anwaltskanzlei in Berlin besuchte. Ich saß in seinem großen Büro, in dem sehr schön gebundene Gesamtausgaben von Karl Marx und Friedrich Engels standen, und er übergab mir relativ formlos eine ganze Reihe von persönlichen Unterlagen meiner Mutter, die er offenbar seit damals verwahrt hatte: ihre Lebensversicherungen, Unterlagen zu ihrem Auto, Korrespondenz mit ihren Rechtsanwälten und Unterlagen zu einem Sorgerechtsstreit aus dem Sommer 1970, von dem ich jetzt das erste Mal hörte.

Ströbele war freundlich und offen, wie es seine Art ist, genauso wie man ihn aus dem Fernsehen kennt. Aber sehr auskunftsfreudig war er nicht. Ja, er hatte damals meine Mutter in ihrem Sorgerechtsstreit gegen Klaus Röhl vertreten, seine Mandantin im Untergrund hatte ihn damit beauftragt. Ja, meine Mutter habe damals ihre Kinder vor dem bösen Röhl in Sicherheit bringen wollen. Das klang alles sehr unpersönlich und ganz auf Linie, immer noch. Ansonsten forderte er mich freundlich auf, jederzeit wiederzukommen, wenn ich noch weitere Fragen hätte.

Da auch mein Vater mir nie etwas von einem Sorgerechtsstreit erzählt und auch keine Unterlagen für uns aufbewahrt hatte, war ich überrascht. Auch meine Tante Wienke, die Schwester meiner Mutter, die sich ab dem Sommer 1970 sehr für Meinhof engagierte, hortete ihre Unterlagen darüber wie ein Geheimnis und rückte sie bis zu ihrem Tod 2017 nicht heraus.

Während meiner Recherche wurde mir allmählich klar, wie viele Menschen meine Mutter in ihrer Untergrundzeit getroffen hatten, wie viele ihr dienstbar gewesen waren und wie viele Leute davon wussten, dass meine Schwester und ich auf eine recht unkonventionelle Weise verschwunden waren.

Vier Tage nach dem Schuss auf den Institutsangestellten Georg Linke schreibt Wienke Zitzlaff im Auftrag von Ulrike Meinhof an Rechtsanwalt Groenewold:

18. Mai 70
Betr. Sorgerecht über die Kinder von Ulrike Marie Meinhof
Sehr geehrter Herr Groenewold!
Gestatten Sie, dass ich mich Ihnen kurz vorstelle: Ich bin die Schwester von Ulrike Meinhof. Und ich sorge mich um die Kinder, obwohl ich nicht weiß, wo sie sind.
Nun erfahre ich aus Berlin, dass Herr Röhl eine Bescheinigung vom Amtsgericht Berlin habe, dass ihm das Sorgerecht für die Kinder zugesprochen worden sei, d. h. also, es wurde meiner Schwester ohne Gerichtsverfahren entzogen, obgleich z. Z. kein Grund vorliegt, denn die Kinder sind ja nicht da. [...]
Genau gesprochen: Ich bin gewillt, die Vormundschaft zu übernehmen mit allen Konsequenzen, und möchte den Weg beschreiten, der mir am sichersten die Möglichkeit gibt. [...] Ich bemühe mich gleichzeitig um einen Rechtsanwalt in Berlin, da die Entscheidung gegen meine Schwester ja vor einem Berliner Amtsgericht gefällt wurde. Aber ohne Ihre Hilfe werde ich nicht weiterkommen. [...]
Ich hoffe auf Ihre Unterstützung
Mit freundlichen Grüßen
Wienke Zitzlaff[285]

Klaus Röhl empfindet gerade die Tatsache, dass die Kinder »ja gar nicht da sind« und Wienkes Sorge um die Kinder »obwohl ich nicht weiß, wo sie sind« als den Notstand seiner Kinder. Deshalb hatte er ja am 16. Mai 1970 bereits das Aufenthaltsbestimmungsrecht für sich erstritten.

Am 20. Mai 1970 ließ Klaus Röhl durch seinen RA Stein nachlegen:

In der Vormundschaftssache a) Bettina Röhl, geboren am 19. Sept. 1962, b) Regine Röhl, geboren am 19. Sept. 1962 z. Zt. wohnhaft in 1000 Berlin 30, Kufsteiner Strasse 10, bei ihrer Mutter, beantragen wir [...] namens des Verlegers Klaus Rainer Röhl [...] diesem die elterliche Gewalt für die beiden Kinder unter Aufhebung des Beschlusses des Amtsgerichts in Hamburg-Blankenese vom 8. Okt. 1968 [...] zu übertragen. [...] Der Vater benötigt eine nicht nur vorläufige Entscheidung des Vormundschaftsgerichtes, um die Herausgabe der Kinder mithilfe ausländischer Behörden

erreichen zu können; es steht zu vermuten, dass sich die Kinder jetzt im europäischen Ausland befinden. Der Vater hofft, dass die Bemühungen der Polizei und auch der Presse bald zur Auffindung der Kinder führen werden. Nur vormundschaftsgerichtliche Entscheidungen durchzusetzen lehnen ausländische Behörden erfahrungsgemäß ab. Schwerwiegende Gründe im Sinne des § 1965 Abs.1 Satz 2 BGB dürften hier vorliegen.
Im Interesse der Beschleunigung ist eine Kopie dieses Antrages dem Jugendamt in Hamburg-Blankenese unmittelbar zugeleitet worden.[286]

Über diesen Antrag, der das Gericht vom Vorliegen der sachlichen Notwendigkeit der Abänderung der Sorgerechtsentscheidung von 1968 in Kenntnis setzt, kommt es ungewöhnlicherweise trotz der erkennbaren Eilbedürftigkeit nicht zu einer zeitnahen Verhandlung.

Auch die Anwaltskanzlei Mahler/Ströbele schaltet sich jetzt mit einer Beschwerde beim Landgericht Berlin in den Streit um das »Untergrundsorgerecht«, wie ich es einmal nennen möchte, ein.

1. Juni 1970
In der Vormundschaftssache des Verlegers Klaus-Rainer Röhl ./. die Journalistin Ulrike Meinhof begründen wir die am 22.5.1970 eingelegte Beschwerde zunächst in Unkenntnis der Akten des Amtsgerichts Charlottenburg und des Beschlusses, der zur vorläufigen Entziehung des Sorgerechts geführt hat, wie folgt:
Die Ehe des Antragsstellers mit der Antragsgegnerin ist aus dem alleinigen Verschulden des Antragsstellers geschieden worden. Der Antragssteller hat daraufhin auf das Sorgerecht hinsichtlich der gemeinsamen Kinder ausdrücklich verzichtet.
Die Antragsgegnerin hat seither für die Kinder vorbildlich gesorgt und ihnen eine einwandfreie Erziehung und Ausbildung angedeihen lassen. Deshalb rechtfertigt eine vorübergehende Abwesenheit der Antragsgegnerin nicht die vom Amtsgericht Charlottenburg angeordnete Maßnahme, zumal die Antragsgegnerin durch ihre Abwesenheit keineswegs gehindert ist, das Sorgerecht auszuüben und ihre Kinder angemessen unterzubringen.

Die Antragsgegnerin beabsichtigt nämlich, ihre Kinder in Ausübung ihres Sorgerechts ihrer Schwester Wienke Zitzlaff in Staufenberg so lange zu übergeben, bis die gegen sie angeblich vorliegenden Verdachtsmomente der Begehung strafbarer Handlungen entkräftet sind und sie in ihre Wohnung nach Berlin zurückkehren kann. Die Schwester der Antragsgegnerin hat selbst Kinder und lebt in geordneten Verhältnissen und ist deshalb auch geeignet, die Erziehung der Kinder der Antragsgegnerin vorläufig zu übernehmen. Diese Schwester hat sich auch bereits gegenüber dem Prozessbevollmächtigten der Antragsgegnerin bereit erklärt, die Kinder bei sich aufzunehmen. [...] Die Schwester der Antragsgegnerin beabsichtigt, die Kinder entsprechend dem mehrfach geäußerten Wunsch der Antragsgegnerin in die Odenwaldschule zu geben.

Aus all dem ergibt sich bereits, dass die Antragsgegnerin durchaus in der Lage ist, das Sorgerecht zum Wohle und dem richtig verstandenen Interesse ihrer Kinder auch während ihrer vorübergehenden Abwesenheit auszuüben. Für einen Entzug des Sorgerechts und dessen Übertragung auf den Antragssteller war somit kein Raum.

Allein im Interesse der Kinder der Antragsgegnerin beantragen wir daher die umgehende Aufhebung des Beschlusses des Amtsgerichts Charlottenburg vom 16.Mai 1970. Weitere Begründung bleibt ausdrücklich vorbehalten. Diese erfolgt nach Einsicht in die Akten des Amtsgerichts Charlottenburg, die bereits mit dem Antrag vom 22.5.1970 erbeten wurde.

Rechtsanwalt Ströbele[287]

Halten wir fest: Zu diesem Zeitpunkt ist Meinhofs Idee, dass meine Schwester und ich »vorläufig« bei Wienke Zitzlaff, der sie das Sorgerecht übertragen will, untergebracht und von dieser ins Internat Odenwaldschule weitergereicht werden.

Jetzt greift Rechtsanwalt Heinrich Hannover ins Geschehen ein und schreibt dem Amtsgericht Charlottenburg:

08. 06. 1970

Aktenzeichen nicht bekannt

In der Sorgerechtssache betreffend die minderjährigen Kinder Regine und Bettina Röhl, beide geboren am 21.9.1962, zeige ich an, dass mich

die Mutter der Kinder, Frau Ulrike Marie Meinhof, mit der Wahrnehmung ihrer Rechte beauftragt hat. Vollmacht auf mich liegt an.
Meiner Mandantin ist lediglich aus Presseberichten bekannt, dass ein Beschluss des Amtsgerichts Berlin-Charlottenburg vorliegen soll, nach dessen Inhalt eine Entscheidung über das Sorgerecht getroffen worden sein soll, die von der bisherigen Regelung abweicht. Ich beantrage zunächst, eine Abschrift dieser Entscheidung an mich zu übersenden, ebenso den Antragsschriftsatz und etwaige weitere Schriftsätze des Herrn Röhl. [...]
Rechtsanwalt Hannover

Dann schreibt Hannover noch seinem Kollegen Rechtsanwalt Senfft, der, wie man dem Schreiben entnehmen kann, ebenfalls mit der Sorgerechtsverteidigung für Meinhof beauftragt ist.

8. 6. 1970
Sehr geehrter Herr Kollege!
Frau Ulrike Marie Meinhof hat mich gebeten, in der Sorgerechtsangelegenheit betreffend ihre minderjährigen Kinder Regine und Bettina Röhl anwaltlich tätig zu sein. Wie mir Frau Meinhof mitteilte, hatte sie an Sie brieflich die Bitte gerichtet, dass Sie dafür sorgen möchten, dass Herr Röhl das Sorgerecht nicht bekommt. Frau Meinhof bittet Sie durch mich, mir eine Fotokopie Ihrer Handakte, insbesondere ihres letzten Briefes zur Verfügung zu stellen, in welchem Argumente enthalten sein sollen, die für das Sorgerechtsverfahren von Bedeutung sind. Frau Meinhof bittet Sie ferner, Ihr Mandat nicht als erloschen zu betrachten, sondern damit einverstanden zu sein, dass ich in dieser Sache als zweiter Anwalt tätig werde. Ich darf persönlich die Hoffnung äußern, dass es in dieser Angelegenheit zu einer guten und erfolgreichen kollegialen Zusammenarbeit kommen wird. [...]
Mit kollegialer Hochachtung
Hannover[288]

Und an Wienke Zitzlaff schreibt Hannover:

8. 6. 1970
Sehr geehrte Frau Zitzlaff,
Ihre Schwester, Frau Ulrike Marie Meinhof, hat mich gebeten, in der Sorgerechtsangelegenheit ihrer Kinder Regine und Bettina anwaltlich tätig zu werden. Bei dieser Gelegenheit bat sie mich, mit Ihnen in Verbindung zu treten und Sie zu bitten, sich um die Räumung der bisherigen Berliner Wohnung Ihrer Frau Schwester zu kümmern. Da die Miete für diese Wohnung ab Mai nicht mehr gezahlt worden ist und Ihre Frau Schwester auch kein Interesse an der Wohnung mehr hat, muss damit gerechnet werden, dass die Wohnung von fremder Hand ausgeräumt wird. In der Wohnung befinden sich persönliche Sachen, insbesondere wichtige Akten und Schriftstücke Ihrer Frau Schwester, die auch für die weitere Rechtsverfolgung von Bedeutung sind. Ihre Frau Schwester wäre Ihnen dankbar, wenn Sie insbesondere diese Schriftstücke sichern und, soweit sie für die Rechtsverfolgung von Bedeutung sein könnten, an mich überlassen könnten.
Ich übersende Ihnen in der Anlage eine schriftliche Vollmacht Ihrer Frau Schwester, deren Unterschrift ich beglaubigt habe.
[...] Ich wäre Ihnen dankbar, wenn Sie mich informieren würden, was Sie gegebenenfalls unternommen haben.
Mit freundlichen Grüßen
Hannover[289]

Und dann schreibt Heinrich Hannover auch noch an Klaus Röhl:

8. 6. 1970
Herrn Klaus Rainer Röhl persönlich
Sehr geehrter Herr Röhl!
Frau Ulrike Marie Meinhof hat mich mit der Wahrnehmung ihrer Rechte beauftragt. Sie haben für jedes Ihrer Kinder Regine und Bettina bisher einen monatlichen Unterhalt von DM 300,-- auf das Konto meiner Mandantin Nr. 11 12 63 74 bei der Bank für Gemeinwirtschaft in Berlin gezahlt. Ich bitte Sie namens meiner Mandantin, künftige Zahlungen zu

meinen Händen auf mein Anderkonto Nr. 15 15 238 bei der Sparkasse in Bremen zu leisten.
Hochachtungsvoll

Seinem Schreiben legt er eine Vollmacht meiner Mutter bei:

Vollmacht
Hiermit bevollmächtige ich Herrn Rechtsanwalt Heinrich Hannover, Bremen, Unser Lieben Frauen Kirchhof 24/25, die Unterhaltszahlungen des Herrn Klaus Rainer Röhl für die Kinder Regine und Bettina in Empfang zu nehmen.
Ulrike Marie Meinhof[290]

Gute Idee: Klaus Röhl soll seine Unterhaltszahlungen über ein Anderkonto in den »Untergrund« leisten. Wenn deine verschleppten Kinder weiter versorgt werden sollen, musst du wohl zahlen, lieber Röhl.

Am 9. Juni schreibt Dr. Heinrich Senfft an Heinrich Hannover:

9. Juni 1970
Sehr geehrter Herr Kollege Hannover!
In der Sache Meinhof danke ich Ihnen für Ihren gestrigen Brief. [...]
Ich betrachte das Mandat von Frau Meinhof keineswegs als erledigt und habe deshalb auch gestern den Anruf Herrn Röhls entgegengenommen. Er sagte mir, er habe in Berlin eine einstweilige Verfügung erlangt, durch die ihm zunächst das Sorgerecht für beide Kinder übertragen worden sei. Er habe erfahren, das Büro Mahler habe dagegen »Einspruch« eingelegt, jedenfalls ein Rechtsmittel, über das das Gericht diese Tage entscheiden werde. [...] Herr Röhl sagte mir, er habe eine Art offenen Brief an Frau Meinhof geschrieben und wolle jedem, von dem die Möglichkeit bestehe, dass Frau Meinhof mit ihm Kontakt aufnehme, eine Copie davon schicken. [...] Ehe der Brief Herrn Röhls nicht eingetroffen ist, will ich ihm – es sei denn, Sie hielten das auf Grund Ihrer Information für angezeigt – auch nicht sagen, dass ich über Sie Kontakt mit Frau Meinhof haben kann. Da Sie sich beim Vormundschaftsgericht in Berlin schon legitimiert haben, schlage ich vor, dass Sie sich unverzüglich mit dem Büro

Mahler in Verbindung setzen, um festzustellen, ob dort gegen die einstweilige Regelung des Sorgerechts vorgegangen worden ist. Im Grunde müsste natürlich unsere Mandantin davon etwas wissen – es sei denn, dass sie im Büro Mahler quasi eine prophylaktische Generalvollmacht hinterlegt hat. Ich warte also auf weitere Nachricht.
Mit freundlichen kollegialen Grüßen
Gez. Dr. Senfft[291]

Die eitlen und ansonsten arroganten berühmten Anwälte, die keinen Nebenbuhler dulden, drängeln sich um Meinhof, von der kaum zu erwarten ist, dass sie die über der Gebührenordnung liegenden Honorare je zahlen würde, und brüsten sich mit persönlichen Briefen und Kontaktmöglichkeiten zu ihrer prominenten Mandantin im Untergrund.

Mit allen Mitteln versuchen inzwischen mehrere Anwaltsbüros, mit Unterstützung und Wissen von weiteren Anwaltsbüros, Meinhof das Sorgerecht zurückzugeben, wobei immer abenteuerlichere Ideen entwickeln werden, wo »die Kinder«, die zu dieser Zeit über Interpol gesucht werden, hinsollen. Wahlweise zu Holtkamps in Bremen, zu Tante Wienke nach Staufenberg bei Gießen oder in die Odenwaldschule.

Schließlich kommt es zu einem Treffen zwischen Meinhofs Anwälten und Klaus Rainer Röhl. Man trifft sich am 12. Juni 1970 in Hamburg im Büro von Klaus Röhls Anwalt Stein. Für Meinhof erscheinen die Rechtsanwälte Senfft und Hannover, für Wienke Zitzlaff stößt Rechtsanwalt Jungfer hinzu. Auf der anderen Seite sitzen Röhl und sein Anwalt Stein. Es kommt zu einer vorläufigen Einigung: Wir Kinder sollen auf Vorschlag meines Vaters zunächst für sechs Monate zu Renate Riemeck kommen. Doch die schöne anwaltliche Einigung wird, offenbar nach Rücksprache mit Meinhof, schnell rückgängig gemacht, Keiner der Beteiligten wusste, dass die Ziehtochter von Renate Riemeck, Ulrike Meinhof, längst mit Renate im Clinch lag, wie sich aus einem Schreiben von Heinrich Hannover an den Anwalt Ströbele ergibt:

15. 06. 1970
Lieber Genosse Ströbele!
In Sachen Meinhof habe ich am Freitag, dem 12.6. an der Verhandlung im Büro Rechtsanwalt Stein teilgenommen. [...] Das Ergebnis der langwierigen und seitens des Herrn Röhl stark emotional aufgeladenen Verhandlung ist Ihnen aus der Aktennotiz bekannt. [...]
Der Vorschlag, die Kinder bei Frau Professor Riemeck unterzubringen, stammte nicht von uns, sondern von Herrn Röhl. Seine Begründung: Wenn die Kinder zu Frau Zitzlaff kämen, würden Frau Meinhofs Vorstellungen im vollen Umfang durchgesetzt, auch befürchte er, dass die Kinder von Frau Zitzlaff ins Ausland verbracht würden; schließlich seien die Kinder bei Frau Riemeck so gut wie zu Hause, was bei Frau Zitzlaff nicht der Fall sei; einer Unterbringung in der Odenwaldschule widerspreche er ohnehin entschieden.
Ich brauche nicht zu sagen, dass diesen »Argumenten« widersprochen wurde, insbesondere der abenteuerlichen und diskriminierenden Behauptung, dass die Kinder von Frau Zitzlaff ins Ausland verbracht würden.[292]

Die »Holtkamp-Lösung«

Nach der geplatzten Einigung konzentriert sich Hannover wieder auf das Verfahren, das beim Landgericht in Berlin anhängig ist, bei dem man nun mit vereinten Kräften versucht, das Aufenthaltsbestimmungsrecht der Kinder für Meinhof doch noch zurückzubekommen.

Und der fünffache Vater und Kinderbuchautor Rechtsanwalt Heinrich Hannover entwickelt zusammen mit den Holtkamps und mit Wissen Ulrike Meinhofs einen Plan, wie man die Entscheidung des Amtsgerichts Charlottenburg zugunsten von Klaus Röhl aushebeln kann.

Der Plan: Eine schlichte Rüge der örtlichen Zuständigkeit des Berliner Amtsgerichts sollte dem Berliner Landgericht die Möglichkeit geben, aufgrund der Tatsache, dass die Kinder am 16. Mai gar nicht mehr in Berlin, sondern bei den Holtkamps in Bremen lebten, das Amtsgericht Charlottenburg für örtlich unzuständig zu erklären.

Hannover fährt also in seinem Brief vom 15. 06. 1970 an Ströbele fort:

Es müsste nunmehr in dem beim Landgericht Berlin anhängigen Verfahren von Dir geltend gemacht werden, dass ein örtlich unzuständiges Vormundschaftsgericht angerufen worden ist. [...] Es kam im Zeitpunkt des Tätigwerdens des Amtsgerichts Charlottenburg, also am 16. Mai, darauf an, wo an diesem Tage Regine und Bettina ihren Wohnsitz hatten. Sie befanden sich an diesem Tag bei den Eheleuten Jürgen und Ehrengard Holtkamp, Bremen Borgfeld, Butlandskamp 14, Ulrike Meinhof hatte die Kinder am 14. Mai dorthin gebracht und Vorsorge getroffen, dass die Kinder dort für dauernd bleiben und auch die Schule besuchen sollten. Damit dürften die Voraussetzungen einer Wohnsitzbegründung für die Kinder in Bremen-Borgfeld gegeben sein. [...] Für die tatsächlichen Einzelheiten, über die insoweit vielleicht Beweis erhoben werden müsste, könnten die Eheleute Holtkamp als Zeugen benannt werden.[293]

Am 25. Juni 1970 – Meinhof ist inzwischen, noch vor einer Entscheidung im Sorgerechtsstreit, nach Amman abgefahren – erläutert RA Hannover in einem Rundschreiben an die Anwälte Hermann Stein, Dr. Heinrich Senfft, Hans-Christian Ströbele, Gerhard Jungfer noch einmal seine Idee. Auch Klaus Röhl soll den neuen Plan fressen und auf das ihm zugesprochene Aufenthaltsbestimmungsrecht freiwillig verzichten, zum Wohl der Kinder, versteht sich.

Heinrich Hannover schreibt:

25. Juni 1970
Sehr geehrte Herren Kollegen,
in Sachen der Röhl-Kinder darf ich die in den verschiedenen Telefongesprächen zwischen den beteiligten Kollegen getroffene Vereinbarung wie folgt zusammenfassen und um Bestätigung insbesondere des Herrn Kollegen Stein bitten:
Die Kinder Bettina und Regine sollen für die Dauer eines halben Jahres in die Obhut der Eheleute Jürgen und Ehrengard Holtkamp, Bremen-Borgfeld, Butlandskamp 14 gegeben werden. Sie sollen von diesen auch, wie bereits früher vorgesehen, eingeschult werden.

Alle Beteiligten sind sich darüber einig, dass diese Regelung, die von Ulrike Meinhof am 14. Mai in Ausübung ihres Aufenthaltsbestimmungsrechtes getroffen worden ist, dem Wohl der Kinder zurzeit am besten entspricht.
Persönlich bin ich der Meinung, dass damit auch jedes Bedürfnis für eine anderweitige Regelung des Aufenthaltsbestimmungsrechtes entfallen ist, sodass der von Herrn Röhl am 16. Mai in Berlin bei einem örtlich unzuständigen Gericht gestellte Antrag durch Rücknahme erledigt werden könnte. Ich verstehe nicht ganz, weshalb diese Sache im Wege der streitigen Durchführung der Beschwerde ausgepaukt werden muss. [...] Ich würde aus diesen Gründen eine Rücknahme des in Berlin gestellten Antrages durch Herrn Röhl für sachgemäß halten. [...] Mit kollegialer Hochachtung[294]

Unterdessen hat Ströbele den Trick, dass meine Schwester und ich angeblich seit dem 14. Mai in Bremen wohnten, übernommen. Er fährt jetzt die Zuständigkeitsrüge gegenüber dem Landgericht Berlin und argumentiert:

22. 6. 1970
[...] Der Beschluss ist schon deshalb aufzuheben, weil dem Amtsgericht Charlottenburg für die getroffene Regelung die Zuständigkeit fehlte. [...]
Im vorliegenden Fall kam es im Zeitpunkt des Tätigwerdens des Amtsgerichts Charlottenburg, also am 16. Mai 1970, darauf an, wo an diesem Tage die Kinder Regine und Bettina ihren Wohnsitz hatten. Beide Kinder befanden sich in diesen Tagen bei den Eheleuten Jürgen und Ehrengard Holtkamp, Bremen-Borgfeld, Butlandskamp 14. Die Antragsgegnerin hatte die Kinder bereits am 14. 5. 1970 dorthin bringen lassen und Vorsorge dafür getroffen, dass ihre Kinder dort für dauernd bleiben und auch die Schule besuchen sollten.
Zur Glaubhaftmachung bezieht sich die Antragsgegnerin auf die beiliegende eidesstattliche Erklärung der Eheleute Holtkamp vom 16. 6. 70. Die Kinder der Parteien hatten somit ab 14. Mai 1970 ihren Wohnsitz in Bremen-Borgfeld. [...]
Damit entfällt die Zuständigkeit des Amtsgerichts Charlottenburg für den Antragszeitpunkt, den 16. 5. 1970.

Der Vollständigkeit halber wird darauf hingewiesen, dass auch die Antragsgegnerin selbst am 16. 5. 1970 ihren Wohnsitz nicht mehr im Gerichtsbezirk des Amtsgerichts Charlottenburg hatte. In der von ihr gemieteten Wohnung in Berlin 62, Kufsteinerstr.12, hatte sie sich seit dem 14. 5. 1970 nicht mehr aufgehalten und war unbekannten Aufenthalts verzogen. Dies ergibt sich daraus, dass am 14. 5. 1970 auf Anordnung des Kriminalhauptkommissars Starke die Wohnung der Antragsgegnerin durchsucht, mit neuen Türschlössern versehen und unter polizeiliche Beobachtung gestellt wurde. Bis heute hat die Antragsgegnerin die Wohnung nicht mehr betreten.
Beweis: Zeugnis des Polizeibeamten, die die Wohnung überwacht haben, zu laden Berlin 42, Tempelhofer Damm 1-7
Einfache und beglaubigte Abschrift anbei
Rechtsanwalt Ströbele[295]

Ströbele legte eine eidesstattliche Versicherung der Holtkamp-Eheleute bei.[296] Holtkamps verschweigen, dass wir nicht bei ihnen lebten, sondern seit dem 14. 05. 1970 nur ein paar Tage bei ihnen zwischengelagert waren und schon seit dem 19. 5. nicht mehr bei ihnen waren. Sie verschweigen, dass wir bei ihnen zu keinem Zeitpunkt unseren Lebensmittelpunkt hatten, wir hatten gar keinen Lebensmittelpunkt mehr.

In guter Genossenmanier, das unterstelle ich den Holtkamps, hätten sie tatsächlich, wenn Meinhof es gewollt hätte, meine Schwester und mich vorübergehend bei sich aufgenommen – so war die Genossenwelt damals, heute kaum noch vorstellbar, und umso weniger vorstellbar, als die Holtkamps nicht mehr als gute Bekannte von Ulrike Meinhof waren. Das Füreinander-Einstehen unter Genossen gehörte ja auch zu den begeisternden Erfahrungen der damaligen Zeit. Die Revolutionsfantasien machten es möglich. Das Lebensgefühl war: eine große Revolutionsfamilie, und Meinhof war ein Oberkader. Die große linke Wir-Community, dieses Lebensgefühl, war umgekehrt die Grundlage für einige Selbsttäuschungen in den Erinnerungen der Protagonisten.

Und dann passiert das Ausgeschlossene: Das Landgericht Berlin entscheidet am 1. Juli 1970 schlank, dass es für meine Schwester und mich in Deutschland keinen Gerichtsstand mehr gibt. Es hebt die Entscheidung des Amtsgerichts Charlottenburg, die Klaus Röhl das Aufenthaltsbestimmungsrecht vorläufig übertragen hatte, ersatzlos wegen örtlicher Unzuständigkeit auf. Damit hatte Meinhof, die das Sorgerecht nie verloren hatte, nun auch das Aufenthaltsbestimmungsrecht zurückerlangt.

Im Namen des Volkes
10. Juli 1970
In der Familiensache Bettina Röhl, geb. 19. September 1962,[297] und Regine Röhl, geb. 19. September 1962, Mutter: Frau Ulrike Röhl geb. Meinhof, zurzeit unbekannten Aufenthalts [...] Die Beschwerde ist nach den §§ 19,20,21 FGG zulässig und begründet. Der angefochtene Beschluss war aufzuheben, da das Amtsgericht Charlottenburg zu seinem Erlass nicht zuständig war. [...] Zur Zeit der Antragstellung am 16. Mai 1970 war der Wohnsitz der Kinder jedoch nicht mehr Berlin 30, Kufsteinerstraße 12, sondern Bremen-Borgfeld, Butlandskamp 14. Gemäß § 11 Satz 1 BGB teilen die Kinder grundsätzlich den Wohnsitz des sorgeberechtigten Elternteils, hier der Mutter. Die Kinder behalten den Wohnsitz so lange, bis sie ihn rechtsgültig aufheben.
Hier hat die Mutter bereits am 14. Mai 1970, also 2 Tage bevor das Amtsgericht Charlottenburg mit dem Antrag des Vaters befasst war, den Wohnsitz der beiden Kinder nach Bremen-Borgfeld verlegt. Sie hat die Kinder dorthin bringen lassen, hat die Eheleute beauftragt, sie zur Schule und polizeilich anzumelden, um ihren Wohnsitz dort für dauernd zu begründen. Damit hat sie für die Kinder die Niederlassung in Berlin mit dem Willen aufgehoben, den hiesigen Wohnsitz in Berlin aufzugeben. Die Mutter selbst ist ebenfalls nicht mehr in die Wohnung Kufsteiner Straße zurückgekehrt. Sie hat damit zu erkennen gegeben, dass dieser Ort weder als ihr Lebensmittelpunkt zu betrachten ist noch als der ihrer Kinder. Mithin war das Amtsgericht Charlottenburg zum Erlass der angefochtenen Verfügung nicht zuständig. Der angefochtene Beschluss war daher aufzuheben.
Landgerichtsdirektor Dr. Prietzel ist infolge Urlaubs an der Unterschriftleistung gehindert Preuß Füllgraf.[298]

War das Rechtsbeugung? Menschenverachtende Formaljuristerei? Ideologische Verblendung?

Amtsbekanntermaßen verschwundene oder, wie in unserem Fall, verschleppte Kinder, die polizeilich gesucht werden, deren Mutter in den revolutionären »Untergrund« nach Begehung einer Straftat abgetaucht, also auch verschwunden ist – solche Kinder de facto jeder Gerichtsbarkeit zu entziehen ist ein Bruch sämtlicher geltender Regeln. Es ist eine feine Sache, den eigenen Schreibtisch leer zu räumen. Allerdings: Wenn zum Beispiel ein Kidnapper oder ein Bankräuber mit seiner Geisel den Gerichtssprengel mit dem Fluchtauto – heutzutage vielleicht sogar vor laufender Kamera – verlässt und wirr durch die Lande rast, dann fände sich keine Polizei, die zuständig ist? Ist gar die Staatsanwaltschaft, und wenn die Landesgrenze passiert wird, gleich die ganze Bundesrepublik nicht mehr zuständig?

Wie die Anwälte von Klaus Röhl am 20. Mai 1970 zu Recht formulierten, war der Wohnsitz meiner Schwester und meiner Person zum Zeitpunkt des Antrages in der Kufsteiner Straße 12. Wir waren nicht umgezogen, wir waren nicht von der Schule abgemeldet, wir waren, wie es bei jedem Urlaub der Fall ist, vorübergehend in den Pfingstferien bei den Holtkamps gewesen. Eine Verschleppung von Menschen als »Umzug«, als »Aufgabe des bisherigen Wohnsitzes« zu behandeln ist einigermaßen abwegig. Rein objektiv gesehen gab es durchschlagende Zweifel, ob Meinhof an dem selbigen Tag, an dem sie mit Getöse und unter Schüssen in den Untergrund abtaucht, eine gesetzeskonforme Wohnsitzveränderung ihrer Kinder überhaupt hätte vornehmen können oder dürfen.

Die Entscheidung des LG hat historisch betrachtet die fatale Wirkung entfaltet, dass die heutigen Anhänger Meinhofs sich seit einigen Jahren darauf berufen, dass sogar ein »bürgerliches« Gericht Meinhof zu diesem Zeitpunkt noch das Sorgerecht zugesprochen hätte.

Tatsache ist: Ab dem 19. Mai wird Meinhof wegen Mordversuchs mit Fahndungsplakaten an jeder Ecke gesucht. Am 22. Mai setzt der Röhl'sche Anwalt RA Stein das Charlottenburger Gericht in Kenntnis, dass der Vater der Kinder stark vermutet, dass sich »die Kinder jetzt im europäischen Ausland« befinden. Am selben Tag wird unsere Verschleppung in der Berliner Presse kolportiert. Am 15. Juni erscheinen im *Spiegel*

Meinhofs Plädoyer »Natürlich kann geschossen werden« und ein Bericht, dass Meinhof im Berliner Untergrund mit gefärbten Haaren gesehen wurde, dass sie gemeinsam mit dem Revolutions-Genossen Horst Mahler, der auch von der Polizei gesucht wird, in den Nahen Osten unterwegs sei. Und im *Spiegel* wird festgehalten, dass meine Schwester und ich verschwunden und auch nicht mehr bei Holtkamps, die explizit genannt werden, anzutreffen sind. Das Gericht erklärt auch nicht, welches andere Gericht zuständig sein könnte, und es ignoriert, dass selbst die Meinhof-Anwälte, die sich den Zuständigkeitstrick hatten einfallen lassen, im Mai und Juni 1970 noch ganz anders argumentiert und Wienke Zitzlaff als Sorgeberechtigte ins Spiel gebracht hatten.

Trotz Kenntnis der in der Presse publizierten Sachlage schaltet das Landgericht Berlin weder ein zuständiges Jugendamt noch die Polizei oder die Staatsanwaltschaft ein. Es segnet die behauptete Wohnsitzverlagerung von meiner Schwester und mir nach Bremen ab, wo wir seit dem 19. Mai mit Kenntnis des Gerichtes schon gar nicht mehr gewesen waren. Wenn eine Terroristin ihre eigenen Kinder verschwinden lässt, ist in der Tat jedes deutsche Gericht zuständig, insbesondere auch das Landgericht Berlin selbst. Es ist ein brutaler Fall von Rechtsbeugung zulasten von verschleppten Kindern und zugunsten einer aus dem Ruder gelaufenen Mutter.

Nach diesem Etappensieg vor dem Berliner Landgericht ist den gewieften Anwälten klar, dass sie nur ein kurzes Zeitfenster für das ungute Spiel haben. Sie bluffen jetzt mit Frechheit. Heinrich Hannover will nun kein weiteres Verfahren mehr, sondern plädiert für eine außergerichtliche Einigung mit Röhl, der freiwillig nachgeben soll. Ungeduldig schreibt Hannover an Anwalt Stein:

15. 07. 1970

[...] Noch zweckmäßiger wäre doch eine Erklärung Ihres Mandanten des Inhalts, dass der bei einem örtlich unzuständigen Vormundschaftsgericht gestellte Antrag zurückgenommen werde. Damit vergibt sich Ihr Mandant doch gar nichts, und wir kommen endlich einen Schritt weiter. Die Durchführung des Beschwerdeverfahrens wird doch, was den Zeitverlust anbelangt, auf dem Rücken der Kinder ausgetragen. Das prozessuale Verhalten

Ihres Mandanten ist mir daher unverständlich, wenn ich von der Richtigkeit seiner Behauptung ausgehe, dass er im Interesse des Wohles der Kinder nunmehr die Lösung anstrebe, einer Übertragung des Sorgerechts auf Frau Zitzlaff zuzustimmen. Ich wäre Ihnen also dankbar, wenn die Sache nun von Ihrer Seite unverzüglich gefördert würde.
Mit kollegialer Hochachtung[299]

Der Rücken der Kinder befand sich zu dem Zeitpunkt in Sizilien. Objektiv gesehen erpressen Ströbele und Hannover Klaus Röhl: Meinhof lässt die Kinder erst wieder frei, wenn du vorher auf dein Sorgerecht verzichtest, den Unterhalt zahlst und spurst. Denk daran, wie deine Kinder leiden und wie schnell du das Leid beenden könntest.

Doch es kommt anders: Durch eine Information des Hamburger Jugendamtes ist eine Zuständigkeit des Amtsgerichts Blankenese begründet worden, die der vornehmen Blankeneser Richterin Ingrid Schwenn die Möglichkeit gab, Justitia zu retten und am 3. August 1970 erneut das Aufenthaltsbestimmungsrecht und schließlich am 2. November 1970 endgültig das alleinige Sorgerecht Klaus Röhl zuzusprechen. Das irre Bemühen der APO-Anwälte, einer wegen Mordes gesuchten Meinhof das Sorgerecht für ihre Kinder zuzuschanzen, endet zwar an diesem Punkt, doch hört das Gezerre um die Deutungshoheit, wer in diesem Streit recht gehabt habe, auch Jahrzehnte später nicht auf. Die Meinhof-Biografin, besser Meinhof-Wiedergängerin Jutta Ditfurth und mit ihr zusammen einige alte RAF-Anhänger beteiligten sich noch im Jahr 2010, also vierzig Jahre später, in einer regelrechten Medienkampagne in *stern*, *Spiegel* online, *Berliner Zeitung*, *Welt*, *taz* und anderen Medien[300], in der sie erneut behaupten, nicht Klaus Röhl, sondern Meinhof hätte in Wahrheit im Sommer 1970 das Sorgerecht an den gemeinsamen Kindern bekommen müssen. Die »Kinderfrage« zwischen den Ex-Eheleuten Röhl/Meinhof blieb also noch Jahrzehnte später eine Art bundesrepublikanisches »Politikum«, über das zu berichten sich die Medien rissen, ohne dass meine Schwester und ich überhaupt gefragt wurden, weshalb ich mir hier erlaubt habe, die uralte Kamelle, die eigentlich nur noch meine Schwester und mich etwas angehen sollte, nun endlich mit Fakten und Dokumenten aufzuklären.

Ulrike Meinhof in Ostberlin

Inzwischen ist Meinhof aus Jordanien zurück in Berlin. Während ihre Anwälte um das Sorgerecht ihrer Kinder kämpfen, will sie am 17. August 1970 schon wieder palästinensische Kader treffen, diesmal in Ostberlin. Sie will mit der Ostberliner Staatselite sprechen. Worüber? Über den bewaffneten Kampf in der Bundesrepublik.

Sie reist mit dem Pass von Michèle Ray am Übergang Friedrichstraße ein, wird wegen der Westzeitungen *Spiegel* und *FAZ*, die sie bei sich hat, kontrolliert und fragt dabei die Grenzbeamten, wo das Büro der PLO in Ostberlin sei. Auf die Antwort »Da kann ich keine Auskunft geben« erwidert sie: »Dann werde ich mich bei Professor Kaul erkundigen.«[301]

Dann begibt sie sich auf direktem Weg in das FDJ-Hauptquartier »Unter den Linden«, wo heute das ZDF-Hauptstadtbüro residiert. Die streng vertrauliche »Einschätzung« ihrer Person durch den Genossen Erich Rauh, einen mächtigen Sekretär des Zentralrates der FDJ, wanderte in Meinhofs Stasi-Akte und lautete:

Information
Am 17.8.1970 fand sich Ulrike M. beim Zentralrat der FDJ ein und bat um ein Gespräch mit Günther Jahn. Ulrike M. war nicht bereit, einem Mitarbeiter des Zentralrats ihren Namen zu nennen und anzugeben, worum es sich handelt. Sie erklärte lediglich, dass sie aus Westberlin komme und eine dringende vertrauliche Angelegenheit besprechen möchte. Außerdem sagte sie, dass, wenn keine Möglichkeit bestünde, mit Günther Jahn oder mit einem anderen leitenden Genossen zu sprechen, sie zu Genosse Werner Lamberz oder Albert Norden gehen will. Daraufhin wurde sie an mich verwiesen.[302]
Mir teilte sie dann mit, dass sie Ulrike M. sei. Der Grund ihrer Vorsprache sei folgender: Sie möchte mit verantwortlichen Genossen in der DDR ein politisches Kontaktgespräch führen. Es gehe ihr und ihren Freunden um einen politischen Meinungsaustausch über die Organisierung des Widerstandes in Westberlin. Außerdem möchte sie mit einem verantwortlichen Genossen der Staatssicherheit sprechen, aber vorher möglichst mit einem Funktionär der Partei, der etwas zu sagen habe.

Auf meine Frage, warum sie zum Zentralrat gekommen sei, antwortete sie: Die Genossen Werner Lamberz und Horst Schumann würden sie von früher kennen und die FDJ könnte ihr sicher helfen, mit diesen und anderen Genossen, mit denen man eine politische Diskussion führen kann, in Verbindung zu kommen. Außerdem fragte sie, ob wir ihr sagen könnten, wo das Büro der Al Fatah in Berlin seinen Sitz hätte.
Auf meine Frage, wie sie denn in die DDR gekommen sei und wo sie sich zurzeit aufhalte, erklärte sie: Ihr Aufenthaltsort sei Westberlin, sie würde sich dort zusammen mit anderen Freunden verbergen. Ihre beiden Kinder seien bei Bekannten sicher untergebracht. Ulrike M. gab an, dass sie auf einem französischen Pass unter dem Namen Michèle Ray in die DDR eingereist sei. Vorher hätte es ihrerseits bereits eine DDR-Durchreise gegeben.
Auf meine Bemerkung, dass es nicht Sache der DDR sein kann, den Widerstand in Westberlin zu organisieren, und dass es unüberlegt von ihr sei, zum Zentralrat der FDJ zu kommen, da der Zentralrat für sie kein Partner sein könne, antwortete sie: Sie suche das Gespräch mit Genossen der SED, weil das für sie politisch wichtig wäre. Den Zentralrat der FDJ wollte sie natürlich nicht durch illegale Geschichten im Ausland belasten.
Ulrike M. sprach sich abfällig über die »Intellektuellen Linken« aus und sagte, diese würden nur »theoretische Linien« ausarbeiten, aber nicht bereit sein, den Kampf mitzuführen. Auf meine Bemerkung, dass die Auffassungen und das Wirken vieler Splittergruppen, die zugleich den Antiimperialismus und den Antikommunismus auf ihre Fahnen geschrieben haben, dem antiimperialistischen Kampf nicht dienlich sei, antwortete sie: Man müsse sich eben über viele Fragen politisch verständigen.
Ich hatte den Eindruck, dass Ulrike M. nach einem Ausweg aus ihrer prekären Lage sucht und ziemlich ratlos ist. Sie machte einen hilflosen Eindruck. Sie fragte zum Schluss nochmals, ob es mir nicht möglich sei, sofort mit verantwortlichen Genossen Verbindung aufzunehmen und ihren Wunsch weiter zu vermitteln. Ich erklärte ihr, dass mir das nicht möglich ist. Ich würde lediglich meine Genossen informieren und sie könnte evtl. am nächsten Tag nochmals vorbeikommen. Sie erklärte dann, dass sie am 18.8.70 gegen 10.30 Uhr wieder vorsprechen wolle.

Sie stellte noch die Frage, was sie machen kann, wenn sie an der Grenze festgehalten wird. Ich sagte ihr, dass sie selbst wissen muss, was sie auf sich nimmt, wenn sie sich mit falschen Papieren in der DDR aufhält.
Ulrike M. meinte, falls sie von unseren Organen aufgehalten würde, was ihr ganz gleichgültig sei, würde sie darum bitten, dass sie mit Genossen der Staatssicherheit sprechen kann. Ich sagte ihr, dass das ihre und nicht die Angelegenheit der FDJ sei. Sie fragte lediglich noch, ob sie in diesem Falle den Genossen sagen könnte, dass sie zum Genossen Rauh möchte.
Ich antwortete ihr, dass sie das den Genossen natürlich sagen könne.
Das Gespräch mit Ulrike M. dauerte etwa 20 Minuten.
E. Rauh[303]

Tatsächlich klopfte Meinhof am nächsten Tag an die Grenztüren der DDR und wurde abgewiesen. Diese Entscheidung hatte Stasi-Chef Mielke persönlich getroffen, der das »Problem Meinhof« mit dem 1. Stellvertreter von Spionagechef Markus Wolf, Hans Fruck, in einem Gespräch behandelt hatte. Ulrike Meinhof lamentiert noch ein wenig herum und trollt sich dann. Bemerkenswert ist der rasche Entscheidungsprozess in Ostberlin. Der mächtige Staatssicherheitsboss Mielke revidiert nur 48 Stunden später, am 20. August, seine eigene Entscheidung und erteilt den Grenzorganen der DDR Anweisung: »Meinhof ist beim Erscheinen an der Grenzübergangsstelle die Einreise zu gestatten.« Und: »Während der Abfertigung bei der Einreise ist sofort der Leiter der Hauptabteilung IX, Genosse Oberst Heinitz, in Kenntnis zu setzen.«[304]

Nach meiner Einschätzung wollte Meinhof im Al-Fatah-Büro palästinensische Reisepässe für meine Schwester und mich besorgen. Meinhofs Erwähnung, dass wir bei Freunden sicher untergebracht seien im Kontext ihres großen politischen Anspruchs einer Kampfgemeinschaft mit der DDR-Führung gegen die BRD, mutet seltsam an und spricht sehr dafür, dass sie genau dieses Thema zentral bei ihrer Einreise im Fokus hatte.

Der Meisterspion Markus Wolf, nach 1989 übrigens auch ein Mandant der Kanzlei Heinrich Senfft, gibt bei seinen Spezialisten im selben Monat eine »Einschätzung der Baader-Meinhof-Gruppe und ihrer objektiven Funktion im Kampf der herrschenden Kreise der BRD gegen alle demokratischen Kräfte« in Auftrag. Das Ergebnis der Einschätzung fällt verheerend aus. Bei den Mitgliedern handele es sich »vornehmlich um kleinbürgerliche Intellektuelle«, die ein »abstrakt-humanistisches Gesellschaftsideal« im Kopf haben: »Sie glauben, wahre Revolutionäre und Marxisten zu sein, verbleiben jedoch im Bereich pseudo-revolutionärer Phraseologie und anarchistischer Taktik.« Wasch mir den Pelz, aber mach mich nicht nass, nach diesem Motto hat die DDR die RAF als einen nützlichen Idioten unterstützt – mal mit der Möglichkeit, in der DDR Unterschlupf zu finden, mal mit der Möglichkeit, über Schöneberg bequem, zur Not auch bewaffnet, in jedem Falle unerkannt, aus- und einreisen zu können und mal auch mit Schulungen an der Waffe.[305] Die Reisepässe für meine Schwester und mich muss Meinhof sich nun im Westen besorgen. Oder gibt es noch einen anderen Grund, weshalb meine Mutter in die DDR fuhr? Ihr alter Kommunistenfreund Manfred Kapluck, der zu dieser Zeit in Essen lebt, erzählt mir, dass meine Mutter ihn angerufen habe, um ihn zu fragen, ob er die Kinder nehmen könne: »Ich hatte schon eine Wohnung in Essen für sie besorgt, wo sie mit euch Kindern für eine Weile hätte hingehen können.«[306] Auch bei der DDR-Führung habe er vorsorglich eine neue Identität für Meinhof organisiert. Eine Wohnung in Thüringen für eine Lehrerin mit zwei Kindern: Alles habe bereitgestanden, aber Meinhof sei dann doch nicht gekommen.

Weitere Dokumente, die belegen, dass auch andere Mitglieder der RAF in diesem Sommer 1970 Kontakt mit der DDR hatten, liegen inzwischen vor. In einer Mitteilung heißt es:

Wie inoffiziell streng vertraulich bekannt wurde, hat das Westberliner »Referat für gesamtdeutsche Fragen« (Zweigstelle des gleichnamigen SPD-Parteivorstandsbüros in Bonn) folgende Sofortinformation über den Aufenthalt des Westberliner Rechtsanwalts Horst Mahler, der im Zusammenhang mit der Gefangenenbefreiung Baader in Fahndung steht, an das Bonner Referat für gesamtdeutsche Fragen weitergeleitet:
Betrifft: Rechtsanwalt Mahler
Aus Ostberlin wurde von zuverlässiger Seite die Eil-Information durchgegeben, dass Rechtsanwalt Horst Mahler gegen Abend des 23. Juli 1970 von einem PKW Typ Wartburg mit einer Regierungs-Nr. als Kennzeichen

vom Flugplatz Schönefeld abgeholt wurde. Mahler befand sich in Begleitung einer Dame, die nicht erkannt wurde. Möglicherweise handelt es sich bei ihr um Ulrike Meinhof, denn sie traf in der Maschine mit ein. [...] Über die Rückkehr [aus Jordanien, Anm. d. Autorin] bestehen zwei Versionen, und zwar:
1.) Wird sie in Zusammenhang mit Kunzelmanns Verhaftung gebracht und dessen Verteidigung, die er steuern soll. 2.) Mahler soll im ZK der SED Anweisungen für die arabischen Freiheitskämpfer entgegennehmen. Sein Hiersein, so wurde gesagt, sei von hochpolitischer Bedeutung.[307]

Und auch Jürgen B. wird in den Akten erwähnt. Er kehrt am 5.8.1970 aus Jordanien über den Flughafen Schönefeld in Ostberlin zurück und wird von den DDR-Behörden festgenommen und verhört. Nach umfangreichen Aussagen wird er ohne die Waffe, die er bei seiner Einreise bei sich trug, zwei Tage später, am 7.8.1970, über den Grenzübergang Friedrichstraße nach Westberlin »abgeschoben«, wie es in den Akten heißt. Jürgen B. war allein, gewissermaßen als Vorhut, vor den anderen zurück nach Deutschland geflogen, um zu testen, ob die Luft rein war oder ob man in Westberlin nicht doch längst Bescheid wusste und die Gruppe womöglich bei ihrer Rückkunft verhaften würde.[308]

Den Akten der Staatssicherheit ist zu entnehmen, dass man die anderen Gruppenmitglieder dann ebenfalls über Ostberlin wieder nach Westberlin ausreisen ließ.

Der erste Schritt zu unserer Rettung

Auf dem Hamburger Hauptbahnhof steht Anfang August ein Peter Homann, der weiß, dass er von der Polizei gesucht wird, weil er mit dem Schützen der Baader-Aktion verwechselt wird; der weiß, dass er bei der Polizei nicht aussagen will; der weiß, dass sein Portemonnaie leer ist; der weiß, dass er keine Wohnung hat; der weiß, dass alle Freunde und Bekannten wissen, dass er »abgetaucht« ist; der weiß, dass er mit den RAF-Genossen nichts mehr zu tun haben will; und der weiß, dass er nun für die Palästinenser tätig werden soll, aber noch keine Idee hat, wie er aus diesem wenig erbaulichen Labyrinth herauskommen soll.

Er geht zu einem Freund, einem Bildhauer, bei dem er aber nicht bleiben kann, weil dieser Familie hat. Dann ruft er einen Kumpel aus *konkret*-Tagen an, der jetzt gerade für »Panorama« (NDR) an einem Film über Ulrike Meinhof arbeitet: Stefan Aust. Der ist hilfsbereit und wittert, wie ich ihn kenne, auch eine journalistische Story. Über eine Freundin, Gisela Stelly, Journalistin bei der *ZEIT*, die zwei Jahre später Rudolf Augstein heiraten wird, organisiert Aust, dass Homann in einer Wohnung in der Hochallee, die der *Spiegel* für Gäste des Magazins vorhielt, erst einmal wohnen kann. Peter Homann, der sein Aussehen inzwischen von blond auf schwarz umgestellt hatte, traut sich trotzdem kaum aus dem Haus und genießt die exquisite Plattensammlung des *Spiegel*, »die zu hören ich viel Zeit hatte«.

Homann nimmt Kontakt zu den Palästinensern in Hamburg auf, wie er es zugesagt hatte, weil er einen geordneten Weg aus dieser Falle finden wollte. Zu dem verabredeten Termin mit einem hochrangigen palästinensischen Kontaktmann in Hamburg kommt jedoch kein Araber, wie Homann es erwartet hatte, sondern ein Hamburger Journalist aus der linken Szene, den er sogar ganz gut kannte. Der schickt ihn nach einigen Gesprächen nach Frankfurt, wo er einen weiteren palästinensischen Kontaktmann treffen soll. Eher beiläufig kommt dort das Gespräch auf meine Schwester und mich, und Homann erfährt, dass der Plan, uns nach Jordanien in ein palästinensisches Waisenlager zu bringen, tatsächlich in der Umsetzungsphase ist. Begeistert von dieser Idee zeigte sich der Palästinenser mitnichten, im Gegenteil, er äußerte vehement sein Unverständnis.

Peter Homann: Auf der Rückfahrt von Frankfurt nach Hamburg habe ich zwei Beschlüsse gefasst: 1. Ich schwor mir, bei der palästinensischen Sache gar nicht erst einzusteigen und mich einfach nicht mehr zu melden, obwohl ich Angst hatte. Und 2. dachte ich nur noch an euch und wusste, ich muss sofort handeln. Wo ihr in Sizilien wart, keine Ahnung, aber ich wusste, dass Hanna es wusste. Ich musste sofort mit Hanna sprechen.

Peter Homann sprach zuerst mit Stefan Aust. Der sollte in Hanna K.s WG anrufen und Hanna ausrichten, dass ein »guter Freund« mit ihr in Hamburg reden wolle. Hanna ihrerseits war sich sofort sicher, wer der »gute Freund« war. Peter und Hanna sprechen noch am selben Tag. Sie setzt sich in den Zug nach Hamburg. Der erste Schritt zu unserer Rettung war getan.

Hanna K.: Seit ich zurück in Berlin war, bekam ich immer wieder Anrufe aus Sizilien, von den Centro-studi-Leuten. Ich hatte den vier Leuten, die euch bei Bubi übernahmen, meine Telefonnummer gegeben. Und die muss bei den Italienern gelandet sein. Ich wurde immer heftiger gedrängt, die Italiener fragten, fordernd, entnervt: »Was ist nun los? Die Kinder können hier nicht ewig bleiben. Sag den Leuten, dass sie sofort Geld schicken sollen!« Ich hatte den Eindruck, dass die keine andere Kontaktnummer hatten. Aber was sollte ich machen? Da ich »ausgestiegen« war, wusste ich nicht, wen ich meinerseits überhaupt ansprechen sollte und wo. Ich hatte keine Telefonnummer und keine Adresse, wo ich hätte hingehen können. So war ich womöglich ganz froh, als sich ein Gruppenmitglied, Monika Berberich, telefonisch bei mir meldete und ein Treffen wollte. MB und ich trafen uns auf dem Olivaerplatz und gingen kurz zusammen spazieren. Ich ließ sie gar nicht erst zu Wort kommen, sondern sagte ihr gleich, dass ich aus Sizilien wegen der Kinder genervt werde, dass die Geld wollten. MB hatte einen Auftrag für mich. Ich sollte zwei Kinderpässe für Mädchen in eurem Alter organisieren. Die würden dringend gebraucht, weil ihr nach Jordanien gebracht werden solltet. Ich solle mich bitte bemühen. Ich würde ja nicht von der Polizei gesucht werden. Ich traf MB noch einmal und machte ihr klar, dass ich keine Pässe aufgetrieben hatte. Und sagte ihr, dass die Italiener erneut gedrängt hatten. Ja, sagte MB, es wird jemand runterfahren, wir kümmern uns. So ungefähr MB.
Dann kam Gott sei Dank der Anruf aus HH. Ich wusste nun, dass Peter Homann, der im Nahen Osten Zurückgelassene, wohlbehalten wieder da war. Ich erkannte ihn sofort an seiner Stimme. Ob ich bitte kommen könne? Ja, klar, ich freute mich.
In einer schicken Wohnung in Hamburg, in die man mich gebeten hatte, saßen Peter und ein Freund von ihm, der mir als Stefan vorgestellt

wurde, es war Stefan Aust, wie ich später feststellte. Ich solle doch bitte sagen, wo genau die Kinder in Sizilien seien. Stefan wolle sich als Gruppenmitglied ausgeben und sie am nächsten Tag in Sizilien abholen. Das sei doch ein Quatsch, sie müssten zum Vater! Ja, das fand ich auch. Ich sagte den beiden, wo und wie ihr genau abgeholt werden könnt. Dann sauste ich wieder nach Berlin zurück.

Peter erinnert sich noch, die ganze Nacht mit Hanna gesprochen zu haben.

Peter Homann: Am nächsten Tag rief ich beim Centro studi in Sizilien an. Ich konnte ja ganz leidlich italienisch sprechen und fragte mich durch. Ich sagte denen, es komme morgen einer, um die Kinder abzuholen. Daraufhin mein Gesprächspartner: Was sagen Sie sonst noch? Ich antwortete: »Professor Schnase.« Das war das Stichwort. Der war hörbar zufrieden und motzte gleich los, was das für ein Sauladen sei, dass sie seit Ewigkeiten kein Geld bekommen hätten und dass sie andere Dinge zu tun hätten, als sich um Kinderkram zu kümmern. Auch die Deutschen, die bei den Kindern sind, hätten kein Geld mehr und die Nase voll.
Da ich als Illegaler nicht selber kommen konnte, sollte Stefan Aust euch holen. Ich verabredete, dass am nächsten Tag jemand aus der Gruppe gegen 14 Uhr am Flughafen von Palermo eintreffen würde. Mein Kontaktmann versprach, dass jemand da wäre. Es war keine Zeit zu verlieren. Denn auch die Gruppe wollte in diesen Tagen einen Abgesandten losschicken, um euch abzuholen.[309]

Stefan Aust: Am Morgen um 7.00 saß ich in der Maschine nach Rom und flog von dort aus nach Sizilien weiter. Auf dem Flughafen Palermo traf ich einen hippiemäßig gekleideten Mann, der deutsch aussah, und einen Italiener. »Ich bin Professor Schnase«, sagte ich. [...] In einem kleinen Fiat mit italienischem Kennzeichen fuhren wir zur Küste. An einem menschenleeren Strand wartete ein vergammelter VW-Bus. Darin saßen zwei braungebrannte Mädchen mit sonnengebleichten, blonden Haaren, Ulrike Meinhofs Töchter.[310]

Meine Schwester und ich waren inzwischen schon lange nur noch mit Andrea und Uli auf Sizilien und hielten uns den ganzen Tag in dem Strandrestaurant auf, in dem Uli kellnerte. Irgendwann, es war schon Anfang September, sagten Andrea und Uli, dass wir am nächsten Tag abgeholt würden. Wir sollten alles zusammenpacken, was wir mitnehmen wollten, und das war kaum mehr als das, was wir am Leibe trugen. Und dann stand plötzlich Stefan Aust am Strand. »Na Kinder, kennt ihr mich noch?« Er kam mir vor wie eine Erscheinung aus einer anderen Welt. »Onkel Aust aus Papis Firma!«, brach es aus mir heraus. Natürlich kannten wir ihn noch. Er wolle uns abholen, sagte er fröhlich, ob wir Lust hätten mitzukommen. Lachend und einladend nahm er uns an die Hand.

Stefan Aust in seinem Buch »Der Baader-Meinhof-Komplex«: »›Wir nehmen gleich die nächste Maschine zurück‹, sagte ich. ›Das geht nicht‹, meinte der Hippie. ›Auf dem Flughafen werden die Pässe kontrolliert. Wir haben uns aber schon nach Zugverbindungen erkundigt.‹«[311]

Wir fuhren also von Palermo über Messina nach Rom in einem völlig überfüllten Regionalzug. Stefan Aust erklärte uns, dass wir von einer Gruppe, irgendwelchen Leuten, gesucht würden, dass wir in Gefahr seien. Ich verstand nicht, was oder wen er meinte. Er war sehr nervös. Wir saßen in verschiedenen Abteilen, dösten die ganze Nacht, es wurde kühl, aber wir hatten keinen Pullover, weder Jacke oder Strümpfe, trugen immer noch Sandalen, T-Shirt und kurze Hosen. Stefan Aust guckte ab und zu nach uns, ob wir noch da waren. Der Macher Stefan Aust, damals erst 23 Jahre alt, hatte ein mutiges Glanzstück hingelegt, und nun schlotterten ihm selber noch die Knie.

Am Morgen waren wir in Rom. Aust brachte uns in die Wohnung von Nico Neumann, dem früheren *konkret*-Fotografen, der an der Piazza Navona wohnte, allerdings nicht da war. Seine Exfreundin Kathrin Springer wohnte dort und bat uns herein. Stefan Aust setzte sich sofort ans Telefon, um unseren Vater zu erreichen. Wir Kinder durften uns irgendwo schlafen legen. Ich hatte plötzlich gute Laune, war geradezu euphorisch, bis jetzt hatte ich noch gar nicht verstanden, was das nun für uns bedeutete.

Abends, inzwischen ausgeschlafen, gingen Stefan und Kathrin mit uns auf die Piazza Navona etwas essen. Der bunte Himmel auf Erden. Die ewige Stadt und keine Baracke. So viele Lichter hatten wir schon fast vergessen. Die mitreißende Stimmung habe ich hellwach, aber auch ein bisschen benommen erlebt. Exotisch anmutende Straßenhändler, wunderschöne Hippiemädchen, und überall liefen Kinder herum. Touristen bummelten über den Platz, die Eiscafés und Restaurants hatten noch geöffnet, das alles war für ein Kind aus der sizilianischen Provinz umwerfend und betörend.

Kathrin Springer: Im Spätsommer 1970 ist irgendwann Stefan Aust mit euch Zwillingen angekommen. Ich hatte eine große Wohnung in einer Seitenstraße der Piazza Navona in Rom. Ich kannte Stefan Aust vorher nicht, aber viele in Deutschland wussten, dass ich in Rom bin und dass ich offen bin, dass ich eine Adresse bin, wo man wohnen kann. Nico Neumann und ich waren gerade getrennt, er war eigentlich auch nach Rom gegangen für *konkret*, aber zu diesem Zeitpunkt war er nicht da. So kam also Stefan da an, und ich bin erst mal mit ihm und euch Kindern zu einem kleinen Italiener um die Ecke essen gegangen. Klar konntet ihr bei mir wohnen oder untergebracht werden, bis euer Vater euch holen käme, aber das Problem war, dass ja kurz vorher noch Ensslin, Baader, Proll und ich glaube auch Ulrich Enzensberger bei mir gewesen waren. Das war, als die in Italien so rumgereicht worden waren, die hatten hier im Künstlerviertel Trastevere gelebt und auch mit Luise Rinser und Peter Chotjewitz, das war eine Gruppe von deutschen Schriftstellern, Kontakt gehabt. Also mir war klar, ihr müsst woanders hin. Stefan sah das auch so, es war zu gefährlich. Wenn die Gruppe um Baader und Meinhof euch in Italien suchen würde, wären sie zuerst zu mir gekommen.
Ich kannte damals die Adresse eines belgischen Fotografen außerhalb von Rom, der dort ein Haus hatte, ich kannte ihn nicht, aber ich rief ihn an, ob ihr dort wohnen könntet. Der sagte sofort o. k., und dann seid ihr Kinder dahin gekommen. Bei mir wart ihr nur einen Tag. Aust blieb bei mir, um Klaus Röhl zu erreichen, was gar nicht so leicht war.[312]

Der Aufenthalt bei der Familie des belgischen Fotografen war für mich wie ein Blick ins Paradies. Dort waren drei ganz blonde, mehrere Sprachen, außer Deutsch, sprechende, wohlbehütete, kultivierte, kontaktfreudige Jungs zwischen 7 und 12 Jahren, alles ganz vornehm, sauber, ordentlich, eigentlich so, wie wir es von unseren früheren Freunden in Hamburg kannten, aber ich hatte es schon ein bisschen vergessen. Mir stand der Mund offen, ich selber fühlte mich dagegen kotzerbärmlich elend. Das alles war Lichtjahre vom Barackenlager entfernt. Wir bekamen von diesen fremden Menschen ein paar nette Klamotten aus dem Schrank der eigenen Kinder geschenkt, wir duschten, badeten, schliefen, aßen, und wir waren schüchtern. Ohne Aust fühlte ich mich wieder ein bisschen verlassen. Stefan Aust war irgendwie für mich der Garant, dass alles gut würde.

Aust war indes bei Kathrin Springer an der Piazza Navona und versuchte von dort aus weiterhin, meinen Vater zu erreichen. Klaus Röhl hatte nach den Sorgerechtsauseinandersetzungen beschlossen, Anfang September für zwei Wochen allein mit Danae in den Urlaub zu fahren, nach Italien, nach Ronchi, wo er früher einige Urlaube mit unserer Mutter und uns Kindern verbracht hatte. Aber er hatte niemandem erzählt, wohin er fahren wollte, und seiner Sekretärin eingeschärft, überhaupt keine Auskunft zu geben. Nicht mal, dass er überhaupt im Urlaub sei, durfte sie sagen.

Die Sekretärin wusste, dass Klaus Röhl in Ronchi ist, aber sie wusste nicht, wo in Ronchi. Stefan Aust sagte zwar am Telefon, es sei dringend, aber er sagte offenbar nicht, dass er meine Schwester und mich gefunden hatte. Die *konkret*-Redaktion war, wie alle wussten, mit Meinhof-Leuten »kontaminiert«, die sofort Alarm geschlagen hätten. Schließlich schickte Klaus Röhls Sekretärin, Frau Gerlach, ein Telegramm nach Ronchi in die vermutete Pension: »Sofort in Rom anrufen trecento-quatro-sei-zero-zero«, und das erreichte unseren Vater tatsächlich.

Ich war froh, dass wir nach ein, zwei Tagen außerhalb von Rom wieder zurück an die Piazza Navona kamen und Aust wieder trafen, der jetzt jeden Moment den Rückruf unseres Vaters erwartete. Es war ein aufregender Moment, als das Telefon klingelte. Aust ging an den Apparat und redete einen kleinen Augenblick mit Klaus Röhl. »Ich habe die Kinder«, brüllte er ins Telefon. »Sie glauben mir nicht? – Komm mal her«, sagte Aust, und ich ergriff den Hörer. »Hallo, Papi«, sagte ich. »Hallo, hier ist Papi, wie geht es euch? Ich komme und hole euch ab, so schnell es geht.«

Aust hatte seine Sachen schon gepackt und wollte sich von uns verabschieden. »Ihr wartet hier, bis euer Vater kommt, und wenn ihr wollt, könnt ihr mich bald mal besuchen.« Er merkte wohl, dass wir nicht wollten, dass er wegfährt. Irgendwie hatte der Druck, den unsere Mutter so lange ausgeübt hatte, dass unser Vater ein Schwein sei, doch gewirkt. Wir hatten ein bisschen Angst vor dem Wiedersehen mit unserem Vater. Mit seiner freundlichen und herzlichen Art hat Stefan Aust uns beruhigt, als er sagte: »Jetzt kommt euer Vater, und wenn ihr dann nicht bei ihm leben wollt, dann kommt ihr zu mir nach Stade, da haben wir viele Pferde. O. k.?«

Ja, dann waren wir beruhigt und verabschiedeten uns von ihm. Und plötzlich stand unser Vater bei den Neumanns in der Tür.

Kathrin Springer: Kurz vor Mitternacht erst erschien Klaus Röhl. Er war sehr unfreundlich zu mir. Er kam kaum in die Wohnung, begrüßte mich kaum, behandelte mich mies. Ihr maltet in einem Zimmer und wolltet noch fertig malen. Klaus Röhl rannte die ganze Zeit zwischen Haustür und diesem Zimmer hin und her, weiter in die Wohnung hineinsehen wollte er nicht. Klaus Röhl hat sich mir gegenüber benommen, als sei ich eine derjenigen gewesen, die seine Kinder verschleppt hätten. Dann fuhrt ihr weg.[313]

Ich erinnere mich genau, wie ich gerade in einem Zimmer saß und ein Bild mit gelben Buntstiften malte. Unser Vater stand in der Tür und sagte: Hallo, Tina, hallo, Gine, wollt ihr mit eurem Papa mitkommen? Ja, das wollten wir, wenn wir unsere Bilder, die wir gerade malten, fertig hätten. So fremd war der Moment. Wir packten unsere Sachen und gingen mit ihm mit, mit der bangen Frage: Wohin?

Rückkehr in die Gesellschaft

Danae Coulmas stand unten auf der Piazza Navona, umringt von Papagalli. Sie begrüßte uns überschwänglich. Danae war die Mutter von Timon und Diana, mit denen wir damals in Hamburg noch zusammen gespielt hatten, sie war fröhlich und sehr herzlich zu uns. Wir hatten sie seit Jahren nicht gesehen und hatten sie vor allem noch nie mit unserem Vater zusammen als Paar gesehen. Sie sah in ihrem engen schwarzen T-Shirt, mit einem schicken Gürtel, weißem Minirock und gestylter Frisur richtig toll aus, ganz anders als die Genossen von der RAF in Berlin oder Italien. Sie grüßte uns von Timon und Diana, die würden sich schon sehr freuen, wenn wir wieder in Deutschland wären. Mein Vater stieg in den Mietwagen, und auf ging es Richtung Ronchi.

Es wurde wenig gesprochen, die Erwachsenen waren mit dem Stadtplan beschäftigt, wie aus Rom rauskommen und die Straße nach Norden finden. Und auch sie wussten kaum, was sie sagen sollten, außer, wie geht es euch, braucht ihr irgendetwas, ist euch kalt. Erst als wir nach etwa zwei Stunden Fahrt eine Autobahnraststätte besuchten und das erste Mal ausstiegen, löste sich die Spannung. Als wir am Tresen standen, fragte mein Vater, ob wir etwas haben wollten, wir könnten uns etwas aussuchen. »Irgendwas?« Ich hatte keine Ahnung, was ich mir wünschen sollte. Regine wusste auch nichts. Schließlich fiel mir etwas ein: »Vielleicht Bonbons?«, sagte ich. »Ja, Bonbons, das ist eine gute Idee«, sagte mein Vater erleichtert und rief die Bedienung, der er mit Händen und Füßen erklärte, dass er die größten Bonbons, grande, molto grande, haben wollte, musste, für seine Bambini. Und ganz plötzlich erinnerte ich mich an unseren Vater, wie er immer gewesen war. Das war tatsächlich unser Papi! Wir stiegen wieder ins Auto. Die Bonbons wirkten. Fröhlich fuhren wir weiter.

Allmählich tauten wir auf und begannen im Auto, von unserem Barackenlager und den Hippies zu erzählen. Ich merkte, dass mein Vater gespannt zuhörte und nichts von dem, was ich erzählte, verpassen wollte. Dabei guckte er Danae bedeutungsvoll an. Er fand alles schlimm und grauenvoll und fand, die Leute, mit denen wir es zu tun gehabt hatten, seien »Struppies« und »Verbrecher« und müssten von der Polizei festgenommen werden. Ich war ein bisschen beleidigt, denn das waren doch *unsere* Baracken und *unsere* Hippies gewesen, von einer Verschleppung wussten wir nichts. Und von irgendeiner Polizei, die uns gesucht hätte, auch nicht. Ja, es war grässlich, sehr grässlich, aber es war doch unser Leben gewesen. Und Mami hatte alles so gewollt. Wo sie war, trauten wir uns nicht zu fragen.

Als Papi merkte, dass uns das Gespräch anstrengte, sagte er wieder fröhlich und ganz laut: Nun wollen wir etwas singen, kennt ihr denn auch ein schönes Lied? Und dann sangen wir ihm das einzige Lied vor, das wir in Sizilien gelernt hatten. Avanti Popolo, das berühmte italienische Revolutionslied.

»Hm«, sagte mein Vater, »oh, ja, natürlich, Kinder, das ist auch sehr schön, aber könnt ihr denn auch ein Kinderlied?« Wie aus der Pistole geschossen sangen wir: »Auf der Mauer, auf der Lauer sitzt 'ne kleine Wanze, seht euch mal die Wanze an, wie die Wanze tanzen kann …« Regine und ich waren ein geübter Zwillingschor. Das Leben hatte uns wieder.

Die Wirtin der Pension in Ronchi erkannte uns von unseren früheren Ferienaufenthalten sofort wieder. Alle begrüßten uns stürmisch. Man hatte von der dramatischen Geschichte der verlorenen Kinder gehört. Ich hörte zum ersten Mal, dass wir »entführt« worden waren.

Weiße gestärkte Bettwäsche, sauber gedeckte Tische, kristallklare Wasser- und Weingläser und mittags ein Duft wie feine italienische Landküche. Ein Pinienwäldchen, Liegestühle, zwei Hollywoodschaukeln und gefühlt noch viel mehr – das war jetzt alles irgendwie neu für uns, obwohl wir die nette Pension schon lange kannten. Gleich am ersten Tag gingen wir in das Touristenzentrum und bekamen T-Shirts, kurze Hosen, einen Schlafanzug und Unterwäsche. Die Bikinihose, die ich bis dahin anhatte, konnte nur noch als Sondermüll entsorgt werden. Die wenigen Dinge, die ich noch hatte, wanderten alle in den Müll. Das kleine Nähetui, das ich in Frankfurt geschenkt bekommen hatte, bewahrte ich auf. Zahnbürste, Sonnencreme, Haarbürsten, Sportschuhe, alles sehr ungewohnt. Wir bekamen auch ein paar Ballspiele und Spielzeug für den Strand, alles, womit Ferienkinder normalerweise spielen. Und der Clou: Unser Vater kaufte ein kleines Schlauchboot, mit dem wir sehr viel Spaß hatten.

Abends gingen wir Calamares essen, fast wie gehabt, und ich erzählte, wie es denn so in Sizilien gewesen war. Damals habe ich einen Teil dieser Geschichte eigentlich zum ersten Mal »veröffentlicht«, denn etliche der Beschreibungen, die von Stefan Aust und Klaus Röhl in ihren Büchern »Der Baader-Meinhof-Komplex« und »Fünf Finger sind keine Faust« verwendet wurden, haben die Autoren von mir erfahren. Und manche kleine Geschichte, die ich einmal erzählt habe, findet sich bis heute wie recherchiertes Wissen auch in den Meinhof-Biografien, ohne dass die Quelle genannt wird.

Was ich damals vermisste, war eine einordnende Hilfe von unserem Vater, was denn nun eigentlich genau passiert war. Dass die Sizilienreise eine etwas schräge Angelegenheit gewesen war, haben wir als Kinder natürlich gespürt, hätten es jedoch nicht verbalisieren können. Und nun bekamen wir höchstens zynische Kommentare über haschrauchende Kriminelle zu hören, die mein Vater allerdings nur aus meinen Erzählungen kannte. Klar habe ich mich mit den Leuten in Sizilien irgendwie identifiziert, und darum war es gar nicht so leicht, diese Menschen jetzt plötzlich als schlimmste Idioten sehen zu sollen.

Mein Vater wollte sehr vieles wissen, hat mich ständig ausgefragt, auch darüber, wie es in den letzten Monaten und Wochen in Berlin gewesen war. Ich erzählte von Baader und Ensslin, die wir Hans und Grete nennen sollten, dass bei uns zu Hause große Versammlungen stattgefunden hatten. Und ich kannte die Namen aller Genossen, aller Leute, die bei uns ein und aus gegangen waren, von denen ich natürlich nicht wusste, dass sie jetzt bekannte Untergrund-Aktivisten waren. Klaus Röhl hörte mir zu, gab keine Antwort, gerade so, als hätte ich alles zu erklären. Klaus Röhl, die Ereignisse, die er ja kannte, im Hinterkopf, registrierte alles, aber fand kein erklärendes Wort für seine kleine Tochter. Ich hatte außer dem, was ich direkt selber erlebt hatte, natürlich von nichts eine Ahnung. Ich wusste nicht, dass es einen Gefängnisausbruch von »Hans« gegeben hatte, ich wusste nicht, dass es eine »Baader-Meinhof-Bande«, wie die Springerpresse sie jetzt nannte, gab. Ich wusste nicht, dass meine Mutter von der Polizei gesucht wurde. Und ich wusste auch nichts von den Dingen, die unser Vater inzwischen getrieben hatte, zum Beispiel dem Sorgerechtsstreit. Wir seien entführt worden und er habe uns gesucht. Lapidar, das war alles an Erklärung, mit der ich jedoch nichts anfangen konnte. Wo unsere Mutter sei, fragte ich. Das wisse er nicht so genau. Die sei weg. Irgendeine Erklärung, dass etwas schiefgelaufen sein musste, hätte mir schon sehr geholfen.

Klaus Röhl war ahnungslos mit Danae nach Ronchi gefahren, um mit ihr sein altes Liebesnest neu zu beleben. Wenn er uns nachmittags für ein, zwei Stunden loswerden wollte, steckte er uns in unser Zimmer und sagte, wir sollten spielen. Und war jedes Mal erstaunt und voll des Lobes für die Hippieverbrecher, dass die uns offenbar sehr gut erzogen hätten, dass wir so lange brav in unserem Zimmer blieben, ohne laut zu sein, ohne anzuklopfen, ohne zu stören. Wiederholt sagte er, dass es unglaublich sei, wie diszipliniert wir seien.

In unserem Zimmer fragte ich Regine wieder nach dem Geheimnis, das sie am Tag unserer Abreise bei unserer Mutter gesehen hatte. Aber Regine blieb auch jetzt eisern und verriet es mir nicht. Wir warteten auf die Kinderausweise, die Klaus Röhl beantragt hatte, und machten eine Woche Ferien. Zur Polizei ging Klaus Röhl nicht: keine Anzeige, keine Aufklärung, kein Fall, kein Aktenzeichen. Auch Klaus Röhl behandelte die Sache letzten Endes wie einen privaten Scheidungsstreit unter Genossen. Und nicht als einen Akt der RAF, um den es sich handelte.

Ganz fest in Röhls Weltbild verankert war, dass Meinhof das alles nicht gewollt hatte, dass sie von bösen Genossen gezwungen, verführt, unter Druck gesetzt worden wäre. Und es bildete sich in seinem Kopf eine fixe Idee, an die er im Grunde bis heute glaubt. Er hatte von Aust gehört, dass ein Mitglied der Baader-Meinhof-Gruppe, eine Frau, unseren Aufenthaltsort in Sizilien verraten hätte, deren Namen er aber nicht nennen könne. Natürlich hatte Aust Hanna K. gemeint, deren Identität er meinem Vater aber nicht verraten wollte. Doch für unseren Vater wurde es schnell zur Gewissheit, dass es Ulrike Meinhof selber gewesen sei, die uns Kindern, heimlich an Baader vorbei, ein Schicksal in Jordanien oder sonst wo ersparen wollte. Sie habe eben doch gewollt, dass wir bei ihrem früher so geliebten Ex-Ehemann aufwachsen. Er war überzeugt davon, dass sie seinen Brief, den er ihr in den »Untergrund«, sprich an die Anwälte, geschickt hatte, erhalten hatte. Und dass die Befreiung jetzt die Antwort auf seinen Brief gewesen war.

Nach ungefähr acht Tagen flogen wir zu viert nach Köln. Sehr spät am Abend erreichten wir das große Haus, in dem Peter Coulmas und seine Frau Danae (inzwischen mit Klaus Röhl liiert) wohnten, das ich damals zum ersten Mal sah. Peter Coulmas und seine Freundin Christiane, die nicht dort wohnte, nahmen uns herzlich in Empfang, und wir fanden einen Zettel von den uns gleichaltrigen Kindern Diana und Timon auf der Treppe: »Bitte weckt uns auf jeden Fall, wenn die Zwillinge kommen.« Zwei Tage später feierten wir dort mit den vier Erwachsenen und den beiden Kindern unseren 8. Geburtstag. Das größte Geschenk waren zwei Gutscheine für Fahrräder, die wir ein paar Tage später in Hamburg bekamen. Meine Schwester bekam einen Arztkoffer mit allen Schikanen und ich ein großes Buchstabenset mit Magnettafel und einem passenden Rahmen. Wir spielten begeistert mit den Coulmas-Kindern. Wir vier lernten uns ab jetzt richtig gut kennen. Dann fuhren wir mit unserem Vater nach Hamburg, zurück in unser Haus in Blankenese. Regine und ich bekamen jetzt jede ein Zimmer im obersten Geschoss.

Meinhof allein in Sizilien

War denn nun jemand aus der Gruppe in Sizilien gewesen, um uns abzuholen? War Meinhof gar höchstselbst gekommen, um ihre Kinder endlich wiederzusehen? Und was hatte sie wirklich mit uns vorgehabt?

Fünfundzwanzig Jahre später habe ich Gelegenheit, Monika Berberich danach zu fragen:

Bettina Röhl: Hatte Aust recht, dass ihr zur selben Zeit auch einige Leute nach Sizilien geschickt hattet, um uns abzuholen, und war Ulrike Meinhof dabei?
Monika Berberich: Ja, aber sie war alleine da.
Bettina Röhl: Sie war in Sizilien?
Monika Berberich: Sie ist hingefahren, ja. Sie wollte von da aus dann mit euch auch nicht mehr in die BRD zurück, sondern gleich rüber nach Jordanien, es war auch schon alles geplant [...] ich weiß nicht, ob mit Schiff oder Flugzeug. Und kommt an, und ihr seid nicht da. Sie hatte sich gefreut, total, und dann der Schock, dass ihr weg wart. Wir haben auch viel darüber geredet, und sie war natürlich auch sauwütend.[314]

Ob Meinhof überhaupt je im Barackenlager in Sizilien war und wann sie da gewesen sein soll, ob Stunden oder Tage nach unserer Befreiung durch Stefan Aust, vermag ich nicht zu sagen. Alle mir bekannten Schilderungen von Zeitzeugen laufen darauf hinaus, dass Meinhof eher einige Tage als Stunden, nachdem wir Sizilien bereits verlassen hatten, alleine und ohne Voranmeldung zum Lager gefahren ist, um meine Schwester und mich abzuholen. Über Meinhofs Befindlichkeiten, als sie unverrichteter Dinge wieder abreisen musste, gibt es nur Kolportagen von Baader-Meinhof-Leuten, die ihrerseits wiedergaben, was Meinhof ihnen erzählt hatte oder wie sie Meinhofs Erzählungen verstanden hatten. Auf syrischem Pass anreisen, sinnlos in ein abgelegenes Barackenlager fahren und die geplante Weiterreise nach Jordanien canceln müssen, das stimmt gewiss nicht euphorisch. Über Meinhofs Plan, uns in ein palästinensisches Camp zu bringen, setzt die Polit-Aktivistin Jutta Ditfurth 2007 in ihrer Meinhof-Biografie erstmalig folgende Legende in die Welt: »Meinhofs Freunde sagen, das sei nie Ulrikes Absicht gewesen. Denn es war zu diesem Zeitpunkt kein Geheimnis mehr, dass Jordanien kurz vor einem Bürgerkrieg stand.«[315] An anderer Stelle im selben Buch sinniert Ditfurth: »Erfuhren Kinder in einem jordanischen Heim weniger Wärme und Zuwendung als in einem Internat in Westberlin, Sankt Peter-Ording oder in Schönau? Der Komfort in diesem Teil der Welt war geringer, die Lage in der Nähe eines Kriegsgebietes gefährlicher.« Und behauptet: »Ein jordanisches Kinderheim wäre nur eine Notlösung gewesen, es war nie eine ernsthafte Option. Es gab andere Möglichkeiten. Die DDR. Freunde, die sich anboten, den Kontakt zu anderen, sicheren Ländern herzustellen.«[316]

Die Zeugen, die Ditfurth anführt, um ihre entlastende Behauptung zu stützen, nennt sie etwas nebulös »Meinhofs Freunde«. Indes: Meinhof hatte im Untergrund keine Freunde, sie hatte Kampfgenossen, die an den Verschleppungsplänen beteiligt waren. Ditfurth behauptete öffentlich wiederholt, fünf- bis sechstausend Quellen für ihr Buch befragt zu haben, von denen sie allerdings jede einzelne verschweigt. Wer also sind »Meinhofs Freunde«, auf die Ditfurth sich beruft? Zu welchem Zeitpunkt hätten diese wem was genau gesagt? Quellenkritik kann man mit dem Schmankerl »Freunde sagen« nicht wirksam umgehen. Für ihre anderen Behauptungen bietet sie nicht einmal eine solche Phantomquelle an.

Mir haben eine Reihe von mittuenden Zeitzeugen, von denen in diesem Buch einige zitiert sind, ganz und gar unabhängig voneinander die Jordanienpläne, die über längere Zeit konkret verfolgt wurden, offen geschildert. Monika Berberich, eine der engsten Kampfgefährtinnen und in der Untergrundzeit auch einzige Freundin meiner Mutter – es gab in den ersten Monaten der RAF keine ihr näherstehende Person –, erzählte mir schon im Jahr 1995 in einem über zwei Tage dauernden Interviewgespräch in Frankfurt in ihrer Wohnung von der geplanten Überführung nach Jordanien. Damals haben auch viele andere Weggefährten aus dem Meinhof-Umfeld mir gegenüber noch einigermaßen offen gesprochen, erst seit Anfang der 2000er mögen einige Mitwisser die Jordaniengeschichte nicht mehr so gut leiden und haben die Story peu à peu abgemildert und geleugnet.

Ich zitiere weiter aus dem Buch von Jutta Ditfurth: »Nicht die Baader-Meinhof-Gruppe war unterwegs nach Italien, sondern Ulrike Meinhof mit einem syrischen Pass. Als sie ankam, erfuhr sie, dass ihre Kinder wenige Stunden zuvor abgeholt worden waren. Sie brach zusammen, sie hatte nicht nur ihre Kinder verloren, sie waren auch genau dort, wo sie auf keinen Fall sein sollten. Klaus Rainer Röhl, Peter Homann und Stefan Aust hatten Fakten geschaffen, die kein Gericht mehr korrigierte. Ulrike Meinhof verkroch sich bei Freunden. Lilli Holtkamp erinnert sich: ›Sie sah aus wie ein Gespenst.‹«[317]

Die bei Ditfurth immer wieder durchscheinende Absicht, Meinhof zu verklären, macht es schwierig, die Biografie, in der einige falsche Tatsachenbehauptungen und seltsame Gefühlsduseleien auffallen, ernst zu nehmen. Eigentlich schade, denn eine Meinhof-Rezeption aus einer linksextremen Sicht à la Ditfurth könnte ja durchaus interessant sein. Guru Meinhof schönschreiben, das ist das, was die Gemeinde hören oder lesen will, immer wieder. Und weil's doch so schön ist, gerne noch und noch einmal.

Und weil die Jordaniengeschichte überhaupt nicht schön ist, tut sie sehr vielen Meinhof-Anhängern sehr weh. Es soll nicht so hässlich gewesen sein, wie es tatsächlich war. Meinhof soll ein besserer, ein guter Mensch, eine gute Mutter gewesen sein. Und über diese Reinwaschungsbrücke Meinhofs soll natürlich auch die RAF insgesamt »menschlich« gemacht werden.

Es war ein Segen, dass Aust, Homann und Hanna K. unserer Mutter das Handwerk legten. Meinhof in diesem Fall mit Mitleid und Empathie zu überziehen ist unangebracht. Und es ist auch unangebracht, die Helden dieser Geschichte mit Zweifel und Lüge zu überziehen. Zu der Rettung durch Aust, Homann und Hanna K. hatte das Schicksal keinen Plan B bereit. Meinhof war damals im Terminator-Modus.

Verräterische Formulierungsmissgeschicke zeigen die verdrehte Optik einer Ditfurth, die symptomatisch ist für die bis heute anhaltenden Verdauungsprobleme der Gesellschaft mit der RAF. So schreibt sie zum Beispiel über unseren Urlaub in Ronchi, unsere erste Woche in Freiheit: »Röhl versteckte sich mit den Kindern ein paar Tage. Die Polizei gewährte ihm Schutz.«

Reine, die Tatsachen verdrehende Fantasie von Ditfurth: In Ronchi gab es keine Polizei, die sich um uns kümmerte, Röhl »versteckte sich« nicht. Meinhof versteckte sich. Klaus Röhl versteckte uns nicht. Meinhof hatte uns fast vier Monate versteckt. Wenn es einen Grund gegeben hätte, dass unser Vater sich mit uns versteckt, dann nicht vor der Polizei, sondern vor Meinhof und ihren Schergen, wie ich »Meinhofs Freunde« hier doch einmal deutlich nennen möchte. An anderer Stelle heißt es über Aust: »Weil die Mädchen keine Papiere hatten und er befürchtete, dass die Polizei am Flughafen von Palermo die Ausweise kontrollieren könnte […]«[318] Allerdings: Es waren nicht wir Kinder, die »keine Papiere hatten«, sondern Mutter Meinhof hatte keine Papier für uns, und infolgedessen hatten auch die von ihr beauftragen Aufpasser keine Papiere für uns, konnte Aust keine Papiere für uns haben. Und warum hatte Meinhof keine Papiere für sich und für uns? Weil sie sich für die Kriminalität entschieden hatte. Auch das ist symptomatisch, da ist Ditfurth gar keine Ausnahme: Es findet eine Werteverdrehung statt, Meinhof wird die Unschuld der Kinder zugeschrieben und den Kindern Meinhofs Illegalität. Dass das so sicher aus dem Unterbewusstsein, im vorliegenden Beispiel: einer Ditfurth, kommt, zeigt, wie krass das Meinhofbild im Besonderen, aber auch das Bild der RAF immer wieder aktiv aufpoliert wird.

Vielleicht noch etwas krasser ist folgende Formulierung von Ditfurth, wenn sie schildert, wie wir nach Italien gebracht werden: »Die Freunde beschlossen, dass Marianne H. und Hanna K. die Zwillinge nach Sizilien bringen sollten. Die beiden Frauen wurden polizeilich nicht gesucht, sie konnten problemlos über jede Grenze, aber die Zwillinge nicht, weil nach ihnen gefahndet wurde.«[319] Die Polizei hat uns zum Schutz vor unserer Mutter gesucht, »gefahndet« hat sie nach Ulrike Meinhof.

25 Jahre nach Gründung der RAF haben meine Schwester und ich die Ex-Terroristin Brigitte Asdonk kennengelernt. Sie war die Bekannte von Hanna K., die 1970 zusammen mit ihr zur RAF ging. Wir hatten sie im Winter 1995 auf einer von meiner Tante Wienke organisierten »Bambule«-Filmvorführung in der FU Berlin getroffen, und sie hatte uns angeboten, sich am nächsten Tag noch einmal mit uns zusammenzusetzen, wenn wir Fragen an sie hätten.

Wienke hatte meine Schwester zu der Veranstaltung eingeladen. Ich war zufällig in Berlin und hatte mich ihr angeschlossen. Vor Ort durfte Regine mit einer Freundin dann in die Filmveranstaltung, während ich am Eingang von meiner Tante Wienke und ihren Genossinnen, unter ihnen das frühere Heimkind Irene G., zurückgehalten wurde. Begründung: Ich arbeitete gerade bei Aust für SPIEGEL TV, und deshalb dürfte ich nicht in die Vorstellung. Mein damaliger Freund kam kraft seines Geschlechts sowieso nicht hinein. Nur Frauen! Dass meine Schwester und ich Rechte an dem Film »Bambule« haben und Wienke den Film im Übrigen rechtswidrig zeigte, war »Terroristens« nicht geläufig.

Nach dem Film haben wir uns alle in dem großen Vorraum spontan an ein paar Tischen im Neonlicht zusammengesetzt: Brigitte Asdonk, meine Tante Wienke, Irene G., meine Schwester mit ihrer Freundin, mein Freund und ich. Bei diesem Zusammentreffen mit den Ex-Terroristinnen hat es einige skurrile Szenen gegeben: Meine Tante Wienke räumte zum ersten Mal ein, meine Mutter im Untergrund mehrmals getroffen zu haben, und erklärte beleidigt, dass sie damals alles getan hätte, um meine Schwester und mich zu sich zu holen. Und Irene G., jetzt mit wilder Punkfrisur, erzählte von unserem gemeinsamen Autounfall auf dem Weg ins Märkische Viertel und dass sie in Panik gewesen sei, dass ihre durch die Gegend geflogene Zigarette das Auto in Brand setzt. Ich aber musste über etwas ganz anderes lachen: Bei der Begrüßung im Foyer sagte Irene G. als Allererstes zu mir: »Du bist doch die Schlimme von euch beiden gewesen, du hast doch damals im Kinderladen das Portemonnaie geklaut.« Und das von einer, die ein paar Jahre wegen eines Banküberfalls im Gefängnis gesessen hatte!

Am folgenden Tag saßen wir dann also bei unserer regulären Verabredung mit Brigitte Asdonk zu dritt in der Küche meiner Schwester und haben einen Abend lang über den Jordanienausflug der Baader-Meinhof-Leute gesprochen und über den Plan, uns von Sizilien aus nach Jordanien zu bringen. Asdonk beschrieb es genauso wie Berberich: Das Waisenlager war ausgesucht, Meinhof wollte uns dort hinbringen, aber dann sei Aust ihr zuvorgekommen.[320]

Mit Pistolen

Für die Baader-Meinhof-Gruppe war unsere Befreiung durch Stefan Aust, Peter Homann und Hanna K. der erste große Fehlschlag. Man sann auf Rache.

Hanna K.: Ab jetzt hatte ich permanent Angst gegenüber beiden Seiten, der Justiz und der grässlichen Gruppe. Ich suchte nach einem Ausweg, ich beschloss zu verschwinden. Ich bat einen Freund, ob ich in dessen WG für eine Zeit wohnen dürfte. Ich wollte ihm keinen Grund nennen, warum ich in meiner alten WG nicht bleiben wollte, er dürfe niemandem sagen, dass ich bei ihm sei. Erst mal fühlte ich mich recht sicher. Dann kam mein Freund aber bald zu mir und sagte: Eben hat die Brigitte Asdonk angerufen. DER durfte ich doch sagen, dass du hier bist? Oh Gott, ausgerechnet BA, das war jetzt die Letzte, die es wissen durfte. Ich fuhr sofort mit einem anderen Freund, der gerade da war, in dessen WG. Kurze Zeit später klingelte es an dessen Tür, der Freund ging an die Tür und kam zurück zu mir ins Zimmer, kreidebleich: »Draußen stehen Horst Mahler, Andreas Baader und Brigitte Asdonk, fuchteln mit Pistolen rum und wollen dich sprechen.« So standen wir uns denn in einem der Zimmer gegenüber. Asdonk hatte keine Pistole, stand nur daneben, die anderen beiden schrien: »WO sind die KINDER!« Dabei Pistolen auf mich gerichtet. Ich war keine große Heldin und habe denen gesagt: Die sind jetzt bei Homann und Aust in Hamburg.
Draußen vor der WG standen schon zwei Autos mit Freunden von mir, die mich retten wollten, vor Baader und Mahler, die hatten sich aber allesamt

dann doch nicht reingetraut, hatten Baader und Mahler noch weglaufen sehen. Ich suchte eine Telefonzelle, von dort aus rief ich in HH an und beichtete alles. »Ihr müsst da weg!«
Meine Freunde aus der WG sagten, ich hätte sehr sehr blass ausgesehen plötzlich, aber ich konnte denen nicht sagen, worum es ging. Aber jedenfalls weiß ich noch, dass ich an dem Abend wieder mit dem Rauchen angefangen habe, was ich mir eigentlich abgewöhnt hatte.
Dann war alles o. k. Zurück in meiner eigenen WG, rief ich meine Schwester an und bat, zu ihr nach Westdeutschland kommen zu können, »hier schaffe ich es nicht, meine Examensarbeit zu schreiben«. Am nächsten Tag fuhr ich weg und kehrte erst wieder, als ich im Fernsehen sah, dass die RAF-Leute mehrere Banken zugleich in Berlin überfallen hatten. Super, dann haben sie nun was anderes zu tun, als mich zu suchen. Ich konnte wieder zurück nach Berlin fahren.[321]

In Hamburg schlagen Mahler und Baader bei einem alten SDS-Kollegen und *konkret*-Schreiber auf, der auch am Rande bei der Gegenredaktion von Meinhof in *konkret* eine Rolle gespielt hatte, Historiker, Arzt und damals schwer in linksradikalen Kreisen engagierten Genosse Karl Heinz Roth. Er ist einer derjenigen, die in den Genuss der unter Gustav Heinemann 1970 ausgesprochenen Amnestie für während der Studentenbewegung begangene Straftaten kamen. Aust hatte ihn im Jahre 1969 für vier Wochen bei seinen Eltern in Stade vor der Polizei versteckt. Roth erinnerte sich in einem Gespräch, das ich 1999 im Hamburger Hotel Elysée mit ihm führte, an den Tag, an dem Mahler und Baader vor seiner Tür standen:

Karl Heinz Roth: Das war ganz einfach so: Eines Tages kamen zwei Leute, von denen ich einen kannte, nämlich Mahler, in unsere Wohnung. Sie schafften es, ohne dass mir irgendetwas auffiel, in mein kleines Arbeitszimmer zu kommen. Sie hielten mir ihre Knarren vor den Bauch und fragten: Wo sind die Kinder von Ulrike? Ich war fassungslos, weil ich überhaupt nichts wusste. Ich war völlig uninformiert. Ulrike hatte gedacht, ich wüsste das, weil ich 1968/69 häufig in *konkret* publiziert und auch einmal bei Aust gewohnt hatte.

Bettina Röhl: Und wer war der andere, der da mitgekommen ist?
Karl Heinz Roth: Das war Baader, den kannte ich bis dahin noch nicht persönlich. Es gab einen sehr heftigen Wortwechsel, und am Ende konnte ich sie überzeugen, dass ich tatsächlich nichts wusste. Nun wussten sie aber – so weit hatten sie schon recherchiert –, dass mir bekannt war, wo sich Aust und sein Mitakteur Homann befanden. Sie wussten auch, dass sie euch beide aus Sizilien geholt hatten. In ihren Augen war das eine Kindesentführung.
Bettina Röhl: Kindesentführung?
Karl Heinz Roth: Ja, so sagten die es, und ja, was hätten Sie gemacht? Ich hatte keine Chance Die waren richtig sauer, vor allem Mahler. Mahler wollte ein Shootout veranstalten. Ich war in einer Erpressungssituation, und es war absolut ernst. Ich habe dann einen Kompromiss angeboten und gesagt: Ich weiß, wo Aust wohnt. Ihr könnt mich hinfahren, ihr könnt an der Straße den Wagen so parken, dass ihr seht, wie ich reingehe, und ich garantiere euch, wenn die Kinder dort sind, wo Aust wohnt, dann werde ich euch die Kinder bringen. Nach einer halben Stunde heftigen Streits hat Baader gesagt, o. k. Mahler wollte weiter das Shootout. Aber in irgendeiner Art und Weise kam ich mit Baader zurecht, ja.
Bettina Röhl: Mahler war total engagiert und wollte tatsächlich …?
Karl Heinz Roth: Ja, er wollte Aust und Homann umbringen, ich glaube das zumindest. Am Anfang wollte das auch Baader, und dann wollten sie euch mitnehmen. Aber Baader lenkte dann ein, und er hatte das Sagen. Sie konnten nicht sehen, wo die Wohnung ist, das war die Bedingung. Ich habe ganz normal geklingelt, bin reingegangen, habe erzählt, was passiert war. Sind die Kinder da? Ihr wart nicht da. Ich bin zurückgegangen, und sie haben mir das geglaubt und sind abgedreht […].[322]

Stefan Aust in seinem Buch »Der Baader-Meinhof-Komplex«: »Wir übernachteten in meiner Wohnung in der Friedensallee in Altona; insgesamt sechs Personen waren in dieser Nacht dort. Um 3 Uhr morgens klingelte es an der Tür. Draußen stand ein alter Bekannter, ehemaliger SDS-Aktivist, normalerweise ein Bär von einem Mann, immer souverän, immer überlegen. Jetzt war er völlig aufgelöst: ›Ihr müsst hier sofort weg. Die wollen euch umlegen.‹ […] Zum Schein habe er sich auf ihre Seite geschlagen, sei mit ihnen zu meiner Wohnung gefahren und habe sie dazu gebracht, draußen im Wagen zu warten, bis er geklärt habe, ob nicht möglicherweise Polizisten bei mir seien. Ohne Licht zu machen, verließen wir durch einen Nebeneingang das Haus und übernachteten in einem Hotel.«[323]

In meinem Gespräch mit Horst Mahler leugnet dieser nicht, dass Baader und er zu fast allem entschlossen waren:

Es gab dann den Entschluss, hier in Berlin, nachdem wir wieder zurück waren, etwas gegen Aust zu unternehmen, und das war auch wieder mehr oder weniger abgesprochen in diesem Dreier-Kreis, Gudrun, Andreas und Ulrike, und meine Aufgabe war es dann, den Andreas zu begleiten nach Hamburg. Wir waren bewaffnet und sind dann da in Hamburg umhergeirrt, haben da bei irgend so einem Schauspieler genächtigt und haben den Aust nicht gefunden. Und das ist immer so eine zwiespältige Geschichte, für mich kam es nicht in Betracht, den Aust umzulegen. Ich weiß nicht, ob der Andreas mit diesem Gedanken gespielt hat, der hats immer dementiert, sondern es hätte ein Gespräch sein sollen und je nachdem, wie er sich verhält in diesem Gespräch. [...] Es ging ja auch darum, wieder die Kinder zu kriegen irgendwie, ja. Und wenn alles nichts hilft usw., dann hätte man ihm, ja wahrscheinlich, ins Knie geschossen oder sonst etwas, aber nie umgelegt, das wäre nicht gegangen, weil, das sind die Sachen, da habe ich mir auch vorher überlegt, was machst du dann, das hätte ich verhindert [...] und der ganze Rummel wurde auch wieder veranstaltet, weil Ulrike keine Ruhe gegeben hat. Ich glaube nicht, dass Andreas und Grete besonders erpicht waren, jetzt in dieser Situation so eine Aktion zu machen, wo man sehr, sehr geteilter Meinung sein konnte, weil es einen privaten Hintergrund hatte. Das war auch dieser unversöhnliche Hass deiner Mutter gegen deinen Vater, also das war für sie der schlimmste Gedanke, dass ihr beim Vater seid, ja, [...][324]

Am Morgen des 29. September 1970 überfallen die neuen Berliner Stadtguerilleros in Absprache mit der Untergrundorganisation 2. Juni drei Banken: die Berliner Sparkasse Altonaer Straße, Beute 8115 Mark; die

Berliner Bank Rheinstraße, Beute 154 182,50 Mark; die Berliner Sparkasse, Zweigstelle Südwestkorso, Beute 53 000 Mark. Beteiligt waren Manfred Grashof, Petra Schelm, Gudrun Ensslin, Ulrike Meinhof, Andreas Baader, Karl-Heinz Ruhland, Eric Grusdat, Irene G., Ralf Reinders, Georg von Rauch und noch einige andere. Man plante nach dem »Erfolg« das Anzapfen weiterer Banken, die dann in der kommenden Zeit auch tatsächlich intensiv zur Ader gelassen wurden.

Verhaftungen und ein »Verrat«

Erst einmal gab es jedoch einen personellen Aderlass bei der RAF selber. Am 8. Oktober 1970 nahm die Polizei in einer Berliner Wohnung in der Knesebeckstraße 89 fünf RAF-Leute fest, unter ihnen den Kader und Staranwalt Horst Mahler (Deckname James), Irene G., Monika Berberich, Brigitte Asdonk und Ingrid Schubert.[325] Auch eine zweite Wohnung, die Hauptstraße 19, flog auf.

Bis zu diesem Zeitpunkt hatten die Mahler-Baader-Meinhof-Genossen noch keine einzige revolutionäre Tat vollbracht, obwohl sie von morgens bis abends, wenn sie nicht mit Banküberfällen oder Baaders Gefängnisausbruch, mit der Verschleppung von Kindern, mit Wüstenreisen oder inneren Querelen beschäftigt waren, mit hochtrabendem Gerede über den Umsturz des Kapitalismus und den Schweinesystemen des Westens befasst waren.

Die Polizei war ziemlich zielstrebig zu der Wohnung Knesebeckstraße angerückt. Sie hatte ganz zweifelsfrei einen Tipp bekommen. Sofort spekulierten diejenigen, die dabei nicht verhaftet wurden, unter ihnen die Kader Baader, Ensslin, Meinhof, wer das Verräterschwein gewesen sei. Dass es einer oder eine von ihnen gewesen sein musste, schien gewiss. Der arme Jürgen B. wurde verdächtigt und auch massiv von den abgetauchten Genossen bedroht. Horst Mahler glaubte 1998, als ich mit ihm sprach, fest daran, dass es Jürgen B. gewesen sei, der ihn hatte hochgehen lassen. Manfred Grashof erinnerte sich an die Problematik um Jürgen B.:

Manfred Grashof: Ja, die Schwierigkeit also ist, es nahm kein Ende. Das war, wenn du so willst, der nächste Fall von – wo man wieder saß und, den müsste man eigentlich, ja, [...] und Astrid vorneweg [...]
Bettina Röhl: Astrid Proll?
Manfred Grashof: Aber hallo!
Bettina Röhl: Was machte euch so sicher, dass Jürgen B. der Verräter war? Hat er es denn jemals zugegeben?
Manfred Grashof: Nein, natürlich nicht. [...] Wir waren uns alle einig, prozentual unterschiedlich. Ja, und hör mal zu, es gab ja auch den ersten Verrat, den er begangen hat. Der Jürgen B. ist verhaftet worden in Ostberlin und ist 2 Tage von der Stasi durch die Mangel gedreht worden.[326] Und hat uns das verschwiegen, und dann hat man ihn nach Westberlin abziehen lassen, und dann spätestens von dem Moment an auf 2 Schultern getragen. [...] Jedenfalls waren wir alle der Meinung, das kann nur er gewesen sein, und Astrid war sogar wild entschlossen, weil da ihre Freundin betroffen war, nehm ich mal an, ein [...] Exempel zu statuieren.[327]

Der *Spiegel* berichtete im Jahr 2007 in »Verräter und Verschwundene« über den Verdacht gegen Jürgen B.: »Der Verdacht fiel auf Jürgen B., einen Außenseiter in der Gruppe [...]. Obwohl es keine Beweise gab, wurde zweimal aus den eigenen Reihen auf ihn geschossen: Eine RAF-Frau versuchte, B. in Westberlin niederzustrecken – traf aber nicht. Später feuerte ein RAF-Mann in Hannover mit einem Gewehr eine Ladung Schrot auf den vermeintlichen Verräter. B. konnte sich mit einem Sprung in den Straßengraben retten. Als er später im Gefängnis war, kratzte er sich ein paar Schrotkugeln aus der Kopfhaut. B. saß sieben Jahre und stellt heute verwundert fest: ›Ich habe trotzdem nicht ausgesagt.‹«[328]

Und wie war es nun tatsächlich? Am 6.10.1970 ging ein erster anonymer Anruf bei der Kripo Berlin ein. Der Beamte notierte: »Um 22.02 Uhr teilte eine männliche Person – Name verweigert, weil Sache zu ›heiß‹ – telefonisch mit: RA Mahler, Frl. Ensslin und Andreas Baader halten sich z. Z. in Berlin 31, Knesebeckstr.89 b/Hübner, auf. Sie sind schwer bewaffnet.« Doch der Anruf blieb folgenlos. Erst als sich am 8.Oktober 1970, 13.38 Uhr erneut ein anonymer Anrufer meldete, ging die Polizei in

Stellung. In den Akten der Bundesanwaltschaft ist folgender Anruf festgehalten:

[...] Anrufer: »Hier ist Müller. Ich habe Ihnen eine wichtige Mitteilung zu machen. Um 14.30 Uhr werden Baader, Mahler und die Ensslin sich in der Knesebeckstr. 89. Vorderhaus 1, Treppe bei Hübner treffen. Baader ist rotblond und trägt einen Schnauzbart. Sie sind alle schwer bewaffnet. Sonst halten sie sich in der Hauptstr.19 im 2.Stock bei Wendt auf. Baader fährt einen grünen Mercedes B-MA 118. Bitte unternehmen Sie endlich etwas!« [...] Ich: »Herr Müller, ich kenne Sie nicht.« A.: »Das ist auch ganz gut so.« Der Anrufer machte seine Mitteilung ruhig und sachlich. Sie unterschied sich wesentlich von den sonst üblichen anonymen Mitteilungen. [...]

Tatsächlich war wenigstens einer der beiden Anrufer offenbar Klaus Rainer Röhl. So hat er es mir erzählt und 1998 auch schriftlich bestätigt: »Hallo meine liebe Tina [...] Dass ich stramm gegen die RAF gekämpft habe, steht nirgends, aber ich habe es von der buchstäblich ersten Stunde (Baader-Befreiung) an getan. [...] So konnte ich wesentlich zu den ersten vier oder fünf Verhaftungen um Mahler beitragen [...] Der Tipp, den ich lediglich wunschgemäß weitergeleitet habe, kam übrigens von Stefan Aust, der ungefähr das gleiche Motiv wie ich an der Zerschlagung der Gruppe hatte: Angst, selber liquidiert zu werden. Wetten, dass Du das noch nicht wusstest?«[329] Der erste Anruf (Frl. Ensslin) klingt nach Klaus Röhl. Der zweite Anruf eher nicht, da viel zu akribisch. Wer könnte das gewesen sein? Dass in beiden Anrufen Ulrike Meinhof beredt ausgeklammert wurde, ist interessant. Mahlers Verhaftung war für die sich radikalisierende »Rote Armee« ein kleinerer Verlust, als man denken sollte. Die großen Fische namens Baader, Ensslin und Meinhof waren noch auf freiem Fuß, und die drehten nach den Verhaftungen von Mahler und den anderen erst richtig auf. Das Präludium war abgespielt, jetzt ging das echte RAF-Stück los.

Und Klaus Röhl traf sich jetzt mit Rudolf Augstein in einem Souterrain-Restaurant gegenüber dem *Spiegel*-Hochhaus in der Brandstwiete zum Essen, um sich für dessen wohl auch finanzielle Unterstützung bei der Befreiung seiner Kinder aus der sizilianischen Gefangenschaft zu bedanken. Augstein ist wohl als der vierte Befreier anzusehen, der im

Hintergrund agierte und großzügig viel Richtiges tat. Augstein machte es kurz: Zwei Gockel halten es wahrscheinlich nicht lange zu zweit an einem Tisch aus. Trotzdem beglückwünschten sie sich gegenseitig, und ehe Röhl es sich versah, kam Augsteins Gabel auf seinen Teller und pickte ihm das beste Stück Fleisch weg. »Ich lade Sie ein, dann darf ich mir auch das dickste nehmen.«

»Die Rote Armee aufbauen«

Kurze Zeit nach der Verhaftung von Horst Mahler und anderen in der Knesebeckstraße 89 am 8. Oktober 1970, somit wenige Monate nach ihrem *Spiegel*-Text »Natürlich kann geschossen werden«, nimmt Ulrike Meinhof aus dem Untergrund noch einmal Kontakt zu dem *Spiegel*-Herausgeber Rudolf Augstein auf, der sie bereits in den Sechzigerjahren bei einem Prozess gegen Franz Josef Strauß finanziell unterstützt hatte, und schickt ihm ein Manifest mit dem Titel »Die rote Armee aufbauen«. Dazu legt sie als Beweis, dass sie die Absenderin ist, ein Tonband, auf dem ihre Stimme zu hören ist. Im Anschreiben, das erst im Jahre 2016 im *Spiegel*-Archiv zufällig wieder aufgefunden wurde, heißt es:

Lieber Rudolf, das beiliegende MS ist – im Gegensatz zu dem Band, das die Ray hatte – zum Abdruck im Spiegel gedacht. Um Zweifel an der Authentizität seiner Herkunft zu zerstreuen liegt ein Band bei – seine Stimme kann man nicht verstellen – der Wolf und die sieben Geißlein ist ein Märchen. Als Honorar schlage ich 2000,- Dollar vor – womit die Schäbigkeit von nur eintausend Dollar für die Ray etwas ausgebügelt wäre – zu überweisen als Spende auf das Konto der Roten Hilfe Berlin. Die Tatsache, dass ich z. Zt nicht als Vertragspartner auftreten kann, sollte kein Hinderungsgrund sein, mich so zu behandeln.
Ulrike Marie Meinhof[330]

Meinhof ist als Zuchtmeisterin und Einpeitscherin in ihrem Element. In Hochform (und keineswegs als am Boden liegende Geisel von Baader und Ensslin, wie Klaus Röhl sie sah) legt sie ein Meisterstück scholastischbombastischer Manipulation vor. In gut verpackten Zirkelschlüssen liefert sie einen scheinbar wasserdichten Beweis für die Alternativlosigkeit von Revolution und Stadtguerilla. Das Fehlen jeglichen Bezuges zur Realität der damaligen Bundesrepublik und auch der Dritten Welt macht ihren Artikel zu einem substanzlosen Wortsalat, was ihr und ihrem Publikum nicht auffällt. Die Bundesrepublik war zu der Zeit ein funktionierender Sozialstaat und auch eine gut funktionierende Demokratie, ein Rechtsstaat, wie er auf deutschem Boden nie wieder zu besichtigen war. Ihrer Gemeinde fällt nicht auf, dass die junge Stadtguerilla nicht den blassesten Schimmer einer Idee hat, wie sie die Welt organisieren, geschweige denn besser machen will. Wer die damalige Bundesrepublik für kurz vor dem faschistischen Abgrund stehend ansah, und das waren viele, ganze Jahrgänge von Schülern und Studenten, der fand solche Ergüsse, von denen es in dieser Form oder abgewandelt viele gab, einleuchtend und erleuchtend.

Dem Manifest fehlt ein Datum. Da es sich direkt auf die Inhaftierung von Mahler und Co. bezieht und die Bezeichnung RAF noch fehlt, lässt sich das Manifest auf Herbst 1970 datieren. Das Dokument wird hier zum ersten Mal offiziell abgedruckt:

Den bewaffneten Widerstand organisieren
Die Klassenkämpfe entfalten
Die Rote Armee aufbauen
Die Frage, ob es richtig ist, bewaffnete, d. h. illegale Widerstandsgruppen in der Bundesrepublik und Westberlin zu organisieren, ist die Frage, ob es möglich ist. Die Antwort darauf kann nur praktisch ermittelt werden, alles andere sind Spekulationen. Einige Genossen haben sich zu dieser Praxis entschlossen. Daran wird sich zeigen, ob genug Leute, ob genug psychische und physische Energie, genug Schlauheit, genug Disziplin, genug Unzufriedenheit und genug Klassenhass aktivierbar sind aus der Konkursmasse der Studentenbewegung, als Folge der sich international und national verschärfenden Klassenkämpfe, um in der imperialistischen Bundesrepublik den Imperialismus tatsächlich angreifen zu können. Worauf es ankommt, ist, innerhalb relativ kurzer Zeit jenen organisatorischen Punkt zu überwinden, von dem an durch keine Polizeiaktion mehr und keinem Verrat mehr die Organisation liquidiert werden kann,

durch keine Verhaftungswelle mehr alles notwendige Wissen hinter Gittern isoliert werden kann. Wer die Revolution will, aber immer noch an der Frage der Gewalt und der Bewaffnung rumdoktert, muss noch mal Mao, Marx, Lin Biao[331], Che, Giap[332] etc. lesen. [...]
Die Baader-Befreiung für den blinden Aktionismus eines unpolitischen Institutsangestellten verantwortlich zu machen, das ist das Bier der Klassenjustiz. [...] Wer an der Frage des richtigen Zeitpunkts herumnörgelt, muss sich sagen lassen, dass er sie falsch stellt. Sie ist wichtig für den Inhalt und die Durchführung von Aktionen, sie kann aber erst ernsthaft gestellt, d. h. beantwortet werden, wenn die organisatorischen und materiellen Voraussetzungen geschaffen sind, ohne die alle Zeitpunkte, die richtigen und die falschen, nur unterschiedslos verpasst werden können. Ob es z. B. politisch und taktisch richtig wäre, bei den Frankfurter Hausbesetzungen auf eine militante Verteidigung hinzuarbeiten, ist eine platonische Erwägung, solange nur die Polizei bewaffnet ist. »Nicht kämpfen, wenn man gewinnen kann, ist Opportunismus. Auf den Kampf bestehen, wenn man nicht siegen kann, ist Abenteurertum«, sagt Lin Biao. [...] Die meisten intellektuellen Linken haben ihren Marx und Mao inzwischen auf den Kopf gestellt. Um ihr bisschen privilegiertes Sein nicht infrage stellen zu müssen, ihren Trödelkram und bunt bemalte Küchenmöbel, greifen sie – wie die Springerpresse – nach psychoanalytischen Interpretationsmustern zur Erklärung revolutionärer Entschlossenheit. Die Dialektik von Sein und Bewusstsein haben sie aus dem Bewusstsein verdrängt. Sie gehen strategisch von der Übermacht des Imperialismus aus und nehmen ihn taktisch auf die leichte Schulter, statt ihn – mit Mao – strategisch zu verachten und taktisch ernst zu nehmen. Sie leiern die Verbrechen des Imperialismus herunter – das haben sie seit der Studentenbewegung drauf – Handlungen können sie sich nur als demonstrative Ersatzhandlungen vorstellen, als »Enteignungsspiele« z. B. (Kursbuch) – wer es ernst meint, ist ein Spielverderber. [...] »Die politische Macht kommt aus den Gewehrläufen« (Mao).
Schickt den Genossen im Knast Rot-Händle-Zigaretten, Milchschokolade mit Nuss, Obst, Vitamintabletten, Zeitungen, Bücher und Geld.

Doch Augstein geht auf Distanz und druckt das Manuskript nicht ab.

Zu Hause

Die erste Woche zurück in Blankenese war volles Programm. Nachmittags im Garten wurde gefeiert. Unsere Großeltern kamen und waren glücklich, dass wir heil wieder da waren. Auch unsere Halbschwester Anja, die Tochter von Klaus Röhl aus erster Ehe, inzwischen 15 Jahre alt, kam dazu und nahm uns freudig in die Arme. Meine Oma übernahm es, uns die erste Zeit zu versorgen. Frau Tempel, die immer noch den Haushalt unseres Vaters führte, kam regelmäßig, und Klaus Röhl reduzierte seinen Dienst in der »Firma«, der Redaktion, immerhin für ein paar Tage. Als Erstes ging er mit uns auf die Mönckebergstraße und an den Jungfernstieg zum Einkaufen. Es machte uns dreien einen Riesenspaß. Und als Krönung bekamen wir einen neuen Dufflecoat für die kalte Jahreszeit. Klaus Röhl war in seinem Leben nie ein großer Einkäufer und kein Verschwender, aber er verstand es in speziellen Situationen, Einkäufe ganz groß zu zelebrieren. Und natürlich bekamen wir alles für die Schule: Ranzen, Hefte, Federtasche. Spielsachen, Bücher und Kinderschallplatten kamen allmählich dazu. Und sofort gab es das Fahrrad und Super-Rollschuhe.

Nach wenigen Tagen ging er zu einem Gespräch mit der nahe gelegenen Schule Dockenhuden, zehn Fußminuten von zu Hause. Der Schulleiter und mein Vater beratschlagten und überlegten, wie man uns die Einschulung nach den wilden fünf Monaten erleichtern könne. Sie holten unsere zukünftige Klassenlehrerin Frau Crone dazu. Da wir schon mit fünf eingeschult worden waren, bot es sich an, die zweite Klasse zu wiederholen. Am nächsten Morgen, es war Ende September oder Anfang Oktober, ging es dann los. Frau Crone machte nicht viel Aufhebens. Sie war eine etwas ältere Grundschullehrerin wie aus dem Bilderbuch, streng und doch sehr liebevoll zu jedem einzelnen Schüler. Es passte alles: Wir waren da, und schon waren wir integriert. Es dauerte zwei, drei Pausen, in denen die Mitschüler uns neugierig fragten, wer wir seien und woher wir kämen. Aus Berlin, sagten wir, und das wurde genauso akzeptiert. Warum wir so braungebrannt wären? Ja, wir waren in Italien. Nach ein bis zwei Wochen waren wir vollwertige Mitglieder der Klassengemeinschaft. Da wir auf Anhieb gute Schülerinnen waren, brachte alles Spaß.

Wir gingen ab jetzt jeden Morgen bester Laune in die Schule, und das sollte so bleiben bis zum Abitur 1982.

Die ersten vierzehn Tage war meine Oma da und machte eine Vollversorgung. Das Schönste war, dass sie uns als Gutenachtgeschichte Pumuckl vorlas. Und es war ein Wunder geschehen, das mir sehr gut gefiel: Wir gingen abends vor der Tagesschau, die Klaus Röhl alleine sehen wollte, ins Bett und standen morgens um 7 Uhr auf. So einen geregelten Tagesablauf ohne Zuspätkommen kannten wir gar nicht, das war schön und blieb die ganze Grundschulzeit so.

Und dann kam Emmi Biermann. Sie zog gleich in unser Haus mit ein, auch wenn sie ihre eigene Wohnung in der Schanze behielt. Wir lernten sie kennen, als wir aus der Schule kamen und unser Vater uns an der Tür gemeinsam mit einer älteren, rüstigen, fröhlichen Dame empfing, die ungefähr so alt war wie unsere Oma. Das sind meine Töchter, und das ist Emmi, so wurden wir einander vorgestellt. Emmi, die Mutter des Liedermachers Wolf Biermann, nahm uns an die Hand und ging mit uns in die Küche, und wir haben gegessen, getrunken und palavert. Da musste kein Eis schmelzen, das war Kameradschaft auf den ersten Blick. Emmi war nicht irgendeine Kommunistin. Sie war während der Weimarer Republik in die KPD eingetreten, gemeinsam mit ihrem Mann, der während des Zweiten Weltkriegs im Nazi-KZ zu Tode kam. Bei der Neugründung der KPD nach dem Zweiten Weltkrieg erhielt sie als Geliebte des einzigen kommunistischen Hamburger Senators Fiete Dettmann das KPD-Parteibuch mit der Mitgliedsnummer 1 in Hamburg. Emmi Biermann war eine Hamburger Deern aus dem Arbeitermilieu: klein, mollig, quirlig, praktisch, immer noch der Jugend- und Freikörperkultur nahestehend. Und nun ging's los.

Emmi war Klaus Röhls provokante Botschaft an das linke Lager, dem er selber zwar noch angehörte, aber zunehmend fremder wurde. Seht her, liebe Leute, schau her, Ulrike, seht her, ihr Sorgerechtsanwälte und Sorgerechtsterroristen, ich habe mir Emmi Biermann ins Haus geholt, die Mutter des Genossen Wolf Biermann, der nicht nur ein guter Sozialist, sondern auch ein überzeugter Anti-Stalinist ist. Meine Kinder werden richtig erzogen, da könnt ihr nichts dagegen sagen. Und Klaus Röhl hat sich über seinen Coup köstlich amüsiert.

Im Oktober veranstaltete unser Vater nachträglich eine große Geburtstagsparty für uns. Wir luden 13 Kinder ein, darunter Jakob, ein Spielkamerad von früher, der in unserem Nachbarhaus wohnte und mit dem wir jetzt in einer Klasse waren. Unser Vater lud die Kinder aus seinem Hamburger Partykreis mit dazu: Jessika und Jonas Hegewisch, die Kinder von Freimut und Gulna Duve, deren Eltern sich, ähnlich wie unsere Eltern, inzwischen getrennt hatten. Die Eltern, die ihre Kinder brachten, empfing unser Vater mit einem Glas Sekt. Der Zeremonienmeister Röhl jagte die Kindergesellschaft durch Haus und Garten und unterhielt uns mit allen Spielen, die ihm einfielen. Peter Rühmkorf kam mit seiner Frau Eva, und Emmi stand unserem Vater zur Seite, Feiern war ihr Ding. Ich trug ein dunkelblau-weiß gestreiftes Kleid, auf das ich sehr stolz war.

Klaus Röhl hatte die Kinder seiner Freunde aus dem Hamburger Medienestablishment wohl auch ein bisschen deshalb eingeladen, weil er den Kontakt zu den alten Freunden wiederbeleben wollte. Er war, glaube ich, sehr enttäuscht, dass die Hegewischkinder vom Personal gebracht wurden statt von der Salonlöwin Hexi Hegewisch persönlich und dass andere aus den früheren Partykreisen, die ihre Kinder selber brachten, doch etwas reserviert waren. Bis ins Hamburger Großkapital, eben noch selbstverständlich hanseatisch weltoffen, durchaus sozial eingestellt und konservativ, war der neue linke Geist eingefallen, und Klaus Röhl stellte zum ersten Mal fest, dass nicht wenige aus dem früheren linksliberalen »Establishment« ganz ernsthaft mit »Ulrike« sympathisierten. Das geschah allerdings ganz unreflektiert und ahnungslos, einfach weil's schick war. Viele hatten Ulrike Meinhof noch aus den gemeinsamen Partyjahren in Erinnerung, und bei nicht wenigen sollte sie in den nächsten Monaten und Jahren sogar persönlich erscheinen, Unterschlupf und Geldspenden erbitten und bekommen.

Von Udo Jürgens bis zu Mikis Theodorakis

Die Zeitschrift *konkret* lief zu der Zeit hervorragend und warf Geld ab. Der Linkstrend, den *konkret* einst ganz wesentlich angeschoben hatte, hielt an, längst hatten sich *stern*, *Spiegel* und natürlich die öffentlich-rechtlichen Medien ihm angeschlossen. Meinhofs Popularität stieg nun, ihrer martialischen Taten und Worte zum Trotz, kometenhaft an. Sie gewann im Trend der Zeit immer mehr gefühlte Sympathisanten, während Klaus Röhl in der Öffentlichkeit mehr und mehr zum bösen Exmann wurde – aber noch schreiben die linken Größen für *konkret* und werben für sehr linke Positionen. Da *konkret* so gut wie keine Anzeigen hat, muss Klaus Röhl die Auflage anders steigern, und das macht er bedenkenlos mit immer mehr Sex-Storys und immer mehr nackten Frauen. Damals gingen Sex und Politik noch gut zusammen, die linke Leserschaft konsumierte den Sex begierig, und unser Vater erlebte eine wirtschaftliche Blüte.

Sein Haus war jetzt voller Kinderglück, mit dem Klaus Röhl, anders als Meinhof, durchaus etwas anzufangen wusste. In Sizilien hatten wir die Revolutionslieder aus kleinen plärrenden Lautsprechern gehört, aber jetzt schallte Udo Jürgens aus der neuen »Anlage« mit den großen Boxen durchs ganze Haus: »Wodka gut für Trallala, Liebe gut für Hopsasa, darum ist, wer sonst nichts tut, immer in der Liebe gut.« Bill Haley und Esther Ofarim. Michael Schanze sang »Barfuß im Regen glücklich wie noch nie, und wir tanzen und tanzen und tanzen«, und natürlich durften auch die Beatles, die Bee Gees, The Mamas and the Papas nicht fehlen. Wir drehten die Musik auf, so laut und so oft, dass Emmi häufig schrie, wir sollten doch auch einmal innehalten und an die armen Menschen im Krieg denken und daran, dass es uns nicht immer allen so gut gehen könne wie gerade jetzt.

Natürlich spielte mein Vater, er war ja selber Kommunist gewesen, seine Brecht-Platten, zu denen er nicht tanzte, sondern die meisten Lieder bühnenreif mitsang – und wir hörten auch viel Wolf Biermann. Damit war Emmi, egal wie laut, sehr einverstanden und erzählte uns viel von ihrem in Ostberlin lebenden Sohn, der ein großer Künstler sei. Bald nahm sie uns mit ins Altersheim zu der damals neunzigjährigen »Oma Meume«, ihrer eigenen Mutter, die Wolf in seinen Liedern besang.

Alles aber, ob es nun Daliah Lavis »Willst du mit mir gehn« oder die italienischen Schnulzen waren wie »Mi ritorni in mente, bella come sei« und die vielen sogenannten Bottle-Party-Lieder, wurde von einem Kult- und Weltstar übertroffen, der bald von morgens bis abends im Hause

Röhl gespielt wurde: Mikis Theodorakis. Klaus Röhl erklärte uns die Texte, die seine Freundin Danae ihm übersetzt hatte, und dann lief den ganzen Tag, ich liebte es, griechische Musik in allen Variationen in unserem Wohnzimmer. Selbst meine Oma hatte ihre griechische Lieblingsplatte, bei der sie den ganzen Nachmittag bügelte.

Klaus Röhl war stolz auf seine Lebensgefährtin: Frau Dr. phil. Danae Coulmas, schöngeistig gebildet, arbeitete als Redakteurin in der Griechenland-Abteilung der Deutschen Welle in Köln, später bei der griechischen Botschaft in Bonn. Sie hatte in Paris gelebt, bei John Neumeier Ballett getanzt, ging gerne ins Theater, flirtete gern, schrieb später ein Buch über Heinrich Schliemann, sah zur Freude unseres Vaters auch noch südländisch-exotisch aus und kämpfte politisch gegen die Militärdiktatur in Griechenland. Sie gehörte zu den umschwärmten Frauen im damaligen Kampen auf Sylt, dem sie allerdings jeden sonnigen Strand im Süden vorzog. Danae und Klaus Röhl führten eine Wochenend- und Urlaubsbeziehung, da Peters Diktum, dass die Coulmas-Ehe bestehen bleiben solle und beide einen anderen Partner haben dürften, unantastbar war. Credo von Peter: Nichts kann so verrückt sein, als dass nicht gerade darin auch Normalität liegen könnte. Und auch wenn mein Vater Danae immer wieder Ultimaten stellte, endlich zu ihm nach Hamburg zu ziehen, die sie immer wieder verstreichen ließ: Klaus Röhl hatte sein großes Glück in Danae Coulmas gefunden, mit der er heute goldene Hochzeit feiern könnte, wenn er sie je geheiratet hätte.

1970 hatte sich das Liebespaar Danae-Klaus erstmalig richtig gefunden. Unser Vater tanzte durchs Leben und durchs Haus. Er und Danae kleideten sich modisch und machten ein bisschen auf Filmpaar, und sie haben sich gerne gestritten, laut und exaltiert und mit viel Lust an theatralischen Szenen und Versöhnungsarien. Und manch ein Streit war auch teuer. Man stritt sich bei ihrer Ankunft am Flughafen Hamburg, und sie nahm eine Stunde später den Flieger wieder zurück nach Köln. Und abends fuhr er ihr mit dem Nachtzug hinterher.

Klaus Röhl pur hält wahrscheinlich niemand aus, aber mit Danae und Peter, dem Einzigen, der Klaus Röhl an der langen Leine im Griff hatte, und deren Kindern, mit denen wir jetzt immer geschwisterlicher spielten, machte das Leben Spaß. Ohne Peter Coulmas hätte unser Vater in dieser wahnsinnigen Zeit womöglich jeden Halt verloren. In den folgenden Jahren, in denen die bundesrepublikanische Gesellschaft porös wurde, weil so viele Menschen politisch und in ihren persönlichen Beziehungen von einer schweren Desorientierung heimgesucht wurden, war der WDR-Redakteur Peter Coulmas der Fels in der Brandung im Leben von Klaus Röhl.

Die Doppelfamilie Coulmas-Röhl

An den Wochenenden fuhren wir ab jetzt häufiger nach Köln. Schnell wurden wir zu einer Art Doppelfamilie Coulmas-Röhl: Peter mit seiner dreißig Jahre jüngeren Freundin Christiane, einer WDR-Redakteurin, Danae, mein Vater und wir vier Kinder. Über viele Jahre verbrachten wir viele Wochenenden und fast alle Urlaube auf Sylt, am Mittelmeer oder beim Skilaufen in den Bergen gemeinsam. An den schwarzen Esstisch in Köln-Marienburg waren nun regelmäßig, eigentlich täglich, Gäste aus Politik und Kultur zum Abendessen oder zu Partys eingeladen, einfach so, um miteinander zu reden, manchmal auch um zu feiern.

Peter Coulmas, leitender außenpolitischer Redakteur beim Rundfunk, war weit entfernt davon, ein 68er zu sein, und biederte sich nicht an den Zeitgeist an. Auch nicht an den Geist seines Senders, des WDR, der im Volksmund bald »Rotfunk« genannt wurde. Die Talkerin Birgit Schrowange erzählte mir einmal, als wir uns 1998 bei Biolek trafen, dass sie am Anfang ihrer Karriere gerne für Peter Coulmas gearbeitet habe.

Er war stockkonservativ, liberal und ein kosmopolitisch denkender Deutscher mit griechischen Wurzeln, die der in Dresden geborene, weit gereiste Mann stark herunterspielte. Es war ein Dauersalon, den Peter Coulmas über 30 Jahre lang in Köln-Marienburg führte, ein Salon, in dem meine Schwester und ich nun als fester Bestandteil der Familie mit aufwuchsen. Zu den häufigen Gästen zählte Danaes griechische Redaktion aus der Deutschen Welle, die auch externe Gäste direkt aus Griechenland mitbrachte, wie zum Beispiel Mikis Theodorakis. Peter Coulmas kochte selber hervorragend und zauberte jeden Tag, auch wenn nur wenige Gäste da waren, eine Art Festmahl, zu dem es guten, aber einfachen Rotwein gab. Es war nicht der Luxus, mit dem Peter seine Gäste anzog. Es war seine Person. Und es waren die Diskussionen und Gespräche, die an seinem Tisch geführt wurden.

Häufig veranstaltete das Ehepaar Coulmas größere Partys mit vielen Big Names, zu denen sein eigener Intendant und ARD-Vorsitzender Klaus von Bismarck, der Ost-Experte Bernd Nielsen-Stokkeby vom ZDF und dessen Frau Nonna, die auch ihre Tochter Kylikki, die in unserem Alter war, mitbrachten, und der Wissenschaftsminister von NRW, Johannes Rau, gehörten. Im Interview, das ich im Mai 2000 im Schloss Bellevue mit Rau führte, sagte er: »Ich habe euch mehrfach bei Partys im Hause Coulmas beobachtet und war erleichtert und beruhigt, wie ausgelassen ihr im Haus mit den vielen Kindern herumgelaufen seid.« Zu den Gästen gehörten auch der damalige FDP-Vorsitzende und spätere Bundespräsident Walter Scheel, der Schweizer Journalist und Literaturkritiker François Bondy und seine Kinder, der Regisseur Luc Bondy und dessen Schwester Beatrice, die Hamburger Reedertochter und Partylöwin Hexi Hegewisch und viele Journalisten, Theaterleute und Autoren. Einen besonderen Glanz brachte jedes Mal, wenn sie kam, Nike Wagner ins Haus. Das Ganze hatte nie Eventcharakter, sondern blieb persönlich, familiär, wozu auch die häufig mitkommenden Kinder beitrugen. Bei manchen Festen haben wir mitgeholfen, haben Mayonnaise selbst gemacht, Salate hergestellt, Wein serviert und uns unterhalten.

Auch als 1974 die Beziehung zwischen Klaus Röhl und Danae für die Dauer von fünfzehn Jahren zerbrach, blieb Peter Coulmas für uns Kinder das Familienoberhaupt. Er verbrachte auch weiterhin Ferien und Bildungsreisen mit uns, zum Beispiel 1977 nach Paris, 1978 nach London, fuhr mit uns vier Kindern und Freunden von uns nach Tirol, Griechenland und Sylt.

Peter Coulmas ist für uns vier heranwachsende Kinder in den 1970er-Jahren zu einem wichtigen Mentor und Vorbild geworden. Er war es, der uns abends nach den langen Abendessen in großer Runde noch in einen Raum führte, wo er uns die Ilias, die Odyssee, Goethe, Victor Hugo, Shakespeare vorlas oder später Thomas Mann, um uns zu bilden. Es war eindrücklich und spannend, wenn der fast weißhaarige, groß gewachsene Endfünfziger mit den hellen blauen Augen aus diesen Büchern vorlas und uns in Gespräche darüber verwickelte. Und es blieb auch spannend, als wir uns längst mehr für Jungs oder, im Falle Timons, für Mädchen interessierten.

Peter war derjenige, der mit uns vieren und weiteren Jugendlichen immer wieder auch diskutierte, über Außenpolitik, Gesellschaftspolitik und auch über die 68er-Bewegung, die RAF usw. Da wir Jugendliche alle ganz selbstverständlich links waren, setzte er sehr locker und fröhlich seine Zeichen. Er fragte uns, welche Bundesrepublik wir denn wollten. Es gebe kein anderes Land auf der Welt, außer der Schweiz, Schweden, den USA und wenigen anderen, in dem es den Menschen so gut gehe wie uns. Die Revolution in der Bundesrepublik nütze auch den sozial Schwachen nichts und dem Rest der Welt erst recht nicht. Solche Gedanken waren in der Zeit unter jungen Menschen eine Provokation. Aber er sagte: Bitte, sagt mir Argumente für eine Revolution in der Bundesrepublik! Es seien wunderbare Menschen, die überall auf die Straße gingen und demonstrierten und wütend nach dem Guten verlangten, aber, sagte er dann lachend, es sei alles falsch und unüberlegt.

Damals, als wir noch Kinder waren, führte er uns jedoch erst einmal in die Literatur ein. Ich erinnere noch, wie er uns bedeutungsvoll fragte, welcher Göttin wir, wenn wir an der Stelle von Paris gewesen wären, den Apfel gegeben hätten, der Göttin Hera, der Göttin Athene oder der Göttin Aphrodite? Es schien die drängendste Frage zu sein: Wer war die wichtigste und stärkste Frau, die Hausherrin und Ehefrau, die starke, intelligente berufstätige Frau oder die schöne Geliebte? Seine Antwort hat Peter uns nicht gegeben, aber Paris hat, wie man weiß, der Attraktion der Aphrodite nicht widerstehen können. Und bald lag Troja in Schutt und Asche.

Unser Vater war dagegen für uns vier Kinder eine Art permanente Ein-Mann-Party, der zuständig war für das Unterhaltungsprogramm: Wollt ihr schwimmen gehen? Ja, wir wollten, und wir machten unter seiner Regie die Schwimmabzeichen. Kommt, wir spielen Fußball! Ich bringe euch das Pokern bei!

Um mit Danae auch mal allein zu sein, hatte sich mein Vater eine Wohnung in der Nähe von Bonn, in Hennef, gemietet, wo er an Wochenenden, an Ostern oder Pfingsten hinfuhr. Aber bald nahm er uns dann alle mit, wo wir im Wald spazieren gingen und in einem riesigen Garten spielten. Mal war Emmi mit, die uns mit ihren 67 Jahren noch ihre Turnübungen vormachte, oft waren noch andere Schulfreunde aus Köln dabei, mit denen wir Zwillinge inzwischen auch befreundet waren, und nicht selten kamen dann doch noch Peter und Christiane, die sich in einem Nachbarhaus einmieteten.

Ulrike Meinhof fand in diesen Jahren im Hause Coulmas nicht statt. Auch nicht in den Zeiten, in denen die RAF die Tagesschauen beherrschte. Es war nicht so, dass das Thema Meinhof bewusst vermieden wurde, es kam auch vor, dass jemand etwas über sie sagte, aber es gab kein Interesse an dem, was sie aktuell machte, und dies, obwohl unter den Partygästen der eine oder andere »Meinhof-Versteher« war, wie zum Beispiel Johannes Rau, der Röhl gleich als »Fatzke im teuren Zwirn« verabscheute. Den politischen Dissens, den es sicher oft gegeben hat, hat Peter lässig überspielt.

Emmi und Blankeneser Schulfreunde

Damit unser Leben nicht aus allen Fugen geriet und auch funktionierte, waren ja Emmi, Omi und Frau Tempel da. Das System, Oma, die weiterhin einmal in der Woche für einen Nachmittag zu uns nach Blankenese kam, Emmi, die uns Kinder versorgte, bekochte und auf unsere Schulaufgaben achtgab, und Frau Tempel, die sich um Klaus Röhl und den Haushalt kümmerte, lief wie ein Uhrwerk. Emmi wohnte im Haus und weckte uns morgens, machte uns die Schulbrote, die wir nie wieder vergessen sollten und mit denen Generationen von Hamburger Hafenarbeiterkindern groß wurden: eine Scheibe Schwarzbrot, eine Scheibe Graubrot und dazwischen Margarine und Zucker oder gelegentlich Marmelade. Die Schulbrote haben wir gehasst, aber wir aßen sie stoisch. Emmi nannte uns sehr hamburgisch »Wonneproppen« oder »Schietbüddel« oder »Fräulein Siebenschön«, wenn sie uns in die Badewanne steckte.

Jeden Tag empfing sie uns nach der Schule mit Quarkspeise und erzählte uns vom Ersten und vom Zweiten Weltkrieg, wo es diese herrlichen Quarkspeisen lange entbehrungsreiche Jahre nicht gegeben hatte.

Sie erzählte uns vom Steckrübenwinter, wo sie 14 Jahre alt gewesen war und wo sie sehr gehungert hatte, und von der Bombardierung Hamburgs 1942, die sie und ihr Sohn Wolf hautnah miterlebt hatten und die sie uns in atemberaubenden Worten und teilweise unter Tränen schilderte. Aber vor allem erzählte sie von ihrem Mann, der, weil er Kommunist und Jude war, von den Nazis ins KZ gesteckt und schließlich ermordet worden war. Sie erzählte uns, wie sie und der kleine Wolf immer eine Kerze für ihn anzündeten, wenn er im KZ Geburtstag hatte, und weinte, wenn sie sich daran erinnerte, wie er im KZ Zahnschmerzen gehabt und keiner ihm geholfen habe. Wir waren so erschrocken und so gepackt von den Erzählungen dieser waschechten Hamburger Arbeiterfrau, dass wir fast das Atmen vergaßen.

Nach den Schularbeiten nahm Emmi uns gerne links und rechts an die Hand und fuhr mit uns als routinierter S- und U-Bahnfuchs kreuz und quer durch Hamburg, das wir ohne sie nie kennengelernt hätten. Unsere Großeltern und unser Vater waren als ursprünglich in den Westen geflüchtete Danziger nur zugezogene Hamburger und kannten Hamburg gar nicht gut. Die Kommunistin Emmi war konsumbegeistert. Nicht Luxus, aber viel sollte es sein, und vor allen Dingen wollte sie in den Kaufhäusern alles sehen. Wenn es in die Mönckebergstraße ging, dann hingen wir schon vorher in den Seilen, wir wussten, Emmi ist unerbittlich. Wenn schon, dann richtig. Wir machten Karstadt unsicher, streiften von oben bis unten durch C&A und Hertie, es gab kein Kaufhaus, das sie ausließ. Und Strickwolle war ihr großes Hobby. Zum Abschluss ging es immer in die Hamburger Fischküche zu Daniel Wischer, wo wir den legendären Kartoffelsalat, Backfisch und Fassbrause bekamen. Emmi mied den Jungfernstieg, den Neuen Wall kannte sie gar nicht erst, da gingen nur die feinen Leute hin, aus Othmarschen oder Harvestehude. Das war nicht ihre Welt. Auch Emmi sprach nicht von unserer Mutter. Sie erzählte uns von den Nazis und dem Zweiten Weltkrieg und vom Frieden, der das Wichtigste auf der Welt sei. Die RAF interessierte sie nicht.

Ich hatte bald eine beste Freundin, sie hieß Rebecca, und wir trafen uns auch außerhalb der Schule sehr häufig mit Mädchen aus der Klasse, die in der Nachbarschaft wohnten. Meine Schwester war auf dem Schulhof die Coolste. Wir spielten jede Pause »Räubi und Pulle«, zu gut Deutsch

Räuber und Gendarm, und Regine war das meistgejagte Mädchen. Sie war der Star bei den Jungs. Ich hatte Glück, die Jungs unterschieden nicht so genau zwischen meiner Schwester und mir, sodass wir bald nicht nur bei den Mädchengeburtstagen, sondern auch bei den Jungsgeburtstagen eingeladen wurden. Während unsere abwesende Mutter in den nächsten Jahren immer mehr in die Schlagzeilen geriet, mit Banküberfällen, angeschossenen und erschossenen Menschen, und eine Festnahmewelle im Jahr 1972 die Bundesrepublik erschütterte, haben die Eltern unserer Mitschüler, die uns einluden oder ihre Kinder zu uns ließen, keine einzige Anspielung gemacht, weder mit Worten noch mit Blicken noch sonst wie. Meine Schwester und ich hatten einen sehr guten Stand in der Klasse und bis zum Abschluss der Grundschule waren die RAF und alles, was damit zusammenhing, nicht ein einziges Mal Thema. Weder bei den Kindern noch bei den Eltern.

In unserer Berliner Welt waren Demonstrationen für Kinder ein alter Hut und allgegenwärtig. In unserer neuen Klasse kannten viele Kinder nicht einmal das Wort »Demonstration«. Das hat mich wirklich erstaunt. Zum Geburtstag von unserem Nachbarsjungen Jakob wollte ich eine nagelneue hellblaue Hose anziehen. Da sagte meine Oma: Nein, auf einen Kindergeburtstag geht ein Mädchen nicht in Hose, da zieht ein Mädchen ein Kleid oder einen Rock an. Wie lustig: Erst durfte ich keine Kleider tragen, und jetzt sollte ich eins anziehen!

Die Blankeneser Richterin Ingrid Schwenn

Am 2. November 1970 sprach das Blankeneser Amtsgericht unserem Vater endgültig das alleinige Sorgerecht zu. Frau Schwenn, die diese Entscheidung getroffen hatte, schaute noch vor Weihnachten immer mal bei uns vorbei, wurde prompt von Klaus Röhl zu unserer Patentante ernannt und nahm das sehr ernst. Sie schenkte uns zu Weihnachten Bücher mit Sagen des Klassischen Altertums, ein Buch über Mozart und edle Kaschmirpullover, lässig und einfach nur todschick. Ich glaube, sie animierte ihren Sohn, Johann Schwenn, heute einer der bekanntesten Strafverteidiger Deutschlands, ab und zu mal nachzuschauen, wie es uns denn ginge. Jedenfalls kam der Jurastudent mit seiner roten Ente öfter vorbei, er wohnte in der Caprivistraße um die Ecke. Er wurde eine Art Hausfreund, trank gelegentlich mit Klaus Röhl ein Bier und ging mit uns Kindern zum Reiten. Schwenn, von Klaus Röhl »Schwenni« genannt, erinnerte sich kürzlich mit Begeisterung an diese Zeit: »Klaus Rainer Röhl war ein charismatischer Alleinunterhalter. Es war unglaublich, wie gut er mit Kindern umgehen konnte und wie das ganze System bei euch mit Emmi, der Oma usw. funktionierte. Wir haben viele fröhliche Abende zusammen in Blankenese in eurem Haus verbracht. Das Beste waren die Kindergeburtstage, bei denen manchmal neben Rühmkorfs auch ich assistieren durfte, wenn Klaus Röhl eine Schar von 20 Kindern animierte und unterhielt. Ich erinnere, wie euer Vater mit euch in dem neuen Mercedes in der Caprivistraße vorbeikam. Wir fuhren gemeinsam nach Travemünde, und ihr seid auf der Promenade Rollschuh gelaufen. Alles damit ihr die Falschmeldung der *Bild*-Zeitung, Meinhof tot, nicht zufällig seht. Es war natürlich die einzig richtige Entscheidung des Amtsgerichts Blankenese. Alles andere hätte sich nicht mit dem Kindeswohl vertragen.«[333]

Ab und zu haben wir Johann Schwenn auch in seiner Erdgeschossbude besucht, halsbrecherisch auf Rollschuhen die Ferdinands Höh hinab. Auch auf Sylt, wo die Schwenns ein Haus hatten, haben wir ihn oder seine Mutter gern besucht.

Nach dem verlorenen Sorgerechtsstreit leckten die Anwälte meiner Mutter ihre Wunden. Am 17. November 1970 schreibt Heinrich Hannover an die Holtkamps:

Liebe Holtkamps!
Von Rechtsanwalt Ströbele höre ich, dass Röhl mit den Kindern gar nicht so glücklich sei, sondern sie gerne wieder los wäre. Vielleicht bietet sich ja in absehbarer Zeit doch noch die Möglichkeit, die sogenannte Holtkamp-Lösung durchzuführen. Haltet euch, wenn möglich, dafür bereit. Im Augenblick wollen wir Röhl noch ein bisschen schmoren lassen. [...]

Wie kamen Meinhofs Anwälte darauf, dass Klaus Röhl seine Kinder wieder loswerden wollte? Hatte die Mandantin Meinhof ihren Anwälten diesen Floh ins Ohr gesetzt? Es gab allerdings Gerüchte, dass die Baader-Meinhof-Bande, wie sie jetzt in der Springer-Presse hieß, uns Kinder erneut entführen wollte. Deshalb stand ab da ein Polizeiwagen vor der Tür und fuhr diskret hinter uns her, wenn wir morgens zur Schule gingen oder nachmittags nach Hause kamen.

Wenn unser Vater am Wochenende allein nach Köln fuhr, hatten wir unsere Ruhe. Und manchmal war der Output an Bildern, die wir gerne selber malten, ganz ansehnlich. Dabei hörten wir Kinderplatten von Winnetou, Märchenplatten bis zu Hui Buh, das Schlossgespenst.

In meinem Zimmer stand ein schwarzer Schreibtisch und in Regines Zimmer der rot lackierte Chefschreibtisch von Uwe Nettelbeck aus der »Gegenredaktion«. An den Wänden hingen noch alte Kommunistenplakate aus der KPD-Zeit meiner Eltern, die wir ratzfatz durch Pferdeposter und eigene Bilder ersetzten. Und wir bekamen die alte Musiktruhe unserer Eltern, sodass wir in Regines Zimmer ganz hervorragend Platten und Radio hören konnten. Und weil es leer stand, bekamen wir Mamis Arbeitszimmer, das Sahnestück des Hauses im ersten Stock, mit dunkelgrünen Wänden und Blick in den Vordergarten, groß und von unserer Mutter noch für ihre Zwecke eingerichtet, als unser Spielzimmer. Das war nun unser Reich. Da hatten wir Mamis alten Fernseher und sehr viel Platz, Sofas, einen Tisch, Stühle, und von der Decke hing noch die schöne alte Jugendstillampe, die meine Mutter vergessen hatte, mit nach Berlin zu nehmen. Wir konnten durchs Zimmer springen, ohne den Boden zu berühren, vom Sessel auf ein Sofa, auf einen Tisch, auf ein anderes Sofa, auf mehrere Stühle. In unserem Kinderfernsehzimmer sahen wir die Serien Bonanza, Daktari, Shiloh Ranch, Tarzan, Lassie, Flipper und viele, viele mehr. Der Hit war natürlich »disco« mit Ilja Richter und manchmal die Hitparade mit Dieter Thomas Heck.

Weihnachten 1970 war besonders schön. Die Adventszeit in der Schule bedeutete: in der ersten Stunde Singen bei Kerzenschein, und Frau Crone las uns Weihnachtsgeschichten vor. Regine und ich lernten ein langes plattdütsches Weihnachtsgedicht auswendig: »De Wiehnachtsmann«.

Klaus Röhl ist der geborene Weihnachtsfeierer, und, nun richtig zu Hause angekommen, erlebten wir das Fest wie zum ersten Mal. Opa kam in seinem obligatorischen blauen Anzug mit Siegelring, meine Oma hatte sich auch schick gemacht und brachte ihren Danziger Heringssalat mit, den sie jedes Jahr an Weihnachten für uns machte, und wir sahen auch unsere Tanten und Onkel.

Zu Weihnachten klebten und malten wir für Mami ein Album mit Bildern und Fotos von uns, die nach unserer Befreiung in Ronchi aufgenommen worden waren. Das Album schickte Klaus Röhl dem Strafverteidiger Heinrich Hannover »in den Untergrund«, wie er sich ausdrückte. Wie ich Jahrzehnte später der Akte von Heinrich Hannover entnehmen konnte, waren die Geschenke tatsächlich bei ihm gelandet. Vom 4.1.1971 gibt es einen Brief von RA Hannover an unseren Vater: »Sehr geehrter Herr Röhl! Ich habe versucht, die Weihnachtsgeschenke der Kinder an meine Mandantin weiterzuleiten, kann Ihnen aber nicht mit Sicherheit versprechen, dass diese bald die Empfängerin erreichen. Mit freundlichen Grüßen«

Gut 26 Jahre später werde ich diese Weihnachtsgeschenke an unsere Mutter wieder in den Händen halten. Hans-Christian Ströbele übergab mir 1996, als ich ihn anlässlich meiner Recherchen in seiner Kanzlei besuchte, auch unser Weihnachtspaket von 1970 im geöffneten Originalumschlag. Ströbele: »Den Umschlag habe ich irgendwann bekommen, ob das Päckchen Ihre Mutter je erreicht hat, weiß ich nicht.«

Renate Riemeck: »Heitere, ungezwungene, fröhliche Geschöpfe«

Im Frühsommer 1971 besuchen wir nach zweijähriger Abstinenz unsere Tanten Holde und Renate, die früher fast ein zweites Zuhause für uns gewesen waren. Holde und Renate waren nach Alsbach an der Bergstraße umgezogen. Sie hatten jetzt ein modernes eigenes Haus, das sie mithilfe einer betuchten Freundin, Daniela, die jetzt mit im Haus wohnte, hatten bauen lassen. Das Haus lag in einer ruhigen Straße in diesem kleinen, recht properen, wohlhabenden hessischen Ort, in dem es auch noch ein paar Bauernhöfe gab.

Diese dritte »Tante«, die wir jetzt kennenlernten, war eine vornehme rothaarige Dame, die sich nach dem Tod ihres Mannes ganz und gar der

Lehre Rudolf Steiners und dann gewissermaßen Renate Riemeck verschrieben hatte, die von ihr verehrt wurde. Und sie war es, die Renate Riemeck, die Kommunistin, zur Anthroposophie gebracht hatte. In Alsbach fanden wir in den Nachbarskindern schnell Freunde, mit denen wir über viele Jahre, wenn wir bei unseren Tanten waren, spielten. Die hatten eine tolle Tischtennisplatte, und damals konnten wir auch noch auf der Straße Völkerball spielen.

Renate Riemeck, Professorin für Geschichte, Fachgebiet Mittelalter, ließ uns häufig einen spannenden Parforceritt durch die Geschichte angedeihen und besuchte mit uns die geschichtlich interessanten Orte der Gegend wie den Speyrer und den Wormser Dom. Sie erzählte von den Streitständen der Historiker wegen irgendeiner Frage, die heutzutage niemanden mehr interessiert, aber sie machte das so spannend und wissenschaftlich mit den alten Urkunden, die sie eingesehen hatte, dass Bildung auf diese Weise zum Genuss wurde. Wie immer sollten wir bei Tante Holde auch eine größere Handarbeit machen, einen Wandteppich knüpfen, sticken oder stricken, aber das machten wir gern. Holde leitete uns so geschickt und freundlich an, dass es richtig Spaß machte, auch wenn ich jedes Mal am Anfang dachte, das schaffe ich nie. Auf dem Spinett von Daniela, das im Keller stand, mussten wir jeden Tag üben, wir sollten nicht alles von dem Klavierunterricht, den wir jetzt in Hamburg bekamen, vergessen.

Solange wir Kinder waren, sprachen Renate und Holde nie über die RAF oder über das, was unsere Mutter gerade machte. Renate eröffnete das Thema erst, als wir 13 oder14 Jahre alt waren. Dann erzählte sie uns von ihren Erlebnissen mit Polizei, dem BKA und auch den Stellen aus der DDR, die wegen »Ulrike« immer wieder mit ihr, der Ziehmutter, Kontakt aufgenommen hatten. Bis dahin wussten wir davon nichts.

Nach unserem Besuch im Sommer 1971 schrieb sie unserem Vater einen euphorischen Brief:

Lieber Klaus, wie soll ich Dir's sagen? Vielleicht ganz einfach: Deine Kinder sind eine wahre Freude. Aber nicht nur das. Eine ebenso große Freude bist Du. Dass Du's fertiggebracht hast, diese so sensiblen Kinder, mit denen man so übel verfahren ist, wieder zu heiteren, ungezwungenen,

fröhlichen Geschöpfen zu machen – das bewundere ich. Was waren sie verloddert, nervös, reizbar und unausgeglichen, als ich sie 1969 zuletzt sah. Richtige kleine Zille-Typen, mit denen man Mitleid haben musste, erbärmlich versorgt, unglücklich mit sich selber. Und jetzt? Es ist eine wahre Pracht, wie sie wieder zu sich gekommen sind und ihre fabelhaften Begabungen ausleben können, seitdem Du sie in Deiner Obhut hast: Ich bin richtig froh darüber! Und ich finde es großartig, wie Du sie um alle Klippen geschifft hast, an denen sie psychischen Schaden hätten nehmen müssen, so wie die Dinge liegen. Die ganze Zeit, die sie hier waren, habe ich immer nur gedacht: Der Klaus ist prima! Das wollte ich Dir sagen. Ich glaube, dass ich es beurteilen kann, was Du geleistet hast; denn ich habe ja den Werdegang der Kinder gut verfolgen können. Noch nie waren sie imstande wie jetzt. Lass Dir dafür danken, Klaus!
Herzlich grüßt Dich
Deine Renate[334]

Peter Homann und Stefan Aust

Im Spätsommer 1971 kamen eines Tages zwei junge Männer zu uns nach Hause, die wir lange nicht gesehen hatten. Es waren Peter Homann und Stefan Aust. Sie begrüßten unseren Vater nur kurz und holten uns ab. Sie fuhren mit uns an die Elbe in Blankenese, zum Anleger »Op'n Bulln«, wo wir spazieren gingen.

Aust, damals 24 Jahre alt, war jung und unbefangen und hatte die ganze Zeit sein journalistisches Spitzbubengesicht aufgesetzt. Er fragte, ob wir uns noch an die Fahrt mit ihm, in diesem überfüllten Zug nach Rom, erinnerten und wie wir nachts auf der Piazza Navona gestanden hätten. Und Peter, damals auch erst 34 Jahre alt, den wir überhaupt seit Berlin zum ersten Mal wiedersahen, sprach zunächst fast kein Wort, so froh und gerührt war er, glaube ich, uns so heil und fröhlich wiederzusehen.

Wir wussten natürlich nicht, dass er der eigentliche Initiator unserer Rettung war, und von all dem, was er im Sommer 1970 in Jordanien erlebt hatte, erzählte er uns nichts. Als wir fragten, ob er sich an unseren Kinderladen und unser Leben in Berlin erinnere, taute er auf.

Ich war stolz, dass da zwei erwachsene junge Männer eigens nach Blankenese gekommen waren, um uns zu treffen. Peter sahen wir erst Jahre später wieder, Aust dagegen sahen wir bald regelmäßig im Fernsehen, wenn er in »Panorama« seine Beiträge ansagte.

Homann geht mit dem Strafverteidiger Josef Augstein im November 1971 zur Polizei, um die gegen ihn bestehenden Verdachtsmomente auszuräumen. Er gibt dem *Spiegel* ein Interview, in dem er keine Interna der RAF preisgibt, aber seine Meinung über Baader deutlich macht.[335]

Mit in den Abgrund reißen

Ulrike Meinhof erwähnt unsere »Sizilienreise« später nur ein einziges Mal in einem Brief. Sie sitzt 1972 in der JVA Köln-Ossendorf und schreibt an ihre Tante Tilla, eine sehr viel ältere Schwester ihres Vaters:

> […] Sie waren natürlich nicht in einem »Lager« da unten, sondern bei sehr guten Leuten, es war »Verrat« dabei. Aber dass ich um sie gekämpft habe, ich-weiß-nicht-wie, ist doch wohl klar und meine Genossen mit mir. Renate und Röhl wissen, dass ich weiß, was sie sich dabei gedacht haben. Aber ich? Weil ich weiß, daß sie wissen, wie mir zumute war, als das passiert ist. Finster vergiss es. »Ich halt das aus, weil ich denke, dass alle Ausbeuter und Faschisten letzten Endes Papiertiger sind.« […] Meine Entscheidung war, dass es falsch ist, um eines schönen Lebens willen für sich und seine Kinder – na ja, hier müsste ich zu viel umschreiben, um den heißen Brei rumreden. […][336]

Meinhof schreibt das und bricht den Satz dort, wo er eigentlich erst beginnt, ab. Das Verb fehlt, weil ihr nichts einfällt, das sie Tante Tilla vorgaukeln könnte. Meinhof wollte kein »schönes Leben«, sie wollte Revolution, Staatsumsturz und Chaos. Sie hatte sich für die Hässlichkeit des Lebens, für Mord und Betrug und Selbstbetrug entschieden.

Aber dieser Brief zeigt, dass die landläufige Behauptung, in der sich viele Journalisten und Schreiber und Künstler in den letzten Jahrzehnten ergangen haben, großer Unsinn ist: Meinhof hat ihre Kinder nicht

»verlassen«, wie es immer so schön traurig heißt. Im Gegenteil, sie hat ihre Kinder mit in ihren Abgrund reißen wollen. Erst Richterin Schwenn setzte Meinhofs Amoklauf auf Raten in Bezug auf uns Kinder ein Ende.

Ich begreife Meinhofs sogenannten Sprung aus dem Fenster des Instituts für Sozialforschung am 14. Mai 1970 als den ersten Akt ihres sich lang hinziehenden Selbstmords. Irgendjemand musste Meinhof ihre Kinder entreißen. Auch wenn ihr Terrorismus Kult wurde und blieb, die Sinnlosigkeit, die Aussichtslosigkeit und letzten Endes auch ihr Versagen waren zu jeder Zeit vorhersehbar. Da nützen einem Amokläufer auch die Claqueure aus der Bewegung nichts. Auch der Guru, der sehr viele Anhänger hat, ist nicht davor gefeit, in Einsamkeit und einer fürchterlichen Sackgasse zu enden.

Wir Kinder waren zurück in der Bundesrepublik Deutschland. Und wir führten unser Leben dort fort, wo wir es mit unserer Mutter Anfang 1968 aufgegeben hatten. Jetzt ohne eine Mutter.

TEIL III

Mythos Meinhof

Der Baader-Meinhof-Komplex

Im März 1970 hatte die kommode Bundesrepublik wie beschrieben mit einer Amnestie der politisch lackierten Gewalt der APO-Bewegung den Wind aus den Segeln zu nehmen versucht, mit null Erfolg, eigentlich mit kontraproduktiver Wirkung. Aber trotz der Offensichtlichkeit des Scheiterns dieser Bemühungen – die Gewaltlatenz aus der Bewegung heraus eskalierte unbeeindruckt weiter – waren die bundesrepublikanischen Organe von der Regierung bis zur Justiz und der Polizei von dem Gedanken beseelt, dass man den gewaltbereiten Linksradikalen mit Verständnis und fast einer Form von Zuwendung begegnen müsse. Kaum hatte die Meinhof-Baader-Ensslin-Formation die ersten Straftaten verübt, wurde am 1. Februar 1971 unter der Führung des als »Familienbulle« bekannt gewordenen Alfred Klaus vom BKA in Bonn eine privilegiert ausgestattete »Sonderkommission Terrorismus« ins Leben gerufen. Klaus legte bereits 1971 seinen ersten »Baader-Meinhof-Vorbericht« vor, der die Grundlage für eigentlich alle historischen Einordnungen der RAF wurde. Seine Kollegen nannten ihn bald den »Chefideologen der RAF«, da er die RAF weniger als eine kriminelle Vereinigung behandelte, sondern versuchte, sich in ihr Denken hineinzuversetzen. Doch der psychologisch-einfühlsame Ansatz, den Klaus verfolgte, wirkte sich fatal auf den Umgang des Staates und der Medien mit der RAF aus. Die Psychologisierer der Klaus-Kommission, die während ihrer Ermittlungen die Distanz zu den Delinquenten verloren, beschleunigten die gefährliche Popularität der RAF, da sie sich nicht auf die kühle Analyse der Taten und der Schriften konzentrierten, sondern im Menschlichen gründelten. Die starke Fixierung auf die Persönlichkeit, die Lebensumstände, die Verwandten, die unter Umständen verständlichen Motive der Täter hat de facto eine geradezu entkriminalisierende Wirkung entfaltet und stellt eine historisch verkannte Belastung des von der RAF bekämpften Staates dar. Das Credo von Ermittler Klaus lautete: Es sind keine bloßen Kriminellen, sondern Täter mit höheren politischen Motiven, die sich, zum

Beispiel bei ihren Banküberfällen, nicht persönlich bereichern wollten.[337] Aber genau hier, bei den »höheren Motiven« der Terroristen, lag der Fehler, der die fehlgeleitete öffentliche Rezeption einleitete und beschleunigte.

Dazu ist festzustellen: Menschen, die ihre Allmachtsvorstellungen blutig verwirklichen wollen, haben keine höheren Motive. Menschen, die eine mörderische Revolution machen, ohne definieren zu können, wofür, haben keine guten Motive. Menschen, die eine Demokratie beseitigen wollen, um sie durch die verquaste Volksdiktatur Mao Zedongs zu ersetzen, haben keine höheren, sondern niedere Motive. Zeitgeistige Revolutions-Kriminalität wird nicht per se von höheren Motiven geleitet.

Wer immer nach der höheren Motivation der Terroristen sucht, und das von Amts wegen, betreibt das Handwerk der Schuldvernichtung, ob er es will oder nicht. Die Klaus-Gruppe hat dazu beigetragen, dass in der Öffentlichkeit eine Art privilegierendes Sonderrechtsgefühl für die RAF entstehen konnte. Für nichts und niemanden, der mit dem Strafgesetz in Konflikt geraten ist, wurde so viel hoheitliches und mediales Gedöns, um Gerhard Schröder abgewandelt zu zitieren, von Amts wegen veranstaltet wie für die RAF. Und in der Folge für jede Straftat, die als politisch und links verkauft wurde.

Die RAF wurde das Hobby von Herrn Klaus, der sich damit öffentlich in Szene setzte und deswegen später von Meinhof ironisch »Familienbulle« genannt wurde. Klaus wühlte in den Familiengeschichten der Täter in einer Weise, die weder etwas zur Erklärung des Terrors beitragen konnte noch zur Klärung der jeweiligen Schuldfrage. Die eigentliche Frage, nämlich die nach der Ideologie, die für die Einschätzung von entscheidender Bedeutung war, stellte Alfred Klaus nicht. Ohne Maos Revolutionslehre, ohne Maos Kulturrevolution, ohne Maos Propaganda und ohne Maos »Fatwa«, dass der Westen sich selber von unten zerstören solle, ist die RAF nicht zu erklären.

Statt sich ewig in Bezug auf die Täter mit Psychologie zu beschäftigen, als handele es sich um kleine Kinder, deren ideologische Traktate man nicht ernst nehmen und nicht diskutieren müsse, weil sie nur Ausdruck einer Art Krankheit seien, hätte man die Täter anhand ihrer eigenen Dokumente, Aussagen und Taten ganz konkret stellen müssen. Dann hätte man sie in ihrem ideologischen Irrsinn, den man familienpsychologisch nicht erklären kann, verstanden und hätte die Taten heruntergebrochen auf einfache Banküberfälle, Bombenanschläge und Morde, um die es sich handelte.

Persönliche Dispositionen spielten erkennbar keine Rolle. Planspiele, dass es sich um besonders viele »Pastorentöchter«, um »Kriegskinder« oder Nachkriegsgenerationen oder besonders »viele Frauen«, also einen Arm des Feminismus bei den RAF-Tätern handelte, sind beliebig und nie zu einem Ende gedacht worden. Zu welchem auch? Beispiel: Baaders Vater ist in der Tat nicht aus dem Krieg zurückgekommen. Aber: Hätte das irgendeine Relevanz dafür gehabt, dass Baader Terrorist wurde, hätten Hunderttausende Altersgenossen ebenfalls Terroristen werden müssen, inklusive Gerhard Schröder, Oskar Lafontaine und Alfred Klaus selber, die ihre Väter auch im Krieg verloren haben und demnach »vaterlos« aufgewachsen sind.

Zur Aufklärung der Straftaten der RAF oder zu einer Beschleunigung von Verhaftungen oder, was das Beste gewesen wäre, zur Verhinderung oder Minimierung von Straftaten hat die Klaus-Kommission, die sich zu sehr in Küchenpsychologie und unzureichend mit der politischen Phraseologie, die von den Terroristen tödlich ernst gemeint war, beschäftigte, unter Umständen zu wenig beigetragen. Im Vordergrund standen die bereits unterstellten »höheren Motive« und ein unterstelltes höheres Wissen der Delinquenten über die »wahren politischen Verhältnisse«. Wer die Geschichte der Bundesrepublik verstehen will, und nur dafür ist ja die Beleuchtung des Themas RAF interessant – die RAF an sich ist eine als Revolutionsversuch verkaufte Geschichte von Ballaballa-Bummbumm-Inszenierungen und eben nicht mehr –, der kann an der Einrichtung der Klaus-Einheit exemplarisch erkennen, wie nicht nur die Gesellschaft von der RAF angesteckt war, sondern auch der »Feind«, der Staat, vertreten durch seine Organe.

Klaus ist viel zu sehr auf der RAF ausgerutscht, wie auch die ganze Gesellschaft auf der RAF ausgerutscht ist. Sehr schnell laufen die Akten behördenintern unter dem Rubrum »Baader-Meinhof-Komplex«. Ironie des Schicksals: Der Komplex der Straftaten der RAF tritt, was die politische Bedeutung anbelangt, gänzlich in den Hintergrund gegenüber dem

»Komplex«, den die Bundesrepublik bezüglich der Täter und des sie tragenden Zeitgeistes hat. Mit anderen Worten: Die Bundesrepublik hat sich einen waschechten Baader-Meinhof-Komplex eingefangen, und dazu hat die eigens gegen die Delinquenz der RAF ins Leben gerufene Klaus-Gruppe nicht unwesentlich beigetragen.

Irgendetwas müssen die RAFler doch im Sinn gehabt haben, gewollt haben, was 60 Millionen Bundesbürger nicht erkennen konnten, sonst hätten sich doch die hochbegabten, sensiblen Terroristen nicht zu derart sinnlosen Taten hinreißen lassen. Die Sinnlosigkeit der Terrortaten wirkte auf diese Weise faktisch geradezu sinnkonstituierend zugunsten der Taten und der Täter. Es mag ja sein, dass ein arbeitsloser Schulabbrecher wie Baader die Weltformel findet, aber Baader hat keine Weltformel vorgelegt, er hat gar nichts politisch Relevantes vorgelegt. Was soll also die Sinnsuche?

Der »Baader-Meinhof-Komplex«, also die Geschichte der Taten der RAF, ist vielfach in unterschiedlichen Nuancen beschrieben worden. Dabei haben sich viele mir bekannte RAF-Biografen ihrem Sujet untergeordnet, indem sie die Geschichte kriminell gewordener Täter in einer vergleichsweise sinnlosen Detailauswahl vorgestellt haben, als sei es völlig klar, dass die Geschichte der RAF per se einen Mehrwert für die bundesrepublikanische Geschichtsschreibung oder Politik hätte. Die Taten der RAF, also der von den Beamten gemeinte Baader-Meinhof-Komplex, ist dagegen nur eine mittelinteressante Story, ein mittelinteressanter Krimi mit unheimlichen Längen. Die Reaktion der Gesellschaft und der Politik auf die RAF – das ist das spannende Thema.

Warum tritt die Geschichtsschreibung der RAF auf der Stelle? Wieso gibt es überhaupt eine offiziöse RAF-Chronik, in der jedes kleine Bäuerchen behandelt wird wie sonst was? Weil die Öffentlichkeit und die Gesellschaft auf die RAF und den APO-Protest hereingefallen sind, ebenso wie die meist jungen Protagonisten des Protestes selber. Und dieses Hereinfallen, das ist spannend und zu sichten und zu gewichten.

Den Baader-Meinhof-Komplex, sprich zunächst die zwei Jahre Untergrund der Baader-Meinhof-Ensslin-Kombo möchte ich daher kurz zusammenfassen. Vom politischen Anspruch der Mittäter des Baader-Gefängnisausbruches war seit Mai 1970 bis zur Verhaftung von Ulrike

Meinhof am 15. Juni 1972 nichts übrig geblieben. Wie sollte das auch anders sein, wenn außer dem Revolutionsphantasma à la Mao Zedong und den handwerklichen Anweisungen von Carlos Marighella, wie terrorisiere ich eine Stadt, nie je ein einziges konkretes politisches Ziel, keine einzige konkrete Idee, welcher Staat an die Stelle der zu zerstörenden Bundesrepublik gesetzt werden solle, formuliert wurde, auch nicht in den zahlreichen RAF-Pamphleten meiner Mutter.

Jaja, euch macht alles kaputt, und nun macht kaputt, was euch kaputt macht, und dann wächst das Paradies auf Erden, und dann kommt der Strom aus der Steckdose und das Geld aus dem Automaten, und das Frühstück wird serviert, die Heizung ist warm, das Wasser sauber, die Notoperation erledigt, das Flugzeug für die Reise in den Süden gebaut, die Altersvorsorge gesichert et cetera. All diese Essentials wollten die Terroristen nicht hören, weil sie den konkreten wirtschaftlichen Kreislauf weder verstanden noch eine Alternative formulieren konnten. Diese Sinnleere, nämlich keine einzige Antwort zu haben, wie eine auf der RAF gegründete Gesellschaft funktionieren sollte, beherrscht folglich den gesamten Baader-Meinhof-Komplex. Stattdessen: Glücksphrasen von Selbstverwirklichung durch Revolution.

Nach der Verhaftung von Mahler, Asdonk, Berberich, Irene G. und Schubert im Oktober 1970 übten sich Meinhof, Baader, Ensslin und die restlichen Genossen in niedersten Verrichtungen: Sie klopfen bei Hunderten von linken Genossen an, fordern Geld, Quartier und andere Dienstleistungen, sie klauen in den zwei Jahren bis zur Verhaftung rund 280 Autos, sie besorgen sich durch Einbrüche in Passämter Blankopässe, betreiben Geldbeschaffung via Bankraub inklusive Mord und versuchtem Mord. Sie geben sich einigen Schießereien mit der Polizei hin, sie legen Bomben, sie spielen Revolution.

Nach den drei Banküberfällen im September 1970 noch unter Beteiligung von Horst Mahler werden im Laufe des Jahres 1971 noch ungefähr sechs weitere Banken erleichtert. Netto Kasse bedeutete das rund eine Million D-Mark. Schusswaffenkäufe unter anderem bei der El Fatah oder mit einem gefälschten Waffenschein im Handel oder das Tätigwerden auf dem Schwarzmarkt des Waffenhandels machten die RAF schießwütig und zunehmend mordgeneigt. Sprengstoffbeschaffung und -gebrauch stehen auf dem Programm. Sie beschäftigten sich mit dem Beschaffen von Wohnungen oder Verstecken. 46 illegale Wohnungen hat die Polizei ermittelt, aber die doppelte Zahl ist ungefähr richtig. Und da wird es interessant, aber nicht von der Seite der kriminellen Tat her, sondern von der Seite der Gesellschaft. Die Wohnungen musste sich die RAF nicht mühsam auf kriminelle Weise besorgen: Anmietungen unter Vorspiegelung falscher Tatsachen und falscher Personendaten waren damals, in einer Zeit kommoder Gutgläubigkeit der Menschen, einfach. Aber wenn's brenzlig wurde, quartierten sich die RAF-Mitglieder bei guten gehorsamen linken Genossen ein, von denen viele später Schwierigkeiten bekamen. Schriftsteller, Pastoren, Journalisten helfen und geraten ins Visier der Fahndung. Ein WDR-Kulturjournalist, der mit seinem Auto ausgeholfen hatte, sollte gekündigt werden. Um dies zu verhindern, sprang der damalige Wissenschaftsminister und Mitglied des Verwaltungsrats des WDR, Johannes Rau, helfend ein, damit der Redakteur seinen Job behielte, wie mir Rau im Schloss Bellevue, immer noch stolz darauf, selber erzählte. Aber dies war nur ein Fall von vielen ähnlichen.

Meinhof war die Quartiermacherin, sie klopfte an die Türen, und die öffneten sich, wenn sie sagte: »Ich bin die Meinhof.« Sie sprach auch eine Reihe alter Bekannter aus *konkret*-Kreisen, aus der Anti-Atomtod-Bewegung (Erika Runge, Monika und Jürgen Seifert), aus ihrer Oldenburger Zeit als Schülerin und aus ihren Hamburger Partykreisen an. Die RAF war nicht peinlich, die RAF war sexy, und deswegen halfen die Quartiergeber oft auch darüber hinaus mit Geld, Ausweispapieren, und guten Ratschlägen. Die Journalistin Christa Rotzoll, später verheiratet mit dem *konkret*- und *stern*-Kolumnisten Sebastian Haffner, über dieses Unterstützerphänomen: »Revolutionäre waren ja das Neueste auf dem Prominentenmarkt, ein toller Festschmuck, eine fette Beute.«[338]

In der Bevölkerung gewannen die RAFler große Sympathien, weil sie sich in den zwei Jahren bis 1972 den Ruf verdient hatten, so pfiffig, intelligent und rasant zu sein, dass die Polizei ihrer nicht habhaft werden konnte und sich obendrein von den Tätern veralbern lassen musste. Das allerdings ist ein Mythos. Zum einen waren nicht nur Horst Mahler und seine Truppe, sondern bis Frühjahr 1971 schon eine ganze Reihe RAF-Leute, die noch mit in Jordanien gewesen waren, verhaftet worden, zum Beispiel Jürgen B., Astrid Proll, Ali Jansen und andere, aber die Verhaftung der Kerngruppe Meinhof-Baader-Ensslin und Co. war objektiv gesehen nur wegen der freundlichen Assistenz prominenter Helfer und Helfershelfer so extrem schwer. Jeder hundsordinäre Bankräuber würde eine gute Figur machen, wenn er sich in den Wohnungen etablierter Mitbürger regenerieren und neu sortieren könnte.

Trotz einiger Neuzugänge – Jan-Carl Raspe, eine Zeit lang auch Marianne Herzog, Holger Meins und ein paar andere wie Brigitte Mohnhaupt und Irmgard Möller kommen nach dem Jordanienausflug hinzu – bleibt der erhoffte Massenzulauf zur RAF aus. Aber dann kam vorübergehend doch neues Personal. Wie ein Deus ex machina produzierte ein gewisser Dr. Wolfgang Huber, seines Zeichens Psychiater an der Uni Heidelberg, Terroristen am Fließband, und das bereits seit März 1970. Staatlich besoldet hatte Huber nach seiner fristlosen Entlassung begonnen, ein »Sozialistisches Patientenkollektiv« (SPK) in eigens von der Universität Heidelberg zur Verfügung gestellten Räumen aufzubauen und seine Patienten zu revolutionieren, nach dem Motto: Die Gesellschaft ist krank, sie macht euch krank, greift zu den Waffen und macht die Gesellschaft kaputt, auf Krankenschein. 1971 hatte Huber 52 Hardcore-Patienten und insgesamt 500 Gläubige, die er in die fixe Idee trieb, aus ihrer »Krankheit eine Waffe« zu machen.

Das Personaltableau, die Patienten des Heidelberger Anstifters Huber, der etwas später eine fünfjährige Haftstrafe absitzen wird, werden zu dem Pool, aus dem die personell bereits gerupfte RAF ihren »Nachwuchs« zieht. Klaus Jünschke, Gerhard Müller, Sieglinde Hofmann, Hanna Krabbe, Elisabeth von Dyck und Margit Schiller sind Namen aus dem SPK, die im Sommer 1972 zur RAF hinzustoßen. Noch 1972 adeln berühmte Gutachter mit relativierenden Einschätzungen die Arbeit von Dr. Huber. Der französische Philosophengott Jean-Paul Sartre schreibt das Vorwort zu Hubers Agitationsschrift »Aus der Krankheit eine Waffe machen«[339]. Auch hier das durchgängige Phänomen, dass erklärte terroristische »Feinde« der Bundesrepublik immer wieder von Trendsettern wie Sartre mit Verständnis und geradezu bewerbender Unterstützung zu Figuren hochgejubelt werden, die im Kern irgendwie etwas Richtiges gewollt hätten.

Als Stadtguerilla, als militärische Kampftruppe, zündet die RAF nicht. Als Speerspitze, als Avantgarde der Apo-Proteste, ist die RAF dagegen äußerst erfolgreich. Innerhalb von zwei Jahren erscheinen Hunderte von Zeitungsartikeln in allen großen Medien, die sich mit dem Phänomen RAF und vor allem mit deren Köpfen auseinandersetzen. Die RAF wird zum Medienfetisch. Baader, Ensslin, Meinhof, Mahler und dann auch Raspe, Meins und einige andere werden innerhalb weniger Jahre regelrecht berühmt. Geistig-politisch setzt sich bald die ganze Bundesrepublik durch alle Schichten hindurch und über Jahrzehnte mit dem Phänomen RAF auseinander, weshalb ich 2007 in einem Artikel in der *Welt am Sonntag* gewitzelt habe: Bundeskanzler kommen und gehen, Baader, Meinhof und Ensslin bleiben. Erst seit zehn Jahren fangen sie an zu verstauben: Die Bundesrepublik zerfällt langsam in Parallelgesellschaften. Die RAF blieb jedoch jahrzehntelang die letzte nationale Identifikationsgröße der teutonischen Bundesrepublik, bis sie seit 2007 – nach wie vor unbewältigt – endlich unmodern geworden ist.

»Das Konzept RAF«

Im April 1971 ist es wieder einmal so weit. Meinhof und die RAF lassen das Traktat »Das Konzept Stadtguerilla« vom Stapel. Der Begriff »Rote Armee Fraktion« und das RAF-Emblem mit der Kalaschnikow auf dem roten Stern tauchen hier zum ersten Mal auf. Das Pamphlet wird heimlich an Universitäten und an anderen öffentlichen Versammlungsorten für Schüler und Studenten ausgelegt. Das Ganze beginnt stereotyp wie immer mit Mao-Weisheiten, es geht um den Feind Bundesrepublik, der das Böse ist, und um die ideologische Erleuchtung der Besserwisser um Meinhof. Das Pamphlet endet mit dem berühmten Zitat von Eldridge Cleaver, einem der Gründer der Black Panther Party: »Entweder du bist ein Teil des Problems, oder du bist ein Teil der Lösung. Dazwischen gibt es nichts.«

Auszüge aus dem Traktat »Rote Armee Fraktion«:

[…] Wenn wir vom Feind bekämpft werden, dann ist das gut; denn es ist ein Beweis, dass wir zwischen uns und dem Feind einen klaren Trennungs-

strich gezogen haben. Wenn uns der Feind energisch entgegentritt, uns in den schwärzesten Farben malt und gar nichts bei uns gelten lässt, dann ist das noch besser; denn es zeugt davon, dass wir nicht nur zwischen uns und dem Feind eine klare Trennungslinie gezogen haben, sondern dass unsere Arbeit auch glänzende Erfolge gezeitigt hat.
Mao Tse-tung, 26. Mai 1939

Es fällt auf, dass Meinhof und die RAF immer noch an den privaten Geschichten kleben. Man fragt sich: Wann beginnt eigentlich die Revolution? Meinhof rechtfertigt sich für eine Kinderverschleppung und für die Liquidationsideen gegen Homann und andere, die aussteigen wollen. Ihren martialischen Satz »Natürlich kann geschossen werden« relativiert sie, das Gleiche gilt für die Bewertung der Schüsse auf Georg Linke. »Gruppenterror« gebe es im Untergrund nicht. Sie beschimpft immer noch ihren Ex-Ehemann als Produzenten der »Wichsvorlage« *konkret*. Und dann geht es über endlose Strecken um den Versuch, historisch-soziologisch zu erklären, warum Stadtguerilla jetzt richtig und notwendig sei. Also nichts Neues, nur eine neue Masse an Wörtern.

Einige Genossen sind mit ihrem Urteil über uns schon fertig. Für sie ist es eine »Demagogie der bürgerlichen Presse«, diese »anarchistische Gruppe« mit der sozialistischen Bewegung überhaupt in Verbindung zu bringen. Indem sie ihn falsch und denunziatorisch benutzen, hebt sich ihr Anarchismusbegriff von dem der Springerpresse nicht ab. Auf einem so miesen Niveau möchten wir uns mit niemandem unterhalten.
Viele Genossen wollen wissen, was wir uns dabei denken. Der Brief an »883« vom Mai 70 war zu allgemein; das Tonband, das Michèle Ray hatte, wovon Auszüge im »Spiegel« erschienen sind, war ohnehin nicht authentisch und stammte aus dem Zusammenhang privatistischer Diskussion. Die Ray wollte es als Gedächtnisstütze für einen selbstständigen Artikel von sich benutzen. Sie hat uns reingelegt, oder wir haben sie überschätzt. Wäre unsere Praxis so überstürzt wie einige Formulierungen dort, hätten sie uns schon. Der »Spiegel« hat der Ray ein Honorar von 1000 Dollar dafür bezahlt. Dass fast alles, was die Zeitungen über uns schreiben – und wie sie es schreiben: alles –, gelogen ist, ist klar. Entführungspläne mit Willy Brandt

sollen uns zu politischen Hornochsen stempeln, die Verbindung zwischen einer Kindsentführung und uns zu Verbrechern, die in der Wahl der Mittel skrupellos sind. Das geht bis in die »gesicherten Einzelheiten« in »konkret«, wo allerdings schon die für die Sache belanglosen Details nur zusammengeschludert wurden. Dass es bei uns »Offiziere und Soldaten« gäbe, dass jemand jemandem »hörig« sei, dass jemals jemand »liquidiert« werden sollte, dass Genossen, die sich von uns getrennt haben, noch was von uns zu befürchten hätten, dass wir uns mit der vorgehaltenen Knarre Zutritt zu Wohnungen oder Pässe verschafft hätten, dass »Gruppenterror« ausgeübt würde – das alles ist nur Dreck.
Wer sich die illegale Organisation von bewaffnetem Widerstand nach dem Muster von Freikorps und Feme vorstellt, will selbst das Pogrom. Psychische Mechanismen, die solche Projektionen produzieren, sind in Horkheimer/Adornos »Autoritärer Persönlichkeit« und in Reichs »Massenpsychologie des Faschismus« im Zusammenhang mit dem Faschismus analysiert worden. Der revolutionäre Zwangscharakter ist eine contradictio in adjecto – ein Widerspruch, der nicht geht. Eine revolutionäre politische Praxis unter den herrschenden Bedingungen – wenn nicht überhaupt – setzt die permanente Integration von individuellem Charakter und politischer Motivation voraus, d.h. politische Identität. Marxistische Kritik und Selbstkritik hat mit »Selbstbefreiung« nichts, dagegen mit revolutionärer Disziplin sehr viel zu tun. Wer hier »nur Schlagzeilen machen« wollte, waren ganz sicher nicht einmal irgendwelche »linken Organisationen«, die – anonym – als Verfasser firmieren, sondern »konkret« selbst, dessen Herausgeber auch sonst als linke Hand von Eduard Zimmermann Imagepflege treibt, um diese bestimmte Wichsvorlage in einer bestimmten Marktlücke zu behaupten.
Auch viele Genossen verbreiten Unwahrheiten über uns. Sie machen sich damit fett, dass wir bei ihnen gewohnt hätten, dass sie unsere Reise in den Nahen Osten organisiert hätten, dass sie über Kontakte informiert wären, über Wohnungen, dass sie was für uns täten, obwohl sie nichts tun. Manche wollen damit nur zeigen, dass sie »in« sind. So hat es Günther Voigt erwischt, der sich gegenüber Dürrenmatt zum Baader-Befreier aufgeblasen hatte, was er bereut haben wird, als die Bullen kamen. Das Dementi, auch wenn es der Wahrheit entspricht, ist dann gar nicht so einfach.

Manche wollen damit beweisen, dass wir blöde sind, unzuverlässig, unvorsichtig, durchgeknallt. Damit nehmen sie andere gegen uns ein. In Wirklichkeit schließen sie nur von sich auf uns. Sie konsumieren. Wir haben mit diesen Schwätzern, für die sich der antiimperialistische Kampf beim Kaffeekränzchen abspielt, nichts zu tun. – Solche, die nicht schwatzen, die einen Begriff von Widerstand haben, denen genug stinkt, um uns eine Chance zu wünschen, die uns unterstützen, weil sie wissen, dass ihr Kram lebenslängliche Integration und Anpassung nicht wert ist, gibt es viele.[340]
Die Wohnung in der Knesebeckstraße 89 ist nicht durch eine Schlamperei von uns hochgegangen, sondern durch Verrat. Der Denunziant war einer von uns. Dagegen gibt es für die, die das machen, was wir machen, keinen Schutz; dagegen, dass Genossen von den Bullen fertiggemacht werden, dass einer den Terror nicht aushalten kann, den das System gegen die entfaltet, die es tatsächlich bekämpfen. Sie hätten nicht die Macht, wenn sie nicht die Mittel hätten, die Schweine.
[...] Die Frage, ob die Gefangenenbefreiung auch dann gemacht worden wäre, wenn wir gewusst hätten, daß ein Linke dabei angeschossen wird – sie ist uns oft genug gestellt worden –, kann nur mit Nein beantwortet werden. Die Frage: was wäre gewesen, wenn, ist aber vieldeutig – pazifistisch, platonisch, moralisch, unparteiisch. Wer ernsthaft über Gefangenenbefreiung nachdenkt, stellt sie nicht, sondern sucht sich die Antwort selbst. Mit ihr wollen Leute wissen, ob wir so brutalisiert sind, wie uns die Springerpresse darstellt, da soll uns der Katechismus abgefragt werden. Sie ist ein Versuch, an der Frage der revolutionären Gewalt herumzufummeln, revolutionäre Gewalt und bürgerliche Moral auf einen Nenner zu bringen, was nicht geht. Es gab bei Berücksichtigung aller Möglichkeiten und Umstände keinen Grund für die Annahme, dass ein Ziviler sich noch dazwischenwerfen könnte und würde. Dass die Bullen auf so einen keine Rücksicht nehmen würden, war uns klar. Der Gedanke, man müsste eine Gefangenenbefreiung unbewaffnet durchführen, ist selbstmörderisch. [...]
Den Bullen, der uns laufen lässt, lassen wir auch laufen.[341]

Eskalation gebiert Eskalation. Gewalteskalation ist der Grundtenor der RAF. Eruptive Gewalteskalation begleitet das Protestmovement über die Generationen bis heute, siehe zuletzt den G20-Gipfel in Hamburg, auf den ich in diesem Zusammenhang schon häufiger hingewiesen habe. Ein wesentliches oder vielleicht das entscheidende Moment für den nicht stillbaren Gewalthunger der RAF und der Folgeorganisationen und -erscheinungen wird auch in diesem Text sichtbar. Gewalt verkommt zum Selbstzweck, wenn das Ziel nicht formuliert werden kann. Ewig die bessere Welt herbeimorden und herbeibomben zu wollen ist langweilig und öde. Es reicht nicht, und es reicht auch den Tätern nicht, die deswegen unter Druck stehen, aus der Gewalt selber ihre Legitimation zu destillieren. Seit fünfzig Jahren folgt diese Gesellschaft der Protestgewalt, indem sie sich selber glauben macht, wer bombt, hätte schließlich auch Ziele.

Die RAF hat die Initialzündung zur politisch bemäntelten Gewalt gesetzt, und der sogenannte Polizeistaat Bundesrepublik hat's der RAF extrem leicht gemacht. Der Clou: Es gab so wenig Polizei der von der RAF und der APO beschimpften Art und so wenig Polizeistaat, dass es sehr leicht war, Autos zu klauen, Pässe zu klauen, Kfz-Schilder zu fälschen, Bomben zu basteln, Banken zu überfallen, den Polizeifunk abzuhören und schließlich Bomben zu legen und zu morden. Es gab eine Bundesrepublik mit einer Gesellschaft, die auf diese Form der Kriminalität nicht vorbereitet war und bis dahin auch nicht vorbereitet sein musste.

Merkwürdige Zwischenrolle

Im Frühjahr 1999 treffe ich Karl Heinz Roth[342], der eine andere radikale Gruppierung in Hamburg anführte, die »Proletarische Front«, die nach einer eigenen Revolution suchte und sich mit der RAF auseinandersetzte. Roth, ein ehemaliger SDS-Mann und seit 1992 promovierter Historiker, versteckte sich seit 1968 wegen Rädelsführerschaft und anderer Delikte ein Jahr lang vor der Polizei und profitierte von der Heinemann-Amnestie. 1970 schloss er sein Medizinstudium ab und ging im September in den Nahen Osten, um dort nach der Zerschlagung der PLO medizinische Hilfe zu leisten. Er bezeichnete sich im Interview mit mir als jemand, der ein bisschen dazwischenstand, zwischen der RAF und anderen Formen des radikalen Protestes.[343] Von ihm möchte ich wissen: Was passierte im Untergrund, wie geht Untergrund?

Bettina Röhl: Mahler und Baader haben Ihnen im September 1970 einen unfreundlichen Besuch abgestattet. Welchen Kontakt hatten Sie danach mit der RAF?
Karl Heinz Roth: Die RAF hat von Anfang an versucht, aus den militanten Randgruppen zu rekrutieren. Sie sind auch zu mir und zu anderen gekommen, und die Verhandlungspartnerin war zunächst Ulrike. Bei den ersten Treffen war Ulrike allein. Damals lief ja schon die ganze Kampagne gegen die RAF, und die Zusammenhänge, in denen ich mich bewegte, waren nicht illegal. Ich wurde aber damals als exponierte Figur der militanten Szene beobachtet, das ist klar.
Bettina Röhl: Das heißt, bevor Sie also meine Mutter treffen konnten, mussten Sie ...
Karl Heinz Roth: ... musste ich eine Reise unternehmen. Diese Reise führte über mehrere S-Bahnen, U-Bahnen, Wanderungen ... Das ist das Problem der Illegalität, dass Sie 90 % Ihrer Aktivitäten damit zubringen, sich zu bewegen und Ihr Überleben zu organisieren und nur 10 % übrig haben, um nachzudenken und politisch zu handeln. Ich würde im Nachhinein sagen, dass das ein Grund dafür war, warum sich das so weitgehend verselbstständigt hat. 1970 gab es mehrere Treffen und Diskussionen, eine fand im Schanzenviertel statt. Zu der Zeit gab es bei der RAF schon die ersten konspirativen Wohnungen.
Bettina Röhl: Eine konspirative Wohnung, was stelle ich mir darunter vor?
Karl Heinz Roth: ... dass ein Mensch, der mit der Gruppe sympathisiert, das ist die Idealkonstruktion, und ansonsten politisch unbekannt und inaktiv ist, eine Wohnung anmietet und instand hält. Diese Wohnung wird hin und wieder von den Gruppen dann aufgesucht, aber der Mieter muss sie so nutzen, Kontakte mit der Nachbarschaft aufbauen usw., dass sie ganz normal funktioniert. Das hat dann nicht mehr so lange geklappt. Dann war es so, dass Illegale, also RAF-Leute selbst oder Sympathisanten, die schon bekannt waren, unter falschem Namen diese Wohnungen gemietet haben, und das war dann schon ziemlich riskant.
Bettina Röhl: Gewalt als Mittel der Revolution wurde zunehmend bejaht?
Karl Heinz Roth: Es gab eine politische Debatte darüber, die wurde vor allem von den Anhängern der kritischen Theorie, von Oskar Negt und

anderen, also von der Generation im SDS vor uns, erzwungen. Die haben die RAF scharf kritisiert und eine öffentliche Diskussion über die Begrenzung von Gewalt geführt.

Bettina Röhl: Militanz in der Bundesrepublik, auf welchen Boden fiel die RAF im Milieu? Gab es auch schon vorher illegale Strukturen in der Bundesrepublik?

Karl Heinz Roth: Es gab schon in den späten Sechzigerjahren eine militante Szene, die ganz anders aussah, als Sie das in den heutigen Darstellungen präsentiert bekommen. Es gab den Blues der proletarischen Jugendkultur. Und es ging vor allem ganz banal um die Unterstützung von desertierten amerikanischen GIs, sehr früh, wegen des Vietnamkrieges. Die Solidarität mit der Vietnamesischen Befreiungsbewegung war nicht so aufgesetzt, wie es dargestellt wird, sondern war ein ganz konkretes Problem. Es desertierten immer mehr Amerikaner, die US-Army war hier ungeheuer präsent, und es desertierten vor allem Leute aus der Black-Panther-Bewegung, also Militante, die in den USA selber schon eine politische Sozialisation durchgemacht hatten, auch Weiße aus der Bürgerrechtsbewegung und teilweise auch aus dem amerikanischen SDS. Norddeutschland war eine wichtige Durchgangsstation, ganz einfach, wegen der Fluchtroute nach Norden. Und natürlich musste man sich auch vor denjenigen in Acht nehmen, die hinter ihnen her waren.

Bettina Röhl: Zum Beispiel die amerikanische Militärpolizei?

Karl Heinz Roth: Ja, die Desertion war kein Kavaliersdelikt in den USA. Wenn die Leute geschnappt wurden, ging es ihnen ziemlich schlecht, von daher kamen wir also sehr schnell aus der Phase der Naivität in eine ziemliche Konfrontation, die wir so gar nicht gewollt oder auch nicht erwartet hatten.

Bettina Röhl: Über welche Größenordnung reden wir?

Karl Heinz Roth: Wir haben natürlich nie einen genauen Überblick gehabt, aber ich nehme schon an, dass es einige Hundert waren, und es ist ja auch nur ein Teil über Norddeutschland geflohen. Es sind ja auch viele über Berlin dann über die DDR abgehauen.

Bettina Röhl: Es ist anzunehmen, dass die DDR den desertierenden GIs auch geholfen hat?

Karl Heinz Roth: Aber ganz bestimmt, das war auch bekannt, und wenn es Komplikationen gab, haben sich auch Leute aus Westberlin darum gekümmert. Das war ein ganz verschwiegener Bereich, wir haben nicht darüber gesprochen. Wir haben öffentlich agitiert, wir waren auf den Straßen, und wenn wir noch zusätzlich andere Dinge gemacht haben, war es nicht so gut, auch noch zu sagen, übrigens gibt es da auch noch das Problem der Deserteure, das wäre nicht sehr geschickt gewesen. Es war ein ziemlich dichtes Netz, und es gab auch auf dieser Ebene viele Konflikte, viele Probleme, bis die »schwarzen Onkels« wieder aus den Landkommunen auszogen und über die dänische Grenze gebracht wurden.

Bettina Röhl: Kann man das so sagen, dass die sogenannte Baader-Meinhof-Gruppe nur eine Formation von vielen gewesen ist?

Karl Heinz Roth: Das war so in unserer Wahrnehmung bis zur Verhaftung von Ulrike 1972. Die RAF war für uns bis dahin eine Gruppe unter anderen. Und attraktiv oder interessant war die Gruppe nur wegen Ulrike. Ulrike war die Figur, die überhaupt eine Diskussion mit anderen Ansätzen führen konnte. Ulrike war der Bezugspunkt.

Bettina Röhl: Sie selber waren 1968/69 schon illegal gewesen, hatten sich ein Jahr lang vor der Polizei versteckt und kannten sich ein bisschen aus.

Karl Heinz Roth: Ein bisschen, weil ich nach einem Haftbefehl wegen »Verletzung der Bannmeile« im Mai 1968 über ein Jahr lang untergetaucht war. Ich bewegte mich in einem Netz, das es sowieso gab. Dort habe ich eine Zeit lang überwintert – teilweise auch bei gut situierten Leuten, weil die Polizei dort nicht so oft nachschaute. Ich war immer in Hamburg.

Bettina Röhl: Ich nehme an, es sind dieselben Kreise, die später auch meine Mutter aufgenommen haben.

Karl Heinz Roth: Ich würde nicht bezweifeln, dass es sich zum Teil um die gleiche soziale Schicht handelte, nur 2 Jahre vorher. Es gab aber auch noch eine andere soziale Basis, die heute fast völlig ausgeblendet wird: das waren die proletarischen Jugendlichen aus den Stadtteilgettos der Neuen Heimat. Sie kamen zu unseren Demonstrationen in die Stadtzentren und trugen zu ihrer Radikalisierung bei. Nicht wenige Leute aus dieser jugendlichen Subkultur und aus sozialen Randgruppen, die eine sehr kritische Haltung gegenüber der Studentenbewegung einnahmen, waren von der RAF fasziniert. Sie dockten später, ab 1970/71, bei der RAF an. Die RAF ist nicht so einfach aus der Luft entstanden. Das erklärt vielleicht, warum es ihr trotz ihrer Niederlage von 1972 gelang, der Sozialrevolte eine Zeit lang ihren Stempel aufzudrücken – ob wir anderen das wahrhaben wollten oder nicht.

Allerdings: Die Revolutionären Zellen brachten es, abgesehen von dem weltberühmten Terroristen Carlos, nicht zu irgendeiner Bekanntheit. Das bessere PR-Konzept hatte die RAF, und das dank Ulrike Meinhof.

Nette »Restfamilie Röhl«

Im April 1971 besuchte der Leiter der Sonderkommission B/M, Alfred Klaus, uns in Blankenese. Er schreibt in seinem Buch »Sie nannten mich Familienbulle: Meine Jahre als Sonderermittler gegen die RAF«, das im Jahre 2008 kurz nach seinem Tod erschien: »Klaus Rainer Röhl empfing mich in seiner eleganten Villa in Hamburg-Blankenese. Gewandet in Sportskluft, zu der er Reiterstiefel trug, bat er mich ins Wohnzimmer und ließ Tee servieren. Der Herausgeber der Zeitschrift *konkret* [...] verhielt sich freundlich und entgegenkommend und erklärte vorab, dass sich Ulrike Meinhof bislang um keinerlei Kontakt der Kinder wegen bemüht habe.«[344]

Von Röhl hört Alfred Klaus zum ersten Mal von der Sizilienverschleppung, die, weil sie nie angezeigt wurde, nicht in den Ermittlungsakten aufgetaucht war. Alfred Klaus: »›Ich habe nach wie vor Angst, dass meine Töchter entführt werden‹, sagte Röhl. ›Es gab da eine anonyme Warnung im Herbst vergangenen Jahres.‹ Eine nachvollziehbare Angst. [...] Er wolle einen Ostergruß der Mädchen an einen Rechtsanwalt in Bremen schicken, der mit Ulrike Meinhof in Verbindung stand. Er bemühte sich also nach wie vor darum, einen Kontakt zwischen der Mutter und ihren Kindern herzustellen. Dies erschien mir hochherzig.«[345]

Der sensible Ermittler, der auch die Familien von Baader, Ensslin, Proll, Meins und anderen besuchte und überall viele problematische

Familienverhältnisse konstatiert, verzweifelte Väter (Proll, Meins), hilflose Mütter (Baader, Ensslin), hadernde Geschwister, stellt zunehmend Psychologismen auf, wenn er schreibt, was er durch die Besuche erreicht hat: »Vor allem Hintergrundwissen über die Täter. Vorkriegs- und Kriegskinder. Vater- und Mutterlose oder, wie im Fall Gudrun Ensslin, Familiengeschädigte. Das musste es auch sein, was sie in der Gruppe suchten, eine Ersatzfamilie.«[346]

Über unser Zuhause zeigt er sich angenehm überrascht: »Bevor ich das Haus verließ, erschienen die Zwillinge in Begleitung der Mutter des Liedermachers Wolf Biermann, einer außerordentlich sympathischen älteren Dame, die sich, wie ich erfuhr, um die Kinder kümmerte. Zwei fröhliche, unbeschwert wirkende achtjährige Mädchen, deren letzte Jahre so ganz und gar anders verlaufen waren als die ihrer jetzigen Schulkameraden. Aber vielleicht hatten sie das Geschehen einfach als Abenteuer erlebt? Auf jeden Fall mussten sie ihre Mutter vermissen. Aber ihr Kummer war ihnen nicht anzumerken. So wenig wie dem Vater. Was immer tatsächlich in den Köpfen der Restfamilie Röhl vorging – sie kam mir entspannt und heiter vor. Als wäre die einstige Ehefrau und Mutter ein Relikt aus ferner Vergangenheit, das nicht mehr dazugehörte. Und das tat sie ja auch nicht mehr. Selbst wenn sie sich stellen würde oder wir sie bald verhaften würden – ihre Kinder bekäme sie nicht zurück. War der Kampf gegen das imperialistische Gesellschaftssystem das alles wert? Die Kinder winkten mir nach, als ich mich in den Dienstwagen setzte. Ich winkte zurück. ›Nette Familie‹, sagte mein Fahrer. Ja, nette Familie.«[347]

Auch von Renate Riemeck, die er im Herbst 1971 besucht, ist Alfred Klaus beeindruckt. Die hatte zu ihm gesagt: »Sie können aber davon ausgehen, dass ich alles daransetzen würde, um Ulrike zu überreden, sich zu stellen. Und ich würde sie – unter Ausschaltung aller Emotionen – auch der Polizei ausliefern. [...] Von den Angehörigen, die ich kannte, war sie die Einzige, die so klare Worte gesprochen hat, und auch die Klügste und jemand, der den Ernst der Lage vollkommen begriff.«[348]

Alfred Klaus und Klaus Rainer Röhl blieben von März 1971 bis zu Meinhofs Verhaftung im Juni 72 in Kontakt. Es werden sieben Gesprächsprotokolle angefertigt. Röhl will offenbar helfen, der Baader-Meinhof-Bande das Handwerk zu legen. Kurz vor der Verhaftung von Baader,

Ensslin und Meinhof und mitten in der Hochphase des RAF-Bombenterrors im Mai 1972 hat Klaus Röhl eine schräge Idee. Meine Schwester und ich sind in den Pfingstferien für eine Woche bei Tante Holde und Renate angemeldet. Diese Gelegenheit will er nutzen, um meine Schwester und mich als Köder auszulegen. Sein Plan: Einen Tag vor unserer Abreise will er Wienke Zitzlaff anrufen und ihr sagen, dass wir zu Holde und Renate fahren. Die Idee dahinter: Meinhof soll kommen, um ihre Kinder zu sehen, und dann soll die Polizei zuschlagen. Nachdem das BKA von dieser Lage Kenntnis erhalten hatte, sind Beamte vor Ort in Stellung gegangen. Röhl rief Wienke an, die sagte tatsächlich Meinhof Bescheid, aber Meinhof blieb fern. Meine Schwester und ich, Renate und Holde ahnten von diesem teuflischen Plan unseres Vaters nichts.

Anfang Juni 1971 wendet sich unser Vater erneut an das BKA, diesmal von der Insel Sylt, und weist die Beamten auf die ganz erhebliche Entführungsgefahr für die bekannten Hassfiguren der RAF wie Axel Springer oder Peter Boenisch hin, die sich auf der Insel aufhielten. Mein Vater erwähnte, dass es auch in den betuchten Kreisen auf Sylt Sympathisanten der RAF gebe, unter anderem erwähnt er Maria Augstein, die Exfrau von Rudolf Augstein, als mögliche Sympathisantenadresse auf der Insel.

Die Morde

Bis Juli 1971 hatte es noch keinen Toten gegeben, aber die als revolutionär bemäntelten Aktivitäten der RAF-Leute wurden nun härter, wurden mörderisch. Meinhof hatte ihre Genehmigung »Natürlich kann geschossen werden« schon erteilt, und jetzt war es so weit: Petra Schelm, die junge Freundin von Manfred Grashof, gerät bei einer Großfahndung in Hamburg in eine Polizeisperre, schießt bei einem Festnahmeversuch wild um sich, hört nach mehreren Aufforderungen, sich zu ergeben, nicht auf. Und wird daraufhin von einem Polizisten, der einem Kollegen rechtzeitig zu Hilfe kommt, erschossen.

Am 22. Oktober 1971 wird Meinhof in Hamburg-Poppenbüttel in einen Mordfall verwickelt. Fakt ist, dass sie ihren »Leibwächter« Gerhard Müller (aus dem berühmten Sozialistischen Heidelberger Patientenkollektiv, kurz SPK genannt) im Dunkeln mit zu einer Telefonzelle genommen hatte. Der schoss aus einer Entfernung von wenigen Metern, als der Polizist Norbert Schmid, der Meinhof, die selber dabei war, nach der Waffe in ihrer Handtasche zu greifen, bereits am Arm hielt, festnehmen wollte. Der Beamte, dessen Pistole noch in seinem Halfter steckte, wurde tödlich getroffen.[349]

Die Waffe, mit der »Leibwächter« Müller schoss, eine Firebird, hatte Meinhof ihm gegeben. Sie hatte 35 Exemplare dieses Typs von der El Fatah käuflich erstanden und an ihre RAF-Genossen verteilt. Eine Dritte, die bei diesem nächtlichen Spaziergang mit tödlichem Ausgang dabei war, war Margit Schiller (ebenfalls aus dem SPK), die kurz darauf verhaftet wurde. Meinhof und Müller konnten fliehen.

Am 22. Dezember 1971 wird der damals 32-jährige Polizeiobermeister Herbert Schoner gleich zwei Mal hingerichtet. Der Fall ereignete sich in Kaiserslautern. Der Polizist kontrollierte einen im Halteverbot stehenden VW-Bus, nicht ahnend, dass es sich um ein Fluchtfahrzeug von gerade aktiven Bankräubern der RAF handelte. Da der Fahrer sich sehr auffällig verhielt, mit dem VW-Bus rückwärts ein Verkehrsschild umfuhr und gleich wieder nach vorne setzte, zieht Schoner die Dienstwaffe und will die Beifahrertür öffnen. In dem Moment schießt der Fahrer durch die Seitenscheibe und trifft Schoner in die Brust. Schoner schießt noch benommen zurück, trifft aber nicht mehr und wankt blutüberströmt in die Filiale der Bayrischen Hypotheken- und Wechselbank, wo gerade das RAF-Kommando Bankraub am Werke war, mit schwerem Gerät bewaffnet.

Auf Schoner wird sofort von hinten von einem RAF-Mitglied geschossen, er bricht tot zusammen. Die Beute der RAF: 135 000 DM. Insgesamt sieben Terroristen der RAF sind an dieser Tat beteiligt. Gefasst und zu lebenslanger Haft verurteilt wird allein Klaus Jünschke, einer aus dem SPK. Bis heute sind die anderen sechs Täter offenbar der Polizei unbekannt. Oder unbehelligt. Jünschke hat die Namen nicht genannt. Waren auch Baader, Meinhof und Ensslin neben anderen unter den Tätern? Wer hat auf Schoner geschossen? Offene Fragen.

Bei dem Versuch ihrer Festnahme, der sie sich mit Waffengewalt entziehen wollen, werden die beiden mit der RAF assoziierten Terroristen

Georg von Rauch und Thomas Weisbecker im Dezember 1971 und im März 1972 von der Polizei erschossen.

Am 3. März 1972 erschießt das RAF-Mitglied Manfred Grashof den Kripobeamten Hans Eckardt bei einem Einsatz in einer Hamburger Wohnung. Die Festnahme Grashofs gelingt erst, nachdem drei weitere Beamte ihn mit fünf Schüssen schwer verletzt hatten.[350]

Kurz danach, im April 1972, brachte die RAF das 60-Seiten-Papier »Rote Armee Fraktion – Stadtguerilla und Klassenkampf« aus der Feder von Ulrike Meinhof heraus, die allerdings als Autorin nicht namentlich zeichnet. Die ersten Toten der RAF selber wiegen so schwer wie der Berg Tai, tote Polizisten und andere Ermordete werden zu Federn im Wind, so die Botschaft. Meinhof scheint mitten im Terror in irgendeiner illegalen Wohnung in erstaunlichem Maße die Ruhe gefunden zu haben für diesen großen, fast an ihre Kolumnen erinnernden Propagandatext für die RAF. Für einfache, empfängliche Gemüter intellektualisiert Meinhof[351] die gesellschaftliche Situation quer durch den Garten, bedient sich aller antikapitalistischen Textbausteine und referiert die damals aktuellen politischen Debatten (Willy Brandt in Teheran, Streik in den Chemiekonzernen, Radikalenerlass, Fahndungsdruck auf die RAF). Sie macht Werbung für ihren Verein namens RAF, sie rechtfertigt die Gewalt, sie setzt sich von den K-Gruppen ab und wehrt sich gegen den Vorwurf, dass Terrorismus in der Bundesrepublik nicht das geeignete Mittel sei:

Die meisten sagen: Es geht nicht. Die meisten sagen: Die Massen wollen nicht. Viele sagen, jetzt kämpfen, heißt den Faschismus provozieren. […] Sie haben nur den Status quo vor Augen. Sie sehen in der Gewalttätigkeit des Systems nur die Gewalttätigkeit, nicht seine Angst. […] Genscher wäre nicht der Innenminister der herrschenden Klasse, wenn er nicht die unglaublichsten Anstrengungen unternähme, uns »aus dem Verkehr zu ziehen«, wenn er uns nicht zum Staatsfeind Nr. 1 erklärt hätte, noch bevor wir etwas gemacht haben, was uns als solchen ausweisen würde, wenn er nicht alles, aber auch alles täte, um uns von den Linken, der Arbeiterschaft, der Bevölkerung zu isolieren, wenn er uns nicht ermorden ließe. […] Wir sagen nicht, dass es leicht ist, Guerilla zu machen, dass die Massen nur darauf warten, sich der Guerilla anzuschließen. Wir glauben aber vor allem nicht, dass die Situation von selbst umschlägt. Wir glauben nicht, dass die Guerilla aus Massenkämpfen spontan entstehen kann, wir halten solche Vorstellungen für unrealistisch. Eine aus Massenkämpfen spontan entstehende Guerilla ist das Blutbad, nicht die Guerilla. [...]

Und sie greift ganz frontal die Aussteiger Peter Homann, Karl-Heinz Ruhland und Beate Sturm an. Dass sie die drei damit in der linken Öffentlichkeit in Acht und Bann stellt, weiß sie.

[...] Solange Verräter noch bei Genossen landen können, nicht mal die Fresse vollkriegen, sogar noch Verständnis dafür finden, dass sie um der schnellen Rekonstruktion ihrer bürgerlichen Existenz willen anderer Existenz vernichten [...] so lange wird es Verräterei geben. [...] Verräter müssen aus den Reihen der Revolution ausgeschlossen werden. Toleranz gegenüber Verrätern produziert neuen Verrat. [...] Von der Tatsache, dass sie arme Schweine sind, darf man sich nicht erpressen lassen.

Dann folgt die sogenannte Mai-Offensive aus der RAF-Zentrale in Frankfurt, wo die Haupttäter in mehreren Wohnungen Sprengstoff herstellen und Bomben basteln. Es sind vor allem Baader, Raspe, Meins und Ensslin, die in einer Wohnung hocken und die Bomben zusammenbauen. Meinhof wohnt mit Leibwächter Gerhard Müller in einer anderen Wohnung in der Nähe und schaut regelmäßig vorbei. Nach zweimonatiger Arbeit liegen etliche Kilogramm Sprengstoff bereit. Der liebe Jan, einstiger Chemiestudent, der meine Schwester und mich in Berlin noch so nett ins Bett gebracht und den Hausmann gegeben hatte, optimiert die Bomben mit Stahlkugeln, um noch mehr Menschen umbringen und verletzen zu können. Meinhof schreibt zu allen Anschlägen die kleinen »Werbeprospekte«.

Am 11. Mai 1972 lassen Baader, Ensslin, Raspe und Holger Meins binnen 30 Sekunden drei Bomben im Hauptquartiert des V. US-Korps explodieren. Der US-Soldat Paul A. Bloomquist stirbt, 13 weitere Soldaten werden schwer verletzt. Bei den beiden Bombenanschlägen der RAF vom 12. Mai 1972 auf die Polizeidirektion in Augsburg und auf das

Landeskriminalamt in München entstehen hohe Sachschäden. Am 15. Mai 1972 explodiert eine RAF-Bombe in Karlsruhe unter dem VW 1300 des Bundesrichters Wolfgang Buddenberg. In dem Wagen saß dessen Ehefrau Gerta Buddenberg und wird bei dem Anschlag sehr schwer verletzt. Am 19. Mai 1972 explodieren zwei Bomben in der Springerzentrale in Hamburg. Dabei werden 33 Springer-Mitarbeiter verletzt, zwei von ihnen schwer. Drei weitere Bomben zünden nicht. Täter waren Meinhof, Siegfried Hausner und ein dritter, nicht polizeibekannter Mann. Am 24. Mai 1972 explodieren zwei Autobomben auf dem Gelände des Hauptquartiers der US-Streitkräfte in Europa in Heidelberg. Drei US-Soldaten sterben: Captain Clyde R. Bonner, Specialist Ronald A. Woodward und Specialist Charles Peck. Fünf weitere Menschen werden verletzt. Haupttäter: Baader, Ensslin, Meins und Raspe.

Nach den ersten drei Toten der RAF (Norbert Schmid, Herbert Schoner und Hans Eckardt) brachte der Mai 1972 noch einmal 4 Tote und 74 Verletzte. Die Verhaftungen der Kader folgen auf dem Fuße: Am 1. Juni 1972 werden Baader, Raspe und Meins in Frankfurt verhaftet. Am 7. Juni wird Ensslin in der Hamburger Boutique Linette festgenommen. Die Verhaftung Meinhofs und ihres »Leibwächters« Gerhard Müller findet am 15. Juni 1972 in Hannover in der Wohnung des Lehrers Fritz Rodewald statt. Asserviert werden eine Maschinenpistole, zwei Pistolen, zwei Handgranaten und eine Bombe. Brigitte Mohnhaupt wird am 9. Juni, Irmgard Möller und Klaus Jünschke werden am 9. Juli verhaftet. Die letzten Mohikaner der RAF der ersten Generation sind damit aus dem Verkehr gezogen. Einige bis dahin unbekannte Helfer, die im Rahmen der zweiten Generation der RAF aufblühen werden, sind bereits tätig.

Der Ensslin-Kassiber

Gudrun Ensslin kam nach ihrer Festnahme in Einzelhaft. Einziger Besucher war am 12. Juni 1970 ihr Rechtsanwalt Otto Schily. Drei Tage später, bei der Festnahme Meinhofs, wurde bei ihr ein zweiseitiges, eng mit Schreibmaschine beschriebener Kassiber, ein Brief von Ensslin aus dem

Gefängnis an Meinhof, gefunden. Ensslin hatte keine Schreibmaschine. Schily als einziger Besucher geriet in Verdacht, den Kassiber aus dem Gefängnis herausgeschmuggelt und Meinhof zugespielt zu haben, wies aber jede Beteiligung an der Übermittlung des Kassibers zurück. Alfred Klaus, der sich damals mit der Entschlüsselung des Ensslin-Kassibers befasste, kommt zu dem Schluss[352], dass es trotzdem nur von Otto Schily herausgeschmuggelt worden sein kann, und wegen eines markanten Schreibfehlers (das Wort »Interview« wurde »Intervieuw« geschrieben) erkennt Klaus zudem, dass der von Ensslin ursprünglich handschriftlich verfasste Kassiber vermutlich im Anwaltsbüro Ströbele abgetippt worden war, wo derselbe Schreibfehler dem Ermittler Klaus in einem anderen Schreiben schon mal aufgefallen war.

Schily wurde daraufhin von der Verteidigung ausgeschlossen. Das Bundesverfassungsgericht hob den Beschluss des Instanzengerichtes im Februar 1973 wieder auf, allerdings nicht mit der Begründung, dass der Verdacht gegen Schily ausgeräumt sei, sondern mit der formaljuristischen Begründung, dass damals kein Gesetz existierte, das einen Verteidigerausschluss aus welchem Grund auch immer vorgesehen hätte. Übrigens auch ein Beispiel für den »Polizeistaat« Bundesrepublik, den die APO hinter jedem Busch vermutete. Der knallharte Knochen Otto Schily, der unter Rot-Grün von 1998 bis 2005 Bundesinnenminister war, ist ein lässiger Typ, er könnte den Fall mit dem Kassiber doch nun wirklich endlich einmal verständlich beleuchten.[353]

Seine Eräuterungen könnten helfen, die im Umfeld der ersten RAF-Generation unter entscheidender Mitwirkung der Strafverteidiger entstandenen, umfangreichen Info- und Helfernetze sichtbar zu machen. Diese übernahmen die Kommunikation zwischen den inhaftierten Kadern und den Unterstützern der RAF in der Außenwelt, aus denen sich die sogenannte zweite RAF-Generation bildete. Die Zahl der Sympathisanten, der Zuspruch für die Terroristen war auf dem Höhepunkt der Verhaftung der RAF-Kader gewaltig. Wegen der »guten« Motive wurden die Taten von vielen, auch in einigen Medien, als irgendwie gerechtfertigt dargestellt. Der gerechte Zorn engagierter, sensibler junger Menschen, Stichwort Vietnam. Allerdings: Welche »guten« Motive? Das vermochte und vermag niemand klar zu beschreiben. Welchen Nutzen hat es, wahllos irgendwelche Menschen gelegentlich eines Bankraubes, der damit zum Raubmord wird, umzubringen? Welchen Nutzen hat es, mit Sprengstoff auf Springer-Mitarbeiter oder GIs loszugehen? Wer sagt, dass nicht ein großes Rollmopsessen oder eine Massenaktion auf Schaukelpferdchen oder eine Achterbahnfahrt mehr für die Revolution bringen als Mord und Raubmord? Wo liegt eigentlich die Kausalität zwischen »Revolution«, Revolutionsziel und irgendwelchen Morden? Wenn die RAF das Kanzleramt gestürmt, den Bundeskanzler Willy Brandt umgebracht und die Macht im Staate übernommen hätte, würde man noch verstehen, dass die RAF am Ende ihres zweijährigen Theaters berühmt, kultig und mythisch geworden wäre.

Aber das bloße, politisch flache Morden zur schnöden Geldbeschaffung oder zum sogenannten Wachrütteln der Gesellschaft und natürlich auch zur Selbstprofilierung der Terroristen besitzt keinerlei Beziehung zu irgendeinem revolutionären Ziel. Die Taten der RAF waren ein billiges Spektakel, aber sie besaßen nicht die Potenz, die verhasste Regierung oder das verhasste System oder den verhassten Kapitalismus zu stürzen.

Und weil die vielen APO-Protestierer in der satten Bundesrepublik trotz aller modischer Revolutionsfantasien letztlich doch nicht Mitglieder der RAF werden wollten, war auch der Ansatz, die Revolution von unten zu entfachen, vollkommen unrealistisch: Die RAF konnte zur »Schickeria« des Milieus aufsteigen, aber das war's auch schon. Kriegsfantasien gegen den eigenen Staat als neulinker Lebenssinn mit Westernheld-Attitüden waren schwer in Mode gekommen und vermittelten offenbar einen Lebenssinn gegen die »unerträgliche Leichtigkeit« des Lebens in der Bundesrepublik, eines Landes ohne Krieg, mit immer mehr Freizeit, immer mehr Luxus und wachsenden Freiheiten für alle, die es historisch noch nie für so viele Menschen in einer Gesellschaft gegeben hatte. Warum ist die Gesellschaft der Bundesrepublik auf diese RAF, die ihr den Vernichtungskrieg erklärt hatte, so abgefahren oder anders gesagt: so hereingefallen?

»Ulrike«

Viele Menschen bemühten sich in diesen zwei Untergrundjahren, Ulrike Meinhof aus ihrem Furor herauszuholen oder ihr Brücken zu bauen. Selbst der bundesdeutsche Cheffahnder Alfred Klaus nennt meine Mutter, während er nach ihr fahndet: »Ulrike – wie ich sie insgeheim für mich manchmal nannte« und fragt sich selbst: »Ich wusste nicht, warum ich mir immer wieder gerade über sie Gedanken machte. [...]. Unsichtbare Fäden zogen mich zum Rathausplatz. Von hier aus fuhr der Bus in Richtung Blankenese, in ihre Richtung, die Elbchaussee entlang [...].«[354]

Nach dem Mord an dem Polizisten Norbert Schmid im Oktober 1971 hatte sich meine Tante Renate in der Zeitschrift *konkret*, angeregt von Klaus Röhl, öffentlich an meine Mutter gewandt:

Gib auf, Ulrike!
Du machtest den verzweifelten Versuch mit wenigstens an einem Ort die auseinanderfallende Bewegung durch eine signalisierende Aktion zu koordinieren. Die Baader-Befreiung – wäre sie nach Plan verlaufen – sollte doch wohl dieses Ziel gehabt haben, andernfalls wäre sie nur ein Spektakel gewesen. Letzteres halte ich für undenkbar. Das wäre unter deinem Niveau. Aber die Sache ist schiefgelaufen. [...] Mir ist ganz klar, dass – nachdem ihr in den Untergrund gegangen seid – fast alles, was euch an Gangstermethoden unterstellt wird, auf Unwahrheit beruht. Wenn du nicht in der Gruppe wärest, würde allerdings auch ich nicht dagegen gefeit sein, euch für politisch frisierte Kriminelle zu halten. [...] Mit den politisch naiven Leuten, die sich heroisch vorkommen, wenn sie den einen oder anderen von euch mal beherbergen oder ihm weiterhelfen, kann man die Rechtskräfte in der Bundesrepublik nicht zurückdrängen. Und mit neu zu euch stoßenden, unerfahrenen Outsiders könnt ihr keine antiimperialistische Kampfgruppe aufbauen, höchstens den verlorenen Haufen einer scheinbar auf Mao eingeschworenen Landsknechtarmee zustande bringen. Aber wie steht es mit eurer Interpretation von Mao?[355]

In ihrem schlüssig formulierten Text aus kommunistischer Grundhaltung heraus stößt Riemeck meine Mutter förmlich auf die Realität der

Aussichtslosigkeit und des Irrsinns und auch auf die fehlende Moral des RAF-Handelns. Meinhof antwortet nicht öffentlich. Es gibt einen Antwortbrief von ihr, der weder veröffentlicht wurde noch Renate Riemeck je erreicht hat. Dieser Brief wurde wenige Wochen nach Riemecks öffentlichem Appell in einer Plastiktüte, zusammen mit Munition und einem Brief der RAF an die nordkoreanische Diktatur sowie einigen weiteren Schriftstücken, in einem städtischen Mülleimer in Berlin von Passanten gefunden und bei der Polizei abgegeben. In diesem »Antwortbrief« schreibt Ulrike Meinhof unter der Überschrift »Eine Sklavenmutter beschwört ihr Kind« ihre Ziehmutter an. In einer Art pubertärem Zynismus und mit gespielter Witzigkeit zeigt Meinhof, dass sie doch getroffen ist, und schreibt, den Ton ihrer Ziehmutter nachäffend, an sich selbst: »Ulrike, du bist anders als dein Steckbrief, ein Sklavenkind – selbst Sklavin. Wie also solltest Du fähig sein, auf deine Unterdrücker zu schießen? [...] Die Revolution ist groß – wir sind zu klein für sie. Sklavenseelen sind Flugsand, auf den ein Sieg nicht zu gründen ist [...].« Dass ihre Ziehmutter Renate Riemeck hier wie viele andere versuchte, sie mit großer Empathie in die Realität zurückzuholen, begreift Ulrike Meinhof nicht mehr.

Nach dem Mord an dem Polizisten Herbert Schoner in Kaiserslautern kurz vor Weihnachten 1971 erscheint am 10.1.1972 im *Spiegel* der berühmte Wut-Essay des Schriftstellers Heinrich Böll unter dem Titel »Will Ulrike Meinhof Gnade oder freies Geleit?«. Der spätere Nobelpreisträger und damalige Vorsitzende des Internationalen PEN-Clubs fordert dann auf vier *Spiegel*-Seiten Gnade und freies Geleit für Ulrike Meinhof und klinkt sich damit prominent in den RAF-Hype ein:

»Bild«, ganz und gar vorweihnachtlich gestimmt, weiß ja schon: »Baader-Meinhof-Gruppe mordet weiter.« »Bild« opfert die Hälfte seiner kostbaren ersten und die Hälfte seiner ebenso kostbaren letzten Seite dem Kaiserslauterer Bankraub. [...] Die Überschrift »Baader-Meinhof-Gruppe mordet weiter« ist eine Aufforderung zur Lynchjustiz.
[...] Es kann kein Zweifel bestehen: Ulrike Meinhof hat dieser Gesellschaft den Krieg erklärt, sie weiß, was sie tut und getan hat, aber wer könnte ihr sagen, was sie jetzt tun sollte? Soll sie sich wirklich stellen, mit der

Aussicht, als die klassische rote Hexe in den Siedetopf der Demagogie zu geraten?

Böll, der gerne gegen die *Bild*-Zeitung trat, liefert ein Meisterwerk in Sachen Verwirrkunst. In mehreren Zirkelschlüssen mit unsauberen Zitaten und der immer wieder erkennbaren Absicht, die Realität in ihr Gegenteil zu verkehren, vernebelt er bei den Anhängern der RAF viele Köpfe: *Bild* vorverurteile die RAF, die RAF könne Polizist Schoner gar nicht ermordet haben, denn in ihrem »Konzept Stadtguerilla« habe die RAF ja klar gesagt: »Wir machen nicht rücksichtslos von der Schusswaffe Gebrauch.« Das reicht Böll für seinen Exkulpationsritt zugunsten Meinhofs:

Die Kriegserklärung, die im Manifest enthalten ist, richtet sich eindeutig gegen das System, nicht gegen seine ausführenden Organe. [...] Es ist eine Kriegserklärung von verzweifelten Theoretikern, von inzwischen Verfolgten und Denunzierten, die sich in die Enge begeben haben, in die Enge getrieben worden sind und deren Theorien weitaus gewalttätiger klingen, als ihre Praxis ist. [...]

Und Böll nimmt Meinhofs nachträgliche Erklärung zu dem Schuss auf den Institutsangestellten Georg Linke, zu dem sie noch im Juni 1970 etwas ganz anderes geschrieben hatte, für bare Münze: »Die Frage, ob die Gefangenenbefreiung auch dann gemacht worden wäre, wenn wir gewusst hätten, dass ein Linke dabei angeschossen wird – sie ist uns oft genug gestellt worden –, kann nur mit Nein beantwortet werden.«[356]

Trotz aller Evidenzen, die für die Täterschaft der RAFler im Fall des erschossenen Polizisten Herbert Schoner sprechen, die kurze Zeit später auch nachgewiesen wurde, steigert sich der Schriftsteller in seine Fiktion der Nichttäterschaft einer friedlichen und gut meinenden RAF ziemlich weit hinein.

Das Erschütternde: Das Mordopfer Herbert Schoner kommt in dem gesamten Böll'schen Text nicht vor, obwohl der Raubmord in Kaiserslautern für Böll sogar der Anlass gewesen war, sich im *Spiegel* zu äußern. Empathie für das Opfer vermeidet Böll, während er seine Empathie kübelweise über die Mörder Schoners ausgießt. Am Ende ist der mit- und weiterdenkende Leser überzeugt, dass der eigentliche Täter die *Bild*-Zeitung und das System der Bundesrepublik und vielleicht die von jeher berüchtigten Bullenschweine seien. Nur eine nicht: »Ulrike«.

Heinrich Bölls Märchen vom »Krieg von 6 gegen 60 000 000«

Die RAF-Bezeichnung »Bulle« wiegt Böll in seinem *Spiegel*-Pamphlet gegen das Wort »Bande« (Baader-Meinhof-Bande) auf, wenn er schreibt:

> Hebt man die Kränkung, die in der Bezeichnung »Bulle« liegt, gegen das Wort »Bande« auf, zieht man von den zahlreichen vermuteten die bisher nachgewiesenen Taten ab und vergleicht man diese Passage mit dem wilden Schluss des Manifests DEN BEWAFFNETEN KAMPF UNTERSTÜTZEN. SIEG IM VOLKSKRIEG, so klingt das nicht ganz so wahnwitzig wild und schießlustig, wie die Gruppe bisher dargestellt worden ist. [...][357]

Der Begriff »Baader-Meinhof-Bande« spaltete damals die Nation in die Guten und die Bösen. Jedes Medium, das etwas auf sich hielt, sagte »Gruppe«, »Baader-Meinhof-Gruppe«, und hielt sich das zugute. Nur die Springer-Medien und ähnliche Publikationen sprachen von der »Bande«. Auch Chefermittler Klaus ist diesem Zeitgeist erlegen, wenn er in seinem Buch schreibt: »In jener Zeit herrschte Unsicherheit darüber, wie man die ›kriminelle Vereinigung‹ nennen sollte. Während ich noch von einer ›Gruppe‹ und von anarchistischen Gewalttätern sprach, war es im allgemeinen Polizeijargon bereits zur Gewohnheit geworden – und wurde sogar per Weisung gefordert –, die Bezeichnung ›Bande‹ zu verwenden. Später benutzte auch ich sie gelegentlich. Die Zielrichtung war klar: Damit sollte diese Vereinigung kriminalisiert und ihr politisch-moralischer Anspruch negiert werden.«[358]

Allerdings: Der Terminus »Bande« ist ein fester Bestandteil des Strafgesetzbuches der einschlägigen Gerichtsbarkeit und juristischen Forschung und Lehre und keine Beleidigung und auch keine Inkriminierung und auch kein Tiervergleich wie etwa »Bulle« für Polizisten. Die Aufgabe der Polizei ist die Verteidigung der Rechtsordnung. Selbst ernannte Staatsumstürzler, die zum Mittel des gemeinschaftlichen Raubmordes greifen und vor keinem Mord zurückschrecken – bis zu Bölls Pamphlet gab es nicht nur zwei ermordete Polizisten, sondern auch acht Mordversuche – und ihre Tätergemeinschaft lauthals propagieren, haben einen Rechtsanspruch darauf, *mutmaßliche* Raubmörder, *mutmaßliche* Terroristen, *mutmaßliche* Bande genannt zu werden, bis zur Rechtskraft ihrer Verurteilung. Dass allerdings gegen die wenig später überführten Terroristen der RAF wegen Bandenkriminalität ermittelt wurde, war Fakt. Die »Gruppe« war zu diesem Zeitpunkt eine »Bande«. Insofern ist Bölls Gegeneinanderaufwiegen der Begriffe »Bulle« und »Bande« eine Verdrehung der Tatsachen und sein Versuch, die Täter freizuzeichnen, womit er allerdings voll im Zeitgeist lag. Selbst die *ZEIT* verbat sich damals das böse Wort »Bande«, empfand es als pietätlos, die frühere Kollegin Meinhof und ihre Mannen wie mutmaßliche Kriminelle zu bezeichnen. Staatsumstürzler indes »Gruppe« zu nennen war gerade nicht objektiv und neutral, sondern gezielt beschönigend. Es war parteinehmend gegen den Staat und zugunsten der Terroristen.

Der damals deutungsgewaltige Böll im deutungsgewaltigen *Spiegel* betreibt das Geschäft der Bemakelung des Staates und der allgemein üblich gewordenen Hätschelung der Terroristen. Diesem Ziel dient auch sein berühmt gewordener Gag, es handele sich bei der RAF um einen Kampf von gerade mal 6 Terroristen gegen 60 Millionen Bundesbürger.[359]

Er selbst ergreift allerdings stark die Partei der RAF, das macht schon mal 7 gegen 60 Millionen, um es etwas ironisch auszudrücken. Die Zahl der Terroristen betrug inklusive der verhafteten Täter damals rund 30. Um sie herum allerdings gab es einen Kreis von mindestens 50 bis 100 Hardcore-Helfern, die sich gerade eben noch in der Legalität befanden. Dazu kamen einige Anwälte, die legal blieben, aber die Ziele teilten und mithalfen. Um diese Hundertschaft von RAF-Mitmachern herum gab es noch einmal drei- bis fünftausend aktive Sympathisanten. Ferner gab es aus der APO-Bewegung inzwischen Hunderttausende, die in irgendeiner Weise – bei aller auch vorhandenen Kritik – sympathische Gefühle für die RAF und/oder Ulrike Meinhof hegten. Von diesen waren viele bis in die Spitzen der Gesellschaft etabliert, vom Gymnasiasten bis ganz nach oben in die Regierung und ins Establishment.

Die DDR betrachtete die RAF als nützliche Idioten und unterstützte sie. Der Ostblock stellte, wie später herauskam, ein Hinterland für bundesdeutsche Linksterroristen dar.[360] Auch von den Palästinensern kam Unterstützung. Und ideologische Unterstützung gab es von Moskau und Hanoi bis Peking und Havanna. Insofern standen Bölls 60 Millionen Bundesbürger, darunter ein paar tapfere Springer-Journalisten, als kleine Minderheit einer großen Zahl von RAF-sympathisierenden Kommunisten und kommunistischen Staaten gegenüber, mithin 1,5 Milliarden Menschen, wenn man denn bei Bölls Aufrechnung bleiben wollte.

Böll endet in seinem Sinne schlüssig damit, dass das System der Bundesrepublik doch wohl irgendwie Mist sei, und fordert, dass man Meinhof Gnade oder freies Geleit jetzt gewähren müsse. Und das, obwohl er nicht mal weiß und bis heute nicht bekannt ist, ob »Ulrike« bei dem Raubmord in Kaiserlautern dabei war und eine der zum Teil bis heute unbekannten Personen ist, die Böll als gejagte Minderheit ausmacht, die allerdings gerade einen wehrlosen, bereits verletzten Polizisten erschossen hatte. Bölls Text schlug hohe Wellen, er bekam Gegenwind, aber sein Märchen von den 6 gegen die 60 Millionen blieb in den Köpfen hängen.

Klaus Rainer Röhl außer Rand und Band

Auch Klaus Röhl will angesichts der wachsenden Berühmtheit und Popularität von Meinhof, der RAF sowie der wachsenden Sympathisantenkreise gern mit auf den Meinhof-Zug aufspringen. Nicht nur *Spiegel* und *stern* füllen ihre Seiten Woche für Woche mit neuen RAF-Storys, auch *konkret* will von dem Kuchen etwas abhaben. Kurz vor der Verhaftung von Ulrike Meinhof im Juni 1972 bringt er zusammen mit Renate Riemeck eine Broschüre mit einer Auswahl von Meinhofs Kolumnen unter dem Titel »Dokumente einer Rebellion« auf den Markt und schreibt in seinem Vorwort:

Weil wir glauben, dass die Öffentlichkeit nach einer »Presseberichterstattung«, die den Tatbestand der Aufforderung zum Lynchmord streift, und einer romantischen Märtyrerlegende, an der die Individualisten von Heinrich Böll bis zum jüngsten Mitglied der Schwarzen Hilfe fleißig spinnen und weben, ein Recht hat zu erfahren, wer diese bedeutende und sprachsichere deutsche Kolumnistin wirklich war. […] Genau in diesen Tagen jährte sich die Baader-Befreiung zum zweiten Mal. Zwei Jahre in denen jedermann Ulrike Meinhof duzt, »Ulrike« nennt. […] Zwei Jahre, in denen sich Linke und Liberale an »Ulrike« aufrichten und innerlich erheben, weil sie sich selber einen Augenblick lang großartig finden, indem sie Ulrike Meinhof großartig finden.[361]

Auch mein Vater, der sich hier so cool zeigt, ist ein Stück weit in diesen Meinhof-Topf gefallen. Er redet, obwohl er sich gegen Bölls »Märtyrerlegende« ausspricht, genau wie jener von einer Aufforderung der (Springer-)Presse zum »Lynchmord«, ein Absurdikum, das Heinrich Böll gerade im *Spiegel* breitgetreten hatte. Kurz vor Meinhofs Verhaftung war mein Vater persönlich aktiv geworden, um Meinhof irgendwie zu »retten«. Er wendete sich an Bundeskanzler Willy Brandt und bekommt eine Audienz bei Kanzleramtschef Horst Ehmke, dessen Vater einst Hausarzt der Familie Röhl in Danzig gewesen war. Röhls Plan: Meinhof muss freies Geleit ins Ausland bekommen. Horst Ehmke reagiert, wie es für den früheren Bundesjustizminister Ehmke gar nicht anders denkbar war: Ulrike Meinhof solle sich stellen und sich von der RAF lossagen. Immerhin, bis ins Kanzleramt beschäftigte man sich wohlwollend mit der Rettung Meinhofs.

Und es sind noch mehr Menschen außer Klaus Röhl, dem Cheffahnder Alfred Klaus und Heinrich Böll, die »Ulrike« permanent retten wollen, und dies ganz konkret: Tilman Fichter erzählt mir im Interview, was mir dann eine ganze Reihe von Leuten, zum Beispiel Klaus Wagenbach (»Wir versuchten, sie zu überreden, ins Ausland zu gehen, sie lehnte ab«) oder ihr früherer KPD-Führungsoffizier Wolfgang Gehrcke (»Für uns war sie trotz aller Kritik, die die DDR an ihr übte, Genossin geblieben«), in vielen Facetten bestätigten. Es gab kurz vor der Verhaftung meiner Mutter offenbar mehrere Pläne, Meinhof ins Ausland zu bringen. In die

DDR, nach Südamerika oder sonst wohin. In den Kreisen um den Kirchenmann Gollwitzer und den früheren Bürgermeister von Berlin, Heinrich Albertz, einem entfernten Verwandten Meinhofs, gab es Pläne, die laut Tilman Fichter (»Es gab auch Leute in der Bundesregierung, die davon wussten, die das auch akzeptiert haben, dass man sie versucht rauszuschleusen«) von hohen Stellen mitgetragen wurden. Meinhof sollte gefunden und notfalls gegen ihren Willen zum Beispiel nach Algerien ausgeflogen werden, um sie zu retten. Die algerische Regierung hatte, laut Fichter, einer vorübergehenden Aufnahme (»unter der Auflage: kein Kontakt mehr zu RAF-Leuten«) zugestimmt. Das Zeitfenster war dann nach Baaders und Ensslins Festnahme bis zu Meinhofs Verhaftung allerdings zu klein, denn sie wurde ja schon eine Woche nach Ensslin verhaftet.[362]

Nach der Verhaftung von Ulrike Meinhof am 15. Juni 1972 greift Klaus Röhl gewaltig in die Tasten. Schon in der nächsten Ausgabe vom 29. Juni erscheint in *konkret* seine Story *»Ulrike Meinhof – Gefangene der Baader-Gruppe?«*, in der er sich und sein *konkret* noch einmal in Positur setzt. Die Springer-Kampagne gegen Meinhof sei in Wahrheit eine Kampagne gegen die politischen Positionen, die Meinhof früher in *konkret* vertreten habe, und damit vor allem gegen sein *konkret* und ihn selber gerichtet.

Spätestens jetzt wird etwas deutlich, das sich in den nächsten Jahren und Jahrzehnten immer weiter steigert. Klaus Röhl überengagiert sich und beginnt gleichzeitig, auf dem Meinhof-Ticket zu reisen. Meinhof ist inzwischen auch über Deutschlands Grenzen hinaus so bekannt, dass er sich auf eine neue Art als »Exmann von Ulrike Meinhof« und als Vater von »Ulrikes« Kindern inszeniert. Obwohl er zu diesem Zeitpunkt seit vier Jahren von Meinhof gründlich geschieden ist, ein neues Leben mit Danae Coulmas führt, seine Exfrau in all der Zeit nur ganz wenige Stunden bei seltenen Besuchen gesehen hat und ihre neuen APO- und RAF-Freunde gar nicht beurteilen kann und überhaupt nicht weiß, an welchen Taten sie wie prominent beteiligt war, beginnt er, öffentlich in den Medien und in zahlreichen Büchern Theorien zu spinnen, wer Meinhof sei, was Meinhofs Motive seien, wie sie einzuschätzen sei. Seine Überzeugung: Sie sei vollkommen unschuldig, von Bagatellen abgesehen.

Brandanschläge und Morde, das sind Baader und Ensslin. Meinhof sei in all das nur hineingezogen worden. Er rennt herum mit Fotos meiner Mutter, erzählt von ihrer Kopfoperation, von seinen Seitensprüngen, seinen Schuldgefühlen, seiner tollen Redakteurin Meinhof, deren alte Kolumnen er jetzt in Sonderbänden neu vermarktet, und faselt ununterbrochen von Meinhofs überbordender Mutterliebe. Klaus Rainer Röhl: »Für die Tatsache, dass Ulrike Meinhof zu den ihr persönlichkeitsfremden Handlungen von Baader gezwungen oder erpresst worden ist, gibt es einige Hinweise. Als Erpressungsobjekt boten sich in erster Linie unsere beiden Kinder an, an denen Ulrike wie kaum eine andere Mutter hing. Es ist belegt, dass Baader […] im Sommer 1970 drohte, die Kinder in ein palästinensisches Waisenlager zu bringen, damit Ulrike sich endgültig von ihnen löse.«[363]

Klaus Röhl wird recht eigennützig zum Märchenerzähler. Kinderbilder von uns erscheinen mit seiner Genehmigung in *stern, Spiegel* und allen großen Medien, ebenso Kinder- und Jugendbilder von Meinhof, sodass sich vor allem wohl durch unseren Vater um Meinhof ein rührseliger Courths-Mahler-Mythos von Halbwahrheiten und Herzschmerz bildet. Ein Drama von einer jungen engagierten Journalistin und Mutter, einem ernsten Nachkriegskind, einer Frühwaise, die gekränkt und verlassen von ihrem Ehemann schließlich von bösen Kriminellen verführt wird und in den Terror abgleitet. Und das alles gewürzt mit Attentatsbildern, Mao-Zitaten und Kalaschnikows und irgendeiner Politiksoße, was alles zusammen dazu beiträgt, dass sich nicht nur um unsere Mutter ein tragischer Mythos um die Ausnahme-Terroristin bildet, sondern dass auch wir Kinder sehr früh Opfer der massenhaften Projektionen ihrer Anhänger und all der Millionen Leser der Massenillustrierten werden. Mein Vater genehmigte nicht nur alles, er lieferte selbst noch immer mehr Storys und noch mehr privates Fotomaterial an die Medien und ging vollkommen in seiner Rolle als gebrochener, tapferer, alleinerziehender Mann und Vater auf, als Experte für die Gefühlswelt seiner Exfrau, deren Herz er einst gebrochen hatte.

Was für ein Roman, was für eine schöne dramatische Geschichte: zwei blonde Mädchen mit der Kalaschnikow in der Hand, das war das Bild, das sich viele Menschen von meiner Schwester und mir machten. In etlichen Theaterstücken und Filmen wurden meine Schwester und ich tatsächlich so dargestellt. Dass wir längst wieder ein normales Leben führten und mit dem Terror von Meinhof gar nicht in Berührung kamen, ja, dass es uns gut, sogar ganz hervorragend ging, dass wir unser eigenes Leben fröhlich und interessiert lebten, passte nicht in die gierigen Journalistengeschichten der Tragödie von den »armen Kinder«, die von der guten, armen tollen Terroristin für die Revolution geopfert worden wären. Es nervt, kann ich nur sagen! Millionen Leser und Fernsehzuschauer geilten sich an meinem angeblichen Leid auf, nicht nur meine Mutter, auch meine Schwester und ich und natürlich unser Vater wurden zu Kunstfiguren. Die Lücke zwischen der wahren Meinhof und der mythisch aufgeladenen Meinhof, die Klaus Röhl in die Medien brachte, war irgendwann so groß, dass schließlich keine Schnittmenge mehr zwischen der öffentlichen Fiktion und der lebenden Meinhof existierte. Dasselbe gilt für den hässlichen Mythos um die armen Kinder. Uns ging's gut, aber das durfte eben nicht sein. Wir sollten herzzerreißend unglückliche, traumatisierte Meinhof-Kinder sein, daran zogen sich Millionen von Lesern auf. Und wenn man nicht dem Bild entsprach, waren viele beleidigt oder etwas böse. Haben die Kinder denn gar keine Gefühle für ihre Mutter? Dann sind sie wohl eiskalt und gefühlsmäßig abgestumpft, wie eigentlich doch alle Nachgeborenen nach 68, oberflächlich und vielleicht auch etwas dumm und ohne Empathie für die große Revolutionsidee.

Auch Renate Riemeck, deren Aufruf »Gib auf, Ulrike!« noch akzeptabel war, beginnt ein neues Leben in ihrer Rolle als frühere Meinhof-Pflegemutter, als Expertin für Meinhof, als gefragte Interviewpartnerin. Meinhof, die später zum Geschichtserbe der Republik aufsteigt, deren Leben auch heute noch in den Schulen gelehrt wird und deren Mythos die Realität erdrückt, hat ihre ganze Familie durchgeschüttelt. Die riesige Meinhof-Verwandtschaft fühlte sich, von wenigen Ausnahmen abgesehen, durch den Namen Meinhof, der jetzt überall auf den Fahndungsplakaten steht, bemakelt. Klaus Röhl und Renate Riemeck führen sich in einer neuen Rolle als Meinhof-Kenner ein, Tante Wienke bleibt bis zu ihrem Tod, so scheint es, in einer Art Hardcore-Treue Meinhof und der RAF verbunden, meine Halbschwester wird zu einer bewegten Meinhof-Anhängerin, die sich in den Angehörigengruppen der RAF engagiert.

Meine Schwester und ich sind zum Zeitpunkt der Verhaftung unserer Mutter neun Jahre alt und nehmen, zwei Jahre nach Entstehen der RAF, zum ersten Mal richtig wahr, wie bekannt unsere Mutter, Baader, Ensslin, Mahler und Raspe, die ich zuletzt in unserem Wohnzimmer gesehen und für private Bekannte von uns gehalten hatte, geworden waren. Durch Zufall las ich bei einem Besuch bei meinen Großeltern im *stern* die große Titelgeschichte über die RAF. Ich sah die riesige Verhaftungsstory mit großen Fotos. Es war unglaublich. Die Bilder meiner Mutter mit kurzen dunklen Haaren, abgemagert und mit einem verbissenen Gesichtsausdruck erschreckten mich. Raspe, Baader und Ensslin sahen erschütternd aus, die ganze Republik schien sie zu kennen.[364]

Auch auf der Straße bekamen wir die Bekanntheit jetzt mit. Bis dahin hatten wir in einer Baader-Meinhof-freien Zone gelebt und unser tolles Leben mit vielen Kinderspielen in den großen Blankeneser Gärten genossen. Jetzt wurde die Bekanntheit einfach übermächtig. Einige Kinder tauften unser Spiel »Räubi und Pulle« plötzlich in »Baader-Meinhof-Spiel« um. Ständig hörten die Kinder die Namen im Fernsehen oder lasen sie in den Zeitungen. Nichts verstehen, aber Baader-Meinhof spielen, war irgendwie geil: Bumbumbum, yeah!

ESSAY III

Meinhof wird zur Ikone der Bewegung

Und? War Meinhof jetzt bei den APO-Bewegten unten durch? Galt sie als gescheiterte »Terroristin«, schadeten ihr die Morde der RAF, ihre martialisch-kryptische RAF-Sprache, die primitiven Banküberfälle, das Autoknacken, das ständige Bittstellen um Wohnungen und Geld und das dumpfe Gequatsche von Revolution? Nein, es schadete ihr nicht, es nützte ihr.

Zu den Gewinnern von 68 gehört auch Ulrike Meinhof persönlich. Sie hat in ganz besonderer Weise gesiegt und recht behalten mit der von ihr propagierten »Erkenntnis«, dass zu der Massenbewegung der APO eine gewalttätige Speerspitze als unverzichtbares Komplement dazugehörte, um den Sieg der Bewegung durchzusetzen und zu garantieren. Trotzdem ist Meinhof gleichzeitig eine große Verliererin der Bewegung: Sie hat ihren Sieg gegenüber der Gesellschaft und auch gegenüber den eigenen Co-Terroristen mit dem Leben bezahlt.

Die Journalistin und Terroristin Ulrike Meinhof wurde und wird landläufig, auch und ganz besonders vom linken Establishment, vor allem in der Kategorie Opfer/Täter gesehen und dabei vor allem als Opfer empfunden. Man könnte sogar sagen, es gab und gibt einen regelrechten Opferkult um »Ulrike«, dem die Medien in den letzten fünfzig Jahren exzessiv gefrönt haben.

Es war der Schriftsteller Erich Fried, der in ihr, wie viele andere nach ihm, »eine neue Rosa Luxemburg« erblickte. Bundespräsident Gustav Heinemann (1969–1974) sagte nach ihrem Tod den berühmt gewordenen Satz, den der Theologe, Schriftsteller und Sozialist Helmut Gollwitzer bei ihrer Beerdigung 1976 in Berlin vor 4000 Sympathisanten verlas: »Sie ist jetzt in Gottes gnädiger Hand – und mit allem, was sie getan hat, so unverständlich es für uns war, hat sie uns gemeint.«

Bundespräsident Johannes Rau (1999–2004) erzählte mir 24 Jahre später, während meines Interviews mit ihm im Schloss Bellevue, immer noch tief bewegt und berührt: »Ich sehe das Bild immer noch vor mir, wie sie in Wuppertal in unserem Wohnzimmer auf dem Sofa neben mir saß. Ich sehe sie immer noch als das Blockflötenmädchen. Ein Bild von einem Mädchen. An Terrorismus denke ich im Zusammenhang mit Ulrike Meinhof eigentlich nie.« Die Nobelpreisträgerin Elfriede Jelinek inszenierte in ihrem Theaterstück »Ulrike Maria Stuart«, das 2006 in Hamburg uraufgeführt wurde, Meinhof als Königin, als Ausnahmefrau und als Opfer ihrer Zeit.

Der rote Theatermacher Johan Kresnik, der mit dem Tanztheaterstück »Ulrike Meinhof« Ende der Achtzigerjahre Furore machte, stilisierte Ulrike Meinhof zum Opfer eines bösen Staates und einer gleichgültigen, konsumsüchtigen Gesellschaft, der Publizist Joachim Fest nannte sie »die Jeanne d'Arc der Linken«, der Meinhof-Biograf Alois Prinz beschrieb sie 2001, 25 Jahre nach ihrem Tod, als einen »Engel«, einen gefallenen Engel. Und das Buch der Meinhof-Biografin Jutta Ditfurth wird vom Opfersein einer einfach nur guten Frau in einer bösen Welt von der ersten bis zur letzten Zeile durchzogen.

Für den Historiker und langjährigen bekennenden K-Grüppler Gerd Koenen war Meinhof »Ikone und Märtyrerfigur der Linken schlechthin«, und auch von dem weltberühmten Künstler Gerhard Richter wird Meinhof in seinem Ölgemälde »Tote«, das es bis ins Museum of Modern Art nach New York gebracht hat, als (Mord-)Opfer und nichts als ein Opfer dargestellt.

Meinhof wird als »Opfer der deutschen Verhältnisse«[365] (Klaus Wagenbach, Peter Brückner, Ulrich K. Preuß) gehandelt, als Opfer des Staates (der frühere RAF-Anwalt und spätere Bundesinnenminister Otto Schily sprach nach ihrem Tod von einem »anonymen Mord«[366] an ihr), als Opfer bundesrepublikanischer »Isolationsfolter« und als besonderes Opfer der RAF-Kader Andreas Baader und Gudrun Ensslin, die sie in den Jahren in Stuttgart-Stammheim in den Tod getrieben hätten, so die durchaus schlüssige These des früheren *Spiegel*-Chefredakteurs Stefan Aust in seinem Buch »Der Baader-Meinhof-Komplex«, die sich u. a. auf die erschreckende Korrespondenz in Stammheim 1975/76 bezieht.

Und immer wieder wird Meinhof auch als Opfer ihres bösen, sexistischen Ehemannes Klaus Rainer Röhl, der sie betrogen, verlassen und gedemütigt hätte, stilisiert. Ein Mythos allerdings, den Klaus Röhl auch selber schürte. Um dieses Lieblingsthema vieler Journalisten und Theaterleute hat sich, nachdem es irgendwer einmal aufgebracht hatte, ein eigener Mythos nach dem Vorbild von Jason und Medea entwickelt. Die These von der großen Schuld des Ex-Ehemannes, der Meinhof in die Verzweiflung, in die Rache, in die Arme der RAF und schließlich in die Selbstaufgabe trieb, ist bis heute in linken Kreisen weitverbreitet, und nur der Schriftsteller und langjährige Röhl- und Meinhof-Kenner Peter Rühmkorf relativierte dieses aversive Bild des »Schuftes« auf der einen und der »heiligen Johanna« auf der anderen Seite.[367]

Meinhof wird als Opfer ihrer überstrengen Ziehmutter Renate Riemeck, Fellow Traveller des Kommunismus mit noch früherer BDM-Vergangenheit gesehen und als Opfer ihres Frauseins und ihres Mutterseins in einer nicht emanzipierten, patriarchalen Welt. Sie wird als Opfer ihrer eigenen großen Sensibilität und Hochbegabung, ihres Leidens an dieser Gesellschaft gesehen und als diejenige, die sich aufgeopfert habe, um den Deutschen ihre Schuld, ihre Nazivergangenheit und »Refaschisierung« am eigenen Leib vorzuführen. Die Geschichte der Meinhof wird im kollektiven Gedächtnis als Tragödie einer einsamen, mutigen Frau empfunden, die ihrer Zeit weit voraus war, die das Gute wollte und an der Härte und Kälte und dem Unverständnis dieser Welt zerbrochen ist.

Es gibt Theaterstücke zuhauf, in denen Meinhof meist eine sehr realitätsferne Hauptrolle spielt, als Ur-Feministin, als Ur-Frau, Ur-Mutter, als eine Art Mutter Teresa des Terrors. Die Masse an bedrucktem Papier zum Thema Meinhof oder RAF ist in den Siebzigern, Achtzigern, Neunzigern und eben sogar noch in der jüngsten Zeit beinahe grenzenlos gewesen. *Spiegel*, *stern*, *ZEIT* und die öffentlich-rechtlichen Medien, um nur einige zu nennen, verausgabten sich mit zahllosen Top- und Titelgeschichten und Filmen über das Thema, das ein Millionenheer von Konsumenten über mehrere Jahrzehnte intensiv und fasziniert goutierte.

Das Klagelied an Meinhofs Grab vermag jedoch nicht zu übersingen, dass Meinhof eine Terroristin war und nicht wegen ihrer journalistischen Leistungen, sondern wegen ihrer Mitwirkung bei der RAF weltweit bekannt wurde. Im kollektiven Gedächtnis ist auf eine schizophrene Art die »gute« Terroristin Meinhof hängen geblieben, mithin eine gebrochene Heldin, über die niemand den Stab brechen will, obwohl auch dies schon versucht wurde.

Der Terror, in dem Meinhof endete, der eigentlichen Conditio für ihren Dauerruhm, der sich ins Gedächtnis eingebrannt hat, wird dagegen zum kleinen Irrweg, zum tragischen Betriebsunfall minimiert und gerne von ihrer Person weggenommen, als gehörte er dort eigentlich gar nicht hin, und dies obwohl jeder, der über Meinhof schrieb, gern den Terrorgrusel zur Aufmerksamkeits- oder Verkaufsförderung der eigenen Ergüsse mitnahm.

Viele Autoren, die über den RAF-Terrorismus und über Ulrike Meinhof schrieben, bevorzugten es, Meinhof ganz ohne Terror lediglich als »Mitglied der RAF« oder »Gründungsmitglied der Baader-Meinhof-Gruppe« zu bezeichnen oder zu formulieren, dass sie »in den Untergrund gegangen« sei oder an der sogenannten Baader-Befreiung teilgenommen hätte. Das Wort »Terrorismus« ist so hässlich. Man versucht es tunlichst, zur Schonung von Meinhof, zu vermeiden.

Die Berichterstattung über Meinhof war per Saldo über die Jahrzehnte so positiv, verzeihend, verständnisvoll, respektvoll, bewundernd und mitleidig zugleich, dass sich im allgemeinen Bewusstsein der Eindruck in den Vordergrund geschoben hat, dass Ulrike Meinhof letztlich, bei allen ihren Verfehlungen, so etwas wie eine Bereicherung der Gesellschaft gewesen sei, die mit höchster Moral und großem Mut und hochintelligent versucht habe, die Gesellschaft zu verbessern, woran sie letzten Endes gescheitert sei und der schlimmen Verhältnisse wegen auch habe scheitern müssen.

Wie sehr Meinhof indessen in vielerlei Hinsicht tatsächlich »gesiegt« hat, kann man daran ermessen, dass die Menschen, für deren Tod sie ganz direkt mitverantwortlich war, wie zum Beispiel für den Tod des Hamburger Polizisten Norbert Schmid, im Zusammenhang mit ihr kaum je erwähnt werden. War Meinhof, die den 24-jährigen früheren Stricher aus dem Patientenkollektiv, Gerhard Müller, extra als Begleitschutz für sich mit auf die Straße genommen hatte und wusste, dass er wie auch sie selbst bewaffnet war, Mittäterin des Mordes an Schmid, oder war sie nur straflose Nutznießerin, indem sie durch den Mord ihrer Festnahme entging? War nicht Meinhof diejenige, die die eigentliche Tatherrschaft hatte? Der Schütze Gerhard Müller, der später eine umfangreiche Zeugenaussage machte, bereits 1979 aus der Haft entlassen wurde und, mit einer neuen Identität ausgestattet, gewissermaßen von der Bildfläche verschwand, geächtet von dem gesamten Sympathisanten-Umfeld der RAF, war einer von vielen, die Meinhof schützen wollten. Mag sein, dass er ein RAF-Idiot war, ganz sicher war er ein Täter, aber war er nicht auch ganz offensichtlich ein Opfer des Kaders Meinhof?[368]

War sie bei dem Banküberfall in Kaiserslautern, bei dem der Polizeibeamte Herbert Schoner ermordet wurde, dabei? Alles, was den Meinhof-Mythos der »guten« Terroristin stören könnte, wird in der Öffentlichkeit gern herausgefiltert. Auch die weiteren Mord- und Verletzungsopfer der RAF, für die die anderen Terroristen und Mittuenden etwas später verurteilt wurden, spielen im Zusammenhang mit ihr keine wesentliche und schon gar keine individuelle Rolle. Meinhofs Rolle als Verfasserin aller RAF-Pamphlete und damit als treibende Kraft und Motor der terroristischen Vereinigung RAF wird ebenso heruntergefahren wie ihr aktives Mittun bei den Mordanschlägen im Mai 1972. Im Zusammenhang mit Meinhof werden die Mordopfer der RAF, die auch ihre Mordopfer sind, so gut wie nie erwähnt, was auch daran liegt, dass die Strafprozesse bis zu ihrem Selbstmord 1976 noch nicht so weit waren, dass sie selber dafür hätte verurteilt werden können.

Wie sehr Meinhof sich als Ikone der Bewegung durchgesetzt hat, sieht man auch daran, dass neben ihr die beiden Hauptkader Andreas Baader und Gudrun Ensslin stets als weitgehend konturlose Karikaturen des Bösen beschrieben werden, wenn sich dies auch in den letzten zehn Jahren durch einige Veröffentlichungen über die beiden etwas geändert haben mag. Die Empathie gilt immer noch Ulrike Meinhof. Andreas Baader bleibt hartnäckig in fast jeder Berichterstattung der Sadist, Revolvernarr und eine Art gefährlicher Kleinkrimineller, während Ensslin notorisch als die schmallippige Fanatikerin dargestellt wird. Gemeinsam hätten sie als Terrorpaar die arme Ulrike Meinhof in den Terror hineingetrieben, hätten sie gezwungen, die RAF-Pamphlete zu verfassen, hätten Meinhof genötigt, ihre Kinder zu verlassen, hätten sie beschimpft, gedemütigt und schließlich im Hochsicherheitstrakt in Stuttgart Stammheim in den Tod getrieben – das ist per Saldo das öffentliche und stereotype Bild von Meinhofs wichtigsten beiden RAF-Kumpanen, die neben Meinhof keine Chance hatten. Trotz aller Bemühungen des Ensslin-Clans, ihrer Gudrun Bedeutung und Herz zuzuschlagen, und trotz der Anstrengungen einiger Autoren, Ensslin in einem anderen Licht darzustellen, blieb und bleibt das Paar Baader/Ensslin in Wahrheit auf eine seltsame Art nebensächlich. Ensslin wird auf den Theaterbühnen häufig als Gegenspielerin gebraucht, so scheint es, Baader taucht oft nur als böse Witzfigur, die der Sache noch irgendeine besondere Würze geben soll, auf. Die Namen dürfen eben nicht fehlen, aber das war es dann auch schon. Auch alle anderen RAF-Mitglieder, 2. Juni-Terroristen sowie die sogenannte zweite Generation der RAF oder die Terroristen der Revolutionären Zellen bleiben blass neben dem Mythos um Meinhof.

Meinhof besetzt viel zu singulär das Terrorfeld in den Köpfen vieler Menschen, und dies, ohne dass sie als echte »Terroristin« empfunden wird. So wie sie in den Köpfen vorkommt, verdrängt sie jedoch vor allem ihre Opfer regelrecht aus dem öffentlichen Bewusstsein. Dabei war sie nur eine unter vielen, die damals mit Terrorgedanken spielten und mit dem Terrorgedanken sympathisierten. Terroristisches Gedankengut waberte seit 1968 und verstärkt Anfang der Siebzigerjahre durch unzählige Köpfe in der linken Szene. In der Extremlinken sind diese Terrorgedanken immer noch virulent, auch wenn das zutreffende Etikett »Terror« heute zugunsten ziemlich großer linksradikaler Gruppierungen vermieden wird. Der Staat Bundesrepublik muss sich den Vorwurf gefallen lassen, dass er selber mit dem Wort »Terror« oder »Terrorist« etwas unkultiviert umgegangen ist, ohne der Bevölkerung eine klare, verständliche Definition je geliefert zu haben. So etwas begünstigt die Bildung von Mythen und Legenden. Seit 2001 hat der Begriff Terrorismus, wie schon erwähnt, eine qualitativ andere, neue Bedeutung in der Gesellschaft bekommen.

Auch Klaus Röhl, Meinhofs Ex-Ehemann und Verleger der Zeitschrift *konkret*, der bis zur Scheidung 1968 mindestens ebenso bedeutend, bekannt und politisch angesehen war, geliebt und gehasst wurde wie Ulrike Meinhof, wurde im Laufe von Meinhofs Terrorzeit (1970–1976) als »Röhl das Schwein« zu einem verböserten, bloßen Stichwortgeber des

Meinhof-Dramas. Und selbst ihre Kinder, meine Schwester Regine und ich, wurden neben der Übermutter Meinhof im öffentlichen Bewusstsein zu Kinder-Statisten, die sein mussten, damit Meinhof Mutter sein konnte. Die Urmutter, die darunter leidet, auf eine heroische Weise ihre geliebten Kinder für die Revolution geopfert zu haben – das war ein Drama, das ihr auf vielen Theaterbühnen eine besondere Menschlichkeit, einen besonderen Glanz verlieh. Die Kinder selber zerplatzten als Luftballons in der Inszenierung des Tanztheaterstücks »Ulrike Meinhof« von Johann Kresnik auf der Bühne.[369]

1978 dichtete und komponierte die in Italien vor allem in linken Kreisen sehr bekannte italienische Sängerin und Musikethnologin Giovanna Marini, Freundin von Pier Paolo Pasolini und Dario Fo, für ihr *Quartetto vocale* den Song »Ulrike Meinhof assassinata«.[370] Darin besingt sie Ulrike Meinhof, die sie Ende 1971 während Meinhofs Untergrundzeit persönlich in Rom getroffen und als eine verzweifelte Frau empfunden hatte. Marini besingt: »Una Donna Senza Casa Senza figli Senza sposo Ma ha il coraggio Nelle Mani.«

Es ist ein Klage-Kampflied auf eine Frau ohne Haus, ohne Kinder und ohne Ehemann, aber mit viel Mut und mit wichtigen Gedanken, die der Gesellschaft Angst macht. Dieses Lied mit der Überschrift »Ulrike Meinhof ermordet« sagt sehr viel über das geradezu schwelgerische Mitfühlen mit der Terroristin Meinhof als Frau, als Mutter und als Mensch. Meinhof als eine Art Marienfigur. Ein derartig positives Image muss man als Terroristin in Wort, Schrift und Aktion erst mal hinkriegen! Das ist nicht Zauberwerk, das ist nicht Realität, das ist die Reaktion auf die unglaubliche Konsequenz Meinhofs, mit der sie die Gesellschaft und auch ihre gesamte nähere Umgebung, Freunde, Weggefährten und Feinde letztlich bezwang. Der Sieg verblendet offenbar viele Gemüter.

Revolution wird mit Blut geschrieben

Ohne Ulrike Meinhof wäre die RAF gar nichts geworden. Sie gilt als »Mitbegründerin« der RAF, was auch so stimmt. Tatsächlich hatte sie jedoch eine ganz entscheidende Bedeutung für den »Sieg« der RAF in den Köpfen der Multiplikatoren und letztlich der Bevölkerung. Man könnte sogar sagen, was man eigentlich auch weiß: Sie war der Kopf der RAF, und dies ganz unabhängig davon, ob sie später oder früher auch zu einem Mobbing-Opfer von Ensslin und Baader geworden ist oder nicht. Vor allem: Sie hat die RAF-Texte, die Außenwirkung entfalteten, geschrieben, die dem ganzen ansonsten chaotisch, sinnlos und kriminell wirkenden Treiben einen Hauch politischer Substanz gaben.

Es ist nicht so, wie es vielfach propagiert wurde, dass die 68er-Bewegung nichts mit der RAF zu tun oder gemein gehabt hätte, dass die Bewegung gut und richtig und allein die RAF falsch, bösartig und kontraproduktiv gewesen sei. Die 68er-Bewegung und die 68er haben von der RAF faktisch profitiert, und die RAF entstand aus dem Zentrum der Bewegung.

Erst die RAF hat die 68er-Bewegung nachhaltig erfolgreich gemacht. Diese wäre trotz ihres gesellschaftlichen Sieges auf dem Höhepunkt von 68 ohne die RAF und die anderen Terrorgruppen womöglich im Sande versickert und vielleicht wirklich nur ein kurzer Sieg, ein kurzer »Tumult« gewesen, wie Mister 68 himself, Hans Magnus Enzensberger, die Bewegung in seinem 2014 erschienenen Buch »Tumult« ernsthaft in seiner Nachsicht herunterschreibt. Ein wilder Tumult, man weiß gar nicht woher, wohin, es war einfach so, es überkam uns und war dann wieder vorbei? »Wie konnte in tausend Tagen so viel passieren?«[371], fragt Enzensberger, der sein damaliges Mittun im Zentrum heute als randständig erinnert. Er jedenfalls befand sich eigentlich immer nur auf Weltreise, kann also gar nicht dabei gewesen sein, und belächelt im Nachhinein sowohl die berühmte Kommune 1, bei der immerhin sein Bruder Ulrich und seine Exfrau Dagrun waren, als auch die RAF, von der er allerdings fast alle wichtigen Köpfe kannte und diese auch noch im Untergrund auf deren Aufforderung hin traf.[372]

Indes: Revolution wird mit Blut geschrieben, das hat Ulrike Meinhof in dieser Brutalität und Konsequenz verstanden und propagiert, und in ihrer Logik steckte genau auch ihr bedingungsloser Siegerwille, mit dem sie zahlreiche Genossen teils mit Erfolg unter Druck setzte. In ihrem Systemumsturzdenken und -handeln hatte sie »recht«, wenn sie die Genossen drängte, die Revolution nicht retardiert anzupacken, nicht von

Revolution zu schwärmen, sondern die Genossen aufforderte, zum realen Kampf überzugehen. Das Versagen der 68er-Führer nach ihrem Sieg hätte auch zu einem Implodieren der Bewegung geführt haben können. Da kam der Terror der RAF gerade recht, der alles das, was 1968 an krudesten Revolutions- und Umsturzideen schon formuliert worden war, auf die Spitze trieb. Die RAF heizte den Genossen ein und ließ sich von den Genossen der Bewegung anheizen ließ. Man darf nicht verkennen, dass der Terror auch Bewunderung mit schönem Schaudereffekt erzeugte, was der Bewegung als Ganzes durchaus zugutekam.

Wer den damals von einer ganzen Generation geforderten Systemumsturz (der übrigens heutzutage als Beweis für eine »rechte« Gesinnung gilt) wirklich wollte, so Meinhofs Überzeugung, musste zusätzlich zu einer Massenbewegung auch eine Speerspitze haben, die Gewalt anwendete: eben die RAF. Ganz so wie es Mao Zedong, Marx und Lenin, auf die sich Meinhof unter anderem berief, schon geschrieben und teils erfolgreich durchgesetzt hatten.

Denn wahr ist doch: Alle erfolgreichen Revolutionen seit der französischen, sei es in Russland, China, Kuba, Kambodscha oder Nordvietnam und auch überall dort, wo die Umsturzversuche letztendlich gescheitert sind, wie in einigen afrikanischen Staaten, haben ihre Geschichte entscheidend mit Blut geschrieben. Mit Blut, mit einem ideologischen Imperativ und dem berühmten Überbau. Für alle Revolutionen seit über 200 Jahren gilt: Sie wurden und werden von den Revolutionären im Namen einer höheren Menschlichkeit, im Namen der Gerechtigkeit und im Namen der Unterdrückten, der Erniedrigten und Beleidigten geführt, die allerdings kaum jemals gefragt wurden und den Revolutionären keine Vollmacht erteilt hatten.

Revolutionen sind immer ein undemokratisches Machwerk. Sie werden von winzigen Minderheiten mit einer großen Ideologie und elitärem Anspruch oft sehr brutal durchgeführt. Über die Revolutionäre, die scheitern, mokiert sich die Geschichtsschreibung hinterher gerne und verlautbart: Das war ja lächerlich, das war von vornherein zum Scheitern verurteilt. Dieselbe Geschichtsschreibung bewundert indes die erfolgreichen Revolutionäre selbst dann, wenn sie, wie zum Beispiel Lenin oder Mao, zu Massen- und Völkermördern geworden sind und ihre Regime weit menschenverachtender waren, als die von ihnen bekämpften und vom Hof gejagten Feudalherren, Fürsten, Diktatoren, Zaren und Kaiser es je waren. *The Winner takes it all* – und das beeinflusst eben auch die streng wissenschaftlichen Historiker. Nicht auszudenken, was manch einer geschrieben hätte, wenn ein Völkermörder wie Adolf Hitler gewonnen hätte.

Meinhof machte also 1970 eigentlich nur das, was die Stars und die Mitläufer der Bewegung seit ein paar Jahren gefordert hatten, und drückte aus, wie sattgefressen auch die Revolutionsfantasten selber waren, die vor dem Schritt zurückscheuten, die Revolution nun endlich in die Tat umzusetzen.

Meinhof lieferte 1970, nachdem sie sich mit ihren Genossen in den sogenannten Untergrund begeben hatte, die moralische Legitimation, dass in der Bundesrepublik auf Menschen geschossen werden durfte (und musste), und lieferte die – wenn auch völlig verfehlte – ideologische Analyse dazu. Und sie lieferte noch etwas ganz Entscheidendes Drittes: ihre erschütternd perfekt funktionierende Vernetzung in die deutschen Leitmedien und in große Teile der linken oder sich links gerierenden Society hinein. Sie war im Endeffekt diejenige, die während der RAF-Zeit die Quartiere besorgte, die Wohnungen bei linken Genossen akquirierte, inklusive finanzieller und logistischer Unterstützung. Sie öffnete die Türen prominenter und halbprominenter Künstler, Schriftsteller, Professoren, Journalisten. Kein anderer Terrorist hatte ein solches Netzwerk zur Verfügung. Einige winkten ab, wenn Meinhof vor der Tür stand, aber unglaublich viele halfen irgendwie, und keiner ging zur Polizei.

Bei dieser Gelegenheit: Wo beginnt eigentlich Mittäterschaft? Marion Gräfin Dönhoff, die damalige Chefredakteurin und permanente Königin der *ZEIT*, soll damals auf die Frage, was sie getan hätte, wenn Meinhof eines Nachts vor ihrer Tür gestanden hätte, gesagt haben: »Ich würde ihr Geld geben und sie wegschicken.«[373] Hat sie ihr Geld gegeben? Der große Journalist Sebastian Haffner, damals ein in Funk und Fernsehen aktiver *stern*- und *konkret*-Kolumnist, schrieb im Februar 1972 im *stern*: »Ich habe selbst in den letzten beiden Jahren bis zum Überdruss das Gesellschaftsspiel mitspielen müssen, das mit der Frage beginnt: ›Was würden Sie tun, wenn Ulrike plötzlich an ihrer Tür klingelt?‹ […] Und die meisten Leuten reagieren auf diese Frage geschmeichelt und irgendwie gekitzelt: ›Nun, ein Nachtlager und ein Frühstück würde ich ihr wohl schon geben.‹«[374]

Die Bundesbürger waren voll saturiert, und die Annahme, dass mit einer RAF eine revolutionäre Stimmung herbeigebombt und herbeigeschossen werden könnte, scheint aus der Nachbetrachtung völlig absurd, aber es war nicht gänzlich ausgeschlossen. Und der Blick muss natürlich aus damaliger Sicht auf die Revolutionslagen auf der ganzen Welt gerichtet werden. Es gab Kuba, es gab die riesige Sowjetunion und den Ostblock, es gab China und Nordvietnam, und der größte Revolutionsführer aller Zeiten, Mao Zedong, der ausdrücklich den marxistisch-leninistischen Weg ging, hatte die geistige Führerschaft in Sachen Revolution übernommen. Mao Zedongs China war zum Vorbild für alle revolutionären Bewegungen in der Dritten Welt geworden. In Maos Schriften geht es ununterbrochen um den Kampf, die Revolution und darum, wie man ein richtiger und guter Revolutionär wird. Maos Schriften sind bei genauer Lektüre reine Kriegspropaganda, mit der er in seinem Riesenreich allerdings gesiegt hatte, extrem blutig gesiegt hatte. Und ebendieser Sieg, so grausam er auch gewesen ist, war es, der die Massen in der Dritten Welt und im Westen elektrisierte und der eben vor allem die sogenannte Neue Linke, die sich direkt auf Mao bezog und sich von der Sowjetunion als Vorbild abwendete, inspirierte. Und es gab die sehr gewalttätigen großen Auseinandersetzungen in den USA, die Black Panther, die sich ebenfalls als Teil der Kämpfe in der dritten Welt und als Teil der Weltrevolution Mao Zedongs verstanden. Die Black Panther wandten sich gegen die Unterdrückung der Schwarzen in den USA, so wie sich die Kolonien in Afrika und Asien gegen die Unterdrückung durch ihre Kolonialherren wandten. Vor diesem Hintergrund des sowjetkommunistischen Ostblocks und einer weltweiten Bewegung, die mit dem Riesenreich in China, mit Nordvietnam und Nordkorea ja auch bereits gezeigt hatte, dass sie siegen konnte, war die Gründung einer »Rote Armee Fraktion« nicht ganz so aberwitzig, wie es heute erscheint.

»Klar, Du bist jetzt der Anwalt von der Meinhof«

Am 15. Juni 1972 beginnt die zweite »Erfolgs«-Geschichte der RAF, der Kampf aus den Gefängnissen heraus. Läuft die Festnahme noch relativ gewaltfrei ab, so macht Meinhof die anschließende Feststellung ihrer Identität zu einem kleinen Horrorszenario. Sie wehrt sich mit Händen und Füßen gegen die erkennungsdienstliche Behandlung, gegen Fotos, gegen Fingerabdrücke. Dank einer in jenen Wochen veröffentlichten *Stern*-Geschichte, die auf Klaus Röhls und Renate Riemecks Hinweisen auf die Gehirnoperation von Meinhof aus dem Jahr 1962 basierte und ein Röntgenbild mit der darauf sichtbaren Metallklammer in Meinhofs Kopf zeigte, war dieser Befund jetzt amtsbekannt, sodass die Beamten Meinhofs Identität mittels einer Röntgenaufnahme nachweisen wollten.

Ulrike Meinhof schrieb dazu an ihren Anwalt Heinrich Hannover in Bremen:

Ich habe mich gegen die erkennungsdienstliche Behandlung gewehrt. Da haben die gesagt: Äthernarkose. Ihr wisst ganz genau, dass ihr das nicht könnt, ohne das Risiko einzugehen, dass ich dabei draufgehe. Die haben gesagt: Das ist uns doch egal. [...] Dann haben sie gesagt: Jetzt werden Sie geröntgt. Ich: Ich werde nicht geröntgt, ohne dass ich einen Anwalt habe. [...] Als ich aus dem Zimmer rauskam, hat mich einer fotografiert. Ich habe versucht, dem den Apparat wegzutreten. Darauf haben sie mir den Arm verrenkt. [...] Dann haben die mich mit drei oder vier Bullen in den Röntgenraum geschleppt, ich habe gesagt: Die sollen mir nicht die Beine brechen. Ich hatte Handschellen. Die Schwestern haben meinen Kopf auf den Tisch gefesselt. Um mich zu disziplinieren, haben sie meine Beine verdreht. Schwester Doris: Schade, dass wir keinen Hitler mehr haben. Der Dr. Tappert hat an der Wand gestanden und sich das angeguckt.[375]

So steht es in einer von Meinhof handschriftlich korrigierten Gesprächsnotiz des Anwalts Heinrich Hannover vom 19. Juni 1972, die er bei seinem ersten Besuch in der Haftanstalt Köln-Ossendorf anfertigt. Diese Aktennotiz trägt Hannover in einer von ihm anberaumten

Pressekonferenz in Hamburg vor, zu der die Medien auch dank des Namens seiner Mandantin Meinhof zahlreich erscheinen.

Der *stern* beißt elektrisiert sofort an und will die Aktennotiz in voller Länge abdrucken. Mit dem feinen Riecher des Übervaters Henri Nannen und seines Adlatus Manfred Bissinger – mit Letzterem hatte Meinhof noch vor ein paar Jahren auf den begehrten Partys in Hamburg getanzt – erahnt der *stern* das jetzt kommende große Thema. Die erste Generation der RAF hatte mit ihrem kriminellen Aktionismus zwar viel Bekanntheit akkumuliert, aber noch nicht die revolutionäre Großtat vollbracht. Gewiss wollte der *stern* jetzt auch eine gefallene Dame aus der Gesellschaft präsentieren und sie natürlich auch altruistisch retten. Aber die neue Kampflinie gegen den Staat, die Meinhof postwendend initiiert, nämlich den »Polizeistaat«, der politische Gefangene wie Kriminelle be- und misshandelte, vorzuführen, das ist ab jetzt die Masche, die Publikum und Auflage garantierte.

Hannover steht einem Verkauf der Meinhof'schen Schilderung des »faschistischen« Vorgehens der Staatsorgane bei der Feststellung ihrer Identität an den *stern* wohl positiv gegenüber, auch weil die mittellose und in Wahrheit überschuldete Meinhof noch so recht keine zahlende Mandantin war. Und er ist sicherlich auch überrascht, wie stark Meinhofs Prominenz ab jetzt wirkt. In der Korrespondenz der ersten Wochen zwischen RA Hannover und Meinhof geht es vor allem um ihr Ansinnen, er möge ihr Zeitungen und Bücher senden. Es geht um Informationen, was die Medien machen und um »die Kinder«. Das Angebot des *stern* lehnt Meinhof jedoch brüsk ab.

Ulrike Meinhof:

27.6.72
Lieber Heinrich Hannover,
eben kam Deine Post. »Gleich antworten« ist da wohl ein Witz. Kurzum: Natürlich bin ich nicht einverstanden, dass der *stern* meine Dir gegebene Darstellung wörtlich bringt. Sie ist inhaltlich richtig, aber natürlich kriegt der *stern* keinen »Text« von mir. Verdammt. Das müsstest Du wissen. Wenn sie was Inhaltliches bringen wollen, können sie's ja tun. Es ist Deine Aufgabe zu organisieren, dass das Notwendige über die Methoden der

Polizei veröffentlicht wird. Ich trage meine Haut nicht zu Markte. (Die Korrekturen sind für Dich, nicht für den *stern*.) [...] Der Gefängnisdirektor (Anstaltsleiter) berief sich – er begegnete mir heute zufällig – wegen Deiner Zeitungen auf den ER-Beschluss [Ermittlungsrichterlicher Beschluss – Anm. d. A.]. Auch Du bist demnach »Gesinnungsgenosse«: Zu viel Ehre.
Bücher bis jetzt keine. Aus der Anstaltsbibliothek 3 pro Woche. Die Zellenfenster bleiben bis auf eine Klappe geschlossen. Der Gefängnisdirektor dazu: »Sie kriegen ja hier auch kein Hasch und keinen Alkohol.«
[...] Zum *stern*: Wieso blickst Du da nicht durch? Carmen Roll ist narkotisiert worden – davon stand im *stern* kein Wort. Das Protokoll von mir – ich kann sowieso nicht reden, nur schreiben – beweist doch nur, dass alles ganz glimpflich ablief, oder? Selbst die Tatsache, dass sie mir den Arm nicht schmerzhaft verdreht, sondern verrenkt haben, sodass ich jetzt noch einen Verband trage – das schreibt man doch auf, oder? Andreas haben sie die Hüfte zerschossen. Himmel!
Denk doch mal auf einem politischen Niveau. Klar, Du bist jetzt der Anwalt von der Meinhof. Aber ich, mein Lieber, bin nicht »die Meinhof« bzw. habe damit wenig zu tun und nichts im Sinn. Ich erwarte von Dir, dass Du Dich in den zwei Dimensionen zurechtfindest. Spiegel, Stern und Fernsehen will ich zwar lesen und sehen, im Übrigen halte sie mir vom Hals. Deine Bemerkung, dass der Stern dafür zahlen will, macht mich nur wütend. Verhandelt über Honorare – der Herr Anwalt – Au warte.
Gib Deine Unterlagen lieber den Roten Hilfen.[376]

Auch darüber, ihre Kinder wiederzusehen, berät sich Meinhof jetzt mit ihrem Anwalt Hannover. Sie schreibt an ihn:

Ich bin, was die Kinder angeht, zu folgendem Schluss gekommen. Ich lege einen Brief an sie bei, den ich Dich bitte abzuschreiben (Maschine, damit sie ihn lesen können) und ihnen zu geben und Dich dabei zu versichern, dass sie ihn lesen dürfen – nicht indem Du Röhl irgendetwas glaubst, sondern dabei bleibst. Dass Macheath Messer nichts als ein widerwärtiges, faschistisches Schwein war, hat Brecht zwar vermittelt, aber nicht ohne sportliche Sympathie. Wie überhaupt viele Intellektuelle mit gewissen Ausbeutern sportlich sympathisieren. Und dann verhandle doch mit Röhl darüber, dass – wenn nicht anders – die Kinder mich mit Dir besuchen. Anders sehe ich keine Gewähr dafür, dass darüber nicht gequatscht, getratscht und geschrieben wird. Noch sind wir ja ein Markenartikel. Mit dieser widerlichen Öffentlichkeit, die Röhl bevorzugt, habe ich nichts zu schaffen – s.o. – der Kinderbesuch auch nicht. Also, ich weiß, das alles macht Dir Mühe. Ich weiß. Grüße Ulrike[377]

Unterdessen ist Alfred Klaus als Chef der Sicherungsgruppe bei einem Besuch Wienkes bei Meinhof dabei. Meinhof zeigt sich dem »Bullen« gegenüber abweisend, unhöflich und wird sogar handgreiflich. Alfred Klaus: »Ein unerfreuliches Zusammentreffen. […] Ulrike Meinhof reagierte feindselig und beschwerte sich über meine Anwesenheit als Mitglied der Sicherungsgruppe.« Als ihr wegen eines Hungerstreiks, den sie gerade begonnen hat, während eines anderen Besuches ihrer Schwester Wienke das Rauchen untersagt wird, dreht Meinhof durch, so erlebte es Alfred Klaus, der wieder dabei ist:

Kaum auf das Rauchverbot hingewiesen, stürzte sie sich auf die am Boden liegende Handtasche der Besucherin und griff nach einer angebrochenen Schachtel. Spicker [war in Köln-Ossendorf Inspektor für Sicherheit und Ordnung und für die sichere »Verwahrung terroristischer Gewalttäter« zuständig, Anm. d. Autorin] wollte sie ihr wegnehmen, doch sie leistete heftigen Widerstand. Was sollte ich tun? Ich war zur Amtshilfe verpflichtet, redete begütigend auf sie ein und hielt sie dabei von hinten an beiden Handgelenken fest. Es gelang Spicker, ihr die Schachtel zu entwenden, und ich ließ sie los. Daraufhin holte sie mit der Faust aus, und mich traf ein heftiger Schlag am Arm.[378]

Alfred Klaus erlebt sie kurze Zeit später aufgeräumt. Er bringt ihr zwei Brillen mit, die ihr Optiker in Hamburg ihr zur Verfügung gestellt hat, worüber sie sich freut. Er erzählt ihr, dass er im Jahre 1971 mit den Angehörigen der RAF Gespräche geführt habe, dass er versucht habe, die RAF und »deren fortschreitende Verstrickung in kriminelles Unrecht und weiteres Blutvergießen zu verhindern«. Und es entspinnt sich eine Unterhaltung: »Ach«, sagte sie, »dann sind Sie also der Familienbulle.«[379]

Sie bestellt bei ihm ein Buch von Mao Zedong, den vierten Band der Ausgewählten Werke und »Die Gesellschaft und das Böse« von Arno Plack. Klaus verspricht ihr, beide Bücher zu besorgen, das letzte will er ihr sogar aus seiner Privatbibliothek leihen. Doch die Annäherung zwischen dem Bullen und der Terroristin endet damit:

Alfred Klaus: Das freundliche Gespräch sollte sich niemals wiederholen. Binnen Kurzem war Ulrike Meinhof umgeschwenkt, und ich war, wie alle anderen Kollegen, wieder nur ein »Schwein«, mit dem man nicht sprach. Die RAF-Gefangenen hatten sich mithilfe der »roten Anwälte« auf diese hasserfüllte Verhaltensweise als wichtigen Teil ihres Widerstands festgelegt.

Ulrike Meinhof ist über Alfred Klaus erbost und schreibt an ihren Anwalt:

30. 06. 72
Lieber Heinrich Hannover – bei dem Besuch meiner Schwester am 23.6. und heute bei dem Besuch von RA Senfft saß ein Herr Klaus von der Sicherungsgruppe dabei. Er behauptete, dass es einen Beschluss des ER gebe, dass die Sicherungsgruppe Besuche zu überwachen habe. (Er konnte ihn nicht vorlegen.) Am 23. 6. habe ich nur schwach dagegen protestiert, ich dachte auch, es bliebe bei dem einen Mal. Heute energisch. Egal. Vergeblich. [...] Herr Klaus hat sich auch in das Gespräch mit meiner Schwester dergestalt eingemischt, dass er mir scheinbare Ermittlungsergebnisse oder Vermutungen hinwarf. »Na, Sie wissen doch, Frau M. – das ist der Herr B., der Ihnen seinen Pass gegeben hat.« Es war von einem Herrn B. die Rede, der im Zusammenhang der Fahndung festgenommen worden sein soll. [...] Vorher und nachher mischte er sich mit Sätzen ein wie »Ich darf Ihnen sagen, dass es Ihren Kindern gut geht«, »Darf ich hier mal einflechten, Herr Röhl hat...« Klar – ich habe ein paarmal gesagt, er soll die Fresse halten. Also das ist nicht Besuchsüberwachung, das ist Verhör.

Grüße vor allem an Hoppe [Werner Hoppe – Mitglied der RAF, der ebenfalls von Heinrich Hannover vertreten wird, Anm. d. Autorin]
Ulrike[380]

Alfred Klaus und die Sicherungsgruppe werden für sie zum Hassobjekt, sie wird ultimativ:

01. 07. 1972
Lieber Heinrich Hannover,
teile bitte der Roten Hilfe, Berlin, mit, dass ich mich heute – wo ich erst von dem Hungerstreik der Genossen erfahren habe – dem Hungerstreik aus Protest gegen die Maßnahmen gegen Schily, Croissant und Lang angeschlossen habe. Ich bin der Meinung, dass man gegen die Besuchsüberwachung durch die Sicherungsgruppe energisch was tun muss. Ich lehne natürlich jeden Besuch unter diesen Bedingungen ab – das betrifft auch die Kinder. Die Absicht ist nicht nur eindeutig – eine durch den Besuch hervorgerufene psychische Verfassung bei mir auszunutzen, meine Informationslücken, die – auch wenn ich seit heute Zeitungen habe – durch das Post-Verbot bleiben werden, dazu – sie ist auch schon praktiziert. Verhör. Sonst nichts.
[...] Meine Schwester wollte mich nächste Woche wieder besuchen. Ich war auch dafür, ich sehe aber, dass dieser Klaus durch Protest nicht rauszukriegen ist. [...] würde ich nunmehr sagen: Sie soll nicht kommen. Du musst sie sofort anrufen. Und mach was gegen die Überwachung der Besuche durch die Sicherungsgruppe. Ulrike Meinhof[381]

Über Alfred Klaus mokiert sie sich noch einmal:

01. 09. 1972
Da hat die Sicherungsgruppe unheimlich geackert, aus mir rauszuzerren, wer die RAF-Papiere geschrieben hat – »wer immer es ist, den ihr sucht – ich bin es nicht«, sagte Brecht.

Später versucht Alfred Klaus es noch einmal mit Pastor Gollwitzer, den er bittet, Ulrike Meinhof zu besuchen, nachdem dieser zuvor Gudrun

Ensslin im Gefängnis getroffen hatte. Seine Hoffnung ist, dass Gollwitzer, einer dieser »göttlichen« Begleiter der atheistischen APO-Kämpfer, einen Zugang zu Meinhof findet, sie überredet, jetzt wo die RAF gescheitert zu sein scheint – immerhin sitzen fast alle Mitglieder der RAF im Gefängnis –, mit dem bewaffneten Kampf aufzuhören, zurückzukehren in die Gesellschaft. Doch Gollwitzer und Klaus hatten sich komplett verschätzt. Ähnlich wie Renate Riemeck versucht auch Gollwitzer, sie auf der linken, sozialistischen Verständnis-Schiene zu erreichen, an ihre (linke) Vernunft zu appellieren. Gollwitzer versucht, mit ihr zu diskutieren, vergeblich. Meinhof lässt ihm kurz darauf in einem Brief mitteilen, dass sie von ihm keine weiteren Besuche wünscht.

Meinhofs Unschuldsbewusstsein

Die Hoffnung stirbt bekanntlich zuletzt. Alfred Klaus erkennt als einer der Ersten, dass Meinhof nicht so einfach zu resozialisieren ist. Er hat die reale Meinhof kennengelernt und begräbt seine Illusionen über diese Frau. Alle anderen sind davon weit entfernt: Klaus Röhl strickt immer weiter an der Geschichte, dass Meinhof (schuldlos) in eine unglückliche Situation geraten sei, und hofft darauf, dass »die Kinder« eine Heilwirkung bei Meinhof auslösen werden, und forciert deshalb einen schnellen Besuch. Meinhof darf – von Anwälten und Justizpersonal abgesehen – nur Verwandtenbesuch empfangen. Deshalb wird auch unsere Halbschwester Anja Röhl (damals 17 J.) mit Heinrich Hannovers Hilfe zur »Stieftochter«, also zur Verwandten erklärt, die Kontakt mit Ulrike Meinhof haben darf.

Meinhofs Tante Tilla, schon eine ältere Dame, und deren Tochter Heidi Leonhardt, bei denen Meinhof als Jugendliche häufiger zu Besuch gewesen war, besuchen meine Mutter. Und es ist vor allem ihre Schwester Wienke, die Meinhof unterstützt. Auch Hannover beginnt sein Mandantenverhältnis als solidarisches, sozialistisches Fürsorgeverhältnis. Er kümmert sich um seine Mandantin, wohl immer in der Hoffnung, sie doch noch zur sozialistischen Linken zurückzuholen, auch wenn er eine solche Absicht in den Anwaltsakten nicht formuliert.

Meinhof scheint es in den ersten Monaten im Gefängnis Köln-Ossendorf gut zu gehen. Die Tatsache, dass sie allein abgeschirmt und vollkommen isoliert einsitzt, erwähnt sie selten, nur beiläufig und als ambivalente Erfahrung. Ruhe, Konzentration, keine Untergrundhetze, kein Gruppendruck. Sie liest wieder Zeitungen und Bücher und erholt sich regelrecht ein bisschen. Und sie beginnt in vielen Briefen mit ihren Verwandten, mit anderen Menschen darf sie nicht kommunizieren, ihre Situation zu reflektieren. Meinhof beginnt, wenn man die Korrespondenz mit ihren Anwälten und ihren Verwandten liest, ein geradezu fröhliches, entspanntes Verhältnis mit ihrem Anwalt, mit dem sie gut zurechtkommt. Und alle, vielleicht außer Wienke, die sich der RAF und dem Kader Meinhof treu ergeben zeigt, bemühen sich, Meinhof irgendwie durch die Blume, mit Freundlichkeit, mit ernsthaften Auseinandersetzungen und Diskussionen, mit Besuchen und Briefen in die Welt jenseits der RAF zurückzuholen.

Doch die Hoffnung aller Verwandten und vieler Menschen in der APO-Bewegung und in der Gesellschaft, dass Meinhof umkehren würde und sich von der RAF lossagen könnte, erfüllt sich nicht, kann sich nicht erfüllen. Die in dieser Zeit rapide wachsende Zahl der Menschen mit Meinhof-Sympathie, Tausende von Menschen, die sie nicht persönlich kannten, aber zu ihren Anhängern werden, und viele Menschen in den linken Kulturen und Subkulturen blenden nach der Festnahme Meinhofs aus, was evident war, aber keiner sehen und hören wollte: dass Meinhof der Beteiligung an mehreren Morden und einer noch weit höheren Zahl an Mordversuchen dringendst verdächtig war. Die Gretchenfrage, die so viele Menschen beiseiteschoben, hieß: Klebte an ihren Händen Blut? Die Beweislage gegen sie war erdrückend. Die RAF-Kader hatten sich zu ihren Bluttaten selber bekannt. Genau das war ja auch ihr »politischer« Ansatz nach dem Motto: Mord ja, aber politisch gerechtfertigt.

Alfred Klaus, Helmut Gollwitzer, Heinrich Hannover und andere, zu denen bald auch ich gehörte, erlebten bei ihren Besuchen sehr schnell eine Meinhof, die moralisch vollkommen entspannt und mit sich im Reinen voll auf ihrem RAF-Kurs blieb, den sie ja gerade als ihre höchste Legitimation, Menschenleben geopfert zu haben, empfand. Sie erlebten eine überzeugte Meinhof, eine »erleuchtete« Meinhof, eine völlig schmerzfreie, unsentimentale Frau, die sehr stolz auf sich als Revolutionskämpferin war, die weder Anlass noch Grund sah, von ihrem rechten Weg, mit dem sie schon so viele Erfolge erzielt hatte, abzuweichen. Sie war auf dem Zenit ihrer Bekanntheit, die Medien, und das heißt letzten Endes wohl die Medienkonsumenten, rissen sich um sie. Sie sah sich trotz ihrer äußeren Umstände auf der Siegerschiene.

Meinhofs Perspektive, die auch die kundigen Juristen in Gestalt der anwaltlichen Soldateska der RAF verkannten, war mehrfache lebenslange Freiheitsstrafe, die sie auch bei energischem Abschwören und bester Führung für mindestens ein Jahrzehnt im Gefängnis gehalten hätte. Auch Hannover, der mir im Interview erzählt, wie enttäuscht er später von dem Mehrfachmörder Peter-Jürgen Boock war, der ihm zu Beginn des Mandats geschworen hatte, dass kein Blut an seinen Händen klebe, scheint diese Frage bei seiner Mandantin Meinhof in irgendein Nirwana zu schieben.

Der Inhalt der Anwaltsakte Meinhof ist gespenstisch und brutal und auch tragisch und komisch zugleich. Da gibt es ein fröhliches Geplapper über Befindlichkeiten und immer wieder, ganz wichtig, über die faschistischen Methoden der Rechtsverfolgungsorgane des bösen Staates, der Meinhof in Wahrheit nach Strich und Faden hätschelt. Nur die mörderischen Taten, die Schuld, die Dimension dessen, was sie selber willentlich und erklärtermaßen angerichtet hat, kommen nicht vor.

Der Polizist Norbert Schmid, der sie im Oktober 1971 schon am Arm gepackt hatte, während sie in ihrer Handtasche nach ihrer eigenen Waffe kramte, und der dann von ihrem Leibwächter Gerhard Müller erschossen wurde, wird in allen Akten, die ich eingesehen habe, von Meinhof kein einziges Mal bedacht. Dass dieser eine junge Frau und zwei kleine Kinder zurückgelassen hat, kommt ihr nicht in den Sinn, und alle vermeiden es, sie danach zu fragen.

Stattdessen geriert sich Meinhof als politische Vorzeige-Gefangene und bald auch als Opfer ihrer schweren Haftbedingungen, und mit dieser Nummer, die sie konsequent und ohne jeden Selbstzweifel durchzieht, obsiegt sie aus einer einsamen Zelle heraus gegen den Staat, gegen die Gesellschaft und letzten Endes über die moderat linken Kräfte: Meinhofs Unschuldsbewusstsein ist ansteckend. Sie liest viel, drängt Heinrich

Hannover, ihr noch mehr Bücher zu schicken, und pocht auf Anwaltsbesuche.

21. 06. 1972
Lieber Heinrich Hannover,
ich erwarte von Dir, dass Du mich so schnell wie möglich am Ende dieser Woche, spätestens Anfang nächster Woche noch einmal besuchst. Und das ohne schriftliche Erklärung und Begründung an dieser Stelle. Das erwarte ich von Dir.
Ulrike (Marie Meinhof) JVA Köln
Übrigens habe ich seit meiner Verhaftung am 15.6. noch keine einzige Zeitung zu lesen bekommen. Die Du mitgebracht hast, hat mir der Anstaltsleiter nicht aushändigen lassen. Ohne Begründung. Basta. Bestell doch auch Spiegel und Stern für mich.[382]

Heinrich Hannover:

26. 06. 1972
Liebe Ulrike
Bis Du laufend Zeitungen bekommst, wird wohl noch einige Zeit vergehen, weil Karlsruhe erst genehmigen muss. Ich schicke Dir deshalb anliegend eine Auslese von Presseberichten. Natürlich ist viel Dreck dabei. So habe ich bei der Pressekonferenz in Hamburg nicht von »unmenschlichen Methoden« gesprochen, sondern glasklar die Fakten aufgezählt, aus denen dann wohl irgendein Agenturkorrespondent dieses zusammenfassende Werturteil abgeleitet und mir in den Mund gelegt hat. [...] Bei mir gehen im Büro und privat täglich Morddrohungen und sonstige fromme Wünsche ein. Ab und zu kommen aber auch Solidarisierungserklärungen, meistens allerdings von Spinnern. [...][383]

Meinhof:

08. 07. 1972
Lieber Hannover – .... und noch eine Bitte, wenn Du es irgend schaffst, dann geh doch vor Deinem nächsten Besuch noch schnell in den Buch-

laden von der Wassmann und raff ein paar linke Papers zusammen – vor allem Rote Hilfe, aber auch Revolutionärer Kampf, Frankfurt, Rotes Forum, Heidelberg, Proletarische Front, Hamburg, Hochschulkampf Berlin. Zum Reinschauen. Mann – ich weiß doch, dass Du viel zu tun hast. Genauso wie Du weißt, dass so was aus meiner Sicht zu schaffen ist und ich erst ganz neuerdings auf dem Mond lebe. Wobei die Erde, die man vom Mond aus sieht, immer noch die Richtige ist. Man hat sogar einen gewissen Überblick. Das musst Du zugeben.
Grüße
Ulrike[384]

In den ersten Monaten im Knast hat Meinhof ein geradezu flirtiges, freundschaftliches Verhältnis zu ihrem Anwalt Heinrich Hannover und scheint sich, trotz schwerer Haftbedingungen in Isolation, trotz der Aussicht auf lebenslänglich, trotz ihrer in Wahrheit verfahrenen Lebenssituation so wohl und fröhlich wie lange nicht mehr zu fühlen. Und immer wieder schwärmt sie von Karl Marx, der, das geht aus der Korrespondenz hervor, für sie immer noch das größte geistige Vorbild ist.

Ulrike Meinhof schreibt an Heinrich Hannover, der Brief trägt den Eingangsstempel vom 7. September 1972:

Lieber Heinrich,
Ja – Deine Bücher bekam ich. [...] Sehr gut. Vor allem Kapital – dieser Denkriese Marx – er hat den Kapitalismus mit der Denkschärfe einer Rasierklinge analysiert, in seine Bestandteile zerlegt, mit dem Feuer von Rosa Luxemburg, dem langen Atem von Mao, der Entschlossenheit Lenins, der Unbestechlichkeit der – na ja – der RAF, würde ich sagen. [...]

Am 25. 09. 72 schreibt sie an Heinrich Hannover:

Eilt! Wenns geht.
Lieber Heinrich –
Ich hab jetzt noch eine große Bitte an Dich. Mir fehlt ein Buch, was ich zwar bestellt habe, aber hier kommt ja nichts ran. Könntest Du es besorgen, die Kapitel rausreißen, in' Umschlag stecken und schicken?

Titel: Brigitte Heinrich: D-Mark-Imperialismus – Voltaire Verlag [...]
Deinen Besuch mocht ich wohl leiden.
Tschüss Ulrike[385]

Und dann die Ankunft des Buches:

01. 10. 1972
Samstag
Lieber Heinrich!
Hipp hipp, hurra
Das Buch von der Brigitte Heinrich kam heute an. Finde ich sehr stark.
Besten Dank,
Ulrike

Und auch am 13. November 1972 schreibt sie fröhlich an Heinrich Hannover:

Lieber Heinrich – Irgendwann hört das auf – das Chaos beim Bücher bestellen. Bin ich ganz sicher. Spätestens, wenn sämtliche Werke Marx/Engels, Lenin und Mao hier eingekleckert sind. Natürlich verhalte ich mich undiszipliniert. Natürlich verhalte ich mich – nun, wäre ich eine bourgeoise Tante in einer Villa, müsste man sagen: »Diva« – erklärten sie mich für verrückt, würde man sagen: klar verrückt – ich bin aber nur 'ne Gefangene im Pütz und platze vor Aktivität und Gedanken. Es nützt auch nichts, mir »sämtl. Werke« zu schicken, weil es zu viel drum und dran gibt. Ich denke mir einfach, dass Du – nach den bisherigen Erfahrungen – Du mit mir, ich mit Dir – schon nicht wütend wirst.[386]

Meinhof bekommt immer häufiger Besuch von Anwälten. Heinrich Hannovers Kollege, Peter Noß, kommt jetzt gelegentlich vorbei. Klaus Eschen aus dem Büro Mahler/Ströbele meldet sich bei ihr. Sie bekommt Besuch von Ulrich Preuß, und Rechtsanwalt Klaus Croissant will sie sehen. »Er will Dich sehr gerne besuchen«, schreibt Hannover ihr. Die linken Rechtsanwälte stehen bei ihr Schlange, könnte man sagen. Rechtsanwaltsbesuche gelten nicht als Besuch, aber dennoch kann man sagen, dass Meinhof inzwischen zwei- bis dreimal wöchentlich, wenn nicht häufiger, ihre Anwälte sieht. Umgekehrt besucht auch Heinrich Hannover andere Mitglieder der RAF, zum Beispiel Astrid Proll und Jan-Carl Raspe, wenn er sowieso in Köln-Ossendorf bei Ulrike Meinhof ist.

Hannovers Besuch bei uns in Blankenese

Meinhof will ihre Kinder wiedersehen, und auch in dieser Angelegenheit wird Heinrich Hannover zu ihrem engsten Vertrauten und Helfer.

12. 07. 1972
Lieber Heinrich –
(da fällt mir sofort ein: Wenn der Topf aber nun ein Loch hat ....)
Für Deine Verhandlungen mit Röhl:
Ich habe es endlich geschafft, den Kindern zu schreiben. Entschieden weniger auf Kollisionskurs als in dem Brief, den Du kennst. Ich gehe davon aus, dass die Kinder und ich einmal ungeheuer verbunden waren und dass wir daran anknüpfen können. Mein Verhältnis zu ihnen bestimmt sich nicht durch die Negation von dem Alten, sondern durch sieben Jahre Zusammenleben mit allem: Fressen, keifen, spielen, ärgern, albern, Politik, Genossen, Arbeit, quengeln, platzen, erzählen, kochen, kacken – na, du kennst das ja. Will sagen. Röhl ist idiotisch negativ fixiert, wenn er glaubt, ich hätte bei den Kindern primär ihn im Sinn.
Was sie aus der Erfahrung des Gegensatzes – Pappa in Blankenese mit Porsche, Mami im Knast – machen, wie sie die verarbeiten, ist letztlich ihr Problem. Ich glaube kaum, dass ich da verbal viel eingreifen werde. Sie sind nicht mal zehn und werden dort, wo sie sind, und wie in jeder bürgerlichen Erziehung eher bewusst klein gehalten. Das mag ich bedauern, ich kann es nicht ändern, ich kann mich nur bemühen, mich darauf einzustellen. Das werde ich tun. (Frau Baader hat der Süddeutschen erzählt, sie habe vor ihrem Besuch bei Andreas 7 Beruhigungspillen geschluckt, »um ihm nicht mit ihren Gefühlen lästig zu werden« – das dürfte beim Besuch der Kinder wohl auch mein Problem sein.) Ich schreibe

Dir das hier, damit Du eventuell was in der Hand hast. Weil ich selbst natürlich mit Röhl unmöglich verhandeln kann.[387]

Schließlich kommt Heinrich Hannover nach Blankenese, um uns Kinder zu besuchen. Sein Treffen mit uns ist in den Akten festgehalten und zeigt, wie sehr sich auch Hannover bemüht, meine Mutter wieder in ein normales Leben zurückzuholen:

12. 07. 1972
Liebe Ulrike,
am Montag war ich, wie Du aus meinem vorigen Brief weißt, mit Röhl in Hamburg verabredet. Die Sache ist so gelaufen: Ich kam im Büro erst mit erheblicher Verspätung weg und war dadurch erst eine Stunde später da. Trotzdem war Röhl nicht da. Ich wurde von seiner Mutter empfangen, mit der ich ein kurzes formales, aber nicht unfreundliches Gespräch hatte. Sie trug mir Grüße an Dich auf mit dem Zusatz, dass sie ja nie etwas mit Dir gehabt habe.
Dann konnte ich eine halbe Stunde mit den Kindern im Garten zusammen sein. Sie zeigten mir eine »Höhle«, die sie sich zwischen den Büschen und Stöcken und Stangen gebaut hatten, und erklärten mir die Funktion einer Konservendose, die man auf einer der Stangen hin und her schieben konnte. Ich gab ihnen noch einige Ratschläge, wie man der Höhle zu einem Regendach verhelfen könnte. Dann schaukelten und turnten die Kinder und erzählten mir dabei zwanglos, wenngleich noch etwas befangen, einiges von sich. Sie erzählten mir von einem Theaterstück in der Schule (Dornröschen), bei dem sie mitgespielt haben. Beinahe hätten sie dabei sogar eine Hauptrolle gespielt, aber immerhin war Regine die gute Fee, während die meisten Mädchen Dornenhecke spielen mussten. Bettina erzählte mir, sie wisse noch nicht genau, ob sie Lehrerin oder Schauspielerin werden wolle, für Lehrerin würden die vielen Ferien sprechen. Das schien auch Regines Meinung zu sein. Am 15. Juli fahren die Kinder für 3 Wochen mit Röhl nach Spanien. Danach kommt noch eine Schulfahrt, auf die sie sich besonders freuen. Ich habe den Kindern gesagt, dass sie ihre Mami nach dem Urlaub besuchen dürfen, und habe auch schon angedeutet, dass vielleicht ich sie begleiten werde. Als ich sagte,

dass Röhl nicht mitgehen werde, sagten sie: »Das wissen wir.« Die Kinder machten überhaupt einen sehr sicheren und bestimmten Eindruck. Sie waren fröhlich und – soweit man das nach einem so kurzen Gespräch beurteilen kann – unbeschwert und ungehemmt. Ich mochte sie jedenfalls gleich sehr – bitte entschuldige diese sentimentale Wendung. [...] Als ich aufbrach, war Röhl noch nicht da.[388]

Darauf antwortet Ulrike Meinhof:

14. 07. 1972
Lieber Heinrich –
Ok Du. Schön, was Du von den Kindern erzählst. Was Du mit Röhl erlebst, erlebt auch Senfft mit ihm, eben jeder, der damit zu tun hat. Sehen wir zu, dass wir möglichst wenig mit ihm zu tun haben. [...]
Und lieben Dank. Klar. Ulrike[389]

Dann erhalten auch wir Kinder unter dem 8. August 1972 den ersten Brief unserer Mutter aus dem Gefängnis:

Liebe Regine und liebe Bettina –
Es ist alles sehr schwierig. Es ist alles sehr einfach.
Ihr denkt: Mami könnte ja nun endlich mal schreiben. Ich dachte, jetzt haben die Kinder ja meinen Brief. Ihr habt ihn nicht – ich weiß. Es war ein Wort drin, das der Richter, der meine Post kontrolliert, als Beleidigung empfand – da hat er den Brief nicht an Euch weitergeleitet. Dabei hatte ich mir gedacht, dass weder der Richter noch Pappi sich über den Brief ärgern würden – also weder der eine, der über mich das Sagen hat, noch der andere, der über Euch zu sagen hat.
Aber das war eben falsch. Also fang ich wieder von vorne an. Ich habe jetzt schon 2 Mal Post von Euch gehabt. Natürlich habe ich mich unheimlich gefreut. Ich habe mir den 7-fach angesehen – seid Ihr da raufgeklettert? Ihr habt gar nichts über die Menschen geschrieben nur über die Esel und Pferde. Seid ihr geschwommen? Ich habe gelacht, dass ihr Klavier spielt. Ich mag das Bild mit den 2 schwarzen Vögeln, die einen roten Schnabel haben, wohl leiden. Ihr könnt Frau E. Crone ja mal von mir grüßen. Ich finde das

natürlich prima, dass Ihr gut lernt. Soviel ich weiß, ist der Übergang von der 4. in die 5. Klasse der schwerste. Bloß die Zensuren finde ich nicht wichtig. Was man im Kopf hat, finde ich wichtig, nicht, was auf dem Zeugnis steht.
Heute erfuhr ich auch, dass mein Richter erlaubt, dass Ihr mich besucht und dass auch von der Polizei niemand dabei sein muss, nur zwei Aufseherinnen vom Gefängnis. Er erlaubt auch, dass der Heinrich Hannover, der Euch das Buch geschenkt hat, mitkommt: Also Hannover statt Tante Holde. Darüber muss nun Hannover noch mal mit Pappi sprechen. Mir wäre Hannover natürlich lieber – weil der mich sowieso manchmal besucht, und ich will die Zeit mit Euch natürlich mit Euch haben. Die Hauptsache war mir, dass die Polizei nicht dabei ist. Ich glaube, Ihr kennt sogar Herrn Klaus. Aber darüber will ich jetzt nichts mehr sagen.
Was wollt Ihr von mir wissen?
Das weiß ich selbst nicht. Jedenfalls habe ich nur die Haare abgeschnitten, sonst sehe ich sicher weniger verändert aus als Ihr. Gewachsen bin ich nicht. Und jetzt lese ich wieder Bücher, und was mir fehlt, ist eine Schreibmaschine – ob der Richter mir die noch erlaubt, weiß ich nicht. Ich glaube nicht.
Ich würde sagen, jetzt macht mal zu, dass Ihr mich besucht. Und erzählt schön viel. Mitbringen dürft Ihr mir nichts – das ist hier alles sehr streng. He Mäuse! Und beißt die Zähne zusammen. Und denkt nicht, dass Ihr traurig sein müsst, dass Ihr eine Mami habt, die im Gefängnis ist. Es ist überhaupt besser, wütend als traurig zu sein. Au warte – ich werd mich freuen, wenn Ihr kommt, ja.
Jetzt geb ich Tina einen Kuss auf die Nase und Gine einen Kuss auf den Bauch – und wenn Ihr's umgekehrt haben wollt, könnt Ihr's auch umgekehrt haben.
Verdammt – machts mal gut.
Eure Mami[390]

Zusammen mit dem Brief schickt sie uns ein Kinderbuch. Es heißt »Der müde Polizist«. Das habe ihr Anwalt Heinrich Hannover, der auch Kinderbuchautor ist, geschrieben. Das Buch, für das wir mit zehn Jahren eigentlich schon etwas zu alt waren, und der Brief sind das erste Lebenszeichen unserer Mutter nach 2 ½ Jahren.

»Wir incl. ich sind bis auf die Knochen politisch«

Schließlich geht es in der Korrespondenz zwischen Heinrich Hannover und Ulrike Meinhof um die bevorstehende Untersuchung durch einen Psychiater. Die Bundesanwaltschaft fordert eine psychologische Untersuchung Meinhofs, ein Gutachter soll prüfen und darüber entscheiden, ob Meinhof nicht doch aufgrund einer Gehirnoperation aus dem Jahr 1962 an Seele und Geist gelitten habe und womöglich deshalb in den Terrorismus abgeglitten sei. Heinrich Hannover rät Meinhof dazu, sich doch ruhig untersuchen zu lassen. Meinhof ist skeptisch und argumentiert dagegen, immerhin gehe es um ihre »politische Identität«.

Ulrike Meinhof schreibt an Heinrich Hannover:

07. 09. 1972

[...] Jetzt. Zurechnungsfähigkeit: [...] das ist ungeheuer wichtig, dass Du da voll durchblickst. Es geht um unsere – u. a. um meine – politische Identität. Ich bin nicht beunruhigt, aber ich bin vollkommen entschlossen, um sie zu kämpfen, als wäre sie mein Leben – weil sie mein Leben ist. [...] Mich in dieser Isolation für verrückt zu erklären – nichts leichter als das. Dann der Satz: »Nicht jedermann verständliche Sprache« – das ist die soziale Ausgliederung der Linken aus dem deutschen Sprachraum. Ich bin ein Schreiber. Ich weiß, dass meine Sprache sehr gut ist – meine Schreibsprache. Ich bin nicht gut im Reden. Ich lasse mich aber nicht erpressen zu behaupten, dies oder jenes Schriftstück der RAF in den letzten 2 Jahren stamme von mir. [...] Das sind politische Entscheidungen.
Du denkst vielleicht, wenn ich mich untersuchen lasse, kommt raus, dass ich gesund und normal bin. Heinrich – das ist nicht sicher. Wir incl. ich sind bis auf die Knochen politisch – wenn wir genau diskutieren, präzise, dann versteht der BGH – er sagt es selbst – nur Bahnhof, nicht wegen der Fremdworte – ich rede und schreibe verständlich, sondern wegen des Klassenstandpunkts.
Für die über meine Krankengeschichte:
Ich wurde im Oktober 62 – 4 Wochen nach der Kaiserschnittoperation der Kinder – am Kopf operiert. Im Dezember konnte ich mein eines gelähmtes Auge schon wieder bewegen – die Ärzte waren begeistert, weil sie

nicht gedacht hatten, dass ich mich so schnell wieder erhole. Der erste Artikel, den ich damals schrieb, im Januar 1963, hat der Bayrische Rundfunk nachgesendet, den zweiten im Februar 63 hat 'ne Zeitschrift nachgedruckt, weil sie ihn so gut fanden. 1966 haben mich die Ärzte, die mich operiert haben, noch mal nachuntersucht, für die Wissenschaft, und haben beide – der Ordinarius und sein Oberarzt keinen Hehl daraus gemacht, dass es selten und fabelhaft ist, dass einer nach so einer Kiste so vital und intelligent und ungebrochen wieder hochkommt und ankommt. Au warte – wie komme ich dazu, so 'ne Geschichte zu erwähnen. Röhl ist eine Drecksau – er weiß das alles, ganz genau. Die Riemeck, die da mitstrickt, auch. Der schreib ich jetzt mal – um ihr das Maul zu stopfen.
Kurz: ohne mich... Kaul [Bundesanwalt Kaul aus Karlsruhe, Anm. d. Autorin] muss in meine Zelle kommen, wenn er was will – ich bin ich. Was sie wollen, ist so klar: Andreas – kriminell, Wirrkopf, brutal; Gudrun ihm verfallen. Wer sie stört, bin ich. Ohne mich für verrückt zu erklären, kriegen sie das Ding nicht schlüssig. Ich bin aber nicht verrückt, genauso wenig wie Andreas kriminell und Gudrun ihm verfallen ist, genauso wenig wie Jan, Holger, Grashof sonst was sind [...] bin ich sauer. Kurz und gut, dass eine Gehirnkiste Folgen hätte – ist ein Vorurteil dieser Gesellschaft. Sie hat Folgen, wenn die Betroffenen das Vorurteil verinnerlicht haben und die Anstrengungen, wieder ganz hochzukommen, nicht unternehmen, sondern vor den Vorurteilen und Anstrengungen kapitulieren. Das habe ich nicht getan. [...]
Die Gefängniszelle ist für alle ungeeignet als Aufenthaltsort, für keinen weniger als für mich – diese Einzelhaft ist eine harte Kiste – mich machen sie nicht fertig. Hab Du mal 23 Stunden am Tag 'n Fliegengitter vor der Nase, wie 'ne Nebelwand vorm Fenster. Hast Du mal drei Monate keine Dunkelheit mehr erlebt – und dann versteh Marx und dann gib zu, dass Du, aber nicht ich verrückt bin – verstehst Du – dass es Dir vor den Augen flimmert, aber nicht mir. [...] Auf die Frage der Haftunfähigkeit gehe ich nicht ein. Sie lassen mich nicht laufen. Sie wissen, dass ich kerngesund bin. Es geht ihnen nicht um die Klapsmühle, es geht ihnen um unsere politische Identität. Au warte, bin ich sauer. Insgesamt habe ich das Gefühl, wir verstehen uns ganz gut. Irgendwie gehst Du noch ran. Das gefällt mir.[391]

Die Anfrage des *stern* nach einem Interview

Seit ihrer Verhaftung bemüht sich der *stern* um ein Interview mit meiner Mutter, welches sie nur zusammen mit Andreas Baader und Gudrun Ensslin geben will. Die Verhandlungen laufen über Heinrich Hannover und ziehen sich hin.

01. 09. 1972
Lieber Heinrich,
man muss wieder mit dem Stern Verhandlungen aufnehmen. Gudrun, Andreas und ich sind bereit, unter einigen Bedingungen Fragen des Stern gemeinsam zu beantworten. Bedingungen:
1. Fettes Honorar, z. B. pro Mann 2500,-
2. Vollständiger ungekürzter Abdruck
3. Eventueller Kommentar des Stern vorher an uns – damit a) sachlich richtig ist; b) keine Schweinereien enthält, wir rückziehen können – also Diffamierung, Lügen und so was
[...] Bei Wiederaufnahme der Verhandlungen ist dem *stern* zu verklickern, dass für uns Postausgangsbeschränkung herrscht, was das heißt [...] Der Termin für ein Interview im *stern* müsste mit dem Prozessbeginn zusammenfallen, ich soll wegen Jansen [Heinrich (Ali) Jansen, RAF-Mitglied, der in Berlin im Gefängnis sitzt, Anm. d. A.] nach Berlin geschafft werden, stand in der *Bild*-Zeitung, Mahler-Prozess steht auch ins Haus. Die Prozedur, bis die Verbindungen zwischen uns gelaufen sind, kostet Zeit – und muss der Stern einkalkulieren – keine Schnellschüsse. Fragen an mich liegen vor. Fragen an Andreas sind unterwegs. Fragen an Gudrun weiß ich nicht.

04. 09. 1972
Lieber Heinrich,
zweierlei: 1.) es ist so furchtbar schwer, dem stern mit einer Honorarforderung zu kommen, die realistisch ist. Vielleicht sind die bereit, viel mehr zu zahlen, und wir sind die Blöden, wenn wir nur zweifünf pro Nase verlangen, wir können genauso gut 5000,- pro Person verlangen oder 7500,- – ich weiß es einfach nicht. Also verhandle so: Sie sollen sagen,

was sie sich denken – wahrscheinlich denken sie pauschal – wir splitten – logisch [...]

Und Meinhof schickt dem *stern* über ihren Anwalt Hannover eine Erklärung, die vorab abgedruckt werden soll. Eine Erklärung, die ebenfalls als gemeinsame Erklärung der RAF rausgehen soll. Während der *stern* überlegt, ist Hannover in Sorge, dass die Erklärung vielleicht missverstanden werden könnte und ob sie juristisch durchgeht:

28. 09. 1972
Liebe Ulrike,
[...] Dein »Stern«-Manuskript habe ich gelesen. Ich schicke Dir eine Fotokopie davon zurück und behalte das Original hier. [...] Zu dem politischen Inhalt Deines Textes äußere ich mich nicht. Ich bin, wie für Dich sicher kein Geheimnis ist, in der politischen Einschätzung der RAF und des Guerillakonzepts überhaupt grundsätzlich anderer Ansicht als Du.

Ulrike Meinhof:

29. 09. 1972
Lieber Heinrich -
stern – Ich dachte, es sei klar, dass Du, bevor Du dem *stern* schreibst, mit Ströbele klärst, wie strikt von uns aus die Dreier-Konstellation ist. [...] Die Honorarverhandlung ist sofort zu führen. Wozu sollen wir uns die Mühe machen, was zu schreiben, wenn der *stern* nicht anständig zahlt. Für die Vertragsverhandlung wirst Du die Texte genau nicht mitbringen. Und geh von einer Honorarforderung von 15 000,- aus innerlich, als Richtlinie, zur Konfrontation. Ich weiß nicht, du hast ein komisches Verhältnis zur Presse. Das Journalisten- bzw. Redaktionsprinzip ist: Scheißfreundlich und dann übers Ohr hauen. Du kannst den *stern* nicht mit 'ner Rundfunkanstalt oder 'nem seriösen Verlag verwechseln. Da herrscht noch irgendwie Disziplin. Bei der illustrierten Presse herrscht das Gesetz der Wölfe. Verdammt – ich kenn mich aus. Vielleicht ist Serke ja sogar ganz nett. Aber seine Chefredaktion ist ein Fleischwolf. Der entschuldigt sich hinterher sogar bei Dir. Das kennt man doch alles.[392]

Heinrich Hannover antwortet:

04. 10. 1972
Liebe Ulrike,
Deine Aufregung wegen des *stern* ist unnötig. Ich werde mit den Brüdern hart verhandeln. [...] Natürlich werde ich Deinen Text – auch wenn Du das für falsch hältst – zu der mündlichen Besprechung des Vertrages mitbringen. Wenn man Ratten fangen will, muss man doch mindestens den Speck vorzeigen können. Eine ganz andere Frage ist es, ob sie den Text auch kriegen. Mein Schwager [...], der als ehemaliger *Spiegel*-Redakteur das Metier kennt, hat mir auch schon die nötigen Warnungen für die Verhandlungen erteilt. Nach seinen Erkundigungen liegt unsere Geldvorstellung wohl an der oberen Grenze. Angeblich wurde beim *Spiegel* bezahlt:
an Mahler für seine Beiträge aus der Zelle: DM 2500,-
an die Französin, deren Namen ich im Augenblick nicht erinnere, DM 4000,-
an Homann für sein *Spiegel*-Interview (möglicherweise mit Einschluss von Materiallieferungen) DM 7000,-
Falls Du von diesen Zahlen Gebrauch machen willst, teile bitte nicht die Quelle mit.

Am 5. 10. 1972 schrieb meine Mutter zurück:

Wenn Homann DM 7000 gekriegt hat, müssen wir ungeheuer viel mehr verlangen.

Schließlich verhandelt Heinrich Hannover direkt mit Henri Nannen, dem mächtigen Chefredakteur des *stern*, über das Interview mit Meinhof und den anderen und berichtet:

23. 11. 1972
Liebe Ulrike,
[...] Das Ergebnis des Gesprächs mit Nannen: Das Interesse an Deiner schriftlichen Stellungnahme zu den Fragen war nicht mehr allzu groß. Nannen wäre aber interessiert, ein Interview mit Dir in der Haftanstalt zu

machen, und würde dafür ein Honorar von DM 15 000,- zahlen. Ich erspare Dir eine Darstellung der Verhandlungen im Einzelnen (er sagte zunächst, dass es an sich nicht üblich sei, für ein Interview ein Honorar zu zahlen, machte am Ende aber gar keine Schwierigkeiten, nachdem ich ihm gesagt hatte, dass unter 15 000,- DM aus der Sache nichts würde). Natürlich habe ich klargestellt, dass ein Stattfinden des Interviews zunächst einmal davon abhängt, dass Du dazu überhaupt bereit bist. Sollte das der Fall sein, müsste wohl zweckmäßigerweise vom *stern* selbst die Genehmigung bei Knoblich[393] eingeholt werden. Für Mahler hat der *stern* eine entsprechende Genehmigung bereits.
Ich habe dann weiter noch gefragt, was man Dir für eine Kolumne zu irgendeinem aktuellen Thema zahlen würde. Nannen nannte einen Betrag von DM 2000,- bis DM 2500,- . Wenn Du also bereit wärst, eine Kolumne zu schreiben (zunächst nicht als Dauerauftrag, sondern nur als Einzelauftrag), müsste natürlich auch die Genehmigung dazu über Knoblich eingeholt werden.[394]

Meinhof daraufhin zurück:

25. 11. 1972
Lieber Heinrich,

[...] Was Du mir nicht schreibst, ist, was Du beim Stern in Bezug auf Gudrun und Andreas besprochen hast. [...] Meine Frage ist nicht gemein. Ich blick nicht mehr durch: Du hattest den Auftrag von uns, für uns 3 zu verhandeln – du kannst nicht erwarten, dass ich da nicht drauf bestehe – kann auch sein, dass die Leute vom Berliner Anwaltskollektiv durchhängen, wegen Prozessen und so. Bloß opfern wir natürlich unsere Disziplin nicht Euren Terminkalendern.

Hannover wird wütend:

08. 12. 1972
Liebe Ulrike,
[...] Über Deine Reaktion auf mein Gespräch mit Nannen war ich offen gestanden ziemlich sauer, zumal Du mir ja auch im Übrigen nicht sonderlich

freundlich geschrieben hast. Ich handele für Dich ein Honorar von DM 15 000,00 für ein Interview aus, und Du hast darauf nichts anderes zu sagen, als wegen Gudrun und Andreas zu fragen. Solidarität gut und schön, aber schließlich lässt Du Dich doch auf Verhandlungen mit einem bürgerlichen Blatt ein, um Geld zu machen – darüber, dass dies ein notwendiger Kompromiss ist, sind wir uns einig – und das bedeutet natürlich auch, dass Du Dich auf die Bedingungen einstellen musst, die nun mal das kapitalistische System ausmachen, also Deine Arbeitskraft verkaufst. Und die Leute sind nun mal an Deiner Arbeitskraft interessiert. Ich hätte also von Dir erwartet, dass Du das, was ich aus dem Gespräch bei Nannen heimgebracht habe, als Erfolg gewertet hättest. Du weißt genauso gut wie ich, wie lange ein Arbeiter dafür arbeiten müsste, um DM 15 000,- zu verdienen. Natürlich verdienst Du es nicht für Dich, sondern auch für Gudrun und Andreas und noch andere Genossen, natürlich auch für mich – das sehe ich alles. Aber ich finde, Du sollest nun diese Chance nicht mit einer Handbewegung vertun. Ich habe nun noch ein Übriges getan und bin letzten Samstag noch einmal nach Hamburg gefahren mit dem Verhandlungsziel, auch für Gudrun und Andreas das gleiche Angebot vom »Stern« zu holen. Ich habe Nannen jedoch nicht angetroffen und nur mit Serke verhandeln können, der nicht kompetent ist. Serke will aber meine Wünsche an Nannen weitergeben und mich benachrichtigen. Bis heute noch keine Nachricht.
Ich habe letzten Samstag auch W. [RAF-Mitglied Werner Hoppe, der in Hamburg einsaß, Anm. d. A.] wieder besucht und bei dieser Gelegenheit meinen ganzen Ärger über Dich ausgekotzt. Er gab mir im Wesentlichen recht und will das auch noch schriftlich formulieren. Mündlich sagte er etwa: Es kommt doch nicht darauf an, was U. vertritt, das ist doch nicht ihr individueller Standpunkt, sondern das ist unser Standpunkt. Ich meine, das trifft den Kern. Wenn wir uns über diese Dinge schriftlich nicht verständigen können, lassen wir es lieber bis zu unserem nächsten Gespräch anstehen. Ich kann ungerechte Briefe von Genossen nur schwer ertragen.[395]

Meinhof darüber am 10. 12. 1972

Lieber Heinrich,
ich weiß nicht. Also ich blick nicht mehr durch. Natürlich sind 15 000,- Honorar prima, also 'n Schweinegeld – bin ich ja auch bereit ranzuschaffen, verdammt – da braucht man doch nicht drüber zu lamentieren. Soll der *stern* sehen, dass er 'ne Genehmigung kriegt – das ist doch alles klar. Aber wie kannst Du aus der Haut fahren, wenn ich Dich dran erinnere, dass Du sozusagen 'n Gruppenauftrag übernommen hast. [...] Na ja, lass uns am 22.12. mal reden. Ich verspreche auch, dass ich mehr zuhören werde als das vorige Mal. Grüße Ulrike[396]

Doch dann will sie das Interview mit dem *stern* doch knicken:

03. 01. 1973
[...] Der Diskussionsstand in Sachen *stern* ist jetzt so, dass man's ganz lässt. Es ist mir aber auch – nach wie vor – unvorstellbar, dass sie das, was wir sagen würden, drucken würden. Das muss man schon mal sehen.

Hannover indes schreibt am selben Tag:

03. 01. 1973
Liebe Ulrike,
Gestern Abend habe ich mit Serke vom *stern* telefoniert. Nannen hat meine Forderung voll akzeptiert. Die zahlen also für drei Interviews mit Gudrun, Andreas und Dir insgesamt 45 000,-. [...]
Mündlich ist Folgendes besprochen: Die Texte werden vor der Veröffentlichung Euch noch einmal vorgelegt mit dem Recht, Korrekturen anzubringen oder die Texte auch ganz zurückzuziehen. Der *stern* ist verpflichtet, die Texte unverändert abzudrucken, kann aber seinerseits auf den Abdruck ganz verzichten. In der schriftlichen Vereinbarung müsste noch klargestellt werden, dass der *stern* sich auch nicht etwa eines der drei Interviews heraussuchen darf und die anderen einfach nicht druckt. Ich habe versucht, auch noch die Bedingungen auszuhandeln, dass die

Hälfte des Honorars schon vor den Interviews bezahlt wird und uns auch für den Fall verbleibt, dass es nicht zum Abdruck der Interviews kommt. Diese Bedingung war aber leider nicht durchzusetzen. Die Leute stecken natürlich voller Skepsis, was Ablauf und Inhalt der Interviews anbelangt.[397]

Doch Meinhof winkt ab und schreibt einen Rundbrief an die Anwälte:
Eingangsstempel: 19. Januar 1973
Hannover – Ströbele – Becker[398]
Von wegen: Sterninterview – also, was ist nun?
[...] Hannover kriegt vom *stern* mündliches Angebot: DM 15 000,- pro Mann – G. A. U. – und macht mit Ströbele aus, dass wir zustimmen sollen, bevor Knoblich-Genehmigung durch den *stern* eingeholt wird. (Was natürlich falsch ist – 'ne richtige Zustimmung von uns gibt's überhaupt nur, wenn alles da ist –) [...]
Kurzum: Soll H[annover] nun weiterverhandeln oder nicht? Mir schwirrt jedenfalls sowieso der Kopp. Und es stimmt natürlich, dass H. mich mit seinem Scheiß-Kohle-Problem unter Druck setzt – also, das weiß er auch selbst, dass es so nicht geht, verdammt. Mir stinkt das Ganze sowieso bis zum Hals [...], weil Sternfragen gar nichts anderes als dreckig und Hetzfragen sein können. Wobei bei mir dazukommt, dass ich mündlich im Zweifel nicht so schlagfertig bin, wie man sein sollte. [...] Wenn also noch mal rüberkommt: Kein Interview – dann bin ich 100 % einverstanden. Und wenn was anderes gesagt wird, halte ich den Daumen auf die Bedingungen. [...] Mag sein, dass die Verwirrung auf meinem Mist wächst. Vielleicht auch nur keine Lust, den Ärger von H[annover] darüber, dass wir so'n Haufen Kohle in den Wind schießen, allein abzukriegen. Bzw. seine Schwierigkeiten zu kapieren, dass mit Stern auch dann nix läuft, wenn wir zu allem Ja-Amen sagen. Sagt mal was.
Anlage: Die Verhandlungsbedingungen, wenn überhaupt weiterverhandelt werden soll.
Ulrike
[...] Und alles schriftlich. Mündliche Vereinbarungen sind doch Luft, insbesondere Bissinger. Kennt man doch – seit zehn Jahren. Aber wie gesagt: Ich misstraue denen restlos.

45 000,00 DM für ein Dreier-Interview, für das es nach journalistischen Standards keinen einzigen Pfennig geben darf, waren damals ein gigantisches Vermögen, und dies für reine RAF-Propaganda. Aber Meinhof, Baader und Ensslin lehnen am Ende der Verhandlungen, die sich noch eineinhalb Jahre hinziehen, nach weiteren, immer absurderen Forderungen endgültig ab. Das Interview kommt nie zustande.

Jubel über den Tod der israelischen Sportler

Bei den Olympischen Spielen 1972 in München hatten palästinensische Terroristen die israelischen Sportler am 5. September 1972 überraschend als Geiseln genommen und wenig später bestialisch ermordet. Insgesamt starben 17 Menschen: 11 Israeli, ein Deutscher und fünf Palästinenser. Diese mörderische und grausame Aktion, die von Abu Hassan, demselben Mann, bei dem die Baader-Meinhofs ihre erste Schießausbildung bekommen, organisiert worden war, erschütterte die ganze Nation. Die palästinensischen Terroristen verlangten auch die Freipressung der Gefangenen Ulrike Meinhof und Andreas Baader. Meinhof fühlte sich also direkt betroffen und war im September 1972 aus dem Gefängnis heraus vollends damit beschäftigt, Solidaritätsbekundungen für die palästinensischen Terroristen zu verfassen. Sie bejubelt die Aktion der Palästinenser als »eine zutiefst proletarische Aktion, die in sich alle Momente des revolutionären Kampfes vereinigt hat« und schreibt an Heinrich Hannover:

Mittwoch 13. September 1972
Lieber Heinrich!
Ich bin heute in den Hungerstreik getreten. Ich bitte Dich, beiliegende »Hungerstreikerklärung« abschreiben zu lassen und Abschrift und Original an die Frankfurter Rundschau zu geben. Danach beiliegende Presseerklärung zu veröffentlichen.
Von beiden Erklärungen Durchschläge und Kopien an Croissant, Becker, Groenewold, Golzem, Hoffmann zu schicken und an die Anwälte der Araber, sofern Du weißt, wer das ist. [...] und Ströbele.

Schließlich bitte ich Dich, Augstein zu fragen, ob er und unter welchen Bedingungen bereit ist, eine Analyse der Aktion des Schwarzen September von Gudrun, Andreas und mir abzudrucken – ca. 10 Seiten lang – Mitte nächster Woche Ablieferungstermin ist drin – eventuell. [...] Ich bin absolut entschlossen, diese Kiste durchzuziehen, egal, was an Repressalien kommt. Informier mich von dem, was Du gemacht hast. Grüße

Ulrike

Anlage: 1 Presseerklärung

Hungerstreikerklärung

Presseerklärung

Ulrike Meinhof ist heute in der Justizvollzugsanstalt Köln-Ossendorf aus Solidarität mit den arabischen Genossen, die das Massaker der deutschen Polizei in München überlebt haben, und aus Protest gegen die Sonderbehandlung der Sozialisten in den Gefängnissen in Hungerstreik getreten. Eine Erklärung dazu liegt der Frankfurter Rundschau vor. Sie wird ihren Hungerstreik erst beenden, wenn 1) Die Rundschau die Erklärung, die ihr vorliegt, vollständig im redaktionellen Teil abgedruckt hat. [...]

Die Aktion des Schwarzen September in München war eine zutiefst proletarische Aktion, die in sich alle Momente des revolutionären Kampfes vereinigt hat, wie es das in Deutschland noch nie gegeben hat. Sie war gleichzeitig antiimperialistisch, antifaschistisch, internationalistisch. Sie hat eine Sensibilität für historische und politische Zusammenhänge dokumentiert – in Westdeutschland, früher Nazideutschland, jetzt imperialistisches Zentrum –, wie das niemals eine kleinbürgerliche Aktion vermag; einen Mut und eine Kraft, die die Revolutionäre nur aus ihrer vollkommenen Verbundenheit mit dem palästinensischen Volk haben können; ein Klassenbewusstsein, das sich seiner historischen Mission, Avantgarde zu sein, absolut bewusst ist, eine Menschlichkeit, die von dem Bewusstsein bestimmt ist, gegen dasjenige Herrschaftssystem zu kämpfen, das das historisch letzte System von Klassenherrschaft, gleichzeitig das grausamste, blutrünstigste, abgefeimteste, ist, was es je gab: gegen den seinem Wesen und seiner historischen Tendenz nach durch und durch faschistischen Imperialismus in welcher Charaktermaske auch immer – Nixon oder Brandt, Moshe Dayan oder Genscher. Es ist das brennende Interesse jedes Menschen, der sich mit Auschwitz und

Vietnam noch nicht abgefunden hat, die Aktion des Schwarzen September zu begreifen. Die Bombergeschwader des Imperialismus gegen den palästinensischen Befreiungskampf werden vom Nato-Flughafen München starten. Das zu verhindern ist die Hauptaufgabe der revolutionären Linken in Westdeutschland. […]
Solidarität mit dem Befreiungskampf des palästinensischen Volkes!
Solidarität mit der Revolution in Vietnam!
Revolutionäre aller Länder vereinigt Euch![399]

Doch Heinrich Hannover, dem meine Mutter diese Presseerklärung schickt, lehnt ab:

15. 09. 1972
Liebe Ulrike, Dir ist klar, dass Dein Brief vom 13. September eine Erpressung ist, und trotzdem hältst Du Dich dazu berechtigt. Das finde ich nicht gut unter Genossen. […] Du weißt genau, dass ich Deine politische Erklärung nicht an die »Frankfurter Rundschau« weiterleiten kann, ohne anschließend selbst die Robe ausziehen zu müssen. […]
Deine Einschätzung der Münchner Ereignisse teile ich nicht. Nicht alles, was für eine gute Sache getan wird, ist deswegen gut. Die Palästinenser haben Fehler gemacht, die man auch als solche bezeichnen sollte. Wenn sie Genscher als Geisel mitgenommen hätten, ließe sich darüber reden, aber israelische Sportler? Sie mussten ebenso wie wir alle wissen, dass die israelische Regierung die politische Forderung nicht erfüllen würde, sodass die Aktion von vornherein das Todesurteil für die israelischen Sportler bedeutete. Wenn Du Dich mit der Münchener Aktion solidarisierst, tust Du Dir und der Sache, für die Du stehst, einen schlechten Dienst. Erinnere Dich, dass der schlechteste Artikel, den Augstein je veröffentlicht hat, der war, den er aus der Untersuchungshaft geschrieben hat. Tageszeitungen allein können Dir nicht das Klima vermitteln, das Du brauchst, um zu spüren, was man heute aktuell zu den Münchener Ereignissen sagen kann und was nicht. Ich könnte jedenfalls Deine politische Erklärung nicht mit meinem Namen decken und möchte Dir wünschen, dass Du einsiehst, dass auch Du es nicht kannst. […] Bitte hör sofort auf zu hungern! […] Sei bitte, wenn Du alles nicht einsiehst, wenigstens so

vernünftig einzusehen, dass dieser Hungerstreik Quatsch ist. Den Kampf um die Veröffentlichung Deiner politischen Erklärungen können wir doch auch führen, ohne dass Du jedes Mal Deine Gesundheit aufs Spiel setzt. Nicht einmal ich begreife in diesem Zusammenhang die Notwendigkeit und den Sinn Deines Hungerstreiks, wie viel weniger soll ihn eine Dir weniger wohlgesinnte Öffentlichkeit begreifen? [...]
Auch, wenn Du mir jetzt die Freundschaft oder das Mandat entziehst, würde ich das sehr bedauern, aber ich kann auch für Dich nichts tun, was ich politisch nicht akzeptieren kann.
Freundliche Grüße H. Hannover[400]

Ulrike Meinhof lenkt ein und wirkt dabei ein bisschen kokett.

20. 09. 1972 [Datum geschätzt]
Lieber Heinrich – Den Hungerstreik hab ich abgebrochen. OK. Der Vergleich mit Augstein ist 'ne Frechheit. Auch klar. [...] Das Übrige mündlich.

Hannover schrieb ihr:

[...] Wenn wir vom Bundesverfassungsgericht eine einstweilige Anordnung des beantragten Inhalts bekommen sollten, kannst Du, wenn Du willst, einen Artikel an die FR schicken. Du kannst es auch bleiben lassen. Ich würde es für einen größeren Fehler halten, den Palästinensern noch ein Solidaritätsmanifest nachzusenden, als gar nichts zu schreiben. Lass Dich bloß jetzt von Mahler nicht irremachen. Ich finde auch seine Prozesserklärung scheiße. Auf keinen Fall aber bitte noch mal so einen Quatsch wie Hungerstreik, ohne das vorher mit den Genossen zu diskutieren, die im Zusammenhang mit dem Hungerstreik etwas durchsetzen sollen. [...]

Ulrike Meinhof ist daraufhin erzürnt:

17. 10. 1972
Lieber Heinrich –
Der Satz »noch ein Solidaritätsmanifest hinterherzusenden« ist so 'ne ungeheure Sauerei. In die Hölle – oder was? Du Schwein. Wirklich wahr.

Die Tatsache, dass ich es unterlasse, aus unseren politischen Meinungsverschiedenheiten einen permanenten Casus belli zu machen – darin sähe ich keinen Sinn –, berechtigt Dich nicht, über den Tod der arabischen Genossen mir gegenüber so höhnisch zu reden, wie Du offenbar darüber denkst. Au warte »Mahler irremachen« spinnst Du? Hör auf. Hör auf, mich, Mahler, die Palästinenser, die RAF in den Dreck zu ziehen. Ich bin Marxist. Dialektisch-materialistisch ist Deine Auffassung unhaltbar. Deine Auffassungen sind nicht das Produkt jahrelanger, mühsamer, gründlicher Analyse. Sie sind Dir auch keine Sache auf Leben und Tod oder lebenslänglich wert. Sie tragen den Stempel Deiner Klassenlage. Ich weiß, dass das alles für Dich leere Wörter sind. Ausdruck maßloser Arroganz meinerseits. Trostloser geht es fast nicht mehr, als von den wenigen Menschen, mit denen man's zu tun hat, wenigstens zu verlangen, bestimmte Sätze für sich zu behalten – statt zu sagen: geh zum Teufel. – Was verlange ich von Dir? Pietät? Ich weiß es nicht. Die palästinensischen Genossen sind tot. Petra, Georg und Thommy sind tot. Muss ich mich rechtfertigen, wenn ich losbrülle, wenn einer kommt und meint, er könnte mit mir seine Witze darüber machen? »hinterhersenden« – in ihren Tod. Nein, Heinrich. Denk mal nach. Du brauchst wegen mir nix dazu zu sagen. Nur, dass Du's weißt.
Ulrike[401]

Ulrike Meinhof fordert hier tatsächlich »Pietät« gegenüber den Toten der RAF und den Toten unter den palästinensischen Terroristen. Die grausame Tat der Palästinenser, das Leid der bestialisch ermordeten israelischen Sportler und ihrer Angehörigen kann sie nicht sehen. Dass in ihrem Jubel über die Ermordung der israelischen Sportler auch ein antisemitisches Moment mitschwingt, ein Antisemitismus, der die Linke in der Bundesrepublik damals allerdings nicht stört und den sie nicht wahrhaben will, fällt ihr ebenfalls nicht mehr auf.[402]

Die Kinder-Olympiade

Am 23. September 1972 stieg die Party mit fast 25 Kindern und acht Erwachsenen zu unserem 10. Geburtstag. Es wurde die schönste Feier, die ich aus der Zeit erinnere. Unser Vater hatte schon den ganzen Sommer über die kleinen goldenen, silbernen und bronzenen Medaillen, die an unserer Tankstelle in Blankenese als Draufgabe zu haben waren, gesammelt und offenbar extra oft getankt. Er hatte sich viele pfiffige Wettbewerbe ausgedacht, Sportübungen von Bogenschießen, Wettrennen, Hürdenlaufen bis zu echt kniffligen Quizfragen zu Sport, Kultur und Politik. Es gab einen Malwettbewerb, einen Gedichtwettbewerb, und es gab zwei von uns zusammengestellte Gruppen, die im Darstellen einer vorgelesenen Geschichte gegeneinander antraten. Nach jeder Disziplin gab es eine Siegerehrung für die drei Besten mit einem Tusch und einer Medaille. Peter Rühmkorf und seine Frau Eva, Gefängnisdirektorin und spätere Kultusministerin in Schleswig-Holstein, waren aktiv dabei, und der spätere Strafverteidiger Johann Schwenn war einer der Juroren. Meine Oma, das neue Kindermädchen Lilli und unsere Haushälterin Frau Tempel holten aus der Küche heraus, was nur drin war, und die Erwachsenen amüsierten sich auch. Als ich im Jahre 2005 meinen früheren Klassenkameraden Dirk Niebel, er war gerade FDP-Generalsekretär geworden, in seinem Berliner Büro zum Interview für die Zeitschrift *Cicero*[403] traf, schwärmte er als Erstes von unserer Kinder-Olympiade, die er in sehr lebendiger Erinnerung hatte. Viele andere Olympioniken haben diese Geburtstagsfeier ebenfalls nicht vergessen.

Irgendwann zwischen ihren Solidaritätsbekundungen für das palästinensische Killerkommando hatte unsere Mutter, die wir immer noch nicht wiedergesehen hatten, auch an uns geschrieben:

15. September 1972
He, an und für sich sehe ich in einem Geburtstag überhaupt keinen Grund, jemandem zu schreiben. Entweder man hat sich sowieso lieb und denkt an Euch oder sowieso nicht, dann macht der Geburtstag den Kohl nun auch nicht fett. Aber Pappi macht wahrscheinlich allerhand los – weiß der Teufel, was da bei Euch jetzt die Sitten sind –, also schreib ich Euch,

damit Euch keiner weismacht, ich hätte Euch vergessen. Warum ihr mich nicht besucht habt, da blick ich nicht durch. Hat Pappi Angst, dass ich Euch gegen ihn aufhetze? Sagt ihm, dass das bei einer halben Stunde Besuch nicht geht. Sagt ihm, ich könnte nicht hexen. Und sagt ihm, dass die Hauptperson bei Eurem Besuch Ihr seid; Regine und Bettina und ich – nicht er. Und wenn ihr den Wunsch habt, mich zu sehen, dann sorgt dafür, dass das organisiert wird. Ich kann da überhaupt nichts machen. Ich sitze hier in meiner Zelle und führe meine Gedanken spazieren und einmal am Tag meine Beine auf den Hof, wo ich dann 100 Mal oder wie oft im Kreis herumlaufe. [...] Von mir gibt's sonst nichts zu erzählen. Ich höre und sehe niemanden und nichts – nur die Wärter, wenn sie mir das Essen bringen – da gewöhnt man sich das Mäkeln ab, wenn man nicht verhungern will [...] und ab und zu kommt ein Rechtsanwalt vorbei und staunt, was hier alles verboten ist, Und dann lese ich eben ein paar Bücher, die ich schon immer lesen wollte, mehr kann man im Gefängnis nicht machen. [...] Eure Mammi

Und Mitte Oktober schreibt sie:

He Regine! – He Bettina!
Euer Geburtstagsbrief ist sogar rechtzeitig angekommen. Manchmal ist die Post nämlich auch 10 Tage unterwegs – als lebte man auf dem Mond. [...] Ich habe einen blauen Kittel an und darüber eine Strickjacke. Das ist die Gefangenenkleidung. Eine Zelle ist ein Zimmer mit einem Klo. Außerdem geht die Tür nur von außen auf und hat von innen weder eine Klinke noch ein Schlüsselloch. Die Tür ist auch viel größer als eine einfache Tür – sie ist grün und aus Stahl. Außerdem hat sie ein Guckloch. Ab und zu guckt ein Polizist durch das Loch, ob ich noch da bin. Bisher war ich jedes Mal noch da. Das Fenster ist nämlich auch zu, und davor ist noch ein Gitter aus Beton, und davor ist noch ein Fliegenfenster. Von außen sieht das Gefängnis, glaube ich, noch ganz hübsch aus. [...] Zu den Besuchern sind die Angestellten vom Gefängnis auch freundlich – da kann man nichts sagen. Zu den Gefangenen sind sie manchmal pampig – wie der Lehrer in Berlin, der auf dem Flur rumgeschimpft hat. Entweder man schimpft zurück, oder man hört gar nicht hin. [...][404]

»Der Kaukasische Kreidekreis findet nicht statt«

Die Frage, wer meine Schwester und mich ins Gefängnis begleitet, war zwischen meinen Eltern nicht so leicht einigungsfähig. Hannover sprang ein und verhandelte abwechselnd mit meiner Mutter und mit meinem Vater.

Meinhof an Heinrich Hannover:

30. 08. 1972
Nach wie vor gilt: Röhl oder Riemeck lehne ich als Begleitpersonen ab. Wenn einer von denen hier aufkreuzt, werde ich nicht aus meiner Zelle rausgehen. Als Begleitperson habe ich Holde Bischoff zugestimmt – ungern, sei's drum. [...] Wenn der BGH das verweigert, als weder so noch so verwandt, bliebest wieder nur Du übrig. [...] Kurz: Wenn es bei Holde Bischoff bleibt – einverstanden. Wenn eine neue Begleitperson ins Gespräch kommt, bin ich auch mit Wienke oder Anja (Röhls Tochter aus erster Ehe) einverstanden oder Dir – klar –, sonst wünsche ich gefragt zu werden. Früher oder später ist mir egal. Ich fühle mich jetzt so weit im Umgang mit der Knastkiste sicher, dass mich so schnell nichts mehr umwirft – deshalb wollte ich erst mal Zeit gewinnen – wann sie kommen, ist mir egal.[405]

Klaus Rainer Röhl:

2. Oktober 1972
Sehr geehrter Herr Hannover,
die Angelegenheit Ulrike Meinhof scheint sich inzwischen verhärtet zu haben. So ist Ulrike M. jetzt auch nicht mehr bereit, Holde Bischoff oder Emmi Biermann als Bezugsperson mit den Kindern zu sich zu lassen. Ein erster bei uns eintreffender Brief an die Kinder hat leider meine Vermutung bestätigt, dass Ulrike M. versuchen würde, die Kinder in ihrem Sinne politisch und d. h. auch gegen ihren Vater (»Bullenknecht«) zu agitieren, was zu schweren Schuldkomplexen und damit Störungen der Entwicklung der Kinder führen müsste. [...] Angesichts dieser neuen Sachlage bitte ich Ihrer Mandantin mitzuteilen, dass ein Besuch grundsätzlich nur in meiner Gegenwart stattfinden kann. [...][406]

Meine Mutter ist verwundert über Klaus Röhls Reaktion:

7. Oktober 1972
Lieber Heinrich, ich weiß auch nicht, wie Röhl dazu kommt, ich hätte Holde Bischoff abgelehnt. Sie war sein Vorschlag – ich gab mein Einverständnis dazu im Juni und bin davon nicht abgegangen – auch auf Wienkes Bedenken hin nicht. Ich wusste von Anfang an, dass es so laufen würde – deshalb war ich u. a. so wütend über Deine erste Pressebenachrichtigung – Ausbeutung meiner Gefühle für eine *konkret*-PR-Story. Auch das Wort »Bullenknecht« ist seine freie Erfindung. Mein Brief an die Kinder war unpolemisch. Wenn es keinen einzigen Erwachsenen gibt, dem er nicht misstraut, ist das auch sein Bier. [...] Ich lehne ihn als Begleitperson kategorisch ab – er hat mich der Kinder beraubt, er hat unglaubliche Lügen über die ganze Geschichte verbreitet – ihn sehen und darüber schweigen sind zu viele Verbrechen in diesem Zusammenhang – vom Kinderbesuch bliebe nichts übrig, zumal jetzt schon feststeht, dass er jedes Wort verdreht. Der Kaukasische Kreidekreis findet nicht statt.

[...] Ich bin mir übrigens sicher, dass außer ihm niemand eine Bosheit in meinen Briefen an die Kinder finden wird. Dass er sie ihnen trotzdem wahrscheinlich nicht gibt, zeigt nur, dass diese Leute auch ohne Vorwände auskommen. Vielleicht verstehst Du jetzt, weshalb ich mir in der Kinderfrage keine Glücksgefühle leiste.[407]

Im Übrigen fällt ihr in ihrem Brief vom 7. Oktober noch ein:

Zu Röhl ist auch noch zu sagen, dass – da er ja extrem auskunftsfreudig ist – der Kinderbesuch auch gleich im Rahmen einer Pressekonferenz stattfinden könnte und wie ich mich überhaupt dagegen wehren soll, wenn er hintenrum Geschichten erfindet – wo er's doch auch so schon tut.

Heinrich Hannover an Klaus Röhl:

10. 10. 1972

Sehr geehrter Herr Röhl,

[...] Ihre Forderung, dass die Kinder ihre Mutter nur in Ihrer Gegenwart sprechen dürfen, ist [...] nicht ausreichend motiviert. Vielmehr wird an dieser Stelle Ihre Absicht deutlich, das Gespräch ganz zu verhindern. Sie wissen nur zu gut, dass eine unmittelbare Konfrontation zwischen Ihnen und meiner Mandantin in Gegenwart der Kinder keinesfalls in deren Interesse liegen kann, und reflektieren offenbar auf das Verantwortungsbewusstsein und die Gefühle meiner Mandantin, die unter diesen Umständen im Interesse der Kinder lieber auf den Besuch verzichten würde. [...] Sie zwingen mich durch Ihr Verhalten, das Verkehrsrecht meiner Mandantin vormundschaftsgerichtlich regeln zu lassen, wenn Sie auf Ihrer schon im Interesse der Kinder völlig unakzeptablen Forderung bestehen sollten. Ich bitte Sie also, die Sache noch einmal möglichst emotionslos zu überdenken und sich vielleicht auch rechtlich beraten zu lassen. [...][408]

Am selben Tag leitet Heinrich Hannover an Meinhof weiter, was Wienke Zitzlaff ihm zu ihrer Position zu den Kinderbesuchen schriftlich mitgeteilt hat:

Ulrike schrieb mir, dass sie Holde Bischoff weiterhin akzeptieren würde, weil sie nicht dauernd ihre eigenen Entscheidungen widerrufen wolle. Sie überlasse nun ganz Ihnen die Regelung des Kinderbesuches. Ich werde also auch nicht mehr mit U über diese Frage diskutieren. Sie aber möchte ich dringend bitten zu bedenken, dass ich Holde Bischoff nicht akzeptiere. Für uns alle, die wir mit Ulrike Kontakt haben können, ist es selbstverständlich, dass nichts unternommen wird, was ihre Verteidigungsposition oder U. politisch schadet. Sind Sie sicher, dass Sie sich so auf H. B. verlassen können? [...] Wer garantiert uns, dass nach dem Kinderbesuch nicht ein Bericht bei *konkret* erscheint? Ich bin eigentl. sicher, dass der Kinderbesuch von anderer Seite benutzt wird, um Zugang zu U. zu bekommen. Das ist die eine Seite. Die andere ist die, dass ich auch der Meinung bin, dass es für die Kinder schlimm ist, von jemandem begleitet zu werden, der ihnen nicht hilft, ihre Mutter zu akzeptieren, der mit Mitleid versucht, die Problematik zu vereinfachen. Schließlich wird der Kontakt von den Kindern mit mir unterbunden, weil man befürchtet, ich könnte ihnen ihre Mutter anders näherbringen, als Röhl, Riemeck und Co. das wünschen. Dabei nehme ich für mich in Anspruch, dass, wenn ich mit meiner Schwester ohne Zensur sprechen könnte, ein differenziertes Gespräch zustande käme.[409]

Klaus Röhl antwortet Hannover:

20.10.1972
Lieber Herr Hannover,
ich habe Ihren Brief empfangen. Vorurteile sind zäh, besonders, wenn sie im Umkreis Bremen durch Gespräche mit Holtkamp, Hybotter, Heimendahl und anderen Röhl-Geschädigten jederzeit vertieft werden können. Es fehlt mir an Zeit und Gelegenheit, Ihre Voreingenommenheiten durch die Praxis zu widerlegen. Darunter sollten aber die gemeinsamen Kinder von Ulrike und mir nicht leiden, finde ich. [...] Als Vater von Kindern sollten Sie etwas weniger leichtfertig im Verurteilen von Vätern sein. Wenn trotz aller politischen Verbitterung ein Rest humanen Common sense bei Ihnen wirksam ist, dann helfen Sie mir, für Ulrike und die Kinder die beste Lösung zu finden. Nachdem die Kinder zweieinhalb Jahre lang nicht einen Kartengruß zu Weihnachten oder zu Geburtstagen erhalten haben, ist die Begegnung mit der Mutter in der Tat eine schwere Sache für sie. Bestenfalls nützlich für die Rückkehr Ulrikes aus der Bullen- und Genossen-Polarisierung in die Realzeit, für die Kinder kaum mehr als schmerzlich.
Zu Ihren Sachfragen: Ulrike hat in ihrem letzten Brief in der Tat geschrieben: wörtlich: »Ihr sollt mit Rechtsanwalt Hannover kommen. Also nicht Holde, sondern Hannover.« Damit, glaube ich, hat sie Holde Bischoff abgelehnt. Wenn Sie etwas mehr mit Ihren »bürgerlichen« Kollegen Kontakt halten würden, würden Sie von Herrn Dr. Senfft wissen, dass wir bereits eine schriftliche Erklärung ausgearbeitet hatten, die den Besuch von Holde Bischoff oder Renate Riemeck mit den Kindern vorsah, mit einer von allen dreien unterschriebenen Erklärung, der Besuch der Kinder

würde nicht publizistisch ausgenutzt werden, jeglicher Kontakt mit der Presse mit den Kindern in diesem Zusammenhang unterbunden, usw.
Ich habe Sie unmittelbar nach der Verhaftung Ulrikes angesprochen und Ihnen gesagt, dass ich mit den Kindern zu einem Besuch bereitstehe. Das tue ich auch heute noch. Ich kann versichern und bin bereit, Ihnen darüber eine verbindliche Erklärung abzugeben, dass es zu keiner Konfrontation in Gegenwart der Kinder kommen wird. Das liegt doch im Interesse der Kinder. Andererseits muss ich beim ersten Besuch dabei sein, und ich gehe auch nicht davon ab. Die weiteren, dann regelmäßigen Besuche könnten sowohl in Gegenwart von Frau Bischoff, Biermann oder auch von Ihnen gemacht werden.
Ich möchte Sie eigentlich bitten, als Berater meiner Frau, auf Ulrike dahingehend einzuwirken, jetzt die Begegnung nicht mehr zu verzögern. Eine juristische Beratung, wie Sie sie mir anraten, hat vor dem Schreiben des Briefes stattgefunden. Falls Sie es für nötig finden, rufen Sie mich bitte unter meiner Firmen-Nummer an.
Ich bedaure sehr, dass unsere Wege sich in der Frage der politischen Gewaltkriminalität offenbar trennen.
Ihr Klaus Rainer Röhl[410]

Mit geänderter Meinung schreibt Meinhof dann plötzlich am 19. Oktober 1972:

Lieber Heinrich! Los – ruf Röhl an, sag ihm, er soll endlich mit den Kindern kommen. Er soll mindestens sechzig Minuten beantragen. Er soll zumachen! Nein, ich bin nicht verrückt. Es wird keinen Krach geben. 100 % nicht. Ulrike

Heinrich Hannover:

23. Oktober 1972
Sehr geehrter Herr Röhl,
mir liegt inzwischen ein Brief meiner Mandantin vor, in welchem sie sich damit einverstanden erklärt, dass Sie zusammen mit den Kindern kommen, und zwar möglichst bald. Bitte beantragen Sie bei dem

Ermittlungsrichter des Bundesgerichtshofs eine Besuchserlaubnis für mindestens 1 Stunde. [...][411]

Am 24. Oktober geht jedoch der nächste Brief meiner Mutter bei Hannover ein:

Lieber Heinrich,
wenn Röhl jetzt sagt: Er müsste vorher mit mir allein reden, dann ist dazu zu sagen:
1.) Das war zu erwarten;
2.) Dafür hätte ich kein Verständnis
3.) Damit wäre ja wohl erwiesen, dass es ihm nicht um die Kinder geht, sondern darum, sich neuerlich einen Informationsvorsprung vor der übrigen Presse zu verschaffen. Grundsätzlich ist zu sagen: Wenn ich ihm irgendwo allein begegnete, würde ich ihm in die Fresse schlagen. Wenn die Kinder dabei sind: nicht. Wenn er mit den Kindern kommt, wird es keinen Krach geben – es sei denn, er wird handgreiflich. Das wird er aber wohl nicht. Ich werde von mir aus den Kindern ihr Leben bei ihm nicht miesmachen, also auch ihn nicht. Basta. Mehr habe ich nicht zu sagen. Zu Dir sage ich: Es wäre ganz gut, wenn ihm mal einer klarmachte, was das für ein Verbrechen ist, Kinder über die Ursachen und Zusammenhänge des Verlustes eines Elternteils zu täuschen. Was das für ein Verbrechen ist, Kinder nicht dazu kommen zu lassen, über den Verlust eines Elternteils zu trauern – so zu tun, als wäre das eine Bagatelle, als könnte der, bei dem sie leben, das einfach wettmachen. Ich wäre dankbar, wenn Du Dich da mal ein bisschen reindenken könntest und engagieren. Du weißt doch was von Kindern. Ich finde mich dabei nicht so furchtbar wichtig. [...]

Am 25. Oktober 1972 zieht meine Mutter ihr Angebot zurück:

Lieber Heinrich – ich weiß, ich finde mich auch anstrengend. Klag nicht zu laut. Ich muss mich 24 Stunden am Tag ertragen. Was meinst Du, wie ich mir auf den Wecker gehe. Diese Kinder. Diese Kinder. Diese Kinder.
Der neueste Stand ist der, dass man im Grunde gar nicht verhindern kann, dass er darüber schreibt und dass er mich mit den Kindern

erpresst, um mich hinterher in den Dreck zu ziehen. Ich blick jetzt nicht mehr durch. Ich kann nur sagen: wenn's noch geht, lass das Ganze noch mal ruhen. Wenn's noch geht, sag ihm nicht, dass ich gesagt hab, er kann kommen. Das Schwein. Jetzt hat er es geschafft, mich doch noch mal reinzulegen. Es tut mir leid. Es täte mir leid, wenn an der Kinderfrage Deine Bereitschaft, mit mir zusammen zu machen, zerbricht.
Ich weiß jetzt nicht mehr weiter.
Der Stand ist: Er soll nicht mitkommen. Der Stand ist: Ich kann unterlassen, ihm in die Fresse zu hauen – er wird es nicht unterlassen, der RAF mit dem Besuch in die Fresse zu hauen. Dafür gebe ich den kleinsten Finger nicht. Aus. Ich gebe zu, hier widersprüchlich, schwankend gewesen zu sein. Er erpresst mich. Ich habe mich erpressen lassen. Eine Scheiße. Ulrike
Du kannst den »Sinneswandel« ihm gegenüber z. B. so motivieren: Ich hätte jetzt erst den Artikel gelesen, den er zu meiner Verhaftung geschrieben hatte. Das hätte den Rückzug bewirkt. Ich glaube, das kann man sagen, ich kenne den Artikel zwar nicht, aber ich habe davon gehört. Kalte Kotze.

Ebenfalls am 25. Oktober 1972 kam bei Hannover auch noch dieser Brief von Meinhof an:

Lieber Heinrich,
sei so gut, organisier, dass ich ein Abonnement der Peking-Rundschau kriege und [...] Röhl soll sich jetzt ausmären. Mach ihm irgendwie klar, daß ich kein bissiger Hund bin. Zwar bissig, aber kein Hund. Ich beiße, wen ich will. Ihn will ich nicht beißen. [...] Schiet am Boom. Ulrike

Heinrich Hannover an Ulrike Meinhof:

27. 10. 1972
[...] Bitte verstehe, dass ich manches, was Du telefonisch erledigt haben möchtest, schriftlich mache. [...] Insbesondere mit Röhl möchte ich nicht telefonieren, weil er mich kolossal nervt. [...] Kurz vor Abschluss dieses Briefes musste ich doch mit Röhl telefonieren. Er rief mich an und hat

eine Viertelstunde auf mich eingeredet. Er bestätigte den Erhalt meines Briefes, wonach Du mit einem Besuch der Kinder in seiner Begleitung einverstanden seist, und behauptete, er werde sofort alles einleiten, damit der Besuch so schnell wie möglich stattfinde. Ich habe natürlich nichts davon gesagt, dass Du inzwischen Dein Einverständnis widerrufen wolltest. Ich gehe also davon aus, dass Du die Sache souverän durchziehst. [...]

Am 31.Oktober 1972 geht folgender Brief meiner Mutter bei Heinrich Hannover ein:

Lieber Heinrich! Jetzt noch mal Kinder, weil das ja eilt, sonst stehn sie hier, und ich geh nicht hin. Au warte. Ist das finster. Ich zieh bzw. habe gezogen, mein Einverständnis zurück. Ich bin ein Arschloch, dass ich es gegeben habe. Schieb alles auf den Artikel, den ich jetzt erst gelesen hätte. Es ist eine Erpressungsgeschichte. Das Schwein lügt das Blaue vom Himmel runter über mich – und auch nach dem Besuch. Ich wusste das ja vom ersten Moment an, dass ich mich in der Kinderkiste nicht engagieren darf, dass ich da Fehler mache, dass mir da immer noch schwarz vor Augen werden kann.
Und dann hab ich es doch gemacht. Dann hab ich mir den Luxus geleistet, mehr an die Kinder zu denken als an die Revolution, an mich gedacht – ich Arschloch. Verflucht. Eine Scheiße.
Ha – sei so gut. Natürlich schlägt das Ganze auf mich zurück. Weiß ich. Vielleicht ist es ganz aus, weil er erreicht hat, was er wollte – dass ich hin und her mache. Und damit hat er natürlich auch echt Stoff bei den Kindern, gegen mich zu hetzen. Das Schwein. Weiß ich. Alles mein Bier. Aber aus dem einen Fehler wird eine Lawine. –
Sei so gut – sag ihm: Rückzieher. Artikel gelesen. Keine Pressekonferenz. Aus.
Wie's weitergehen kann, ob überhaupt – weiß ich jetzt nicht mehr. Eine Scheiße.

Hannover an Röhl:

31.10.1972
Sehr geehrter Herr Röhl,
Ulrike Meinhof ist nicht bereit, Sie als Begleitperson der Kinder zu akzeptieren. Ich habe das gestern in einem mündlichen Gespräch bestätigt bekommen. Die Gründe liegen darin, dass meine Mandantin befürchtet, dass die zwischen Ihnen und ihr bestehenden Spannungen sich in Gegenwart der Kinder nicht verbergen lassen werden. Im Interesse der Kinder muss meine Mandantin daher darauf bestehen, dass Sie die Kinder nicht begleiten. Ich muss Sie demzufolge bitten, sich bis zum 7. November 1972 darüber zu erklären, ob Sie daran festhalten, dass die Kinder nur in Ihrer Begleitung ihre Mutter sehen dürfen. Sollte das der Fall sein, werde ich nunmehr auftragsgemäß das Vormundschaftsgericht anrufen und um eine verbindliche Regelung des Verkehrsrechts meiner Mandantin mit den Kindern ersuchen müssen.

02.11.1972
Sehr geehrter Herr Röhl,
unter Bezugnahme auf das gestern Abend mit Ihnen geführte Telefongespräch fordere ich Sie hiermit namens und in Vollmacht meiner Mandantin, Frau Ulrike Meinhof, dazu auf, sich bis zum 7. November 1972 verbindlich dahin zu äußern, ob Sie damit einverstanden sind, dass die Kinder ihre Mutter in Begleitung der Schwester meiner Mandantin, Frau Wienke Zitzlaff, besuchen.
Hochachtungsvoll
Heinrich Hannover

Schließlich verzichtete mein Vater darauf, uns Kinder zu begleiten. Er erklärte sich bereit, uns am Gefängnistor abzugeben, ohne selber mit reinzukommen.

Meine Mutter schreibt misstrauisch am 3. November 1972 an Hannover:

Lieber Heinrich! Eben sagt man mir, Röhl will die Kinder an der Tür abliefern – ich sollte sagen, ob ich damit einverstanden bin. Ich hab gezögert. Wie soll ich die plötzliche Wende verstehen? Gewiss – sie ist optimal, aber ich blick nicht mehr durch. Also erklär mir das, und Wienke soll mir ihre Meinung sagen, und wenn das echt ist, soll'n sie in Gottes Namen nächsten Samstag kommen – auf die Art. Frag doch mal die Kinder, was die davon halten. Ihr quatscht mich alle voll, dass es so trostlos sei, in die Anstalt zu kommen. Und wenn sie an der Tür zu Röhl sagen, er soll lieber mitkommen? Was dann? Ich kann ihm doch nicht plötzlich glauben. Wenn's aber so ist, dass die Kinder die Sache durchgesetzt haben, dann ist die Sache natürlich klar. Also muss man die fragen. Weil die gefragt werden müssen, ob sie sich da reintrauen, wovon ihr alle mir sagt, dass es so gruselig sei. Au warte – natürlich wäre das ungeheuer schön.
Ulrike[412]

»Die RAF hat Euch lieb«

Und dann klappte es plötzlich mit unserem ersten Besuch bei unserer Mutter. Mein Vater, meine Schwester und ich waren, wie fast jedes Wochenende, wieder zu Coulmas nach Köln gefahren, diesmal mit der Ankündigung, dass wir am Samstagnachmittag unsere Mutter besuchen dürften. Mein Vater fuhr uns zum Gefängnis nach Köln-Ossendorf und wartete draußen. Wir wurden von einem Beamten in Empfang genommen. Einer der Beamten, der uns an der Pforte abholte, war Elmar Spicker, der Inspektor für Sicherheit und Ordnung im Gefängnis Köln-Ossendorf. Fast zwanzig Jahre später schrieb er mir einen Brief über seinen Eindruck von diesem Besuch:

Ich holte Sie und Ihre Schwester im Außenpfortengebäude ab. Ihre Mutter war schon in den Tagen zuvor merklich aufgeregter und unter einer erkennbaren Anspannung. Gemeinsam mit der damaligen Aufsichtsdienstleiterin ließen wir Sie und Ihre Schwester mit Buntstiften als Geschenk für Ihre Mutter ein paar Bilder malen. Leider war ich verpflichtet, während des Besuches in der Zelle anwesend zu sein. Letztlich habe ich aber wohl kaum gestört. Die Tatsache, dort sein zu müssen, war dennoch total überzogen.[413]

Ein Wärter führte meine Schwester und mich durch viele Gänge. Dabei mussten eine Menge Eisentüren auf- und zugeschlossen werden. Der Wärter hatte ein schweres Schlüsselbund, das mächtig klapperte und Eindruck machte. Ich war voller Vorfreude und Beklemmung, gleich unsere Mutter zu treffen, aber die Tatsache, zum ersten Mal ein echtes Gefängnis zu betreten, fand ich aufregend und spannend. In einem schmucklosen Besucherraum sollten wir warten. In einer Ecke saßen zwei Bewacher. Wir konnten uns an einen kleinen Tisch setzen. Regine und ich hatten jetzt beide lange blonde Haare. Ich hatte meine neue Schlaghose an, die ich cool fand.

Zweieinhalb Jahre hatten wir unsere Mutter nicht gesehen. Wie würde sie sein? Was würde sie sagen? Mir sank das Herz in die Hose. Plötzlich ging die Tür auf, und unsere Mutter wurde von zwei Beamten in die Besucherzelle geführt. Sie hatte längere Haare und trug braune Cordhosen und einen blauen Pulli. Sie sah zu meiner Erleichterung absolut nicht mehr so kaputt aus wie auf den Fotos von ihrer Verhaftung, die ich im *stern* gesehen hatte, sie sah besser aus, als ich sie aus der Berliner Zeit erinnerte. Sie war verlegen, und wir waren verlegen. Plötzlich sagte sie: He, Genossinnen Mäuse! Das klang etwas unpersönlich und zugleich wie eine Art werbende Burschikosität. Und so war sie mir ganz schnell wieder vertraut. Elmar Spicker, der dabeisaß, schrieb mir in seinem bereits erwähnten Brief:

Als Ihre Mutter eintrat und Sie mit halb erhobenem Arm und geballter Faust mit der Anrede »Genossinnen Mäuschen« begrüßte, hätte ich sie am liebsten geschüttelt, dass sie diesen Quatsch lassen möge.

»Die Scheißbullen in der Ecke werden jetzt dabeibleiben«, klärte Meinhof uns auf. Die Beamten, zwei Frauen und Herr Spicker, verunsicherten mich etwas, sie strahlten irgendwie aus, dass sie sich genierten dabeizusitzen und sich nicht wohlfühlten. Gleichzeitig war ich ganz froh, dass sie da waren. »Darf ich euch in die Arme nehmen, mögt ihr das?«

Allmählich beruhigte sich meine Mutter. Ich war von ihrer Anwesenheit, von der Tatsache, dass sie real lebte und da war, überwältigt, obwohl ich gewusst hatte, dass wir sie treffen würden.

Wir plauderten irgendetwas, und ab und zu gab es Stress. Meinhof pöbelte eruptiv die Beamten an und führte uns vor, was sie draufhatte. Das fand ich einfach nur schrecklich. »Scheißbulle«, »Scheiß-Essen«, »Scheiß-Gefängnis« und dann wieder Kindergerede, das war eine schwer verdauliche Mischung. Irgendwie nahmen alle im Raum Rücksicht auf sie.

Elmar Spicker berichtete weiter:

Sie haben damals nach einer Anfangsphase durch Ihre kindliche Unbekümmertheit die Begegnung wesentlich günstiger beeinflusst und der Mutter Augenblicke gegeben, in denen sie ruhig atmend, links und rechts ihre Kinder auf dem Schoß, ein paar glückliche Minuten haben durfte.[414]

So »unbekümmert«, wie Herr Spicker es gesehen hat, waren wir nicht. Unserer Mutter fiel schnell nichts mehr ein, und sie begann, uns Vorträge zu halten über Sozialismus, über die Arbeiter und die Maschinen, die den Arbeitern die Arbeit wegnehmen. Nur eines vermied sie: darüber zu sprechen, wie es weitergehen sollte, mit ihr und mit uns.

Alles, was mein Vater uns erzählt hatte, dass es unserer Mutter schlecht ginge, dass sie von Baader und Ensslin erpresst würde, dass sie ihrem Terrortrip abschwören würde, wenn sie könnte, entpuppte sich bei diesem ersten Besuch als offenkundiger Blödsinn. Sie war voll auf dem RAF-Trip mit ein bisschen Kindergedusel. Sie agitierte die Beamten im Raum und uns.

Ich fing an, von uns zu erzählen, und versuchte, die peinlichen Momente zu überbrücken und keine neuen entstehen zu lassen. Es gab offenbar nichts, das sie uns erzählen konnte, von ihrer Untergrundzeit, ihrer Politik, ihrem Gefängnisleben. Aber ich konnte ja einiges erzählen, zum Beispiel von unserem tollen Urlaub auf Ibiza mit den Coulmas-Kindern. Ich erzählte ihr, was wir in der Schule machten, von meiner besten Freundin Rebecca, dass wir nach Emmi Biermann ein neues Kindermädchen Lilli aus Krautsand bekommen hatten, was bedeutete, dass wir endlich auch mal Donald-Duck- und Mickeymaus-Hefte lesen durften, was die alte Kommunistin Emmi uns immer verboten hatte, dass wir Kinder jetzt die Zimmer im obersten Geschoss bewohnten und ihr altes Arbeitszimmer unser Spielzimmer war. Ich erzählte von unserer Lehrerin Frau Crone, auf welche Schule wir bald gehen wollten und über meine neue Puppe Claudia, die ich zu Weihnachten bekommen hatte. Und irgendwann hatte ich mich ziemlich verausgabt, aber wir drei waren wieder ganz bei uns und hatten die Beamten und das Gefängnis drum herum für eine kurze Zeit vergessen. Es war ein langer Besuch, auf eine Stunde angesetzt, aus der am Ende mehr als drei Stunden wurden.

Von Coulmas erzählte ich natürlich möglichst wenig, denn ich wollte sie nicht verletzen. Es gab Stellen, wo sie sehr heftig reagierte. Als ich von einem Mädchen aus meiner Klasse erzählte, die von ihren Eltern kurzgehalten wurde und nichts durfte, sagte sie, wir sollten in unserer Klasse einen Kinderaufstand gegen diese Eltern organisieren.

Ich erzählte ihr auch, dass mein Vater uns auf das Christianeum, ein Gymnasium in Hamburg-Othmarschen, auf dem man Griechisch und Latein lernen konnte, schicken wollte. Da widersprach sie und sagte, alte Sprachen seien Mist, wir sollten Englisch lernen. Dass wir zu wenig Taschengeld bekämen, eine Mark pro Woche, kritisierte sie und forderte uns auf, dass wir 100 DM im Monat von unserem Vater verlangen sollten, um unabhängig von ihm zu sein. Doch meistens redete ich, denn meine Schwester sagte nicht viel.

Dann wurden wir durch die vielen Gänge mit den Gittertüren wieder zum Ausgang gebracht, wo mein Vater uns wieder in Empfang nahm. Wir fuhren nach Hause zu Coulmas. Das Verlassen des Gefängnisses war für mich viel schwieriger als der Eintritt in dasselbe. Wann würden wir sie wiedersehen? Welche Zukunft gab es für sie und uns überhaupt? Wollte sie denn wieder unsere Mutter sein, irgendwann? Liebte sie uns noch? Ich hatte meine Mutter wiedergesehen, und das erfüllte mich mit irgendeiner Freude. Und gleichzeitig war ich ratlos. Sie war jetzt im Gefängnis, und das würde so bleiben, bis ich erwachsen wäre, hatte mein Vater gesagt, das konnte ich mir auch selber ausrechnen. Und sie war, das ahnte ich jetzt, nicht zweifelnd oder gar verzweifelt, sondern voll auf dem RAF-Trip. Aber was hatte das mit mir zu tun? Was konnte ich tun? Für sie, für mich, für uns? Die Welt draußen war so schön, und bei Coulmas ging das Leben am Abend seinen gewohnten Gang. Aber wie würde es weitergehen?

Unmittelbar nach unserem Besuch schrieb unsere Mutter an Heinrich Hannover:

Na ja, jetzt warn sie da, und es war natürlich ungeheuer schön. Wir waren alle drei fürchterlich schüchtern. Und dann haben sie mächtig erzählt, und natürlich hat keiner 'n Schock weggekriegt, weil wir uns natürlich kannten wie von gestern und der ganze Druck natürlich schlagartig weg war. Und die meiste Zeit haben natürlich sie geredet, und wenn das Schwein sagt, ich hätte sie – was so seine Ausdrücke sind, dann kannste auflegen. Die solln mal bald wiederkommen. Ulrike[415]

An uns Kinder schrieb sie über diesen Besuch:

He Mäuse – Regine und Bettina! Au warte – Ich finde Briefe schreiben schwer. Ihr wart da! Ich glaube, der ganze Knast hat sich gefreut. So kam es mir vor. Besucht ihr mich wieder? [...] Neulich im Oktober standen bunte Drachen über dem Knast, also da mussten irgendwo Kinder sein, die die steigen ließen. Unheimlich hoch, grün und rot. Das war richtig schön. [...] Ob ihr's wisst oder nicht, wollt oder nicht: Die RAF hat Euch lieb. Kenn ich mich ja wohl am besten aus.[416]

An Heinrich Hannover schreibt sie am 13. November 1972:

Natürlich war der Kinderbesuch eine ungeheure Befreiung von Albträumen, Schuldgefühlen, Ängsten, ich weiß nicht, was. Als ich Röhl heiratete bzw. Kinder kriegte, schwor ich mir, die Kinder in meinem Sinne zu erziehen – als ich mich von ihm trennte, schwor ich mir, sie nicht in solche Situationen zu bringen [...] geschiedene Kinder.

Um einen nächsten »Kinderbesuch« und »mehr Kohle« bei unserem Vater durchzusetzen, will sie, dass meine Schwester und ich uns mit unserer älteren Halbschwester Anja verbünden, über die meine Mutter in einem

Brief an Heinrich Hannover schrieb: »Ich habe ihr gesagt, sie soll sich mit Regine und Bettina verbünden, und die drei Schwestern sollen den Alten rannehmen. […] Seine drei Töchter. Tina macht das ganz klar mit. Gine auch.«

An unsere Halbschwester schreibt sie: »Wir sind noch lange nicht genug. Aber wir sind schon verdammt viele. Sorg mal dafür, dass die Zwillinge auch welche von uns werden.«

Und über einen nächsten Besuch von uns schreibt sie: »[…] Muss man sich nur drüber klar sein, dass außer Tina […] eh kaum einer zu Wort kommt. […] Das Gefühl, dass sie mit der ganzen Situation ganz gut klarkommen. Regine 'n bisschen verletzt – klar […] kein Wunder. Aber doch das Gefühl, dass sie wissen, wo's langgeht.«

Meine Mutter schreibt am 8. November 1972 an Hannover mit Blick auf den nächsten Besuchstermin, der kurz vor Weihnachten sein soll:

[…] Ich habe mit den Kindern versucht, Weihnachten und Geburtstag abzuschaffen, dass wir oft was schenken, oft Feste feierten. Das war das Programm. Die Wirklichkeit war es nicht. Die Wirklichkeit war: Weihnachten so grad eben, Geburtstag fast gar nicht. Worüber sie mit Recht empört waren. Ich war als Mutter auch faul. […] Die Wärterinnen haben Röhl im Wartezimmer gesehen und fanden ihn fies – Ich fände es natürlich prima, wenn sie bald wiederkämen. Da ohne Begleitung auch heißt: ohne Sicherungsgruppe bin ich dringend für: ohne Begleitung. Soll sie jemand bringen und solange draußen warten. Bloß: wer ergreift jetzt noch die Initiative? Im Zweifel Wienke, was eben Haken hat. Soll sie sich mal zu äußern und Röhl.[417]

Drei Wochen später, noch vor Weihnachten, sehen wir unsere Mutter noch einmal im selben Raum und Ende Januar ein drittes Mal, jeweils ungefähr für drei Stunden. Diesmal frage ich sie zum ersten Mal nach Sizilien. Ich will wissen, was sie dazu sagt, wusste sie überhaupt, wo wir gewesen waren? Sie stutzt und ist etwas erschrocken über diese direkte Ansprache. Sie nennt einige Namen der Nachbarstädte von unserem Barackenlager. Ich sehe sie fragend an. Warum waren wir da, was sollte das Ganze, wie hätte es weitergehen sollen? Was hatte sie für Pläne mit uns gehabt? Was wäre passiert, wenn Aust und Homann uns nicht nach Hamburg zurückgeholt hätten? Das waren meine Fragen, die ich aber nicht loswerden konnte. Immerhin habe ich sie wenigstens einmal darauf angesprochen. Kurze Zeit war es ziemlich still im Raum. Sie unterließ jede Frage nach unseren Erlebnissen. Sie würgte das Thema ab, also versuchte ich wieder, gutes Wetter herbeizuplappern.

Am 18. 12. 1972 schreibt sie uns:

Meine lieben Mäuse,
wie geht es euch? Mir geht es gut. Wisst ihr, dass ich in Berlin war? Lest ihr schon manchmal Zeitung? [...] In Berlin habe ich Horst Mahler gesehen, Von dem habt ihr früher gesagt, er sei der »Chef«, und habt euch damals darüber gewundert, dass ein Genosse wie ein Chef aussieht. Jetzt hat er einen riesigen Bart und sieht ganz anders aus. Aber ich habe mich riesig gefreut, ihn zu sehen. Auch das Gefängnis in Berlin hat mir besser gefallen als das hier. Das hier ist ein Neubau – alles ist sauber und hell. Aber das täuscht. Das ist so wie mit alten und neuen Häusern. Die alten sind meist schöner, weil sie lebendiger sind und mehr Ecken und Winkel haben. Also ich war in Berlin bestimmt in zehn verschiedenen Zellen, nicht zum Schlafen, nur so zum Warten, mal hier, mal da. Und überall stand was an der Wand, was nur von Genossen sein konnte – über die RAF, über Karl Marx, über Rosa Luxemburg, über Imperialismus und Kommunismus, Gedichte von Brecht, Sprüche von Demonstrationen. Da freut man sich. [...] Als ihr hier wart, war ich ziemlich sauer auf den Adventskranz, ich dachte, das dient nur dazu, euch darüber zu täuschen, dass das Gefängnis in Wirklichkeit alles andere als freundlich ist. Aber die Wärterin, die ihn aufgestellt hat, hat es, glaube ich, wirklich gut gemeint – das habe ich inzwischen eingesehen. [...][418]

Inspektor Elmar Spicker war bei allen Besuchen, die Ulrike Meinhof empfing, dabei und berichtete in dem bereits erwähnten langen Brief an mich über eine Besucherin, die seiner Meinung nach einen guten Einfluss auf meine Mutter hatte: Das war Ulrike Meinhofs Tante Tilla, eine der vielen Schwestern ihres Vaters Werner Meinhof. Spicker schrieb:

Ihre ganz andere Seite bzw. ihr Kern wurde immer wieder bei Besuchen von »Tante Tilla« offenbar. Die Tante war eine wunderbare Frau, die mit erlebter Menschenkenntnis und viel Zuneigung in der Lage war, Ihre Mutter – wie man so sagt – auf den Punkt zu bringen. Im Verlauf dieser vielen Gespräche wurde mir klar, dass Ihre Mutter im Grunde genommen die Irritationen ihres Tuns bzw. des Tuns der Gruppe zumindest ahnte, wenngleich sie das nicht eingestehen wollte und auch nicht konnte. [...]

Isolation

Gegen Ende des Jahres 1972 beginnt Meinhof, ihre Haftlage erst richtig zu realisieren. In einem leer stehenden Neubau des Gefängnisses in Köln-Ossendorf war sie in ihrer Zelle vom Leben abgeschnitten. Sie hatte etliche Anwaltsbesuche, auch einige Verwandtenbesuche, bekam Bücher gebracht und lebte in dem Bewusstsein, dass sich die berühmtesten Medienleute, Kulturleute und Kirchenleute um sie kümmerten, aber sie war isoliert.

Warum es damals, als die Gefängnisplätze in Deutschland knapp waren, überhaupt einen teilweise leer stehenden Gebäudeteil, eben den Flügel des Gefängnisses in Köln-Ossendorf, in dem Meinhof und zuvor Astrid Proll einsaßen, gab, habe ich nirgends verständlich erklärt gefunden. Das Konzept war zunächst, dass mindestens die Kader der RAF getrennt voneinander in U-Haft saßen und getrennt von den »normalen« Gefangenen. Die Behörden wollten weder, dass sich die RAFler untereinander absprachen, noch, dass die Terroristen mitgefangene Häftlinge politisch agitierten. Beide Argumente sind nachvollziehbar und auch bis zu einem bestimmten Grade verhältnismäßig.

Meinhofs Zelle in Ossendorf war sicher in Sachen Isolation ein Härtefall im Vergleich zu den Gefängniszellen ihrer RAF-Kumpanen. Astrid Proll ist in derselben Zelle, in der Meinhof inzwischen fast ein halbes Jahr sitzt, schon vorher kirre geworden und hatte für ihre Verlegung gekämpft. Meinhof nagt an diesem »Knochen« Knast, wie sie schreibt, und beginnt erst allmählich zu begreifen, wie schwer es auch für sie ist, ihre Tage derart abgeschirmt zu verbringen.

Am 10. November, nach 5 Monaten in ihrer abgeschiedenen Zelle, äußert sie sich erstmalig deutlich über ihre Gefängnissituation. An Heinrich Hannover schreibt sie über seine Mitarbeiterin, die ihr regelmäßig die gewünschten Bücher schickt:

[...] Mein Radikalismus ist: Ich bin ungeheuer dankbar, wenn sie's tut und wenn sie's nicht tut, sage ich: Schwein – brauchst du ihr ja nicht zu sagen. Sie mag meine Ansprüche für exaltiert halten. Das nehme ich hin. Sie sind es nicht. Extrem ist höchstens die Situation. Ich habe nicht im Entferntesten geahnt, wie grauenhaft der Knast ist. Aber auch nach Meinung der erfahrenen, alten Wärter ist der Pütz das Schlimmste, was sie kennen, und Astrids und meine Situation die schlimmste im Pütz. Sie erzählen auch, dass andererseits heute vieles besser ist als früher. Astrid und mich nehmen sie allerdings aus.

Im Dezember stellt sie in einem Brief an Heinrich Hannover über ihre Haftsituation fest:

10. 12. 1972
[...] Irgendwie sollte man das Protestieren gegen diese Art von Menschenexperiment ja doch mal anfangen. Psychiatrisch untersuchen lass ich mich natürlich auch deswegen nicht. Weil man keinen Arzt dazu braucht, um festzustellen, dass ein soziales Wesen in so 'nem Loch eines Tages eingeht oder eingegangen ist. Und weil die Bundesanwaltschaft das natürlich prima findet. Ich seh das auch weniger als Beugehaft als als Racheakt an. Tatsache jedenfalls ist, dass selbst die Wärter die Situation barbarisch finden – was was heißen will.
Das Problem ist, dass man das Ganze schwer benennen kann, insofern sich das auch kein Mensch vorstellen kann, was das heißt, tagelang und wochenlang fast nichts zu hören und zu sehen und kein Wort zu reden – von den Spatzen vorm Fenster mal abgesehen und dem Radio-Entertainment.

Am 15. Dezember 1972 äußert Meinhof sich noch einmal zu ihren Haftbedingungen:

Lieber Heinrich,
[...] kann sein, dass du dich gewundert hast, dass ich in Berlin über die Grabessituation hier so losgelegt habe. Ich denk nicht, dass andere Gefangene weniger Probleme haben, aber ich denke, dass das Problem, was wir hier haben, effektiv nicht zu bewältigen ist, dass es nicht die individuelle Schwäche von Astrid und mir ist, sondern dass man dabei mit der Zeit hilflos in' Arsch geht – wir protestieren ja nicht gegen die Einzelhaft, sondern gegen die absolute Vakuum-Situation – buchstäblich nichts hören, nichts sehen, nichts reden, tage- und wochenlang. [...] Der Witz ist wohl, dass sich das, wie's hier läuft, kein Mensch vorstellen kann. Ich hatte jedenfalls nie 'ne Idee, dass es so was überhaupt gibt, und hab auch ziemlich lange gebraucht, bis ich das überhaupt kapiert habe.
Im Übrigen war der Berlin-Trip natürlich ungeheuer schön. Grashof im Flugzeug. Monika Berberich und Brigitte Asdonk für eine Nacht als Zellennachbarn, Mahler im Prozess.
So weit – so gut. Tschüss
Ulrike

Heinrich Hannover und die anderen Anwälte bemühen sich jetzt darum, die Haftbedingungen zu verbessern. Astrid Proll versucht ihrerseits, zur Aufklärung beizutragen. Hannover schickt Meinhof die Einschätzung von Proll zur Isolation in ihrer Zelle:

Astrid Proll an Heinrich Hannover:

29. 12. 1972
[...] und nach den Ängsten in der Anstalt, wir könnten und wollten hier den Widerstand organisieren, wurde ich im Nov. 71 in die jetzige Zelle von Ulrike verlegt. Das habe ich drei Monate ausgehalten, allerdings hat das eine Vorgeschichte, da ich schon von Anfang der Haft an wahnsinnige Erregungserscheinungen hatte. Damals begegnete mir auch schon dieser Anstaltspsychiater. Der hat mich dann auch hierhin, in meine jetzige Zelle, verlegen lassen, das allerdings auch erst nach viel Redezeit. Danach

ging das alles wieder retour, sodass ich bis zu Ulrikes Verhaftung abermals 4 Monate in ihrer jetzigen Zelle lag. Seitdem bin ich aber wieder auf der Vollzugsirrenabteilung. Abgesehen davon, dass hier öfters die Typen durchdrehen und dann in die Gummizelle geschleift werden, ist diese Zelle im Gegensatz zu Ulrikes jetziger ein irrer Gegensatz. Hier herrscht zwar die absolute Kontrolle, ich sehe und habe auch zu keinem Gefangenen Kontakt, aber allein, dass ich eine Umwelt wahrnehmen kann, behütet mich davor durchzudrehen. Außerdem habe ich auch noch Kontakt zu dem Arzt, der extra einen Schlüssel für meine Zelle hat und mit dem ich mich ab und zu rumzanke. [...] Es ist durchaus drinnen, dass ich nunmehr wieder in ein normales Hafthaus komme. Daher besteht für Ulrike die Möglichkeit, in diese Zelle nachzurücken. [...] Ich weiß immer noch nicht, wieweit Ulrike der Sachverhalt klar ist oder ob sie denkt, ich sei genauso isoliert wie sie. Bitte mach ihr das doch mal klar und erkläre ihr, dass dieses hier ein wahnsinniger Unterschied zu ihrer Zelle ist. Allerdings fühlt man sich hier auch nicht wie im Knast, sondern vielmehr wie in einer Irrenanstalt. Mit den Männern, die hier arbeiten, kann ich über Lautsprecher reden. Allerdings können diese nicht die Zelle öffnen. Ich komme daher viel besser mit ihnen aus als wie mit den Frauen, für die wir nur Mehrarbeit bedeuten.

Meinhof an Heinrich Hannover über ihre Isolationshaft:

1. Januar 1973
Lieber Heinrich, Preuss meint, Posser zu schreiben sei sinnlos. [...] Die *FAZ* soll am Recherchieren sein – da weisen sie natürlich auf die Aushändigung der Schreibmaschine hin und so 'n Kram. Und natürlich verdrehen sie unsern Protest und unser Geschrei in Klagen. – Na ja, –

Diether Posser, Weggefährte von Gustav Heinemann und Johannes Rau, der in den Fünfzigerjahren als Anwalt einige Kommunistenprozesse geführt hat, inzwischen Justizminister in Nordrhein-Westfalen, ist eine Jokerkarte, die Heinrich Hannover, der als Anwalt ebenfalls schon in den Fünfzigerjahren mit Posser zusammengearbeitet hatte, noch in der Hinterhand hat. Er trifft sich mit Posser, um bessere Haftbedingungen für meine Mutter zu erwirken. Johannes Rau, früher politischer Freund von Renate Riemeck und der Studentin Ulrike Meinhof, ist inzwischen Wissenschaftsminister von Nordrhein-Westfalen. Er wird von Wienke Zitzlaff aufgesucht, um bessere Haftbedingungen für ihre Schwester herauszuholen.[419]

Heinrich Hannover an Ulrike Meinhof:

05. 01. 1973
Heute Morgen hatte ich ein dreiviertelstündiges Gespräch unter vier Augen mit Posser gehabt, der zurzeit anlässlich einer evangelischen Kirchentagung in Bremen ist und mich gestern zu dem Gespräch eingeladen hatte. Es sind zwei konkrete Sachen dabei herausgekommen [...]
1. Posser wird wegen der Radiogeräte etwas unternehmen. Er meinte, dass keine Bedenken bestünden, die Benutzung von Radiogeräten eigener Wahl zu genehmigen, wenn sichergestellt sei, dass ein Abhören des Polizeifunks unmöglich ist.
2. Er will sich in Karlsruhe dafür einsetzen, Dich mit Astrid Proll auf eine Zelle zu legen. Er bat mich, den letzten Punkt vorerst vertraulich zu behandeln. Ich teile ihn daher nur Dir und Deiner Schwester mit.
Im Übrigen brachte das Gespräch den üblichen Austausch unvereinbarer Meinungen zur Frage Rechtsstaat und Gewalt sowie eine Konkretisierung dessen, was unter »totaler Isolierung« zu verstehen ist. Ich glaube, dass Posser trotz seiner Widersprüche im Detail doch nicht unbeeindruckt geblieben ist, was ja auch seine Bereitschaft zu Punkt 2 beweist. Er war offensichtlich bemüht, an unsere frühere gute Zusammenarbeit anzuknüpfen, und betonte immer wieder, dass er nichts von dem zurückzunehmen brauche, was er damals gesagt habe. Trotzdem gibt es mit ihm natürlich keine Verständigungsmöglichkeit über bestimmte Fragen. Insbesondere steht für ihn fest, dass die »Verteidigung des Rechtsstaates« gegenüber Leuten, die »dem Staat und der Gesellschaft den Krieg erklärt haben«, etwas ganz anderes sei als die Justizpraxis der 50er-Jahre. [...]
Halt also insbesondere innerhalb der Anstalt die Schnauze über Punkt 2.) des Gesprächs und lass uns hoffen, dass die in Karlsruhe so vernünftig sind wie Posser in diesem Punkt.[420]

»Menschenexperiment ist richtig, Folter ist falsch«

Ulrike Meinhof an Heinrich Hannover über ihre Haftbedingungen, insbesondere über das Licht:

09. 01. 1973
Lieber Heinrich,
wenn Astrid und ich zusammenkämen – das wär schon stark! Dass Du mit Posser alleine unter »vier Augen« – na ja – kannste Dir ja denken, wie ich darüber denke. [...] Es gibt 'n paar Leute, die unheimlich scharf darauf sind auf'n Massenhungerstreik wegen der Sonderbehandlung der Politischen – alles in allem: Post, Besuch, Isolation – den Status von »normalen« Gefangenen verlangen. Das geht jetzt rund – als Termin ist an den 22. 1. gedacht. Schreib das mal Werner Hoppe. Sozusagen vorab – ich bin unheimlich dafür. Soll er was zu sagen. Ich schreib jetzt wegen Licht [...] jedenfalls muss man da noch mal barsch nachfassen – bei dem BGH-Dings:
[...] Ich verlange, dass ich das Licht in meiner Zelle ab sofort selber ausmachen kann. Was dabei rausspringen kann und muss, ist, dass das Licht nachts aus ist und nur bei Kontrolle an-aus. Seit dem 23.12. gibts nämlich vor meiner Tür keinen Bullen mehr – bis dahin war Vorschrift: alle 15 Minuten reinglotzen. Nach einigen Erfahrungen im Sommer erschien mir die Alternative an-aus statt Dauerbeleuchtung als der reine Horror – das ist jetzt anders. Ich hab auch lange Zeit gedacht, es sei ganz angenehm, so lange lesen zu können, wie ich will, aber das ist gelaufen. Ich hab sie zwischen Weihnachten und Neujahr dazu gebracht, das Licht nachts auszumachen und nur bei Kontrolle, jetzt vier oder fünf Mal pro Nacht an – aus und festgestellt, dass ich ein anderer Mensch bin, wenn ich ein paar Stunden pro Nacht im Dunkeln pennen kann. Seit ich das kapiert hab, mach ich also Terror wegen dem Licht, und die machen natürlich erst recht Terror, also mit nachts paarmal reinkommen und so. Scheiß drauf.
Die Anstalt wird bei Nachfrage auf Eure Anträge sagen: 1) könnte ich verhängen 2) bekäme ich jetzt eine grüne Röhre – das Licht sei also gedämpft und so 'n Scheiß. Alles Quatsch. Natürlich ist es besser gedämpft als grellweiß – das habe ich aber schon seit 7 Monaten – das ist nichts – die

Zelle, Wände und Möbel – sind weiß – Neon bleibt Neon – das Licht soll ganz aus – basta! Außerdem ist es jetzt erwiesen, dass die Dauerbeleuchtung nicht mal einem vermeintlichen Sicherheitsbedürfnis von denen dient, sondern zu nichts anderem, als mich am Schlafen zu hindern.
Also der Anstaltsdirektor wird natürlich auch dem BGH vorlügen, was er mir in der Silvesternacht aufbinden wollte: Ich stände permanent unter Beobachtung. Ich wüsste das bloß nicht. Das ist Quatsch – Praktisch sieht das so aus: Die Lampe hier hat drei Röhren, eine davon kann man innen bedienen – wenn nur die an ist, kann ich sie ausmachen, und bis die sich das nächste Mal anschleichen, kräht kein Hahn danach, und ich hab die Wahl, ob ich sie für die anmache, oder die machen die Doppelröhre von außen an. Übers Knie brechen kann ich das Ganze hier eh nicht. Dass ich die Chose eskaliere, bis sie mich pennen lassen oder sonst was, ist schon klar. [...]
»Menschenexperiment« ist richtig. »Folter« ist falsch. Psycho KZ ist wieder richtig. Aber Folter ist immer noch: Spritzen, Schlagen, Zigaretten ausdrücken etc. Es ist falsch, 'ne Sache schlimmer zu nennen, als sie ist. Nicht alles, was kalte Kotze ist, ist schon Folter. Und keine Auskunft über »Befinden« – nach sieben Monaten Dauerbeleuchtung sage ich, das macht jeden verrückt – das wissen sie selbst, jedenfalls braucht man dazu keinen Sachverständigen, es ist so. Wenn sie erst mal nur bei Kontrolle an-aus-machen, bedeutet das ja nicht, dass ich nicht auch dagegen, wenn ich mich ausgeschlafen habe, Terror mache.- Tschüss Ulrike[421]

Die Sache mit dem Licht wurde nach einem Kleinkrieg in ihrem Sinne geregelt. Dann geht sie in den organisierten Gemeinschaftshungerstreik der im ganzen Bundesgebiet verteilten RAF-Leute, für sich selbst mit dem konkreten Ziel, in einen belebten Teil des Gefängnisses verlegt zu werden.

Meinhof an Hannover:

20. 01. 1973
Lieber Heinrich,
nun versuchen wir's mit 'nem Hungerstreik. Der Anstaltsleiter hat mir und die Bundesanwaltschaft Preuss noch mal gesagt, dass eine Zusammenlegung von Astrid und mir nicht infrage kommt. Stattdessen soll der

Trakt hier in Gebrauch genommen werden. Es haben in dieser Woche schon mal ein paar Türen geschlagen. Noch 'ne Psychiatrie, ohne Gefangenenbelegung – wohl nur Praxis. Und das Angebot an mich, mit dem Psychiater – »rein menschlich« – Kontakt zu haben. Wenn ich das ablehne, sei meine Isolation selbst gewollt – das sei sie auch insofern, als ich ja beim Spaziergang mit den Wärtern sprechen könnte. Alles Kappes. Klar. Psychiaterkontakt lehne ich natürlich ab. Ebenso gut könnten sie sagen, wir bräuchten bloß auszusagen, dann hätten wir täglich Besuch von der Sicherungsgruppe. Ich: So was von Totalisolation sei in einem anderen Gefängnis gar nicht durchführbar. Seibert [der Anstaltsleiter – Anm. d. A.]: Deswegen sind Sie ja hier.-
Mit dem Licht ist klar. Nach drei Wochen Terror mit dauernd wecken und Anlass zu 'ner Latte Anzeigen gaben sie nach. Jetzt nur noch bei Kontrolle an-aus vier oder fünf Mal pro Nacht. »Psychiaterkontakt« ist natürlich 'ne glatte Erpressung, um doch noch Untersuchungsergebnisse zu kriegen. – Andere Genossen meinen, es sei unbedingt richtig, von Folter zu reden. [...] Ich habe die Anklageschrift aus Berlin gekriegt – Baader-Befreiung. Du auch? Fällt mir jetzt nichts zu ein. Tschüss Ulrike

Dann schreibt Meinhof an die Bundesanwaltschaft, an einen Herrn Dr. Wunder, der ihr in einem Schreiben vom 22. Januar 1973 ein Gespräch über ihre Isolation angeboten hatte:

30. 01. 1973
Sehr geehrter Herr Wunder,
nein, ich bin zu keinem Gespräch bereit, auch nicht über Fragen, die mit meiner U-Haft in Zusammenhang stehen. Ich befinde mich mit anderen politischen Gefangenen in der BR und Westberlin seit dem 17./18. Januar im Hungerstreik – wir verlangen die sofortige Aufhebung der brutalen Isolation, in der wir uns seit unserer Verhaftung befinden; ich verlange für mich meine sofortige Verlegung in ein normales, d. h. belegtes Hafthaus in dieser oder einer anderen Anstalt. Der Vollzug meiner U-Haft in einem leer stehenden Trakt der Anstalt, d. h. in absolut toter Umwelt – innen und außen – ist praktisch der Vollzug der Todesstrafe bei lebendigem Leib. Die Haarspaltereien von Herrn Posser – die Möglichkeit von

Radiodauerberieselung, drei, vier oder fünf Stunden Verwandten- und Anwaltsbesuch im Monat – verschleiern lediglich den nackten Faschismus unseres U-Haftvollzugs, geeignet, Verwirrung zu stiften statt Klarheit. Psychiaterkontakt lehne ich ab. Das Angebot ist nichts als der Versuch, mich zu der psychiatrischen Untersuchung zu erpressen, die ich ablehne. An »Erleichterungen« im Rahmen der bestehenden Situation bin ich nicht interessiert. Solange die Situation so ist, wie sie ist, gibt es nichts zu verhandeln. UM

Und dann ergeht ein Rundschreiben von Ulrike Meinhof an Ströbele und andere Anwälte:

30. 01. 1973
Der Arzt Dr. Allis – der Anstaltsarzt hier, der einzige für 1100 Gefangene – besuchte mich heute wieder, nachdem er am 22.1. schon mal da war. Er hat inzwischen der Anstaltsleitung geschrieben –
»Bezugnehmend auf mein Telefongespräch von gestern wiederhole ich noch einmal schriftlich: Frau Meinhof befindet sich in einer so vollständigen Isolierung, dass psychosomatische Schäden auftreten können. Außerdem ist die Zelle zu kalt.- Dr. Allis.«
Eine Fotokopie davon kann er mir nicht geben. Die müsste man offiziell anfordern. Er bot mir an, wenigstens Quark zu essen. Ich: nein. Er hat irgendwie keine Lust, die künstliche Ernährung mit Gewalt einzuleiten. Bloß sagt er, wenn gesundheitliche Dauerschäden auftreten, wird er derjenige sein, dem man's in die Schuhe schiebt.- [...] Von Astrid sagt man mir jetzt täglich, dass sie's nicht aushält und die Wärter bekniet, mich zum Essen zu bringen. Weiß man wieder nicht, ob's stimmt oder nur ein Trick ist. Hört sich irgendwie echt an. Ihr Verhältnis zu den Wärtern und dem ganzen Geschmeiß ist ja überhaupt besser als meins. Solidarität mit Astrid! Ich weiß, wie die Schweine sie hier in der Mangel hatten und haben. Das muss ihr doch klar sein, dass ich ihretwegen nicht aufgebe. Schreibt ihr das schnell. Was sonst dazu zu sagen ist – da müsste man reden können, verdammt. Ich meine natürlich, dass es auch für sie selbst besser ist, mit uns mitzuhungern. Der Feind ist die Justiz, sind die Schweine.

Und an Heinrich Hannover schreibt sie:

30.01.1973
Lieber Heinrich, anbei zwei Durchschläge – nur so. Bereden wir die Stern-Chose am 7.2. Obwohl – wenn sie bis dahin nicht nachgegeben haben, ich dann kaum mehr besonders klar denken kann – ich hoffe ja, dass noch eine knallharte Erklärung zu unserem Hungerstreik von uns rauskommt. Ich möchte unter keinen Umständen zum FALL der scheißliberalen Presse werden.
Deine Auskünfte über meine »geistige Arbeitskraft« haben mich verdammt gekränkt – sei mir nicht böse – aber es geht die Aasgeier nichts an, weder dies noch dass die Formulierung mitnichten ausdrückt, wie einem dies hier an die Nieren geht. Die Zwickmühle ist aber vor allem, dass zu meiner Prominenz ein ekelhaftes öffentliches Interesse gehört, das mir permanent stinkt. Außerdem bin ich ziemlich entschlossen, dem Psychiater hier, wenn er mir das nächste Mal auf die Pelle rückt, eine runterzuhauen. Für die Anstalt fungiert die Tatsache, dass ich ihn überhaupt schon zwei Mal gesehen habe – beide Male, um das Gespräch sofort abzubrechen und den Raum zu verlassen, als hafterleichternder Psychiaterkontakt.
FÜR DEN SIEG DES VIETCONG
SCHLAGT DIE FASCHISTEN WO IHR SIE TREFFT
Tschüss Ulrike
Die Kinder waren Samstag wieder da. Gute Kinder.[422]

Dieser kurze, dem Brief an Heinrich Hannover flüchtig hinzugefügte Satz ist Ulrike Meinhofs letzte mir bekannte Erwähnung ihrer Kinder in den Anwaltsakten. Und wie sich zeigen sollte, war auch unser Besuch vom Samstag, dem 27. Januar 1973, das letzte Mal, dass wir unsere Mutter sahen. Wir ahnten es nicht, aber mit der Begründung, sie sei im Hungerstreik, wurde uns von unserem Vater gesagt, dass wir sie vorerst nicht besuchen könnten. Und später kam es nicht mehr dazu.

Der erste große Hungerstreik

Heinrich Hannover an Ulrike Meinhof:

31. 01. 1973
Liebe Ulrike,
zu Deinem Brief vom 30.1. in Eile so viel: Was Du über Deine geistige Arbeitskraft gelesen hast, stammt selbstverständlich nicht von mir. Das hat sich der betreffende Reporter schlicht aus den Fingern gesaugt.
Dein Hungerstreik macht mir natürlich wieder ungeheure Sorge. [...] Dein Hungerstreik ist in der gemeinsamen Presseerklärung, die von den Berliner Genossen herausgegeben worden ist, erwähnt worden. Eine weitere Presseerklärung ist, wie ich eben telefonisch mit Eschen geklärt habe, nicht beabsichtigt. Die Berliner Genossen hungern nach wie vor. Eschen selbst beurteilt, ebenso wie ich, den ganzen Hungerstreik zwiespältig. Wie ich höre, hast Du heute Besuch von Ströbele. [...]

Am 01. 02. 1973 schreibt Ulrike Meinhof an Heinrich Hannover:

Falls bei Dir mal wieder einer von den Karlsruhern anruft: Ich hab dem Wunder zwar geschrieben: Sofortige Verlegung in ein normales Hafthaus, aber ebenso gut oder noch besser – was weiß ich – wäre Astrid und ich zusammen. Klar. Sie war gestern in meiner Zelle. Sie sollte mir zureden, dass ich wenigstens ein bisschen was esse. Hat sie pro forma auch gemacht. War natürlich ungeheuer schön – klar. Wenn irgendwer behauptet, ich hungerte gar nicht, dann ist das gelogen.
Tschüss Ulrike

Und an die jüngere Astrid Proll schreibt Chefkader Meinhof, dass sie weiterhungern solle:

He!!! Ich denke, der Götte[423] ist die letzte, ekelhafteste Drecksau. Ein Psychobulle. Ein unheimliches Schwein. Mensch. So klar wie nur was. Verstehste – Allis zum Hungerstreik klipp und klar: »Frau Meinhof befindet sich in einer so vollständigen Isolation, dass psychosomatische Schäden

auftreten können.« Basta. Und ich hab ihn – weiß Gott – nicht darum gebeten. Weil's da sowieso nicht langgeht – es läuft überhaupt nur über uns selbst: Terror gegen die Anstalt, Hungerstreik, Widerstand. Kampf.
Mensch. Völlig klar: Bevor ich den Hungerstreik aufhöre – noch mal dasselbe wie neulich. Sickert hat mich jetzt auf'n Begriff gebracht: Gesindel. Ich kann mir nicht vorstellen, dass das mit unserer Zusammenlegung was wird. Es wäre zu fantastisch. Hunger doch noch mal richtig mit – Mensch. Verdammt Du weißt ganz genau, dass das richtig ist. Die RA's – na ja Du. Agitier den Typen. Sollen Freitag vor dem BGH mit Robe Hungerstreik machen – demonstrieren – aus allen Anwaltskollektiven wenigstens einer. G[udrun] sagt, sie entzieht ihnen das Mandat, wenn sie's nicht machen – ich hab den Berlinern dasselbe geschrieben – Becker hats kapiert. Widerstand Widerstand Widerstand. Auf alle Fälle noch mal sehen – das krieg ich durch – bin ich ganz sicher – glaub ich – hoff jedenfalls. Umarmt. Mensch. War das gut.

Auffällig: Ulrike Meinhof beschwert sich darüber, dass einer die RAF-Genossen offenbar als »Gesindel« bezeichnet hat, sie selber gebrauchte in einem Brief an Heinrich Hannover für das Gefängnispersonal den Begriff »Geschmeiß«.

An Hannover schreibt sie:

02. 02. 1973
Genosse – mach doch, wenn Du kommst, dass Du genug Zeit hast, noch Astrid zu besuchen. Also bring 'n ganzen Tag mit.
Flüssigkeitsentzug PLUS keine Freistunde – das ist schon fast 'n Mordversuch. Weil Bewegung unheimlich wichtig bei der ganzen Kreislaufbelastung, die ein Hungerstreik ist. Also da geht der Richter einfach bewusst das Risiko Kreislaufkollaps ein. [...]

Hannover an Meinhof:

08. 02. 1973
Liebe Ulrike,
über die Frage der Demonstration laufen seit gestern Nacht Telefongespräche zwischen den Kollegen hin und her, auch mit Wienke. [...] Habe soeben mit Bundesanwalt Wunder in Karlsruhe telefoniert, der mir sagte, dass spätestens bis Montag in Deiner Sache eine Entscheidung vorliegen werde, die, wie er sich ausdrückte, »wahrscheinlich im günstigen Sinne« ausfallen werde. Er floss über vor Höflichkeit und entschuldigte sich, mir die endgültige Entscheidung noch nicht mitteilen zu können, weil – »Sie wissen doch, wie das in einer monokratischen Behörde ist« – die Unterschrift des Chefs noch fehle. Ich fragte, ob das konkret bedeute, dass Astrid und Du zusammengelegt werden sollen. Er bejahte das schließlich mit der Einschränkung, dass die Zusammenlegung vielleicht nicht sofort erfolgen werde, dass aber jedenfalls eine Änderung Deiner jetzigen Haftsituation eintreten solle. [...]

Vier Tage später schreibt Hannover erneut an Meinhof. In seinem langen Brief gibt er eine sehr anschauliche und ausführliche Schilderung der folgenden Demonstrationen vor dem BGH in Karlsruhe, die von den Anwälten selber organisiert wurden und an denen diese auch teilnahmen – ein Novum in der Bundesrepublik.

12. 02. 1973
Liebe Ulrike,
[...] Tatsächlich rief Wunder noch im Laufe des Vormittags wieder an und sagte mir, er habe inzwischen mit den Ärzten der Kölner Haftanstalt gesprochen. Diese hätten bestätigt, dass Deine Verlegung in einen anderen Trakt der Anstalt »zweckmäßig« sei. Daraufhin hätte er veranlasst, dass die Anstalt »zur Stunde« angewiesen werde, Dich in den Trakt zu verlegen, in dem sich Astrid Proll befindet. [...] Als Ergebnis endloser Telefongespräche, die mich praktisch zwei Arbeitstage gekostet haben, wurde schließlich beschlossen, dass die Berliner Kollegen Ströbele, Eschen, Preuß, Hofmann sowie Peter Noß und ich am Samstag in Karlsruhe

demonstrieren, während die Frankfurter für Montag, also heute, eine Demonstration organisieren. Schily war nicht zu bewegen mitzumachen. Dabei spielte auch eine Rolle, dass er kurz vor dem Mahler-Plädoyer steht, aber wir anderen haben natürlich auch wichtige Arbeiten zurückstellen müssen. [...] Die Heidelberger und Stuttgarter Kollegen sowie Kurt Groenewold machen die Demonstration von Freitag bis Montag ununterbrochen. Peter Noß und ich sind also in der Nacht von Freitag auf Samstag nach Karlsruhe gefahren und dort um 5.04 eingetroffen. An einer Straßenecke gegenüber dem Gebäude des BGH lagen sie schlafend unter Plastikhäuten im Regen, einige schliefen in Autos – so Groenewold und Margit Schiller. Dr. Seckendorff hielt, als wir kamen, mit Regenschirmen Wache. Wir hielten uns zunächst gegenseitig für Bullen. Peter und ich wurden aus dem VW-Bus, in dem auch einige Genossen schliefen, angeblinkt. Nach zwei/drei Stunden wachten die ersten auf. Man konnte in einem benachbarten Café sich etwas aufwärmen. Dann gab es eine kurze Diskussion über zwei Plakate, für die niemand, auch Becker nicht, die Verantwortung übernehmen wollte, in denen der BGH als »braune Gangsterbande« bezeichnet war. Ich habe sie schließlich abgenommen, ohne dass sich Widerspruch erhob. Gerade diese Plakate sind auch von der Presse zitiert und natürlich in feindseligem Sinne gegen uns ausgemünzt worden.

Im Laufe des Tages wurde noch ein weiteres Transparent an zwei Masten so befestigt, dass immer zwei Genossen das Transparent etwas anheben mussten, wenn ein Auto durchfahren wollte. Inschrift: »Hungerstreik« – der BGH foltert durch Isolationshaft. Das Transparent hing gut, nämlich so, dass der ganze Autoverkehr auf das Transparent zulief und sich dann nach rechts und links aufteilte. Der Autoverkehr wurde auch durch Flugblattverteiler verzögert, die ihre Flugblätter zu den Fenstern hereinreichten. Abgesehen von einem angeheiterten Faschingsbesucher, der uns in den Morgenstunden in Gespräche verwickeln wollte und den ich schließlich als Agenten verdächtigte, sodass er sich verzog, haben wir nur positive Publikumsstimmen gehört. [...] Es traten im Laufe des Tages einige Fotografen auf, ohne dass ich weiß, wie viel davon die Polizei und wie viel davon die Presse geschickt hatte. Das Fernsehen (Tagesschau) war auch da.

Wienke hat drei Tage und zwei Nächte an der Demonstration teilgenommen und gehungert. Wir haben endlich einmal ein ausführliches Gespräch über Dich geführt. [...] Im Laufe des Vormittags wurde eine Delegation gewählt (bestehend aus Eschen, Becker und mir als Sprecher), die mit Theiß und Gardner sowie mit dem Vertreter des Ermittlungsrichters sprechen sollte. [...]
Wir erfuhren dabei, dass Martin in seiner Privatwohnung sei und ihm wegen seiner Gehbehinderung nicht zugemutet werden könne herzukommen. Das wurde abgelehnt mit dem Bemerken, dass Herr Martin nicht verpflichtet sei, uns außerhalb der Dienststunden zu empfangen. Ich fragte, ob das auch für den Fall gelte, dass Gegenstand des Gesprächs gesetz- und verfassungswidrige Haftbedingungen seien, die bereits lebensbedrohliche Auswirkungen hätten. Darauf Theiß: Er habe sich bei der Kölner Haftanstalt erkundigt, dass es meiner Mandantin ausgezeichnet gehe und dass sie bereits in einen anderen Trakt der Anstalt verlegt sei. Sodann begann er einen Satz, in dem der Begriff »Baader-Meinhof-Bande« vorkam, worauf ich ihn unterbrach und vorschlug, dass wir uns auf den neutralen Begriff »Baader-Meinhof-Gruppe« einigen sollten. Das lehnte Theiß ab, worauf ich ihn daran erinnerte, dass Art. 6 Abs. 2 der Menschenrechtskonvention auch für ihn verbindlich sei (»bis zum gesetzlichen Nachweis seiner Schuld wird vermutet, dass der wegen einer strafbaren Handlung Angeklagte unschuldig ist«). Theiß laberte herum, worauf Becker und Eschen in dem Sinne in das Gespräch einstiegen, dass er durch seine Bemerkungen zeige, wie wenig sinnvoll es sei, mit ihm zu sprechen, wenn er nicht einmal die Verbindlichkeit gesetzlicher Normen anerkenne. Theiß erwiderte auf Becker ziemlich emotional. [...]
Vom Pförtner aus habe ich dann noch mit dem Vertreter des ortsabwesenden Knoblich, dem Bundesrichter Mayr, gesprochen. Dieser wirkte kolossal hilflos. Er erklärte, dass er zwar als einziger ortsanwesender Richter vertretungsweise zuständig sei, aber die Sache überhaupt nicht kenne. Ein Gespräch mit ihm war daher von vorneherein witzlos. [...]

Der »Polizeistaat« Bundesrepublik wird hier vertreten von Richtern, die Heinrich Hannover als völlig hilflos und verunsichert erlebt.

Zugleich werden wir hier Zeuge der Geburtsstunde der jahrelangen Anti-Isolationsfolterkampagnen, die von den RAF-Anwälten und deren Mandanten zum nachhaltigen Schaden der Bundesrepublik international inszeniert werden.

Die Haftbedingungen der erklärten Staatsfeinde, die ihre tätigen Umsturzversuche aus der Isolationshaft heraus wirksamer organisierten, als sie es in Freiheit bis dahin zu tun vermocht hatten, waren im Einzelfall sicher unschön im Vergleich zu den in der Bundesrepublik üblichen Haftbedingungen.[424] Ganz anders sah es in Meinhofs gelobtem Land, der DDR, aus, wo die Haftbedingungen für Dissidenten, zum Beispiel in Bautzen, ungleich brutaler, rechtsstaatsfeindlicher und menschenverachtender waren und wo Isolationshaft die totale Isolation bedeutete. Aber vor allem ist festzuhalten: Es war nicht das »System« der Bundesrepublik, das durch seine Repräsentanten »Folter« vollzog, sondern es handelte sich um das oft zufällige oder im Einzelfall auch böswillige Versagen einiger, vom RAF-Terror völlig überforderter Beamter, Richter und Staatsanwälte, die unter dem Druck einer mit der RAF sympathisierenden Öffentlichkeit und der Medien standen. Der Hungerstreik führte dazu, dass meine Mutter erstmalig aus dem »toten Trakt« in eine andere Zelle verlegt wurde.[425]

Am 13. 02. 1973 kommt der Brief mit der Siegermeldung Meinhofs bei Hannover an:

Lieber Heinrich,
ich bin in die Psychiatrie verlegt, d. h. belegter Trakt. Ein Verbrechen ist beendet. Das Menschenexperiment. Die Spitze ist ab. Ab heute künstliche Ernährung. Vorher werden sie mich noch 30 Mal beknien. [...] Damit ist natürlich noch keine unserer gemeinsamen Forderungen erfüllt. Aber: Fantastisch. Ganz klar. Das große Aufatmen. Tschüss Ulrike
Noch mal umarmt, weil Du mit Buback nicht gesülzt hast, wirklich wahr.
PS Die künstliche Ernährung geht hier mit Plastikschlauch durch die Nase und ist unangenehm – ich habs gerade hinter mich gebracht. Brrr

Am 13. 02. 1973 schreibt Meinhof erneut an Heinrich Hannover:

Meine Verlegung ist ein doppelter SIEG
1. subjektiv, ich bin fast so weit, dass ich denke, es war fast 'ne Lebensrettungsaktion. Ich bin immer noch voll damit beschäftigt, überhaupt zu mir zu kommen
2. Mit der Prompt-Verlegung am Freitag haben sie selbst voll eingestanden, dass das Folter ist, dass sie SELBST das für Folter halten. – Ich überlege, ob nicht noch Anzeige fällig dagegen. Muss noch drüber nachdenken.

Am 13. 02. 1973 schreibt Meinhof an Hannover:

Lieber Heinrich, na ja, Du, ich kann's nur noch mal wiederholen: Die Veränderung ist total, ist fantastisch, ist überhaupt nicht zu sagen. Menschenexperiment, Folter, kalter nackter, gemeiner, extremer Terror war das da drüben – Totenstille plus Dauerbeleuchtung, soziales Vakuum plus kein Tag-Nacht-Unterschied – die Hölle. Ich bin da drin wohl zeitweilig fast wahnsinnig geworden und war nachher nur noch Augenzeuge meines mählichen Verreckens. Klar bin ich nicht verreckt und wäre noch endlos lange nicht zusammengebrochen, also ging's mir in deren Augen gut, weil's einem ja auch gut geht, solange man was dagegen macht, aber dass sie den Triumph meines Zusammenbruchs jetzt und nie gekriegt hätten, sagt nichts. Es war die Hölle. Ich weiß es. Ich bin raus. Die Tassen sind wieder alle im Schrank. Und der Weg raus war der einzig richtige: Hungerstreik – schon die vierte Woche – Terror gegen die Anstalt, Eure Aktion, Buback zur Sau gemacht – da geht's lang. – Was hast Du gegen »braune Gangsterbande«? Du alter Abwiegler. Sie sind es. Sie sind die Feinde des Volkes. Jede Erinnerung an den alten Faschismus ist richtig, ist Anknüpfung des Kampfes heute an den Kampf damals, ist das gute Gedächtnis des Volkes an die lange Geschichte der Verbrechen der herrschenden Klasse.
Nachdem, wie man das Ganze von hier aus mitgekriegt hat – die ersten Reaktionen auf unseren Vorschlag aus Berlin, die sofortige Bereitschaft, die Sache zu machen von Becker und den Stuttgartern ist die ganze Aktion wesentlich Beckers Entschlossenheit mit zu verdanken – also klar: 'ne kollektive Aktion ist das Produkt eines kollektiven Entscheidungs-

und Diskussionsprozesses – aber dass Ihr Anwaltsindividuen untereinander kollidiert, ist doch klar – die bürgerliche Konkurrenz, in der Ihr als RA's steht, nicht schlagartig aufgehoben, auch klar – dass Ihr's geschafft habt, ist die Hauptsache, ist das Neue, das Gute – eine neue Qualität, ganz klar. Für mich ganz klar: Wenn sie noch mal einen von uns oder überhaupt einen in den leeren Trakt da drüben stecken – dann Hungerstreik, Terror und alles noch einmal. Man muss das ächten. Total. Ein Verbrechen der braunen Gangster. Tschüss Du, alles bestens – fantastisch! Ulrike
Kampf ist, aus Schwäche Stärke machen!
PS Ich werde immer noch künstlich ernährt. Was machen die anderen? Ich mach's widerstandslos – es geht durch die Nase, ist unangenehm, sonst nichts. Was ist für die anderen erreicht? – Bei mir ist mit der Verlegung ein bisschen die Luft raus. Die Forderung: Astrid und ich irgendwie zusammen, steht, aber ich kanns nicht mehr mit derselben Unerbittlichkeit fordern. Trotzdem. Wenn schon, denn schon. Durchsetzen, wenn's irgend geht.

Heinrich Hannover bemüht sich darum, den Hungerstreik nun schnell zu beenden:

14. 02. 1973
Liebe Ulrike,
ich würde es nach Sachlage auch für politisch vertretbar halten, wenn Du die kleinste Verbesserung Deiner persönlichen Haftsituation zum Anlass nehmen würdest, jetzt Schluss zu machen. [...] Am besten wäre es natürlich, wir könnten die Erfolgsmeldung, die den Abbruch des Hungerstreiks motiviert, eine Zusammenlegung mit Astrid herausgehen lassen. Ich versuche heute noch mal telefonisch in Ossendorf etwas anzuleiern. Wenn Du irgendeine als Motiv geeignete Erfolgsmeldung hast, gib sie bitte sofort per Eilboten her.
Sonntag mache ich vor der Untersuchungshaftanstalt in Hamburg ein Fernsehinterview für Panorama über Eure Haftsituation, morgen ein Interview mit irgendeinem Radio-Onkel. [...] Also irgendwas kommt schon dabei heraus, wenngleich diese ganze Verhärtung der Fronten natürlich zum Kotzen ist, weil sie letztlich auf Eurem Rücken ausgetragen wird.

Die Korrespondenz geht weiter, Heinrich Hannover an Ulrike Meinhof:

15. 02. 1973
Liebe Ulrike,
heute drei Telefongespräche mit Bundesanwalt Wunder. Am Nachmittag teilte er mit, dass heute Mittag beim Generalbundesanwalt eine Besprechung stattgefunden habe, die wenigstens einen »Teilerfolg« gehabt habe. Zwar sehe Herr Martin für eine Zusammenlegung mit Astrid Proll »zurzeit keine Möglichkeit«, und zwar deswegen, weil Ihr »nach den Ermittlungen der Sicherungsgruppe, wenn auch in getrennten Verfahren Mittäterinnen seid«. Der Generalbundesanwalt sei aber nicht »abgeneigt«, dass Frau Meinhof mit einer anderen Inhaftierten zusammenkommt, wenn die Anstaltsärzte das für zweckmäßig und vertretbar halten«. [...] Wunder scheint wirklich guten Willens zu sein, aber erheblichen Widerstand in seiner Behörde zu haben.
Ich habe anschließend mit Ströbele und Reinhard[426] telefoniert und mit Nachdruck die Auffassung vertreten, dass man jetzt diesen »Teilerfolg« zum Anlass nehmen sollte, allen Genossen den Abbruch des Hungerstreiks zu empfehlen. Ströbele erzählte, dass Baader nach Tagen Wasserentzug jetzt wieder Wasser bekommen habe. Er werde künstlich ernährt, lasse sich das Zeug aber nicht durch die Nase einflößen, sondern trinke freiwillig den Schierlingsbecher. Ströbele hat, wie er mir sagte, gerade ein Rundschreiben gemacht, wonach weitergehungert wird. Ich habe ihn gedrängt, gleich ein zweites Rundschreiben hinterherzuschicken und den Abbruch des Hungerstreiks zu empfehlen. Ich habe ihm auch wie einem kranken Pferd zugeredet, gleich zu Horst und den anderen Berliner Genossen ins Gefängnis zu gehen und dort die Entscheidung für den Abbruch des Hungerstreiks herbeizuführen. Ihr könnt doch nicht miteinander kommunizieren, sodass irgendjemand außerhalb der Anstalt die Initiative ergreifen muss, damit dieser kollektive Selbstmord aufhört. Reinhard stimmte mir vollkommen zu. Von ihm erfuhr ich, dass Gudrun Ensslin vor zwei Tagen aufgehört habe zu hungern. Werner Hoppe hungert, wie Du weißt, auch nicht mehr. Also, was soll's. Ich bitte Dich, mach Du den Anfang, die anderen ziehen bestimmt sofort nach. Reinhard argwöhnte, dass es Scharfmacher für den Hungerstreik

unter den Anwälten gebe. Wenn es so wäre, würde ich das beschissen finden.[427]

Der Hungerstreik wird schließlich beendet und als Erfolg der RAF verbucht. Forderungen wurden durchgesetzt, der Staat hat die Isolationshaft Meinhofs im Toten Trakt beendet. Jetzt beginnt die Aufarbeitung und die Manöverkritik.

»Politisieren, politisieren, politisieren«

Ulrike Meinhof spricht bei ihrer Nachbearbeitung zum letztlich erfolgreich durchgeführten Hungerstreik etwas an, das tatsächlich auffällig ist: Es gab keine RAF-Erklärung der »Gefangenen« selbst zum ersten großen gemeinsamen Hungerstreik der in vielen verschiedenen Gefängnissen in Deutschland einsitzenden RAF-Genossen. Da Meinhof als am stärksten von der Isolation Betroffene als Verfasserin eines Pamphlets ausgefallen war, gab es nichts, außer einer gemeinsamen Presseerklärung der RAF-Anwälte.

Meinhof an Heinrich Hannover:

[...] Ich kann das natürlich nur als Selbstkritik behandeln. Also mir ist immer noch völlig unklar, warum von uns selbst nichts kam – 4 Wochen lang. Nur warum nicht von mir. Also versucht – hoffnungslos. Kann sein, bei den andern die Hungerstreikmattscheibe. Doch, ja die unterschied sich bei mir nicht von dem, was ich sowieso hatte, also nicht gecheckt. Egal, die nächste machen wir selbst. Bin ich ziemlich sicher. [...]

Und noch einen Punkt spricht Meinhof in ihrem Schreiben an Hannover an, was auch bei späteren Hungerstreiks der RAF wichtig werden wird. Gab es einen Gruppendruck, weiter zu hungern, wenn einer aufhören wollte oder nicht mehr konnte? Gab es den Zwang innerhalb der Gruppe, weiter zu hungern bis zum Tod, wie ihn Holger Meins ein Jahr später bei einem der nächsten großen Hungerstreiks erleiden wird? In ihrem Schreiben an Hannover leugnet Meinhof das:

Die Crux – die politische Unklarheit gegenüber dem ganzen Hungerstreik bei einem Teil der RA's war die – Deine Formulierung: »Kollektiver Selbstmord«. Da läuft auch bei Hoppe was schief. Also, dass er überhaupt den allergeringsten Skrupel hatte abzubrechen, als er nicht mehr konnte. Raspe z. B. hatte die ganz klar nicht – konnte nicht mehr, aufgehört – kommt überhaupt keiner auf die Idee, oder überhaupt 'ne Idee – ist so – fertig. Wenn ihr glaubt, irgendeiner von uns, auch nur einer von uns, wüsste nicht, was er täte, kann, will, macht – auch nur einer von uns hungerte unter Konkurrenz- und Leistungsdruck – alles Scheiße. Wir brauchen keinen Vorwand, um mit Anstand abzubrechen.
Wir wollten uns durchsetzen. Basta. Eure Ängste um unsere Gesundheit – ich würde sagen: Dazu habt ihr kein Recht. Da macht ihr im Grunde mit Euch/uns dasselbe wie die: trennt zwischen Körper und Geist oder Seele oder wie man das nennt, der Dachschaden, fürs Fließband langt's immer noch – Hauptsache, Herz, Lunge, Leber. Na ja – verdammt ungenau – seh ich auch rot. Was wir/jedenfalls einige unbedingt gebraucht hätten, wären ein paar Gebrauchsanweisungen gewesen: Viel Bewegung, 3 Liter trinken täglich, bei Flüssigkeitsentzug lieber die eigene Pisse trinken als gar nichts, weil der einen fürchterlich schafft – Ihr seid schlechte Fürsorger. Gudrun war jedenfalls nicht zusammengebrochen und wollte weiterhungern, nachdem sie schon aufgehört hatte. Ich sowieso, weil künstliche Ernährung hier kein Problem. [...]
Also schon noch der Verdacht, dass die RA's den Abbruch des Hungerstreiks organisiert – nicht wir. Ich bin jedenfalls zu dem Schluss gekommen, dass uns wahrscheinlich gar nichts anderes übrig bleibt, als uns vollzufressen und das Ganze von vorne – was deshalb Scheiße, weil noch 'ne 5. und 6. Woche dranhängen weniger lästig gewesen wäre – hätten z. B. welche aufhören, andere wieder anfangen können –, als neu anzufangen, was unter 3 Wochen sowieso sinnlos. [...] Ich hab Becker gebeten, mal mit Hubers Hilfe ein paar medizinische/medikamentöse Fachausdrücke etc. auszuknobeln für das, was so 'n akustisches Vakuum mit einem macht, weil man's mit Drogenwirkungen vergleichen muss. Und ihn und Preuss gebeten, mal die Frage 'ner Anzeige wegen Folter mit den Genossen zu diskutieren. Gegen Posser, Knoblich, Bundesanwaltschaft. Nein – noch nichts machen – erst diskutieren – unbedingt. [...]

Nee, Heinrich – Du siehst verdammt viel falsch. Dass ich nicht früher angefangen, mehr Klarheit zu schaffen – ist natürlich kein Grund, es jetzt immer noch zu lassen. Unser Ziel ist, die RA's, die Prozesse, den RAF-Zusammenhang im Knast – alles – zu politisieren, politisieren, politisieren – wir können das wenige, was wir machen können, gezielter, besser, schärfer machen als bisher. Lies endlich das SPK-Buch, das bei Trikont erschienen: »Aus der Krankheit eine Waffe machen« – muss einfach. [...]
Tschüss Ulrike

Und dann veranschaulicht Meinhof ihrem Anwalt ihre Einstellung zum Kampf noch einmal an einem Beispiel:

In Griechenland sitzt ein Typ, der hat 15 Jahre oder lebenslänglich wegen 'ner Lappalie. Westdeutsche Journalisten haben für ihn erreicht, wenn er ein Gnadenersuch stellt, wird er freigelassen. Der Typ sagt: Nein. Das finde ich gut. Du wahrscheinlich nicht. Das ist – glaube ich – der Punkt der Meinungsverschiedenheiten. [...] noch nie ist einer an den körperlichen Strapazen einer solidarischen, kollektiven Aktion verreckt – wohl aber vollgefressen, faul, zufrieden, einsam zu Hause im Bett.

Über ihr neues Leben in einer Zelle in einem anderen Trakt des Gefängnisses Köln-Ossendorf, nämlich in der Psychiatrischen Abteilung, in der auch Astrid Proll untergebracht ist, die sie allerdings nicht sehen darf, schreibt Meinhof:

Der Fernseher für Astrid ist wieder nur eine Sauerei mehr. Astrid hat seit Nov. 71 keinen – keine Spur Gefangenenkontakt – na schön, Post – geschenkt. Und jetzt komm ich 2 Mal am Tag an ihr vorbei – »Guten Morgen« ist erlaubt – also täglicher Terror – Gegenterror am Loch – weil denen auch klar, dass sie überhaupt keine Mittel haben, mich zu hindern, als eben 3 Bullen vor ihrer Tür, täglich bis an den Rand 'ner Prügelei. Was ganz lustig ist – aber kein Zugeständnis.[428]

Der Bruch mit Heinrich Hannover

Mehr und mehr agieren die RAF-Gefangenen auch aus ihren Gefängniszellen heraus als Kader, die ihren Anwälten Anweisungen geben, diese tadeln, loben oder mit Kritik überziehen. Auch die Anwälte geraten unter einen gefährlichen Gruppendruck, mitzutun, nicht an ihrer bürgerlichen Existenz zu hängen, sich zu engagieren. In einem Schreiben vom 21. März 1973 an Heinrich Hannover und Hans-Christian Ströbele lobt Ulrike Meinhof ausdrücklich das Engagement der Anwälte wie Eberhard Becker, die mehr und mehr selber wie RAF-Leute agieren. Nur ein halbes Jahr später wird Becker wie dann auch andere RAF-Anwälte selber in den terroristischen Untergrund gehen. Auch Hannover setzt Meinhof jetzt in Chefmanier unter Druck, die Anzeige gegen Posser wegen »Isolationsfolter« jetzt endlich zu machen.

Ulrike Meinhof an Heinrich Hannover und Hans-Christian Ströbele:

21. 03. 1973
Den Rundbrief von Becker vom 19.3. finde ich unheimlich gut – endlich ein politisches Selbstverständnis des linken RA – als selbstständiges politisches Subjekt statt nur Appendix von politischen Gefangenen und Organ der Rechtspflege. Unheimlich gut.
Ulrike
PS – und wegen der Anzeige – Heinrich – sage ich jetzt nur noch mal: Mir ist das ernst, dass ich will, dass Du die mitmachst – mit Ströbele und Preuss. Sie hat ganz klar 'ne Funktion in unserem Widerstand gegen Folter – im Widerstand gegen die Versuche der Justiz, Euch zu kriminalisieren, uns zu liquidieren. Sie können nicht nur, sie w e r d e n – wenn wir die Anzeige alleine machen würden – sagen: Selbst die RA's halten die Angaben der Gefangenen für übertrieben. Spätestens nach Preuss' Erklärung konnten Posser etc. sich über das, was toter Trakt ist, nicht mehr täuschen – und falsche Anschuldigung ist überhaupt nicht drin, da das Ding steht und die Zeiten, die wir da drin waren, feststehn. Posser hätte wirklich auf der ganzen Linie bei Dir gesiegt mit seiner Gesprächseinladung damals an Dich: Dir das Maul zu stopfen – Dich zu pazifizieren. So wie's aussieht, hast nicht Du zu ihm einen Draht, sondern er zu Dir, nicht

Du bei ihm 'nen Fuß in der Tür, sondern er bei den linken RA's. Mann – mach!
Übrigens: Was Huber in dem Psychiatrie/Neurologie-Papier über Elektroschockwirkungen beschreibt – bei zu viel: Symptome wie nach Gehirnerschütterung kommt dem, was ich da drin schließlich erlebt habe, am nächsten. Erst »Durchflutung«, später Zerstörung, Lähmung. Soll Dorothea mal was zu sagen. Auch Zusammenhang: Epileptischer Anfall. Wenn Du das Papier nicht hast – Becker hat's.

Meinhof an Heinrich Hannover und Astrid Proll:

26. 03. 1973
Lieber Heinrich,
dieser Brief ist sowohl an Astrid als auch an Dich. Also die Bitte ist, dass Du ihr das irgendwie vermittelst. Halt zu der Frage, wie wir hier weiterkommen. Die hängt aber wiederum mit Totem Trakt und Anzeige zusammen. [...]
Wie kommen Astrid und ich zusammen weiter? Die allgemeine Forderung der politischen Gefangenen ist: Gleichbehandlung – normale Hafthäuser – Aufhebung der Isolation als Folter. Wie die Schweine diese Forderungen erfüllen, können wir ihnen vorschreiben – das KZ (also mehrere Politische zusammen) wird auf die Dauer ihre Lösung sein. Ihre Lösung – also hier z. B. das, was Posser und Seibert wollen, dass Astrid und ich zusammenkommen – kann nicht unsere Forderung sein – damit isolieren wir uns auch innerhalb z. B. der ganzen Hungerstreikcrew – der Turm will eben gerade raus aus dem Turm. Also, ich denke, wir sollten hier Druck machen in Richtung Gleichbehandlung – normales Hafthaus – wenn sie den damit beantworten, dass sie uns zusammenlassen, wär das schon sehr gut – es bliebe aber auch klar, dass wir mehr wollen.
Wie Druck machen: Hungerstreik sowieso. Darüber hinaus: Hier in der Psychiatrie uns so verhalten, dass der Psychobulle uns für seine Abteilung untragbar findet und seinerseits auf Verlegung drängt. Also der Weg geht natürlich über B-Zelle und Arrest, was mir wurscht ist – beides sind befristete Maßnahmen. Gewalt erzeugt Widerstand – mehr Gewalt – mehr Widerstand. Ich denke, wir können unsere Verlegung auf die Tour

erzwingen. Das Handicap dabei ist der Tote Trakt. Noch mal einer von uns ein paar Monate da drin – geht nicht. Gut – wenn sie sie oder mich noch mal dahin verlegen, fress ich nichts mehr, bis der da raus, zerklopp meine Zelle und mach überhaupt alles, was mir an Widerstand und Terror einfällt – völlig klar. Bloß ist mir inzwischen auch klar, dass wenn Du bei Deiner Weigerung bleibst, die Anzeige für mich zu machen, heißt das für die Schweine: Nicht mal Du glaubst uns, dass das Ding so katastrophal ist, wie es ist. Vor dem Risiko, dass einer von uns da drin verreckt, scheuen sie eh nicht zurück – Todesursache: Herzversagen oder was, kennt man doch – totgefoltert hat wohl noch nie im Knast auf dem Zettel gestanden. Will sagen: Wenn nicht mal Du die Sache 'ne Anzeige wert findest, können sie uns mit dem Toten Trakt eben doch erpressen, uns hier wohlzuverhalten. Das ist der Punkt. Also – verdammt – mach Du die Anzeige mit Preuß und Str., und Astrid soll halt zu dem Ganzen mal was sagen.
Die Wahrheit ist natürlich, dass ich dem allen gegenüber momentan ziemlich hilflos bin. Ich hab vorige Woche mal 'n paar Sachen gemacht. Nach dem Spaziergang nicht reingegangen – kamen sie mit 6 Grünen unter Spickers Führung bzw. beim zweiten Mal nur mit drei, reinschleifen, und kneifen – baden verweigert, Fliegengitter am Fenster abmontiert – Forderung: Dass ich wieder bei Astrid vorbeigehen kann statt außen rum – die Schweine machen bei meinen Kisten nicht mal mehr Anzeige – lassen sie leer und sich tot laufen. Was dabei rauskommt, sind maximal blaue Flecke. Alleine kann man eben nichts machen. [...] Ulrike

Doch Hannover lehnt es endgültig ab, eine Strafanzeige gegen seinen Freund Diether Posser zu erstatten, und schreibt dazu folgenden Brief an Ulrike Meinhof:

09. 04. 1973
Liebe Ulrike,
ich habe über die Frage der Strafanzeige gegen Posser nachgedacht, habe darüber insbesondere mit Jan-Carl Raspe, Werner Hoppe sowie mit Kollegen gesprochen und korrespondiert, bin aber bei meinem Entschluss geblieben, dass ich die Anzeige nicht mache. Die Gründe dafür will ich Dir darlegen:

1. Zwar entspricht das anwaltlicher Gepflogenheit, Strafanzeigen für Mandanten grundsätzlich nicht zu machen, aber das will ich nicht als Argument ins Feld führen, weil ich von diesem Grundsatz schon wiederholt, insbesondere aus politischen Gründen, Ausnahmen gemacht habe.

2. Posser war jahrelang mein Kollege und Freund, insbesondere sind wir uns während des 5 Monate dauernden Düsseldorfer Friedenskomitee-Prozesses 1959/1960 nähergekommen. Über Posser habe ich auch zu Gustav Heinemann einen persönlichen Kontakt freundschaftlicher Natur erhalten. Soweit sich aus diesem Verhältnis menschliche Imponderabilien ergeben, will ich sie auch nicht als Argument ins Feld führen, weil man natürlich bereit sein muss, persönliche Freundschaften zu opfern, wenn das politisch notwendig ist.

3. Mein persönliches Verhältnis zu Posser und Heinemann enthält eine der Chancen, die ein politischer Anwalt hat, um seinen Mandanten praktisch zu helfen. Ich habe diese Chance schon einige Male genutzt. So habe ich nach der Entführung des koreanischen Komponisten Isang Yun ein mehrstündiges Gespräch mit Heinemann gehabt, durch das einiges angekurbelt ist, was schließlich zu Yuns Befreiung beitrug.

4. Die Möglichkeit, mit bestimmten Instanzen des kapitalistischen Machtapparats zu sprechen, ist für einen politischen Strafverteidiger eine Notwendigkeit. Ich kann daher nicht Türen zuschlagen, durch die ich noch einmal gehen will. Natürlich ist meine Haltung auch in dieser Frage von den Notwendigkeiten des jeweiligen Falles abhängig. So würde ich mich, wie Du wohl weißt, nicht scheuen, einem Gericht, einem Staatsanwalt oder einem Politiker bei Bedarf nachdrücklich gegen das Schienbein zu treten, wenn ich weiß, dass ich es mit einer Instanz zu tun habe, bei der meine Mandanten nichts als Klassenhass und Terror zu erwarten haben. Diese Überzeugung habe ich bei Posser und Heinemann trotz allem noch nicht. Beide, mindestens aber Heinemann, bleiben für mich notwendige Gesprächspartner. Wenn ich Posser mit einer Strafanzeige vors Schienbein trete, ist damit aber sowohl das Verhältnis zu ihm als auch das zu Heinemann kaputt.

5. Natürlich wäre ich auch dazu bereit, wenn die praktischen Erfolgschancen eines solchen Schrittes ihn rechtfertigen würden. Aber auch das

ist nicht der Fall. Eine Strafanzeige ist, wie Du weißt, ein sinnloser Appell an die Herrschenden, auf einen aus ihren eigenen Reihen die Gesetze anzuwenden, die nur für die Unterdrückten gedacht und gemacht sind. Du weißt so gut wie ich, dass die Strafanzeige gegen Posser nicht zu dessen Bestrafung, nicht einmal zu dessen Anklageerhebung führen wird. Der einzige Effekt, den Du Dir erhoffen kannst, ist der, dass 5 oder 6 Zeilen darüber in der bürgerlichen Presse stehen, diese 5 oder 6 Zeilen stehen aber drin, ganz gleich, ob die Strafanzeige von Heinrich Hannover oder von Ulrike Meinhof erstattet wird. Ich bin darum nicht bereit, die Strafanzeige für Dich zu erstatten. Andererseits bin ich der Meinung, dass Du sie selbst erstatten solltest.
Freundliche Grüße

Erst vier Wochen später schreibt Meinhof wieder an Hannover:

11. 05. 1973
[...] Ich bin natürlich immer noch stinksauer, dass Du Dich wegen Anzeige weigerst. Wie wollt ihr den Nächsten sofort/schnell rausholen, ohne jetzt was unternommen zu haben? Die Frage beantworte mal! Ulrike

Hannover an Meinhof:

15. 05. 1973
He – ich besuche Dich am Freitag, dem 25. Mai 1973. Lass uns dann alles mündlich besprechen. Ich bringe Dir dann auch Akten mit. Vergiss nicht Deinerseits, die Akten mitzubringen, die ich Dir damals gab.

Doch Meinhof schreibt am nächsten Tag überraschend an Hannover:

16. 05. 1973
Lieber Heinrich,
bringen wir das Ganze zum Ende: Ich entziehe Dir hiermit das Mandat – definitiv.
Nat. nicht nur – weil Du Dich wegen Anzeige weigerst – auch wegen den zich schon vergeblich genannten Gründen.- Nat. ohne Öffentlichkeit.

Schick mir noch 'n Haufen Akten!
Und kein Gelaber – die Gründe sind zichfach klar.
Ulrike

Hannover an Meinhof:

17. 05. 1973
Liebe Ulrike, Deinen Brief vom 16. Mai habe ich zur Kenntnis genommen. Entsprechende Mitteilungen an das Landgericht Berlin und nach Karlsruhe sind rausgegangen. Selbstverständlich kann ich Dir keine Akten mehr übersenden, da ich diese nach Karlsruhe zurückschicken muss. Die noch in Deinem Besitz befindliche Akte gib bitte Becker bei Gelegenheit mit der Bitte, sie so schnell wie möglich an mich zurückzuschicken.
Mach's gut.[429]

Im Mai 1973 bekamen auch Regine und ich wieder Post von unserer Mutter. Wir hatten seit Januar nichts mehr von ihr gehört und sie nicht mehr gesehen, weil wir sie, so Klaus Röhl, während ihres Hungerstreiks nicht besuchen sollten.

14. Mai 1973
Warum im Knast alles verboten ist? Na 1) Um die Gefangenen zu deckeln und 2) damit die Menschen draußen Angst vorm Knast haben, sonst würden sich nämlich viele nicht mehr viel gefallen lassen – in der Fabrik oder vom Hausbesitzer oder auch in der Schule usw. jeder soll wissen: wenn du nicht spurst, kommste in' Knast und ist alles noch viel mehr Scheiße, da geht's erst richtig los. Deswegen.
Heute kam Euer Brief. [...] Die Bilder habe ich noch nicht bekommen. Ich werd sie schon kriegen. Haltet die Daumen, dass wir mit unserem Hungerstreik was erreichen. Mehr als Daumen halten könnt ihr ja wohl noch nicht tun. Lasst wieder von Euch hören! Ich auch! Grüßt Lily. Tschüss
Mammi
Mal zusammen Fußball spielen, hätt ich natürlich Lust.[430]

Das Christianeum

Im Juli 1973 gab es ein schönes Treffen. Coulmasens, das heißt Peter und Danae, Timon und Diana, waren zu uns nach Hamburg gekommen, und wir besuchten alle zusammen die Familie Hegewisch in ihrem großen Haus in Blankenese. Jetzt lernte ich die rothaarige Jessika und ihren Bruder Jonas, mit denen wir schon als Vierjährige gespielt hatten, erstmalig richtig kennen. Alle Kinder tobten gemeinsam im Garten herum. Wir spielten eine Mischung aus Fußball und Handball, während mein Vater sich mit den anderen Erwachsenen oben auf der Terrasse beim Tee unterhielt. Wir Kinder verstanden uns hervorragend. Als wir zu den Erwachsenen kamen, sagten die, dass sie gerade festgestellt hätten, dass Jessika und wir Zwillinge ab August in die gleiche Schule, das Christianeum in Othmarschen, gehen würden. Jessika, Regine und ich jubelten. Wir würden in eine Klasse kommen. Eine Verabredung für den ersten Schultag wurde bereits getroffen.

Einen Monat später war es so weit. Ab August 1973 besuchten wir dann das humanistische Gymnasium, an dem Latein und Griechisch gelehrt wurde. Allerdings ging der Schule ein schlimmer Ruf voraus. Hascher und sogar Fixer sollte es da gegeben haben, die ganze Schule sei voller Hippies und Drogenabhängiger, hieß es. Andere Eltern aus unserer Grundschule hatten meinen Vater gewarnt, uns aufs Christianeum zu schicken. Doch er ließ sich nicht beirren. Der erste Schultag war aufregend. Mein Vater hatte uns gelbe Ranzen gekauft und begleitete uns in die Aula. Dort, wo eine Schulaufführung stattfinden sollte, trafen wir Jessika, die in Begleitung ihrer Eltern und ihrer fünf Geschwister in der Aula saß. Es war ein toller Tag und ein unglaubliches Erlebnis. Und es war lustig. Das Christianeum brachte mir mit einem Schlag die ganze Welt, die ich in Berlin zuletzt erlebt hatte, wieder zurück. Jetzt waren die langhaarigen wilden Freaks und Hippies und die wilden 68er-Mädchen bei uns an der Schule. Alle älteren Schüler trugen zerrissene Jeans, lange Haare, rauchten, gaben sich irgendwie furchtbar politisch. Man spürte sofort, dass an der Schule etwas von der 68er-Stimmung vorhanden war. Hier war noch Aufbruch: das Schöne, Begeisternde und Aufregende. Hier wirkten die Schüler und die linken Lehrer noch aufgeschlossen und fröhlich, nicht so verbissen, wie die Linke in Berlin es schon seit 1969 gewesen war.

Jessika, Regine und ich waren mit Abstand die Progressivsten in der Klasse, so empfanden wir es jedenfalls. Durch die älteren Schwestern von Jessika, die uns gleich alles zeigten, gehörten wir schnell selbst dazu. Sie erklärten uns auch, dass wir den tollsten linken Deutschlehrer bekommen würden, Herrn Eigenwald. Sie sagten Rolf zu ihm. Jessika und ich waren vom ersten Tag an, als wäre das verabredet gewesen, befreundet. Regine war natürlich auch immer dabei. Jessikas Schwestern zeigten uns den Schulweg. Schnell begannen wir uns auch nachmittags zu verabreden, zusammen zu spielen und auch zu streiten. Ich erklärte ihr, dass ihre Eltern Großkapitalisten seien. Emmi Biermann hatte mir endgültig die Weihen des Kommunismus erteilt. Auch mein Vater hatte ja ständig davon geredet, dass Jessika aus einer Reederfamilie stammte und ihr Vater ein Südfrüchtehändler, ein Großkapitalist, sei. Jessika wehrte sich mit Händen und Füßen. Ich sagte, deine Eltern leben davon, dass arme Bananenpflücker für sie arbeiten und in ärmlichen Hütten leben müssen. Sie hatte es schwer mit mir. Ich war mir ganz sicher, ihre Eltern und sie selbst lebten vom Mehrwert, den arme ausgebeutete Menschen verdienten. Jessika fand keine Argumente dagegen. Wie leicht hätte sie es gehabt, mir ihrerseits meine Eltern vorzuhalten. Aber nein. Sie musste sich dafür rechtfertigen, dass ihre Eltern ein erfolgreiches Unternehmen leiteten und Geld hatten. Sie hätte vielleicht sagen können: »Hör mal, deine Mutter hat Sprengstoffattentate verübt und die ganze Bundesrepublik mit der Baader-Meinhof-Bande terrorisiert.« Aber damals war das eben umgekehrt. Meinhof war unantastbar. Das »Kapitalistenkind« musste sich irgendwie »rechtfertigen«. Am besten Selbstkritik üben. Jessika und ich verstanden uns aber sonst sehr gut. Wir gründeten einen »Club«, und fast täglich waren wir zum Spielen verabredet.

Unsere Mutter hatten wir inzwischen seit Monaten nicht gesehen. Es gab viele Gründe dafür. Mein Vater hatte seit März mit dem nächsten *konkret*-Putsch innerhalb seiner Redaktion zu kämpfen. Auch Peter Homann arbeitete wieder bei *konkret* und trat als Vermittler zwischen der Mannschaft und dem Chef auf. Doch diesmal gelang es den Mitarbeitern, unter der Führung von Hermann Gremliza, den Verleger Klaus

Röhl zu entmachten.[431] Im September 1973 erschien das letzte *konkret*-Heft, das noch unter der Mitwirkung meines Vaters gemacht worden war, ab Oktober wurde *konkret* von anderen gemacht. Mein Vater musste verlegerisch wieder von vorne anfangen und gründete zusammen mit seinem Bruder Wolfgang Röhl, Günter Wallraff, dem roten Jochen Steffen und seinem treuen alten Freund Peter Rühmkorf eine neue Zeitschrift, die »das da« hieß und nie an den Erfolg des alten *konkret* heranreichen sollte. Mein Vater erlebte eine Lebenskrise, hatte kaum noch Zeit, nach Köln zu Danae zu fahren, und musste sich ganz plötzlich eine neue Existenz aufbauen. Besuche in Gefängnis Köln-Ossendorf waren zu umständlich. Und umgekehrt war meine Mutter seit Januar 1973 mit ihren Hungerstreiks und ihrem Kampf aus dem Gefängnis heraus so beschäftigt, dass in den vielen Briefen, die sie seit Januar 1973 an ihre Anwälte schrieb, ihre Kinder kaum noch je erwähnt wurden. Das Schlimmste war, dass sie Hannover das Mandat gekündigt hatte, als dieser sich weigerte, Diether Posser wegen der Haftbedingungen, der Isolationsfolter, wie es jetzt stereotyp hieß, zu verklagen. Dass sie mit dem Verlust ihres Anwalts Heinrich Hannover auch den einzigen Menschen verlor, der sich weit über seine Anwaltspflichten hinaus am stärksten für die Verbindung zu ihren Kindern einsetzte, fiel ihr nicht mehr auf. Dagegen schien ihr die Tatsache, dass ihr Exmann gerade seine Zeitschrift *konkret* verlor, ganz besonders gut zu gefallen, wie den Korrespondenzen zu entnehmen ist.

Nach vielen Monaten absoluten Schweigens schrieb sie uns am 14. 10. 1973 ihren letzten Brief:

Liebe Regine und liebe Bettina,
nun wart Ihr wieder nicht da. Und ich weiß auch, warum, weil Pappi momentan ganz andere Sorgen hat, als nach Köln zu fahren. Ja, wirklich große Sorgen.
Ich glaub, er hat's bald nötiger als Ihr, das »Lob des Kommunismus« mal wieder zu hören. Sagt ihm das, wenn er die Platte noch hat. Und besucht mich trotzdem. Und wenn's mit Kampen nichts ist, dann fahrt zu Tante Wienke, zum Beispiel. Anna und Marie-Renate würden sich nämlich sehr freuen. Das weiß ich. Also ich mach mir jetzt ziemlich viele Gedanken

über euch. Oma soll mal schreiben, wie's läuft. Sagt ihr das! Und besucht mich! Wenn Pappi nicht kann, soll jemand anders mitfahren.
Grüßt Lilli – umarmt –
Eure Mami[432]

Weihnachten bei Tante Wienke, Silvester auf Sylt

In diesem letzten Brief erwähnt unsere Mutter Kampen, wo wir ja nicht nur die Sommerferien, sondern oft auch die Weihnachtsferien verbrachten. Und tatsächlich bin ich diejenige, die dann beschließt, nach Weihnachten zu »Tante Wienke« zu fahren. Ich möchte wieder Kontakt zu meiner Mutter haben, und wenn es mit den Besuchen nicht mehr klappt, warum nicht ihrem Wunsch nachkommen und zu ihrer Schwester fahren. Vielleicht würde ich von Wienke eine schlüssige Erklärung bekommen, was das Ganze soll, was meine Mutter denkt, welche Motive meine Mutter hat. Vielleicht würde meine Tante, die meine Mutter häufiger besuchte und auch politisch mit ihr übereinzustimmen schien, mir vermitteln können, was ich tun könnte, um sie zu verstehen und ihr wieder näher zu sein.

Ich habe die Hoffnung, dass meine Tante irgendeine Botschaft von ihr an mich hat. Ich möchte mit jemandem sprechen, der gewissermaßen auf ihrer Seite steht. Mein Vater schimpfte zwar über Wienke, aber er ließ mich fahren. Meine Schwester wollte allerdings nicht mit. Doch mein Besuch bei Tante Wienke, der erste Besuch, seitdem ich 1969 mit der Familie Zitzlaff in Dänemark gewesen war, wurde zu einem Fiasko oder, viel schlimmer, zu einem leeren, hohlen Nichts.

Wienke hielt überhaupt nicht, was sie selber bei ihren verheißungsvollen Anrufen, dass wir sie unbedingt besuchen sollten, versprochen hatte. Sie erzählte mir nichts von meiner Mutter, sie erklärte mir von sich aus nichts außer Floskeln und Phrasen von Gefangenen, die im Gefängnis sitzen, sie erzählte mir nichts von dem Sorgerechtsstreit, an dem sie, wie ich später in den Akten las, aktiv beteiligt gewesen war. Sie hatte überhaupt keine Botschaft, keine Information, nichts zu vermitteln. Sie sprach auch kaum über meine Mutter. Ich war erschüttert. Ich wollte nun endlich etwas hören von der großen Politik, um die es angeblich dauernd ging, aber da kam nichts.

Zu Weihnachten hatte mir mein erster Freund aus der 6. Klasse, er hieß Martin, ein Tagebuch geschenkt. Ich hatte es am Heiligabend in Blankenese, wo wir wie üblich mit unseren Großeltern und Klaus Röhl feierten, ausgepackt. Und gleich, am 25. Dezember 1973, hatte ich angefangen, Tagebuch zu schreiben. Die Fahrt zu Tante Wienke gehört zu meinen ersten Eintragungen. Ich zitiere hier also meinen ersten eigenen O-Ton als 11-Jährige:

25. 12. 1973 – 12 Uhr
Ich bin 11.49 Uhr mit dem Zug nach Gießen (Wienke, Anna, Marie-Renate) losgefahren. In der Nacht habe ich bei Papi im Bett (Zimmer) geschlafen. Ich weiß nicht, ich habe ein komisches Gefühl ohne Regine. Erste Haltestelle jetzt Dammtor. Neun Stunden später Erlebnis: Hamburg Hauptbahnhof stieg ein Mann zu. Er hat mir Orangensaft, einen Sentwitsch und einen Tee spendiert. In Hannover noch gute Worte und 10 Mark. Er war wohl besoffen. Ich habe (von seinem Geld dann) das Bier bezahlt, er ist nämlich in Hannover ausgestiegen.

26. 12. 1973
In der Nacht hatte ich einen schlechten Schlaf. Ich bin 7 Mal aufgewacht. Ich sah immer das gleiche Bild vor dem Fenster. Ich dachte immer, ich müsste einschlafen. Ich schlief nicht. Am Morgen wurde ich geweckt. Um 8 Uhr haben wir gegessen. Jetzt wollen wir auf die Burg gehen. Es ist alles langweilig. Ich habe Heimweh. Auf der Burg habe ich ein Eis gegessen. Der Tag endet langweilig. Vielleicht kommt es mir nur so langweilig vor, weil Regine nicht da ist.

27. 12. 1973
Wir haben den Vormittag langweilig verbracht, dann sind wir in die Stadt nach Gießen gefahren zu einer Freundin von Wienke. Dort sahen wir Tom Sawyer. Am Abend habe ich bei dem Kater Micki geschlafen. Erste Nacht bin ich wieder gut gelaunt.

28. 12. 1973
Heute Morgen habe ich ausgeschlafen. Ich habe von Martin geträumt. Jetzt male ich hier im Tagebuch. Heute wollen wir in eine Art Museum gehen zur Besichtigung von Schloss Weilburg. Danach haben wir noch alle eine Postkarte von der Burg bekommen. Ich möchte morgen weg, habe ich Papi telefonisch gesagt. Morgen fahre ich dann auch. In der Nacht schlafe ich wieder bei Micki. Gute Nacht.

29. 12. 1973
Am Morgen weckte Mick mich. Er hatte Hunger, und hätte ich ihm nix gegeben, wäre er doch nur zappelig gewesen. Dann rief Anna mich zum Frühstück, es war halb 10 Uhr. Um halb 12 Uhr sind wir dann zum Bahnhof gefahren, denn um 12.42 fuhr der Zug, der mich nach Sylt bringen sollte. Es gab einen Abschied, wo ich dachte, ich hätte sie alle drei verletzt.
Ich schreibe jetzt Postkarten an Martin, Regine, Tante Holde und Renate und Mami.
In Kassel drehte der Zug, sodass das bisherige Hinterteil jetzt die Spitze des Zuges war. Ich war aber ganz nach vorne gegangen, und als der Zug in Kassel drehte, war ich ganz hinten, deswegen ging ich unter Schnaufen und Stöhnen wieder ganz nach vorne. Dann habe ich ein Asterix gelesen. Jetzt schreibe ich ins Tagebuch. Wir sind schon an Hannover vorbei, es ist fast dunkel. Mir stehen noch fünf Stunden Fahrt bevor. [...] Jetzt sind wir, 18.25, am Altonaer Bahnhof gelandet. Freundlicherweise hat mir ein Mann, der in Lüneburg ausstieg, zwei Mark geschenkt, dass ich mir was zu trinken kaufe. Bis jetzt hat mich noch kaum ein Schaffner kontrolliert. Noch vier Stunden bis Sylt. Ich lese gerade Blauvogel. Ich habe immer noch Angst, dass der Zug gar nicht nach Sylt fährt und dass es falsch war, nach vorne zu gehen.
Und es war auch falsch, wie ich eine Stunde später merkte. Ich lief samt Koffer und Skier wieder in die Mitte des Zuges, und in Keitum bin ich dann genau an der richtigen Stelle ausgestiegen. Papi holte mich ab. Ich war überglücklich. Dann steckten wir noch ein paar Postkarten ein und fuhren nach Morsum zu Wolframs.

30. 12. 1973

Ich bin überglücklich, Ich habe die Nacht über mit Regine gesungen. Dann frühstückten wir. Um halb 4 Uhr haben wir Regine zum Reiten gebracht mit Jessika Hegewisch. Ich bin derweil mit Papi bei Frau Schugardt gewesen. Und jetzt gehe ich mit Papi an den Strand in Kampen. Die Sturmflut im November hat 10 Meter Strand verschluckt. Bei der Sturmhaube (Restaurant) war ein Steg, der direkt zum Strand führte, vollkommen zerstört. Wir gingen auf einem ehemaligen Privatweg zum Strand. Am Strand sah es sehr komisch aus. Der Strand, der früher hier gewesen war, war verschwunden, fast nur Dünen. [...] Dann gingen wir wieder zurück, denn ich hatte Ohrenschmerzen. Wir suchten noch einen Stock für das Rummelpottlaufen, wo ich als Hirte gehen wollte.

Bei Frau Schugardt haben wir dann Kekse gegessen, haben Regine vom Reiten abgeholt und sind zu den Madlung-Kindern gegangen, dort haben wir Salto Mortale und Bonanza geguckt. Um 7 Uhr fuhren wir dann nach Hause, wo Regine und ich wieder die ganze Nacht gesungen haben.

31. 12. 1973

Um Viertel vor 9 Uhr weckte ein Wecker uns unsanft aus dem Schlaf. Dieser Zufall freute uns sehr, denn wir sollten von 10 bis 12 Uhr Reiten. Wir weckten Papi, aßen ein wenig, suchten lange unsere Mützen und fuhren los. Als wir am Reitstall ankamen, waren schon alle Reiter auf ihren Pferden, aber das war nicht schlimm, wir sattelten schnell die Pferde und ritten los. Ich hatte Kordial, das einzige Pferd, das einen Schimmer weiß an sich hatte. Trotzdem fand ich es nicht hübsch. Er war staksig und trat aus, hatte aber einen weichen Galopp. Das Reiten hat mir großen Spaß gemacht, auch wenn Kordial immer austrat.

Nach dem Reiten sind wir von Papi abgeholt worden und mit ihm nach Morsum gefahren. Dort haben wir Mittag gegessen. Jetzt sitzen wir im Auto und fahren zu Jessika nach Kampen. Ihre Eltern haben dort ein Haus, jetzt sind aber nur ihre Kinder da: Jessika Heg. 10 J, Jonas Heg, 11 J., Kathrin Heg., 18 J., Susan, 18 J. Die anderen Kinder waren nicht da, und die heißen: Klementina, 14 J, Ariane, 15 J.

Wir sind da. Wir sind schon ganz aufgeregt, denn heute Abend ist Rummelpottlaufen. Jessika war schon verkleidet, zog sich aber wieder aus

und las uns ihr selbst gedichtetes Gedicht vor. Jonas war noch nicht verkleidet und auch nicht entschlossen mitzugehen, aber wir überredeten ihn. Er lernte das Gedicht.
Regine und ich machten auch eins. Es geht so:
Heute zum Silvesterfeste sind wir alle Eure Gäste, sehen wir nicht alle niedlich aus, wir gehen jetzt von Haus zu Haus. Wir sind Eure wahren Glücksgäste, gebt uns nur alle Kuchenreste. Und wenn ihr keine habt, sind wir mit Geld auch ausgelabt. Heute Nacht wird es sehr laut knallen, dann werden wir wahrscheinlich nicht mehr lallen, bitte habt keine lange Weile, wir sind nämlich sehr in Eile.
Meine Verkleidung war so:
Ein brauner Pulli von Papi, ein schwarzer Hut, Reitstiefel, Jeans, ein Umhang und ein Stock. Vor jeder Haustür sangen wir: »Wir lagen vor Madagaskar«, und sagten unser Gedicht auf. Um halb 11 Uhr hörten wir auf zu laufen. Im Ganzen hatten wir eine große Tüte Apfelsinen, einen Korb voll mit Keksen, Schokolade und Gummibären und 19 Mark, 94 Pfennig. Alles haben wir uns geteilt. Bei Hegewischs haben wir noch Fondue gegessen. Dann wurden wir von Papi abgeholt. Als wir in Morsum ankamen bei Wolframs, war es schon 12 Uhr. Prost Neujahr riefen wir, und die Erwachsenen stießen mit Wein an. Wir gossen Blei. Meine Figur glich einem Blumenstrauß (Glück), Mäusen (Geld), einem Helm auf einem Stab (Beschützung) und vielen kleinen krausen Dingen. Wir ließen fünf chinesische Piepmanscher fliegen und Wunderkerzen. Unter dem wolkenlosen Himmel waren viele bunte Lichter. Westerland in der Ferne leuchtete am dollsten. Um 2 Uhr gingen wir ins Bett und schliefen müde ein.

01. 01. 1974
Komischerweise bin ich schon um 5 vor 10 Uhr aufgewacht. Natürlich war ich furchtbar wütend, denn um 10 Uhr war Reitstunde.[433]

Meine Mutter haben meine Schwester und ich nie mehr wiedergesehen. Der Brief, den ich ihr noch über Silvester im Zug geschrieben hatte, erreichte sie wahrscheinlich. Weitere Briefe, auch Pakete, Geschenke, ließ sie zurückschicken.

Die Tatsache, dass ich einen ersten »Freund« hatte, machte mich stark genug, mich auch mehr von meinem Vater zu »trennen«. So weit war die »Liebesgeschichte« immerhin gegangen, dass es auch ein Ende, eine Art wortloses »Schlussmachen« mit meinem Vater gab. Ich konzentrierte mich auf die Schule, die mich begeisterte und euphorisierte, ich konzentrierte mich auf meine Freundin Jessika, auf meine Klasse, auf mein eigenes Leben.

Meinhof radikalisiert sich weiter

Währenddessen ging der Kampf Ulrike Meinhofs gegen den Staat, die Welt, den Faschismus, für die Revolution, gegen den BGH, die Medien, die bösen Mächte, den Imperialismus, den Kapitalismus, die Gesellschaft, für bessere Haftbedingungen der RAF-Gefangenen in Köln-Ossendorf weiter. Ungefähr in dieser Zeit sehe ich den Film »Doktor Schiwago« nach dem großen Roman über die russische Revolution von Boris Pasternak, der mein Lieblingsfilm wurde, zum ersten Mal. Als ich mich für dieses Buch in die Akte Hannover vertiefe, erinnere ich mich an eine der eindrucksvollsten Szenen des Films. Pascha Antipow, der fanatische und grausame Revolutionär »Strelnikov«, sitzt hinten auf seinem mit wehenden roten Fahnen geschmückten Zug und donnert mit versteinertem Gesicht durch die Gegend. Auf einen solchen Zug ins Nirgendwo sprang auch meine Mutter Anfang des Jahres 1974 nun erneut mit aller Härte auf. Der verbissene Kampf der RAF aus den Gefängnissen heraus begann jetzt, selbstmörderisch zu werden.

Ein halbes Jahr nachdem Meinhof ihm das Mandat aufgekündigt hatte, bat sie Heinrich Hannover erneut, sie anwaltlich zu vertreten. Hannover steht sofort wieder zur Verfügung und schreibt ihr folgenden Brief:

16. 10. 1973
Liebe Ulrike,
deine Cousine, Frau Leonhardt, richtete mir aus, dass ich Deine Verteidigung übernehmen soll. Ich brauche, um Dich besuchen zu können, so schnell wie möglich eine neue Vollmacht [...]. Ich bin am Montag, dem

5. November 1973, in Köln-Ossendorf angemeldet und werde Dich an diesem Tag besuchen.

Meinhof schickt Hannover zuerst ein paar Buchbestellungen. Ihre Rechtschreibung hat sie inzwischen auf die ab jetzt bei der RAF übliche Kleinschreibung umgestellt. Meinhof fordert kategorisch, dass Heinrich Hannover auch das Mandat von Jan-Carl Raspe übernimmt. Ihr Tonfall ist von Beginn an krass unfreundlich.

Ulrike Meinhof an Heinrich Hannover:

15. 11. 1973
lieber heinrich –
um diesmal – von vorneherein – die hauptsächlichen kollisionspunkte zwischen uns, die außer der anzeige, deine beziehungen zu posser und deine indiskretionen gegenüber irgendwelchen presseleuten waren – auszuschließen, bin ich dafür, dass du mich so gut wie gar nicht besuchst. bis zum prozess ist noch dicke zeit, und wie die verteidigung laufen wird, ist sowieso nicht mit mir individuell zu entscheiden, sondern zwischen RA's und gefangenenkollektiv zu diskutieren. außerdem kann man schreiben.
das heißt, damit ich akten bekomme, dass ihr sie schicken müsst – am besten im karton, damit ich das verpackungszeug für die rücksendung benutzen kann. akten, die ich schon hatte, sind:
kaiserslautern I, Stuttgart II+III, Ruhland Bd 1 S.1–501
wenig genug, also schickt bitte bald welche. Grüße Ulrike

Als Heinrich Hannover nicht sofort spurt, wird Meinhofs Tonfall noch etwas rauer. In ihrem nächsten Schreiben vom 20. 11. 1973 an Hannover lässt sie die sonst übliche Anrede »Lieber Heinrich« gleich ganz weg:

20. 11. 1973
hannover (durchschlag an groenewold)
1. den satz, bei jan lägen die dinge etwas anders, verstehe ich nicht. das bisschen ungleichheit zwischen seiner und meiner lage hat denselben nenner: isolation. Jan hat dich schon vor ca. einem jahr gebeten, für ihn

den jur.-kram zu machen, warum wälzt du das jetzt auf groenewold ab, anstatt einen gemeinschaftsantrag zu machen, wie besprochen?- das möchte ich wissen. [...]

2. dass du euern standesorganisationen einheizt, ist sehr gut. ist die Frage, ob du da nicht mehr mit Schily zusammen machen kannst – 'ne initiative z. B. von 'nem haufen RA's via standesorganisationen gegen das verteidigerausschlussgesetz, was sie in bonn jetzt ausbraten mit schily, weil er wie du in den komitees usw. nicht aktiv ist – politik der raf, antiimperialistischer kampf – ist er wie du eben deswegen da weil er noch die nötige reputation hat, um was auf die beine bringen zu können.

3. umgang mit presse:

derjenige unserer RA's, der wirklich über die schweinereien gegenüber polit. gefangenen und die arbeit der komitees informiert ist, ist GROENEWOLD, presseanfragen sind an groenewold zu verweisen. bei mir gibt es nichts mehr – seit ich aus'm totentrakt raus bin – was sich von der lage aller anderen unterscheidet, sodass besondere auskünfte über mich die situation verfälschen, besondere anfragen wegen mir 'ne falle, um mich zu individualisieren, geh darauf nicht ein, das ist die linie.

deine bemühungen gegen die diskriminierung der linken anwälte in der presse und durch miese gebührensätze sind davon unbenommen – logisch. [...]

Ulrike

PS noch zu presse: ich hab gehört – will ich hier nicht schreiben wie und was, ist auch unwichtig – du hättest meine schriftlichen stern-antworten Serke gezeigt? stimmt das? dass ich ausdrücklich gesagt und geschrieben habe – hast du in deinen akten – dass: auf gar keinen fall, steht fest, möchte ich auch noch wissen, gehört einfach dazu, die kiste jetzt auf 'ne basis zu stellen – von der sie dann nicht binnen kürze wieder umkippt. [...]

Hannover an Meinhof:

24. 11. 1973

Liebe Ulrike,

ich würde es bedauern, wenn unsere Korrespondenz gleich wieder explosiven Charakter annehmen würde, nachdem ich über das Kölner

Gespräch mit Dir wirklich angenehm überrascht war. Bitte gib auch Du Dir ein bisschen Mühe. Ich bin nicht temperamentlos genug, um auf permanente Aggression nicht auch irgendwie entsprechend zu reagieren.

1. Raspe ist durch Antrag von Groenewold inzwischen erledigt. Ich finde, daraus braucht man auch keine Grundsatzfrage zu machen. Es ist doch irrational, dass ein »Gemeinschaftsantrag« in irgendeiner Hinsicht positiver gewesen wäre.
2. Schily kriegt von meinen Anträgen in Sachen Standesorganisation jeweils Durchschriften. Das müsste eigentlich genügen, um seine eigene Initiative zu beleben. [...]
3. Klar, dass ich Presseanfragen über Isolationsfolter und Arbeiterkomitees an Groenewold verweise.
4. Deine schriftlichen *stern*-Antworten habe ich nicht Serke, aber Nannen gezeigt. Ich weiss, dass Du Dir die Sache so vorgestellt hattest, Nannen würde denn Text ungelesen einkaufen und dann entscheiden, ob er druckt oder nicht. Aber das war nach Sachlage überhaupt nicht drin. Er hat die Fragen in meiner Gegenwart gelesen und mir sodann sofort zurückgegeben.

Meinhof an Hannover:

27. 11. 1973
du hast überhaupt keinen grund, mir mit explosionen zu drohen. was du »permanente aggression« nennst, ist bloß meine weigerung, von dir verwaltet und verkauft zu werden. die *stern*-geschichte ist gelaufen – bleibt aber 'ne enorme schweinerei, es gab keinen grund, gegen unseren erklärten willen nannen ein MS zu zeigen, das dir – zur kenntnis – anvertraut war, schlicht: vertrauensbruch und bruch des RA-geheimnisses.
zu den anträgen von dir und groenewold. (es ging/geht ja nicht irrational um 'nen gemeinschaftsantrag, sondern darum, dass du mir zugesagt hattest, das für jan mitzumachen, und nachher wieder auf kg abgewälzt hast. aber egal. auch gelaufen.) knoblich wird sie ablehnen. dann eben beschwerde und dann noch mal verfassungsbeschwerde – diesmal nicht wegen isolation nach außen, sondern wegen isolation nach innen. beschwerde und verfassungsbeschwerde sollst auf alle Fälle DU machen,

für raspe und mich, bzw. auch grashof und hoppe dazu (wenn das formal geht).
dann: es ist einfach falsch, unwahr, was du jan gesagt hast: ich sei dein hauptmandant. du bist einer unserer anwälte, und ich bin einer von deinen RAF-mandanten. »hauptmandant« gibt's nicht. so was erzählst du auch nicht mir. scheiße andere versorgen juristisch 10 und 20 von uns, arbeiten außerdem in den komitees. kapier das doch mal, dass wir keine einzelnen sind und nicht zu vereinzeln und keiner von uns keines anwalts besitz.
was im zusammenhang croissant ehrengerichtsverfahren und verteidigungsausschlussgesetz jetzt organisiert wird, darüber hörst du von groenewold – er war gestern hier. jedenfalls prädestiniert dich deine frankfurter rede ganz entschieden, die solidarität der liberalen anwälte für euch mitzuorganisieren – das ist ja klar. schick die rede groenewold – er soll 'ne fotokopie an alle raf-gefangenen davon machen. [...] dann: wenn du nach zweibrücken fährst, sollst du auf alle fälle grundmann und jünschke[434] auch besuchen – wenn du einmal da bist. vollmachten über groenewold. schließlich: wir kriegen hier nach wie vor kein radio. knoblich hat genehmigt, schon vor einem jahr- die anstalt beharrt auf ihrem mini-gerät, sowieso nur max. zwei sender, hier im beton hört man fast nichts (astrid hats probiert damals), die anstalt (bücker/seibert – nach auskunft spicker) behauptet, ein anderes gerät sei vom justizministerium nicht zugelassen in den NRW-anstalten. es müsste also der radio-verhinderungserlass des ministeriums geknackt werden, sicher nicht nur für köln, sondern überhaupt. wenn das geht. wenn das nur über posser direkt zu machen ist, dann geht es allerdings nicht. entweder offiziell/regulär oder gar nicht. ganz klar.
schick die nächste akte. das geht sehr gut. in den karton passen auch zwei, wenn man ihn fest verklebt. und leg noch braunen klebestreifen mit rein – für die rücksendung. ulrike [...]

Hannover an Meinhof:

30. 11. 1973
Zu Deinem Brief vom 27.11.: Du wirfst mir Vertrauensbruch und Bruch des Rechtsanwaltsgeheimnisses vor. Du musst wissen, ob Du mich noch

weiter als Verteidiger haben willst. Ich bin jederzeit bereit, dieses Mandat aufzugeben, würde es allerdings im Interesse aller politischen Gefangenen für gut halten, dass das nicht wieder unter der Firma »Krach zwischen Mandant und Anwalt«, sondern als Protestaktion gegen die permanente Behinderung der Verteidigung durch BGH und Gefängnisverwaltung veröffentlicht wird.
Was Deinen Vorwurf selbst anbelangt, so lasse ich ihn nicht gelten. Wenn ich an Ort und Stelle begreife, dass eine Anweisung des Mandanten nicht durchführbar ist, dann tue ich das, was ich in seinem Interesse für verantwortbar halte. Vielleicht findest Du ja einen Anwalt, der in der fraglichen Situation unverrichteter Dinge abgereist und mit neuen Detailinstruktionen seines Mandanten wiedergekommen wäre. Aber ich lasse mich nicht zu einem Laufburschen machen. Was heißt »auf KG abgewälzt«? Von Jan erfuhr ich, dass KG schon was machte. Wichtig ist doch nur, dass was gemacht wird, und nicht, wer etwas macht.
Zur Sache mit dem »Hauptmandat«. Auch Anwälte kommen mit ihrer Arbeit nur nach dem Prinzip der Arbeitsteilung durch. Ich hörte neulich, Astrid habe ihrem Anwalt Reinhard vorgeworfen, schlecht vorbereitet in den Prozess gegangen zu sein. Kein Wunder. Gerade Reinhard ist ein Mann, der rund um die Uhr arbeitet, aber irgendwo gibt es Grenzen.
Du bekommst heute einen neuen Ordner, nämlich Sonderordner Berliner Banküberfälle I [...] Bitte, schick uns Ordner, die Du durch hast, gleich zurück. [...]

Meinhof an Hannover, auch hier keine Anrede mehr, sie schreibt einfach drauflos:

08. 12. 1973
Das thema »mandatsniederlegung« musst du nicht mit mir, sondern mit den anderen anwälten diskutieren. die strategie gegenüber den faschisten in der justiz ist jetzt allerdings nicht mit donnerknall mandate niederzulegen, sondern das RA-ausschlussgesetz zu verhindern, dagegen die liberalen Anwälte, die auch dagegen sind, organisieren und croissants ehrengerichtsverfahren durchkämpfen. im sinn von solidarität mit den sozialistischen anwälten. deine strategie uns gegenüber ist

allerdings im augenblick die der bundesanwaltschaft – vereinzeln, drohen, erpressen, verkaufen. das läuft nicht. es gibt – das ist einfach so – 'ne ganze menge liberale anwälte, die sich die finger danach lecken, in unsern schauprozessen groß rauszukommen; wir lehnen das ab, wenn wir dich nehmen, dann aufgrund deines politischen selbstverständnisses als sozialist trotz allem – allerdings mit dem anspruch, dass du uns gegenüber deine bourgeoisen allüren – »laufjunge«, »hauptmandant« – zu Hause lässt oder – besser – an deiner zahlenden klientel auslässt, nicht an uns.
Unsere hauptsächlichen anwälte sind diejenigen, die sich an ihrem job mit uns politisiert haben und deswegen weggeknallt werden sollen; und die alternative sind dann möglicherweise nicht die, die uns die bundesanwaltschaft netterweise, um des schönen scheins willen, lässt, sondern echte pflichtverteidiger. Was wir uns gegenüber bekämpfen – gefangene gegeneinander ausspielen –, spielen wir natürlich auch gegenüber der bundesanwaltschaft nicht mit – RA's gegeneinander ausspielen. das ist ein Punkt, der unter euch RA's diskutiert werden sollte – eben einfach die frage der solidarischen aktion, wenn sie einen auch nur wegknallen, besser: ihr verhindert das.
also setz dich in der frage der mandatsniederlegung mit den anderen anwälten auseinander. Die berufung auf reinhard in dem ganzen zusammenhang ist quatsch, weil der ein idiot ist. hat werner oft genug gesagt und reichlich erklärt, dass reinh. überhaupt nichts macht.
wenn an deinem selbstverständnis, sozialist zu sein, ein funken wahrheit ist, dann musst du auch in der lage sein zu kapieren, dass unser streit eine prinzipielle polit. frage beeinhaltet. kann sein, dass dir das schwerfällt, zu realisieren, dass dein anspruch auf ein mandatsmonopol reaktionär und 'ne bullentour ist – dann denk eben noch mal drüber nach. nebenbei ist der anspruch sowieso absurd, nachdem du keine anzeige wegen stiller abteilung gemacht hast und es überhaupt ablehnst, anzeigen zu machen; eine freiwilllige beschränkung des rechtsschutzes – so ohnmächtig er auch ist – die eh keiner akzeptieren kann.
es gibt ein wirklich starkes buch, das alle anwälte unbedingt lesen sollten: COMRADE GEORGE AN INVESTIGATION INTO LIFE, POLITICAL OF GEORGE JACKSON – produced by the red prison movement[435]

da steht – u. a. – alles drin über anwälte und politische gefangene. ich bin ganz sicher, dass wirklich j e d e m von euch da 'ne ganze menge klar wird. Anbei einige zeitungsbestellungen. und was ist mit der bücherbestellung vom 1.11.??? grüße ulrike

Doch sie scheint den Bogen bei Hannover überspannt zu haben. Der antwortet jetzt erst einmal nicht. Meinhof wird ungeduldig:

25. 12. 1973
es ist wirklich lästig – sag doch mal, ob das nun mit meiner buchbestellung von anfang november läuft und wo und wie. nebenbei – leg es mir nicht als bosheit aus – sitz ich wieder im toten trakt, es heißt, nur bis 2. januar, weil solange die männerpsychiatrie geschlossen ist, auch erst seit vier tagen, also never mind, würd ich sagen, grüße ulrike

Am 29.12. hatte sich Ulrike Meinhof noch einmal wegen diverser Zeitschriftenwünsche, die sie abonnieren will, bei Heinrich Hannover gemeldet. Obwohl dieser ihr formlos am 7. Januar weitere Bücher und Akten schickt, wird Meinhof ungehalten. Wieder schreibt sie ohne Anrede an ihren Anwalt:

14. 01. 1974
mit den buch- und zeitungsbestellungen geht das so nicht. die beschlüsse beinhalten, dass die anwälte den kram besorgen können, indem sie gleichzeitig mit der bestellung der anstalt davon mitteilung machen. das ist nicht zu delegieren. also was? machst du's oder machst du's nicht? schick mir die bestellungsdurchschläge oder lass mich wissen, dass es nicht läuft, bzw. aus den zwei monaten, die ich schon warte noch soundsoviele werden. ich weiß schließlich nicht, was du nun eingefädelt hast, was nicht. schaff da klarheit, wenigstens. ulrike

Am 16. 01. 1974 schreibt Hannover ihr nur kurz:

[...] Du verkennst die Schwierigkeiten, die es macht, solche Bestellungen kostenlos zu bewirken. Die linken Buchhandlungen krebsen ja ohnehin alle dicht am Konkurs vorbei. Wenn Du Möglichkeiten siehst, in Zukunft Bestellungen über andere Kollegen zu machen, wäre ich Dir schon dankbar.

Meinhof, immer noch giftig, an Heinrich Hannover:

21. 01. 1974
ich verkenne überhaupt nichts. ich b r a u c h e die bücher – die bestellung ist zweieinhalb monate alt, wirklich. mach da jetzt dampf hinter, entweder es geht, oder es geht nicht. die sache so zu verschleppen ist einfach 'ne brutalität. erzähl mir nichts anderes. du hast 'ne wut – das ist der grund. es bleibt mir gar nichts anderes übrig – als dich in zukunft mit so was zu verschonen. aber wenn's schon angeleiert ist, wär's quatsch, zurückzuziehn, bloß: dampf! dampf! dampf! verflucht. [...] besser wär's nat., ihr würdet mal in bremen 'ne rote hilfe auf die beine bringen oder politische gruppen, die den gefangenenkram mitmachen, denn so schlecht, wie du die bremer linke darstellst, so im eignen dreck versackt, kann sie gar nicht sein, – gefangene, die darauf angewiesen sind, mit den schwierigkeiten der bücherbeschaffung anöden, ist wirklich ein hammer. dann muss man eben ein paar leute antörnen, die mal ein paar hundert mark ausspucken. das geht alles. muss nur gewollt werden. und gemacht. – wirklich. grüße ulrike[436]

Ensslin und Meinhof im Toten Trakt

Die Stimmung zwischen Heinrich Hannover und seiner Mandantin ist eisig, als eine Wende in Meinhofs Haftsituation eintritt. Gudrun Ensslin wird ihre Zellennachbarin. Meinhof teilt die Neuigkeit am 5. 2. 1974 gleich mehreren Anwälten in einem Rundbrief mit:

KG – becker – croissant – stroe – hannover
gudrun und ich sind seit heute – 5.2., dienstag – zusammen im trakt; nachbarzellen, umschluss[437], zusammen hof – also ossendorfer turm.
ja wohl klar: 1) ein sieg der kampagne – komitees, hungerstreiks, amnesty, straßburg; 2) der zur waffe gemachten krankheiten – monika, astrid.

das ist nicht gleichbehandlung, aber luft. klar, erst mal.
jetzt: wollen wir erstens sofort wissen, ob das bei allen so ist: gerd – jan, holger – andreas, horst – ali – berni, huber – augustin, carmen – irmgard, werner – hausbesetzer, zweibrücken – und zweitens ist die forderung natürlich: dass die, die gestern verhaftet worden sind, von vornherein nicht isoliert werden – also praktisch: wir hier lehnen umschluss und gemeinsamen hof jetzt noch so lange ab, bis klar ist, dass das keine sonderregelung für uns beide ist, sondern für alle so läuft; wir erwarten also, dass ihr euch da sofort reinhängt und das per anruf klärt und per anruf oder eilboten mitteilt;
wie's weitergeht- besser mündlich, bei besuch verlangt uns nat. nicht einzeln, sondern zusammen. logisch.

Dann wird der Tonfall in dem Bericht von Meinhof aus Ossendorf nochmals eine Nummer härter:

KG – becker – croissant – stroe – hannover
zu zellendurchsuchung am 8.2. (freitag)
nach meiner – im zweifel unvollständigen – rekonstruktion haben sie mitgeschleift: an drucksachen: schwarze protokolle, rote volksuniversität. an korrespondenz: einen ordner mit durchschlägen von mir an RA's, dezember bis januar; der kram war mit blick auf 16. juli sortiert. trotzdem. stroe's brief mit dem leninzitat. an diskussionsmaterial; diskussion über »hauptwiderspruchsrede« – also reine theoriepapiere; spaltung des hamburger komitees »diskussionspapiere januar« – echt scheiße; die dritte fassung einer hunger-str.-erkl., neu. auffallend: haben verhältnismäßig – was die masse angeht – wenig mitgenommen, nicht so wahllos wie im sommer, war allerdings auch entschieden weniger vorhanden. [...]
von unsern sachen – zelle so mit inhalt plus klamotten am leib – wurden wir schon donnerstagnachmittag getrennt. gudrun mit gewalt – ungeheuer brutal – in 'ne leere zelle, ich mit 'nem trick. spicker kam – nachdem vorher im trakt schon ungewöhnlicher betrieb war, von wegen der beschwerde, die zelle sei zu kalt, ob ich mal sehen wollte, zwei zellen weiter, die wär wohl wärmer, ging ich mit, schob er mich rein und sagte:

so jetzt ziehn sie sich mal aus. klack. (das schwein wollte auch tatsächlich drin bleiben, von wegen, man könnte den zwei beamtinnen, die mit klamotten schon warteten, nicht zumuten, mit mir allein zu bleiben; ging schließlich, nach ein paarmal anbrüllen.) [...] also man hat uns noch ein paar – die falschen – zigaretten gegeben und ein drecksbuch aus der anstaltsbibliothek – ansonsten leere zelle, nichts, das war's. lod (sicherheitschefinspektor, vollsadist) und ein haufen grüne dabei. von der sicherungsgruppe bei mir drei, hab mir aber nur zwei namen gemerkt: vogel und strauß.

zur situation hier: mit umschluss ist schon wieder sense – was nur beweist, wie richtig es war/ist, dass wir hier eine Ausnahmeregelung für uns nicht akzeptieren. die facts: nachdem wir mi/do/fr spaziergang und umschluss abgelehnt hatten – begründung: nur wenn alle – nachdem spicker (sicherheitsinspektor, ratte) mir am mittwochmorgen (5.2.) das reglement noch mal eröffnet und erklärt hatte, nämlich: gemeinsam spaziergang, anschließend umschluss bis 17 uhr – wollten wir heute (samstag 9.2.) davon gebrauch machen (nur heute) – da stellt sich raus: umschluss ist nicht – anordnung vom chef; da wir den umschluss abgelehnt hätten, also offenbar nicht wollten, kriegten wir ihn auch nicht. aus. ganz einfach: wir haben ihnen durch unsere weigerung die pressemeldung vermasselt, erst mal, das andre ist: das schwein behandelt den umschluss natürlich so, wie die alles behandeln. was sie als privileg hergeben; als erpressungsmittel, als disziplinierungsmittel; bzw. der zweck, der verfolgt wird, ist: entsolidarisieren, den protesten stückweise die luft ablassen.

es ist eben quark, christian, wenn du sagst – die »freiwillige folter« sei kein druckmittel, wenn sie's nicht generell, für alle ändern, können sie's bei uns – wie's nun ja auch schon ist – jederzeit wieder absetzen. In dem man's als einzelner akzeptiert, lässt man die pigoptik zu: sie wären schon am nachgeben – was der spielraum ist innerhalb dessen sie andre einzeln umso mehr in die mangel nehmen können.

falsch war – sowieso – das hier jetzt »ossendorfer turm« zu nennen. der turm war/ist das moabiter kz – der trakt ist das ossendorfer kz, und es kommt klar dazu, dass der trakt nicht aufhört, die »stille abteilung« zu sein, in dem man zu zweit drinsitzt. es hieße, alle trakterfahrungen, die

wir ja nun weg haben, vergessen, wenn man das nicht sähe bzw. auf sich zukommen sähe – dass der faktor geräuschisolation gemildert, aber nicht außer kraft gesetzt ist, so wie's ist [...] ohne erkämpften, d. h. gesicherten umschluss – und das ist er erst (erkämpft+gesichert), wenn er für alle gilt, und ohne gleichzeitig die tatsache zu bekämpfen, dass wir überhaupt im trakt sitzen, ihnen stattdessen die meldung schenken, die da wäre: ensslin und meinhof zusammen – mann, das wäre naiv, unpolitisch und einfach nicht gecheckt, dass es im kampf gegen folter eben nicht um den flicken geht, sondern um den ganzen rock; die gleichbehandlung. – wenn wir die kiste einfach akzeptiert hätten, hätten wir uns ihnen wirklich ausgeliefert. da braucht bloß einer von uns mal zwei wochen bunker zu kriegen, dann hat der andre zwei wochen toten trakt, am besten gleich noch in verbindung mit 3 wochen lesestoffentzug. Nee – es gibt nur eins: es muss sich für alle ändern – das menschenvernichtungsprogramm muss als ganzes, für alle, unmöglich gemacht werden, wozu ganz einfach gehört, ihnen in ihrer psychologischen kriegsführung nichts schenken.
entscheidend ist doch, dass mit der zusammenlegung von uns allen gründe vom tisch sind, mit der die isolation begründet war. sie besteht jetzt nur noch fort UM ZU FOLTERN – der umschluss bei uns ist wieder weg, um zu....; alle andern sind noch total isoliert, um zu....... wobei der trakt eben einfach ein damoklesschwert ist, also ohne die ganze kiste problematisiert, verweigert, schließlich erkämpft zu haben – läuft das nicht, wie man bereits sieht. und würde ihnen – wie gesagt – den spielraum verschaffen, was ja nach wie vor ihr ziel ist: einzelne rausbrechen, wenn's auf die tour: verschärfter terror nicht läuft, denken sie viell.... es läuft, indem sie die situation von einzelnen etwas verbessern, und von anderen nicht, da spielen wir nicht mit, ganz einfach. also von euch aus jetzt massenhaft anträge stellen, ist klar – und wie's weitergeht, darüber denken wir nach und überhaupt mündlich.

In einem Rundbrief an alle Rechtsanwälte attackiert Meinhof vor allem Heinrich Hannover und wirft ihm den »Blickwinkel der Faschisten und der pigs« vor:

zu lesestoffenzug: hannover hat dem schon mal widersprochen, weil lesen als prozessvorbereitung notwendig sei. das impliziert natürlich,

indem du dazu, dass ich überhaupt bestraft werden soll, nichts sagst, eine zustimmung zur bestrafung. das ist naürlich finster. wenn der gefolterte dem folterer eine runterhaut, muss er bestraft werden – findest du. die tatsache, dass ich noch mal im trakt war, dass das mordversuche sind, dass, wenn ich so 'nem schwein eine runterhaue, ich dabei/damit um nichts anderes kämpfe als um mein leben – das lässt du alles aus. und du lässt aus, dass lesestoffentzug im rahmen isolationsfolter eine gezielte maßnahme ist, einem noch das zu entziehen, womit man sich grad noch am leben hält. in der isolation. ist eine von den sachen, die die hamburger folterforscher rausgekriegt haben, dass geistige aktivität zum widerstandsprogramm gegen sensorische deprivation gehört.
kurz: ich finde das natürl. richtig, wenn man das politisch angreift, weil sich da dran auch was vermitteln lässt – was für faschisten das sind. wie gezielt sie arbeiten. also, dass sie mich bestrafen, ist ja geschenkt, aber dass, auch wenn ich den typen grün und blau geschlagen hätte, ich noch total im recht wäre, wegen totem trakt, das müsste eigentlich klar sein. das ist dir, heinrich, bloß deswegen nicht klar, weil du die anzeige nicht gemacht hast. das menschenvernichtungsprogramm, das isolation ist, den nackten faschismus, dem wir gegenüberstehn, nicht checkst oder eben nicht checken willst, also, dass dir so 'n wort wie »spießgesellen« rauskommt – womit du ja nicht die faschistische justiz entlarvst, sondern dich von uns distanzierst, indem du uns diffamierst bzw. die tatsächlichen sympathisanten der raf als »spießgesellen« – ist ja auch scharf. sympathisant der raf, anhänger der revolution, genossen von marx und luxemburg, kurz alles, was der faschismus verfolgt und vernichtet, sind demnach »spießgesellen«! der gebrauch des worts beinhaltet einfach den blickwinkel des faschisten, der pigs. deine schizophrenie: gleichzeitig die faschisten bekämpfen und dich mit ihnen identifizieren. [...]

Am 15. Februar 1974 erhält Hannover dann noch einen weiteren Brief von Meinhof an alle Anwälte zur Haftsitution:

noch mal zur situation hier – ossendorf/gudrun und ich im trakt: da muss – das ist jetzt ganz klar – jetzt mit anwaltlichen mitteln klarheit geschaffen werden und das richtige durchgesetzt werden. weil die Kiste

hier ja doch exemplarischen charakter hat: das kz, also die politischen unter sich, von den übrigen gefangenen isoliert; was wir hier jetzt durchkämpfen, wird den maßstab abgeben dafür, wie's bei den andern läuft, wenn's läuft, wenigstens jeweils zwei zusammen, was wir ja sowohl akzeptieren wie bekämpfen werden. worum's hier jetzt geht, sind die bedingungen innerhalb des kz – und da muss die forderung ganz einfach sein: den ganzen tag offene türen oder umschluss so oft und so viel wir wollen. das ist die forderung. [...] die neue verfügung seit gestern, mo 11.2.: gemeinsamer hof plus tgl. 2 std. umschluss. heißt: der umschluss ist wieder da, aber auf ein drittel der ursprünglich reglementierten zeit reduziert. denn umschluss ab spaziergang bis 17 uhr hieß: ab irgendwann vormittags also ab 10 oder 11 oder spätestens 12 uhr bis 17 uhr.
was der chefbulle sich bei seinen manövern denkt, ist klar. er knallt den umschluss weg, um zu zeigen, wer hier die macht hat; er zieht aus unserer samstag-pleite den schluss, dass wir die weigerung, nur, wenn alle – aufgegeben haben, scharf drauf sind – reduziert aber auf zwei stunden, als strafe für weigerung, bleibt uns nichts anderes übrig, als das ganze nun aus doppeltem grund abzulehnen: 1) so lange, bis alle; 2) so lange, bis mindestens die ursprüngliche regelung wieder gilt, und zwar in einer form, also schriftlich und abgesichert, die es ausschließt, dass er sie ohne begründung und ohne grund wieder abschafft – bzw. nicht, ohne sich selbst ins unrecht zu setzen bzw. als das aufzutreten, was er ist; als faschist.
jetzt hier im trakt die bedingungen innerhalb des kz bestimmen und durchsetzen muss man nicht nur, sondern kann man auch. weil in puncto totem trakt die bullen in karlsruhe und hier in der defensive sind – ein bisschen, nach allem, weil ohne maximalen umschluss bzw. offene türen wir hier zu zweit in der stillen abteilung sitzen – gegen die anzeigen laufen plus einem entwidmungsantrag, der schließlich das ziel verfolgt, die benutzung des trakts als stille abteilung rechtlich verbieten zu lassen, immerhin hatte auch astrid, als sie hier saß, 'ne zeit lang 'ne lebenslängliche in der nachbarzelle – war zeitweilig wie wir jetzt zu zweit im trakt – womit sich aber posser und spießgesellen, als die proteste waren vor einem jahr, nicht gebrüstet haben, weil das eher das eingeständnis unserer vorwürfe gewesen wäre, dass nämlich außer dieser lebenslänglichen

und astrid hier nichts war, außer stille. so wie eben jetzt außer gudrun und mir hier nichts ist, also ist die durchsetzung von maximalem umschluss hier für uns sowieso lebensbedingung – im sinn von auch immanenter begründbarkeit, also eben begründbar auch mit der ganzen trakt-vorgeschichte; was man eben auch voll ausnutzen muss, um damit zugleich einen maßstab zu schaffen für alle kz's.
wir haben verlangt, dass er uns für sein hin und her in puncto umschluss eine schriftliche begründung gibt, aber das macht er nat. nicht. deutlich ist nur, dass er selbst scharf drauf ist, dass wir endlich drauf eingehn, woraus man sehn kann, dass es ihnen um die pressemeldung geht – d. h. um die propagandistische kiste. amtsinterne, organisatorische, bürokratische gründe gegen unsere forderung gibt's nicht. also leiert den papierkrieg an. mehr als unsere forderung mitteilen und uns weigern können wir selbst nicht machen, also weigern, überhaupt auf'n hof zu gehen etcpp.
ulrike

Hannover hat von Meinhof die Nase voll, auch die Beschlagnahmung der Anwaltspost, die Meinhof ihm geschildert hat, empfindet er als Rechtsbruch der Beamten, weswegen überlegt werden müsse, so Hannover, ob alle Anwälte ihre Mandate niederlegen sollten. Er schreibt ein Rundschreiben an alle betroffenen Rechtsanwälte, zum Beispiel an Klaus Croissant, Kurt Groenewold, Otto Schily, Hans-Christian Ströbele sowie an die Mandanten Ulrike Meinhof und Jan-Carl Raspe, in dem er auch seine Probleme mit Ulrike Meinhof zum Ausdruck bringt:

18. 02. 1974
Ich neige zur Mandatsniederlegung, möchte aber zuvor Eure Meinung dazu hören, da möglicherweise solidarisch gehandelt werden muss. [...] Es wird zu überlegen sein, ob alle Kollegen die Mandate niederlegen müssen oder ob man im Interesse der Mandanten diejenigen Kollegen, die nicht von Postsicherstellung betroffen sind, drinlässt. Es käme auch eine nochmalige öffentliche Veranstaltung mit Presse usw. in Betracht. [...] Nehmt also bitte auch zu der Frage einer isolierten Mandatsniederlegung durch mich Stellung. [...]

Es kommt hinzu – auch darüber sollte nicht öffentlich gesprochen werden –, dass mein persönliches Verhältnis zu U. M. keinerlei Vertrauensbasis mehr hat. Ihr Kommentar in ihrem Rundschreiben vom 9.2. reicht mir nun wirklich. Es hat keinen Zweck, darüber zu diskutieren. Eine Identifikation mit Faschisten lasse ich mir von niemand vorwerfen, auch von U. M. nicht. Es tut mir leid, dass Raspe von meinem Entschluss mitbetroffen wird, aber es ist für mich total unmöglich, in Stuttgart zu verteidigen, wenn U. M. dabei ist. Klar, dass in der Öffentlichkeit nur die politischen, im Grunde ja auch die gravierendsten Gründe für die Mandatsniederlegung erwähnt werden dürfen.

Die anderen Anwälte bitten Heinrich Hannover, mit der Mandatsniederlegung zu warten, sie sind dagegen. Hannover hält offenbar weiterhin still.

Ulrike Meinhof schreibt ihm nach ihrer Verlegung von Köln-Ossendorf nach Stuttgart-Stammheim noch einmal im Juni 1974, um ihm in äußerst scharfem Tonfall eine Buchveröffentlichung zu den politischen Gefangenen zu untersagen:

12. 06. 1974
zu deinen buchplänen mit dem rowohlt-verlag ist zu sagen, dass du natürl. so viele bücher wie du willst in welchem verlag auch immer machen kannst – aber nicht mit und aufgrund unserer mandate und nicht mit dem material, das du durch uns hast, ohne kollektiven auftrag der andern verteidiger in rafverfahren und unsre mitsprache. einen solchen auftrag hast du für dein rowohlt-projekt nicht. also schick jetzt die unterlagen, die dir für ein gemeinsames projekt überlassen worden sind, endlich an kg nach hamburg und nimm zur kenntnis, dass wir es dir verbieten, beschlüsse etc., die uns betreffen, in einem solo-buch zu verwerten.
12.6. stammheim

Noch einmal droht Hannover mit Mandatsniederlegung, das ist Anfang September1974, doch schließlich ist es erneut Meinhof selber, die Hannover das Mandat nun endgültig entzieht:

20. 11. 1974
hiermit löse ich das mandat, das du von mir hast, auf. gleichzeitig teile ich diese mandatsauflösung dem 2. strafsenat des olg-stuttgart mit. gruß Ulrike Meinhof[438]

Auch mit den Verwandten bricht sie. An ihre Cousine Heidi Leonhardt und deren Mutter Tilla Hübner hatte sie ein letztes Mal geschrieben:

liebe hübners, ich habe gesagt, »besuche einschränken« – aber es ist besser, das zu präzisieren, also sagen wir: in 74 keine besuche mehr. Ich erkläre das jetzt nicht. viell. später. deine überlegungen, heidi, posser könnte sich viell. den trakt nicht vorstellen, hat mich an »weiß der führer das« erinnert, dabei ist jeder satz von posser eine einzige brutalität, frechheit, lüge. wieso merkst du das nicht? wieso ekelt dich das nicht an? WIESO ERINNERT DICH DAS NICHT? zieh ihm mal 'ne schwarze uniform an – und du siehst dieselbe kälte, denselben rassismus, dieselbe entschlossenheit, die revolution auszurotten. grüße ulrike
26. 05. 1974 stgt stammheim[439]

Zwei Jahre später, am 9. Mai 1976, begeht Ulrike Meinhof in der Haftanstalt Stuttgart-Stammheim Selbstmord.

SCHLUSSWORT

Hier möchte ich vorerst aussteigen aus der Geschichte. Es beginnt ein neues Kapitel. Die Köpfe der ersten RAF-Generation sitzen ab Frühjahr 1974 in der Justizvollzugsanstalt Stuttgart-Stammheim. In der Bevölkerung gibt es zu dieser Zeit wachsende Sympathisantenheere, die sich mit den Gefangenen solidarisieren. Es gibt einen nachhaltigen Linksruck unter Schülern und Studenten, der sich auch in den Medien widerspiegelt, überall in der Gesellschaft. Der Paradigmenwechsel von 68 hat sich über das ganze Land verbreitet. Die RAF und ihre Kader (»Mahler, Meinhof, Baader – das sind unsere Kader!«) sind Kult. Die zweite Generation der RAF bildet sich, häufig unter Mithilfe der RAF-Anwälte. Die Prozesse beginnen. Die Bundesrepublik und besonders deren Justiz erweisen sich als seltsam unbeholfen im Umgang mit »politischen« Straftätern, und das gilt bis heute. Mein Kontakt mit Ulrike Meinhof endet Anfang 1974. Erneut hat sich unsere Mutter von uns getrennt. Unser Leben geht weiter, es beginnt erst.

Das Jubiläum »50 Jahre APO-Revolution« kann ausfallen. Warum? Weil die Revolution gesiegt hat und weil die Protagonisten von damals heute grau und alt geworden sind. Entsprechend dürftig stellt sich dieses Jubiläum, anders als alle früheren, dar. Viele, die in jenen Tagen geglüht haben vor Wissen und Besserwissen, sehen ihre Irrungen und Wirrungen heute selber kritisch. Und natürlich gibt es eine ungebrochene Glorifizierung des 68er-Phänomens. Niemand schert sich mehr um die APO, und die jüngeren Leute kennen oft kaum noch die Namen der einst gigantischen Helden der Bewegung.

Dennoch gilt: Ideologien haben eine starke Tendenz, sich zu verselbstständigen und immer neue Impulsgeber hervorzubringen, die sich unter Druck fühlen, noch eins oben draufzusetzen. Ideologien haben die

Tendenz, sich auszudehnen und immer mehr Felder der Politik und der Gesellschaft zu besetzen. Alle Bereiche der Politik sind heute in diesem Sinne von 68 bestimmt, sei es die Bildungspolitik, die Familien- und Genderpolitik, sei es die Europapolitik, die Energie- und Wirtschaftspolitik bis hin zur nicht vorhandenen Einwanderungspolitik. Die Kultur und Subkultur sowie die NGOs ticken bis heute im 68er-Takt. Auch die schizophrene Politik gegenüber linksradikaler Gewalt, siehe den G20-Gipfel in Hamburg im Juli 2017 oder die Gewaltexzesse gegen die EZB in Frankfurt im März 2015, sind im Kontext des 68er-Spins zu sehen. Man könnte es auch so sagen: Meinhof war die Urmutter, Merkel ist heute die Königin der Antifa.

Mit Macht hat sich Angela Merkel spätestens seit 2011 mit ihrer Energiewende als Kopf der Schlange 68 etabliert. Merkel, erst seit der Wende mit gesamtdeutscher Politik befasst, hat womöglich gemerkt, welchen politischen Wettbewerbsvorteil es bringt, auf der 68er-Frequenz zu agieren. Auch der ehemalige US-Präsident Barack Obama war in diesem Sinne ein »68er«. US-Präsident Donald Trump probt jetzt den Clash der Kulturen. Spannend zu beobachten.

Ich möchte dieses Buch der großartigen Idee des Westens widmen. Die weltumspannende »Fatwa« des Völker- und Massenmörders Mao Zedong gegen den Westen, gegen alles, was westlich ist, was westliche Kultur ist, was westliche Moral ist, was westliche Leistung ist, die »Fatwa«, die so viele privilegierte Westkinder in den Sechzigerjahren in Marsch gesetzt hat, ihren Westen blind zu hassen, wütig zu zerstören und zu bekämpfen, genau diese »Fatwa«, die sich seit fünfzig Jahren verselbstständigt hat und wie ein Lindwurm durch die Gesellschaft tobt und die westliche Freiheit des Individuums erwürgt, muss erkannt und aufgehoben werden.

DANKE

Ich bedanke mich bei meinen Interviewpartnern, die mir mit ihren Erinnerungen und Berichten von den damaligen Ereignissen einen weitergehenden Einblick in die Geschichte ermöglichst haben, Peter Homann, Hanna K., Horst Mahler, Astrid Proll, Manfred Grashof, Karl Heinz Roth, Lilli Holtkamp, Ruth Walz, Johannes Rau, Eckhard Siepmann, Bahman Nirumand, Tilman Fichter, Bernd Rabehl, Gretchen Dutschke, Peter Schneider, Klaus Wagenbach, Monika Seifert, Margarete Mitscherlich, Johann Schwenn, Rainald Simon und vielen anderen, auch denen, die nicht mit ihrem Namen auftreten möchten. Mein Dank gilt auch den Anwälten, die mir Akten überließen und mit denen ich mich über ihre frühere Mandantin Ulrike Meinhof unterhalten konnte: Kurt Groenewold, Heinrich Senfft, Hans-Christian Ströbele und Heinrich Hannover.

Ganz besonders möchte ich mich beim Team des Heyne-Verlags bedanken, das mir mit Rat und Tat geholfen hat.

Mein besonderer Dank geht noch einmal an meine herausragende Lektorin Heide Sommer, die schon vor 12 Jahren mein Buch »So macht Kommunismus Spaß!« lektorierte und diesmal mit äußerster Strenge, aber auch viel Nachsicht und Liebe zum Detail das Manuskript zwei Monate lang mit mir gemeinsam auseinandernahm und mir half, es auf Punkt und Komma wieder zusammenzufügen.

Am Ende dieses Projekts möchte ich mich besonders bei denen bedanken, die meine Schwester und mich teilweise unter Lebensgefahr vor einem ungewissen und möglicherweise tödlichen Schicksal in Palästina oder sonst wo bewahrt haben: bei Peter Homann, Stefan Aust und Hanna K., bei Rudolf Augstein und bei meinem Vater Klaus Rainer Röhl.

Ulrike Meinhof hat vor 42 Jahren entschieden, ohne Reue und ohne Versöhnung mit der Gesellschaft aus dem Leben zu gehen. Und doch wünschen sich immer wieder so viele Menschen eine große Versöhnungsgeschichte: Die Opfer der RAF sollen den RAF-Tätern vergeben, der Staat soll sich mit der RAF aussöhnen, und immer wieder riefen mich Filmleute an, sie wollten so gerne die Geschichte schreiben, wie sich eine Ulrike Meinhof, die doch irgendwo heimlich überlebt hätte, nun – so der Plot – mit ihrer Tochter, einer fiktiven Bettina Röhl, träfe, auseinandersetzte und schließlich versöhnte. Die »Tochter« sollte der Mutter ganz fürchterliche Vorwürfe machen und mindestens genauso schlimm oder noch schlimmer sein als ihre Mutter. Ich habe diese Filmanliegen, bei denen ich auch noch am Drehbuch mitwirken sollte, abgelehnt, aber dann erschien tatsächlich im Jahr 2009, ohne mein Mittun, der grässliche Kitsch »Es kommt der Tag« mit Iris Berben als leidende, uneinsichtige RAF-Mutti und Katharina Schüttler in der Rolle der unversöhnlichen, rachsüchtigen erwachsenen Tochter. So viel zur Fiktion!

Die Wirklichkeit ist doch viel besser. Am Sonntag, den 18. März 2007, um 11.12 Uhr erreichte mich folgende E-Mail von palermo2007@freenet.de mit dem Betreff: Eine Reise damals …

Liebe Bettina Röhl, liebe Regine Röhl, liebe Schwestern,
gar manches Mal habe ich darüber nachgedacht, ob Sie, eine von Ihnen oder alle beide, eventuell mehr über den Teil Ihrer Kindheit erfahren wollen, der auf Sizilien spielt. Es ist, wie ich glaube, so, dass ich nicht einmal sooo viel dazu beitragen kann, aber manchmal sind ja auch Details hilfreich in der Erkundung der Dinge. Wenn also Sie Interesse haben sollten, so schreiben Sie doch an diese Adresse. Ich werde in Abständen nachschauen. Es schreibt Ihnen hier eine, die in einem Buch, das wir sicher alle kennen, folgendermaßen bezeichnet wird: »ein Mädchen namens Hanna« […]

Nach 37 Jahren ein erstes Lebenszeichen. Da ich Hannas Nachnamen nicht kannte, hatte ich sie nicht finden können und seit unserem Abschied auf Sizilien nie wieder etwas von ihr gehört. Ich antwortete:

Liebe Hanna,
[…] Es ist eine große Überraschung für mich gewesen, als ich Ihre E-Mail las, über die ich mich sehr gefreut habe. Ich empfinde Ihr Angebot als

etwas Schönes und möchte Ihnen sagen, dass es mich sehr interessiert, was Sie zu jener Zeit erinnern und darüber sagen mögen ... Ich glaube, dass Sie an der Rettung von uns nicht unwesentlich beteiligt waren. Darüber möchte ich gerne mehr wissen.
Viele Grüße aus Hamburg, Bettina

Hanna schrieb mir am Dienstag, 27. März 2007:

Liebe Bettina,
ich freue mich sehr über Ihre Mail! Und entschuldige mich für die späte Antwort. [...] So schreibe ich nur schnell dies: Ich weiß, dass ich zu Ihrer Rückkehr die entscheidende Info gab. Darüber bin ich auch bis heute SUPERFROH! Wenigstens das! Es ist ja auch leider nämlich so, dass ich diese Information nur hatte, weil ich doch vorher eben zu sehr beteiligt war an all dem, was ich heute und schon seit Jahren nur als schrecklich ansehen kann. [...] Hanna

Im Juni 2007 besuchte Hanna mich das erste Mal. Wir mochten und verstanden uns auf Anhieb. Sie hat mir viel erzählt, und sie war die Erste aus dem Umfeld der RAF, die mich von sich aus aufsuchte und ihre Teilnahme ganz und gar reflektiert beschrieb. Ihren 68er-Humor, die Lässigkeit, den Geist einer freien Zeit hatte sie vollständig behalten. Im November 2007 wurde unsere Tochter Ella geboren, und bald wurde Hanna zu ihrer Patentante. Inzwischen ist »Tante Hanna« längst zu einem Teil unseres Lebens geworden und besucht uns ein- oder zweimal im Jahr. In diesem Buch äußert sich Hanna K. zum ersten Mal zu ihren Erinnerungen an die APO und die Gründung der RAF vor 48 Jahren.

Das Schicksal wollte, dass unsere Tochter nicht nur eine waschechte 68erin an die Wiege gestellt bekam, sondern auch noch meine erste Jugendliebe, Oliver Heine, heute Rechtsanwalt und Vorstand bei Axel Springer. Und meine Freundin aus *TEMPO*-Zeiten, die Glücksroman-Autorin Claudia Thesenfitz, sorgt als dritte Patin dafür, dass alles unter einem guten Stern steht.

ANMERKUNGEN

1 Peter Schneider in seiner berühmten Rasenrede: »Wir haben Fehler gemacht [...] Da haben wir den Einfall gehabt, dass das Betretungsverbot des Rasens, das Änderungsverbot der Marschrichtung, das Veranstaltungsverbot der Baupolizei genau die Verbote sind, mit denen die Herrschenden dafür sorgen, dass die Empörung über die Verbrechen in Vietnam, über die vergreiste Universitätsverfassung schön ruhig und wirkungslos bleibt. Da haben wir gemerkt, dass sich in solchen Verboten die kriminelle Gleichgültigkeit einer ganzen Nation austobt. [...]« Peter Schneider hielt diese vielbeachtete Rede vor der Vollversammlung aller Fakultäten der Freien Universität Berlin am 5. Mai 1967. In: Peter Schneider: *Ansprachen.* 1970, S. 7–14

2 Seit 1950 hatte die DDR mit allen Mitteln versucht, Westdeutschland zu infiltrieren, sie unterwanderte die Gewerkschaften, die Medien und auch sonst alle Bereiche der Gesellschaft. Dies war das Thema des ersten historisch-biografischen Buches der Autorin *So macht Kommunismus Spaß! Ulrike Meinhof, Klaus Rainer Röhl und die Akte konkret*, erschienen als Taschenbuch, Heyne Verlag, München, 2018

3 Bundesgesetzblatt Teil I Z1997A, 1970. Ausgegeben zu Bonn am 21. Mai 1970 Nr. 45. 20.5.70 Drittes Gesetz zur Reform des Strafrechts (3. StrRG) S.505. 20.5.70 Gesetz über Straffreiheit 1970 S. 509

4 Bettina Röhl in *Welt am Sonntag* vom 08.09.2007: »Wie die RAF-Erinnerung deutsche Gemeinschaft stiftet«

5 Dr. Norbert Lammert, Präsident des Deutschen Bundestages, Rede zum Gedenken an die Opfer des Terrors der RAF, 24. Oktober 2007, Deutsches Historisches Museum Berlin [Auszug]: »Die immer wieder aufgestellte Behauptung, erst und nur die Protestbewegung habe Deutschland zu einem liberalen, lebenswerten Land gemacht, ist anmaßend und muss vielen bitter aufstoßen – übrigens nicht nur Angehörigen der Opfer. Die Journalistin Bettina Röhl, eine Tochter von Ulrike Meinhof, meint, es sei an der Zeit für eine andere Betrachtungsweise. Sie stellt die Frage, ob die Bundesrepublik ohne diese Bewegung heute nicht in mancherlei Hinsicht besser dastünde als mit ihr. Auch diese Überlegung ist sicher spekulativ, aber gewiss nicht weniger legitim als die gegenteilige Behauptung.«

6 »Kulturrevolution« in China bedeutete systematische Zerstörung aller tradierten Kultur. Nach seinem »Großen Sprung nach vorn« von 1958 bis 1961 mit geschätzten 30 Millionen Todesopfern auf dem Lande hatte Mao 1966 mit der Kulturrevolution eine erneute Mordwelle mit weiteren Millionen von Toten in Gang gebracht.

7 Götz Aly beschreibt in *Unser Kampf: 1968 – ein irritierter Blick zurück*, erschienen bei S. Fischer, Frankfurt am Main, 2008, S.111, in dem Kapitel »Was konnte man über die Mao-Verbrechen wissen?«, dass der deutsche China- und Mao-Experte, der alle aktuellen Berichte über die Kulturrevolution sammelte, von den Studenten und den Führern der 68er verpönt und ignoriert wurde: »Der deutsche Wissenschaftler, der [...]

die mündlichen und schriftlichen Berichte über China fortwährend sammelte, las und publizierte, hieß Jürgen Domes. Er saß mitten auf dem Campus der Freien Universität im Otto-Suhr-Institut. Ein Experte von hohen Graden. Bei ihm hätten wir uns leicht unterrichten können. Fortlaufend bot er einschlägige Seminare zur chinesischen Innenpolitik an. [...]«

8 Der Sinologe Rainald Simon, der die Herrschaft Maos als die »stalinistische Unterdrückung in ihrer fernöstlichen Variante« bezeichnet, schreibt in seinem Buch »Der chinesische Gulag«, das 1996 im rororo Taschenbuchverlag, Hamburg-Reinbek erschien, über das fehlende Bewusstsein der gesamten Weltöffentlichkeit in seinem Vorwort:

»Nicht, dass es keine Informationen über die Lager und die Unterdrückung des Geistes gegeben hätte, es war eher eine Verhüllung des öffentlichen Bewusstseins, das örtlich, fernöstlich, betäubt zu sein schien. [...] China schien sich bis dahin einer speziellen Immunität zu erfreuen, die von politischen Kräften von ganz links bis zum äußersten rechten Rand gefördert wurde. Jean Luc Domenachs für die gegenwartsbezogene Chinaforschung bis in die späten 70er-Jahre vernichtende Kritik, dass ›die meisten Studien über die VR China die Unterdrückung und das Haftsystem aussparten‹, ist leider zutreffend. Dies lag nicht an einem Mangel an Informationen über die unmenschlichen Verhältnisse in China. Korrespondenten berichteten von Gräueln, aber die meinungsbildende Neue Linke (oder zumindest große Teile dieser Gruppe) wehrte diese Nachrichten als ›antikommunistisch‹ ab.« S. 10

9 Siehe auch den Bericht der Internationalen Gesellschaft für Menschenrechte (IGFM) »Laogai – Das Zwangsarbeitslagersystem der Volksrepublik China«

10 Beispielhaft sei hier die damalige Titelgeschichte CHINA / KULTURREVOLUTION »Brutal sein« über die Kulturrevolution im *Spiegel* 48/1966, S. 114–131, genannt. Darin heißt es: »Sie [die Roten Garden, Anm. d. Autorin] schmähten ihre Feinde als Ratten – und wer Ratte ist, bestimmten sie selbst. Sie versprachen, diese Feinde ›so zusammenzuschlagen, dass sie sich nie mehr erheben‹. Und sie gelobten: ›Wir müssen brutal sein, denn Feinfühligkeit gegenüber dem Feind bedeutet Brutalität gegenüber der Revolution.‹ Sie terrorisierten die Chinesen in Peking, Kanton und Schanghai, aber Furcht vor den roten Rotten befiel auch die Bürger in Moskau, Paris und New York. Denn die Rotgardisten versprachen: ›Wir wollen nicht nur die Reaktionäre in unserem Land vernichten, sondern die Reaktionäre in der ganzen Welt. Wir werden ihnen die Hundeschädel zerschlagen.‹«

11 Vgl. Bettina Röhl, *So macht Kommunismus Spaß!*, 2006

12 Interview der Autorin mit Klaus Rainer Röhl, 1996

13 Aus einem Brief von Ulrike Meinhof an den Rundfunkredakteur Peter Coulmas, zitiert aus dem Dokumentarfilm von Timon Koulmasis, »Ulrike Marie Meinhof – lettre à sa fille«, 1994

14 Aus der Korrespondenz von Ulrike Meinhof mit der Familie Gelbhaar, Weilburg, 1968

15 Sabine Zurmühl habe ich 1996 wiedergetroffen, als sie für den NDR einen Dokumentarfilm über 30 Jahre 68 und RAF, über Ulrike Meinhof und die Verschleppung meiner Schwester und mir nach Sizilien drehte und mich interviewen wollte. Ich war sehr enttäuscht, dass sie, obwohl ich damals ablehnte, die Geschichte dann doch mit Kinderfotos von uns, die ich ihr nicht genehmigt hatte, erzählte und, da ich Nein gesagt hatte, kurzerhand die Mittäter und damaligen Mitwisser der Verschleppung, meine Tante Wienke und Horst Mahler, zu Wort kommen ließ, die natürlich ihre geschönte Variante zum Besten gaben.

16 Interview der Autorin mit Bernd Rabehl, 1998
17 Interview der Autorin mit Manfred Kapluck, Dezember 1996
18 Peter Schneider, *Rebellion und Wahn*, Kiepenheuer & Witsch, Köln, 2008
19 Gemeint sind hier die Roten Garden, siehe hierzu den Bericht des *Spiegel* 48/1966 »China / Kulturrevolution: Brutal sein«, S. 114–132
20 Siehe beispielhaft in dem Dokumentenheft »...anarcho-terroristische Kräfte«, hrsg. vom Bundesbeauftragten für die Unterlagen der Staatssicherheit, den Stasi-Bericht der Hauptverwaltung A über den Linksradikalen und späteren westdeutschen 2.-Juni-Terroristen und noch späteren Stasi-Spitzel Till Meyer, 2017, S. 9. Die Stasi hält am 29.1.1969 über Till Meyer fest: »Auch gab er an, dass er an diesem 22.1. in der chinesischen Botschaft in Berlin war, um sich dort Agitationsmaterial zu holen.« Und: »Diese Einstellung bekundet er offen u.a. damit, indem er eine Plakette mit dem Bildnis Mao Tse-Tungs auf dem Pullover trägt.«
21 Der *Spiegel* brachte im November 1966, Heft 48/1966, eine Titelgeschichte über »Maos Rote Garde«, in der die Gräuel der mordenden und marodierenden »roten Rotten« beschrieben wurden: »Die Garden durften tun, was den Halbstarken der ganzen Welt verwehrt ist: Reiche verprügeln, Lehrer aus den Schulen und Beamte aus den Ämtern jagen, Denkmäler zertrümmern und Museumstüren vernageln, Frauen [...] hochhackige Schuhe von den Füßen reißen.« S. 114–132
22 Im *Spiegel* 48/1966 in der Titelgeschichte »Maos Rote Garde« heißt es über die Kulturrevolution in China: »Liebespaare wurden von den Parkbänken gestoßen, weil sie jemand anderen als Mao im Herzen hatten.« S.114–132
23 Was in China eine Strafe war, die Verbannung auf das bitterarme Land, wurde im Westen zu einer Mode: Auch im Westen zogen in den Siebzigerjahren viele aufs »Land«, um zu den Ursprüngen des Landlebens zu finden und ein sogenanntes alternatives Leben in Kommunen ohne Konsum, ohne Luxus, ohne Technik zu führen. Eine groteske Nachahmung einer Mao Zedong'schen Verbannungsmaßnahme, die in China Millionen von Menschen vital traf.
24 Nina Adler auf *Spiegel online*, Einestages in ihrem Artikel »Großes Chaos unter dem Himmel«, 22.12.2017
»Fünf Millionen Jugendliche schickt die Partei mit sogenannten Landverschickungsprogrammen in die Provinzen, zeitgleich mit mehreren Millionen Kadern, die zum Arbeitseinsatz in ländlichen Regionen gezwungen werden. So entledigt sich Mao gleich zweier sozialer Probleme: sowohl der früheren Rotgardisten als auch ihrer ehemaligen Opfer.«
25 Gerd Koenen, *Das rote Jahrzehnt: Unsere kleine deutsche Kulturrevolution 1967–1977*, Kiepenheuer & Witsch, Köln, 2001
26 *konkret* Nr. 5, Mai 1968 S. 21/22 Interview mit Rudi Dutschke von Nadine Lange
27 Die Mao-Bibel gab seit 1967 der Fischer-Verlag heraus und verkaufte bis 1977 140 000 Exemplare. Dazu kamen die massenhaften Raubdrucke oder Mao-Bibeln, die die chinesische Botschaft in Ostberlin den Studenten im Westen kostenlos schickte.
28 Götz Aly, *Unser Kampf 1968 – ein irritierter Blick zurück*, S. Fischer Verlag, Frankfurt am Main, 2008, S. 109
29 Nicht nur die APO verübte mehrfach Anschläge mit Steinen und Molotowcocktails auf Springers Redaktionen und Häuser, nicht nur die RAF verübte 1972 einen Bombenanschlag auf das Springerhochhaus in Hamburg, auch in der Schweiz fackelte ein Springer-Hasser, der Schweizer Schriftsteller Daniel de Roulet, 1975 ganz allein mit seiner Freundin das Chalet von Axel Springer bei Gstaad ab, worüber er

später eine Art Geständnis-Buch mit dem Titel »Ein Sonntag in den Bergen« schrieb, das im Limmatverlag in der Schweiz erschien.

30 Peter Schneider: »BILD macht dumm« in: *konkret,* Nr. 3 März 1968, S.15

31 So schreibt Peter Schneider in seinem Buch *Rebellion und Wahn*, Kiepenheuer & Witsch, Köln, 2008, von einem Konto, zu dem nur Gaston Salvatore und Rudi Dutschke Zugang hatten: »Bernd Rabehl behauptet, Feltrinelli habe etwa 100000 DM in Bündeln für den Vietnamkongress nach Berlin gebracht. Nirumand hatte von Feltrinelli eine Spende von 120000 Franken erhalten. [...] Christian Semler erinnert sich, dass er Augstein zweimal um Geld gebeten hatte, das er in Tranchen von je 25000 DM erhalten habe.« Kindle-Ausgabe Pos.3564

32 Telegramm von Ulrike Meinhof an die Chefredaktion des *Spiegel* vom 9.2.1968. Dieses Telegramm wurde zusammen mit einem Briefwechsel zwischen Ulrike Meinhof und Rudolf Augstein im Jahr 2016 im Archiv des *Spiegel* von einem Dokumentaristen gefunden.

33 Gretchen Dutschke, *Wir hatten ein barbarisch schönes Leben; Rudi Dutschke – Eine Biografie*, Kiepenheuer & Witsch, Köln, 1996, S.184–185

34 Peter Gäng und Jürgen Horlemann, *Vietnam. Genesis eines Konflikts.* Frankfurt/M.: Suhrkamp, 1965

35 Klaus Rainer Röhl, *Fünf Finger sind keine Faus*t, Kiepenheuer & Witsch, Köln, 1974, S.315–317

36 Dieter Kunzelmann, *Leisten Sie keinen Widerstand! Bilder aus meinem Leben*, Transitverlag 1998, S.104/105

37 Klaus Rainer Röhl, *Fünf Finger sind keine Faust*, Kiepenheuer & Witsch, Köln, 1974, in Kapitel »Springprozession mit Ho Tschi Minh«, S. 317 und S. 319

38 Flugblatt der Kommune 1, »Wann brennen die Berliner Kaufhäuser? (24.5.67) in Dieter Kunzelmann, *Leisten Sie keinen Widerstand! Bilder aus meinem Leben*, Transitverlag, S. 79

39 Aus Ebd. Gutachterliche Äußerungen zu den Flugblättern der Kommune 1 (Auszüge), S. 81

40 Ulrike Meinhof: »Warenhausbrandstiftung« in *konkret* Nr. 14, 4. November 1968, S. 5, und in: Ulrike Marie Meinhof: *Die Würde des Menschen ist antastbar. Aufsätze und Polemiken.* Mit einem Nachwort von Klaus Wagenbach. Verlag Klaus Wagenbach, Berlin 1981, S. 153–156

41 *Der Spiegel* 45/1968 vom 4.11.1968 in »Polizei her« S. 67

42 »Bommi« Baumann, *Wie alles anfing*, Trikont Verlag München, 1975, S. 30

43 Interview der Autorin mit Astrid Proll 1995

44 Interview der Autorin mit Astrid Proll 1995

45 *konkret* Nr. 5, Mai 1968, »Rudi Dutschke in Prag«, S. 21–23

46 *konkret* Nr. 5/68 in: Staat der Gewalt »Protokoll eines Attentates« von Stefan Aust, S. 8.

47 Stefan Aust, *Der Baader-Meinhof-Komplex*, Goldmann Spiegelbuch, München, 1998, S. 63

48 Tilman Fichter, Siegward Lönnendonker, *Kleine Geschichte des SDS*, in: Rotbuchverlag, Berlin, 1977, S. 127

49 Ebd. S.127

50 Aus der Akte Strafanzeige von Amts wegen gegen Ulrike Röhl

51 Aus der Akte Strafanzeige von Amts wegen gegen Ulrike Röhl, Aktenzeichen I-A-KJ3 Berlin, 19. April 1968

52 Einlassung Ulrike Meinhofs in der Akte Strafanzeige wegen Verdacht auf Nötigung I-A-KJ3 Berlin

53 Aus der Ermittlungsakte gegen Ulrike Röhl wegen des Verdachts der Nötigung, Geschäftsnr. 157 gs 1838/68 III vor dem Amtsgericht Hamburg 25.10.1968
54 Aus der Polizeiermittlungsakte IA-KJ3 wegen Verdachts der Aufforderung zu strafbaren Handlungen
55 Ebd.
56 Aus der Ermittlungsakte I-A-KJ3, 29.4.1968
57 Aus der Anwaltsakte Kurt Groenewold zum Aktenzeichen I-A-KJ3
58 Mao Tse-tung, Ausgewählte Werke Bd. III., Verlag f. fremdspr. Lit. Peking, 1969, S. 205–207
59 In: *Der Spiegel* 18/1968 » Unruhen Todesopfer Gewisse Scheu« 29.04.1968, S. 74–77
60 Peter Schneider wehrt sich im Juni 1968 in dem Artikel »Gewalt in den Metropolen« in *konkret*, Nr. 6, S. 26 exemplarisch dagegen, die Schuld an den beiden Toten der APO zu geben: »Wir haben so geringe Fortschritte in der Befreiung unserer Selbstunterdrückung gemacht, dass die Neofaschisten nur den Terror gegen uns zu steigern brauchen, um unser schlechtes Gewissen zu steigern. Sie lassen einen von uns über den Haufen schießen, wir wehren uns, es passiert ein Unglück, und schon schlagen wir uns an die Brust und bekennen: das kommt daher, dass wir uns nicht prinzipiell von jeder Gewaltanwendung distanziert haben. Es ist nötig, ein paar ganz einfache Fragen zu beantworten. Wer hat am 2. Juni geschossen? Nicht wir haben den Schah erschossen, sondern Benno Ohnsorg ist von der Polizei erschossen worden. Wer hat die Studenten Millionen von Lesern als Krawallmacher, Störenfriede, rote Faschisten, SA-Herren, als Polit-Gammler hingestellt und dazu aufgefordert, die Drecksarbeit nicht von der Polizei allein machen zu lassen? Nicht wir haben zur Gewalt gegen Menschen aufgerufen, sondern Axel Springer […]«
61 Name der Zeugin und Interview-Partnerin auf deren Wunsch weggelassen
62 Stefan Aust, *Der Baader-Meinhof-Komplex*, Goldmann Spiegelbuch, Hamburg, 1998, Kapitel 16, »Ein Attentat«, S. 73
63 Aus der Anwaltsakte Kurt Groenewold, Korrespondenz mit seiner Mandantin Ulrike Röhl/Meinhof, 1968
64 Ebd.
65 Dieser Brief von Klaus Röhl befand sich in den Unterlagen von Ulrike Meinhof, die Rechtsanwalt Hans-Christian Ströbele mir 1996 übergeben hat.
66 Artikel von Ulrike Meinhof in *konkret*, Notstandsgesetze, Juni 1968
67 Ulrike Meinhof in *konkret* Nr. 11, 23.09.1968, S. 2 in ihrer Kolumne »ČSSR-Folgeerscheinungen«
68 Aus: *Der Spiegel* 26/1968, 24.6.68: Studenten/SDS: »Zur Sonne«, S. 38–55
69 Kursbuch 14, August 1968, *Kritik der Zukunft*, Hrg. v. H. M. Enzensberger, Westberlin 1968. Ein Gespräch über die Zukunft mit Rudi Dutschke, Bernd Rabehl und Christian Semler
70 Insgesamt 200 000 DM sollen nach dem Attentat laut Gretchen Dutschke auf das Konto der Familie eingegangen sein.
71 Gerd Koenen: *Vesper, Ensslin, Baader: Urszenen des deutschen Terrorismus*, Kap. 10 »Im Kreidekreis«, S. 195, Kiepenheuer & Witsch, Köln, 2003
72 Ulrike Meinhof: »Die Frauen im SDS oder In eigener Sache«, in: *konkret* Nr. 12, 1968: »Die Reaktion der Männer auf der Delegierten-Konferenz und auch die der immer noch wohlwollenden Berichterstatter zeigte, dass noch erst ganze Güterzüge von Tomaten verfeuert werden müssen, bis da etwas dämmert. Die Konsequenz aus Frankfurt kann nur sein, dass mehr Frauen über ihre Probleme nachdenken, sich organisieren, ihre Sache aufarbeiten und formulieren lernen und dabei von

ihren Männern erst mal nichts anderes verlangen, als dass sie sie in dieser Sache in Ruhe lassen und ihre tomatenverkleckerten Hemden mal alleine waschen, vielleicht weil sie gerade Aktionsratssitzung zur Befreiung der Frau haben.«

73 Interview der Autorin mit Monika Seifert, 1997

74 Ebd.

75 Zitiert aus Privatbriefen

76 Zitiert aus Privatbriefen

77 Klaus Rainer Röhl, *Fünf Finger sind keine Faust*, Kiepenheuer & Witsch, Köln, 1974, S. 298 f.

78 Klaus Rainer Röhl, *Fünf Finger sind keine Faust*, Kap. »Rudi Dutschke macht Urlaub in Kampen«, Kiepenheuer & Witsch, Köln, 1974, S. 307 f.

79 Zit. aus Privatbriefen vom August/September 1968

80 Klaus Rainer Röhl, *Fünf Finger sind keine Faust*, Kiepenheuer & Witsch, Köln, 1974, Kapitel »Liebe mit Gewalt und Gewalt in den Metropolen«, S. 325

81 Brief von Rudi Dutschke an Klaus Röhl, vermutlich September 1968, abgedruckt in Klaus Rainer Röhl, *Fünf Finger sind keine Faust*, Kiepenheuer & Witsch, Köln, 1974. S. 276 f.

82 Interview der Autorin mit Peter Homann, 1997

83 Ebd.

84 Ebd.

85 Ebd.

86 Ebd.

87 Ebd.

88 Gerhard Botts Film »Erziehung zum Ungehorsam« wurde im Dezember 1969 im ARD-Fernsehen (»Panorama«) ausgestrahlt und prägte, zusammen mit anderen journalistischen Geschichten, zum Beispiel des *stern*, das Bild der Öffentlichkeit über Kinderläden

89 Interview der Autorin mit Peter Homann, 1997

90 Homann, ebd.

91 Homann, ebd.

92 Homann, ebd.

93 Homann, ebd.

94 Ulrike Meinhof in ihrem Essay »Warenhausbrandstiftung« in *konkret* Nr. 14 vom 04.11.1968, S. 5

95 Meinhof ebd.

96 Aus der Anwaltsakte Kurt Groenewold, Korrespondenz mit seiner Mandantin Ulrike Meinhof, Dez. 1968

97 Zit. aus Privatbriefen von Ulrike Meinhof an die befreundete Familie Gelbhaar in Weilburg

98 Aus der privaten Korrespondenz zwischen Ulrike Meinhof und der befreundeten Familie Gelbhaar in Weilburg

99 Aus der Anwaltsakte Kurt Groenewold, Korrespondenz mit seiner Mandantin Ulrike Meinhof, Dezember 1969

100 Zitiert aus der Korrespondenz zwischen Ulrike Meinhof und ihrem Anwalt Kurt Groenewold, 1968/69

101 Exemplarisch das Buch von Bodo Zeuner *Veto gegen Augstein. Der Kampf in der »Spiegel«-Redaktion um Mitbestimmung*, Hoffmann und Campe, Standpunkt, Hamburg, 1972

102 Bodo Zeuner, ebd., S.60 ff.

103 *konkret* Nr. 9, 22. April 1969: »Das System ›Spiegel‹ ist ein System der Gewalt«, S. 6 f.
104 Nach der sogenannten *Spiegel*-Affäre von 1962 prägte Augstein den Begriff »Sturmgeschütz der Demokratie« für sein Magazin.
105 Klaus Rainer Röhl, *Fünf Finger sind keine Faust*, hier Kap. »Eine Gegenredaktion wird gegründet«, Kiepenheuer & Witsch, Köln, 1974, S. 355
106 Ebd., S. 357
107 *Rote Presse-Korrespondenz*, Nr. 11, (West-)Berlin, 1.5.1969, S. 12
108 Ulrike Meinhof in ihrer Kolumne »Kolumnismus«, *konkret* Nr. 2, 13. Januar 1969, S. 2
109 Klaus Rainer Röhl in *konkret* Nr. 2, 13. Januar 1969, in seinem Editorial »Lieber *konkret*-Leser!«
110 Klaus Rainer Röhl, *Fünf Finger sind keine Faust*, Kiepenheuer & Witsch, Köln, 1974, S. 358 ff.
111 Aus der Akte Groenewold, Korrespondenz mit seiner Mandantin Ulrike Meinhof
112 Otto Köhler in: *Der Spiegel* 8/1969, 07. 02. 1969, »ENTEIGNET EXTRA-DIENST – ENTMACHTET RÖHL!«, S. 151
113 *konkret*, Nr. 5, 24. Februar 1969, »Kulturrevolution«, S. 28–33
114 Klaus Rainer Röhl, *Fünf Finger sind keine Faust*, Kiepenheuer & Witsch, Köln, 1974, S. 362
115 Das SDS-Papier hieß »Zur Situation an den Hochschulen«.
116 Interview der Autorin mit Peter Homann, 1997
117 Peter Homann, ebd.
118 Ulrike Meinhof in: *Frankfurter Rundschau*, 26.4.1969, »Ich will durch meine Mitarbeit nicht verschleiern«
119 Interview von Niels Beckenbach mit Bettina Röhl: »Es war eine mitreißend positive Zeit« in: *Wege zur Bürgergesellschaft: Gewalt und Zivilisation in Deutschland Mitte des 20. Jahrhunderts*, hrsg. von Niels Beckenbach, Duncker & Humblot, Berlin, 2005
120 Wolfgang Röhl in *konkret* Nr. 11, 19. Mai1969 »Der Laden wird zerkrümelt« S. 48, 49
121 Bernward Vesper, *Die Reise. Romanessay*. Nach dem unvollendeten Manuskript herausgegeben und mit einer Editions-Chronologie versehen von Jörg Schröder, März Verlag, Jossa 1979, S. 200
122 Wolfgang Röhl in *konkret* Nr. 11, 19. Mai 1969 »Der Laden wird zerkrümelt«, S. 48 f.
123 Ebd.
124 Bernward Vesper: *Die Reise. Romanessay*. Nach dem unvollendeten Manuskript herausgegeben und mit einer Editions-Chronologie versehen von Jörg Schröder, März Verlag, Jossa 1979, S. 200
125 Aus: *Der Spiegel* 20/1969, 12.05.1969: »Ach Ulrike«, S.106 ff.
126 Wolfgang Röhl in: *konkret*, 19. 05. 1969: »Der Laden wird zerkrümelt«, S. 48 f.
127 Klaus Hübner, *Einsatz. Erinnerungen des Berliner Polizeipräsidenten 1969–1987*, mit einem Vorwort des Bundeskanzlers a. D. Helmut Schmidt, Berlin, 1997, S. 138
128 Klaus Hübner, *Einsatz. Erinnerungen des Berliner Polizeipräsidenten 1969–1987*, mit einem Vorwort des Bundeskanzlers a. D. Helmut Schmidt, Berlin, 1997, S. 140
129 In: *konkret* Nr. 9, 22. April 1969, »Heil Helmut! «, S. 11
130 Ebd.
131 Aus: *Der Spiegel* 20/1969, 12.05.1969, »Ach Ulrike«, S. 106 ff.

132 Akte Groenewold

133 Aus der Anwaltsakte Kurt Groenewold, Korrespondenz mit seiner Mandantin Ulrike Meinhof

134 Akte Groenewold, Korrespondenz mit seiner Mandantin Ulrike Meinhof zur einstweiligen Verfügung (EV)

135 Akte Kurt Groenewold zur EV

136 Zitiert aus der Privatkorrespondenz. Brief von Ulrike Meinhof an Dick Busse, Ende Juni 1969

137 Zitiert aus der Privatkorrespondenz. Brief von Dick Busse an UM, 2. Juli 1969

138 Mario Krebs, *Ulrike Meinhof, Ein Leben im Widerspruch*, Reinbek 1988, S. 183

139 Marianne Herzog, *Suche*, Luchterhand Literaturverlag, Darmstadt, 1988

140 Ulrike Meinhof in ihrer Kolumne »Gustav, Gustav«, in: *konkret* Nr. 7 vom 24. März 1969, S. 5

141 Interview der Autorin mit Astrid Proll, 1991

142 Vgl. Stefan Aust, *Der Baader-Meinhof-Komplex*, Kap. 21, »Baader, Ensslin und die Sozialarbeit«, Hoffmann und Campe, Hamburg, 1998

143 Interview der Autorin mit Astrid Proll, 1991

144 Interview der Autorin mit Astrid Proll, 1991

145 Interview der Autorin mit Claudia von Alemann, 1998

146 Interview der Autorin mit Peter Homann, 1997

147 Interview der Autorin mit Astrid Proll, 1995

148 Luise Rinser glorifizierte den Mordstaat Nordkorea als Paradies auf Erden und war mit Kim Il-sung befreundet. Sie glorifizierte den Theokraten Ajatollah Khomeini im Iran, später kam heraus, dass sie, statt Widerstandskämpferin gewesen zu sein, freundliche Hitlerverse gedichtet und Juden denunziert hatte. Und diese 1911 geborene Dame, die bis zu ihrem Tod 2002 eine feste Größe im linken Lager war, fand nun auch Gudrun Ensslin toll.

149 Der Film »Bambule« sollte im Mai 1970 im Fernsehen gezeigt werden. Da Meinhof kurz zuvor am 14. Mai 1970 in den Untergrund abtauchte, wurde der Film jedoch aus dem Programm genommen und erst 1994 zum ersten Mal im öffentlich-rechtlichen Fernsehen ausgestrahlt.

150 Zitiert aus der privaten Korrespondenz. Ulrike Meinhof an Dieter Waldmann, 1969

151 Otto Schily an Klaus Rainer Röhl, 25.09.1969

152 *konkret*-Chefin vom Dienst Gitta Moldehn an Otto Schily, 26.09.1969

153 Ulrike Meinhof an Heinrich Senfft. Aus der Scheidungsakte Heinrich Senfft, Korrespondenz mit der Mandantin Ulrike Meinhof, 04.10.1069

154 Aus der Anwaltsakte Heinrich Senfft, Korrespondenz mit der Mandantin Ulrike Meinhof. ebd.

155 Ulrike Meinhof an Klaus Rainer Röhl, aus der Anwaltsakte Kurt Groenewold, Korrespondenz mit seiner Mandantin Ulrike Meinhof

156 Klaus Rainer Röhl an Ulrike Meinhof. Aus der Akte Kurt Groenewold, Korrespondenz mit seiner Mandantin Ulrike Meinhof

157 Aus der Akte Kurt Groenewold. Korrespondenz mit der Mandantin Ulrike Meinhof, 11.12.1969

158 Klaus Röhl an seine Töchter, 11.12.1969

159 Interview der Autorin mit Peter Homann, 1997

160 Zitiert aus privater Korrespondenz

161 Interview der Autorin mit Peter Homann, 1997

162 Aus der Akte Groenewold, Korrespondenz mit seiner Mandantin Ulrike Meinhof

163 Ulrike Meinhof ist immer noch sauer, dass in *konkret* gestanden hatte, dass Röhls Haus unter ihrer Leitung verwüstet wurde. Inzwischen wird gegen sie polizeilich ermittelt, und Röhl sollte das unterbinden.
164 Brief von Klaus Rainer Röhl an seine Töchter
165 Aus der Akte Kurt Groenewold, Korrespondenz mit seiner Mandantin Ulrike Meinhof
166 Aus der Akte Kurt Groenewold, Korrespondenz mit seiner Mandantin Ulrike Meinhof
167 Gerd Koenen, *Das rote Jahrzehnt*, Köln 2001, S. 80 (Mit »flaumleichter Existenz« ist vermutlich die absolut paradiesische Wohlstandswelt der Sechzigerjahre gemeint, in der Koenen aufgewachsen war.)
168 »Monitor«-Interview mit Fritz Teufel, 06. 02. 1970
169 Ebd.
170 Interview mit Fritz Teufel: »Ich war am anfälligsten für die Liebe«. *Der Tagesspiegel*, 07. 07. 2010
171 Dieter Kunzelmann, *Leisten Sie keinen Widerstand!*, Transitverlag, Berlin, 1999, S. 99
172 Ulrike Meinhof, in: Stefan Aust, *Der Baader-Meinhof-Komplex*, 3. Kap. »Die Kostüme der Müdigkeit«; Kap. 12 »Eine scheinheilige Sau aus der herrschenden Klasse«. Goldmann Spiegelbuch, München, 1998
173 1971 bekundete jeder 4. Deutsche unter 30 »gewisse Sympathien« für die RAF.
174 Peter Schneider, *Rebellion und Wahn*, Kiepenheuer & Witsch, Köln, 2008, Prolog Pos. 91 und 101
175 Klaus Hübner, *Einsatz. Erinnerungen des Berliner Polizeipräsidenten 1969–1987*, mit einem Vorwort des Bundeskanzlers a. D. Helmut Schmidt, Berlin 1997, S. 142
176 Ebd., S. 143 f.
177 Robin Alexander, *Die Getriebenen*, München, 2017
178 Grashof war Freiwilliger der Heeresflieger-Schule in Bückeburg. Nach dem Attentat auf Rudi Dutschke desertierte er und lebte seitdem in den Kommunen von SDS und Kommune 1 in Berlin.
179 Der Kommunarde Karl Pawla wurde 1968 bekannt, weil er 1968 vor einem Berliner Schöffengericht vorsätzlich seine »Notdurft« verrichtet und »Akten beschmutzt hatte«, wofür er im September 1968 verurteilt wurde. Damals berichtete der *Spiegel* 43/1968 vom 21.10.1968 in »Die Tat zielstrebig vorbereitet«.
180 Interview der Autorin mit Horst Mahler, 1998
181 Zitiert bei Wolfgang Kraushaar, *Die Bombe im jüdischen Gemeindehaus*, Hamburger Edition HIS Verlagsges. mbH, 2005, S. 195f. Laut Aussage des Tupamaro Westberlin-Mitglieds Annekatrin Bruhn habe Horst Mahler der Gruppe um Kunzelmann des Öfteren Geld gegeben.
182 Albrecht Fichter, Bruder von Tilman Fichter, war nach eigener Aussage beteiligt an dem Attentat auf das jüdische Gemeindehaus 1969, siehe auch Wolfgang Kraushaar *Die Bombe im jüdischen Gemeindehaus*, Hamburger Edition HIS Verlagsges. mbH, 2005
183 Siehe auch *taz* vom 19. 2. 2001 »Wir waren sehr naiv«, Interview von Lukas Wallraff mit Wolfgang Schwiedrzik
184 Siehe auch *Der Spiegel* vom 29.06.2004, GESCHICHTE DES TERRORS Eldorado der Linksguerilla, S. 86–89
185 Wolfgang Kraushaar, *Die Bombe im jüdischen Gemeindehaus*, Hamburger Edition, 2005, S. 260

186 Ebd. S. 263
187 Ebd. S. 277
188 Ebd. S. 285
189 »Kursbogen« als Beilage zum Kursbuch, 5. Jg., Nr. 18, Oktober 1969
190 Interview der Autorin mit Horst Mahler, 1998
191 Ebd.
192 Ebd.
193 Interview der Autorin mit Hanna K., 2017
194 Interview der Autorin mit Hanna K., 2017
195 Ebd.
196 Interviewgespräch der Autorin mit Ruth Walz, 1999
197 Interview der Autorin mit Peter Homann, 1997
198 Ebd.
199 Monika Berberich bestätigte diese Beziehung zu Ulrike Meinhof, die aber nur wenige Monate bestand, da Berberich und Meinhof sich erst im März 1970 richtig kennenlernten und Berberich bereits im Oktober 1970 verhaftet wurde.
200 Siehe auch Willi Winkler, *Die Geschichte der RAF*, S.154, Rowohlt, Berlin, 2007 Von dem »Delegiertentreffen« berichteten auch Peter Homann und andere der Autorin.
201 Interview der Autorin mit Gretchen Dutschke, Nov. 1998 in Bonn
202 Interviewstatement von Irene G. in: Jutta Ditfurth, *Ulrike Meinhof: die Biografie*, Ullstein, Berlin, 2007, S. 238
203 Ebd.
204 In *Worte des Vorsitzenden Mao Tse-tung*, S.18. Schlussansprache auf der 2. Tagung des 1. Nationalkomitees der Politischen Konsultativkonferenz des chinesischen Volkes, 23. Juni 1950
205 Aus der privaten Korrespondenz Ulrike Meinhof/Dieter Waldmann, 1970
206 Ebd.
207 »So macht Kommunismus Spaß!«, Dokumentarfilm nach dem gleichnamigen Buch von Bettina Röhl, SPIEGEL TV Reportage, ausgestrahlt im Februar 2007
208 Ulrike Meinhof im TV-Interview mit Helga Sanders-Brahms, März 1970
209 Link zu der Filmsequenz und dem entsprechenden Eintrag des Users im Internet: https://www.youtube.com/watch?v=k7jEk_f04pE
210 »Was ist eine gute Mutter? Margarete Mitscherlich und Bettina Röhl über Liebe und Verlassensein«, in *Chrismon,* 01.02. 2011
211 Regine Röhl, »Jede für sich allein. Regine Röhl über sich und ihre Mutter Ulrike Meinhof«, in: *Der Spiegel* 29/1995, S. 100 f.
212 Interview der Autorin mit Horst Mahler, 1998
213 Interview der Autorin mit Peter Homann, 1997
214 Ebd.
215 Ebd.
216 Ebd.
217 Interview der Autorin mit Hanna K., 2017
218 Klaus Wagenbach in dem Dokumentarfilm »Ulrike Marie Meinhof, lettre à sa fille« von Timon Koulmasis, 1995
219 Interview der Autorin mit Horst Mahler, 1998
220 Bommi Baumann, zit. in: *Der Baader-Meinhof-Komplex*, Stefan Aust, Kapitel 27 »Vorbereitungen für eine Gefangenenbefreiung«, S. 115, Goldmann, Spiegelbuch, München, 1998

221 So die Erinnerung von Hanna K. Astrid Proll erinnert sich, dass Gudrun Ensslin bei ihr im Fluchtauto saß.
222 Interview der Autorin mit Hanna K., 2017
223 Interview der Autorin mit Monika Berberich, 1994
224 Ulrike Meinhof war Mitglied der illegalen KPD und arbeitete viele Jahre für Ostberlin. Siehe: Bettina Röhl, *So macht Kommunismus Spaß!*, Heyne Taschenbuchverlag, München, 2018
225 Stefan Aust, *Der Baader-Meinhof-Komplex*, Goldmann Spiegelbuch, München, 1998, Kapitel 2, Die Befreiung, S. 24 ff.
226 Interview der Autorin mit Peter Homann, 1997
227 Interview der Autorin mit Peter Homann, 1997
228 Interview der Autorin mit Peter Homann, 1997
229 Interview der Autorin mit Horst Mahler, 1998
230 Ebd.
231 Aus Klaus Rainer Röhl, *Fünf Finger sind keine Faust*, Kiepenheuer & Witsch, Köln, 1974, S. 387 f.
232 Ebd.
233 Unser Geburtsdatum ist der 21. September. Lediglich in den Akten taucht immer wieder der 19. September als unser Geburtsdatum auf.
234 Aus der Anwaltsakte Heinrich Hannover, Korrespondenz mit seiner Mandantin Ulrike Meinhof, hier Sorgerechtsstreit, 1970
235 Interview der Autorin mit Lilli Holtkamp, September 2000
236 Interview der Autorin mit Hanna K., Mai 2017
237 Interview der Autorin mit Hanna K., 2017
238 Ebd.
239 Ebd.
240 Ebd.
241 Ebd.
242 »Natürlich kann geschossen werden«, in: *Der Spiegel* 25/1970 vom 15.06.1970, S. 74 f.
243 Diese Erklärung wie auch alle weiteren der RAF waren nicht mit dem Namen Meinhof gezeichnet. Astrid Proll und andere, die dabei waren, haben bestätigt, dass die Texte alle von Meinhof geschrieben wurden, auch wenn sie nach außen nicht mehr namentlich als solche gekennzeichnet wurden.
244 »Die Rote Armee aufbauen!«, in: »Agit 883«, 5. Juni 1970
245 Klaus Hübner, *Einsatz. Erinnerungen des Berliner Polizeipräsidenten 1969–1987*, Kapitel »Die Spirale der Gewalt und das Diskussionskommando«, S. 124 f., Jaron Verlag GmbH, Berlin, 1997
246 *Der Spiegel* 25/1970, 15.06.1970, AFFÄREN / BAADER / MEINHOF: Bis irgendwohin. S. 71 ff.
247 Ebd.
248 Ebd.
249 Diese handschriftlichen Notizen von Ulrike Meinhof sind wohl außer in diesem *Spiegel*-Artikel sonst nie von den vielen RAF-Historikern beachtet oder verwendet worden. Obwohl hier das erste Mal ein Titel der neuen Formation auftaucht: Die Rote Armee aufbauen.
250 Ebd.
251 *Der Spiegel* 25/1970: AFFÄREN / BAADER / MEINHOF: Bis irgendwohin. S. 71 ff.
252 Günter Wallraff in *konkret* Nr. 14, 2. Juli 1970, »Ulrikes Rote Armee«, S. 7

253 Interview der Autorin mit Peter Homann, 1997

254 Jürgen B. war ein langjähriges Mitglied des SDS gewesen, der bis 1970 im Republikanischen Club gearbeitet hatte, wegen APO-Delikten schon im Gefängnis gesessen hatte und dieserhalb von Horst Mahler einst verteidigt worden war. Er stieß offenbar erst im April/Mai 1970 zur sich aufbauenden »Roten Armee« hinzu.

255 *Der Spiegel* 25/1970 AFFÄREN / BAADER / MEINHOF Bis irgendwohin, S. 71–75. Ausführlich ist die Ankunft der Mahler-Leute in Damaskus bei Stefan Aust in *Der Baader-Meinhof-Komplex* geschildert: Kapitel »Die Reise nach Jordanien«, S. 121 ff., Goldmann, Spiegelbuch, 1998, München

256 Interview der Autorin mit Astrid Proll, Januar 2018

257 Interview der Autorin mit Astrid Proll, 1991

258 Interview der Autorin mit Peter Homann, 1997

259 Interview der Autorin mit Peter Homann, 1997

260 Interview der Autorin mit Manfred Grashof, 1999

261 Ebd.

262 Ebd.

263 Interview der Autorin mit Peter Homann, 1997

264 Ebd.

265 Ebd.

266 Günter Wallraf in *konkret,* Ausgabe 14, 2. Juli 1970, »Ulrikes Rote Armee«, S. 7

267 Interview der Autorin mit Horst Mahler, 1998

268 Ebd.

269 Ebd.

270 Interview der Autorin mit Manfred Grashof in Berlin, 1999

271 Ebd.

272 Interview der Autorin mit Peter Homann, 1997

273 Interview der Autorin mit Hanna K., Mai 2017

274 Interview der Autorin mit Peter Homann, 1997

275 Ali Hassan Salameh (Arabic: علي حسن سلامة, ʻAlī Ḥasan Salāmah) (1940 – 22 January 1979) was the chief operations—code name Abu Hassan—for Black September, the organization responsible for the 1972 Munich massacre and other attacks. He was also the founder of Force 17. He was assassinated by Mossad in January 1979. https://www.youtube.com/watch?v=DjYwb5IUyXA

276 Interview der Autorin mit Horst Mahler, 1998

277 Dieser Teil der Geschichte von Peter Homann ist schon 1986 das erste Mal in Stefan Austs Buch *Der Baader-Meinhof-Komplex* auf der Basis von Homanns Erzählungen veröffentlicht worden. 2008 spielte der Schauspieler Jan Josef Liefers in Uli Edels Film »Der Baader Meinhof Komplex« die Rolle des Peter Homann.

278 Interview der Autorin mit Peter Homann, 1997

279 Interview der Autorin mit Manfred Grashof, 1999

280 Interview der Autorin mit Peter Homann, 1997

281 Ebd.

282 *Der Spiegel* 40/2007, 01.10.2007, RAF-Serie (IV): »Im Untergrund: Verräter und Verschwundene«, S. 78/79

283 Interview der Autorin mit Monika Berberich, 1994

284 Interview der Autorin mit Manfred Grashof, 1999

285 Aus der Anwaltsakte Heinrich Hannover, Korrespondenz mit der Mandantin Ulrike Meinhof

286 Ebd.

287 Ebd.
288 Ebd.
289 Ebd.
290 Ebd.
291 Aus der Anwaltsakte Heinrich Senfft, Korrespondenz mit seiner Mandantin Ulrike Meinhof
292 Aus der Akte Heinrich Hannover, Korrespondenz mit der Mandantin Ulrike Meinhof
293 Ebd.
294 Ebd.
295 Ebd. »Eidesstattliche Versicherung
Hiermit versichern wir, die Eheleute Ehrengard und Jürgen Holtkamp, Bremen-Borgfeld, Butlandskamp 14, in Kenntnis der Bedeutung einer eidesstattlichen Erklärung zur Vorlage am Gericht an Eides statt: Die Kinder Regine und Bettina Röhl wurden uns am 14.5.70 im Auftrage ihrer Mutter, Frau Ulrike Marie Meinhof, übergeben. Sie haben sich insbesondere am 16.5.70 bei uns in Bremen aufgehalten. Frau Ehrengard Holtkamp, ersatzweise Herrn Jürgen Holtkamp, wurde von Frau Meinhof die Verfügungsgewalt über die Kinder übertragen, mit der Auflage, sie zur Schule und polizeilich anzumelden, um ihren Wohnsitz in Bremen-Borgfeld zu begründen. Bremen, den 16.6.70, Ehrengard Holtkamp Jürgen Holtkamp«
296 Dokumente stark eingekürzt, Originale liegen der Autorin vor, alle aus der Akte Heinrich Hannover, Korrespondenz mit der Mandantin Ulrike Meinhof
297 Dieses Geburtsdatum ist in den Gerichtsakten häufig falsch, es müsste 21. September 1962 heißen.
298 Ebd.
299 Ebd.
300 *Spiegel online*-Interview von Julia Jüttner mit Jutta Ditfurth: »Missbrauchsvorwürfe. ›Ulrike Meinhof hatte Angst um ihre Kinder‹«, 07.05.2010. Im *Spiegel* konnte ich kurze Zeit später in einem eigenen Artikel eine Klarstellung schreiben. Unter der Rubrik DEBATTE schrieb ich den Artikel »Meine Eltern« in: *Der Spiegel* 22/2010, 31.05.2010, S.120 ff.
301 Friedrich Karl Kaul, einflussreicher DDR-Anwalt mit westlicher Anwaltslizenz, der die BRD im Auftrag der DDR oft an der Nase herumführte und den Meinhof von früher gut kannte. Vgl. *So macht Kommunismus Spaß!*, S. 502, »Der Grenzgänger«
302 Günther Jahn, Erster Sekretär (Chef) des Zentralrates der FDJ, Werner Lamberz, Leiter der Kommission für Agitation und Propaganda, später Mitglied des Zentralkomitees der SED, Albert Norden, Führendes Mitglied im Politbüro, zuständig für »Agitation«
303 Siehe auch das Dokumentenheft »›… anarcho-terroristische Kräfte‹ Die Rote Armee Fraktion und die Stasi«, 2017, BStU Der Bundesbeauftragte für die Unterlagen des Staatssicherheitsdienstes der ehemaligen Deutschen Demokratischen Republik, Berlin
304 Genosse Oberst Heinitz (Abteilung der Stasi, zuständig für Untersuchungs- und Ermittlungsverfahren, Anm. d. A.)
305 Siehe auch das Dokumentenheft »›… anarcho-terroristische Kräfte‹ Die Rote Armee Fraktion und die Stasi«, 2017, BStU Der Bundesbeauftragte für die Unterlagen des Staatssicherheitsdienstes der ehemaligen Deutschen Demokratischen Republik, Berlin, S. 20–25

306 Interview der Autorin mit Manfred Kapluck, Dezember 1996

307 Siehe auch das Dokumentenheft »›… anarcho-terroristische Kräfte‹ Die Rote Armee Fraktion und die Stasi‹«, 2017, S. 12. BStU Der Bundesbeauftragte für die Unterlagen des Staatssicherheitsdienstes der ehemaligen Deutschen Demokratischen Republik, Berlin, 2017

308 Ebd. S. 13–18

309 Interview der Autorin mit Peter Homann, 1997

310 Stefan Aust, *Der Baader-Meinhof-Komplex*, S. 135 f., Goldmann Spiegelbuch, München, 1998, im Kapitel »Kindergeschichten«

311 Ebd. S.136

312 Interview der Autorin mit Kathrin Springer, 2010

313 Ebd.

314 Interview der Autorin mit Monika Berberich im Winter 1994/95

315 in: Jutta Ditfurth: *Ulrike Meinhof: die Biografie* im Kapitel »Die Partisanin«, S. 291, Ullstein, Berlin, 2007

316 Ebd. S. 284

317 Ebd. S. 292

318 Ebd. S. 290

319 Ebd. S. 272

320 Ein paar Jahre später, irgendwann in den 2000ern, traf meine Schwester zufällig noch einmal auf Brigitte Asdonk, die seit damals in autonomen Projekten in Berlin tätig war. Jetzt leugnete Asdonk plötzlich vehement, so etwas je gesagt zu haben. Niemals hätte Meinhof uns nach Jordanien bringen wollen.

321 Interview der Autorin mit Hanna K., Mai 2017

322 Karl Heinz Roth im Interview mit der Autorin, 1999

323 Stefan Aust, *Der Baader-Meinhof-Komplex*, Kapitel 7, Kindergeschichten, S. 137, Goldmann Spiegelbuch, München, 1998

324 Interview der Autorin mit Horst Mahler im Dezember 1998

325 *Der Spiegel* 42 vom 12.10.1970, »Kompliment, meine Herren!«, S. 116

326 Jürgen B. war am 05.08.1970 allein aus Damaskus nach Ostberlin-Schönefeld gereist und war dann von den DDR-Behörden für zwei Tage in Gewahrsam genommen und ausgefragt worden und erst am 7.8.1970 wieder nach Westberlin entlassen worden.

327 Interview der Autorin mit Manfred Grashof, 1999

328 *Der Spiegel*, »RAF-Serie IV«: »Verräter und Verschwundene«, 40/2007, S. 78

329 Klaus Rainer Röhl an Bettina Röhl, Oktober 1998

330 *Der Spiegel* 19/2017, »Wie sich Rudolf Augstein und Ulrike Meinhof näherkamen«, S. 42 (Michael Sontheimer)

331 Lin Biao: Kampfgenosse und Militärführer von Mao Zedong, spielte in der Kulturrevolution von 1966–1976 eine wichtige Rolle.

332 Võ Nguyên Giáp war ein nordvietnamesischer General, Politiker und Guerillakämpfer. Er war der militärische Führer der Việt-Minh-Truppen von Hồ Chí Minh und der Volksarmee Nordvietnams.

333 Interview der Autorin mit Johann Schwenn, Januar 2018

334 Aus der privaten Korrespondenz zwischen Renate Riemeck und Klaus Rainer Röhl

335 *Der Spiegel* 48/1971, 22.11.1971, S.49

336 Aus der privaten Korrespondenz von Ulrike Meinhof mit ihrer Tante Tilla Hübner, geb. Meinhof, im Herbst 1972

337 Alfred Klaus mit Gabriele Droste, *Sie nannten mich Familienbulle*, S.29 ff., Hoffmann und Campe, Hamburg, 2008

338 Christa Rotzoll, »Frauen und Zeiten«, München 1991 (1987), S.148

339 »SPK – Aus der Krankheit eine Waffe machen. Eine Agitationsschrift des Sozialistischen Patientenkollektivs an der Universität Heidelberg«, mit einem Vorwort von Jean-Paul Sartre. Trikont Verlag: Trikont-Texte, München, 1972

340 Bei Mao Zedong hieß der Spruch: »Die Revolution ist kein Gastmahl, kein Aufsatzschreiben, kein Bildermalen oder Deckensticken; sie kann nicht so fein, so gemächlich und zartfühlend und großherzig durchgeführt werden. Die Revolution ist ein Aufstand, ein Gewaltakt, durch den eine Klasse eine andere Klasse stürzt.«

341 »Rote Armee Fraktion. Das Konzept Stadtguerilla«, April 1971, veröffentlicht in vielen Raubdrucken und im Netz: http://www.rafinfo.de/archiv/raf/konzept_stadtguerilla.php

342 Karl Heinz Roth, heute als Historiker tätig i. d. Stiftg. für Sozialgeschichte d. 20. Jhdt., Bremen

343 Karl-Heinz Roth ist 1975 an einer Schießerei beteiligt, bei der der Polizist Walter Pauli stirbt und dessen Kollege schwer verletzt wird. Auch Roth selber erleidet durch einen Querschläger lebensgefährliche Verletzungen. Sein Kumpel, der 2.-Juni-Terrorist Werner Sauber, wird dabei von der Polizei erschossen. Roth, der bewaffnet war, aber nicht geschossen hatte, wird kurze Zeit später freigesprochen. Näheres hierzu in der *FAZ*: »Linksextremismus: Der Polizist und sein Mörder«, von Reiner Burger, 14.6.2015

Der Name Karl Heinz Roth taucht in den berühmten Rosenholz-Dateien auf, weshalb Roth verdächtigt wurde, ein Stasi-Spitzel gewesen zu sein. Roth erzählt mir, dass er als IM Zeus geführt wurde, davon aber nichts wusste, und dass er kein Stasi-Mann war. Das entsprechende Verfahren gegen ihn wurde Ende der Neunzigerjahre eingestellt. Siehe *FOCUS* Magazin Nr. 23 (1997): »GEHEIMDIENST. Die göttliche Quelle«

344 Alfred Klaus, *Sie nannten mich Familienbulle*, Hoffmann und Campe, Hamburg, 2008, S. 51

345 Ebd. S. 52

346 Ebd. S. 66

347 Ebd. S. 54

348 Ebd. S.116

349 Die *ZEIT* 13/2007, 22. März 2007, »Leben mit der RAF«

350 Manfred Grashof selber ist schwer verletzt, er distanziert sich seit Ende der Siebzigerjahre mehr und mehr von der RAF. Er wurde 1988 begnadigt und arbeitete seit 1987 für das Gripstheater als Techniker und manchmal auch als Schauspieler. Er hat außer dem Interview für dieses Buch bisher nur ein weiteres Interview gegeben: Taz, 28.7.2008, »Die Praxis der Galaxis«, Kultur, S. 15 ff.

351 Offiziell sind die RAF-Texte nicht mit Ulrike Meinhof gezeichnet, aber es steht heute wohl fest, dass sie die Texte der RAF geschrieben hat. Astrid Proll im Januar 2018: »In der Zeit, in der ich mit der RAF in der Illegalität war [bis Mai 71], hat U[lrike] alles geschrieben. Ich habe G[udrun] nie etwas schreiben gesehen. Man kann also davon ausgehen, dass Meinhof alle Texte der RAF geschrieben hat.«

352 Alfred Klaus, *Sie nannten mich Familienbulle*, Hoffmann und Campe, Hamburg, 2008, S.155

353 Der Beschluss, Schily aus dem Verfahren als Anwalt von Ensslin auszuschließen, wurde damit begründet, dass nach dem aufgefundenen Kassiber bei Ulrike Meinhof

der Verdacht bestünde, Schily gehöre derselben kriminellen Vereinigung an wie seine Mandantin Ensslin. Zum Wirbel um den Ensslin-Kassiber und Otto Schily siehe *Politische Verteidigung in Strafsachen, eine Fallstudie des von 1972–1977 in der Bundesrepublik Deutschland geführten Strafverfahrens gegen Andreas Baader, Gudrun Ensslin, Ulrike Meinhof, Holger Meins, Jan Carl Raspe*, gebundene Ausgabe von 1986, von Pieter H. Bakker Schut (Autor), Neuer Malik Verlag, Kiel, S. 65 f.

354 Alfred Klaus, *Sie nannten mich Familienbulle*, Hoffmann und Campe, Hamburg, 2008.

355 Renate Riemeck, »Gib auf, Ulrike!«, *konkret* 24, 18. November 1971

356 Siehe Essay von Heinrich Böll, in: *Spiegel* 3/1972 vom 10. Januar 1971, »Will Ulrike Gnade oder freies Geleit?«, S.54 ff.

357 Ebd.

358 Alfred Klaus, *Sie nannten mich Familienbulle*, Hoffmann und Campe, Hamburg, 2008, S. 29

359 Heinrich Böll in seinem *Spiegel*-Essay wörtlich »Es ist inzwischen ein Krieg von 6 gegen 60 000 000. Ein sinnloser Krieg, nicht nur nach meiner Meinung, nicht nur generell, auch im Sinne des publizierten Konzeptes.«

360 Siehe auch das Dokumentenheft »›… anarcho-terroristische Kräfte‹ Die Rote Armee Fraktion und die Stasi«, BStU Der Bundesbeauftragte für die Unterlagen des Staatssicherheitsdienstes der ehemaligen Deutschen Demokratischen Republik, Berlin, 2017

361 Ulrike Meinhof: *Dokumente einer Rebellion. 10 Jahre ›konkret‹-Kolumnen* Reihe *konkret* Faksimile, *konkret*-Buchverlag Hamburg, Juni 1972

362 Interview der Autorin mit Tilman Fichter, 1998. Tilman Fichter wörtlich: »Wir wollten sie im Grunde genommen da herausreißen, und wir wussten die Chance, sie rauszukriegen, war nur in dem Moment, wo sie wirklich gejagt wird und die Gruppe ihr keinen Schutz mehr gibt […] und wenn wir sie getroffen hätten, hätte sie einen Kinnhaken gekriegt, wäre in einen Teppich eingewickelt worden und wäre nach Algerien ausgeflogen worden. Dann hätte das auch den Mythos zerstört. Wir wollten nicht nur sie retten, wir wollten den Mythos zerstören. Wir wollten, dass die Gruppe selbst auch irgendwie den Kampf abbricht. Einerseits wollten wir nicht, dass sie ins Gefängnis kommt, andererseits wollten wir aber auch die RAF völlig unglaubwürdig machen. Aber die Sache war, es war eine schöne Idee, aber sie ist nicht mal im Ansatz zur Verwirklichung gekommen, bevor wir sie treffen konnten, war sie schon geschnappt.«

363 Klaus Rainer Röhl in: *konkret* Heft 14, 1972, 20. Juni in dem Artikel »Ulrike Meinhof – Gefangene der Baader-Gruppe«, S. 17 ff.

364 Nach einer Allensbach-Umfrage im März 1971 kennen 82 % der erwachsenen Deutschen die Namen »Baader« und »Meinhof«.

365 Siehe auch *Ulrike Meinhof und die deutschen Verhältnisse* von Peter Brückner und Ulrich K. Preuss, Wagenbach Verlag, Berlin, seit 1976 in vielen Auflagen erschienen, zuletzt 2006

366 In den Prozessakten des Baader-Meinhof-Prozesses am ersten Prozesstag nach Meinhofs Tod am 9. Mai 1976

367 Siehe Prolog zu »Die heilige Johanna und der Schuft« von Peter Rühmkorf, in: *So macht Kommunismus Spaß!*, Heyne Verlag, München, 2018, früher EVA, Hamburg, 2006

368 Siehe auch Helmut Kerscher, in: *SZ online* 17. Mai 2010, »Mutmaßungen über ein verschwundenes RAF-Mitglied«

369 Siehe dazu auch die Theaterkritik »Choreographisches Theater in Bremen: Johann Kresniks Stück über Ulrike Meinhof: Deutschland, blutig Vaterland« von Rolf Michaelis. 23. Februar 1990, *ZEITonline*
370 Das Lied »Ulrike Meinhof assassinata« ist bis heute im Internet auf YouTube zu finden, zum Beispiel unter dem Link https://www.youtube.com/watch?v=jfJvxlI1bl4
371 Hans Magnus Enzensberger, *Tumult*, Suhrkamp, Berlin, 2014
372 »Sie hatten nie eine politische Forderung ...« Ein Gespräch mit dem Schriftsteller Hans Magnus Enzensberger über die Hintergründe der RAF. In: Wolfgang Kraushaar (Hg.), *Die RAF und der linke Terrorismus*, Bd. 2, Hamburger Edition, 2006, S. 1392
373 Fritz J. Raddatz: »Unruhestifter. Erinnerungen«, Berlin 2003, S. 433
374 Sebastian Haffner in: *stern*, 20. Februar 1972
375 Aus der Akte Heinrich Hannover, Korrespondenz mit seiner Mandantin
376 Dieser Brief und alle folgenden Briefe von Ulrike Meinhof an ihren Anwalt Heinrich Hannover und von Hannover an Ulrike Meinhof entstammen der Akte Hannover, Korrespondenz mit seiner Mandantin Ulrike Meinhof, im Folgenden nur Akte Hannover genannt.
377 Akte Hannover
378 Alfred Klaus, *Sie nannten mich Familienbulle*, Kapitel »Der nächste Coup«, Hoffmann und Campe, Hamburg, 2008, S. 158
379 Ebd. S. 159
380 Akte Hannover
381 Akte Hannover
382 Akte Hannover
383 Akte Hannover
384 Akte Hannover
385 Akte Hannover
386 Akte Hannover
387 Akte Hannover
388 Akte Hannover
389 Akte Hannover
390 Privater Brief von Ulrike Meinhof an ihre Kinder Regine und Bettina Röhl
391 Akte Hannover
392 Akte Hannover
393 Dr. Georg Knoblich, Ermittlungsrichter am Bundesgerichtshof
394 Akte Hannover
395 Akte Hannover
396 Akte Hannover
397 Akte Hannover
398 RA Eberhard Becker
399 Akte Hannover, die vollständige Hungerstreikerklärung ist abgedruckt in *So macht Kommunismus Spaß!* im »Epilog«, Heyne Verlag, München, 2018, S. 704 f.
400 Akte Hannover
401 Akte Hannover
402 Siehe auch *So macht Kommunismus Spaß!*, »Epilog«, Heyne Verlag, München, 2018, S. 702 ff.
403 Bettina Röhl: »Dirk war unser Dicki«, in: *Cicero*, 28.06.2005
404 Privater Brief von Ulrike Meinhof an Regine und Bettina Röhl, Mitte Oktober 1972
405 Akte Hannover

406 Korrespondenz zwischen Klaus Rainer Röhl und Heinrich Hannover, aus der Akte Hannover
407 Akte Hannover
408 Korrespondenz zwischen Klaus Rainer Röhl und Heinrich Hannover, Akte Hannover
409 Akte Hannover
410 Akte Hannover
411 Ebd.
412 Die gesamte Korrespondenz stammt aus der Akte Hannover.
413 Brief von Elmar Spicker an Bettina Röhl, ca. 1991
414 Elmar Spicker in einem Brief an die Autorin, ca. 1991
415 Akte Hannover
416 Privater Brief von Ulrike Meinhof an Regine und Bettina Röhl, Ende Oktober 1972
417 Akte Hannover
418 Privater Brief von Ulrike Meinhof an Regine und Bettina Röhl, Dezember 1972
419 Johannes Rau im Interview mit der Autorin aus dem Jahr 2000
420 Alle in diesem Kapitel zitierten Briefe von Ulrike Meinhof, Astrid Proll und Heinrich Hannover entstammen der Akte Hannover, Korrespondenz mit der Mandantin Ulrike Meinhof.
421 Akte Hannover
422 Alle zitierten Briefe in diesem Kapitel entstammen der Akte Hannover.
423 Astrid Proll hatte sich schon seit Juli 1971 in der Behandlung des Köln-Ossendorfer Anstaltsarztes, des Psychiaters Dr. Götte, befunden. Die sogenannte Abteilung für psychiatrische Untersuchung weiblicher Gefangener wurde von Götte selbst als »stille Abteilung« bezeichnet. Es handelt sich um ein einstöckiges Gebäude, das abseits des Gefängniskomplexes liegt und nur sechs Zellen umfasst. Als jeweils einzige Gefangene waren dort untergebracht: Astrid Proll vom 22.11.71 bis zum 14.1.72 und vom 12.4. bis zum 16.6.72; Ulrike Meinhof vom 16.6.72 bis zum 9.2.73 und im Dezember 1973 noch einmal zwei Wochen. Mit zwei Gefangenen gleichzeitig, Ulrike Meinhof und Gudrun Ensslin, war die Abteilung vom 5.2. bis zum 28.4. 74 noch einmal belegt. Siehe *Der Kampf gegen die Vernichtungshaft*, hrsg. von den »Komitees gegen Folter an politischen Gefangenen in der BRD«, Druck im Eigenverlag, 1975, S. 180
424 Dr. Götte schrieb am 1.2.73 Folgendes über den Gesundheitszustand der in Köln-Ossendorf einsitzenden Ulrike Meinhof, woraufhin diese am 9.2.73 verlegt wird: »Auf entsprechende Frage wird mitgeteilt, dass schon aus theoretischen Gründen und praktischen Erfahrungen eine lang dauernde, strenge Isolierung, bei der Kontakte mit der Umgebung bis auf die notwendige Versorgung unmöglich sind, gesundheitlich nicht vertretbar ist. Sie wird nur im Einzelfall bei besonders konfigurierten Persönlichkeiten möglich und durchführbar sein. Bei Frau Meinhof, die ich zweimal kurz untersucht habe, ist die Grenze der Belastbarkeit nach psychiatrischer Ansicht jetzt erreicht. Ich halte die gegenwärtig praktizierte Isolierung in dieser Form nicht mehr für vertretbar.« Aus: Pieter H. Bakker Schut, *Politische Verteidigung in Strafsachen: Eine Fallstudie des von 1972–1977 in der Bundesrepublik Deutschland geführten Strafverfahrens gegen Andreas Baader, Gudrun Ensslin, Ulrike Meinhof, Holger Meins, Jan Carl Raspe*, Neuer Malik Verlag, Kiel, 1986
425 Die Presseerklärung der Anwälte zu dem Hungerstreik der RAF im Jan. und Febr.1973 findet sich auf S. 90 in: Ebd.

426 RAF-Anwalt Wolf-Dieter Reinhard
427 Alle zitierten Briefe in diesem Kapitel entstammen der Akte Hannover.
428 Alle in diesem Kapitel zitierten Briefe entstammen der Akte Hannover.
429 Alle in diesem Kapitel zitierten Briefe stammen, soweit nicht anders gekennzeichnet, der Akte Hannover.
430 Privater Brief von Ulrike Meinhof an Regine und Bettina Röhl, 14.05.1973
431 Vgl. Bettina Röhl: *So macht Kommunismus Spaß!*, Epilog
432 Privater Brief von Ulrike Meinhof an Regine und Bettina Röhl, 14.10.1973
433 Tagebuchaufzeichnungen von Bettina Röhl, elf Jahre, 25. Dezember 1973 bis 1. Januar 1974
434 Wolfgang Grundmann und Klaus Jünschke, zwei RAF-Mitglieder
435 Ulrike Meinhof meint hier den Titel *Comrade George. An Investigation into the Life, Political Thought, and Assassination of George Jackson* von Eric Mann, der in den Jahren 1972–1974 für den Boston Phoenix eine dreiteilige Serie über politische Prozesse in Kalifornien schrieb und daraus ein Buch machte.
436 Alle in diesem Kapitel zitierten Briefe entstammen der Akte Hannover.
437 »Umschluss« bezeichnet eine Freizeitmaßnahme in einer Justizvollzugsanstalt. Der Gefangene hat dabei die Möglichkeit, zu einem anderen Gefangenen auf dessen Haftraum eingeschlossen *(umgeschlossen)* zu werden. Diese Freizeitmöglichkeit kann eingeschränkt oder untersagt werden, etwa aus disziplinarischen, medizinischen oder Sicherheitsgründen. Während des Vollzuges der Untersuchungshaft obliegt es dem Ermittlungsrichter, darüber zu befinden, ob und in welchem Maße der Gefangene am Umschluss teilnehmen kann.
438 Alle in diesem Kapitel zitierten Briefe entstammen, soweit nicht anders gekennzeichnet, der Akte Hannover.
439 Aus der privaten Korrespondenz zwischen Ulrike Meinhof und ihrer Tante Tilla Hübner

REGISTER

BILDNACHWEIS

Umschlag:

Umschlaggestaltung: Hauptmann & Kompanie Werbeagentur, Zürich,
Foto oben © Ruth Walz, Foto unten © ullstein bild – Wolfgang Kunz

Innenteilabbildungen:

BStU: Abb. 30 (MfS, AKK 10454/76, Seite 45); Der Spiegel: Abb. 40; Gettyimages: Abb. 21 (AFP), Abb. 42 (Peter Bischoff); Interfoto; Abb. 31 (Sammlung Rauch); Konkret: Abb. 9, 10, 11; Mapplebeck, Victoria (1993): Abb. 41 (Flyer zu dem Film »Between a Rock and a Hard Place«, A Maya Vision Production, financed by the Arts Council of Great Britain and Channel Four Television. Tx: Channel 4, 8th August 1994, 10.55pm (45′, video, colour, 1993). »Between a Rock and a Hard Place« documents the reflections of Felix Ensslin, the son of the core members of the Baader Meinhof group); Morgenpost: Abb. 22; Picture Alliance: Abb. 34 (United Archives / Top Foto); Privatarchiv Röhl: Abb. 4, 12, 14, 15, 16, 28, 29, 35, 36, 43; Privatarchiv Schmid: Abb. 33; Proll, Astrid: Abb. 18; Reichelt, GP: Abb. 19; Ruch, Franz: Abb. 39; Röhl, Bettina: Abb. 27; Siepmann, Eckhard: Abb. 23, 24, 25, 26; ullstein bild: Abb. 1 (Wolfgang Kunz), Abb. 2, 32 (AP), Abb. 3 (Hans G. Lehmann), Abb. 5, 6, 7, 8, 17 (Klaus Mehner), Abb. 20 (Stark Otto), Abb. 37, 38 (dpa); Walz, Ruth: Abb. 13

Die Rechteinhaber einiger weniger Abbildungen konnten trotz intensiver Recherche nicht ermittelt werden. Der Verlag bittet Personen oder Institutionen, welche die Rechte an diesen Abbildungen haben, sich zwecks angemessener Vergütung zu melden.